Scherz Krimi

Spannung mit Niveau

Von Alfred Hitchcock sind erschienen:

Meine Lieblingsmorde 1
Meine Lieblingsmorde 2
Meine Lieblingsmorde 3
Meine Lieblingsmorde 4
Meine Lieblingsmorde 5
Meine Lieblingsmorde 6

Meine schönen Schreckensstunden 1
Meine schönsten Schreckensstunden 2
Meine allerschönsten Schreckensstunden 3

Meine bösesten Gruselstunden 1
Meine schauerlichsten Gruselstunden 2
Meine giftigsten Gruselstunden 3

Meine schönsten Horrorstunden 1
Meine köstlichsten Horrorstunden 2
Meine schwärzesten Horrorstunden 3

Meine unheimlichsten Morde 1
Meine raffiniertesten Morde 2
Meine rätselhaftesten Morde 3

Das Erlesenste vom Bösen 1
Das Schwärzeste vom Bösen 2
Das Köstlichste vom Bösen 3

Meine stärksten Mörderstunden 1
Meine schrecklichsten Mörderstunden 2
Meine exquisiten Mörderstunden 3

Meine besten Mordsfälle 1

Alfred Hitchcock

Meine besten Mordsfälle 1

Scherz
Bern – München – Wien

Einzig berechtigte Übertragung aus dem Amerikanischen
von Ingrid Herrmann, Michael K. Georgi,
Ute Forsythe-Jauch und Walter Spiegl
Titel des Originals: »Mortal Errors«
Schutzumschlag von Heinz Looser
Foto: Thomas Cugini

1. Auflage 1987, ISBN 3-502-51137-3

Gesamtherstellung: Ebner Ulm

Das Netz

Bill Pronzini

Das Haus lag in einem der ruhigeren Wohnviertel Wiens. Zwei Reihen kahler Buchen säumten die dunkle Straße. Die grauen, unbelaubten Äste gemahnten an Gerippe, die ein eisiger Winterwind von den letzten Fleischresten befreit hat.

Im Hof des Hauses Nummer 629 wuchs, gleich hinter der Eingangspforte, eine riesige Trauerweide. Das Haus selbst war klein, spitzgiebelig, und die vordere Fassade hatte man mit Holz verkleidet.

Carmody stieß das Tor auf und schritt den mit welkem Laub bedeckten Plattenweg entlang, der zur Haustür führte. Er hob den Klopfer und ließ ihn wieder fallen. Dann stand er wartend da, mit hochgezogenen Schultern, denn trotz seines schweren Wollmantels fröstelte er. Versonnen lauschte er dem wütenden Fauchen des Windes.

Carmody war großgewachsen, sehnig, und in seinen grünen Augen lauerte ein hungriger Ausdruck. Seine Haut erinnerte an gegerbtes Leder, und zu dem schmalen Gesicht trug er eine Mähne von angegrautem, ehemals schwarzen Haar. In der Rechten hielt er einen großen Aktenkoffer. Die Beretta steckte an ihrem üblichen Platz, in dem Gürtelhalfter an seiner linken Hüfte.

Seit knapp vier Stunden befand er sich in Wien. Er gedachte, nicht länger als bis zum nächsten Vormittag zu bleiben. Andere Geschäfte in anderen Städten warteten auf ihn. Der Ruf der Stadt, ein Ort der Intrigen und Geheimnisse zu sein, entstammte anscheinend ihrer Nähe

zu Ungarn und der Tschechoslowakei, und nicht zuletzt dem Film *Der dritte Mann*, aber mit der Realität hatte das indessen wenig zu tun.
In Wahrheit präsentierte sich Wien dem Besucher als eine geschichtsträchtige Stadt voller Traditionen, malerisch, beschaulich, den Künsten gegenüber aufgeschlossen. Ein Mann vom Schlage Carmodys wäre verhungert, hätte er versucht, seine professionellen Aktivitäten auf Wien zu beschränken.
Drinnen im Haus erklangen Schritte. Die Tür ging auf, und vor Carmody stand ein Mann, der seinem Aussehen nach Skandinavier hätte sein können. Er lächelte. Bruckner hatte Anton Varndal treffend beschrieben: zurückgekämmtes blondes Haar, durchdringende blaue Augen, kräftiges Kinn mit einer Kerbe in der Mitte.
Zur Sicherheit fragte Carmody: »Heißen Sie Varndal?«
»Ja. Spreche ich mit Herrn Carmody?« Ausgezeichnetes Englisch, einwandfreie Aussprache.
»Richtig. Darf ich eintreten? Hier draußen ist es verdammt kalt.«
»Aber natürlich.«
Varndal rückte zur Seite, und Carmody betrat eine kurze Diele. Den Aktenkoffer wechselte er in die andere Hand über, dann knöpfte er sowohl seinen Mantel als auch das darunter getragene Jackett auf. Notfalls wollte er rasch an seine Beretta herankommen. Er fand, jemand in seinem Metier könne nicht vorsichtig genug sein.
Varndal schloß die Tür und führte ihn in ein Wohnzimmer. Schwere, wuchtige Möbel, auf dem Boden ein antiker Teppich.
Sich umblickend, fragte Varndal: »Haben Sie den Sender mitgebracht?«
»Ja, ich habe ihn bei mir.«
»Ich möchte ihn sehen.«
»Sie schulden mir immer noch achttausend.«
»Ich hab's nicht vergessen. Sie bekommen das Geld, so-

bald ich den Sender geprüft habe.«
»Na schön.«
Carmody reichte ihm den Aktenkoffer, wobei er seine Rechte in die Nähe des Gürtelhalfters rückte. Varndal hatte jedoch nur Augen für den Koffer. Er stellte ihn auf einen Tisch nahe dem Fenster, öffnete ihn und hob den Inhalt behutsam heraus.
Das Funkgerät war kompakt, tragbar und batteriebetrieben. Es war außerdem eigens dafür konzipiert, ein Signal von ultrahoher Frequenz und Stärke auszusenden, dessen Variationsbreite sich in extrem niedrigen Grenzen hielt.
Ein Funkgerät dieses Typs war nicht leicht zu bekommen; vor allen Dingen dann nicht, wenn man seinen Ursprung verwischen wollte und sein Gebrauch sich auf Gebiete erstreckte, die außerhalb der Legalität lagen.
Brauchte man ein derartiges Gerät, wandte man sich am besten an Carmody. Carmody hatte Verbindungen zu fast jedem europäischen Land und den meisten Nationen des Westblocks. Für einen entsprechenden Preis besorgte Carmody alles, was sich herstellen oder auf den verschiedensten, manchmal auch krummen Wegen ergattern ließ.
Nebenher verdingte er sich als Leibwächter. Carmody arrangierte gefahrlos Reisen von einem Land ins andere. Er vermittelte bei Geschäften, die sich außer mit Drogen und Menschenhandel, mit jeder erdenklichen Ware befaßten.
Und was vielleicht das Wichtigste war, er galt als absolut vertrauenswürdig und zuverlässig. Sein einzigartiger Ruf war sein Kapital, und er brachte ihm Aufträge in Hülle und Fülle ein.
Durch seinen Kontaktmann in Wien, Josef Bruckner, hatte Carmody den Auftrag erhalten, Anton Varndal dieses spezielle Funkgerät zu beschaffen. Liefertermin sollte spätestens der nächstfolgende Tag sein.

Carmody interessierte das nicht, für welche Zwecke Varndal den Sender brauchte. Sein einziges Interesse galt dem Preis.
Über Bruckner hatte er bestellen lassen, er verlange zehntausend. Varndal war einverstanden gewesen. Nach einer Anzahlung von zweitausend und der Angabe der genauen Daten und Eigenschaften, die der Apparat besitzen sollte, hatte Carmody den Sender besorgt — für etwas unter zweitausend.
Sein Profit belief sich auf vierhundert Prozent — doch Bruckner bekäme seinen Anteil, und außerdem mußte er Spesen und Zeitaufwand berücksichtigen. Zehntausend war ein guter, akzeptabler Schwarzmarktpreis.
»Zufrieden, Varndal?« erkundigte sich Carmody.
»Mehr als zufrieden. Der Sender ist von erstklassiger Qualität.«
»Was hatten Sie denn erwartet?«
»Genau das, was Sie mir lieferten.«
»Tatsächlich? Dann können Sie mir ja jetzt den Rest bezahlen.«
»Gewiß, Herr Carmody.«
Varndal legte den Sender in den Aktenkoffer zurück. Den Koffer auf dem Tisch lassend, näherte er sich Carmody, der ihn aufmerksam beobachtete. »Begleiten Sie mich ins Arbeitszimmer?«
»Bewahren Sie dort das Geld auf?«
»Ja.«
»Gehen Sie bitte voran.«
Varndal lächelte. Er verließ das Wohnzimmer und schritt durch die Diele. Carmody folgte ihm. Vor einer anderen Tür, am Ende des Korridors, blieb Varndal stehen. Er öffnete sie und machte Platz, damit Carmody eintreten konnte. Der schüttelte jedoch den Kopf und sagte:
»Nach Ihnen.«
Mit einem gleichgültigen Schulterzucken überschritt Varndal die Schwelle. Er betätigte einen Wandschalter,

und Licht durchflutete den Raum.
Carmody, der Varndal gefolgt war, sah, daß es sich um eine Art Abstellkammer handelte. Überall lag oder stand Gerümpel. Er stutzte, und reflexartig umklammerte seine Hand den Griff der Beretta. Doch Varndal überrumpelte ihn trotzdem.
Mit beinahe raubtierhafter Geschmeidigkeit wirbelte er herum und schlug ihm eine fünfundzwanzig Zentimeter lange Metallstange ins Gesicht, die er unter seiner Jacke verborgen hatte. Er traf ihn über dem linken Ohr.
Schmerzen blendeten Carmody, strahlten von der Gesichtshälfte über den ganzen Körper aus. Er sackte zu Boden. In seinen Ohren dröhnte es, das Geräusch schwoll an, steigerte sich, erinnerte immer mehr an das schrille Jaulen eines hochtourigen Bohrers.
Eine Tür fiel knallend ins Schloß.
Nichts.

Carmody kam langsam zu sich. Er setzte sich aufrecht hin, den Kopf auf die angezogenen Knie gestützt. Der Griff seiner Beretta, die immer noch im Gurthalfter steckte, drückte ihm schmerzhaft auf die Rippen.
Sein Magen rebellierte, und sein Schädel fühlte sich an, als sei er gespalten. Er tippte auf eine Gehirnerschütterung.
Mit spitzen Fingern betastete er die Stelle, wo Varndal ihn getroffen hatte. Er fand eine Schwellung, doch das dichte Haar hatte die Wucht des Schlages gedämpft. Kein Blut.
Auf den Knien richtete er sich auf, dann stellte er sich langsam auf die Füße. Gegen die Wand gelehnt wartete er darauf, daß der Brechreiz und das Schwindelgefühl sich legten.
Nun tastete er sich zur Tür, öffnete sie und trat hinaus in die Diele. Im Korridor brannte das Licht, und er warf einen Blick auf seine Armbanduhr. Zwanzig Minuten

nach acht. Über eine Stunde lang hatte er ohnmächtig dagelegen.
Bei jedem Schritt schmerzte der Kopf. Ihm war, als bearbeiteten glühende Nadeln sein Gehirn. Während er die Diele durchquerte, öffnete er im Vorbeigehen jede einzelne Tür und spähte in die Zimmer. Er entdeckte nichts Aufschlußreiches, im Erdgeschoß standen sämtliche Räume außer dem Wohnzimmer leer.
Carmody stieg die Treppe zur oberen Etage hinauf und blickte in die ersten beiden Zimmer hinter dem Treppenabsatz. Über den Möbeln lag, gleich Leinentüchern, eine dicke Schicht weißen Staubs.
Er schritt die Stufen wieder hinab und verließ das Haus. Die Eingangstür ließ er weit offenstehen. Der Nachtwind war noch kälter, noch beißender geworden. Er setzte sich in seinen gemieteten Wagen und brauste geräuschvoll los. Vornübergebeugt hockte er hinter dem Lenkrad, innerlich brodelnd vor Wut. An den Händen, die das Steuer umklammerten, traten die Knöchel weiß hervor.
Er brauchte über eine Stunde, um die Ortschaft Grinzing zu erreichen. Das Dorf lag gleich hinter der Stadtgrenze Wiens und war berühmt für seine guten Weine und gemütlichen Weinlokale. Die romantische, typisch österreichische Atmosphäre, zog Touristen in Scharen an.
Carmody parkte den Wagen und ging zu einem Gebäude, an dem im Sommer das Weinlaub bis zum Dach emporrankte. Er trat ein. Für viele Gäste war es noch zu früh am Abend, doch ungefähr ein Drittel der hochlehnigen Bänke, die um rustikale Tische standen, waren besetzt.
Ein Geiger und ein Akkordeonspieler, beide in malerische Trachten gekleidet, spielten Zigeunermusik. Unter anderen Umständen hätte sogar Carmody, der sich aus Musik nichts machte, die schwungvollen Weisen genossen, nun jedoch hörte er sie nicht einmal. Die Schmerzen

in seinem Schädel trübten seine Aufnahmefähigkeit.
In einer Ecknische am hinteren Ende des Raumes saß Bruckner. In seiner Begleitung befand sich eine Blondine, die ausgezeichnet in eine Wagneroper gepaßt hätte. Sie tranken Wein und prosteten einander zu, wobei sie beredte, lächelnde Blicke tauschten.
Carmody ging zu ihnen und sprach Bruckner an. »Schicken Sie die Frau fort. Wir zwei müssen uns miteinander unterhalten.«
Bruckner, ein schmächtiger Mann mit wild vom Kopf abstehendem braunen Haar und einem buschigen Schnauzbart, blickte überrascht drein. »Ist etwas passiert, Herr Carmody?«
»Allerdings. Die Frau soll gehen, Bruckner.«
»Wie Sie wünschen.« Bruckner tätschelte den rundlichen Arm der Walküre und sagte etwas auf deutsch zu ihr, das Carmody nicht verstand. Die dralle Blondine errötete und streifte Carmody mit einem feindseligen Blick. Dann zwängte sie sich hoheitsvoll aus der Ecknische und begab sich zur Tür.
Carmody setzte sich. »Anstatt mir den Rest des Geldes zu geben, verpaßte Ihr Kunde, Varndal, mir eins mit der Eisenstange«, legte er unvermittelt los. »Ich mag es nicht, wenn man mich betrügt, Bruckner. So etwas paßt mir ganz und gar nicht.«
Bruckner wirkte erschrocken. »Aber — aber warum? Warum tat er das?«
»Das will ich ja von Ihnen wissen«, gab Carmody zurück. »Sie bürgten doch für ihn. Sie sagten, er sei in Ordnung.«
»Davon war ich auch fest überzeugt, Herr Carmody. Ehe ich mit Ihnen Kontakt aufnahm, unterhielt ich mich zu drei verschiedenen Gelegenheiten sehr ausführlich mit ihm. Er erklärte sich mit allen Bedingungen einverstanden.«
»Natürlich. Verriet er Ihnen, wozu er den Sender

braucht?«
»Nein.«
»Haben Sie einen Verdacht, eine Ahnung?«
»Keinen blassen Schimmer.«
»Wo wohnt er?«
»Suchten Sie ihn nicht bei sich zu Hause auf —?«
»Das Haus steht leer. Dort wohnt zur Zeit niemand. Der Staub liegt zentimeterdick, die Polstermöbel sind mit Tüchern abgedeckt. Im Erdgeschoß richtete er ein Zimmer her, daß es aussah, als sei es ständig bewohnt.«
»Wessen Haus war es dann?«
»Eine interessante Frage. Varndal besaß die Schlüssel, daran besteht für mich kein Zweifel. Hören Sie, wenn Sie seine Adresse nicht kennen, wie traten Sie dann mit ihm in Verbindung?«
»Ich hinterließ Botschaften bei Anya Berg. Und bei ihr fanden auch meine Unterredungen mit Varndal statt.«
»Wer ist Anya Berg?«
»Sie besitzt ein Kuriositätengeschäft, in dem man außer Waren auch Informationen kaufen kann.«
»Tatsächlich? Und welche Rolle spielt sie bei diesem Handel?«
»Sie gab Varndal meinen Namen — und Ihren.«
»Haben Sie sie überprüft? Wissen Sie, in welcher Beziehung sie zu Varndal steht?«
»Ja. Sie sagte, ein Freund von ihr hätte ihr erzählt, daß Varndal auf der Suche nach etwas Bestimmtem sei.«
»Wer ist dieser Freund?«
»Ich sah keine Veranlassung, sie danach zu fragen«, versetzte Bruckner trotzig. »Anya und ich sind gute alte Bekannte.«
»Sie arbeiten doch gründlich, nicht wahr, Bruckner?«
»Herr Carmody, ich —«
»Wissen Sie, wie man um diese Zeit Anya Berg erreichen kann?«
»Natürlich.«

»Dann gehen Sie und rufen Sie sie an. Geht sie selbst an den Apparat, wenn sie zu Hause ist?«

»Ja. Sie lebt allein.«

»Wenn sie abhebt, melden Sie sich nicht. Sie legen gleich wieder auf. Ich will nur wissen, ob sie zu Hause ist.«

Bruckner sah Carmody in die Augen, doch der Ausdruck, den er in ihnen las, ließ ihn sofort den Blick senken. Er glitt aus der Nische und eilte zu einem öffentlichen Telefon.

Während Carmody wartete, zündete er sich einen schlanken, kurzen, schwarzen Zigarillo an. Anton Varndal mußte unbedingt gefunden werden. Wenn er es nicht schaffte, wenn er den Rest seines Geldes nicht bekäme, dann würde es bald heißen, Carmody habe sich hereinlegen lassen. Das Gerücht würde die Runde machen, und Varndals Bubenstück fände Nachahmer. Um mit den geringst möglichen Druckmitteln arbeiten zu können, mußte Carmody seinen Ruf aufrechterhalten. Und um zu vermeiden, daß sein Ruf litt, mußte er Varndal möglichst umgehend aufstöbern!

Bruckner kam zurück und setzte sich. Mit einem seidenen Taschentuch wischte er sich die Schweißperlen von der Stirn.

»Sie ist zu Hause«, sagte er.

»Wie lautet ihre Adresse?«

Bruckner nannte sie ihm. »Was haben Sie mit ihr vor?«

»Ich werde ihr ein paar Fragen stellen.«

»Sie ist nicht für Varndal verantwortlich.«

»Das wollen wir hoffen«, entgegnete Carmody. »Sie, Bruckner, gehen jetzt in Ihre Wohnung. Vielleicht brauche ich Sie heute nacht noch einmal, und ich muß wissen, wo ich Sie erreichen kann.«

»Wie Sie wünschen, Herr Carmody.«

Carmody entfernte sich, setzte sich in seinen Wagen und zog den Stadtplan zu Rate, der im Handschuhfach lag. Nachdem er den Plan studiert hatte, legte er ihn aufgeschlagen auf den Nebensitz, dann ließ er den Motor an.

»Anya Berg?« fragte Carmody.
Er schätzte die Frau, die vor ihm im Hauseingang stand, auf ungefähr Mitte Dreißig. Sie hatte seidiges, dunkelblondes Haar und die volle, aber straffe Figur eines jungen Mädchens. Das kniekurze Kleid mit dem Rüschenkragen und den Rüschenmanschetten verlieh ihr ein sanftes, unschuldiges Aussehen, das indessen nicht zu ihrem Mund und ihren Augen paßte.
»Ja«, gab sie zurück. »Sie wünschen?«
»Ich heiße Carmody. Können wir uns im Haus unterhalten?«
Anya musterte ihn einen Augenblick lang, dann zuckte sie mit den Schultern und ließ ihn eintreten. Sie führte ihn in eine kleine Wohnstube.
»Sind Sie die Person, die vor zwanzig Minuten bei mir anrief und dann, ohne ein Wort zu sagen, auflegte?«
»Das war Bruckner.«
»Der arme Josef. Er hat nichts als dicke Frauen und Wein im Kopf. Warum interessieren Sie sich für mich, Herr Carmody?«
»Bruckner erzählte mir, daß er durch Sie Anton Varndal kennenlernte. Was wissen Sie über diesen Mann?«
»Könnten Sie Ihre Fragen vielleicht etwas präzisieren?«
»Natürlich. Wo wohnt er?«
»Keine Ahnung.«
»Ich denke, Sie kennen ihn.«
»Nur flüchtig. Ein gemeinsamer Freund schickte ihn zu mir.«
»Das sagte Bruckner mir bereits. Wie heißt dieser Freund?«
»Warum fragen Sie?«
»Varndal schuldet mir Geld«, erwiderte er. »Ich möchte

es mir abholen. Wer ist dieser Freund?«
Sie überhörte nicht die verhaltene Wut in seiner Stimme.
»Na schön. Er heißt Dietrich, Viktor Dietrich.«
»In welcher Beziehung steht Varndal zu ihm?«
»Victor erledigte in seinem Auftrag einmal ein Geschäft.«
»Welche Art von Geschäft?«
»Den Verkauf eines kleinen Grundstücks.«
»Tatsächlich? Dann ist dieser Dietrich also Immobilienmakler?«
»Ja, das ist richtig.«
»Schön. Wo finde ich ihn?«
»Ich mag Viktor«, bekannte Anya. »Sie wollen ihm doch nichts antun, oder?«
»Nicht, wenn er mit mir zusammenarbeitet.«
Sie nannte ihm die Straße und die Hausnummer.
»Sie rufen ihn doch nicht an, sobald ich fort bin, nicht wahr?« warnte Carmody. »Ich möchte keine Schwierigkeiten haben, ihn zu finden.«
Anya lächelte. »Ich habe den Eindruck, Sie trauen niemandem.«
»Dafür habe ich auch einen guten Grund.«
»Ich werde ihn nicht anrufen.«

Als Carmody am Haus von Viktor Dietrich vorbeifuhr, bog gerade, aus der entgegengesetzten Richtung kommend, ein großer schwarzer Wagen in die Zufahrt ein.
Ein gutes Stück von dem Haus entfernt, das im Schweizer Stil gebaut war, parkte Carmody. Er stieg aus, überquerte die Straße und ließ sich vom Schatten einer üppig wuchernden Trauerweide verschlucken, die auf dem benachbarten Grundstück wuchs.
Carmodys Kopf schmerzte höllisch, als er über einen kleinen Zaun sprang. Die Beretta schußbereit in der Hand, duckte er sich in den Schutz von Dietrichs Garage.

Der Fahrer des schwarzen Wagens schloß die Tür, da trat Carmody hervor. Der Mann stutzte und fragte:
»Wer sind Sie? Was wollen Sie hier?«
»Sind Sie Viktor Dietrich?«
»Ja. Was ist los?«
Langsamen Schrittes begab Carmody sich in die Garage hinein. Ungefähr einen Meter von Dietrich entfernt, blieb er stehen. Er bemühte sich, das Gesicht im Schatten zu behalten.
»Ich suche Anton Varndal. Wie ich hörte, sind Sie ein Freund von ihm.«
»Es stimmt, ich kenne ihn, ja«, antwortete Dietrich auf englisch. »Und wer sind Sie?«
»Ich bin auch ein Freund Varndals. Ich versuche ihn zu finden.«
»Haben Sie es schon bei ihm zu Hause versucht?«
»Ich weiß seine Adresse nicht. Wo wohnt er?«
»Gehören Sie auch bestimmt zu seinen Freunden? Lassen Sie uns bitte mal nach draußen gehen, ans Licht —«
»Wir bleiben hier«, bestimmte Carmody. Er rückte ein Stück näher an Dietrich heran, damit man die Beretta sehen konnte.
Dietrich erstarrte. In seiner Stimme schwang Angst mit, als er fragte:
»Was haben Sie vor? Was wollen Sie tun?«
»Nichts, wenn Sie mir meine Fragen beantworten. Sie sollen mir nur helfen, mehr verlange ich nicht von Ihnen.«
»Ich — ich tue alles, was Sie sagen.«
»Ausgezeichnet. Wann haben Sie Varndal das letzte Mal gesehen?«
»Gestern abend. Gegen neun.«
»Wo?«
»Hier. Er kam mich besuchen.«
»Aus welchem Grund?«

»Er bat mich, ich solle ihm einen Gefallen tun.«
»Welche Art von Gefallen? Sollten Sie ihm vielleicht den Schlüssel zu einem leerstehenden Haus leihen?«
Dietrichs Furcht schlug in Überraschung um. »Ja. Woher wissen Sie das?«
»Ich bin der Grund, weshalb er ein leeres Haus brauchte«, versetzte Carmody mit schmalen Lippen. »Hat Varndal Ihnen von mir erzählt?«
»Nein, er erzählte mir überhaupt nichts.«
»Wie kommt es dann, daß Sie ihm den Schlüssel gaben?«
»Ich ... wir sind Freunde.«
»Natürlich. Wieviel bezahlte er Ihnen für die Gefälligkeit?«
Dietrich zögerte, dann schien er sich an die Pistole in Carmodys Hand zu erinnern. »Eintausend.«
»Verriet Varndal Ihnen, warum er mit Anya Berg Kontakt aufnehmen wollte?«
»Anya Berg? Kennen Sie Anya?«
»Noch nicht. Beantworten Sie mir meine Frage.«
»Ich wußte nicht einmal, daß Varndal Anya aufgesucht hatte, bis sie mir von sich aus davon erzählte«, entgegnete Dietrich. »Ich gab ihm ihren Namen, das stimmt, aber ich machte die beiden nicht miteinander bekannt. Er berief sich auf mich ohne meine Zustimmung.«
»Ich kann mir vorstellen, daß Sie darüber nicht sehr erfreut waren«, meinte Carmody. »Haben Sie einen Verdacht, weshalb Varndal ein tragbares Spezialfunkgerät mit einer ganz bestimmten Leistung und Frequenz brauchte?«
»Funkgerät? Nein. Nein, ich habe wirklich keine Ahnung.«
»Ich hoffe, Sie lügen nicht, Dietrich.«
»Ich sage die Wahrheit. Weshalb sollte ich lügen?«
»Das weiß ich noch nicht. Na schön, wo wohnt Varndal?«

»In der Kürzgasse Nummer zwanzig.«
»In einem eigenen Haus?«
»Ja. Es ist eine gemischte Nachbarschaft.«
»Gemischt?«
»Privathäuser und Geschäftsgebäude stehen nebeneinander.«
»Falls Varndal nicht dort sein sollte, wo könnte ich ihn dann finden?«
»Das weiß ich nicht.«
»Ich dachte, Sie wären sein Freund.«
»Das ist zuviel gesagt. Privat haben wir kaum miteinander zu tun.«
»Dann kennen Sie also keinen seiner Freunde? Oder Lokale, in denen er sich aufzuhalten pflegt?«
»Nein. Nein, wirklich nicht.«
»Ich sage es noch einmal, Dietrich, in Ihrem eigenen Interesse hoffe ich, daß Sie nicht lügen.«
Rückwärts gehend, verließ Carmody die Garage. Selbst draußen hörte er noch, wie Dietrich aufgeregt schnaufte. Er setzte über den niedrigen Zaun, tauchte in den Schatten der Weide ein und schritt zu seinem geparkten Auto.

Mit dem behandschuhten Zeigefinger drückte Carmody viermal auf die Klingel. Er lauschte dem Klang, der hohl in dem finsteren Klinkerhaus in der Kürzgasse Nummer zwanzig verhallte. Ohne Schwierigkeiten sprengte er das leichte Schloß und trat ein. Nachdem er hinter sich die Tür geschlossen hatte, zog er eine bleistiftdünne Stablampe aus der Manteltasche.
Dem Strahl folgend, untersuchte er die fünf Zimmer des Hauses. Systematisch öffnete er Schränke, Kommoden, Truhen. Die rasche aber gründliche Suche ergab, daß Varndal seine wichtigen Habseligkeiten eingepackt und sich aus dem Staub gemacht hatte.
Carmody fragte sich, ob er nicht eine bereits eiskalte

Spur verfolgte. Varndal hatte Zeit genug gehabt, Wien mit dem Zug oder Flugzeug zu verlassen. Doch Carmody ging davon aus, daß Varndal das Funkgerät dazu brauchte, um es in der näheren Umgebung Wiens einzusetzen.
Da er sein Haus aufgegeben hatte, war es mehr als wahrscheinlich, daß er noch in derselben Nacht das Gerät benutzte, um erst danach Wien endgültig den Rücken zu kehren. Carmody mußte ihn finden, ehe er den Sender — zu welchen Zwecken auch immer — in Betrieb setzte, solange er sich noch in Österreich aufhielt.
An einem Ende der Küche entdeckte Carmody eine Tür. Er ging hin und öffnete sie. Im dünnen Schein der Lampe erspähte er eine steile Treppe, die nach unten führte. Nach einigem Umhertasten fand er einen Lichtschalter und betätigte ihn. Ehe er die Stufen hinabstieg, zog er die Tür hinter sich ins Schloß.
Der Keller war klein und mit allerlei Gerümpel vollgestopft. In der Luft hing ein widerwärtiger Gestank nach Moder und Schimmel . . . und nach noch etwas, das Carmody auf Anhieb nicht definieren konnte. Es roch säuerlich und entsetzlich widerlich nach faulendem Fisch.
Der Boden bestand aus gestampfter Erde. Längs der Steinmauern hatte das Grundwasser tiefe Rinnen ausgewaschen, vielleicht war der Keller während der Wintermonate auch hin und wieder überschwemmt.
Zwischen unordentlich aufgestapelten Kartons tappte Carmody hin und her, prüfte deren Inhalt, der jedoch nichts Aufschlußreiches ergab. Auf einer schmalen Werkbank, die mit Winkeleisen am Gemäuer befestigt war, häuften sich leere Flaschen, Gläser und verschiedene Werkzeuge. Carmody nahm alles in Augenschein — ohne Ergebnis.
Er wandte sich um, ging ein paar Schritte auf die am entferntesten liegende Wand zu und schnupperte angewidert. Wie eine Welle schlug ihm der eigenartige, säuerli-

che Geruch entgegen. Carmody tat einen tiefen Atemzug, und plötzlich richteten sich seine sämtlichen Haare im Nacken auf.
Er hatte den Gestank identifziert, jetzt wußte er, was die Luft im Keller verpestete.
Carmody bewegte sich auf die Stelle zu, wo es am stärksten stank, und mit der Taschenlampe leuchtete er sorgfältig die feuchten Vertiefungen längs des Fundamentes ab. Er entdeckte etwas und trat näher heran.
Das Etwas entpuppte sich als ein Schuh, in dem ein menschlicher Fuß steckte.
Carmody eilte zur Werkbank, ergriff die Maurerkelle, die er dort gesehen hatte, und ging zu dem Fuß zurück. Auf einem Bündel alter Zeitungen kniete er nieder und begann zu graben.
Er brauchte nur wenige Minuten, um den Körper von dem losen Erdreich freizulegen und im Schein der Taschenlampe zu erkennen, daß es sich bei dem Toten um einen Mann handelte.
Der fortgeschrittene Verwesungszustand und die Tatsache, daß das am Gemäuer herabrinnende Wasser einen Teil der Leiche freigelegt hatte, erklärten den widerwärtigen Gestank.
Angeekelt, aber vorsichtig untersuchte Carmody den Toten. Er fand eine wasserdurchtränkte, in Auflösung begriffene Brieftasche. Behutsam öffnete er sie und hielt den Strahl der Lampe auf den Inhalt gerichtet.
Die meisten Papiere waren bis zur Unkenntlichkeit aufgeweicht, doch ein paar Karten steckten in schützenden Plastikhüllen. Er verstand genug Deutsch, um die Beschriftungen zu lesen. Auf diese Weise erfuhr er, daß der Tote Karl Heinz hieß, von Beruf Elektriker war und in der Kürzgasse zweiundzwanzig wohnte. Er vergegenwärtigte sich, daß dies das Nachbarhaus sein mußte.
Carmody richtete sich aus seiner gebückten Haltung auf. Er entsann sich, daß das benachbarte Gebäude ein düste-

rer Klinkerbau war, den man teilweise verputzt hatte. An mehr vermochte er sich nicht zu erinnern, doch bei seinem Kommen hatte er auch nur flüchtig auf das Nachbarhaus geachtet.

Bis zu einem gewissen Grad konnte er sich die Vorgänge, die stattgefunden haben mußten, zusammenreimen. Doch es fehlte jegliches Motiv für Heinz' Ermordung. Eines war jedoch klar — der Tote im Keller würde ihn auf Varndals Spur bringen.

Carmody hastete die Treppe hinauf, löschte im Keller das Licht und eilte durch die Küche zum Hinterausgang. In dem kleinen, rückwärtig gelegenen Garten wuchsen ein paar Fichten, die jedes Licht abzuschirmen schienen. In den Zweigen hingen dichte weiße Nebelschwaden.

Er traf auf einen Zaun aus Maschendraht, der Varndals Garten vom Nachbargrundstück trennte. Nebenan befand sich die Werkstatt des Elektrikers Karl Heinz. Über den Zaun war zusätzlich Stacheldraht gespannt, doch der bildete für Carmody kein unüberwindliches Hindernis.

Er spähte um die Hausecke und sah, daß die Kürzgasse einsam und verlassen dalag wie zuvor. Mühelos stieg er über den Zaun, wobei seine dicken Lederhandschuhe ihm gute Dienste leisteten. Mit einer Hand drückte er den Stacheldraht hinunter, dann schwang er zuerst das eine, dann das andere Bein hinüber. Sobald er auf dem Nachbargrundstück stand, lief er, jeden Schatten ausnutzend, zum Hintereingang der Werkstatt.

In weniger als zwei Minuten hatte Carmody das altmodische Schloß geöffnet. Er schlüpfte in die Werkstatt hinein, wobei er nicht vergaß, die Tür sorgfältig hinter sich zu schließen. Dann holte er die kleine Lampe aus der Tasche. Der Lichtfinger tastete sich den Raum entlang, bis Carmody sich vergewissert hatte, daß es sich tatsächlich um eine Elektro-Werkstatt handelte.

Er entdeckte Drahtrollen, Kabel, Werkzeuge, die ein

Elektriker zur Ausübung seines Berufs brauchte. Außerdem gewahrte er zwei weitere Türen — beide geschlossen. Die eine führte in einen kleinen Laden, die andere in das Büro. Dort hinein ging Carmody.
Das Büro war klein und peinlich sauber aufgeräumt. Es hatte den Anschein, als hätte erst kürzlich jemand dort Ordnung geschaffen. Verwandte vielleicht, die nach Karl Heinz' mysteriösem Verschwinden bereits den mutmaßlichen Nachlaß sichteten.
Der Raum enthielt einen Schreibtisch und drei große Aktenschränke. Offenbar waren die Geschäfte des Elektrikers gut gelaufen.
Als Carmody den Inhalt der Aktenschränke prüfte, fiel ihm auf, daß die Ablage datenmäßig geordnet war und nicht alphabetisch. Das erleichterte seine Nachforschungen ungemein.
Er griff nach der letzten Akte, die in dem Monat von Heinz' Tod angelegt worden war, und studierte systematisch die Eintragungen. Die Suche ergab kein Ergebnis. Falls sich tatsächlich ein verfängliches Schriftstück in dem Ordner befunden hatte, so war es verschwunden. Varndal würde dafür gesorgt haben, daß er keine Spuren hinterließ.
Er klappte den Ordner zu und stellte ihn in den Schrank zurück. Dann widmete er sich dem Schreibtisch. In zwei Drahtkörbchen lagen, sauber aufeinandergeschichtet, Papiere. Er prüfte den Inhalt des obersten Behälters, fand indessen nichts. Dann begann er mit der Durchsicht des zweiten Stapels.
Ein drei Seiten langer Geschäftsbericht, an den ein Brief geheftet war, erregte und fesselte seine Aufmerksamkeit. Der vorgedruckte Briefkopf und die Unterschrift ergaben, daß der Absender des Schreibens Gunter Amerling hieß. Amerling schrieb, daß er dem Brief als Anlage einen Scheck beifüge.
Außerdem las Carmody sowohl den Geschäftsbericht als

auch den Brief. Und dann hatte er die Antwort.
Der Brief mit dem Scheck war nach Heinz' Ermordung eingetroffen. Wer immer seine Geschäftspost öffnen mochte, hatte das Schreiben gewissenhaft in den Ablagekorb gelegt. Varndal hatte von diesem Brief nichts gewußt, denn sonst hätte er ihn vernichtet, wie sämtliche andere Unterlagen, die von dem Geschäft mit Amerling handelten.
Carmody blickte auf seine Uhr: zehn Minuten vor elf. Vielleicht war es noch nicht zu spät. Varndal würde sich hüten, den Sender zu verhältnismäßig früher Stunde einzusetzen. Denn selbst wenn Amerling und seine Familie nicht daheim waren, so mußte er Rücksicht auf Hausangestellte und Nachbarn nehmen.
Carmody verließ das Büro und betrat den kleinen Laden. Vorsichtig spähte er durch die Lamellen der zugezogenen Jalousie. Die Kürzgasse war menschenleer.
Ohne Mühe sperrte er das Türschloß auf und trat hinaus auf die öde, verlassene Straße. Mit schnellen Schritten begab er sich zu seinem Wagen zurück.
Auf dem Stadtplan suchte er die Straße, in der Amerling wohnte. Sie befand sich in einem nordwestlich gelegenen Vorort Wiens.
Ohne lange zu fackeln, fuhr er los. Sein Fuß ruhte auf dem Gaspedal, sein Kopf schmerzte von dem Schlag und der neu hinzugekommenen inneren Anspannung.
Im Geist legte sich Carmody die Fakten zurecht, wie sie sich ihm bis jetzt darboten.
Von Gunter Amerling hatte Karl Heinz den Auftrag erhalten, in sein Privathaus einen großen, dickwandigen Stahlsafe einzubauen. Es handelte sich nicht um die herkömmliche Art von Tresor, sondern um einen Typ, der kein Zahlenkombinationsschloß besaß. Im Grunde handelte es sich um nichts weiter als eine Stahlkammer ohne sichtbare Türöffnung.
Der Safe wurde bedient durch ein gequarztes Funkgerät

von ultrahoher, extrem starker und stetiger Frequenz. Es aktivierte die Schließvorrichtung, die verdeckt in die Stahltür eingelassen war.
Falls jemand versuchte, den Safe mit einem herkömmlichen Funkgerät zu öffnen oder gar ihn gewaltsam zu sprengen, wurde sowohl im Haus als auch in der nächsten Polizeistation ein Alarm ausgelöst. Die Konstruktion war supermodern und supersicher. Karl Heinz, den Amerling mit der Installation dieser Anlage betraut hatte, war offenbar ein Meister seines Fachs. Er hatte an alles gedacht — bis auf einen unvorhersehbaren Faktor, den er gar nicht hätte berücksichtigen können.
Dieser unvorhersehbare Faktor hieß Anton Varndal.
Er war Heinz' Nachbar, vielleicht sogar sein Freund und Trinkkumpan. Er bekam Wind von dem Auftrag, den Heinz für Amerling ausführte, und faßte den Plan, das zu stehlen, was auch immer in diesem Safe aufbewahrt sein mochte. Auf jeden Fall mußte es etwas ungeheuer Wertvolles sein.
Der Plan gestaltete sich unglaublich simpel, er war die Einfachheit selbst. Varndal brauchte nichts weiter, als sich einen kleinen, tragbaren Sender von der Art und Frequenz zu besorgen, der die Türverriegelung zu Amerlings Tresor aktivierte. Deshalb legte er so viel Wert darauf, daß die Schwankungstoleranz des Signals so gering war — unterschritt sie eine gewisse Abweichung nach oben oder unten, wurde der Alarmton ausgelöst.
Varndal mußte sich mit seinem Ansinnen Heinz genähert haben, denn er brauchte ja jemanden, der für ihn den tragbaren Sender herstellte. Er selbst konnte sich kein Gerät dieser Art verschaffen, es sei denn, er stahl es Amerling. Doch das hätte ein zusätzliches Risiko bedeutet, außerdem wäre die Gefahr einer Entdeckung zu groß gewesen. Und falls Amerling den Sender in einem Versteck aufbewahrte, was zu vermuten war, so konnte er nicht sicher sein, daß er ihm sein Geheimnis auch ver-

riet. Der andere Weg war einfacher — jedenfalls hatte Varndal es sich so ausgerechnet.
Heinz ließ sich auf Varndals Vorschlag nicht ein. Vielleicht drohte er sogar, zur Polizei zu gehen oder Gunter Amerling einzuweihen. Varndal hatte Heinz getötet, damit er schwieg. Die Leiche vergrub er in seinem eigenen Keller. Es war der ideale Ort, um einen Toten verschwinden zu lassen, denn wenn die Polizei hinsichtlich seiner unerklärlichen Abwesenheit Nachforschungen anstellte, so käme man jedoch nie auf den Verdacht, Heinz sei von einem Nachbarn ermordet worden. Kein Mensch käme auf die Idee, seine Leiche könne in einem benachbarten Keller liegen.
Durch Dietrich lernte Varndal Anya Berg kennen, und wiederum durch sie Josef Bruckner, der ihn mit Carmody zusammenbrachte. Da er in einer heruntergekommenen Gegend wie dieser lebte, durfte man getrost davon ausgehen, daß er über sehr wenig Geld verfügte. Irgendwie hatte er es geschafft, die zweitausend Dollar Anzahlung aufzubringen, damit Carmody ihm den Sender besorgte — und ihn zu einem ganz bestimmten Zeitpunkt übergab. Der Umstand, daß ein festgesetzter Termin eine wichtige Rolle spielte, überzeugte Carmody, daß Amerling sein Haus vorläufig verlassen haben mußte, und daß es relativ unbeaufsichtigt war.
Vielleicht befand sich Gunter Amerling zur Zeit nicht einmal in Wien. Und offenbar setzte er ein grenzenloses Vertrauen in seinen neuen Safe. Amerlings Abwesenheit verführte Varndal dazu, seinen Coup so rasch wie möglich auszuführen.
Nachdem Carmody den Sender ablieferte, schlug Varndal ihn aus dem einfachen Grund nieder, weil er die noch zu bezahlenden achttausend Dollar nicht besaß. Es glich einem Akt der Verzweiflung. Er hätte Carmody um eine Frist bitten können, um ein paar Tage Aufschub. Aber er hatte sich für eine dilettantische, amateurhafte

Lösung entschieden. Er wählte einen drastischen Weg, indem er alles auf eine Karte setzte, ohne an mögliche Folgen zu denken oder sich einen sorgfältigen Plan zurechtzulegen.

Gegen halb elf erreichte Carmody die Straße, an der Gunter Amerlings Haus lag. Die Gegend wirkte vornehm. Längs einer birkengesäumten Zufahrt, die ausschließlich Anliegern vorbehalten war, erstreckten sich von hohen Mauern umfriedete Anwesen.

Gleich an dieses Wohnviertel schloß sich der berühmte Wienerwald an. Zwischen nebelverhangenen Tannen schlängelte sich der Weg bergan. Zuerst herrschte noch Mischwald vor, der allmählich jedoch, mit zunehmender Steigung, gewaltigen, alten Nadelbäumen Platz machte. Schemenhaft reckten sich die kahlen Zweige der Birken, Buchen und Eichen in den dunklen Himmel, ihre Wipfel in den weißgrauen Schleiern versteckend. Der Szene haftete etwas Gespenstisches an.

Carmody fand das Haus, das er suchte. Die Nummer stand auf zwei Findlingen, die die hohe Steinmauer, die parallel zur Straße verlief und den Besitz eingrenzte, noch überragten. Eingefaßt in die beiden Findlinge war ein schmiedeeisernes Tor, das aller Wahrscheinlichkeit nach durch Fernsteuerung bedient wurde.

Er passierte das Portal und parkte den Wagen ein gutes Stück von der Straße entfernt. Zu Fuß begab er sich zu der Steinmauer.

Es fiel Carmody nicht schwer, die glatte und hohe Wand hinaufzuklettern. Keine Minute später bahnte er sich einen Pfad durch einen dichten Birkenbestand. Er schlug die Richtung ein, in der er das Haus vermutete. Das dikke Polster aus feuchtem Laub dämpfte jeden seiner Schritte.

Das Wäldchen endete, und ungefähr einhundert Meter weiter entdeckte er die Villa. Die im neoklassizistischen Stil gehaltene Fassade war offensichtlich erst kürzlich re-

noviert worden. Dichter Nebel umhüllte das Gebäude, kein einziges Fenster war erhellt.
Zur Linken erspähte Carmody eine private Zufahrt, die vom Portal zum Hauseingang führte. Auf halber Höhe stand, inmitten von Bäumen und kaum zu sehen, ein Bungalow, in dem vermutlich ein Bediensteter Amerlings wohnte, vielleicht die Wirtschafterin oder ein Gärtner. Ein erleuchtetes Fensterviereck schimmerte matt durch den Nebel. Alles machte einen ruhigen, normalen Eindruck.
Carmody schloß nicht aus, saß Varndal sein Vorhaben bereits beendet und sich aus dem Staub gemacht hatte. Doch um sicherzugehen, mußte er die Situation prüfen. Sich im Schatten der Bäume haltend, bewegte er sich in einem Winkel auf die Villa zu. Schemengleich huschte er die Seitenwand entlang und erreichte den rückwärtigen Teil des Gebäudes. Die Fenster beider Etagen waren mit stabil aussehenden Blendläden verschlossen.
Carmody durchquerte einen Garten und gelangte auf einen steingepflasterten Hof. Die Fenstertüren, die auf den Patio führten, waren natürlich verriegelt.
Er schlich zur anderen Seite des Hauses und stieß auf einen kurzen, hohen Anbau, in dem sich offenbar noch ein Dienstbotentrakt und die Küche befanden.
Im Obergeschoß sickerte Licht durch zugezogene Fenstervorhänge, also war das Haus auch während Amerlings Abwesenheit nicht völlig verlassen. Vermutlich wohnte dort oben jemand vom Hauspersonal.
Für Varndals Pläne spielte dies keine Rolle. Der Diebstahl würde geräuschlos vonstatten gehen.
Noch während Carmody schaute, erlosch das Licht im Dienstbotenflügel. Völlige Finsternis hüllte ihn und das Haus ein.
Etwas Kurzes, Wurmartiges streifte seine Hosenbeine. Carmody bückte sich und hob es auf. Es handelte sich um ein Stück schwarzen Draht, ungefähr dreißig Zenti-

meter lang, das der Wind über den Boden getrieben hatte. Es sah aus, als wäre es aus einer nahe gelegenen elektrischen Leitung geschnitten worden.
Er dachte sich, das Haus müsse durch irgendeine herkömmliche Alarmanlage gesichert sein, von der Varndal gewußt hatte. Entweder hatte er es von Heinz erfahren oder durch Stöbern in dessen Geschäftsunterlagen herausbekommen. An einer bestimmten Stelle durchschnitt er dann das System, um unbemerkt in die Villa zu gelangen.
Also war Varndal bereits dagewesen ... oder hielt sich sogar immer noch im Haus auf.
Carmodys Lippen wurden schmal. Er bleckte die Zähne. Er rüstete sich zum Weitergehen, als vor ihm die Blendläden eines Fensters zu klappern begannen. Sie waren geöffnet und von innen wieder geschlossen worden, allerdings nicht fest genug.
Vorsichtig pirschte er sich an das Fenster heran. Durch die Ritzen zwischen den einzelnen Läden vermochte er nicht zu spähen, jedenfalls konnte er nicht deutlich genug erkennen, was drinnen in dem Raum vor sich ging. Plötzlich blitzte ein Lichtschein auf, erlosch, um gleich darauf wieder huschend durchs Innere eines Zimmers zu wandern. Ohne Zweifel hantierte jemand mit einer Taschenlampe.
Im Haus bewegte sich Varndal, gefangen in einem Netz, in das er sich selbst mit Fleiß eingesponnen hatte.
Carmody schlich zum Dienstbotenflügel zurück, wo er sich, die Beretta schußbereit in der Hand, in die tiefen Schatten duckte. Eine Brise blies ihm den klammen Nebel ins Gesicht, welkes Laub und kleinere Zweige umwirbelten seine Schuhe. Von alldem merkte Carmody kaum etwas. Den Blick gebannt auf das Fenster geheftet, wartete er darauf, daß Varndal herauskletterte.
Nach ungefähr zehn Minuten wurden die Läden sachte von innen aufgestoßen. In dem dunklen Fensterviereck

erschien eine schwarzgekleidete Gestalt. In der Linken trug sie eine große Tasche, die Rechte umklammerte das Funkgerät. Der Mann schwang sich über die Brüstung, legte die beiden Sachen auf dem Boden ab und sicherte die Läden.
Er schaute sich um, ohne Carmody indessen zu entdekken, dann setzte er sich auf den Wald zu in Bewegung, der in dieser Richtung bis dicht an das Haus heranreichte.
Carmody folgte ihm auf dem Fuß, den Schutz der Hauswand ausnutzend. Er hielt gerade so viel Abstand, um ihn zwischen den Baumstämmen, in denen weiß der Nebel hing, nicht zu verlieren.
Varndal fiel in eine Art Laufschritt, wobei das Gewicht der Tasche und des Funkgeräts ihn zu behindern schien. Schwerfällig trabte er voran, während Carmody ihm wieselgleich nachsetzte. Geräuschlos huschte er von Baum zu Baum, Deckung suchend, für den Fall, daß Varndal sich einmal umblicken sollte.
Varndal schien jedoch von dem einzigen Gedanken besessen, die hohe Umfriedungsmauer zu erreichen. Sein einziges Sinnen und Trachten war auf Flucht gerichtet. Er wollte sich und seine kostbare Beute so rasch wie möglich in Sicherheit bringen.
Durch die Bäume tauchte die Steinmauer auf, und Varndal beschleunigte seine Schritte. Sein Atem ging keuchend, als er am Fuß der Mauer anlangte. Deutlich konnte Carmody sein schweres Atmen hören.
Um Luft zu schöpfen setzte Varndal seine Last auf dem Boden ab. Unterdessen hatte sich Carmody ihm bis auf dreißig Schritte genähert — und Varndal horchte sichtlich auf.
Dann wußte er, daß er verfolgt wurde. Mit einem jähen Satz entfernte er sich von der Mauer. Gebückt zog er etwas aus seinem Hosengurt. Doch Carmody kam ihm zuvor. Zwei Schüsse aus seiner Beretta — Varndal gab

einen röchelnden Laut von sich und sackte auf die Knie. Mit weitaufgerissenen Augen starrte er zu Carmody empor. In seinem Blick lag völlig überraschtes Erkennen. Sein Gesicht war weiß, und vor Schmerzen spannte sich die Haut über den Wangenknochen.

Carmody rannte zu ihm, die Beretta im Anschlag. Doch Varndal konnte nicht mehr kämpfen. Er versank in Fassungslosigkeit und Entsetzen, er vermochte es nicht zu begreifen, daß Carmody ihn gefunden und auf ihn geschossen hatte.

Seine Lippen bewegten sich, versuchten Worte zu formen, doch die Stimme versagte. Plötzlich kippte er vornüber. Die Waffe fiel zu Boden, er verlor die schwarze Mütze, die sein Haar verdeckt hatte. Der auffrischende Wind brachte die blonden Strähnen unbarmherzig durcheinander, während er reglos auf dem dicken Laubteppich lag.

Carmody steckte die Beretta fort. Dann bückte er sich nach der Tasche und dem Sender und schritt die Mauer entlang zum Eingangsportal. Wenn ein Bediensteter oder die Wirtschafterin die Schüsse gehört hatten und beschlossen, deren Ursache zu erforschen, mußten sie das Wäldchen durchqueren. Es verginge eine geraume Zeit, ehe sie Varndals Leiche fänden und zum Bungalow zurückeilten, um die Polizei zu benachrichtigen.

Ohne Zwischenfall erreichte Carmody das Tor. Er überquerte die Zufahrt und tauchte ein in das Gewirr aus Baumstämmen, das sich auf der anderen Seite befand. Als er sich an der Stelle angekommen wähnte, an der er die Außenmauer überklettert hatte, hob er die Tasche und den Sender auf die Mauerkrone und stemmte sich danach selbst hoch. Oben blieb er eine Weile liegen, um die Straße zu beobachten. Kein Licht, keine Bewegung. Beladen mit seiner Last sprang er hinunter und eilte zu seinem Auto.

Tasche und Sender verstaute er im Kofferraum. Er setzte

sich hinter das Lenkrad, wendete und fuhr ohne Beleuchtung die Straße zurück.
Als er das Tor passierte, spähte er hindurch. Das Anwesen Gunter Amerlings wirkte wie ausgestorben. Fünf Minuten später befand er sich auf einer der Hauptstraßen, die direkt nach Grinzing führten.

»Goldmünzen!« staunte Bruckner. »Europäische Gedenkmünzen — komplette Serien. Das also holte Varndal aus Amerlings Safe.«
Carmody nickte. Er hatte Bruckner in dessen Grinzinger Wohnung aufgesucht und ihm die ganze Geschichte erzählt. »Anscheinend gehört Amerling zu diesen passionierten Sammlern, die ein Vermögen in ihr Hobby investieren.«
»Die Münzen haben einen ungeheuren Wert«, sinnierte Bruckner. »Ich tippe auf mindestens fünfzigtausend amerikanische Dollar.«
»Das spielt keine Rolle, da ich ohnehin keinen Cent an ihnen verdienen werde.«
Verblüfft starrte Bruckner ihn an. »Das verstehe ich nicht.«
»Morgen früh gehen diese Münzen an Amerling zurück, in einem Päckchen, das irgendwo in Wien per Post abgeschickt wurde. In Amerlings Safe befanden sich außerdem dreißigtausend Schilling, die Varndal ebenfalls mitnahm. Umgerechnet sind es zwar nicht ganz achttausend Dollar, doch es genügt mir. Ich finde, Amerling ist mir für meine Zeit und meine Bemühungen diese Summe schuldig.«
»Ich verstehe Sie immer noch nicht, Herr Carmody«, wiederholte Bruckner. »Fünfzigtausend amerikanische Dollar . . .«
»Von mir aus können es hundertfünfzigtausend sein«, fiel Carmody ihm ins Wort. »Ich bin kein Dieb. Ich umgehe das Gesetz, aber ich stehle nicht.«

Bruckner verzichtete auf eine Diskussion. Er stieß einen schweren Seufzer aus. »Morgen kümmere ich mich darum, daß die Münzen an Amerling zurückgeschickt werden.«
»Ich verlasse mich auf Sie.«
Bruckner deutete ein Lächeln an. »Ich habe nicht die Absicht, Sie zu betrügen, Herr Carmody. So töricht bin ich nicht.«
Die Uhr zeigte zwei Uhr früh. »Ich glaube, ich gehe jetzt, Bruckner«, verabschiedete sich Carmody. »Und wenn Sie mir das nächste Mal ein Geschäft vermitteln, prüfen Sie den Kunden vorher etwas eingehender. Ich möchte nicht, daß sich der Fall Varndal wiederholt.«
»Ich werde sehr vorsichtig sein«, versprach Bruckner.

Immer Ärger mit Walter

Stephen Wasylyk

Onkel Walter kam wieder einmal zu seinem jährlichen Besuch.

Soweit es Marius Danby betraf, sah er kaum einen Grund für Fahnenschmuck und Blaskapelle. Genau gesagt, hielt Danby selbst ein flatterndes Taschentuch und ein verstimmtes Solo von *Horch, was kommt von draußen rein* für zuviel.

Onkel Walter erwartete von Danby, daß er ihn mit Essen, Trinken und einem Bett versorgte, während er sich in der Stadt aufhielt; und wenn das Bett auch praktisch nichts kostete, so war das Essen und Trinken für Onkel Walter dafür um so kostspieliger. Onkel Walter hatte drei Laster: Essen, Trinken und ein phantastisches Talent, dafür keinen einzigen Cent seines bescheidenen Vermögens auszugeben. Onkel Walter war, mit einem Wort, ein Nassauer.

Es lag nicht nur an dem Geld, das Onkel Walter nicht ausgab, oder an seinen gastronomischen Ansprüchen, weshalb Danby ihn gründlich verabscheute, sondern der eigentliche Grund war, daß Onkel Walter fast einsneunzig groß war und knapp zweihundertdreißig Pfund wog. Sein kleiner Kopf mit den hervorquellenden Schweinsäuglein, der Knollennase und der markanten, mit einem struppigen Schnauzbart verzierten Oberlippe, erinnerte Danby an ein weißhaariges Walroß. Schon rein körperlich fand Danby seine Gegenwart immer überwältigend; er selbst war höchstens einsfünfundsechzig groß und brachte nur hundertvierzig Pfund auf die Waage, mit

dem glatten runden Gesicht und der hohen, etwas piepsigen Stimme eines Schuljungen. Danby fühlte sich wie ein Zwerg, wenn Onkel Walter in der Nähe war.
»Er ist ein Schwein«, sagte Galatea Danby, »nur an geschnorrtem Essen und Schnaps interessiert.«
»Prima«, erwiderte Danby. »Wenn er so weitermacht, lebt er nicht mehr lange. Da du sein Geld erbst, bin ich dir gern in jeder Weise behilflich, obwohl mich seine jährlichen Besuche ein kleines Vermögen kosten, weil er so ungern wieder weggeht.«
Sie schnaubte wütend. »Der überlebt uns beide und seinen Arzt auch; und selbst wenn er stirbt, möchte ich dieses Geld in die Finger bekommen, solange ich noch jung genug bin, um etwas davon zu haben.«
»Sehr einfach. Sieh zu, daß du ihn beseitigst«, meinte Danby.
»Vielleicht werde ich genau das tun.«
Danby grinste. Der Gedanke, daß seine zierliche Frau, noch kleiner und leichter als er, jemanden beseitigen sollte, war ziemlich lächerlich. »Ich fahre jetzt besser los und hole ihn ab«, sagte er. »Du weißt ja, was er möchte, sobald er zur Tür hereinspaziert kommt.«
»Ich kümmere mich um das Essen«, erwiderte sie scharf. »Sieh nur zu, daß du genügend harte Sachen für ihn hast.«
»Ich frage mich, wie lange er diesmal bei uns schnorren will«, sinnierte Danby.
»Nicht lange«, erklärte sie grimmig, als Danby zur Tür ging.

Onkel Walter marschierte ungeduldig in der Ankunftshalle auf und ab, als Danby ihn schließlich fand.
»Ich warte schon seit einer halben Stunde«, sagte er vorwurfsvoll.
»So ein Pech«, antwortete Danby, »aber sogar um diese späte Stunde nimmt der Verkehr keine Rücksicht auf deine Gefühle.«

»Ich habe Hunger«, erklärte Onkel Walter. »Hoffentlich hat Galatea etwas gekocht.«
»Haben sie dir in der Maschine nichts zu essen gegeben?«
»Das war nicht mehr als ein Bissen für meinen hohlen Zahn. Außerdem muß man für Getränke selbst zahlen. Wo ist dein Wagen?«
Danby führte ihn hinaus. Onkel Walter betrachtete das Gefährt kopfschüttelnd von allen Seiten. »Was soll denn das sein?«
»Ein zweisitziger Sportwagen«, erklärte Danby. »Klein, aber eine flotte und sparsame Maschine.«
Onkel Walter grinste abfällig. »Sieht aus wie eine motorisierte Seifenkiste. Da passe ich wahrscheinlich überhaupt nicht rein.«
»Du paßt rein«, versicherte Danby. »Sonst gehst du nämlich zu Fuß.« Er hielt ihm die Tür auf. »Ich lege dein Gepäck in den Kofferraum.«
Mit viel Mühe quetschte Onkel Walter sich in den Wagen, die Schultern gekrümmt, die Knie bis zur Brust hochgezogen. »Ich glaube kaum, daß ich jemals wieder hier hinauskomme.«
»In diesem Fall werde ich das Auto mit dir darin verkaufen«, sagte Danby. »Ich erkläre, daß du eine wertvolle Sonderausstattung bist.«
Die Fahrt nach Hause dauerte nicht lange. Danby wohnte ziemlich in der Nähe, in einem hügeligen Vorort, der erst vor kurzem entstanden war. Er hatte ein kleines zweistöckiges Haus mit einer angebauten Garage.
Wie Danby schon befürchtet hatte, verlor Onkel Walter keine Zeit. »Du hast bestimmt etwas zu essen im Haus«, sagte er zu Galatea.
»Roastbeef und Kartoffelbrei«, erklärte sie. »Ich kann dir ein richtiges Festessen versprechen.«
»Ich hatte eigentlich auf eine mehr internationale Küche gehofft«, meinte Walter, »aber eine raffinierte Köchin warst du ja noch nie. Na ja, wollen wir mal probieren,

was bei deinen Kochkünsten herausgekommen ist.« Er wandte sich an Danby. »Du hast bestimmt irgendwo eine Flasche versteckt.«
»Das kann ich leider nicht abstreiten«, brummte Danby. »Du hast sogar die große Auswahl.«
»Ich nehme den Bourbon, und mach dir keine Mühe mit Eis und Soda. Die Flasche reicht schon.«
Danby wußte genau, daß Onkel Walter ähnlich wie ein feudaler Gutsherr die nächsten Stunden mit Essen und Trinken verbringen würde, wobei er bei einer Sitzung mehr verdrückte, als vier erwachsene Personen normalerweise essen konnten.
Danby brachte ihm die Flasche ins Wohnzimmer. Onkel Walter schenkte sein Glas voll. »Das regt den Appetit an«, erklärte er. »Du kannst mich jetzt allein lassen, Marius. Ich habe einen Genossen hier, dessen Gegenwart völlig ausreicht, um mich zu trösten und zu wärmen.«
Danby ging in die Küche. »Er ist wieder bei uns, in seiner ganzen Pracht und Herrlichkeit«, sagte er. »Der alte Walter, wie er leibt und lebt. Er wird sich besaufen und besoffen bleiben, bis er einschläft. Morgen erwartet er bestimmt, daß wir ihn in das teuerste Restaurant zum Essen ausführen.«
»Vielleicht wird er nicht in der Lage dazu sein.«
»Für eine Einladung zum Essen würde der sogar aus dem Grab aufsteigen.«
Heftig knallte sie den Topf auf die Herdplatte. »Vielleicht muß er genau das tun.«
Danby lachte leise. »Was hast du vor? Ihn vergiften?«
»Ich möchte es wenigstens versuchen.«
Danby lachte schallend. »Dann werde ich ihn dir für eine Weile überlassen. Kannst mich ja rufen, wenn du Hilfe bei der Beseitigung der Leiche brauchst.«
»Gern. Besten Dank für das Angebot.«
Danby grinste noch immer, als er bei Walter vorbeikam, der sich gerade mit seinem zweiten Glas Bourbon be-

schäftigte. Wäre eine ganz schöne Arbeit, diese Leiche zu beseitigen. Manchmal hatte seine Frau schon einen merkwürdigen Humor.
Da im Augenblick weder seine Frau noch Onkel Walter ihn brauchten oder seine Anwesenheit wünschten, legte er sich aufs Bett und schloß die Augen. Es war ein langer Tag gewesen, und Onkel Walters mitternächtliche Ankunft hatte ihn auch nicht gerade kürzer gemacht.
Er wachte auf, als seine Frau ihn am Arm berührte.
»Walter ist von uns gegangen«, sagte sie.
»Prima. Was hat ihn vertrieben? Dein Essen oder mein Schnaps?«
»Er ist nicht weggegangen, er sitzt immer noch unten«, erwiderte sie ungeduldig. »Er ist tot.«
Danby richtete sich auf, war jetzt hellwach. »Du machst wohl einen Witz.«
»Sieh doch selbst.«
Walter lag halb über dem Eßtisch, sein Gesicht neben einem halbvollen Teller, vor ihm die fast leere Whiskyflasche. »Er ist nur besinnungslos«, sagte Danby.
Seine Frau schnaubte wütend. »Aber bis in alle Ewigkeit.«
Danby suchte nach einem Puls und fand keinen, blieb aber unschlüssig, vor allem weil er eigentlich gar nicht genau wußte, wo und wie man nach einem Puls fühlte. Er packte Walters volles weißes Haar und zog daran. Es löste sich und hinterließ einen großen kahlen Fleck, eingerahmt von dünnem grauen Flaum.
»Paßt zu ihm«, höhnte seine Frau. »Er war genau der Typ für eine Perücke. Was sollen wir mit ihm anfangen?«
»Sehr einfach. Wir rufen einen Krankenwagen.«
Sie schüttelte den Kopf. »Das würde ich nicht tun.«
»Warum nicht? Das viele Essen und Trinken war sein Untergang. Er ist ganz offensichtlich an einem Herzversagen gestorben. Nichts Ungewöhnliches in deiner Familie, wie du weißt.«
»Herzversagen — von wegen! Ich habe dir doch gesagt,

ich würde es tun. Ich habe ihn umgebracht.«
Danby lachte. »So schlecht ist dein Essen ja nun auch wieder nicht. Wie hast du das angestellt?«
»Es war ganz einfach. Ich habe es genauso gemacht wie die Frau, von der ich letzte Woche in der Illustrierten las. Du kennst doch diese Seite, wo ein Psychiater gute Ratschläge gibt, wie man seine Eheprobleme lösen kann. Ich nahm alle unsere Schlaftabletten und gab sie in seinen Kartoffelbrei. Das Pulver und der Whisky haben ihn erledigt.«
»Beklagte er sich nicht über den Geschmack?«
»Ein Ruf als schlechte Köchin hat eben manchmal auch Vorteile.«
Danby seufzte. »Es steht mir ja nicht zu, dir Vorwürfe zu machen, aber ich wünschte nur, du hättest vorher mit mir gesprochen.«
»Habe ich doch. Ich sagte dir, ich würde es tun.«
»Das nahm ich nicht ernst. Schließlich tut man solche Dinge nicht aus einer Eingebung heraus. Wenn man nicht geschnappt werden will, erfordert es sorgfältige Planung und Vorbereitung. Du hast das Wichtigste übersehen.«
»Ich dachte, ich hätte es ziemlich gut geplant.«
»Und wie wolltest du dann die Leiche verschwinden lassen?«
»Ehe ist eine Partnerschaft«, erklärte sie. »Ich habe meinen Teil getan, jetzt bist du dran. Vergrab ihn im Keller oder so was Ähnliches.«
»Unmöglich. Der Kellerboden besteht aus fünfzehn Zentimeter Beton; ich habe keine Werkzeuge dafür, und im Garten können wir ihn ebenfalls nicht verscharren. Ich weigere mich kategorisch, wegen Onkel Walter mein Rosenbeet umzugraben.«
»Dann setzen wir ihn in den Wagen und laden ihn irgendwo ab.«
»Und wo willst du ihn abladen?«
»Die Polizei findet doch anscheinend dauernd Leichen

im Fluß oder auf diesen verwahrlosten Äckern in der Nähe vom Flughafen. Wenn die Profis das machen, warum können wir das nicht auch?«
Danby überlegte sich den Vorschlag. »Ich nehme an, diese Leute verstehen wirklich ihr Geschäft. Wir müssen ihn in den Wagen schaffen, das ist unser erstes Problem.« Er mühte sich mit Walter ab, ohne großen Erfolg. »Du mußt mir helfen.«
Gemeinsam gelang es ihnen, Walters Leiche vom Stuhl und auf den Boden zu zerren, und das war wirklich Schwerstarbeit.
Atemlos richtete Danby sich auf. »Ein echtes Problem. Ich glaube kaum, daß wir ihn hinaus zum Auto schleifen können. Wir müssen den Schubkarren nehmen.«
»Den habe ich gestern einem unserer Nachbarn geliehen, aber im Hof steht etwas anderes, das wir vielleicht genausogut nehmen können.«
Sie verschwand und tauchte mit einem Höllenlärm wieder auf. Hinter sich zog sie einen Einkaufswagen aus dem Supermarkt her.
Danby war entsetzt. »Es ist verboten, so ein Ding mit nach Hause zu nehmen. Du kannst dafür eingesperrt werden und einen Strafbefehl bis zu fünfundzwanzig Dollar bekommen.«
»Quatsch«, erwiderte sie. »Er ist nicht geklaut. Ich habe ihn nur ausgeborgt. Ich bringe ihn jedesmal in den Laden zurück, wenn ich einkaufen gehe.«
»Es ist trotzdem ungesetzlich«, protestierte Danby. »Laß ihn in Zukunft dort stehen.«
»Und wie bringe ich meine Einkäufe nach Hause?«
»Nimm ein Taxi.« Stirnrunzelnd betrachtete er den Einkaufswagen. »Onkel Walter paßt da nicht rein.«
»Vielleicht können wir ihn obendrauf legen.«
»Das wäre möglich. Hilf mir mal, ihn hochzuheben.«
Walter schien noch schwerer geworden zu sein. Außerdem waren seine Leiche und der Einkaufswagen nicht

gerade hilfsbereit. Nach einem schweren Kampf, in dessen Verlauf Danby davon überzeugt war, sich einen Leistenbruch zugezogen zu haben, gelang es ihnen, Onkel Walter oben auf den Karren zu setzen, wo er wie ein übermäßig aufgeblähtes Baby thronte, die Beine über das Vorderteil baumelnd, den Kopf über die Griffstange drapiert, die Arme schlaff an den Seiten herunterhängend. Er machte den Einkaufswagen kopflastig, und mit den kleinen schwenkbaren vorderen Laufrädern ließ sich das Gefährt nur schwer steuern. Es wollte in jede Richtung fahren, nur nicht in die, wohin Danby es schieben wollte. In großen Schlangenlinien schaffte er es durch die Küche und die Garage hinaus zur Auffahrt.
Er blieb neben dem Sportwagen stehen und ließ seinen Blick zwischen der Leiche und dem Auto hin und her wandern. »Großer Gott«, murmelte er, »da paßt er nie rein.«
Man konnte auf den ersten Blick sehen, daß der Kofferraum des kleinen Sportwagens absolut nicht für den Transport solch einer großen Leiche konstruiert worden war.
»Ich habe dir ja davon abgeraten, dieses Auto zu kaufen«, betonte seine Frau. »Ich wußte, daß es ein Fehler war, aber du mußtest unbedingt deinen sportlichen Ehrgeiz befriedigen.«
»Ich hatte ja keine Ahnung, daß wir irgendwann Onkel Walter im Kofferraum transportieren wollten«, argumentierte Danby. »Wir müssen ihn auf den Beifahrersitz schaffen, so ist er schließlich auch hierhergekommen.«
»Und wo soll ich sitzen?« jammerte sie. »Du wirst doch nicht allein mit ihm fertig.«
Hinter den Vordersitzen gab es keinen Platz, und doch mußte sie mitkommen, wenn Danby nicht nur die Tür öffnen und Onkel Walter einfach hinauskullern lassen wollte.

»Ich kann schließlich um diese Uhrzeit keinen Kombi mieten«, sagte Danby. Er deutete auf das Wagenheck. »Du setzt dich hier rein. Walter mag zu groß sein, aber du paßt auf jeden Fall in den Kofferraum!«

»Kofferraum?« wiederholte sie ungläubig. »Ich setze mich doch nicht in den Kofferraum!«

Danby ließ den Einkaufswagen los und packte sie an den Schultern. »Darf ich dich daran erinnern, daß es schließlich deine Idee war? Du mußt im Kofferraum mitfahren.«

»Aber da drinnen ist es dunkel und schmutzig«, erwiderte sie hitzig. »Wenn du es für so eine gute Idee hältst, dann fahre ich und du setzt dich in den Kofferraum.«

»Du weißt genau, daß du diesen Wagen nicht fahren kannst«, sagte er geduldig. »Du hast auf einem Automatikgetriebe gelernt und weißt noch nicht einmal, wo das Kupplungspedal sitzt.«

Als hätte er ein teuflisches Eigenleben, drehte der Einkaufswagen mit Onkel Walters Leiche sachte seine Schwenkräder und glitt langsam auf den Gummirollen die abschüssige Garagenzufahrt hinunter. Bis Danby es bemerkte, hatte er die Straße erreicht, beschrieb eine elegante Kurve und rauschte mit zunehmender Geschwindigkeit den Hügel hinab. Danby verschluckte sich vor Entsetzen, ließ seine Frau los und sprintete hinter dem Karren her.

Mit seinem erheblichen Vorsprung, dem schweren Körper, der noch für zusätzlichen Schwung sorgte, und der immer steiler abfallenden Straße, lief der Einkaufswagen Danby einfach davon, obwohl er mit seinen kurzen Beinen einen direkt olympiareifen Spurt einlegte, an den dunklen und schweigenden Nachbarhäusern vorbei und über eine Kreuzung hinweg.

Wäre die Gefällstrecke noch etwas länger gewesen, hätte Danby den Wagen nie eingeholt. Aber nach einigen hundert Metern erreichte die Straße ihren tiefsten Punkt und führte von dort aus wieder leicht bergan. Der Einkaufswagen, der wundersamerweise nicht umgekippt war, verlor langsam an Geschwindigkeit, und ein atemloser Danby holte ihn ein und dirigierte ihn an den Straßenrand. Die Bauarbeiten hatten diesen Abschnitt noch nicht erreicht, die hohen Bäume standen noch und machten die Nacht noch dunkler.

Danby stützte sich schwer auf den Karren, und mit zitternden Beinen und keuchenden Atemzügen fragte er sich, ob jemand die verrückte Verfolgungsjagd gesehen oder gehört hatte; aber in den Häusern hinter ihm zeigte sich kein Anzeichen von Aktivität.

Danby blickte sich um und stöhnte vor Verzweiflung. Sein Haus und sein Auto befanden sich jetzt zwei Querstraßen hinter ihm, auf halber Höhe des Hügels, und Danby konnte sich beim besten Willen nicht dazu aufraffen, Onkel Walter und den Karren den ganzen Weg zurückzuschieben; außerdem mochte ein Nachbar auf die Idee kommen, gerade in diesem Augenblick den Mond zu bewundern. Es gab nur eine Lösung.

Er blockierte die Räder des Karrens mit einigen Schieferstücken, die er in der Finsternis mit den Füßen entdeckt hatte. Er würde zurückgehen und den Wagen holen, in der Hoffnung, daß während seiner Abwesenheit kein vorbeikommender Autofahrer mit seinen Scheinwerfern den Karren und seine ungewöhnliche Ladung im Schatten der Bäume entdeckte.

Er hatte erst wenige Schritte zurückgelegt, als das unangenehme Knirschen eines protestierenden Getriebes die Nacht erfüllte. Danby zuckte zusammen. Mit einem Schaltgetriebe hatte seine Frau noch nie umgehen können. Trotzdem kam sie jetzt recht und schlecht die Straße entlang, mit ausgeschalteten Scheinwerfern und heulendem Motor. Es war ein Klang, an dem Danby immer seine Freude gehabt hatte. Nun wünschte er sich eine flüsternde Cadillacmaschine.

Seine Frau würgte neben ihm den Motor ab. »Ich habe mir gedacht, du könntest die Kiste vielleicht brau-

chen.«
»Hervorragend kombiniert«, erwiderte Danby. »Hilf mir, ihn in den Wagen zu heben, bevor jemand hier vorbeikommt.«
Sie schoben den Karren auf die Beifahrerseite und zerrten an Walters Leiche, ohne jeden Erfolg.
»Er hat sich festgeklemmt!« Galateas Stimme klang gequält.
Während der atemberaubenden Fahrt war Onkel Walter tiefer in den Korb gerutscht und hatte sich dort eingeklemmt. Danby stöhnte matt. Es war unmöglich, ihn aus dem Karren zu heben. »Entschuldigung, Walter«, murmelte er und stemmte sich seitlich gegen den Wagen. Klappernd fiel der Karren um, und Walters Leiche purzelte heraus.
»Okay«, sagte er zu seiner Frau, »du nimmst einen Arm, ich den anderen.«
Sie zerrten ihn zu der offenen Wagentür und schoben ihn mit übermenschlicher Anstrengung nach und nach auf den Vordersitz; Galatea zerrte von drinnen, Danby half gleichzeitig von außen. Nach einer Weile saß Onkel Walter in der gleichen Sitzposition, in der er vom Flughafen hergefahren war.
»Leg ihm den Sitz- und Schultergurt an«, keuchte Danby. »Sonst fällt er mir während der Fahrt auf den Schoß. Das würde mir gerade noch fehlen.«
Festgegurtet, den Kopf gesenkt, die Knie an der Brust, sah Walter aus, als wenn er schlafen würde.
»Wir lassen den Einkaufskorb hier stehen«, erklärte Danby. »Leg dich jetzt in den Kofferraum.«
»Ich will aber nicht.«
»Du bist schuld an der ganzen Sache. Du kannst mir jetzt also wenigstens helfen. Auf, in den Kofferraum mit dir!«
»Ich werde mein Kleid ruinieren.«
»Ich kaufe dir ein neues.«

Ihr Gesicht hellte sich auf. »Darf ich es mir aussuchen?«
»Wo immer du willst.«
»Ich habe da neulich dieses süße rosa Kleid in der —«
»Erzähl mir später davon«, unterbrach Danby. »Leg dich in den Kofferraum.«
Er half ihr hinein, und sie drehte sich hin und her, bis sie einigermaßen bequem lag. Vorsichtig klappte Danby den Kofferraumdeckel zu und setzte sich auf den Fahrersitz. Seine Arme zitterten, und seine Bauchmuskeln schmerzten. Jetzt wollte er nichts anderes mehr, als Walters Leiche so rasch wie möglich loswerden. Der Fluß und die verwilderten Äcker lagen ihm zu weit entfernt, aber ihm war eine andere Möglichkeit eingefallen — ein Müllabladeplatz kaum drei Meilen entfernt, der noch aus der Zeit vor dem Bau dieser Vorstadtsiedlung stammte. Es war offenes Gelände, in der Nähe des Gleiskörpers, das erst von den Baufirmen und dann auch von den Anwohnern benutzt worden war, um unerwünschten und überflüssigen Kram loszuwerden — und Walter war ganz gewiß unerwünscht und überflüssig. Das Gebiet erstreckte sich über mehrere Hektar, und man erreichte es über einen schmalen Feldweg, der am Bahndamm endete.
Danby fuhr langsam und vorsichtig durch die leeren Straßen. Die Polizei in dieser Gegend war verrufen dafür, daß sie während der frühen Morgenstunden irgendwo mit abgeschalteten Scheinwerfern lauerte und auf arglose Verkehrsteilnehmer wartete, die unvorsichtigerweise ein Stoppschild oder eine rote Ampel überfuhren. Danby wollte kein Risiko eingehen.
Er bog in einen gutbeleuchteten Boulevard ein, näherte sich einer Verkehrsampel, die auf Rot geschaltet hatte, und hielt an. Aus den Augenwinkeln sah er genau das, was er erwartet hatte: einen schwarz-weißen Streifenwagen mit abgeblendeten Lichtern, der in der Querstraße parkte. Danby grinste. Sie würden keinen Vorwand fin-

den, ihn anzuhalten.
Die Ampel wechselte auf Grün, er fuhr los — und stellte fest, daß er sich geirrt hatte. Der Innenraum des kleinen Sportwagens wurde plötzlich von dem blinkenden Rotlicht auf dem Dach des Streifenwagens erhellt, und kurze, ungeduldige Hupsignale forderten ihn auf anzuhalten.
Einen panischen Augenblick lang wollte Danby aufs Gaspedal treten. Sein Sportwagen war dem Streifenwagen klar überlegen, aber dann sagte er sich doch, daß seine Nerven für eine wilde Verfolgungsjagd überhaupt nicht geeignet waren. Er fuhr an den Straßenrand.
Der Streifenpolizist mußte sich bücken, um ins Fenster spähen zu können. Er war jung und hochaufgeschossen und überaus höflich.
»Was habe ich denn falsch gemacht?« fragte Danby.
»Nichts, Sir. Ich wollte Ihnen nur sagen, daß ihr linkes Rücklicht nicht brennt.«
Danby entspannte sich ein wenig. Offenbar hatte Galatea im Kofferraum ein Kabel losgerissen. »Vielen Dank. Ich werde mich morgen früh sofort darum kümmern.«
Der Streifenpolizist beugte sich vor, um einen besseren Blick auf Onkel Walter werfen zu können. »Was ist denn mit Ihrem Freund los?«
Danby hatte gehofft, daß er ihn nicht bemerken würde. »Betrunken«, erklärte er, was in Onkel Walters Fall nie gelogen war. »Ich bringe ihn nach Hause, damit er seinen Rausch ausschlafen kann.«
Der Polizist brummte. »Der sieht schlimmer als nur betrunken aus.«
»Es war eine ziemlich wilde Party«, sagte Danby, »aber sonst fehlt ihm nichts. Er ist nur besinnungslos.«
»Irgendein besonderer Grund?«
»Seine Frau hat ihn verlassen. Das feierte er.«
Der Streifenpolizist grinste.
Eine piepsige Stimme, gedämpft, aber deutlich zu verste-

hen, drang aus dem Kofferraum. »Sind wir schon da?«
Das Grinsen des Polizisten verschwand wie weggewischt. »Was war denn das?«
»Nichts«, meinte Danby hoffnungsvoll.
Die Stimme war erneut zu hören: »Laß mich raus!«
»Okay, mein Lieber«, sagte der Polizist drohend, »erzählen Sie mir ja nicht, ich hätte Halluzinationen.«
»Ach so, das«, brummte Danby wegwerfend. »Das ist nur meine Frau. Sie sitzt im Kofferraum.«
»Im Kofferraum?«
»Natürlich«, erwiderte Danby ungeduldig. »Sie sehen doch selbst, daß hier vorn kein Platz für sie ist.«
»Machen Sie auf«, befahl der Polizist unsicher, die Hand auf dem Griff seines Revolvers.
Danby nahm die Schlüssel und klappte den Kofferraumdeckel auf. Seine Frau blinzelte in die plötzliche Helligkeit. Sie sah den Polizisten an. »Oh«, murmelte sie.
»Was soll das bedeuten?« forschte der Gesetzeshüter.
»Hab' ich Ihnen doch schon gesagt«, entgegnete Danby. »Sie wollte mitkommen, aber vorn war kein Platz für sie.«
»Stimmt das?« fragte der Polizist Galatea.
Galatea nickte.
»Ich weiß nicht recht«, murmelte der Polizist. »Ich hab' noch nie davon gehört, daß jemand freiwillig im Kofferraum mitgefahren wäre.«
»Es ist ein Teil des Autos, oder?« argumentierte Danby. »Warum soll man nicht im Kofferraum mitfahren dürfen?«
»Genau«, unterstrich Galatea, »warum soll man nicht im Kofferraum mitfahren dürfen.«
»So etwas tut man einfach nicht«, sagte der Streifenpolizist.
»Ist es ungesetzlich oder was?« piepste Danby entrüstet. »Gibt es ein Gesetz gegen das Mitfahren im Kofferraum?«

»Eben«, nahm Galatea das Stichwort auf. »Ich habe nie von einem Gesetz gehört, das Mitfahren im Kofferraum verbietet. Wenn es mir dort gefällt, ist das mein Privatvergnügen. Vielleicht ist es mein neuestes Hobby.« Sie warf mißbilligend den Kopf zurück und kuschelte sich wieder in ihre alte Lage. »Mach die Klappe zu, Schatz. Fahren wir weiter.«

Danby hob die Arme und zuckte mit den Schultern. »Sehen Sie?«

Der Streifenpolizist schüttelte verwirrt den Kopf. »Bei diesem Job lerne ich jeden Tag neue Verrückte kennen. Irgendwann langt mir's. Na schön, zischen Sie ab.«

Danby stieg in den Wagen und zischte ab. Wenn dieser Polizist auf die Idee gekommen wäre, Onkel Walter näher zu untersuchen, würden er und seine Frau sich jetzt schon auf dem Weg zu dem hübschen neuen Gefängnis befinden, das man erst kürzlich errichtet hatte. Lebend war Onkel Walter schon ein Ärgernis und eine schwere Bürde gewesen. Als Toter machte er noch hundertmal mehr Schwierigkeiten.

Nach einer weiteren Meile verließ er den Boulevard und hielt an. Der Streifenwagen war nirgends zu sehen. Danby folgte der Nebenstraße und arbeitete sich langsam zu der Stelle vor, an der er Onkel Walter auskippen wollte.

Der Schuttabladeplatz war voll merkwürdiger Schatten, die gespenstig im Licht seiner Scheinwerfer auftauchten. Als er glaubte, weit genug hineingefahren zu sein, hielt Danby an, öffnete den Kofferraum und ließ seine Frau heraus. Sie blickte sich um und schüttelte sich. »Richtig gruselig, nicht wahr?«

»Das ist schließlich auch nicht das Einkaufscenter«, entgegnete Danby. »Komm, schaffen wir ihn weg und verschwinden wir von hier.«

Sie half ihm, Onkel Walter aus dem Wagen zu schieben.

»Es gefällt mir nicht«, erklärte sie, »ihn hier einfach so

auf dem Erdboden liegen zu lassen. Schließlich ist er ein Verwandter von uns.«
»Eine höchst passende Gelegenheit, dir das plötzlich zu überlegen. Was sollen wir denn sonst mit ihm anstellen? Außerdem macht es ihm so oder so nichts mehr aus.«
»Können wir nicht irgend etwas tun?«
»Wir können von hier verschwinden, bevor uns jemand sieht.«
»Hör zu«, meinte sie, »wollen wir ihn nicht dort hineinlegen?«
Im Licht der Sterne sahen sie einige Meter entfernt eine alte Badewanne stehen.
»Beinahe wie ein Bett«, sagte sie. »Oder ein Sarg.«
Danby seufzte. »Du hast eine merkwürdige Phantasie.«
Sie schafften Walter in die Badewanne und falteten ihm die Hände auf der Brust.
»Er sieht richtig nett aus«, meinte sie. »So friedlich.«
»In fünfzehn Minuten«, erklärte Danby, »sehe ich genauso aus. Für eine Nacht reicht mir das. Machen wir, daß wir nach Hause und ins Bett kommen. Sobald er gefunden wird, kommen eine Menge Fragen auf uns zu, und wir müssen Antworten parat haben.«
»Das ist einfach«, erwiderte Galatea. »Wir erwarteten Onkel Walter, aber er kam nicht an. Man hat ihn auf dem Weg vom Flughafen überfallen.«

Danby hatte ein ungutes Gefühl, daß es nicht so einfach sein würde. Er schlief nicht besonders gut. Dafür aber seine Frau.
Der Morgen dämmerte bereits, als ihn das Trommeln von Regentropfen auf dem Dach aus einem unruhigen Schlaf weckte. Er dachte an Onkel Walter in der Badewanne und mußte grinsen. Walter würde wassergetränkt in die Grube fahren, etwas, wogegen er sich energisch zur Wehr gesetzt hätte.

Danby schlüpfte in einen Bademantel, ging in die Küche und setzte Kaffeewasser auf. Im kalten und grauen Licht des regnerischen Morgens schien Onkel Walter weit weg zu sein.
Danby hatte gerade seine erste Tasse geleert, als die Türglocke klingelte. Er zuckte zusammen. Um diese Zeit sollte niemand, aber auch wirklich niemand an seiner Haustür sein.
Mißtrauisch öffnete er die Tür. Das erste, was er sah, war der breite Rücken eines Streifenpolizisten, der Kragen des schwarzen Regenmantels um einen dicken Hals hochgeschlagen, und darüber ein breitkrempiger Hut, von dem das Wasser tropfte. Danby warf beinahe die Tür wieder ins Schloß, bevor er den zweiten Mann sah, der neben dem Polizisten stand.
Es war Onkel Walter.

Es war Onkel Walter.
»Äh — äh — äh —«, stotterte Danby.
»Guten Morgen, Marius«, sagte Onkel Walter, das regennasse, schmutzige Gesicht zu einem breiten Grinsen verzogen.
Der Streifenpolizist wandte sich um. »Kennen Sie diesen Mann?«
»Äh — äh — äh —«, wiederholte Danby.
»Wir sollten ihn eigentlich wegen Trunkenheit und Störung der öffentlichen Ordnung einsperren, lassen ihn aber diesmal noch laufen. Behalten Sie ihn im Auge. Das nächstemal hat er nicht mehr soviel Glück.« Der Polizist tippte grüßend an seinen Hut und ging in den Regen.
Walter schob sich durch die Tür herein. »Dachte schon, du müßtest aufs Revier kommen und mich herausholen, aber ich habe mich sehr nett mit ihm unterhalten.«
»Was?« sagte Danby betäubt.
Walter seufzte. »Scheint eine Reaktion auf mein fortgeschrittenes Alter zu sein. Passiert mir manchmal, wenn

ich zuviel trinke. Ich stehe dann einfach auf und wandere herum und wache dann an den merkwürdigsten Orten auf. Hast du dir nicht schon Sorgen gemacht, was mit mir passiert sein könnte?«
Danby fand seine Stimme wieder, dünner und piepsiger als je zuvor. »Wir dachten, du hättest einen Spaziergang gemacht.«
»Weißt du, wo ich aufgewacht bin? In einer Badewanne mitten auf einem Schuttabladeplatz. Muß dort hineingekrochen sein, um ein Nickerchen zu machen. Der Regen weckte mich dann auf, und ich marschierte los. Dabei hat mich die Polizei aufgegabelt.« Er rieb sich die Hände. »Okay, jetzt ist alles vorbei — wo steht die Flasche?«
Danby starrte ihn nur an. Schritte auf der Treppe veranlaßten ihn sich umzudrehen.
Galatea schaffte es bis zum ersten Treppenabsatz, bevor sie Onkel Walter entdeckte. Sie blieb stehen. Sie schrie auf. Sie fuhr sich mit der Hand an die Kehle, brach zusammen und kollerte die restlichen Stufen hinab.
Danby beugte sich über sie. »Steh auf«, sagte er. »Es ist nur Onkel Walter.«
»Rechtzeitig zum Frühstück«, erklärte Onkel Walter vergnügt.
Danby betrachtete sie eingehender. Er fuhr ihr vorsichtig übers Gesicht. »Galatea!« Sie lag ungewöhnlich still.
Onkel Walter beugte sich über sie. »Sie sieht nicht gut aus«, meinte er. »Genau gesagt, sie sieht ziemlich tot aus. Wahrscheinlich ihr Herz. Vererbt sich in unserer Familie, weißt du.«
»Äh — äh — äh —«, fing Danby wieder an zu stottern.
»Weißt du was?« sinnierte Onkel Walter. »Wir sollten sie irgendwohin legen. An einen bequemen und gemütlichen Ort. Zum Beispiel in eine Badewanne. Badewannen sind sehr bequem und gemütlich.«
Danby blickte ihn an. Mehr denn je erinnerte er ihn an ein Walroß.

Geheime Ermittlung

Max Van Derveer

»Was bildet ihr Berufsfritzen euch eigentlich ein?« fragte D. J. Opulant verärgert. »Als ob wir eure Hilfe nötig hätten!« Er war ein unglaublich langer, grobknochiger Mensch, und seine ganze Haltung drückte Feindschaft aus.

Seine Worte blieben in der Stille hängen, die zwischen uns eingetreten war, während ich versuchte, mir über meine Gefühle klarzuwerden. Es war eine Mischung aus mühsam unterdrücktem Zorn, wachsender Neugier, totalem Überdruß und einer neu erwachenden bösen Vorahnung.

Ich wischte mir mit dem Taschentuch über die feuchte Stirn, durchquerte das Zimmer und blieb vor dem einzigen Fenster stehen. Draußen bewegte sich kein Lufthauch. Die glutheiße Nachmittagssonne war schon vor einer Stunde hinter den westlichen Horizont gesunken, aber die brütende Hitze lastete noch immer wie eine feuchtschwere Decke auf der Landschaft. In der Dorfstraße — zwei Häuserzeilen, die sich bis zum Seeufer erstreckten — waren einige Fenster schwach erleuchtet, und draußen auf dem Wasser erzeugten die winzigen Lichtpunkte vereinzelter Bootslampen die Illusion, als vollführten Glühwürmchen einen mystischen Tanz.

»Also?« bohrte D. J. Opulant.

Ich raffte den Rest meiner strapazierten Geduld zusammen, wandte mich von dem Ausblick ab und drehte mich zu ihm um. Er war der einzige Mensch in Timber, von dem ich erwartet hatte, er würde meine Ankunft begrü-

ßen. Ich blickte ihm ins Gesicht und wiederholte langsam und ausführlich, warum Chester Barrow mich in dieses gottverlassene Kaff im Seengebiet geschickt hatte. Chester Barrow ist seit siebenundzwanzig Jahren Branddirektor der staatlichen Berufsfeuerwehr.
Aber ich hätte meine Erklärung auch diesmal für mich behalten können. Der Leiter der freiwilligen Feuerwehr, die für Timber und einen dreiundneunzig Quadratmeilen großen Uferstreifen um den Timber Lake zuständig war, blieb sauer. »Was wollen Sie damit sagen?« fragte er. »Daß was faul war an der Sache? Brandstiftung etwa? Behaupten Sie, jemand hätte Pepperstones Haus mutwillig und vorsätzlich angesteckt?«
»Pepperstones Versicherung hat einen ihrer Experten hergeschickt, um die Sache zu untersuchen.«
»Weiß ich«, sagte Opulant patzig. »Der war auch bei mir. Wollte allen möglichen Blödsinn wissen. Das war vor fünf — nein, sechs Tagen.«
»Der Mann ist überzeugt, daß es sich bei Pepperstones Haus um Brandstiftung handelt.«
»War es aber nicht. Glauben Sie vielleicht, ich kümmere mich nicht um die Brandursache? Die überpüfe ich jedesmal!«
»Das möchte ich annehmen.«
»Pepperstone und seine Frau waren an dem Abend zum Essen ausgegangen. Zu einem dieser Clubs am anderen Ufer. Es war keiner im Haus. Aber eins kann ich Ihnen versichern, Mr. Pane: Unsere Ermittlungen lassen nur den einen Schluß zu, daß einer der beiden eine brennende Zigarette oder ein glimmendes Streichholz oder sonstwas hinter ein Sofakissen fallen gelassen hat. Das Sofa schwelte 'ne ganze Weile, dann kam der Teppich dran, und schließlich fingen die Gardinen Feuer. Bis wir ankamen, hatte sich der Brand schon so weit ausgebreitet, daß nichts mehr zu retten war. Die ganze Bude stand in Flammen.«
»Die Pepperstones sind beide Nichtraucher, Chief.«

»Ja«, sagte er ungerührt. »Das haben sie mir auch erzählt, aber das heißt nicht, daß ich es ihnen unbedingt abnehmen muß.«
»Und warum nicht?«
Er ging gereizt in Verteidigungsstellung. »Hören Sie mir mal gut zu, Mr. Pane. Vielleicht rauchen die beiden tatsächlich nicht. Vielleicht war es also keine Zigarette und kein Streichholz. Es kann ebensogut ein schadhaftes Kabel in der Zimmerdecke gewesen sein. Kann sein, daß es in der Decke über dem Sofa zu schwelen anfing. Vielleicht fielen ein paar glühende Stücke Putz von der Dekke aufs Sofa. Alles möglich, Mr. Pane, aber nach allem, was wir herausgefunden haben, weiß ich, daß das Feuer in der Sofaecke des Wohnzimmers ausbrach.«
»Gibt es hier in der Gegend jemanden, der Pepperstone auf dem Kieker haben könnte? Oder seine Frau? Oder beide?«
»Was?«
Endlich kapierte er, worauf ich hinauswollte, und die Erkenntnis brachte ihn beinahe aus der Fassung. Während er dasaß und versuchte, den Gedanken zu verkraften, konnte ich mir eine gewisse Genugtuung nicht verkneifen.
Ich trieb ihn weiter in die Enge. »Wenn wir es nicht mit einem Pyromanen zu tun haben, muß es ein Motiv geben. Irgendeinen Grund, warum jemand das Haus der Pepperstones abbrennen wollte. Kann es ein Racheakt gewesen sein? Gab es jemanden, der wütend auf sie war? Jemanden, der sie vom See vertreiben wollte? Oder sogar aus der Gegend? Vielleicht . . .«
»Pepperstone ist hier aber gar nicht ansässig«, unterbrach D. J. Opulant störrisch. »Das Haus war nicht sein ständiger Wohnsitz.«
»Nein. Aber während der Sommermonate verbrachte er regelmäßig sechs bis acht Wochen hier, und das schon seit sechs Jahren.«
»Ja, aber . . .«
»Er oder seine Frau, vielleicht auch beide, könnten sich

doch mit irgend jemandem angelegt und verfeindet haben. Vielleicht sogar mit mehreren Ortsbewohnern. Darum bin ich hier, Mr. Opulant. Um dieser Frage auf den Grund zu gehen. Darum habe ich Sie heute abend hierher ins Hotel gebeten. Fürs erste bleibe ich am besten anonym. Ich möchte meine Ermittlungen in aller Stille vornehmen. Andererseits brauche ich jemanden, der um den See herum Bescheid weiß, der den Ort und die Bewohner kennt.«

»Dieses Feuer ist nicht gelegt worden, junger Mann«, beharrte er. »Glauben Sie vielleicht, ich würde einen Fall von Brandstiftung übersehen? Bin nicht umsonst seit achtzehn Jahren Bezirksbrandmeister. Aber wenn . . .«

Ein tiefes Heulen draußen vor dem Hotel schnitt ihm das Wort ab, ein Heulen, das rasch lauter wurde und den ganzen Ort durchdrang. Ich wirbelte herum und spähte durch das rostige Fliegenfenster, während das Geräusch zu einem hohen Gellen anschwoll, das gegen meine Trommelfelle hämmerte und das Zimmer zum Bersten anzufüllen schien.

»Feuer!« explodierte D. J. Opulant.

Das Heulen war der Ruf der Dorfsirene. Er stürzte hinaus, und ich rannte hinter ihm her.

Es war ein abgelegenes kleines Haus in einer Lichtung am Südufer des Timber Lake, und bis der Löschzug der freiwilligen Feuerwehr eintraf, brannte es bereits lichterloh. D. J. Opulant bewies Umsicht und Erfahrung und befahl seinen Leuten, ihre Spritzen nur auf die niedrigen Zweige der umstehenden Bäume zu richten.

Ich bezog Posten am Rand der Lichtung und nahm das Feuer kritisch in Augenschein. Schon die Farbe der Flammen konnte wichtige Hinweise geben. Ich suchte in den wirbelnden Rauchschwaden nach verräterischen Zeichen, nach der dichten, rußigen Schwärze, die auf brennendes Öl hätte schließen lassen. Aber nein, davon war nichts zu entdecken. Ich hob den Kopf und schnupperte.

Hing nicht ein schwacher Benzingeruch in der Luft? Meine Phantasie mußte mit mir durchgegangen sein. Ich wandte mich den Menschen zu, die von den Flammen angestrahlt die Szene umringten. Es war die gleiche bunt zusammengewürfelte Menge, die sich überall in Stadt und Land um ein Feuer versammelt, und wie überall las ich leichte Neugier, Besorgnis, Erregung oder auch stumpfe Gleichgültigkeit in den Mienen. Bei Großstadtbränden entdeckt man als erfahrener Ermittlungsbeamter manchmal ein bekanntes Gesicht in der Menge, einen Wiederholer, jemanden, der es sich nicht nehmen läßt, bei jedem Brand dabeizusein. Es sind Menschen, denen der Anblick eines rasenden Feuers makabres Vergnügen bereitet, und manche dieser Wiederholer wurden eines Tages zu Brandstiftern, nur um ihre Schaulust zu befriedigen. Aber hier um den See herum, wo jeder jeden kannte, würden es bei allen Ereignissen – bei Bränden und Verkehrsunfällen, oder wenn jemand ertrank – immer dieselben Gesichter sein. Dieselben Menschen, die sich auch auf den Hochzeiten trafen. Sie waren alle Wiederholer, aber was sie hergebracht hatte, war nicht so sehr Sensationslust als ihr Zusammengehörigkeitsgefühl.

»Da ist alles dran, was?«

Ich quittierte die Bemerkung des Fremden mit einem Kopfnicken. Der Mann hatte sich nach vorn geschoben und neben mich gestellt. Er war sicher Mitte Fünfzig und trug ein kariertes Sporthemd, eine zerknitterte Hose, schwere Stiefel und eine Baseballmütze – die Uniform der Einheimischen. Er grinste und streckte mir die Hand hin. »Harry Ramer, mein Name.« Seine Stimme war auffallend tief. »Ich hab' draußen am Ortsausgang eine Anglerkolonie. Sind Sie bei jemandem hier in Timber auf Besuch?«

»Auf Besuch?«

Harry Ramer lachte behäbig. »Na ja, wo Sie so'ne feine

Kluft spazierenführen, Mister. Die Leute im Dorf und die Fremden, die zum Angeln hier sind, tragen gewöhnlich keinen Straßenanzug. Anzüge und all das, nee – davon wollen die ja gerade weg, wenn sie zu uns rauskommen.«

Ein guter Beobachter, dieser Harry Ramer, stellte ich bei mir fest. Ein Mann, der sich auf sein Touristengeschäft verstand. Ich nickte ihm zu und stellte mich vor.

»Macdonald Pane. Ich wohne hier im Hotel. Bin erst heute nachmittag angekommen. So ironisch es im Augenblick vielleicht auch klingt: Ich verkaufe Feuerlöschgeräte an Städte und Bezirksverwaltungen. Wollte bei Ihrem Gemeinderat anklopfen, es könnte ja sein, daß ich Interessenten finde.«

Eine Lüge, aber als Tarnung unumgänglich.

Harry Ramer wechselte das Standbein und wiegte seinen großen, schweren Körper bedächtig hin und her, aber sein Lächeln blieb unverändert freundlich. »Sehen Sie den Langen da drüben?« fragte er und machte eine Kopfbewegung zu den Feuerwehrmännern. »Den Großen, der das Sagen hat? Das ist Oppie, unser Brandmeister. Wenn Sie in Timber was verkaufen wollen, müssen Sie sich an den halten, Mr. Pane. Was Oppie beantragt, wird grundsätzlich bewilligt. Muß ich schließlich wissen, sitze ja selbst im Gemeinderat.«

Ich steckte mir eine Zigarette an und fragte beiläufig: »Wem gehört dieses Haus?«

»Einem Bankier aus dem Süden. Einem Junggesellen. Jamison heißt er. Verbringt jedes Jahr ein paar Wochen hier, mal im Winter, mal im Sommer. Ist leidenschaftlicher Angler, der Mann. Ganz verrückt danach in jeder Jahreszeit, Sommer wie Winter.«

War es bloßer Zufall, daß innerhalb von zehn Tagen zwei Häuser in Timber abgebrannt waren, Ferienhäuser, deren Besitzer ihren ständigen Wohnsitz in anderen Teilen des Staates hatten?

Ich zog an meiner Zigarette und studierte die Gesichter der Umstehenden. »Welcher ist es denn?«
»Jamison? Der ist erst gestern wieder abgefahren. War die letzten drei Wochen hier, aber gestern vormittag schob er ab nach Süden. Ich hatte im Dorf zu tun und sah ihn in seinem Wagen. Na ja, dann gehe ich wohl wieder. Muß zurück ins Camp. Sieht so aus, als ob Oppie hier alles unter Kontrolle hat. Ich bin nur schnell mal rübergekommen, um zu sehen, ob die Jungens Hilfe brauchen.« Er brach ab und lachte. »Bin schon von klein auf jedem Löschwagen nachgelaufen, Mr. Pane. Sie vielleicht nicht?«
»Ein wenig steckt diese Neugier wohl in uns allen, Mr. Ramer.«
»He, Oppie!« Die Stimme des Feuerwehrmannes klang unnatürlich laut. Er kam an der Ecke des Hauses hinter den langsam in sich zusammensinkenden Flammen zum Vorschein. »Oppie, komm her! Da drinnen liegt 'ne Leiche! Ich kann sie ganz deutlich erkennen.«
»'ne Leiche!« stieß Harry Ramer aus. »Nee, Mann, will ich nicht sehen!«
Aber Harry Ramer kümmerte mich nicht mehr. Ich sprintete auf die Lichtung hinaus und um das brennende Gebäude herum auf Opulant zu. Er stand vor einer Gruppe seiner Leute, hatte die Hände schützend vor das Gesicht gehoben und spähte durch die gespreizten Finger in die Flammen.
»Ja«, sagte er langsam. »Da ist wahrhaftig jemand drin. Aber wir können ihn jetzt nicht herausfischen. Hätte sowieso keinen Zweck mehr.«
Es würde noch Stunden dauern, bis das Feuer so weit heruntergebrannt war, daß man die verkohlte Leiche herausschaffen und anfangen konnte, die Trümmer zu untersuchen. Vermutlich würde die Feuerwehr die ganze Nacht spritzen müssen, um die letzte Glut zu löschen. Soweit es mich betraf, würde ich mit meiner Inspektion

ohnehin sehr viel besser bei Tageslicht vorankommen, also kehrte ich der Brandstelle den Rücken und wechselte in die kleine Bar neben der Hotelhalle über. Es war zwanzig vor elf, als ich eintrat. Zeit genug für ein Bier.
Eine der Kojen links neben der Tür war von zwei Männern besetzt, und auf einem Hocker am Ende der kurzen Theke saß eine junge Frau. Sie war etwa fünfundzwanzig, attraktiv, dunkel gebräunt und sah in weißer Bluse, beigen Shorts und braunen Mokassins adrett und sportlich aus. Außer mir waren die drei die einzigen Gäste. Ich ignorierte die Männer, aber beim Anblick der Frau kletterte meine Stimmung ein paar Sprossen in die Höhe. Sie saß mit geradem Rücken und straffen Schultern vornübergelehnt auf ihrem Hocker, hatte die Ellbogen auf die Theke gestützt und die Hände unter dem Kinn gefaltet. Die braunen Beine waren übergeschlagen, und ein Fuß hakte sich um die Fessel des anderen.
Sie schien in eine Unterhaltung mit dem Barmann vertieft, einem gesundheitsstrotzenden Jüngling, aber bei meinem Eintritt brachen sie ihr Gespräch abrupt ab. Der junge Mann wandte sich mit einem Grinsen zu mir um, um meine Bestellung entgegenzunehmen, und die Frau heftete ihre dunklen Augen auf mich und musterte mich ungeniert. Der Jüngling war gleich wieder da, stellte ein Glas und eine beschlagene Flasche Bier vor mich hin, und sein Grinsen wurde noch breiter.
»Waren Sie draußen bei dem Brand, Mister?« fragte er und zog die Nase kraus. »Ich kann Rauch an Ihnen riechen.«
»Ja«, sagte ich.
»Spannend bei uns, was? Das hätten Sie bestimmt nicht erwartet, oder? Ich hab Sie heute nachmittag schon gesehen. Draußen beim Empfang.«
Ich schüttelte meinen Ärger über seine ungehobelte Vertraulichkeit ab und wandte mich an die junge Frau. »Ich dachte immer, auf dem Land strömt alles hin, was gehen

kann, wenn es irgendwo brennt. Das war wohl ein Irrtum, wie?«
Sie schob sich höher auf den Hocker hinauf und stellte die Beine gerade. »Nein, ich war da«, sagte sie und lächelte amüsiert. »Ich bin aber zufällig nicht scharf auf Brände. Jedenfalls nicht so scharf wie auf Bier. Bringst du mir noch eins, Billy?«
Ich nahm mein Glas und meine Flasche und setzte mich auf den Hocker neben ihrem. Sie sah mich an und gluckste verhalten. Am anderen Ende der Theke schnappte der Deckel des Bierkühlers mit einem scharfen Knall auf. Das Geräusch war so überraschend laut, daß ich mich zu dem Barmann umwandte, der eine weitere Flasche Bier aus dem Behälter holte. Sein Grinsen war wie weggewischt, und er vermied es uns anzusehen, während er die Flasche mit einer raschen Drehung des Handgelenks öffnete.
Die Frau lachte ihn an, als er das Bier vor sie hinstellte. Es war ein weiches Lachen. »Bist du so gut und schreibst es an, Billy?«
Er drehte sich weg, und ich stellte mich vor. »Ich heiße Macdonald Pane«, sagte ich. »Ich hatte aber nicht die Absicht, Ihre Unterhaltung hier zu unterbrechen.«
Die junge Frau schüttelte den Kopf und hielt Glas und Flasche schräg gegeneinander. Ihr schwarzes Haar war kurz geschnitten und zu einer glatt anliegenden Frisur gebürstet. Sie hatte ein vergnügtes Funkeln in den Augen, und um ihre Mundwinkel spielte ein Lächeln. »Das tun Sie auch nicht. Billy schnappt zu leicht ein, das ist alles. Er glaubt, er liebt mich. Übrigens: Ich heiße Dee Ramer.«
»Ramer?«
Sie blinzelte mich an. »Ist was?«
»Nein«, sagte ich hastig. »Ich bin nur überrascht. Es ist noch keine Viertelstunde her, da habe ich einen Mann kennengelernt, der auch Ramer heißt. Harry Ramer. Er

war auf der Brandstelle mit dabei.«
»Ach so.« Die Frau nickte und starrte ausdruckslos in ihr Glas, das sie mit beiden Händen umspannte. »Harry Ramer ist mein Vater.«
Sie hob das Glas und nahm einen hastigen Schluck. Aber es war nicht so sehr die Frau als der junge Barmann an der Kasse, der meine Aufmerksamkeit auf sich zog. Aus dem Augenwinkel registrierte ich, wie er zusammenzuckte. Ich hatte das Gefühl, als ob er etwas sagen wollte. Er schien an einem Kloß im Hals herumzuwürgen und stierte böse auf die Theke. Aber dann beugte er sich mit verkrampftem Gesicht wieder über seinen Notizblock und kritzelte seine Eintragung zu Ende.
Ich wandte mich zu Dee Ramer um. »Ich fürchte, ich habe wirklich ein Tête-à-tête unterbrochen.«
Plötzlich war sie wieder wie umgewandelt. Ein blitzendes Lächeln erhellte ihr Gesicht, und sie legte mir die Finger auf das Handgelenk, warme, kräftige Finger, die sich mit leichtem Druck in meine Haut gruben. »Aber gar nicht«, sagte sie leise. Ihr Blick blieb an mir hängen, und ich sah, wie die schalkhafte Belustigung in ihre dunklen Augen zurückkehrte. »Ich habe einen Vorschlag«, sagte sie impulsiv. »Sie sind fremd hier, da könnte ich Ihnen eigentlich den See zeigen. Das heißt, wenn Sie Lust haben. Ich habe meinen Wagen hier. Am anderen Ufer gibt es ein paar nette Clubs.«
Sie rutschte vom Hocker und richtete sich zu ihrer ganzen schlanken Größe auf. »Nun kommen Sie schon«, drängte sie. »Ich hab keinen Appetit mehr auf das Bier hier. Suchen wir uns was anderes.«
Sie führte mich zu einem kleinen Sportwagen mit offenem Verdeck und winkte mich in den Sitz neben sich. Sie war am Steuer so sicher, daß ich, bis wir das Ende der Hauptstraße erreichten und in die geteerte Uferstraße einbogen, meinen eigenen Gedanken nachhing. Die Feindseligkeit des jungen Mannes, den wir hinter der

Theke in der Bar zurückgelassen hatten, beschäftigte mich.

Dee Ramer streifte mich mit einem Seitenblick. »Wenn Sie an Billy denken, den können Sie vergessen. Billy zählt nicht.«

Ihre sprudelnde gute Laune tat mir wohl, und die Nachtluft, die mein Gesicht streifte, erfrischte mich. Diese Fahrt mit Dee Ramer war das einzig Erfrischende, das ich an diesem Tag seit dem Morgengrauen erlebt hatte, und ich entspannte mich dankbar. Der Gedanke an den Grund, warum ich in das Seengebiet gekommen war, an die nötige Vorsicht, holte mich erst wieder ein, als wir dabei waren, die dritte Station auf unserem Clubbummel zu verlassen. Durch die gellende Musik aus der Musikbox drang das Stimmengesumm der Gäste nur gedämpft zu uns an die Tür. Aber auch hier – wie in den beiden anderen Clubs, die wir besucht hatten – fielen mir die Blicke auf, die sich verstohlen auf uns richteten und uns aus den Augenwinkeln zu folgen schienen, und ich sah tuschelnd zusammengesteckte Köpfe. Aber ich tat Blicke und Geflüster als unwichtig ab, schrieb beides Dee Ramers Schönheit und Munterkeit zu.

Ich trat zur Seite, um sie an mir vorbeizulassen, aber in der offenen Tür wippte sie plötzlich mit einem kleinen Überraschungsschrei auf die Zehenspitzen und stolperte zurück. Sie war mit einem eintretenden Gast zusammengeprallt.

Der Mann, der hereinschlurfte, war groß, schwer und betrunken. Er wankte einen Augenblick vor Dee Ramer hin und her, dann kam ihm die Erleuchtung: »Ach, du bist's, Schatz«, lallte er. »Wo hast du deinen Alten gelassen?«

Sie runzelte die Stirn, dann klopfte sie dem Koloß auf die Brust. »Harry ist zu Hause, Judson. Wo denn sonst?«

Ich hatte ein ungutes Vorgefühl.

Dee Ramer umrundete den Mann, ging durch die Tür

hinaus, und ich wollte folgen, als das Vorgefühl sich bestätigte: Eine Hand legte sich auf meinen Arm.
Der riesige Kerl fixierte mich finster und blaffte: »Wer bist du, du Würstchen?«
Ich war auf alles gefaßt, aber dann stand Dee Ramer neben mir, hob seine Pranke von meinem Arm und sagte kühl: »Benimm dich wie ein erwachsener Mensch, Judson.«
Ich folgte ihr hinaus und erwartete, er würde uns nachlaufen, aber er blieb wie angewurzelt in der Tür stehen.
Ich ließ mich in den Autositz fallen und holte tief Luft, als Dee Ramer den Zündschlüssel umgedreht hatte und der Motor ansprang.
»Mann! Es hätte schlimm kommen können mit dem.«
»Judson wird böse, wenn er getrunken hat«, entgegnete sie brüsk.
»Auch andere hier am Ort werden böse«, sagte ich unüberlegt. »Und auch ohne Alkohol.«
Dee musterte mich stirnrunzelnd, als wir den Parkplatz überquert hatten und an der Ausfahrt zur Uferstraße hielten.
Ich versuchte, meinen Ausrutscher zu überspielen. »Ich lernte Ihren Brandmeister heute abend kennen«, sagte ich nonchalant. »Den fand ich auch nicht besonders angenehm. Aber er hatte ein Problem am Hals. Hatte gerade eine Leiche in Jamisons Haus entdeckt.«
»Ja«, sagte sie ernst. »Davon habe ich gehört. Aber es kann nicht Oscar . . . Mr. Jamison gewesen sein. Der ist schon heute vormittag abgereist.«
»Das hat man mir erzählt.«
»Ich frage mich bloß, wer . . .« Sie brach ab und starrte ein paar Augenblicke lang grübelnd vor sich hin. Dann schüttelte sie abrupt den Kopf und lächelte mich an. »So, und wohin jetzt?«
»Zurück zum Hotel«, sagte ich widerstrebend. »Ich habe einen anstrengenden Tag vor mir.«

»Ach«, machte sie, und es klang enttäuscht, aber sie schlug das Steuer in Richtung Timber ein. »Ja, dann ... Aber wir könnten uns morgen doch wieder treffen, oder? Sagen wir um vier. Morgen nachmittag um vier in der Hotelbar. Abgemacht?«
Ihr Elan war ansteckend. »Also gut«, lachte ich. »Morgen um vier.«
Der Nachtportier des Hotels, ein knorriger Mann in vorgeschrittenem Alter, saß mit hochgezogenen Schultern auf der obersten Stufe der Vordertreppe, als Dee Ramer mich in der Einfahrt absetzte.
»Ihr Kopf ist wohl nicht allergisch gegen Blei, Mr. Pane, oder?« fragte der Alte mit hoher Stimme: »Harry Ramer hat nicht viel übrig für Leute, die mit seiner Dee ausgehen.«
»Ein tyrannischer Vater, dieser Harry Ramer, wie?« fragte ich und ging an ihm vorbei zur Tür.
»Was sagten Sie da?« fistelte er. »Vater, Mr. Pane? – Nee, mein Lieber, von wegen Vater. Harry Ramer ist ein verdammt eifersüchtiger Ehemann!«
Ich feuerte hastig ein paar Fragen auf ihn ab und würgte seine Antworten in mich hinein. Zehn Minuten später saß ich in der stickigen Hitze meines Zimmers auf dem Bett, schwitzte aus allen Poren und versuchte zu verdauen, was er mir erzählt hatte. Dee Ramer war in Timber aufgewachsen und nur halb so alt wie ihr Mann. Sie waren seit fast zwei Jahren verheiratet, aber es war kein Geheimnis, daß die beiden sehr bald nicht mehr miteinander harmonierten. Ebenso allgemein bekannt war Dees Wunsch, sich scheiden zu lassen, ein Wunsch, den Harry ihr hartnäckig verweigerte, niemand wußte, warum. Der Alte hatte Dee als eine eigenwillige Abenteurerin geschildert, eine Circe, die sich den Männern an den Hals warf, aber nicht hielt, was ihre Reize versprachen. Unter den Einheimischen seien ihr auch nur ein paar Narren an die Angel gegangen, Dummköpfe wie Billy,

der Barmann des Hotels, der zu jung sei, um es besser zu wissen, und ein Mann namens Judson Smith, ein Bootsführer, aber der sei so versoffen und beschränkt, daß er sich ohnehin keine Gedanken mache. Dee Ramers eigentliche Werkzeuge, um ihrem Mann die Hölle heiß zu machen, seien die Touristen, die das ganze Jahr über in die Campingplätze und Ferienkolonien um den Timber Lake strömten. Menschen, die für ein paar Tage aus der Monotonie ihres täglichen Trotts ausbrechen wollten. Diese Eindringlinge – wie mich? – suche Dee sich aus, um ihrem Mann den Stachel immer tiefer ins Fleisch zu treiben. Nur habe keiner ihrer Stiche den erwünschten Erfolg gebracht: Sie sei immer noch Harrys rechtmäßige Ehefrau.

Trotz der Hitze lief es mir kalt den Rücken hinunter. Daß man ahnungslos in ein solches Wespennest hineintappen konnte! Ich trat ans Fenster, um die Jalousie herunterzulassen, als es passierte. Die Explosion war so ohrenbetäubend, daß ich mich instinktiv zu Boden warf, aber es dauerte ein paar Sekunden, bis mir aufging, worauf ich gelandet war. Ich lag lang ausgestreckt auf einer Matratze von Glassplittern. Ein Heckenschütze hatte mich als Zielscheibe benutzt! Was hatte der alte Mann doch gesagt? Etwas über die Möglichkeit, daß jemand sich ein Loch in den Kopf holen könnte.

Verwirrung, Erregung, verständnisloses Kopfschütteln füllten die nächste Stunde aus. Für die Verwirrung sorgte ein Trupp Neugieriger – vermutlich andere Hotelgäste – die der Lärm des Schusses in mein Zimmer gelockt hatte. Der diensthabende Polizeioffizier steuerte abwechselnd das begriffsstutzige Kopfschütteln und die bestürzte Erregung bei. »Das hat es in unserer kleinen Gemeinde noch nie gegeben«, beteuerte er immer wieder. »Die einzige Schießerei, an die ich mich erinnern kann.« Er mußte die Siebzig längst überschritten haben und war, wie ich später erfuhr, der jüngere Bruder des

Nachtportiers.
»Wieso sollte jemand auf Sie schießen wollen, junger Mann?« wiederholte er bestimmt schon zum zwanzigsten Mal, und zum ebenfalls zwanzigsten Mal antwortete ich: »Das weiß ich auch nicht.« Der Nachtportier musterte mich halb verschlagen, halb vorwurfsvoll, aber ich hielt seinem Blick stand.
Schließlich breitete ich die Arme aus, bugsierte die beiden Brüder sachte zur Tür und sagte zu dem Polizisten gewandt: »Ich bin unverletzt. Mir ist nichts passiert, gar nichts. Ich bin nur müde, und das einzige, was ich jetzt brauche, ist Schlaf.«
Die Brüder hatten es nicht eilig zu gehen. Das Ereignis war zu aufregend, als daß man die Diskussion darüber so einfach vertagen konnte, aber endlich hatte der Polizist ein Einsehen. »Also gut, junger Mann. Dann will ich Sie aber spätestens morgen vormittag wiedersehen. Kann sein, daß sogar der Bezirkssheriff mit Ihnen reden will, auch wenn er dazu extra aus der Nachbarstadt rüberkommen muß. Lassen Sie sich also nicht einfallen, in aller Herrgottsfrühe über die Staatsgrenze zu verschwinden. Wir haben keine Lust, Sie wer weiß wo aufzuspüren.«
»Ich muß sowieso noch ein paar Tage hierbleiben«, versicherte ich. »Leider Gottes.«
Am nächsten Morgen erwachte ich mit klarem Kopf. Es war blendend hell draußen, und die Hitze filterte bereits in mein Zimmer. Mein ganzer Körper war mit einer Schweißschicht überzogen. Es war zehn Uhr fünfundzwanzig – ich hatte sehr viel länger geschlafen als beabsichtigt – aber ich blieb trotzdem noch eine Weile liegen, starrte auf mein Fenster und spürte Übelkeit beim Gedanken an die Bedeutung der oberen vernagelten Hälfte. Am liebsten hätte ich mich in meinen Wagen gesetzt und Timber für immer den Rücken gekehrt. Andererseits wurde ich auch das Bild der Leiche nicht los, die

schwarz und steif auf dem Fußboden des brennenden Hauses gelegen hatte. Wer war der Tote? Was hatte er in diesem angeblich leerstehenden Haus zu suchen gehabt? War hier ein Brandstifter sich selbst in die Falle gegangen? Und bestand irgendeine Verbindung zwischen den beiden Vorfällen? Irgendeine gemeinsame Ursache, warum Pepperstones und Jamisons Häuser so kurz nacheinander abgebrannt waren?
Zum Frühstück ging ich in ein Café neben dem Hotel. Die Hitze in dem kleinen Lokal war zum Ersticken. Eine blasse Kellnerin hinter der Theke notierte sich umständlich meine Bestellung und sagte dann: »Augenblick mal, Sie sind doch der Mann vom Feuerwehramt, oder?« Ich kippte beinahe hintenüber. Die Kellnerin nickte und fügte entschieden hinzu: »Ja, sind Sie. Rotes Haar, Leberfleck neben der Nase. Der alte Heller sagte, Sie . . .«
»Heller?« unterbrach ich sie scharf.
»Ja, der alte Christie Heller. Der Nachtportier vom Hotel. War heute früh um fünf hier, wie jeden Morgen, und sagte, Oppie hätte ihm erzählt, Sie wären . . .«
»Vergessen Sie mein Frühstück, Miss.«
Ich stampfte wütend hinaus. Ich hatte mich D. J. Opulant anvertraut und nicht übersehen, daß ihm meine Anwesenheit in Timber ein Dorn im Auge war. Aber daß er meinen Wunsch nach Anonymität respektieren würde, hatte ich immerhin erwartet.
Der Laden des Brandmeisters – er verkaufte Anglerbedarfsartikel – war in eine enge Lücke zwischen den ersten Geschäftshäuserblocks oberhalb des Sees eingezwängt, und ich traf D. J. Opulant allein an.
»Hab die ganze Nacht kein Auge zugemacht«, lamentierte er, bevor ich auch nur ein Wort herausbringen konnte. »Bin erst seit knapp einer Stunde von Jamisons Bude zurück und mußte sofort ins Geschäft, meine Frau ablösen. Schlimm, wie man sich krummlegen muß für das liebe Brot. Also, junger Mann, wo drückt's? Wollten Sie mich

wegen der Leiche sprechen, die wir bei Jamison drinnen gefunden haben? Wenn ja, dann regen Sie sich mal wieder ab: Es war nicht Jamison. Aber dem wird der Kragen platzen, kann ich Ihnen sagen. Setzt sich ein Häuschen zum Entspannen hin, steckt gutes Geld rein, und dann bricht irgendein nachlässiger Idiot ein, macht Feuer, und die ganze Geschichte geht in Rauch auf. Traurig, wie unachtsam die Leute sind.«

»Mr. Opulant, ich sagte gestern abend, ich wollte meine Ermittlungen in aller Stille führen«, stieß ich aus.

Er hob die buschigen Augenbrauen und schien überrascht. »Ja, mag sein, daß Sie so was erwähnt haben. Irgendeinen Blödsinn über geheime Nachforschungen, aber . . .«

»Mit dem Ergebnis, daß eine kleine Kellnerin hinter der ersten Tür, die ich heute vormittag öffne, über mich und meine Tätigkeit beim Feuerwehramt Bescheid weiß!«

»Tatsächlich? Hm . . .« Er nahm seine Unterlippe zwischen Daumen und Zeigefinger und schüttelte den Kopf. »Mir scheint, Sie haben 'ne Menge über unsere Gegend zu lernen, Mr. Pane. Bei uns bleibt nichts geheim. Hier ist jeder genau das, was er ist. Nehmen wir Sie, zum Beispiel: Heute früh wußte schon das ganze Dorf, daß Sie 'ne Liebschaft haben.«

»Was Sie nicht sagen!«

»Nun regen Sie sich nicht gleich so auf, Junge. Hat gar keinen Zweck. Es ist ja auch nicht, als ob Sie was verbergen wollten, sonst hätten Sie sie nicht in diese Clubs ausgeführt. Hätten sich nicht in aller Öffentlichkeit mit ihr gezeigt, meine ich. War natürlich reichlich dämlich von Ihnen, das finden Sie heute vielleicht schon selber, wo der olle Harry Ihnen 'ne Kugel durchs Fenster gejagt hat. Mit Frauen wie Dee geht man in den Wald, wenn man . . .«

»Ich wußte nicht, daß sie verheiratet ist! Ob mit Harry Ramer oder sonstwem!«

»Tja. Hm. Komisch, daß sie Ihnen das nicht erzählt hat, was?«
»Das genügt, Opulant! Vielleicht konzentrieren Sie sich zur Abwechslung auf Ihre eigenen Probleme. Sie haben immerhin einen Mord am Hals.«
»Meinen Sie den Stromer, der bei Jamison drin war? Wenn Sie das Mord nennen, Mr. Pane, dann sehen Sie Gespenster. Das und Mord! Das war irgendein Landstreicher auf der Suche nach etwas zu essen. Hat sich vielleicht auch bloß nach einem Dach überm Kopf für die Nacht umgesehen und ist bei Jamison eingebrochen, weil das Haus leerstand. Er muß unvorsichtig mit 'ner Zigarette umgegangen sein oder so was, und . . .«
»Haben Sie ihn identifizieren lassen?«
»Nein doch! Wie wollen Sie 'ne derart verkohlte Leiche identifizieren?«
Opulant saß ungerührt vor mir, als ob nichts passiert wäre. Ich hätte ihn durchschütteln mögen, um ihn zur Besinnung zu bringen. Und doch konnte ich seiner Theorie eine gewisse Logik nicht absprechen. Genau besehen schien sie sogar einleuchtend.
»Also gut«, sagte ich und zwang mir größere Ruhe ab als ich empfand. »Nehmen wir an, der Mann war ein Stromer. Gab es irgendwelche Anzeichen für einen vorsätzlich gelegten Brand?«
»Nein, rein gar nichts. Das Haus ging hoch wie 'ne Fakkel. War zundertrocken.«
»Sie hätten wohl nichts dagegen, wenn ich mich auf der Brandstelle umsehe, oder?«
»Nicht das mindeste, Junge.«
»Waren Jamison und die Pepperstones befreundet?«
Opulant legte die Stirn in Falten. »Na ja, gekannt haben sie sich natürlich.«
»Mehr nicht? Zwei leerstehende Ferienhäuser mit Besitzern, die im Süden leben, und beide Häuser brennen innerhalb von zehn Tagen bis auf die Grundmauern ab.

Nein, Mr. Opulant, das sieht mir nach etwas mehr als bloßem Zufall aus.«
»Mag sein, Junge«, meinte er nachdenklich. »Wenn ich es auch nicht glauben kann. Sie sind ganz einfach ein argwöhnischer Charakter.«
»Darum bin ich hier«, erinnerte ich ihn. »Nur darum.«
Er wiegte den Kopf noch immer grübelnd hin und her, als ich seinen Laden verließ und einen Augenblick in der kochenden Vormittagssonne stehenblieb. Beinahe sofort brach mir der Schweiß aus. Ich holte tief Luft und machte mich zum anderen Ende des Ortes auf, wo ich eine geschlagene Stunde im Dienstzimmer des Polizeichefs vertrödelte. Er war ein Fettwanst mit Spatzenhirn und zeigte wenig Interesse für die Attacke des Heckenschützen.
Es war bereits halb eins, als ich zur Brandstelle hinausfuhr. Eine Weile blieb ich vor der noch immer schwelenden Ruine stehen, die von Jamisons Ferienhaus übriggeblieben war, und fragte mich verstimmt, warum ich mich je für den Beruf eines Brandinspektors entschieden hatte.
Dann ging ich an die Arbeit. Ich wühlte die Trümmer sorgfältig durch, entdeckte aber nichts, das meinen Verdacht erregte. Der einzige Gegenstand, der meine Aufmerksamkeit länger als dreißig Sekunden beanspruchte, war ein Armleuchter, der geschwärzt und noch heiß in den Mauerresten lag. Aber seine Position auf dem Fußboden nicht weit von einem nur teilweise verbrannten Bücherregal überzeugte mich nach einiger Überlegung, daß auch einer von Opulants tapsigen Feuerwehrmännern ihn von seinem üblichen Platz gestoßen haben könnte.
Ich ging zurück zu meinem Wagen und fuhr ein Stück weiter am See entlang zu dem Schutthaufen, der einst das Ferienhaus der Pepperstones gewesen war. Eine rußige Mauer war alles, was davon noch stand. Darum herum, auf dem Boden der Lichtung, schoß bereits frisches Un-

kraut in die Höhe. Ich schlenderte zum Ufer auf den Bootssteg hinaus. Der Steg vor Jamisons Anwesen lag rechts von mir, eine Meile weiter den See hinauf, und jenseits flimmerte in der Ferne die Silhouette des Dorfes. Ich stieß einen Seufzer aus und fuhr nach Timber zurück, aber es wurde vier Uhr an jenem mörderisch heißen Nachmittag, bis meine Stimmung auf dem Nullpunkt anlangte. Unterdessen hatte ich acht Personen nach einer möglichen engeren Beziehung zwischen Jamison und den Pepperstones ausgehorcht und nicht das geringste erfahren, das auf etwas anderes als eine gutnachbarliche Ferienbekanntschaft hingedeutet hätte. Noch war ich bei den Ortsbewohnern selbst auf die blasseste Spur der Ablehnung gegenüber den beiden auswärtigen Hausbesitzern gestoßen. Außerdem hatte ich mir D. J. Opulants Brandberichte vorgenommen und mich über ihre geradezu unglaubliche Flüchtigkeit geärgert.

Ich verließ das Dorf noch einmal und fuhr langsam zum gegenüberliegenden Ende des Sees. Es war vier Uhr, die Zeit, die ich mit Dee Ramer für unser Stelldichein vereinbart hatte. Ob sie in der Hotelbar saß und auf mich wartete? Ich hielt an einer kleinen Landzunge, einer Sandbank, die wie ein bleicher Finger in die Mitte des Sees deutete. Es schien der geeignete Ort, um mit meinen verhedderten Gedanken allein zu sein. Ich streifte mir das Hemd ab und streckte mich in der Sonne aus. Wenn es schon kein Entrinnen vor ihrer sengenden Hitze gab, wollte ich wenigstens ein bißchen gesunde Bräune tanken.

Irgendwo tief im Wald hinter mir knallte ein Gewehrschuß, und beinahe gleichzeitig spritzte dicht neben meinem Kopf eine Sandfontäne hoch. Ich rollte mit einem heiseren Schrei zur Seite, sprang am Rand des Wassers auf die Füße und rannte in geducktem Zickzacklauf zum Ufer zurück, wo ich mich mit einem

Sprung in die Büsche warf. Eine Zeitlang blieb ich keuchend liegen und horchte auf das Hämmern meines Herzens. Wirklich klar war mir in diesem Augenblick nur eins: Irgend jemand wollte mich aus dem Seengebiet verjagen. Aber wer? War dieser Jemand ein rasend eifersüchtiger Ehemann oder ein unverbesserlicher Brandstifter?
Beides war möglich, und ich hatte Angst. Sei kein Narr, sagte ich mir. Verschwinde von hier, so schnell du kannst. Aber schließlich siegte meine Wut über meinen Selbsterhaltungstrieb, wenn auch nur knapp. Ich setzte mich entschlossen ans Steuer, raste zurück ins Dorf und stampfte mit krachenden Absätzen in die Hotelbar.
Ich hatte draußen keinen Sportwagen bemerkt, aber Dee Ramer saß in einer frischen weißen Bluse, den beigen Shorts und den braunen Mokassins auf dem letzten Hocker am Ende der Theke. Sie war der einzige Gast. Die magere junge Frau, die hinter der Theke bediente, musterte mich kurz und zog sich diskret in die andere Ecke der Bar zurück.
Dee Ramer warf einen Blick auf die Wanduhr, nahm einen Schluck aus ihrem Bierglas und bemerkte nonchalant: »Sie haben Verspätung.«
»Und Sie haben mich angeschwindelt, Schätzchen«, gab ich zurück.
»Sind Sie mir deswegen böse?« fragte sie verdutzt. Sie leerte ihr Glas, schwang sich von ihrem Hocker und blieb hochaufgerichtet vor mir stehen. »Ich glaube, Mr. Pane, Sie und ich sollten uns woanders unterhalten.« Damit hakte sie ihre Hand in meinen Arm und zog mich zur Vordertür hinaus.
Wir fuhren wortlos die gewundene Uferstraße entlang, bis ich in einen unbesetzten Picknickplatz einbog und meinen Wagen parkte. Ich setzte mich neben sie auf einen der Tische, zündete uns Zigaretten an und wartete auf ihre Erklärung.

»Sie wären gestern abend nicht mitgekommen, wenn ich Ihnen erzählt hätte, daß ich Harrys Frau bin«, sagte sie.
»Schlicht und ergreifend, wie?«
»Ja. Sie waren eben unwiderstehlich.«
»Das hat mir noch keine Frau gesagt. Aber ich war auch noch nie die Zielscheibe eines eifersüchtigen Ehemannes – zumindest bis heute nicht.«
Sie zog an ihrer Zigarette. »Davon habe ich gehört. Aber es war nicht Harry.«
»Heute nachmittag hat er mich noch einmal aufs Korn genommen«, fuhr ich fort und berichtete über den Vorfall. Sie hörte mit betroffenem Gesicht zu. »Ihr Mann scheint ein entschlossener Bursche zu sein«, sagte ich abschließend.
»Es kann nicht Harry gewesen sein«, wiederholte sie bestimmt. »Harry besitzt kein Gewehr. Sicher, er will mich nicht verlieren, will nichts von einer Scheidung wissen. Aber er würde nicht morden, um mich zu behalten. Das heißt, mich würde er vielleicht umbringen, aber nur mich. Glauben Sie, er würde sich der Gefahr aussetzen, für einen Mord verurteilt zu werden, während ich meine Freiheit genieße?«
»Warum haben Sie ihn geheiratet, Dee?«
»Sicherheit«, sagte sie. »Harry konnte mir Sicherheit bieten und tut es immer noch. Früher mal war das alles, was ich wollte.«
»Und jetzt nicht mehr?«
»Nein. Allmählich hängt mir das alles zum Halse heraus. Ich will mich scheiden lassen. Ich habe ihn im guten gebeten, hab gebettelt, und jede vernünftige Art gesucht, ihm klarzumachen, daß zwischen uns nichts mehr läuft. Aber er hört überhaupt nicht zu. Es ist zum Verzweifeln. Er lacht mich höchstens aus und meint, das sei bloß so eine vorübergehende Phase bei mir. Ich hätte mir die Hörner noch nicht abgestoßen. Jetzt bleibt mir nichts anderes mehr übrig, als ihn so lange zu bearbeiten und zu

ärgern, bis er in die Trennung einwilligt.«
»Und deshalb gehen Sie mit anderen Männern aus?«
Sie zuckte die Achseln und bat um eine weitere Zigarette. »Fahren Sie mich nach Timber zurück, Macdonald. Mir ist gerade eingefallen, wer der Schütze sein könnte.«
Während der Fahrt saß sie in sich gekehrt neben mir. Ich versuchte, sie über ihre Vermutung auszufragen, aber sie schüttelte alle meine Fragen ab, hüllte sich in Schweigen und rauchte. Sie dirigierte mich zu einem Bungalow am nördlichen Ende des Dorfes und redete erst wieder, als sie an die Tür geklopft hatte.
»Billy, der Barmann, wohnt hier bei seiner Mutter. Sie ist Witwe. Schon so lange wie die meisten in Timber zurückdenken können.«
Ich runzelte begriffsstutzig die Stirn.
»Ich bin nicht ein einziges Mal mit Billy ausgegangen, aber er liebt mich«, erläuterte Dee schlicht. »Schon eine ganze Weile. Und er ist entsetzlich eifersüchtig.«
Billy öffnete, zuckte zurück und versuchte, uns die Tür vor der Nase zuzuschlagen, aber ich stemmte meine Hände dagegen, und im nächsten Augenblick waren wir drinnen.
»M... Mutter ist nicht da«, stotterte Billy. »Sie ist...«
Die Flinte lag auseinandergenommen zwischen Putzlappen und Reinigungskette auf dem Küchentisch. Billy versuchte nicht erst, sich herauszureden. »Ich hätte Sie nicht umgebracht, Mister! Das hätte ich gar nicht gekonnt. Ich bin kein Mörder! Ich wollte Ihnen bloß einen Schrecken einjagen.«
»Zweck der Übung erreicht«, bemerkte ich knapp. »Wiederholung überflüssig.«
»Du bist vielleicht ein Idiot, Billy!« sagte Dee Ramer.
»Du hättest nicht mit ihm ausgehen dürfen, Dee!«
»Und du hättest dich nicht in mich verlieben dürfen.«

Der Junge starrte mir ins Gesicht. »Was haben Sie mit mir vor, Mister?«
»Das weiß ich noch nicht«, sagte ich wahrheitsgemäß, und wir gingen.
Unterwegs zur Anglerkolonie – ich hatte beschlossen, Dee Ramer zunächst zu Hause abzusetzen – überschlugen sich meine Gedanken. Sollte ich Anzeige gegen den Jungen erstatten? Ihn verhaften lassen? Aber was würde mir das nützen?
Ich schüttelte den Kopf. Daß dieser Billy sich aus unerwiderter Liebe zu so etwas hatte hinreißen lassen! Und das auf die Gefahr hin, verhaftet zu werden. Es schien unfaßlich.
Dann kam mir ein anderer Gedanke, ein Gedanke, der mich so blitzartig durchfuhr, daß sich meine Finger unwillkürlich fester um das Steuer spannten. »Was ist, Macdonald?« fragte Dee Ramer neben mir.
»Kennen Sie diesen Jamison? Den Mann, dessen Ferienhaus . . .«
»Ja.«
Sie hatte so leise geantwortet, daß ich sie mit einem raschen Seitenblick streifte. Ihre Beine waren krampfhaft zusammengepreßt, ihre Hände ineinandergekrallt.
»Er ist Junggeselle, oder?«
»Ja.«
»Sind Sie je mit ihm ausgewesen? Zu einem Clubbummel? Haben Sie sich irgendwo mit ihm gezeigt?«
»Ja.«
»Mit Pepperstone auch?«
»Nein«, sagte sie. »Ich kenne Marvin Pepperstone, aber ich bin nicht mit ihm ausgegangen. Das heißt . . . Ich war nie mit ihm in den Clubs. Er ist verheiratet, und . . .«
»Aber sind Sie irgendwann irgendwo mit ihm zusammengewesen? Ich meine allein.«
»Ja . . . Manchmal fuhr er in seinem Boot raus. Ohne seine Frau. Zuerst angelte er eine Weile, und danach trafen

wir uns am anderen Ende des Sees.«
»Hat Billy die beiden oder auch nur einen von ihnen je vor die Flinte genommen?«
Sie musterte mich erschrocken. »Nein, nicht daß ich wüßte.«
»Aber hat er vielleicht ihre Ferienhäuser angezündet, um sie vom See zu vertreiben – und von Ihnen?« fragte ich. »Das wäre doch denkbar, oder?« Wir näherten uns der Anglerkolonie, und ich schaltete herunter.
Das Camp war im rustikalen Stil gehalten und blitzsauber. Es bestand aus einem verschachtelten Gemeinschaftsgebäude und einer beachtlichen Anzahl von Blockhäuschen, die sich scheinbar planlos darumherum gruppierten. Ich lenkte den Wagen die Einfahrt hinunter und bekam rechts einen freien Ausblick über den Uferstreifen der Kolonie. Das Wasser glitzerte in der Spätnachmittagssonne und leckte sanft an den Bordwänden der Boote hinauf, die in langer Reihe am Schwimmdock vertäut lagen. Fünfzig Meter weiter draußen dümpelte eine regelmäßige Kette von Tonnenbojen, die den zurückkehrenden Anglern als Wegweiser diente.
Ich schlug das Steuer ein, bog um die Ecke des Hauptgebäudes und hielt vor einem Haus, dessen Baustil und frischer Anstrich nicht in diese Umgebung paßten. Vor uns war ein Lieferwagen einer chemischen Reinigung geparkt, und ein Mann wandte sich von der offenen Hecktür ab und marschierte mit einer Ladung Kleider in Plastikhüllen über dem ausgestreckten Arm auf das Haus zu.
Dee Ramer machte keine Anstalten, auszusteigen. »Ich kann es nicht glauben, Macdonald«, sagte sie. »Ich meine, was Sie über Billy denken.«
»Er hat immerhin zwei Schüsse in meine Richtung gefeuert, mein Engel.«
»Ja, aber mutwillig Häuser in Brand zu . . .«
Sie ließ den Satz unbeendet und stieg abrupt aus, als ihr

Mann an den Wagen trat. Ich hatte ihn nicht kommen gehört, spürte aber den Ruck, mit dem er sich gegen die Seite lehnte. Ich fuhr herum und sah seine großen Hände, die sich um den Rand meines offenen Fensters legten.

»Ach, Sie sind's«, sagte er mit seiner tiefen Stimme. »Hallo.«

Er ignorierte die Anwesenheit seiner Frau, und ich fühlte brennendes Unbehagen in mir aufsteigen. »Ich hab im Dorf eine in Bedrängnis geratene Dame aufgesammelt«, log ich. Es war ein Versuch, die nötige Erklärung ins Scherzhafte zu ziehen. »Sie war ohne Wagen hierher unterwegs. Ich hoffe, Sie haben nichts dagegen, daß ich mich als Taxifahrer angeboten habe.«

»Aber gar nichts«, sagte er mit unverändertem Grinsen. »Wie geht's mit Ihrer Ermittlung? Kommen Sie voran?«

Ich wand mich innerlich. Der wahre Grund meines Besuches hatte sich also in ganz Timber herumgesprochen. Aber warum forderte der Mann mich dann nicht offen heraus? Nach der Geschichte, die ich ihm am vergangenen Abend aufgebunden hatte, wäre zumindest eine Bemerkung über meine Tätigkeit als Verkäufer nicht vorhandener Löschgeräte fällig gewesen.

»Ziemlich langsam«, antwortete ich. »Schlimme Sache gestern abend, der Mann in Jamisons Haus.«

Ramer nickte. »Ja, schlimm. Hat jemand den Burschen identifizieren lassen?«

»Allem Anschein nach handelte es sich um einen Landstreicher.«

»Ja, davon gibt's hier gelegentlich welche. Trippelbrüder auf der Suche nach einem Nachtlager. Mit so etwas muß man rechnen, wenn man ein Haus am See besitzt, das nicht das ganze Jahr über bewohnt ist. Einbrüche von Landstreichern sind ein bekanntes Risiko. »Haben Sie Zeit für ein Bier?«

»Im Augenblick leider nicht, Mr. Ramer. Ein anderes Mal gern.«
»Okay, Mr. Pane. Und danke, daß Sie meine Frau nach Hause gebracht haben – schon zum zweitenmal.«
Ich lenkte meinen Wagen auf die Straße zurück, aber die Ohrfeige, die Ramer mir zum Abschied verpaßt hatte, schmerzte noch eine ganze Weile. Wie D. J. Opulant mir so weise erklärt hatte, schien es hier im Seegebiet so gut wie unmöglich, irgend etwas geheimzuhalten.
In der darauffolgenden heißen Nacht konnte ich lange nicht einschlafen. Ich lag im Dunkeln in meinem Hotelbett, rauchte Kette und schwitzte. Mein Fenster stand offen, aber kein Laut drang von draußen herein. Es war, als hätte sich das Dorf in ominöses, undurchdringliches Schweigen gehüllt. War in dieser Nacht wieder jemand unterwegs, um einen Brand zu legen? Und wer war dieser Jemand? Ein potentieller Mörder? Ich grübelte über Billy nach, versuchte, ihn mir als Brandstifter vorzustellen. Als Einheimischer kannte er sich genau in der Gegend aus, kannte die Menschen, wußte, wann sie kamen und gingen. Und er hatte die Unverfrorenheit besessen, seine Flinte auf mich abzufeuern. Jemand, der so etwas fertigbrachte, würde wohl mindestens ebenso ungehemmt leerstehende Ferienhäuser anzünden, schätzte ich.
Um drei Uhr fünfundvierzig riß mich das unheimliche Heulen der Dorfsirene aus dem Schlaf. Ich raste zur Anglerkolonie, brachte meinen Wagen vor dem Hauptgebäude schlitternd zum Stehen und sah die Flammen, die an Harry Ramers Wohnhaus hinaufzüngelten. Aber das Feuer hatte nur die linke vordere Ecke erfaßt.
D. J. Opulant und seine Freiwilligenmannschaft hatten in dieser Nacht Glück: Der Brand blieb auf das Vorderzimmer beschränkt, weil Ramer ihn rechtzeitig entdeckt hatte. Er sagte, er habe noch in seinem Büro im Haupthaus über den Büchern gesessen, als er Rauch gerochen

und ein verdächtiges Knistern gehört habe.
Ramer und D. J. Opulant hockten auf dem Rasen neben der Vordertür des Hauptgebäudes und tranken frisch aufgebrühten dampfenden Kaffee aus großen Bechern. Inzwischen war das Morgengrauen am östlichen Horizont in ein sanftes Glühen übergegangen, und in der Anglerkolonie war wieder Ruhe eingekehrt.
»Warum bloß?« sinnierte Ramer trübe und schüttelte den Kopf. »Ich begreife nicht, wie sie auf so was verfallen ist. Ist sie nicht ganz beisammen, oder was?«
Dee Ramer, ein großer Teil ihrer Garderobe und ihrer übrigen persönlichen Habe, drei Koffer und ihr Sportwagen waren verschwunden.
Ich blieb schweigend neben den beiden stehen und überließ es Opulant, eine Erklärung zu finden. »Tja, Harry«, meinte er. »Wenn Sie nicht selbst darauf kommen, muß ich es wohl offen aussprechen: Es war kein großes Geheimnis, daß Sie und Ihre Frau letzthin gar nicht so glücklich miteinander ausgekommen sind.«
»Ich weiß«, gab Ramer zu. »Aber mußte sie mir deswegen das Haus überm Kopf anstecken? Hätte sie ihren Kram nicht packen und einfach abhauen können?«
»Mr. Ramer«, warf ich ein. »Sie stellen Behauptungen auf, für die wir bis jetzt keinerlei Beweise haben. Wir wissen nicht einmal, ob es sich überhaupt um Brandstiftung handelt. Bevor wir den Fall untersucht haben, läßt sich noch gar nichts darüber sagen.« Warum ich Dee Ramer in Schutz nahm, war mir selbst nicht klar.
»Für mich gibt's da gar nichts zu untersuchen«, entgegnete Ramer spitz. »Der Brand wurde gelegt. Hätte gar nicht anders anfangen können. Das Haus ist einwandfrei in Schuß. Steht erst seit drei Jahren. Die Kabel sind in Ordnung, und ...«
D. J. Opulant fiel ihm ins Wort: »Die Geschichte sieht ziemlich verdächtig aus, junger Mann. Das müssen Sie zugeben.«

»Verdammt noch mal!« explodierte ich. »Als Brandstifter kämen wohl auch noch andere . . .«
Die beiden Männer musterten mich durchdringend. »Wissen Sie mehr, als Sie uns erzählt haben, Junge?« wollte D. J. Opulant wissen.
»Nein!« bellte ich.
Sie starrten unentwegt weiter, aber ich hatte beschlossen, meine Vermutungen über Billy für mich zu behalten, zumindest, bis ich die Gelegenheit gehabt hätte, mich über seinen Verbleib während der vergangenen Nacht zu vergewissern. Aus einem mir selbst unerfindlichen Grund traute ich den beiden Männern, die vor mir im Gras hockten, nicht über den Weg, und ich hatte nicht die Absicht, ihnen den Jungen ans Messer zu liefern, bis ich meiner Sache sicher war.
»Sie war's, Oppie«, beharrte Harry Ramer nach einer Pause. »Ich weiß, daß sie es war. Sie hat mich schon monatelang verrückt gemacht mit ihrem . . .« Er brach ab und blickte zu Boden. »Das Mädel ist nicht mehr ganz richtig im Kopf. Schon lange nicht mehr.«
Ich ließ die beiden mit ihrem Gespräch allein und schlenderte zum Wohnhaus hinüber. War es denkbar, daß Dee sich tatsächlich als Brandstifterin betätigt hatte? Ich blieb vor dem Haus stehen und zündete mir eine Zigarette an. Hatte sie auch Jamison und die Pepperstones auf dem Kieker gehabt? Ob sie mich zu Billy gelotst und mir von seiner eifersüchtigen Liebe erzählt hatte, um mir Sand in die Augen zu streuen? Falls sie ihrem Groll gegen ihren Mann heute nacht Luft gemacht und versucht hatte, sein Haus in Asche zu legen, dann gingen die beiden Ferienhäuser wahrscheinlich auch auf ihr Konto.
Aber war die Geschichte mit Billy wirklich nur ein Ablenkungsmanöver gewesen? Immerhin hatte er zweimal auf mich geschossen, wie er selbst zugegeben hatte.
Harry Ramer und D. J. Opulant traten auf mich zu. Ich mußte mich in den Griff bekommen, die Angelegenheit

mit der kalten Logik angehen, die mir als staatlichem Brandermittler zukam.
»Sehen wir uns die Sache noch einmal an«, sagte D. J. Opulant und nickte zum Haus hinüber. »Inzwischen muß es so weit abgekühlt sein, daß wir rein können.«
Wir betraten das Haus zu einem zweiten Rundgang. Beim erstenmal hatten wir lediglich festgestellt, daß Dee Ramer mitsamt ihrer Habe verschwunden war, aber die Hitze aus dem ausgebrannten und noch immer schwelenden Vorderzimmer hatte eine gründliche Untersuchung unmöglich gemacht. Wir blieben im Türrahmen stehen und nahmen die verkohlte Verwüstung in Augenschein.
Ein kleiner Klumpen geschmolzenen und wieder erstarrten Metalls zog meinen Blick an. Er lag auf dem Fußboden vor einem riesigen Fenster, unterhalb einer Stelle, wo vorher Gardinen gehangen haben mußten. Ich sah mich an dem Klumpen fest und erinnerte mich an den geschwärzten Leuchter in Jamisons ehemaligem Wohnzimmer. »Mr. Ramer«, sagte ich abrupt. »Als ich gestern abend hier war, lieferte jemand Sachen von der Reinigung bei Ihnen ab.«
Er schien für einen Augenblick aus dem Gleichgewicht zu geraten, fing sich aber rasch wieder und runzelte befremdet die Stirn. »Ja, das stimmt«, bestätigte er. Dann reckte er die Schultern, die Falten auf seiner Stirn vertieften sich, und er fragte: »Aber was hat das mit . . .«
»Würden Sie mir die gereinigten Sachen zeigen?«
»Sind Sie total übergeschnappt, junger Mann?« fragte D. J. Opulant.
»Bitte, Mr. Ramer, darf ich sie sehen?«
In einem Schrank im oberen Stock hingen drei Anzüge.
»Es waren auch zwei Kleider dabei«, sagte Ramer griesgrämig. »Aber die hat sie natürlich mitgenommen.«
Wo waren die Plastikhüllen geblieben? Die Gedanken jagten sich in meinem Kopf.

»Da komme ich nicht mehr mit«, sagte D. J. Opulant, als wir uns von der offenen Schranktür zur Treppe umwandten. »Wieso interessieren Sie sich plötzlich für gereinigte Klamotten? Wir untersuchen einen Brand, Mr. Pane. Warum . . .«

»Ich habe zu tun«, entgegnete ich kurz angebunden und ließ ihn stehen.

Die einzige chemische Reinigung in Timber machte um acht Uhr auf, und als der Besitzer um zehn nach acht erschien, stand ich bereits wartend vor der Tür. Ich fragte ihn nach den Rechnungen, die er Ramer während der letzten Wochen ausgestellt hatte, und bat um Einsicht in die Belege. Zuerst sperrte er sich, aber als ich mit der Drohung auffuhr – »Wenn nicht anders, komme ich mit einer richterlichen Verfügung wieder« –, schleppte er seine Bücher an.

Ein paar Minuten später machte ich mich zur Feuerwache auf. Opulant war nicht da, aber ich ging seine Akten noch einmal durch, verglich vor allem ein paar Daten und stellte eindeutige Beziehungen fest. Ich hatte richtig getippt: Die Brände bei Pepperstone und Jamison und dieser letzte in der Anglerkolonie waren jeweils in Nächten ausgebrochen, die auf Lieferfahrten des Reinigungswagens zum Haus der Ramers folgten. Ich war überzeugt, daß ich des Rätsels Lösung hatte, zumindest wußte, wie die drei Brände gelegt worden waren. Um jeden Zweifel auszuschließen, rief ich den Brandermittler der Versicherung an und ließ mir von ihm bestätigen, daß er im Haus der Pepperstones ebenfalls geschwärzte Überreste eines Leuchters gefunden hatte. Damit war die Methode klar. Es war ein uralter, bei Profis und cleveren Amateuren gleichermaßen beliebter Trick: Eine Kerze, die auf eine Unterlage hoch entflammbaren Materials herunterbrannte. Als Lunte eigneten sich ausgerollte Filmstreifen, benzingetränkte Lappen, Kombinationen verschiedenartigster Dinge. Die Brenndauer der Kerze

gab dem Brandstifter Gelegenheit, sich über alle Berge zu verdrücken, bevor das brennbare Material Feuer fing und der Brand sich über Gardinen oder strategisch plazierte Zeitungen im ganzen Zimmer ausbreitete.
Bei den Bränden am Timber Lake hatte in Streifen geschnittene Plastikfolie als Lunte gedient, hochbrennbares Material, das in Form von Schutzhüllen um gereinigte Kleidungsstücke bei den Ramers abgeliefert worden war.
Ich fuhr zurück zur Anglerkolonie, aber Ramer und D. J. Opulant hatten das Grundstück verlassen. Ich überlegte einen Augenblick, beschloß zu warten und machte durch die Wagenfenster eine Bestandsaufnahme meiner Umgebung: Die Häuschen um das Hauptgebäude, die Boote auf dem Wasser, das ruhige Kommen und Gehen der Angler, alles atmete die gelöste Atmosphäre eines Ferienparadieses. Vor Ramers Haus waren drei Neugierige stehengeblieben und versuchten durch ein Fenster ins Innere des ausgebrannten Teils zu spähen. Mein Blick glitt von ihnen ab, zurück zu der glitzernden Wasserfläche, den Booten, dem Schwimmdock, den Bojen.
Ich schlug mit der flachen Hand auf das Steuer. Wo blieben Opulant und Ramer so lange? Ich hatte ihnen etwas zu berichten, hatte ihren Brandstifter für sie ausfindig gemacht. Wo mochten sie sein? Ich starrte auf den See hinaus und wartete. Aber brauchte ich die beiden eigentlich? Ich konnte zur nächsten Stadt fahren, beim Sheriff Meldung machen und einen Haftbefehl gegen Dee Ramer veranlassen.
Aber konnte ich irgend etwas beweisen?
Ich ließ den Motor an, konnte den Blick aber plötzlich nicht vom See lösen. Irgend etwas stimmte da draußen nicht, das spürte ich.
Die Bojen!
Ich war bereits halb ausgestiegen, aber dann zügelte ich meinen Impuls. Ich schwang mein Bein wieder in den

Wagen zurück und zog den Schlag zu. Aber mein Blick blieb starr an der regelmäßigen Reihe der Tonnenbojen haften. Nur war die Regelmäßigkeit an einer Stelle unterbrochen. In der langen Kette fehlte ein Glied.

Das tarnende Dunkel der folgenden Nacht ließ lange auf sich warten. Ich schlug den Tag in meinem Hotelzimmer tot, rauchte, schwitzte, wälzte mein Problem. Logischerweise hätte ich mich um Hilfe bemühen müssen. Ich hätte anderen meinen Verdacht ruhig und überzeugend vortragen und dann mit ihnen zusammen zur Markierungslinie der Bojen hinausrudern sollen. Aber welche Anhaltspunkte hatte ich schon? Eine gesunkene – oder fehlende – Tonne. Das war alles, worauf sich meine Ahnung stützte. Etwas, das ich am Vortag gesehen hatte und heute nicht mehr sah.

Wie würde ich dastehen, wenn ich eine Suchmannschaft zusammentrommelte, nur um eine leck gewordene Tonne zu heben, die mit Wasser vollgelaufen und abgesoffen war?

Als es endlich dunkel genug war, fuhr ich zu einem einsamen Uferstreifen jenseits Ramers Camp, streifte die Oberkleidung ab und watete in Shorts ins Wasser. Es war eine mondlose Nacht, aber die Sterne breiteten einen sanften Schimmer über den Himmel und den glatten See. Ich schwamm langsam, vorsichtig, so geräuschlos ich konnte, zur ersten Tonne der Kette. Einen Augenblick lang hielt ich mich an ihr fest und spürte sie unter meinem Arm auf und ab wippen. Ich behielt die Lichter der Anglerkolonie scharf im Auge, vergewisserte mich, daß keine Boote von draußen auf das Dock zuhielten, und arbeitete mich behutsam die Kette entlang auf die Lücke zu. Bis ich an meinem Ziel anlangte, kam ich mir wie ein Idiot vor und war überzeugt, ich würde nichts weiter vorfinden als eine frisch gespleißte Bruchstelle im Kabel.

Als meine suchenden Hände gegen die gesunkene Tonne stießen, überlief mich ein so heftiger Schauder, daß das Wasser um mich herum bestimmt winzige Wellen schlug. Es war ein Gefühl, als hätte ich eine Leiche berührt.

Ich versuchte, die Tonne ein Stück zu rollen, und sie gab träge nach. Dann schwamm ich zur nächsten Tonne, um ihre Tragkraft zu testen. Sie stemmte sich hart gegen den Druck meiner Hände und schnellte, als ich losließ, leicht wie ein Korken zurück. Ich wandte mich wieder zu der gesunkenen Tonne um und erstarrte. Ein Schrei blieb mir in der Kehle stecken, während ich zu dem Ruderboot hinüberstarrte, das sich aus der Dunkelheit rasch auf mich zubewegte. Die einsam sitzende Gestalt zog die Riemen noch einmal durch, hob die Blätter aus dem Wasser über die Seiten, und das Boot glitt lautlos wie eine Geistererscheinung auf mich zu.

Ich packte den Bootsrand und wurde ein Stück im Wasser entlanggezogen. Im nächsten Augenblick neigte sich die Seite mit einer Bewegung des Sitzenden über mich, und D. J. Opulants Stimme fragte schroff: »Was zum Teufel haben Sie hier draußen verloren, junger Mann?«

Zehn Minuten lang redete ich auf ihn ein, erklärte meine Anwesenheit, versuchte, meine Theorie zu erläutern, aber er schnaubte nur. »Ich glaube tatsächlich, bei Ihnen piept's, Mr. Pane. Ich beobachte Sie schon den ganzen Tag. Heute früh bei Ramer geht's los mit dem Quatsch über gereinigte Klamotten, die was mit den Bränden zu tun haben sollen, dann brausen Sie ab zur Reinigung und von da zu meinen Akten. Dann hängen Sie sich an die Strippe, und vom Telefon geht's retour zum Camp, wo Sie 'ne ganze Weile sitzen bleiben, bloß, um wieder abzuhauen wie vom Teufel gejagt. Aber Sie fahren nur zum Hotel und lassen sich den ganzen Tag nicht wieder blicken. Bis heute abend nicht. Und diesmal verkriechen Sie sich unter die Bäume, und ich sehe, wie Sie einen Teil Ihrer Kleider ablegen und hier rausschwimmen und . . .«

»Warum ist die Tonne abgesoffen, Mr. Opulant?« unterbrach ich ihn.
»Weiß ich auch nicht, Mr. Pane.«
»Und der Grund würde Sie nicht im geringsten interessieren, oder?«
Er zögerte einen Augenblick. »Na ja, da wir schon mal hier sind, nachsehen könnte man . . .«
»Dann mal los.«
Unsere Entdeckung gab mir mein Vertrauen auf meine Eingebung wieder und nahm D. J. etwas von seinem Glauben an seine Landsleute im Seegebiet.
Wir zogen Dee Ramers zusammengekrümmte Leiche vorsichtig aus der Tonne und streckten sie auf dem Boden des Bootes aus.
»Ich könnte schwören«, murmelte D.J. Opulant, »daß irgendwo in diesem See auch ein Sportwagen dabei ist, im Schlick zu versacken.«
»Ja, irgendwo«, echote ich grimmig.
»Harry?« fragte er.
»Wer sonst? Er hatte schon zwei Liebhabern seiner Frau die Häuser angezündet.«
»Und das Feuer bei ihm heute früh?«
»Sollte einen Mord verschleiern.«
»Aber warum hätte er sie umbringen wollen, Mr. Pane? Wo er ihr die Scheidung verweigert und zwei ihrer Liebhaber verjagt hatte, wozu dann . . .«
»Sollten wir ihn das nicht selber fragen, Mr. Opulant?«
Während D. J. Opulant das Boot rasch und geschickt zum Ufer zurückruderte, zog ich mich an. Er hatte meine Sachen aus dem Wagen genommen und mit auf den See gebracht.
Ramer öffnete auf Opulants Klopfen. Er schob die Brauen in die Stirn und musterte uns fragend, aber im nächsten Augenblick, Opulant hatte kaum ein unverblümtes »Wir haben Dee gefunden, Harry«, ausgesprochen, er-

bleichte er und stolperte einen Schritt zurück.
»Ich ... es war ein Unfall«, stammelte er. »Sie ... sie wollte mir weglaufen. War oben und packte ihre Sachen, als ich reinkam. Da hab ich sie ... ich hab sie geschlagen, und sie fiel mit dem Kopf gegen die Bettkante. Ich wollte sie nicht umbringen, Oppie! Das müssen Sie mir glauben! Als ob ich das gewollt hätte! Ich habe sie geliebt ...«
D. J. Opulant mag seine Zweifel gehabt haben, aber mich hatte Ramer überzeugt. Ich glaubte ihm, daß er seine Frau geliebt hatte. Sehr sogar. Zu sehr, um sie einfach nur gehen zu lassen.

Ein Vorhängeschloß für Charlie Draper

James Holding

Viele hier in der Stadt hielten Charlie Draper für verrückt, als sie erfuhren, wie er sich verhielt, als sein Laden im vergangenen Herbst überfallen worden war. Ich machte da keine Ausnahme. Von einer Art Tribünenplatz aus bekam ich den gesamten Vorgang mit. Im Grunde hätte ich anders denken müssen, denn ich kenne Charlie Draper ziemlich gut. Jede Woche spielen wir zusammen Poker, und seit zwölf Jahren sind wir Geschäftsnachbarn. Meine Eisenwarenhandlung liegt direkt neben Charlies Kolonialwarenladen, in dem alten Stackpole-Gebäude, dessen rückwärtige Wand buchstäblich gegen den Nordfelsen von Cedar Gulch geklatscht ist.

Cedar Gulch ist eher eine kleine Stadt — bei uns gibt es noch keine Supermärkte —, aber nicht arm. Freitags geht über Charlies Ladentheke eine Menge Geld, denn die Männer, die in der Schmelzhütte arbeiten, werden jeden Donnerstag ausbezahlt. Ich mache nicht den gleichen großen Umsatz wie Charlie — an Eisenwaren herrscht hier nicht so viel Bedarf wie an Lebensmitteln —, aber ich kann mich nicht beklagen. Wie dem auch sei, der Überfall auf Charlies Geschäft fand an einem Freitag statt, ziemlich genau um vier Uhr nachmittags.

Der Witz an der Sache war, daß Charlie eine Theorie vertritt, die er auch jetzt noch verkündet. Und jeder, der hörte, wie Charlie sich bei dem Überfall benahm, lachte ihn aus, weil er sich überhaupt nicht an seine eigene Überzeugung hielt. Er tat das genaue Gegenteil von

dem, was er in der Öffentlichkeit immer verlauten ließ.
Ich weiß nicht, wie oft ich Charlie über seine Theorie habe reden hören — beim Mittagessen in Grogans Restaurant, manchmal sonntags nach der Kirche, meistens jedoch bei unseren Pokerrunden. Wenn er ein paar Bier getrunken hat, schlechte Karten erwischt und passen muß, bleibt ihm bis zum nächsten Spiel nichts anderes, als zu reden. Und dann legt er los.
Charlie behauptet, man könne alles auf zweierlei Weise tun, auf die leichte Art und auf die schwere. Und ein Mann, der den komplizierten Weg wählt, sei ein Dummkopf. So lautet, kurz und bündig zusammengefaßt, Charlies Theorie.
Natürlich ziehen wir Charlie oft damit auf. Wenigstens taten wir es früher. Eines Abends fragte Mort Johnson ihn:
»Wie ist es, wenn man heiratet? Gibt es da auch einen einfachen und einen schweren Weg?«
Ohne mit der Wimper zu zucken, antwortete Charlie: »Natürlich. Man entscheidet sich für den schweren Weg, wenn man aus Liebe ein armes Mädchen heiratet. Der leichte Weg sieht so aus, daß man sich von einem reichen Mädchen heiraten läßt, das einen liebt.«
Mort hielt ihm entgegen, daß Lizbeth, Charlies Frau, arm wie eine Kirchenmaus war, als er sie heiratete. Charlie gab zurück, damals hätte er seine Theorie noch nicht entwickelt, das sei alles.
Dann fragte Deke Sawyer: »Wie spielt man beim Ziehpoker einen unvollständigen *Flush,* Charlie? Erkläre mir mal den leichten Weg.«
Charlie antwortete: »Wenn du beim Austeilen eine Viererserie bekommst, sähe der schwere Weg so aus, daß du eine Karte ziehst und hoffst, es sei die richtige. Der leichte Weg ist, gar nichts zu tun und zu bluffen.« Grinsend fuhr er fort: »Besonders, wenn man mit ein paar

Burschen spielt, die alles so todernst nehmen wie ihr.« Verstehen Sie, was ich meine? Immer wenn Charlie dabei war, wurde so geredet, und wir bekamen nie eine Chance, ihn mundtot zu machen, bis sein Kolonialwarenladen überfallen wurde.

Das Komische daran war, Charlie hielt sich nicht einmal in seinem Laden auf, als der Ganove hineinspazierte, eine Achtunddreißiger aus der Jacke zog und allen im Geschäft Anwesenden verkündete, es handele sich um einen Überfall. Er befahl den Leuten, sich ruhig zu verhalten und ihr gesamtes Bargeld in seinen Hut zu werfen.

In dem Laden befand sich eine Menge Frauen. Wie ich schon sagte, es handelte sich um die Ehefrauen der Schmelzhüttenarbeiter, die das Moos ausgeben wollten, das man ihren Männern tags zuvor ausgezahlt hatte.

Wie ich später erfuhr, kehrte Charlie zu diesem Zeitpunkt von der Post zurück, die er aufgesucht hatte, um seiner verwitweten Schwester in Clutchers Falls Geld zu überweisen.

Jedenfalls merkte ich erst, daß sich etwas Ungewöhnliches abspielte, als Charlie meinen Laden betrat und grüßte: »Hallo, Herbie, wie geht's denn unserem Jungen?«

»Nicht schlecht«, entgegnete ich. »Wie kommt es, daß du nicht drüben bist und dich um deine Kunden kümmerst, Charlie? Freitags ist bei dir doch immer etwas los. Während der letzten zehn Minuten sah ich mindestens ein Dutzend Frauen in deinen Laden gehen.«

»Casper bedient sie«, erwiderte Charlie. »Für seine siebzehn Jahre ist er ganz schön tüchtig. Der beste Gehilfe, den ich je hatte. Ich war noch mal eben auf dem Postamt, ehe es schließt. Deshalb komme ich auf einen Sprung zu dir rein.«

»Ach so«, sagte ich. »Was kann ich für dich tun, Charlie? Soll ich dir einen elektrischen Rasenmäher verkaufen,

damit du das Gras vor deinem Haus auf die leichte Art schneiden kannst?« In diesem Stil hänseln wir ihn oft. Seine Theorie bietet sich auch an, daß man ihn damit aufzieht.
Er schüttelte den Kopf. »Du weißt genau, daß es vor meinem Haus kein Gras gibt, Herbie. Und selbst wenn ich einen Rasen hätte, würde ich keinen Mäher kaufen, weil das die schwere Art ist, eine Wiese kurz zu halten.«
Aus dem Augenwinkel sah er mich an. Ich wußte, er lauerte darauf, daß ich ihn nach der leichten Art fragte. Ich tat ihm den Gefallen.
»Wenn man einen Rasen hat«, belehrte er mich, »muß man das Gras wachsen lassen, bis es richtig hoch und reif ist, und sich dann ein paar Ziegen kaufen. Sie fressen das Gras sauberer ab, als du es je schneiden könntest. Und billiger als ein Rasenmäher sind sie auch. Das ist der leichte Weg, Herbie.«
»Du hast recht. Tut mir schon leid, daß ich fragte. Was brauchst du?«
»Ich dachte mir, ich schaue mir mal deine Vorhängeschlösser an.«
»Okay. Ich habe eine gute Auswahl da. Soll es groß sein oder klein?«
»Ach, eine mittlere Größe genügt, glaube ich. In der Preislage von zweieinviertel Dollar, meinetwegen auch zweieinhalb. Es muß aber ziemlich robust sein.«
»Wozu brauchst du es, Charlie? Wenn ich weiß, wofür du es benötigst, kann ich dir besser beim Aussuchen helfen.« Aus einer Schublade hinter der Verkaufstheke holte ich vier Schlösser unterschiedlicher Größe. Das billigste bestand aus gewalztem Stahl. »Ich brauche es, um mein Ladengitter damit zu verschließen«, erwiderte Charlie.
»Dann ist dieses hier das richtige.« Ich tippte auf das Stahlschloß. »Für den Zweck ist es stark genug, und es

kostet nur einen Dollar fünfundneunzig. Das gleiche benutze ich auch.«
Charlies Geschäft und meines sind durch diese aufrollbaren Stahlrolläden gesichert, die man abends, nach Ladenschluß, vor die gesamte Fenster- und Türfront herunterzieht und mit einem Schloß an einer speziellen Vorrichtung im Bürgersteig befestigt. Vermutlich haben Sie so etwas schon einmal gesehen.
»Okay«, antwortete Charlie. »Ich nehm's.« Er warf mir zwei Scheine auf die Theke, und ich gab ihm einen Fünfziger Wechselgeld zurück.
»Soll ich es einpacken?«
»Danke, das ist nicht nötig, Herbie.« Er nahm das Schloß mit den dazugehörigen Schlüsseln und rüstete sich zum Gehen.
»He!« rief ich. »Gerade fällt mir ein, du besitzt doch schon ein Vorhängeschloß für deinen Rolladen, Charlie. Wieso brauchst du ein zweites? Hast du das alte verlegt?«
»Nee«, gab er zurück. Auf der Schwelle blieb er stehen. »Es liegt in meinem Laden, gleich neben der Registrierkasse.«
»Aber dann . . .«
»Jetzt, in diesem Augenblick, möchte ich nicht in mein Geschäft gehen.«
»Warum nicht?« fragte ich verblüfft.
»Weil dort ein bewaffneter Raubüberfall stattfindet.«
Ich glaubte, er hätte den Verstand verloren. »Bist du sicher, daß du vom Postamt kommst und nicht aus Dannys Bar?« erkundigte ich mich mißtrauisch.
Er lachte. »Nein, es ist eine Tatsache, Herbie. Ich kam von der Post und wollte in meinen Laden zurückgehen. Zufällig blicke ich durch das Schaufenster und sehe, wie irgendein großer, magerer Kerl meine Kunden mit einem Revolver bedroht. Sie müssen sich alle in einer Reihe aufstellen und nacheinander ihr Geld in seinen

Hut werfen. Was sagst du dazu?«
Nach Luft schnappend, starrte ich ihn an. »Ist er immer noch da?« quiekte ich.
»Ich hoffe es«, erwiderte Charlie. »Eigentlich kann er noch gar nicht fort sein. Immerhin muß er an die fünfzehn, zwanzig Hausfrauen um ihr Geld erleichtern, ganz zu schweigen von meiner Registrierkasse und Casper, meinem Gehilfen. Du weißt ja selbst, wie lange es dauert, bis Frauen in ihren Handtaschen finden, was sie suchen.«
»Ich rufe die Polizei!« Ich schwenkte herum und wollte auf das Telefon zustürzen.
»Laß das sein!« rief Charlie. Er kam in meinen Laden zurückgelaufen und packte mich beim Arm. »Keine Polizei, Herbie, hast du mich verstanden? Es ist mein Geschäft, das ausgeraubt wird, und ich erledige die Angelegenheit auf meine Weise. Okay?« Er grinste mich an. »Auf die leichte Art, natürlich.«
Ich sagte zu allem ja und amen und fragte mich, was er wohl im Schilde führte. Ich folgte ihm bis zur Tür meines Geschäftes und blieb dort stehen, während er die paar Schritte nach nebenan zu seinem Kolonialwarenladen zurücklegte. Als er an der Schaufensterscheibe vorbeischritt, warf er nur einen flüchtigen Blick hinein. Er wandte kurz den Kopf, deutete ein Nicken an und zwinkerte mir zu. Daraus schloß ich, daß sich der Gangster immer noch in seinem Laden aufhielt.
In einer Hand hielt Charlie das geöffnete Vorhängeschloß, das ich ihm soeben verkauft hatte. Ohne Hast, mit der Miene eines arglosen Kunden, näherte er sich der Tür zu seinem Geschäft.
Er trat indessen nicht ein. Er hob bloß den Arm, hüpfte in die Höhe, schnappte sich den Ring des Stahlrolladens und zog ihn mit einem Ruck herunter. In der allerkürzesten Zeit war die gesamte Vorderfront seines Ladens versperrt.

Dann bückte er sich, schob den Riegel des Rolladens über den Haken im Bürgersteig und sicherte alles mit dem neuen Vorhängeschloß ab. Dabei gebärdete er sich so ruhig, als handele es sich um die übliche Routine bei Ladenschluß.
Drei Sekunden später erklang hinter Charlies Stahlrolladen ein ohrenbetäubendes Geschnatter. Ich nehme an, seine Kundinnen waren überrascht, mitten bei einem astreinen Raubüberfall plötzlich im Dunkeln zu stehen.
Lässig kam Charlie zu mir zurückgeschlendert. »Darf ich mal dein Telefon benutzen, Herbie?«
»Nur zu«, erwiderte ich. »Fühl dich wie zu Hause. Das hast du erstklassig hinbekommen, Charlie, das muß man dir lassen. Der Kerl sitzt in der Falle, und die Bullen brauchen ihn nur abzuholen. Na los, ruf sie schon an.«
»Danke. Gut, daß unsere Geschäfte so nahe an die Felswand herangebaut sind, daß es für Hintertüren keinen Platz mehr gab.« Er schmunzelte amüsiert. »Für den Burschen in meinem Laden gibt es nur eine Möglichkeit, herauszukommen, nämlich dann, wenn wir den Rolladen wieder hochziehen.«
Er nahm den Hörer von der Gabel und bat Maisie Jordan, die tagsüber die Gespräche vermittelt, ihn mit einer bestimmten Telefonnummer zu verbinden.
»Das ist aber nicht die Nummer der Polizei«, wunderte ich mich.
»Ich weiß. Mit der Polizei will ich auch nicht sprechen. Ich rufe Casper drüben in meinem Laden an.«
»Deinen Gehilfen?«
»Na klar. Casper steckt doch mit hinter dem Rolladen, wo sich der Überfall abspielt. Ich möchte wissen, was los ist.«
Es dauerte eine Weile, ehe drüben jemand abhob.
»Hallo«, meldete sich Charlie, »Casper, bist du's?«
Es muß Casper gewesen sein, denn vom anderen Ende

der Leitung her ertönte ein aufgeregter Redeschwall. Casper schickte sich an, Charlie zu erzählen, daß im Laden soeben ein Raubüberfall stattfände, doch Charlie schnitt ihm das Wort ab.

»Ich weiß, was sich bei euch abspielt«, sagte er, »deshalb zog ich ja den Rolladen herunter, Casper, um den Halunken einzusperren. Was macht er in diesem Augenblick?«

Ich stellte mich ganz dicht neben Charlie, damit ich Caspers Antworten verstehen konnte. »Er fuchtelt mit seinem Revolver herum. Er droht, jeden von uns zu erschießen.«

»Hör mir gut zu, Casper«, sagte Charlie. »Erzähle ihm, daß er im Laden eingeschlossen ist, und erst dann wieder herauskommt, wenn ich von draußen den Stahlvorhang hochziehe. Sage ihm, daß ich von Herbie Purdoms Eisenwarenhandlung nebenan anrufe und daß außer Herbie und mir noch keine Menschenseele weiß, daß er drinnen bei mir ist. Nicht mal die Bullen.« Charlie zwinkerte mir zu. »Na los, Junge. Wiederhole dem Kerl, was ich dir gerade gesagt habe, Casper.« Mit den Fingern trommelte Charlie einen Marsch auf die Ladentheke, bis Casper sich wieder meldete.

»Ich hab's ihm gesagt«, berichtete Casper.

»Und was meinte er dazu?« fragte Charlie.

»Er droht immer noch, sämtliche Frauen und mich dazu zu erschießen, wenn Sie nicht augenblicklich den Rollladen hochziehen, Mr. Draper.«

Ich gewann den Eindruck, daß Casper sich auf die Seite des Gangsters stellte. Er wollte auch, daß der Stahlrollladen wieder hochgekurbelt würde. Das Warten zermürbte ihn.

»Frage ihn, welchen Nutzen ihm das brächte«, forderte Charlie seinen Gehilfen auf. »Welchen Sinn hat es, wenn er alle erschießt? In diesem Fall rufe ich tatsächlich die Bullen. Egal, wie viele Frauen er umbringt, die Polizei schnappt ihn ohnehin. Er sitzt in der Falle. Und dann wird er nicht wegen eines geringfügigen Vergehens angeklagt, sondern er muß sich für einen Massenmord verantworten. Welche Strafe auf Mord steht, weiß er sicher. Gleichgültig, was er unternimmt, ich habe ihn am Haken, bis ich den Rolladen öffne. Das sagst du ihm jetzt, Casper, ja?«

Wir hörten, wie Casper mit der Stimme eines Siebzigjährigen dem Kerl erzählte, was Charlie ihm gesagt hatte. Bald schon war er wieder am Telefon, dieses Mal klang er zuversichtlicher.

»Er will wissen, welche Bedingungen Sie bei der Abmachung stellen.«

»Abmachung?« Charlie blickte gekränkt drein. »Der Hundesohn glaubt doch wohl nicht, daß ich ihm einen Handel anbiete! Aber sage ihm, daß ich ihn herauslasse, wenn er meine Kundinnen nicht behelligt, ihnen ihr Geld zurückgibt und dir seinen Revolver überläßt.«

»Den Revolver?« Caspers Stimme hob sich zu einem piepsigen Tenor. »Ich will seine Knarre nicht, Mr. Draper! Hören Sie, können Sie nicht . . .«

»Du hörst mir zu«, betonte Charlie. »Wenn ich den Rolladen hochziehe und ihn herauslasse, muß ich sicher sein, daß er nicht zu schießen beginnt, sobald er Morgenluft wittert. Hast du kapiert? Und die Gewähr dafür, daß er mich nicht umnietet, habe ich nur, wenn er dir seinen Revolver gibt. Das siehst du doch ein, oder? Von mir aus versenke ihn im Zuckerfaß, wenn du dich davor fürchtest, Casper.«

»Okay, Mr. Draper. Ich werd's ihm sagen.«

Casper wiederholte alles. Eine Minute später hörten wir ihn von neuem in der Leitung. »Der Bursche will wissen, ob Sie ihn laufenlassen, nachdem Sie den Rolladen geöffnet haben.«

»Nee«, entgegnete Charlie gedehnt. »Immerhin ist er ein Verbrecher, nicht wahr?« Er schaltete eine Pause ein.

Dann fuhr er eilig fort: »Halt! Moment mal, Casper.« Zwei Minuten lang bedeckte er die Sprechmuschel mit der Hand, dann sagte er, indem er sehr aufgeregt tat: »Hör zu, Casper, gerade habe ich zur Tür hinausgeschaut. Weißt du, was passiert? Ein Trupp Arbeiter von der Schmelzhütte marschiert auf uns zu. Sie machen keinen freundlich gesinnten Eindruck. Sie kommen mir eher vor wie ein Lynchkommando. Augenblick mal, sie rufen etwas! Mir scheint, sie wollen den Gangster lehren, was es heißt, ehrbare Hausfrauen bei ihrem Familieneinkauf auszurauben.«
Casper brauchte eine gewisse Zeit, um diese Nachricht zu verdauen. Man merkte es an seinem Schweigen und seinem schweren Atmen. Doch dann legte er den Finger auf die schwache Stelle in Charlies Lüge.
»Sagen Sie, Mr. Draper«, sinnierte er, »wenn nur Sie und Mr. Purdom von diesem Überfall wissen, wenn nicht einmal die Polizei eingeweiht ist, wie kommt es dann, daß die Hüttenarbeiter . . .«
Charlie blickte mir fest in die Augen und erwiderte: »Herbie Purdom muß die Neuigkeit in der Schmelzhütte verbreitet haben, Casper. Sobald ich anfing, mit dir zu sprechen, rannte er wie ein aufgescheuchtes Huhn zur Tür hinaus. Er klatscht so gern wie ein altes Waschweib, Casper. Du kennst ihn ja.«
Ich ballte die Faust. Am liebsten hätte ich Charlie für diese Beleidigung einen Kinnhaken verpaßt. Ich bin größer und kräftiger als er, doch ich wollte wissen, wie es weiterging, deshalb hielt ich mich zurück.
Und ohne zu zögern, fuhr Charlie fort: »Erzähle also dem Gangster, Casper, daß ich bereit bin, eines für ihn zu tun, wenn er meine Anweisungen befolgt und dir den Revolver gibt. Ich verspreche ihm, daß ich ihn unter meinen persönlichen Schutz stelle und die Arbeiter daran hindern werde, sich auf ihn zu stürzen, wenn er den Laden verläßt. Ich liefere ihn heil und wohlbehalten im Ge-

fängnis ab. Er kann sich fest darauf verlassen, Casper. Es wird eine heikle Angelegenheit, aber er hat mein Wort. Sage ihm das, Casper.«
Eine Minute später meldete sich Casper wieder in der Leitung. »Er sagt, er sei einverstanden, Mr. Draper. Sie sollen den Rolladen aufschließen.«
»Ist unseren Kundinnen nichts passiert?« wollte Charlie wissen. »Bist du sicher, daß er keiner von ihnen ein Leid angetan hat?«
»Niemand ist verletzt«, antwortete Casper.
»Hat er ihnen das Geld zurückgegeben, das er ihnen bereits fortgenommen hatte?«
»Jawohl. Die Frauen haben ihr Geld wieder.«
»Hast du seinen Revolver?«
»Ich hab' ihn im Zuckerfaß versenkt, Mr. Draper. Ungefähr dreißig Zentimeter tief.«
»Ausgezeichnet«, lobte Charlie. »Dann komme ich gleich herüber, öffne das Schloß und ziehe den Rolladen hoch. Sage ihm, er soll langsam und ohne irgendwelche Mätzchen nach draußen treten.« Charlie hängte ein.
»Los, ruf die Bullen an!« drängte ich.
Charlie schüttelte den Kopf. »Besorgst du mir für ein paar Minuten ein Gewehr, Herbie?« Er deutete auf eine doppelläufige zwölfkalibrige Flinte in meinem Gewehrschrank. »Dieses genügt«, meinte er. »Es ist genau richtig. Die Flinte bekommt nicht mal ein Staubkörnchen ab, Herbie. Patronen brauche ich nicht. Was ist? In höchstens zehn Minuten bringe ich dir die Waffe zurück.«
Ich schwieg und streifte ihn lediglich mit einem haßerfüllten Blick. Er hätte Casper nicht zu sagen brauchen, ich sei schwatzhaft wie ein altes Waschweib.
Er schlug eine andere Tonart an. Offenbar las er meine Gedanken. »Vorhin habe ich mir nur einen Witz erlaubt, Herbie. Du bist keine Klatschtante. Ich meinte es wirklich nicht so.«
Mit dieser Entschuldigung mußte ich mich wohl zufrie-

dengeben, also reichte ich Charlie die Flinte. Er nahm sie und ging damit zu seinem eigenen Geschäft. Das Gewehr legte er auf dem Bürgersteig ab, während er das Vorhängeschloß aufsperrte. Dann schob er den Rolladen hoch.

Heraus trat ein großgewachsener, magerer Kerl. Charlie ließ ihn vor der Gewehrmündung die Straße entlang zur Polizeistation marschieren. Mit wild rollenden Augen blickte der Kerl um sich, auf der Suche nach dem Lynchkommando, von dem Casper ihm erzählt hatte. Natürlich entdeckte er niemanden.

Ich weiß, was Sie jetzt denken. Sie glauben, Charlie müsse verrückt sein, wenn dies seine Vorstellung davon war, wie man auf die leichte Art einem Raubüberfall begegnet. Meines Wissens hielten die meisten Einwohner von Cedar Gulch ihn für einen Trottel, als sie diese Geschichte hörten. Ich selbst dachte ja, Charlie hätte plötzlich den Verstand verloren.

Die meisten von uns freuten sich schon darauf, Charlies Theorie ein für allemal zu widerlegen, ihm endlich sein Maul zu stopfen, wenn Sie wissen, was ich meine.

Am Mittwoch abend nach dem Überfall trafen wir uns zu unserer üblichen Pokerrunde. Charlie war auch da. Nach ein paar Partien und ein paar Bier begann Mort Johnson mit der Behandlung.

»Nun, Charlie, von jetzt an brauchen wir uns dein Gewäsch über deine Theorie wohl nicht mehr anzuhören.« Mort ist zur Hälfte Engländer und hat eine etwas ulkige Aussprache.

»Warum nicht?« wollte Charlie wissen, der gerade mal wieder eine Runde aussetzte.

»Nach dem, was du dir am letzten Freitag geleistet hast, als dein Laden überfallen wurde? Einen komplizierteren Weg, mit einem Ganoven fertig zu werden, kann ich mir gar nicht vorstellen. Und du erzählst uns jahrein, jahr-

aus, jeder, der den schwierigeren Weg wählt, sei ein Esel.«
»Das stimmt ja auch«, erwiderte Charlie, indem er sein Kinn ein wenig vorreckte. »Zu dieser Theorie stehe ich nach wie vor.«
»Warum hast du den Überfall auf dein Geschäft dann nicht auf die leichte Art erledigt?« Mort deutete mit dem Daumen auf mich und sprach weiter: »Herbie hat uns alles erzählt, wie du ein Vorhängeschloß gekauft und dir ein Gewehr geborgt hast. Indem du per Telefon mit dem Ganoven verhandeltest, gingst du das Risiko ein, daß er eine Menge Frauen umbrachte, und zum Schluß dich und Casper dazu. Nennst du das einen simplen Überfall auf die leichte Weise erledigen? Von Herbies Laden aus hättest du doch nur die Bullen anzurufen brauchen. Während sie den Rest für dich erledigten, hättest du ganz locker danebenstehen und zuschauen können.«
»Augenblick, Mort, das hast du nicht richtig verstanden«, erwiderte Charlie ohne einen erkennbaren Anflug von Nervosität. Er wartete, bis Deke Sawyer mit zwei Königen den Einsatz von vier Dollar gewann, dann fuhr er fort: »Was der leichte und was der schwierige Weg ist, hängt ganz davon ab, was man erreichen will. Stimmt's?«
»Stimmt«, pflichtete ich ihm bei. »Und du wolltest verhindern, daß der Gangster deinen Laden und deine Kundinnen ausraubt. Oder etwa nicht?«
»Nur zum Teil«, räumte er ein. »Aber das war nicht alles, was ich wollte.«
»Hör schon auf, Charlie«, spottete Mort. »Gib's zu, du hast den schweren Weg gewählt. Etwas anderes kannst du uns nicht weismachen.«
Charlie faltete die Hände über dem Bauch und lehnte sich zurück. »Ihr glaubt also, ich hätte meine eigene Theorie verraten, nicht wahr?«
»Natürlich, was denn sonst!« antworteten wir einstim-

mig.
Charlie blickte feierlich drein. Einen nach dem anderen sah er uns an.
»Nun«, nahm er das Thema wieder auf, »als ich zu Herbie ging, um das Vorhängeschloß zu kaufen, erzählte ich ihm, ich sei auf dem Postamt gewesen. Stimmt's, Herbie?«
Ich bestätigte, daß es stimmte.
»Okay. Während ich mich also auf dem Postamt aufhalte, nehme ich mir ein paar Minuten Zeit, mir die Steckbriefe anzuschauen. Dabei erfahre ich, daß ein großer, hagerer Kerl namens Slim Cotter wegen eines Eisenbahnüberfalls gesucht wird. Der Bursche hat im Nacken eine auffallende, weiße Narbe. Auf dem Steckbrief ist ein Foto von ihm. Seid ihr mir bis jetzt gefolgt, Jungs?«
Wir starrten ihn an wie eine Klapperschlange, die man plötzlich in einem Kindersandkasten entdeckt.
»Danach gehe ich zu meinem Laden zurück«, fuhr Charlie fort, während er mit den Fingerspitzen auf den Pokertisch trommelte. »Als ich an meinem Schaufenster vorbeikomme, sehe ich, wie drinnen ein Mann steht und meine Kundschaft mit einem Revolver in Schach hält. Der Kerl ist groß und mager. Da er mir seinen Rücken zukehrt, bemerke ich die helle Narbe in seinem Nacken. Kapiert ihr den Zusammenhang?«
Mort war der erste, dem ein Licht aufging. »Soll das heißen, daß du den Kerl von dem Steckbrief erkanntest?«
»Na klar. Das konnte doch nur Slim Cotter sein, oder nicht? Jedenfalls dachte ich es mir.«
»Trotzdem«, wandte Deke ein, »wo liegt da der Unterschied? Du wählst immer noch den komplizierten Weg, um ihn zu fangen, oder nicht?«
»Keineswegs. Um mein Ziel zu erreichen, ging ich den einfachsten Weg. Das bedeutete, daß ich diesen Burschen ganz allein festnehmen und ihn persönlich dem

Gesetz ausliefern mußte.«
»Und welchen Sinn hatte das Ganze?« fragte ich.
»Vergaß ich etwa, es zu erwähnen?« gab Charlie grinsend zurück. »Auf dem Steckbrief im Postamt stand, daß derjenige, der bei der Ergreifung Slim Cotters hilft, eine Belohnung von fünftausend Dollar bekommt.«
Um den Pokertisch herrschte betroffenes Schweigen.
Munter fuhr Charlie fort: »Ich wählte den leichten Weg, versteht ihr mich jetzt? Es war die einfachste Möglichkeit, die Belohnung zu kassieren, ohne sie mit fünf oder sechs geldgierigen Polizisten teilen zu müssen!«

Blutsverwandtschaft

Donald Olson

»Sie vergeuden nur Ihre Zeit, Sir. Sie wird nicht kommen.«
»Glauben Sie das wirklich, Peters?«
»Es heißt, sie habe das Haus seit der Gerichtsverhandlung nicht ein einziges Mal verlassen.«
Treviss klebte den Umschlag zu und reichte ihn dem jüngeren Mann. »Wenn sie liest, was ich in diesem Brief geschrieben habe, Peters, wird sie kommen. Vergessen Sie nicht, ihn Miss Frayle persönlich auszuhändigen, und warten Sie auf die Antwort.«

Treviss verriet seinem jungen Freund und Assistenten nicht den Wortlaut der Einladung, und als Peters sichtlich überrascht zurückkehrte, um auszurichten, Miss Frayle freue sich, am Donnerstag zum Lunch zu kommen, weigerte sich Treviss weiterhin beharrlich, die Neugierde des Freundes zu befriedigen. Er ließ sich lediglich zu der Auskunft bewegen: »Sie kennen doch meine Arbeitsweise, Peters. Handeln Sie entsprechend.«
Und wie sein großes Vorbild aus der einschlägigen Literatur beschäftigte er sich damit, eine Pfeife mit der von ihm bevorzugten Tabakmischung anzuzünden, worauf er sich, nachdem diese zu seiner Zufriedenheit brannte, zurücklehnte, um sich in Gedanken mit den Aspekten des nicht gerade sensationellen, aber dafür desto rätselhafteren Mordfalles Cheverton zu beschäftigen.
Es war Treviss' leidenschaftlich gerittenes Steckenpferd, angeblich nicht aufklärbare Verbrechen zu lösen, und er

hatte in diesem Zusammenhang eine einmalig abgrundtiefe Aversion gegen das stumpfsinnig rotierende Räderwerk der Strafgerichtsbarkeit entwickelt. Lieber las er die Verhandlungsprotokolle oder Berichte in den Zeitungen, statt persönlich an den Verhandlungen teilzunehmen, weil die endlosen Fragen an die Zeugen und die Kreuzverhöre seine Ungeduld provozierten und ihn die von Verteidigern und Anklägern geäußerten Belanglosigkeiten langweilten, die, mit Beharrlichkeit vorgetragen, dennoch zu nichts führten. Folglich sah er Lizzie Frayle auch zum erstenmal, als Peters sie am Donnerstag zum vereinbarten Lunch abholte. Als sie aus dem Wagen stieg, entdeckte er an ihrer äußeren Erscheinung nur sehr wenig, was dem Bild der Zerknirschung entsprochen hätte, das die Frau auf den Fotos in der Presse während der Verhandlung zur Schau getragen hatte.

Zwar trug sie ein ähnlich schmuck- und farbloses Sommerkleid wie im Gerichtssaal, es mochte sehr wohl dasselbe sein, jedoch hatte es ein Zugeständnis an ihre neuerworbene Freiheit und den Sieg gemacht in Gestalt eines reichlich albernen kleinen Hutes aus rosa Tüll, mit einer Garnierung aus weißen Maßliebchen.

Treviss erwartete sie im Garten, und als sie, von Peters geleitet, etwa die Hälfte des Gartenweges zurückgelegt hatte, blieb sie unvermittelt stehen und stieß einen kleinen Ruf der Freude aus. »Welch himmlischer Duft. Ich liebe Rosen.«

Treviss ging auf sie zu, um sie zu begrüßen, und führte sie, nachdem er sich vorgestellt hatte, zu einer steinernen Bank neben dichten Ranken von Klematis und einem Spalier von Rosenbäumchen.

»Als sehr junges Mädchen pflegte ich einst Stöße von Papier mit schauderhafter Poesie zu beschreiben«, gestand sie ihm, während sie das Gesicht der Sonne zuwandte. »Zu meinem Glück erinnere ich mich nur noch an eine Zeile. Es ging dabei um Lilien, die ich so sehr liebe. ›Schenkt Himmelsduft der irdischen Luft.‹ Damals war ich sehr stolz darauf. Habe es wahrscheinlich von Christina Rossetti, finden Sie nicht auch?«

»›Und bin ich dereinst tot, mein Lieber, singe keine traurig' Lieder.‹ Das ist das einzige von Christina Rossetti, das mir im Gedächtnis haftengeblieben ist«, gab Treviss zu.

»An mehr braucht man sich auch nicht zu erinnern.«

Peters hatte sich ins Haus zurückgezogen, um die letzten Vorbereitungen für den Lunch zu treffen, während Treviss mit Lizzie Frayle plauderte, unverfänglich wie mit irgendeiner fremden Person, und allmählich, aber mit der nüchternen Einsicht, den impulsiven Entschluß, sie zum Lunch einzuladen, zu bereuen begann. Jetzt sah er darin nichts anderes als ein aus schamlosem Egoismus entstandenes Verlangen, ihr Pein zuzufügen, die seine Anschuldigungen unweigerlich begleiten würde, sollte er diese überhaupt aussprechen. Vorübergehend trug er sich sogar mit dem Gedanken, den ganzen Plan zu vergessen, mit ihr zu essen, ihr einen Strauß Rosen zu überreichen und sie zurückzuschicken in die große Villa, wo sie bis zu ihrer Verhaftung gelebt hatte und in die sie nach dem Freispruch zurückgekehrt war. Er vermied es daher auch, den Grund seiner Einladung zu erwähnen, um es allein ihr zu überlassen, über den Lauf der Dinge zu entscheiden. Sollte es ihr Wunsch sein, so zu tun, als gebe es keinen versteckten Grund zu dieser Einladung, dann würde er sich diesem beugen.

Dennoch war es eine Erleichterung für ihn, als sie sich schließlich ihm zuwandte und sagte: »Sie haben Ihre Einladung so seltsam formuliert, Mr. Treviss, daß ich einfach nicht ablehnen konnte. Es ist heute das erste Mal, daß ich mich aus der Villa fortbegeben habe.«

»Ich muß gestehen, ich habe eine Schwäche für rätselhafte Formulierungen, obwohl ich wahrscheinlich kein Recht habe, anderen Rätsel aufzugeben.«

Hinter den dunkelgetönten Gläsern ihrer Brille verriet ihr Gesicht nichts als Ruhe und Ausgeglichenheit. Treviss schätzte sie nahe Fünfzig, obwohl sie wesentlich jünger aussah. »›Bitte lesen Sie nach im Ersten Buch Mose, 4. Kapitel, 15. Vers‹«, zitierte sie aus seiner Einladung, »›und kommen Sie am 17. zum Lunch zu mir.‹ In der Tat ungemein rätselhaft.«
»Ich nehme an, Sie haben in der Bibel nachgeschlagen.«
»Natürlich.«
»Und die Stelle sagte Ihnen nichts?«
»Nichts weiter, als sie gemeinhin bedeutet. Mrs. Potts hat sie mir vorgelesen. Aber auch sie konnte da keinen Zusammenhang erkennen.
»Mrs. Potts ist die Haushälterin?«
»Und meine Freundin. Sie sagte, ich müsse damit rechnen, solche Hinweise zu erhalten. Ein Freispruch durch die Geschworenen bedeute noch lange nicht, daß ich auch in den Augen der Öffentlichkeit unschuldig sei. Sie meinte, diese Anspielung könne ich ruhig ignorieren.«
»Und warum haben Sie es nicht getan?«
»Das sagte ich doch schon. Es hat mich neugierig gemacht. Und ich hatte natürlich auch von Ihnen gehört.«
»Von meinem Ruf als solchem, eine Vorliebe für Rätsel zu haben?«
»Rätsel in Zusammenhang mit einem Mord«, sagte sie mit Offenheit. »Und ich riskiere ja nichts, indem ich hierherkomme. Ich weiß, was es heißt, eines Mordes angeklagt zu sein und den Ausgang der Verhandlung abwarten zu müssen, ohne etwas dagegen tun zu können.«
Treviss akzeptierte das Unvermeidliche seines Vorgehens und die Notwendigkeit, die Sache durchzustehen. »Berichten Sie mir über Mrs. Cheverton.«
»Muß ich das? Sie war doch so etwas wie eine öffentli-

che Einrichtung.«
»Ich meine nicht die Mrs. Cheverton, wie sie die Öffentlichkeit kannte.«
Lizzie Frayles Lachen war angenehm mädchenhaft und musikalisch. »Also *meine* Mrs. Cheverton? Ich bitte Sie, die Einstellung einer armen Verwandten zu ihrer Wohltäterin mußte zwangsläufig voller Vorurteile sein.«
»Nach allem, was bei der Verhandlung zur Sprache kam, kann sie schwerlich eine Wohltäterin gewesen sein. Sagen Sie mir: haßten Sie Mrs. Cheverton?«
»Zuerst nicht. Anfangs war sie mir lediglich unsympathisch. Ich mochte sie nicht wegen ihrer Charaktereigenschaften, weil sie so eitel und oberflächlich war, dumm und herzlos. Solche Menschen kann man nicht hassen. Man verachtet sie.«
»War ihr Mann, Mr. Cheverton, auch so?«
»O nein. Onkel Charles war zwar gedankenlos, aber nur weil er zu sehr beschäftigt war, um auch an andere Menschen zu denken. Er war Geschäftsmann durch und durch. Sein Reichtum bedeutete ihm wenig. Ihn zu erwerben und zu mehren, das war sein Lebensinhalt. Dennoch besaß er einen wenn auch wenig entwickelten Sinn für Familienzusammengehörigkeit. Er nahm mich als Kind in die Familie auf, nicht weil er etwas für mich empfunden hätte, sondern weil ich ganz einfach dazugehörte. Seine Frau hatte noch weit weniger für mich übrig. Sie konnte sehr grausam und nachtragend sein. Ja, vor Gericht hätte ich einige sehr unappetitliche Dinge aussagen können, aber mein Verteidiger riet mir davon ab. Er wollte die Geschworenen nicht auf den Gedanken bringen, meine Gefühle der alten Dame gegenüber könnten von mörderischem Haß beseelt gewesen sein.«
»Warum mochte sie Sie nicht?«
»Sie sagte nie, daß sie mich nicht mochte. Meine Gegenwart störte sie, und auf gewisse Weise war sie eifersüchtig auf mich. Sie war eine naive, unbedeutende Person,

und sie wußte es. Trotz ihres Wohlstandes und aller materiellen Vorteile führte sie ein nutzloses Dasein. Ohne das viele Geld wäre sie vollkommen hilflos gewesen. Ich dagegen nicht. Den Gedanken, daß ich sie nicht brauchte, konnte sie nicht ertragen. Nach Onkel Charles' Tod wollte ich das Haus verlassen. Sie war dagegen. Sie bat mich, ich solle bleiben, weinte ständig aus lauter Mitleid mit sich selbst — und dann hatte sie ihren ersten Herzanfall. Dies alles kam bei der Verhandlung zur Sprache. Langweilt es Sie denn nicht, das jetzt noch einmal zu hören?«

»Diesmal höre ich es von Ihnen. Das ist ein großer Unterschied.«

Er bat sie nicht, die Jahre zu schildern, die sie in dieser wohlhabenden, aber unerfreulichen Umgebung verbracht hatte; er konnte es sich lebhaft vorstellen: die alte Frau, die immer älter wurde, gereizter und nachtragender, deren Ansprüche wuchsen und die, von Selbstsucht getrieben, die Rolle einer eingebildeten Kranken zu spielen begann.

»Soweit mir bekannt ist, hat sie in ihrem Testament alles Ihnen vermacht und auch die beiden Dienstboten berücksichtigt.«

»Ja. Natürlich hat die Anklagevertretung besonders an diesem Punkt eingehakt. Sie versuchte die Sache so darzustellen, daß ich die alte Frau mit Drohungen, sie verlassen zu wollen, geradezu erpreßt hätte, ein Testament zu meinen Gunsten zu verfassen. Das Gegenteil war der Fall. Sie hat das Testament nur deshalb so gemacht, um mich zum Bleiben zu bewegen. Als ich trotzdem darauf bestand, fortzugehen, sagte sie, ich solle Potts und Bensen mitnehmen, sie würde den Hausstand auflösen und in ein Alterspflegeheim ziehen. Mrs. Potts und Bensen sind so liebe Menschen und nicht mehr jung, so daß ich mich entschloß zu bleiben.«

»Und wann hat Mrs. Cheverton die Dienste von Gerald

Hopkins in Anspruch genommen?«
»Kurz nach ihrem zweiten Anfall. Sie wußte, daß sie nicht mehr lange leben würde. Ihre Gemütsverfassung wurde ausgesprochen bösartig. Zu jener Zeit fing sie auch damit an, von Blutsverwandten zu sprechen. Sie war geradezu besessen von dieser Vorstellung. Immer wieder erklärte sie, es sei nicht recht, all ihr Vermögen jemandem zu hinterlassen, der kein Blutsverwandter sei.«
»Aber sie hatte doch gar keine direkten Verwandten.«
»Sie wußte von keinem. Das gefiel ihr nicht. Deshalb beauftragte sie ihren Anwalt, Mr. Hopkins, einen Genealogen aus Boston, zu veranlassen, am Stammbaum zu rütteln, in der Hoffnung, es könne ein Blutsverwandter herunterfallen.«
Diese Art der Beschreibung amüsierte Treviss. Die kleine Miss Lizzie gefiel ihm, und er hoffte, eine Möglichkeit zu finden, die sich letztlich ergebende Konfrontation zu umgehen. Zum Teufel mit seiner Eitelkeit und Neugierde. Sollte die nette Person ihre Geheimnisse für sich behalten, wenn das ihr Wunsch war.
»Und einer fiel herunter?« vermutete er.
»Ein ganz übles Exemplar, und das ist noch sehr rücksichtsvoll ausgedrückt. Mr. Hopkins behauptete, ein schwarzes Schaf auf der Familienweide entdeckt zu haben, einen Deserteur aus dem amerikanischen Expeditionscorps während des Ersten Weltkriegs in Europa. Zwar habe er seinen Namen geändert, aber seine Nachkommen seien entfernte Blutsverwandte von Tante Thelma. Mr. Hopkins hatte diesen Sherwood in New Orleans aufgetrieben und behauptete, er sei eben einer dieser bewußten Nachkommen.«
Treviss fand das hochinteressant. »Während der Verhandlung haben Sie aber die Rechtmäßigkeit dieser Ansprüche nicht in Zweifel gezogen. Oder ist es mir entgangen?«

»Nein, ich habe sie nicht angezweifelt. Für eine Anfechtung hätte ich keine Begründung gehabt. Allein mein Instinkt sagte mir, daß sie nicht echt waren. Menschen wie ich verlassen sich sehr stark auf ihren Instinkt, Mr. Treviss. Von Anfang an verdächtigte ich Mr. Hopkins, mit diesem Sherwood unter einer Decke zu stecken. Dies ist jetzt belanglos. Er kehrte dorthin zurück, woher er gekommen war.«

»Mrs. Cheverton teilte Ihre Bedenken offensichtlich nicht.«

»Mit Gewißheit vermag ich das nicht zu sagen. Ich glaube auch nicht, daß es irgend etwas ausgemacht hätte, wenn ihr Bedenken gekommen wären. Es bereitete ihr eine teuflische Freude, uns die Tatsache des Vorhandenseins eines Blutsverwandten unter die Nase zu halten.«

»Aber bevor sie ihr Testament zu seinen Gunsten ändern konnte, wurde sie ermordet.«

Treviss war inzwischen zu der Ansicht gelangt, in Lizzie Frayle eine außerordentlich bemerkenswerte Frau vor sich zu haben. Er hatte erwartet, daß sie auf der Hut und gerissen sein würde. Nichts davon hatte er an ihr bemerkt. Er hatte damit gerechnet, daß sie versuchen würde, sein Mitleid zu erregen — was ihr allerdings nur seine Verachtung eingebracht hätte. Dafür, daß sie es nicht getan hatte, bewunderte er sie. Sie schien alle Vorteile auf ihrer Seite zu haben. Das ging sogar so weit, daß die augenblickliche Umgebung ihr mehr zu bieten vermochte, als Treviss davon hatte; für sie schienen die Blumen im Garten süßer zu duften, schien das Sonnenlicht auf ihren blassen Wangen wohliger zu wärmen, als Treviss dies empfinden oder sich auch nur vorstellen konnte.

»Ja«, antwortete sie. »Und sehen Sie, das war auch die schreiende Ironie bei der Sache.«

»Sie meinen die ungewöhnlichen Sicherheitsvorkehrungen?«

Miss Frayle nickte. »Sie war schlimmer als ein kleines Kind. Vor ihrem eigenen Schatten fürchtete sie sich. Und als Onkel Charles starb, nahmen ihre Angstzustände paranoide Formen an. An allen Türen gab es zwei Schlösser, innen und außen. Wer sich in einem Raum befand, behielt einen Schlüssel. Bensen hatte den anderen. Wenn Feuer ausgebrochen wäre, hätten wir in unseren Betten verbrennen müssen. Die installierte elektrische Rufanlage war allerdings auf dem neuesten Stand technischer Entwicklung. Sollte nachts etwas geschehen, konnte man zu jeder Zeit Bensen erreichen. Jeden Abend um elf Uhr spielte sich das gleiche Ritual ab. Sie schloß sich von innen in ihre Zimmerflucht ein. Bensen schloß von außen ab. Es waren zwei verschiedene Schlösser.«
»Und Sie wohnten in derselben Suite wie Mrs. Cheverton.«
»Seit einem Jahr, ja. Wenn sie in der Nacht etwas brauchte, konnte sie mich in dem Zimmer neben ihrem jederzeit wecken. Und glauben Sie nicht, sie hätte es nur selten getan!«
»Nach meinem Verständnis der Sachlage bewohnte Mrs. Cheverton das große Schlafzimmer mit anschließendem Bad und dem kleinen Ankleidezimmer. Durch dieses wiederum gelangte man in den von Ihnen benützten Raum. Aus dieser Zimmerflucht führte nur eine Tür hinaus, und die war in der Nacht, als sie starb, von Mrs. Cheverton von innen und von Benson von außen abgeschlossen.«
»So ist es. Ich war die einzige Person, die in dieser Nacht nach elf Uhr Zutritt zu ihren Räumen hatte.« Sie gab diese sie selbst belastende Auskunft nicht etwa im Tone einer Herausforderung, sondern mehr als gutgemeinte Anregung für sein deduktives Talent.
»Hatten Sie bei diesen vielen Schlössern nicht das Gefühl, in einem Gefängnis zu wohnen?«

Sie seufzte und nickte. »Ja, durchaus. Deshalb war es für mich auch kein so erschütterndes Erlebnis, als ich mich in Untersuchungshaft befand. Es war zwar schlimm, aber nicht unerträglich.«
Treviss konnte sich vorstellen, wie Lizzie Frayle auf jede Krise in ihrem Leben reagieren würde; mit denselben Worten: schlimm, aber nicht unerträglich.
»Jetzt berichten Sie mir bitte von jenem Morgen — von dem Morgen, als sie tot aufgefunden wurde.«
Sie lehnte sich zurück. Die Sonne beschien immer noch ihr Gesicht. »Ich wachte morgens zur üblichen Stunde auf, das heißt, es war etwas später, weil ich normalerweise von Tante Thelma geweckt werde. Sie haßte die Nacht und war glücklich, wenn schließlich die Sonne aufging. An diesem Morgen weckte sie mich nicht. Ich lag im Bett und machte mir Gedanken, was wohl geschehen sein könnte. Jede Sekunde erwartete ich ihre vorwurfsvolle Stimme zu hören. Die Stille war unheimlich und nach einer Weile beängstigend. Ich rief ihren Namen, als ahnte ich, daß etwas nicht in Ordnung sei. Ich erhielt keine Antwort. Ich ging in ihr Schlafzimmer. Ich lauschte, versuchte mir einzubilden, sie atmen zu hören. Ich hörte nichts. Ich ging bis zum Rand ihres Bettes. Ich hörte immer noch nichts. Nicht das leiseste Geräusch. Ich berührte sie mit der Hand. Ihr Herz schlug nicht mehr.«
Dies war fast wortwörtlich eine Wiederholung ihrer Aussage vor Gericht, der die Anwesenden mit atemlosem Schweigen zugehört hatten.
»Dann ging ich zur Rufanlage und rief Bensen. Ich sagte ihm, ich fürchtete, Tante Thelma sei etwas zugestoßen. Er und Mrs. Potts kamen sofort herauf. Die arme Mrs. Potts schrie auf, als sie die Spuren an Tante Thelmas Hals sah. Bensen rief die Polizei.«
Treviss hielt es für überflüssig, sie zu bitten, die Geschichte zu Ende zu erzählen. Er kannte sie nur zu gut. Die Polizei hatte aus den drei Striemen um Mrs. Chever-

tons Hals geschlossen, daß das Opfer erwürgt worden war — genauer gesagt, garrottiert, mit einer Schnur oder einem Stück Draht, mindestens neunzig Zentimeter lang und drei Millimeter breit. Das Mordwerkzeug — Schnur oder Draht — blieb spurlos verschwunden. Bensen hatte geschworen, die Tür zur Suite an diesem Abend zur üblichen Zeit von außen verschlossen und erst wieder geöffnet zu haben, nachdem Miss Frayle am Morgen darauf um zehn Uhr ihn über die Rufanlage gerufen hatte. Die Fenster waren von innen verriegelt, und es war völlig ausgeschlossen, daß jemand an der Außenwand des Hauses zum ersten Stock hinaufgeklettert war.
Der Prozeß gegen Lizzie Frayle hatte großes Aufsehen erregt, aber das wichtigste Beweisstück, das Mordwerkzeug, war nicht gefunden worden. Selbst eine peinlichst genaue Durchsuchung der in Frage kommenden Räume hatte nichts zutage gefördert, was auch nur im entferntesten als Garrotte hätte benützt worden sein können. Auch bei Miss Frayle hatte man eine Leibesvisitation vorgenommen, und da die Möglichkeit bestand, daß sie ein Fenster geöffnet und das Mordinstrument hinausgeworfen haben könnte, war auch das Gelände um das Haus sorgfältig abgesucht worden. Man hatte sogar die Abflußrohre im Badezimmer untersucht und die Klärgrube des Hauses geleert, in der Annahme, die Mordwaffe könnte in der Toilette hinabgespült worden sein. Nichts hatte man gefunden.
Diese Tatsache und das Unvermögen der Anklagevertretung, zweifelsfrei nachzuweisen, daß es unter gar keinen Umständen möglich gewesen sein könnte, daß jemand an der Hauswand hinaufgeklettert und durch ein Fenster eingedrungen war, ließen bei den Geschworenen jenes Maß an Zweifel zurück, das letztlich dafür verantwortlich war, daß Lizzie Frayle mangels Beweisen freigesprochen wurde.
Als Treviss den Blick hob, sah er Peters an der Tür zum

Haus ein Zeichen geben, und er bot Miss Frayle seinen Arm an und führte sie zum Lunch. In Fortsetzung ihrer Unterhaltung bei Tisch berichtete er seinem Gast, daß er sehr viel Zeit dafür aufgewendet habe, über die Aufstellung der sich in der Suite von Mrs. Cheverton befindlichen Gegenstände nachzudenken.

»Einige davon haben meine besondere Aufmerksamkeit erregt. Eine Wäscheklammer zum Beispiel. Eine Flasche mit Glyzerin. Und eine Stricknadel.«

Miss Frayle lachte leise. »Warum um alles in der Welt finden Sie diese Gegenstände so interessant?«

»Nun, jeder für sich ist es vermutlich nicht. Das Interessante liegt in der Kombination. Das Glyzerin kann natürlich auch für kosmetische Zwecke gebraucht worden sein.«

»So war es auch, Mr. Treviss. Ich nehme für Gesicht und Hände immer Glyzerin und Rosenwasser.«

»Und die Wäscheklammer?«

»Das liegt doch auf der Hand, oder? Selbst Sie als Junggeselle wissen sicherlich, daß Frauen häufig kleine Wäschestücke waschen und im Badezimmer zum Trocknen aufhängen.«

»Die Stricknadel?«

»Du meine Güte. Sie wollen doch nicht vermuten, daß Tante Thelma gar nicht erdrosselt wurde, sondern mit einer Stricknadel erstochen?«

»Beileibe nicht! Aber ich fand es seltsam, daß man nur *eine* Stricknadel gefunden hat.«

»Das ist leicht zu erklären. Es gibt keine Handarbeit, die ich nicht auszuführen verstünde, Mr. Treviss. Ich habe immer sehr viel gestrickt. In letzter Zeit allerdings nicht mehr. Schon seit Jahren nicht mehr, um es genau zu sagen. Vermutlich ist die andere Nadel einfach verlorengegangen.«

Treviss verfolgte dieses Thema nicht weiter und kam auch während des Essens auf die Angelegenheit nicht mehr zu sprechen. Erst nach dem Essen sagte er zu Miss Frayle, daß er auf einige Dinge zu sprechen kommen wolle, die sie vielleicht interessieren könnten. »Wissen Sie, ich ging zur Auktion. Die Versteigerung des Cheverton-Nachlasses war ein vielbeachtetes Ereignis.«

Sie gab zu, daß es ein großer Erfolg gewesen sei. »Alle behaupteten, Tante Thelma habe einen schauderhaften Geschmack gehabt. Aber dank des großen Aufsehens in der Öffentlichkeit stieg der Wert selbst des schlimmsten Trödels.«

»Kommen Sie bitte mit ins Wohnzimmer. Ich will Ihnen zeigen, was ich ersteigert habe.«

Sie legte ihre Hand leicht auf seinen Arm. »Hoffentlich hat man Sie nicht übervorteilt.«

»O nein, überhaupt nicht. Hier ist einer der Gegenstände. Ein sehr alter Brieföffner aus Bronze.« Er legte ihn in ihre Hand.

Sie hielt ihn ein paar Augenblicke fest, dann gab sie ihn zurück. »Ja, eine Antiquität. Er stammt aus Onkel Charles' Arbeitszimmer.«

»Und hier habe ich ein hübsches kleines Möbel. Frühvictorianischer Stil, würde ich sagen.«

Sie strich mit der Hand über den einfachen Stuhl aus Ahornholz. Ihr Gesichtsausdruck blieb unverändert.

»Ich beglückwünsche Sie zu beiden Erwerbungen«, sagte sie. »Es gab einst sechs von diesen Stühlen. Aber Tante Thelma verwechselte Schlichtheit mit Stillosigkeit. Sie war blind für die unaufdringliche Eleganz dieser Stühle. Nach und nach warf sie sie alle hinaus bis auf diesen einen, den sie in mein Zimmer verbannte.«

»Ich werde die Augen offenhalten. Vielleicht gelingt es mir, die Gruppe wieder zusammenzubekommen. Das Rohrgeflecht des Sitzes ist zwar erneuert worden, aber wenn man dem Auktionator glauben darf, ist dieser Stuhl mindestens hundertfünfunddreißig Jahre alt.«

Miss Frayle nickte leicht. »Ja, das dürfte stimmen.«

Treviss wartete, hoffte, sie würde freiwillig enthüllen, worauf er mit seiner Anspielung, die ihr bestimmt nicht entgangen war, hinauswollte. Aber sie schwieg.
Er griff nach ihrer Hand. »Miss Frayle, ich muß gestehen, Sie sind mit Abstand die ungewöhnlichste Frau, die ich jemals kennengelernt habe.«
Sie akzeptierte das Kompliment, ohne mit der Wimper zu zucken. »Und Sie sind ein ungewöhnlicher Mann, Mr. Treviss. Alles hatte ich von Ihnen erwartet, nur keine Komplimente.«
»Falls es nicht unhöflich ist, darf ich Ihnen eine persönliche Frage stellen?«
»Aber bitte.«
»Sind Sie immer blind gewesen?«
»Ja, von Geburt an.«
»Dann sind Sie noch viel ungewöhnlicher, als ich dachte.«
»Ich danke Ihnen, mein lieber Mr. Treviss. Aber Sie dürfen in Ihrer Bewunderung nicht so weit gehen, daß Sie darüber Ihren Mut verlieren. Ich habe das Gefühl, daß Sie drauf und dran sind, das zu tun.«
»Sie haben recht. So ist es.«
»Das wäre aber sehr unfreundlich von Ihnen. Sie haben mich mit einem provozierenden Rätsel hierhergelockt. Sie dürfen mich nicht wegschicken, ohne die Lösung zu verraten.«
Er wußte, daß sie mit ihm spielte, ihn reizte, genau das zu tun, was er hatte umgehen wollen. Nun, er würde ihr das Vergnügen nicht vorenthalten. Sie hatte es verdient.
»Sitzflächen von Stühlen zu flechten ist doch eine Handarbeit, die häufig auch von Blinden ausgeführt wird. Habe ich recht?«
»Ja, das stimmt.« Ihre Stimme klang völlig ruhig.
»Da Sie in allen Handarbeiten so sehr geübt sind, kann ich nicht glauben, daß Sie das Rohrflechten nicht beherr-

schen.«
»Ich bestreite nicht, das zu können.«
»Und den Sitz dieses kleinen Stuhls haben Sie selbst geflochten?«
»Ja.«
»Wann?«
Sie zuckte mit den Schultern. »Etwa einen Monat vor Tante Thelmas Tod.«
»Vollständig?«
»Ich verstehe nicht.«
»Ich bin sicher, Sie haben meine Frage verstanden«, sagte er. »Gestatten Sie mir eine rein hypothetische Annahme. Sagen wir einmal, um den Faden weiter zu spinnen, daß es Ihr Wunsch gewesen sei, Mrs. Cheverton zu ermorden, aber nicht wußten, wie Sie das anstellen sollten. Eines Tages bekommen Sie von ihr einen kleinen Stuhl, und Sie entschließen sich, die Sitzfläche neu zu flechten. Sie sorgen dafür, daß sich in Ihrem Zimmer ganz genauso viele Streifen des Flechtrohres befinden, wie Sie brauchen werden, um den Sitz zu flechten. Aus Erfahrung wissen Sie, wie viele Streifen dafür erforderlich sind. Nehmen wir an, Sie beginnen also den Sitz zu flechten, wobei auf die übliche Art jeweils sieben Streifen miteinander verkreuzt werden. Einen lassen Sie jedoch aus, den sechsten, der die zweite Diagonale bildet und für die Einfassung des Randes gebraucht wird. Sie sehen, ich habe mich informiert. An dem fertiggestellten Sitzgeflecht wäre von hundert Leuten keiner einzigen Person aufgefallen, daß das Flechtwerk nicht vollständig war. Nehmen wir weiter an, Sie verstecken den übriggebliebenen Streifen etwa einen Monat lang in Ihrem Zimmer, bis zu jener Nacht, in der Sie Mrs. Cheverton ermorden wollen. Nachdem die Tür zur Suite verschlossen worden und die alte Dame eingeschlafen war, könnten Sie den Streifen Flechtrohr auf die Größe zusammengerollt haben, daß er in die Waschschüssel paßte, wobei Sie die

Enden mit der Wäscheklammer zusammenklemmten. In der Schüssel befand sich warmes Wasser, mit Glyzerin vermischt, um den steifen Rohrstreifen biegsam zu machen. So wird das doch gemacht, nicht wahr? Mit warmem Wasser und Glyzerin. Nachdem der Streifen also schön geschmeidig und biegsam geworden war, könnten Sie sich in Mrs. Chevertons Schlafzimmer geschlichen, ihr den Streifen dreimal um den Hals gewunden und sie damit erdrosselt haben. Nehmen wir an, Sie haben anschließend den Streifen entfernt und ihn in aller Ruhe in den Stuhlsitz geflochten, genau dorthin, wo er bisher gefehlt hatte und wo er hingehörte, wobei Sie natürlich das normalerweise dafür verwendete Werkzeug benützten, eine Stricknadel. Ich bin davon überzeugt, daß niemandem, nicht einmal Mrs. Potts, ein Unterschied im Aussehen des Stuhles am Abend zuvor und am Morgen des Mordes aufgefallen wäre. Und selbst dem phantasiebegabteren Kriminalbeamten würde es nicht einfallen, daß die Garrotte, die er suchte, aus dem geflochtenen Sitz eines Stuhles stammte, der für alle sichtbar im Zimmer stand.«

Nicht die Spur eines Lächelns, kein Anzeichen von Angst zeigte sich auf Lizzie Frayles Gesicht, während er sprach, und als er geendet hatte, reagierte sie lediglich mit einem kleinen, nachdenklichen Seufzer.

Dann sagte sie: »Wenn das stimmen würde, dann hätten Sie natürlich völlig recht mit Ihrer Ansicht, daß niemandem ein Unterschied im Flechtmuster aufgefallen wäre. Die meisten Menschen, deren Augenlicht nicht beeinträchtigt ist, geben sich überhaupt nicht die Mühe, genau hinzusehen. Ist das nicht traurig? Sie wissen gar nicht, was alles ihnen auf diese Weise entgeht.«

Von diesem Augenblick an wußte er, daß sie nichts zugeben würde, und er war froh darüber.

Draußen im Garten überreichte er ihr einen großen Rosenstrauß, bevor Peters sie zum Wagen führte.

»Ich danke Ihnen, Mr. Treviss. Sie hätten mir gar kein schöneres Geschenk machen können. Und Dank auch für den ausgezeichneten Lunch — und eine sehr interessante Theorie.«
Er konnte es sich nicht verkneifen zu fragen: »Ist es wirklich nur das? Eine Theorie, meine Liebe?«
Sie lachte fröhlich. »Sofern nichts bewiesen werden kann, wird es leider eine Theorie bleiben. Habe ich nicht recht?«
Er ging auf das Thema nicht mehr ein. »Sie werden bald verreisen, nehme ich an?«
»Ja. Die Villa habe ich einer Stiftung geschenkt, die sich erblindeter Menschen annimmt. Man wird darin eine Blindenschule einrichten und Handwerks- und Handarbeitsunterricht erteilen.«
»Und was soll aus Mrs. Potts und Bensen werden?«
»Oh, ich habe veranlaßt, daß für sie gesorgt sein wird.«
»Das ist sehr großzügig von Ihnen.«
»Nein, gar nicht. Potts, Bensen und ich, wir haben über ein Vierteljahrhundert zusammengehört. Wir haben gemeinsam sehr viel erlebt und mitgemacht. Man könnte sagen, wir stünden uns näher als Blutsverwandte.«
Treviss sah dem Wagen nach, als er wegfuhr. Dann kehrte er auf die Gartenbank zurück und dachte über seinen Besuch nach. Dort fand ihn Peters bei seiner Rückkehr.
»Sie hat also nichts zugegeben«, bemerkte der junge Mann.
»Gar nichts.«
»Daß Sie Ihre Theorie beweisen könnten, haben Sie ihr nicht gesagt?«
»Ich hatte es ursprünglich vor, entschied mich dann jedoch dagegen.«
Der Beweis, von dem Peters gesprochen hatte, war ein winziger Fleck menschlichen Bluts, den Treviss an der

Unterseite des Rohrstreifens der zweiten Diagonale entdeckt hatte. Wäre er der Polizei aufgefallen, hätte die Verhandlung gegen Lizzie Frayle eine ganz andere Wendung genommen. Allerdings war die Polizei in diesem Fall ebenso blind gewesen wie die Mörderin.

Oder war sie gar keine Mörderin?

Ihre Bemerkung, Potts, Bensen und sie stünden sich näher als Blutsverwandte — könnte die eine verborgene Bedeutung gehabt haben?

Peters blickte ihn mit einem fast grimmigen Lächeln an. »Würden Sie mir jetzt wenigstens sagen, was Sie auf die Einladung geschrieben haben, von der Sie so überzeugt waren, daß sie sie annehmen würde?«

»Ich schrieb ihr, sie solle nachlesen im Ersten Buch Mose, Kapitel vier, Vers fünfzehn. ›Aber der Herr sprach zu ihm: Nein; sondern wer Kain totschlägt, das soll siebenfältig gerächt werden. Und der Herr machte ein Zeichen an Kain, daß ihn niemand erschlüge, wer in fände.‹«

Treviss lächelte, während er sanft mit der Hand über die rosa Blüte eines Rosenbäumchens strich. »Nun sagen Sie mir mal, Peters, wenn Sie jemanden erdrosselt hätten, so wie meiner Überzeugung nach Mrs. Cheverton erdrosselt worden ist, würde es Sie nicht zumindest ein klein wenig aus der Ruhe bringen, wenn jemand Ihnen gegenüber das Kainszeichen anspielte?«

Die Erleuchtung

Clark Howard

Eine Stunde nachdem der langsam fahrende Güterzug die Staatsgrenze von Arkansas überquert hatte, sprang Coy aus dem leeren Waggon. Er rutschte die schlackenbedeckte Böschung hinunter in den Graben, der längs des Schienenstrangs verlief. Im Gestrüpp versteckt wartete er, bis der Rest des Zuges vorbeirumpelte und der Bremswagen sich ein gutes Stück auf den Schienen entfernt hatte. Dann kletterte er den Bahndamm hinauf und schaute sich um.

In drei Richtungen entdeckte Coy nichts weiter als sich endlos dahinziehendes, sauber gepflügtes Ackerland, das nur hin und wieder durch einen Zaun, ein Haus oder eine Baumgruppe unterbrochen wurde. Als er in die vierte Richtung blickte, erspähte er jedoch eine asphaltierte Landstraße, die die Schienen kreuzte. Ungefähr eine halbe Meile weit entfernt lag eine kleine Tankstelle. In der Hoffnung, sich dort etwas zum Essen kaufen zu können, steuerte Coy auf das Gebäude zu. Beim Marschieren spürte er, wie sein Magen vernehmlich knurrte.

Am Abend zuvor hatte Coy zum letzten Mal etwas gegessen, das war noch in Mississippi gewesen. Fünf Stunden später buddelte er sich unter dem Zaun, der das Camp umgab, hindurch und machte sich auf den Weg zu der Eisenbahnstrecke, die nach Arkansas führte.

Aus dem Schatten, den sein Körper warf, schloß er, daß es nun gegen ein Uhr mittags sein mußte. Also hatte er seit beinahe zwanzig Stunden nichts mehr gegessen. In seiner Tasche befanden sich zwei Dollar und sechzig Cent, von denen er so wenig wie möglich ausgeben wollte. In Arkansas brauchte man mindestens einen Dollar, um nicht als Landstreicher zu gelten, doch wenn er nicht bald etwas in den Magen bekäme, würde er vor Schwäche zusammenbrechen.

Die Tankstelle enthielt auch ein kleines Lebensmittelgeschäft. Nachdem Coy sich ein wenig umgesehen hatte, gab er achtundfünfzig Cent für eine Büchse Wiener Würstchen, ein Paket Cracker und eine Flasche Orangenlimonade aus. Die Büchse ließ er sich von dem Ladenbesitzer öffnen. Zum Essen ging er nach draußen, wo er eine leere Kiste fand, auf die er sich setzte. Während er seine Würstchen und Cracker kaute, hielt ein Bus, offensichtlich eine christliche Vereinigung, um zu tanken. Und da sah er das Mädchen zum erstenmal.

Vielleicht lag es an ihrem dunkelroten Haar, das lang und seidig glänzend auf ihren Schultern lag; vielleicht an den breiten Schultern, die ihre Taille unwahrscheinlich schmal erscheinen ließen — vielleicht reizte ihn auch nur die Art und Weise, in der sie ihre ungeschminkten Lippen öffnete, während sie für kurze Zeit noch auf den hochgeklappten Stufen des Busses stand. Vielleicht, sagte er sich in Gedanken, lag es einfach nur daran, daß sie die erste Frau war, die er nach siebenmonatiger Enthaltsamkeit im Gefängnis drüben in Mississippi aus der Nähe betrachten konnte. Was immer es sein mochte, das geschah, als ihre Blicke sich für den Bruchteil einer Sekunde begegneten, es erfaßte beide und erzeugte Spannung. Es glich einem Funken, der übersprang. Coy war fest davon überzeugt, daß sie es genauso spürte wie er.

Rasch stieg sie aus dem Bus und ging zu den Toiletten. Als Coy sie aus dem Blickfeld verlor, wandte er seine Aufmerksamkeit dem Bus zu. Das Vehikel hatte schon bessere Tage gesehen. Coy mutmaßte, daß es sich um einen umgebauten Schulbus handeln mußte. Durch die Fenster war zu erkennen, wie der rückwärtige Teil des Mobils wohnlich eingerichtet war. Auf der Seite, unter der Reihe der Fenster, stand in fetten Lettern: ERWEKKUNGSBEWEGUNG — JESUS BRAUCHT DICH.

Zwei Männer verließen den Bus. Der eine hatte kalte Augen, ein verbittertes Gesicht, und seine hochaufgeschossene, hagere Gestalt erinnerte an eine Bohnenstange. Trotz der warmen Witterung trug er einen schwarzen Anzug mit Krawatte. Wenn er ging, hielt er sich krampfhaft aufrecht, ohne einen Blick nach rechts oder links zu werfen.

Der andere Mann war kleiner und verkrüppelt. Er hatte einen Klumpfuß und trug einen hohen Maßschnürschuh mit klobigem Absatz. Unbeholfen hinkte er hinter dem großen, hageren Mann her.

Nachdem die Männer in dem Lebensmittelgeschäft verschwanden, beendete Coy seine Mahlzeit und schlenderte in die Richtung des Gebäudes, wo die Toiletten lagen. Aus der Brusttasche seines Hemdes nahm er eine der zwei Zigaretten, die in einem zerknitterten Päckchen steckten. Mit einem Streichholz zündete er sie an. Er hatte gerade das Zündholz fortgeworfen und sich gegen eine leere Öltonne gelehnt, als das Mädchen aus dem Toilettenraum zurückkam. Ihr Gesicht war gerötet, als hätte sie es mit sehr kaltem Wasser gewaschen. Sie streifte Coy mit einem flüchtigen Blick und steuerte gleichfalls auf den Lebensmittelladen zu.

»Hallo«, grüßte Coy, als sie an ihm vorbeischritt.

»Hallo«, grüßte sie zurück. Einen Moment lang schien es, als wolle sie stehenbleiben, doch dann besann sie sich wohl anders. Nach kaum merklichem Zögern setzte sie ihren Weg fort.

»Hast du eine Minute Zeit für mich?« fragte Coy, indem er sie beim Arm festhielt. »Du kamst mit diesem Evangelistenbus, nicht wahr?«

»Du hast mich doch beim Aussteigen beobachtet«, entgegnete sie. Sie schien nichts dagegen zu haben, daß er ihren Arm berührte.
»Wäre es möglich, daß ihr mich bis zur nächsten Stadt mitnehmt?«
»Auf gar keinen Fall«, versetzte sie mit Nachdruck. »Bruder Monroe, das ist der Prediger, hat nichts für Anhalter übrig.« Sie blickte hinunter auf seine Hand. »Bist du bald fertig mit meinem Arm?«
Coy ließ sie los, und sie ging weiter. Doch bereits nach zwei Schritten drehte sie sich wieder um.
»Wenn du mich einmal an deiner Zigarette ziehen läßt, verrate ich dir, wie du vielleicht mit uns fahren kannst.«
Coy nickte und hielt ihr die Zigarette hin. Prüfend schaute das Mädchen zum Lebensmittelladen, dann nahm sie ihm rasch die Zigarette aus der Hand und inhalierte ein paarmal ausgiebig und tief. Sie stand jetzt sehr dicht bei ihm, und ihre Fingerspitzen streiften seine Hand. Von ihr ging ein feiner Duft aus, den er äußerst angenehm fand. Als er ihr in den Kleiderausschnitt blickte, entdeckte er ein paar Sommersprossen auf ihrer Haut.
»Das tut wirklich gut«, seufzte sie. Sie schwankte leicht. »Meine Güte! Wenn man eine Woche lang nicht geraucht hat, haut es einen richtig um.«
Coy nahm ihren Arm, um sie zu stützen. Sie schmiegte sich an ihn, wobei sie lächelte, als hätte sie einen Schwips.
»Was ist mit der Mitfahrgelegenheit?« fragte er.
»Paß auf. Du gehst zu Bruder Monroe und bietest ihm an, den Bus zu fahren. Du besitzt doch einen Führerschein, oder?«
»Na klar.«
»Schön. Bruder Monroe fährt nicht gern, er sagt, er bekäme davon Kreuzschmerzen. Der andere, Aaron Timm,

der mit dem Klumpfuß, chauffierte bis vor kurzem, doch gestern brummte die Verkehrspolizei Bruder Monroe deshalb eine Geldbuße auf. Sie sagten, Aaron dürfe mit seiner Behinderung keinen Bus fahren. Wenn du dich also als Chauffeur anbietest, kann es sein, daß Bruder Monroe dich mitnimmt.«

Beide hörten, wie die Ladentür zuschlug, und hastig rückte das Mädchen von Coy ab.

»Ich muß gehen.« Sie eilte zur Vorderseite des Gebäudes.

Coy zog noch einmal an der Zigarette. Er dachte daran, daß sie sie zwischen den Lippen gehalten hatte, er versuchte sich an ihren Duft zu erinnern und stellte sich die Sommersprossen auf ihrem Dekolleté vor. In sich hineinlächelnd, warf er den Zigarettenstummel fort und schlenderte zum Bus.

Das Mädchen war bereits eingestiegen, sie saß an einem der geöffneten Fenster. Aaron Timm stand wartend neben der Tür, während Bruder Monroe eine Handvoll Münzen zählte, um das Benzin zu bezahlen.

»'tschuldigung, Hochwürden«, wandte sich Coy an den Prediger, nachdem dieser bezahlt hatte. »Ich überlege gerade, ob es wohl möglich wäre, daß Sie mich in die nächste Stadt mitnehmen.«

»Ich nehme keine Anhalter mit«, erwiderte Bruder Monroe schroff.

»Wenn ich Geld hätte, würde ich mich ja an den Benzinkosten beteiligen«, entgegnete Coy höflich. »Aber vielleicht könnte ich meinen Anteil sozusagen abarbeiten. Ich übernehme gern das Fahren oder helfe, wo es gerade nötig ist, mit.«

»Die Idee ist nicht schlecht, Bruder Monroe«, mischte sich Aaron Timm ein. »Die Polizei könnte andere Streifenwagen verständigt haben, ein Auge auf uns zu halten.«

»Das nächstemal stecken sie uns womöglich noch ins

Gefängnis, Bruder Monroe«, stärkte das Mädchen vom Fenster aus Aaron Timm den Rücken.
»Seid still, ihr zwei«, herrschte der Prediger sie an. »Euch beide brauche ich nicht, um eine Entscheidung zu treffen.« Er musterte Coy von Kopf bis Fuß. »Sind Sie ein guter Fahrer? Fahren Sie vorsichtig?«
»Ja, Sir«, erwiderte Coy feierlich.
»Na schön, setzen Sie sich hinter das Steuer«, befahl Monroe. »Die ersten Meilen fahren Sie auf Probe.«
»Vielen herzlichen Dank, Hochwürden«, versetzte Coy in unterwürfigem Ton. Als Bruder Monroe sich umwandte, um den Bus zu besteigen, lächelte er dem Mädchen zu. Sie lächelte zurück und zwinkerte.

Die endlosen flachen Felder huschten vorbei, während Coy den Bus in gleichmäßigem Tempo fuhr. Im Rückspiegel sah er, daß Aaron Timm sich auf einer Sitzbank zusammengerollt hatte und schlief. Zu Anfang hatte Bruder Monroe neben Coy gesessen und ihn beim Fahren beobachtet, dann jedoch zog er sich in sein privates Quartier, das im Heck des Busses lag und durch einen schweren Vorhang vom vorderen Teil getrennt war, zurück.
Das Mädchen hatte sich auf einen Platz neben dem Gang gesetzt, die Knie hochgezogen und sich in ein abgegriffenes Filmjournal vertieft. Ihre Haltung ließ viel von ihren Beinen sehen. Eine Zeitlang beobachtete Coy abwechselnd die Straße und das Mädchen. Nach einer Weile fielen ihr jedoch die Augen zu, sie lehnte sich zurück, um ein bißchen vor sich hin zu dösen, und Coy konnte sie nicht mehr sehen.
Da er nichts mehr hatte, womit er seinen Geist beschäftigen konnte, fischte er seine letzte Zigarette aus der Brusttasche und rauchte sie. Er dachte an Gaston, so hieß die Stadt, die sie erreichen wollten.
Und in Gaston hielt sich Roscoe auf — jedenfalls war er

vor einer Woche noch dort gewesen. Coy wußte es von einem Neuzugang, der seiner Straßenbaukolonne zugeteilt wurde. Der Mann hatte ein paar Tage lang im Billardsaal in Gaston gearbeitet und war von dort aus über die Grenze nach Mississippi marschiert, wo man ihn wegen eines kleinen Diebstahls verhaftete. Nachdem er zu neunzig Tagen Haft verurteilt war, brachte man ihn noch am selben Tag ins Gefängniscamp. Zwei Tage später hörte Coy, wie er einen Mann namens Roscoe erwähnte, der in einem Hinterzimmer des Billardsaales Karten zu spielen pflegte.

Coy fragte sich, wen Roscoe wohl jetzt als »ehrlichen Mann« benutzte. Wahrscheinlich einen anderen armen Schlucker, so wie ihn ein Jahr zuvor. Er erinnerte sich an den Tag, als Roscoe ihn in einem billigen Café in Alabama aufgelesen hatte, wo er für vier Dollar pro Tag und freie Mahlzeiten Teller abwusch.

Roscoe gefiel sein Aussehen, und er holte ihn aus der Kaschemme heraus. Er brachte ihm bei, wie man beim Poker den »ehrlichen Mann« spielt. Es sei kein richtiger Betrug, hatte Roscoe ihm erklärt. Ein »ehrlicher Mann« half lediglich, den Einsatz zu vergrößern, sobald sein Partner ihm durch Zeichen zu verstehen gab, daß er weniger als drei neue Karten brauchte. Es ging nur darum, die eingesetzte Summe in die Höhe zu treiben, das war alles. Es wäre auch halb so schlimm gewesen, wenn Roscoe nicht versucht hätte, das Glück zu beeinflussen, indem er gezinkte Karten benutzte. Und eines Nachts hatte er Coy in der Patsche sitzenlassen, um seine eigene Haut zu retten.

Coy schnippte die Asche von seiner Zigarette und rieb sich die halbkreisförmige Narbe an seinem Unterkiefer. Sie stammte von einer Bierflasche, die einer der Spieler an seinem Gesicht zersplittert hatte, ehe man ihn ins Gefängnis brachte. Der Besitzer der Kneipe, in der das Spiel stattfand, war ein Vetter des Richters. Und um den Män-

nern Genüge zu tun, die beim Poker einen Teil des Erlöses aus ihren Baumwollernten verloren hatten, kam man überein, Coy zu einem Jahr Gefängnis zu verurteilen.
Coy wurde einer Straßenbaukolonne zugeteilt. Zwölf Stunden am Tag hoben die Männer Bewässerungsgräben aus. Nach ein paar Wochen gewöhnte sich Coy an die harte Arbeit, nachdem die Blasen an seinen Händen angeschwollen und geplatzt waren, nachdem sie geblutet und sich dann zu Schwielen verdickt hatten. Zu Anfang schmerzten seine Schultern wie verrückt, doch die Schufterei kräftigte seine Muskeln und machte sie elastisch. Es dauerte eine Weile, bis sein Magen sich an die miserable Kost gewöhnt hatte und nicht mehr gegen die wäßrige und klumpende Haferschrotsuppe revoltierte, mit der der Staat die Sträflinge ernährte. Mit der Zeit gewöhnte sich Coy an alles, und er war entschlossen, dieses eine Jahr durchzuhalten. Ein Jahr, hatte der Richter verkündet, und ein Jahr lang wollte Coy auf die Zähne beißen.
Er hätte es auch geschafft, wenn er nicht zufällig Roscoes Aufenthaltsort erfahren hätte. Der Gedanke an Roscoe war zuviel für ihn gewesen. Roscoe, der seidene Hemden trug, während er, Coy, in gestreiftem Sackleinen einherging. Roscoe verputzte Steaks und Spiegeleier, er würgte diese Pampe hinunter. Roscoe schlief auf einer Federmatratze in einem vollklimatisierten Motelzimmer, er, Coy, verbrachte die Nächte auf einer hölzernen Pritsche in einer muffigen Gefängnisbaracke.
Diese Vorstellungen quälten ihn, bis er mürbe wurde. Auf einmal fand er die Arbeit unerträglich, sein Magen vertrug den Fraß nicht mehr. Die Nächte entwickelten sich zu Stunden schwärzester Finsternis, in denen ihn Visionen von Roscoes lächelndem Gesicht heimsuchten.
Als es für ihn immer schlimmer und unerträglicher wurde, riß er aus. Eines Nachts, um zehn Uhr, schlüpfte er

durch ein Loch, das sich unter einem losen Dielenbrett verbarg, und buddelte sich unter dem Stacheldrahtzaun hindurch. Er marschierte in westlicher Richtung, wo sich die nächste Staatsgrenze befand. Neun Stunden lang war er auf den Beinen.

Am nächsten Morgen um sieben stahl er einem Bauern einen Overall und ein Arbeitshemd von der Wäscheleine. Nachdem er sich umgezogen hatte, strebte er der nächsten Schnellstraße zu und ließ sich von einem Gemüsewagen mitnehmen. Drei Ortschaften weiter verdiente er sich drei Dollar, weil er half, den Wagen bei der Konservenfabrik abzuladen. Er kaufte sich ein Päckchen Zigaretten und sprang auf einen Güterzug, der stadtauswärts fuhr. Eine Stunde nachdem er die Grenze von Arkansas passiert hatte, sprang er wieder ab. Dann lief er zu der Tankstelle, wo kurz darauf der Bus der Erweckungsbewegung hielt.

Während Coy chauffierte, sinnierte er darüber nach, daß er zwei Dinge zu erledigen hatte: Er mußte die Rechnung mit Roscoe begleichen — und sofort danach das Weite suchen. Wenn sie ihn schnappten und nach Mississippi zurückbrachten, käme ihn seine Flucht teuer zu stehen. Er mußte die doppelte Zeit absitzen, die ihm von seiner Haftstrafe noch blieb, und zusätzlich ein Jahr. Das ergab zweiundzwanzig Monate anstatt der fünf, die er noch hätte ableisten müssen.

Coy lächelte bitter. Das Risiko nahm er auf sich. Die Sache war es ihm wert. Um mit Roscoe abzurechnen, war ihm kein Preis zu hoch.

Er beugte sich über das Lenkrad und lockerte seine Rükkenmuskeln. Er sehnte sich nach einer Zigarette, doch lange brauchte er nicht mehr zu warten. Auf einem Straßenschild las er: GASTON 12.

Auf einem großen freien Feld außerhalb der Stadt zog Coy sein Hemd aus und half Aaron Timm, den Bus abzuladen. Das Versammlungszelt der Erweckungsbewegung, das auf einem Dachgepäckträger transportiert wurde, kam zuerst dran. Danach holten sie die Stapel von Klappstühlen und eine zusammenlegbare Kanzel herunter, die unter dem Zelt gelegen hatte. Zuletzt banden sie die kleine Pedalorgel los, die mit Stricken am Heckträger befestigt war.

»Wann wollt ihr die Sachen aufstellen?« erkundigte sich Coy, nachdem sie alles abgeladen und ordentlich neben dem Bus aufgereiht hatten.

»Morgen früh«, erwiderte Aaron, während er auf einem Zahnstocher kaute. »Gleich nach dem Frühstück stelle ich das Zelt auf und räume die Stühle ein. Nachmittags gehe ich in die Stadt und verteile diese Handzettel dort.« Er deutete auf einen Karton, in dem sich die bedruckten Blätter befanden. »Morgen abend findet die Versammlung statt. Bruder Monroe hält eine Predigt und spielt die Orgel. Das Mädchen singt Hymnen. Und später gehe ich mit dem Sammelteller herum.«

Coy nickte. Er schaute zum Bus hinüber und sah, wie das Mädchen eine Kiste mit Geschirr öffnete, die neben einem Campingherd stand. Der Prediger saß auf einem Klappstuhl unter einem Baum und hielt die Augen geschlossen.

»Der scheint sich nicht zu überarbeiten, wie?«

»Warum sollte er auch?« versetzte Aaron in einem Anflug von Groll. »Wie käme er dazu, einen Finger zu krümmen, solange er Dumme wie mich und das Mädchen hat, die die Arbeit für ihn erledigen?«

»Wenn es Ihnen nicht paßt, warum hauen Sie dann nicht ab?« wollte Coy wissen.

»Und was wird dann aus mir?« grunzte Aaron. »Es ist schwer, eine Arbeit zu finden, wenn man so einen Fuß hat, aber keinen Beruf. Und ich habe doch nichts gelernt.« Seine Wut verflüchtigte sich. Liebevoll streichelte er das glänzend polierte Holz der Pedalorgel. »Das einzi-

ge, was ich kann, ist Orgelspielen. Darin bin ich wirklich ganz groß.«
»Sagten Sie nicht eben, der Prediger spielte die Orgel?«
»Richtig. Aber ich könnte es auch, wenn er mich nur ließe. Und obendrein viel besser als er.«
»Warum läßt er Sie dann nicht Orgel spielen?« bohrte Coy weiter.
Verlegen senkte Aaron Timm den Blick. »Er glaubt, wir bekämen mehr Geld, wenn ich den Sammelteller herumreiche. Er meint, die Leute empfänden Mitleid, wenn sie mich hinken sähen.«
Coy nickte und verfolgte das Thema nicht weiter. »Kann ich Ihnen sonst noch irgendwie behilflich sein?«
»Ich muß jetzt das Zelt auseinanderfalten und ausbreiten, damit ich es morgen früh gleich aufstellen kann«, erwiderte Aaron. »Wenn Sie möchten, können Sie mir dabei helfen.«
»Na klar.«
Während sie sich mit dem großen, schweren Zelt abplagten, beobachtete Coy das Mädchen. Sie gab eine Dose Gulasch in einen Topf und stellte ihn auf die Herdflamme. Sie kehrte ihm den Rücken zu, und er sah ganz deutlich das Spiel ihrer Beinmuskeln. Frauen mit strammen, runden Waden hatte er schon immer bewundert.
»Wie heißt sie eigentlich?« erkundigte er sich bei Aaron, indem er mit dem Kinn auf das Mädchen deutete.
»Willow. Ihren Nachnamen kenne ich nicht.«
»Woher kommt sie?«
»Vor ein paar Wochen gabelte Monroe sie irgendwo in Indiana auf. Ich glaube, sie ist von zu Hause ausgerissen.« Aaron schmunzelte. »Der alte Monroe hatte gehofft, sie würde hinten im Bus mit ihm schlafen. Aber bis jetzt ist er bei ihr abgeblitzt. Sie übernachtet immer draußen — allein.«
Coys Blick wanderte zu Bruder Monroe, der sich in sei-

nem Klappstuhl zurücklehnte und alle viere von sich streckte. »Einen Prediger hatte ich mir immer anders vorgestellt.«

»Er ist ja auch keiner«, knurrte Aaron. »Der ist genauso wenig ein Prediger wie Sie und ich. Er kann nur gut reden, weiter nichts. Sicher, wenn er von der Kanzel aus mit Hölle und ewiger Verdammnis droht, wirkt er sehr überzeugend, aber dann will er ja auch den Sammelteller herumgehen lassen. Später, wenn die Farmer mit ihren Familien wieder heimgefahren sind, widmet er sich seiner Flasche und denkt an dieses Mädchen, Willow —«

»Er trinkt wohl gern, wie?« fragte Coy.

»Darauf können Sie Ihre Stiefel verwetten«, versetzte Aaron mit Nachdruck. »Morgen läßt er mich durch die ganze Stadt rennen und nach einem Alkoholschieber suchen. Sie wissen ja, daß dieser Staat hier trocken ist — in Arkansas dürfen keine hochprozentigen Getränke über die Ladentheke verkauft werden.«

»Ja, das weiß ich.« Der Dürre ist also ein Betrüger, sinnierte Coy. Nur gut reden kann er...

Als das Zelt ausgebreitet auf dem Boden lag, schritten sie zum Bus zurück, wo Coy sein Hemd hingehängt hatte.

»Ich glaube, ich mache mich auf den Weg«, sagte Coy. Er bemerkte, wie Aarons Gesicht sich schmerzlich verzog. Offenbar sah er es nicht gern, daß er ging.

»Wenn Sie noch ein Weilchen hierbleiben«, sagte er, »kann ich Ihnen vielleicht einen Teller von dem Gulasch besorgen, das Willow gerade kocht.«

»Sehr nett von Ihnen, aber das ist wirklich nicht nötig«, erwiderte Coy. »Mag sein, daß ich später noch einmal vorbeischaue. Aber zuerst möchte ich in die Stadt gehen.«

»Sicher«, entgegnete Aaron ein bißchen enttäuscht. »Und vielen Dank für Ihre Hilfe.«

Coy schritt um den Bus herum. Als Aaron ihn nicht

mehr sehen konnte, blieb er kurz stehen und stahl ein paar von Bruder Monroes Handzetteln aus dem Karton. Dann überquerte er das Feld in Richtung der Straße und marschierte auf Gaston zu.

Die Luft im Hinterzimmer des Billardsaals war zum Schneiden dick. In die dichten Tabakschwaden mischten sich die Ausdünstungen von Schweiß. Ein Dutzend Männer in Overalls und klobigen Arbeitsschuhen umstanden einen mit Wachstuch bedeckten Tisch, über dem eine niedrige Lampe hing. Gespannt beobachteten sie das Pokerspiel. An der Partie nahmen fünf Männer teil, zwei Farmer, zwei, die aussahen wie Typen, die ständig in Billardsälen herumlungern — und Roscoe.

Coy mischte sich in die Gruppe der Zuschauer. Er hielt sich im Schatten, damit Roscoe ihn nicht gleich entdeckte. Im Gegensatz zu den anderen Männern beobachtete er nicht das Spiel. Die Karten, die Einlagen und das Höhertreiben der Einsätze interessierte ihn nicht. Er fixierte ausschließlich Roscoe. Er betrachtete sein Gesicht, seine Augen, dachte daran, wie viele gute Mahlzeiten er in den vergangenen sieben Monaten verzehrt haben mochte, wie oft er in sauberen Betten geschlafen und wie viele heiße Bäder er genommen hatte. Unwillkürlich hob Coy eine Hand und betastete die Narbe, die die ausgezackten Ränder der zerberstenden Bierflasche auf seiner Wange hinterlassen hatte.

Amüsiere dich gut, Spieler, dachte er. Dieses Spiel wird für dich vorläufig das letzte sein.

Durch die Hintertür verließ Coy leise das Zimmer. Er gelangte in eine ruhige Seitenstraße. Er nahm Bruder Monroes Handzettel aus seinem Hemd und versteckte sie unter einer Mülltonne, wo er sie leicht wiederfinden konnte. Dann schlenderte er zur Hauptstraße zurück.

Mittlerweile war es dunkel geworden, und um sein Geld zu zählen, mußte er sich unter eine Laterne stellen. Er besaß eine Dollarnote, einen Dollar in Münzen und zwei Cent. Die zwei Cent steckte er in seine Tasche, das übrige Geld wickelte er in die leere Zigarettenpakkung, die er immer noch bei sich trug. Leise pfeifend überquerte er den Marktplatz. Er entdeckte ein Café, das die ganze Nacht über geöffnet hatte, davor parkte ein Taxi. Der Fahrer saß zurückgelehnt in seinem Sitz und rauchte.

»'n Abend«, grüßte Coy, wobei er seine Hand auf das Wagendach stützte.

»'n Abend«, erwiderte der Fahrer. Nachdenklich sah er Coy an.

»Ziemlich warm heute«, bemerkte Coy.

»Zu warm für diese Jahreszeit«, pflichtete der Fahrer ihm bei.

Coys Blick wanderte über den Platz. »Hübsche kleine Stadt, in der Sie wohnen.«

»Sie sind fremd hier?«

Coy nickte. »Auf der Durchreise.« Er lächelte. »Nicht einfach für einen Mann, sich in einer fremden Stadt zurechtzufinden, wenn man niemanden kennt. Man weiß nicht mal, wo man sich eine Flasche kaufen kann.«

»Alkohol können Sie hier nirgendwo kaufen«, versetzte der Fahrer. »Dieser Staat ist trocken.«

»Sicher. Ich kenne die Prohibitionsgesetze. Aber ich kenne mich auch ein wenig im Taxigeschäft aus.«

»Tatsächlich?« Es klang betont gleichgültig.

»Und ob. Früher fuhr ich selbst mal Taxi, in Kansas, Junction City. Der Staat ist ebenfalls trocken. Aber wissen Sie, was wir einem durstigen Mann rieten? Wir sagten ihm, er solle einfach irgendwo zwei Dollar liegenlassen –«

Coy blickte sich um, dann deutete er mit dem Kinn auf einen Stapel leerer Coca-Cola-Kästen neben dem Café. »Zum Beispiel in der obersten Kiste dort drüben. Dann sollte er einmal um den Platz herumlaufen. Und wenn er

zurückkam, waren die zwei Dollar fort, dafür fand er eine Flasche mit selbstgebranntem Whisky.«
»Interessant«, äußerte der Fahrer.
»Diese Abmachung hatte eines für sich«, meinte Coy. »Derjenige, der den Stoff verkaufte, konnte niemals erwischt werden.« Er nahm die Hand vom Wagendach und streckte sich. »Es wird spät. Ich glaube, ich gehe noch ein bißchen spazieren und lege mich dann aufs Ohr. Ich kampiere ungefähr eine Meile von hier, gleich an der Straße. Guten Abend noch.«
Der Taxifahrer nickte. Coy trat auf den Bürgersteig zurück und näherte sich dem Stapel Cola-Kisten. Während er einen Fuß auf eine leere Kiste aufstützte und sich umständlich den Schuh neu schnürte, ließ er die Zigarettenpackung mit dem Geld darin in den obersten Kasten hineingleiten. Danach schlenderte er, leise pfeifend, einmal um den Platz herum.
Als Coy zum Café zurückkehrte, stand das Taxi nicht mehr an seinem Platz. Auch sein Geld war fort. Im obersten Kasten lag eine neutrale, verkorkte Flasche, die selbstgebrannten Whisky enthielt.
Mit der Flasche unter dem Hemd stromerte Coy zu der Seitengasse, die hinter dem Billardsaal lag. Die Flasche versteckte er hinter der Mülltonne, unter der bereits Bruder Monroes Handzettel lagen. Auf der anderen Straßenseite bezog er Posten, indem er sich gegen einen Zaun lehnte und sich auf eine längere Wartezeit einrichtete.
Während Coy in der Dunkelheit ausharrte, kreisten seine Gedanken um das Mädchen Willow. Er erinnerte sich daran, wie sie seine Hand berührt hatte, als er sie an der Tankstelle an seiner Zigarette ziehen ließ. Noch einmal sah er, wie das Sonnenlicht auf ihren Ausschnitt fiel und die Sommersprossen beschien, die unter dem Kleiderstoff verschwanden …
Er schloß die Augen und lächelte. Er versuchte sich vor-

zustellen, ob sie wohl am ganzen Körper Sommersprossen hätte.

Um Mitternacht verließ Roscoe den Billardsaal. Er wirkte so kühl und blasiert wie immer.
Beim ersten Geräusch der sich öffnenden Tür riß Coy die Augen auf. Er blieb jedoch an seinem Platz sitzen, von dem aus er Roscoe voll in seinem Blickfeld hatte. Roscoe stand in dem erleuchteten Rechteck und rückte seine Krawatte über seinem Seidenhemd gerade. Nachdem er sich sein Jackett übergestreift hatte, ließ er ein paarmal die Fingerknöchel knacken, starrte einen Moment lang empor in den nächtlichen Himmel und trat dann erst hinaus auf die Straße. Die Tür zog er hinter sich ins Schloß. Coy wartete, bis Roscoe an ihm vorbeigeschritten war, dann stand er auf.
»Hallo, Spieler«, rief er leise.
Roscoe wirbelte herum und begegnete Coys geballter Faust, die ihm mit der Kraft eines Mannes, der sieben Monate lang Schwerstarbeit geleistet hatte, entgegensauste. Der Hieb traf ihn mitten auf den Mund, spaltete beide Lippen und trieb ihm die vorderen Zähne nach innen. Ehe er auch nur stöhnen konnte, erhielt er den zweiten Schlag, der sein Nasenbein zertrümmerte.
Ein Hagel von Schlägen prasselte auf ihn ein; sie zerfetzten seine Wange, rissen ihm fast ein Ohr ab, zerschmetterten den Kiefer. Eisenharte Fäuste trommelten einen Marsch, so methodisch und gnadenlos, daß der Schmerz ihm bald das Bewußtsein trübte.
Er sackte gegen eine Hauswand, während in seinem Gehirn ein Feuerwerk aus roten Blitzen explodierte. Instinktiv hob er die Arme, um sein Gesicht zu schützen, doch nur, um seinen Brustkorb dem unbarmherzigen, nicht endenden Trommelfeuer preiszugeben. Die Fäuste droschen auf ihn ein, bearbeiteten seine Rippen, trieben ihm die Luft aus den Lungen, bis er verzweifelt nach

Atem rang. Ein letzter, bösartiger Schlag traf seine Magengrube. Roscoe kippte vornüber und stürzte, mit dem Gesicht zuerst, in den Schmutz der Straße.

Über ihm stand Coy, seine Brust bebte, die Fäuste schmerzten. Seine Oberarme zitterten vor Anstrengung. Das war für die sieben Monate, Spieler, dachte er mitleidlos. Und für die Narbe in meinem Gesicht.

Er rollte Roscoe auf den Rücken und zog ihm die Brieftasche aus dem Jackett. Auch das halbvolle Päckchen Zigaretten nahm er an sich. Dann holte er die Handzettel der Erweckungsbewegung unter der in der Nähe stehenden Mülltonne hervor und streute sie lose unter Roscoes schlaffem Arm aus.

Mit der Flasche Whisky bewaffnet, entfernte sich Coy aus der Seitengasse und marschierte stadtauswärts. Eine halbe Meile hinter dem Ort bog er von der Straße ab und eilte auf einen Bach zu. Auf dem Bauch liegend, tauchte er beide Hände in das wohltuend kalte Wasser. Als er sicher war, daß die Hände nicht mehr anschwellen würden, trocknete er sie an seinem Hemd ab und spazierte zur Straße zurück.

Bruder Monroe schlief noch nicht, als Coy das Camp betrat. Er hockte auf seinem Feldbett im Heck des Busses. Um den bläulichen Schein einer Petroleumlampe drängten sich dichte Schatten.

»Hochwürden«, grüßte Coy leise.

Erschrocken fuhr Monroe hoch. »Was — wer ist da?« Dann erkannte er seinen Gast. »Was schleichen Sie hier herum, junger Mann?« schnauzte er. »Was wollen Sie von mir?«

»Entschuldigen Sie, wenn ich Sie gestört habe, Sir«, erwiderte Coy ehrerbietig. »Aber ich brauche Ihren Rat.«

»Sie sind wohl verrückt«, schimpfte Monroe. »Mitten in der Nacht zu mir zu kommen. Verschwinden Sie –«

»Ich wollte nur wissen, was ich hiermit tun soll«, fiel

Coy ihm ins Wort, die Flasche Whisky unter seinem Hemd hervorholend. Er hielt sie so gegen das Licht, daß Monroe den Inhalt gut erkennen konnte.
Der grämliche Mann mit den harten Augen beugte sich vor und musterte die Flasche. Er leckte sich die Lippen.
»Der Besitzer des Billardsaales gab sie mir, weil ich half, die Räume auszufegen«, erzählte Coy scheinheilig. »Das ist hochprozentiger Alkohol, und jetzt bin ich mir nicht schlüssig, was ich damit anfangen soll. Trinken ist doch eine Sünde, nicht wahr, Hochwürden?«
»Wie bitte?« äußerte Monroe zerstreut, wobei sein Blick keine Sekunde lang von der Flasche wich. »Eine Sünde? O ja! Ja, gewiß, Trinken gilt als schwere Sünde!«
»Ich wollte die Flasche nicht fortwerfen, aus Angst, jemand könnte sie finden und den Inhalt austrinken«, erklärte Coy. »Und ich wagte es nicht, den Alkohol einfach wegzuschütten, weil es nicht recht ist, guten Boden mit diesem Teufelszeug zu verderben. Ich dachte mir, ich frage Sie um Rat, Hochwürden.«
»Sie haben richtig gehandelt. Es war das Beste, was Sie tun konnten, mein Junge«, erwiderte Bruder Monroe mit einem Anflug von Herzlichkeit.
»Ich dachte mir, vielleicht könnten Sie den Whisky morgen abend bei der Versammlung brauchen. Als Beispiel, wie man sich vor der Sünde schützt. Sie könnten die Flasche vor aller Augen zerschlagen, um den Leuten zu zeigen, wie leicht es ist, dem Teufel zu widerstehen.«
»Das ist eine glänzende Idee, mein guter Junge!« Monroe strahlte auf. »Diese Vorstellung mag manch armer Seele helfen, das Licht des Heils zu erblicken. Genau das werde ich tun. Geben Sie mir die Flasche.«
Coy reichte sie ihm. Vorsichtig legte Monroe sie auf das Feldbett, dann stand er auf und faßte Coy in einer Art väterlicher Geste bei der Schulter. Er bugsierte ihn durch den Bus zur Tür.

»Sie haben gehandelt wie ein guter Christ, mein Junge, und der Herrgott wird es Ihnen reichlich danken. Bitte verlassen Sie mich jetzt, ich möchte beten. Gehen Sie hin in Frieden und in dem Bewußtsein, daß Sie einem Verbreiter des einzig wahren Glaubens geholfen haben.«

»Ich danke Ihnen, Hochwürden«, entgegnete Coy demutsvoll.

Er stieg aus dem Bus. Noch ehe er die drei Stufen hinuntergeschritten war, hörte er den Korken leicht knallen. Lächelnd machte er sich auf die Suche nach Willow und Aaron Timm.

Früh am nächsten Morgen traf der Sheriff ein, dienstbeflissen und begleitet von zwei Deputies. Coy, der Bruder Monroes besten schwarzen Anzug und ein sauberes weißes Hemd trug, verließ den Bus, um ihnen entgegenzugehen.

»Guten Morgen«, grüßte der Sheriff. »Sie sind der Prediger?«

»Ja, ich bin Bruder Coy.« Lächelnd wandte er sich an Aaron, der nahebei Pflöcke für das Zelt in den Boden schlug. Willow hielt sich ebenfalls draußen auf, sie bereitete das Frühstück zu. »Das ist Schwester Willow«, stellte Coy das Mädchen vor. »Auf unseren Versammlungen singt sie Hymnen. Und dort drüben sehen Sie Bruder Aaron Timm, unseren Organisten.« Er faltete die Hände. »Womit können wir Ihnen dienen, Sheriff?«

»Entschuldigen Sie, daß ich Sie belästigen muß, Hochwürden«, antwortete der Sheriff, »aber gestern nacht gab's in der Stadt ein bißchen Ärger. Ein Berufsspieler namens Roscoe wurde zusammengeschlagen und beraubt. Am Tatort fanden wir dies hier —« Er hielt eine Handvoll Zettel der Erweckungsbewegung hoch.

Coy betrachtete sie und stieß einen schweren Seufzer aus. »Etwas Ähnliches hatte ich befürchtet«, bekannte er traurig. »Die Schuld liegt bei mir, Sheriff. Wollen Sie bit-

te mit mir kommen?«
Coy führte den Sheriff und die Deputies zur anderen Seite des Busses. Auf einer Decke, neben einem der wuchtigen Reifen, lag Bruder Monroe und schlief laut schnarchend seinen Rausch aus. Er war unrasiert, das Haar zerzaust, und er trug die verblichene Arbeitskleidung, die Coy von der Wäscheleine eines Farmers gestohlen hatte. Neben ihm befand sich die entkorkte Whiskyflasche — leer.
»Gestern lasen wir diesen Mann auf«, erzählte Coy dem Sheriff. »Er behauptete, vor Jahren selbst ein Prediger der Heiligen Schrift gewesen zu sein, doch dann ereilten ihn schlimme Zeiten. Ich bot ihm an, unsere kleine Gruppe als Faktotum zu begleiten, bis er wieder auf eigenen Füßen stehen könne. Gestern abend, nach dem Essen, schickte ich ihn in die Stadt, um jene Handzettel zu verteilen. Erst heute früh sah ich ihn wieder.« Betrübt wiegte Coy den Kopf. »Ich hatte keine Ahnung, daß er in Schwierigkeiten geraten war.«
Der Sheriff kniete neben Monroe nieder und durchsuchte dessen Taschen. Er fand Roscoes Brieftasche.
»Sieht ganz danach aus, als sei dies unser Mann. Hebt ihn auf, und bringt ihn in den Wagen, Jungs.«
»Ich weiß wirklich nicht, was ich dazu sagen soll, Sheriff«, versetzte Coy. »Ich habe ein schlechtes Gewissen. In gewisser Hinsicht fühle ich mich mitschuldig.«
»Sie brauchen sich nicht mit Selbstvorwürfen zu quälen, Hochwürden«, entgegnete der Sheriff. »Schließlich wollten Sie ihm doch helfen.«
»Gewiß, das stimmt, aber diese arme Seele ist für ihre Taten nicht voll verantwortlich. Gestern plapperte er uns den ganzen Tag lang vor, unsere Erweckungstruppe sei genau wie die, mit der er früher zu reisen pflegte. Und manchmal redete er davon, dieser Bus sei *sein* Bus. Er gebärdete sich, als hielte er sich für den Prediger und uns für seine Handlanger.«

»Hört sich an, als sei er ein bißchen wirr im Kopf«, meinte der Sheriff. Nachdenklich rieb er sich das Kinn. »Wenn er nach dem Aufwachen genauso redet, lasse ich ihn wohl am besten zur Beobachtung in die Klinik einweisen.«
»Unternehmen Sie alles, was diesem armen Menschen helfen könnte, Sheriff. Sie werden schon das Richtige tun. Übrigens, wie geht es dem Mann, den er zusammengeschlagen hat?«
»Er hat sein Opfer ganz hübsch zugerichtet — als hätte er mit einer Keule auf ihn eingeschlagen. Der Mann liegt im Krankenhaus. Ich nehme an, daß er sich im Laufe der Zeit von seinen Verletzungen erholen wird.«
»Dafür können wir Gott danken«, erklärte Coy feierlich.
»Sicher«, entgegnete der Sheriff obenhin.
Sie schritten zur anderen Seite des Busses zurück, wo Aaron Timm und Willow immer noch ihren Beschäftigungen nachgingen. Als der Sheriff das Mädchen sah, tippte er grüßend an seine Hutkrempe. »Nun denn — ich wünsche Ihnen allen noch einen guten Tag, Leute.«
»Guten Tag, Sheriff.«
Nachdem der Sheriff und die beiden Deputies mit Monroe fortgefahren waren, blickten Coy, Willow und Aaron einander an. Sie lächelten, und in ihren Augen lag ein Ausdruck des Triumphs.

Aufgrund der Sensation, die der Überfall auf Roscoe und Monroes Verhaftung erregten, pilgerte am Abend die Hälfte der Einwohnerschaft Gastons auf den freien Platz, um den neuen Wanderprediger zu hören. Hochwürden Coy hielt eine flammende Predigt über das Übel der Trunksucht. Später sang Schwester Willow die Hymne *Gib mir zurück den Alten Glauben,* wobei Bruder Aaron Timm sie virtuos auf der Orgel begleitete.

Während Bruder Timm ein Potpourri von Kirchenliedern spielte, ging der junge Prediger selbst mit dem Sammelteller herum.
Als Coy zur Kanzel zurückkehrte und Willow das reichgefüllte Tablett gab, bemerkte er, daß die Sommersprossen auf ihrem Brustansatz unter der Zeltbeleuchtung besonders deutlich hervortraten. Sie schienen zu funkeln und zu blitzen und erinnerten ihn an den sternenübersäten Himmel, zu dem er während seines Wartens auf Roscoe emporgeschaut hatte.
Indem Willow ihm den Teller abnahm, drückte sie kurz seine Hand. Aus dem Blick, den sie ihm dabei zuwarf, sprach nacktes Verlangen. Coy lächelte und nickte ihr zu.
Er fand, als Prediger lebte es sich nicht schlecht.

Nehmen und nehmen lassen

Dan J. Marlowe

Seit einer Woche hielt ich mich in Reno auf, doch außer der Gunst einer Bardame hatte ich noch nichts gewonnen. Natürlich hatte ich bis jetzt nicht ernsthaft gespielt, nur ein Anfänger stürzt sich in Orten wie Reno mitten ins Gewühl.

Ich hatte mich damit begnügt, an den Spielcasinos vorbeizubummeln, hin und wieder versuchte ich auch mein Glück in bescheidenem Maße an irgendwelchen scheinbar ungefährlichen Automaten. Ich hielt Ausschau nach einer Chance, die es mir erlaubte, mein Budget aufzufrischen. Auf diese Weise verdiene ich mir meinen Lebensunterhalt.

Nach einem ausgedehnten Dinner und einer erstklassigen Varieté-Show kehrte ich eines Abends in mein Hotelzimmer zurück. Ich sperrte die Tür auf und schloß sie hinter mir. Meine Hand ertastete den Lichtschalter, drückte ihn indessen nicht herunter. In der Luft hing der intensive Geruch von Tabaksqualm, so als paffe jemand in diesem Augenblick eine Zigarre. Ich rauche aber keine Zigarren. Ich schluckte krampfhaft, und meine Knie wurden weich.

»Du kommst spät, Junge«, sagte eine unvertraute Stimme aus der Dunkelheit. »Knips das Licht an.«

Ich drückte den Schalter nieder. Dann sah ich sie. Ein Mann hockte auf der Bettkante und zog an einer dicken Zigarre, ein anderer saß im Sessel am Fenster, von wo aus er einen freien Blick auf den Parkplatz hatte. Sie hatten mich kommen sehen.

»Hallo, Kumpels«, grüßte ich naßforsch, obwohl mir nicht nach Scherzen zumute war. Die beiden Typen kannte ich nicht, doch vertrauenerweckend sahen sie nicht aus. Das einzig Beruhigende war, daß keiner seine Zimmerflak ausgepackt hatte. Der Mann, der im Sessel saß, hatte ein richtiges Schießbudengesicht. Obwohl er sich rasiert hatte, schimmerte bläulich der Bart durch die Haut. »Ihr hättet euch vorher anmelden sollen, dann hätte ich euch nicht so lange warten lassen«, setzte ich hinzu.
»Wir kommen gern unverhofft zu Besuch, Junge«, erwiderte Blaubart. »Stimmt's, Hank?«
Seit ich zurückdenken kann, nennen die Leute mich »Junge«. Ich bin zweiunddreißig, sehe jedoch viel jünger aus. Für einen Mann bin ich eher zierlich, und ich wiege nur einhundertundvierzig Pfund. Mein rundes, sommersprossiges Gesicht trägt wohl mit dazu bei, daß man mich sehr viel jünger einschätzt.
Meine ungeladenen Gäste sahen aus, als ob sie jeder mindestens einhundert Kilo auf die Waage brächten.
Keiner der beiden Männer schien es eilig zu haben. Beide benahmen sich, als ob sie sämtliche Trümpfe in der Hand hielten, dabei hatten sie schon gegen das Gesetz verstoßen, als sie nur in mein Zimmer einbrachen.
Lässig faßte ich in meine Jackettasche und holte meine Zigaretten heraus. Es störte die Männer nicht, daß ich eine Weile in der Tasche herumkramte. Sie schienen sich ja sehr sicher zu fühlen.
Bullen, schoß es mir durch den Kopf. Nur Polizisten in Zivil konnten es sich leisten, sich am Rande der Legalität zu bewegen und dabei so selbstsicher aufzutreten.
Mir fiel ein Stein vom Herzen. Polizisten sind wie die Fliegen. Man ärgert sich über sie, und sie können verdammt lästig werden, doch im Grunde tun sie einem nichts zuleide. Nichts, woran man sterben könnte, meine ich.

Ich zündete mir eine Zigarette an und setzte mich auf den Stuhl unter der Leselampe. »Was habt ihr auf dem Herzen?« fragte ich Hank, den Zigarrenraucher.
»Eine ganze Menge«, erwiderte er. Beide Männer besaßen Stimmen, die höchstens zum Brikettzählen taugten. »Wir haben sehr viel über dich nachgedacht, Junge. Du hältst dich jetzt seit einer Woche in Reno auf, stimmt's?«
»So ungefähr.«
»Und emsig warst du wie eine Ameise. Nacht für Nacht bist du durch die Casinos getrabt. Hast dich überall umgeschaut. Aber nirgendwo gespielt. Wir beginnen uns zu fragen, was du hier überhaupt suchst.«
»Wir ließen dich von einem Mädchen fotografieren«, setzte sein Partner die Litanei fort. Mit einem Wurstfinger deutete er auf mich. Selbst auf die Entfernung hin erkannte ich, daß er dringend eine Maniküre nötig hatte. »Dein Bild funkten wir ein bißchen in die Runde. Du bist ein Falschspieler, stimmt's?«
»Hin und wieder spiele ich Karten«, gab ich zu.
»Wir möchten nicht, daß du irgendwelche Kunden in den Casinos ausnimmst«, drohte Blaubart.
»Ich gebe mich ausschließlich mit Berufsspielern ab«, versetzte ich gekränkt.
Hank hob eine zottige Augenbraue. »Ach! Mit jemandem wie George Mellon zum Beispiel?«
»George Mellon?« echote ich.
»Ein Oliver-Hardy-Typ, der zusammen mit einem Gorilla und einem Kartenmischer durch die Gegend reist. Als du dich gestern im ›Roten Salon‹ aufhieltest, waren sie auch dort. Auf dieses Trio halten wir ebenfalls ein wachsames Auge.«
»Ehrlich, Kumpels, ich verbringe hier lediglich meinen Urlaub«, beteuerte ich.
Die beiden standen auf und näherten sich meinem Platz. Als die beiden Muskelprotze sich vor mir aufbauten,

kam ich mir vor wie ein Zwerg. »Halt dich sauber, Knirps«, brummte Hank in warnendem Ton. »Und laß dich von uns ja nicht bei irgendeiner krummen Tour erwischen. Wir passen auf!«
Sie wandten sich um und verließen den Raum. Vom Fenster aus beobachtete ich sie, wie sie zu ihrem Auto schritten und davonfuhren. Die Burschen gingen ganz diskret vor, sie waren in einem Privatwagen gekommen.
Eines mußte ich ihnen lassen, die Polizei von Reno war schwer auf Draht. Ich durfte meine Zeit nicht länger vertrödeln, denn ewig konnte ich mich nicht mehr in der Stadt aufhalten.
Aus dem Minikühlschrank in der winzigen Kochnische holte ich mir eine Dose Tomatensaft und schenkte mir ein Glas ein. Während ich trank, dachte ich nach. War es möglich, daß ausgerechnet die Hüter des Gesetzes mir ein Opfer zuspielten? Einen Oliver-Hardy-Typ, der in Begleitung eines Gorillas und eines Kartenmischers auftrat ...
Ich stellte meinen Wecker auf ein Uhr früh und legte mich für ein Nickerchen aufs Ohr. Als der Wecker klingelte, stand ich auf, duschte, rasierte mich und zog mir meinen dunklen Ausgehanzug an. Dann fuhr ich zum »Roten Casino«.
An den Tischen wurde hoch gespielt. Zwei Texaner mit weißen, breitkrempigen Stetsons würfelten auf Teufel komm raus. An den einundzwanzig Tischen war kein einziger Platz mehr frei, dahinter drängten sich die Leute in Zweier- und Dreierreihen und warteten darauf, daß irgendwann einmal jemand aufstünde und ginge.
Der riesige Saal war angefüllt mit dem Summen nervöser Stimmen, es herrschte eine Atmosphäre, wie sie nur in Spielcasinos vorkommt. Ich erspähte die mir wohlgesonnene Bardame. Zur Zeit eilte sie zwischen den Tischen hin und her und servierte Drinks. Sie lächelte mir

zu und winkte.
Ich betrat den »Roten Salon«. An der Bar gab es jede Menge freier Plätze. Ich bestellte mir einen Whisky Soda, setzte mich so hin, daß ich die Fläche mit den Tischen beobachten konnte, und sah mir die Leute an.
Zwei keß aussehende Mädchen saßen allein an einem Tisch. Anerkennend betrachtete ich die beiden. Ich wunderte mich nicht, sie im Salon, anstatt im Casino anzutreffen. Damen ihres Schlages setzen kein Geld ein, um zum Zuge zu kommen.
Soeben hatte ich mein Glas geleert, als drei Männer vom Casino her zur Tür hereintraten. Voran ging ein fetter Kerl in einem auffallend karierten Jackett. Zwei unscheinbare Wichte in korrekten Anzügen folgten ihm. Oliver Hardy mit zwei Stan Laurels.
Der Dicke jonglierte mit einem Stapel Hundert-Dollar-Chips. Um sich anzupreisen, braucht man keine Werbefläche oder ein Zeitungsinserat.
An einem leeren Tisch unweit meines Barhockers nahmen sie Platz. Der Fette – es konnte sich nur um George Mellon handeln – spielte noch eine geraume Zeit mit den Chips, ehe er sie in einer Tasche seines schreiend gemusterten Jacketts verschwinden ließ. Dann nahm er den Salon in Augenschein, wie ich es kurz zuvor getan hatte.
Ich bat den Barkeeper, mir nachzuschenken. Als es ans Bezahlen ging, zückte ich eine Rolle Hunderter und schälte umständlich den obersten Schein ab.
Als der Barmann mir das Wechselgeld neben das Glas legte, rührte ich es nicht an. Ich verstehe mich auch ein bißchen auf Reklame. Wenige Minuten später holte ich die Geldrolle noch einmal hervor und begann zu zählen. Ich richtete es so ein, daß die Gruppe am Tisch mich bequem sehen konnte. Ich hatte siebenunddreißig Hundertdollarscheine bei mir, außerdem ein paar Zwanziger und Zehner.

Ich nippte an meinem Whisky Soda und wartete. Wenn die Beamten mir das Trio richtig beschrieben hatten, dann mußte mich wohl oder übel bald jemand ansprechen. Oliver Hardy – George Mellon – gäbe das Zeichen, doch wer mochte mir den Ball zuwerfen?
Und wirklich – der korrekte Anzug, der mir am nächsten saß, stemmte sich vom Tisch hoch und näherte sich meinem Barhocker.
»Entschuldigen Sie«, begann er, mir seine Jacketkronen zeigend, »kennen wir uns nicht von irgendwoher?«
Na ja, nicht jeder besitzt die Gabe, originell zu sein.
»Nicht, daß ich wüßte«, entgegnete ich höflich.
»Ich könnte schwören, wir hätten uns irgendwo schon einmal getroffen«, fuhr er glattzüngig fort. »Vielleicht auf einer Party? In Los Angeles? Oder New York?«
»Könnte es auch San Francisco gewesen sein?« half ich ihm aus der Klemme.
»Jawohl, jetzt weiß ich's wieder!« frohlockte er. Er streckte mir die Hand entgegen. »Ich bin Terry Sweeney.«
»Nick Sattler.« Ich nannte ihm den Namen, unter dem ich mich auch meiner Bardame vorgestellt hatte. Dann ergriff ich seine Hand und schüttelte sie.
»Ich mache in Öl«, erzählte er.
»Grundstücksmakler«, log ich munter drauflos. »Darf ich Sie zu einem Drink einladen?«
»Danke, aber hätten Sie nicht Lust, sich zu mir und meinen Freunden an den Tisch zu setzen? Oder sind Sie in Begleitung hier?«
»Ich war's. Meine Frau ist ins Hotel zurückgegangen.«
»Dann kommen Sie doch zu uns. Mir fällt bestimmt gleich ein, bei welcher Gelegenheit wir uns in San Francisco kennengelernt haben.«
Ich leerte mein Glas und räumte das Wechselgeld von der Theke ab. Terry Sweeney nahm meinen Arm und führte mich an den Tisch.

»Ich möchte euch meinen alten Freund Nick Sattler vorstellen«, sagte er zu dem Dicken und dem Unscheinbaren.
Sie lächelten und nickten. In echtem, altem Pioniergeist nahmen sie mich, den Fremden, in ihrem Kreis auf. Sofort fühlte ich mich von Wohlwollen warm umhüllt. Es war rührend.
»George Mellon«, sagte Sweeney, indem er auf den Dikken zeigte. Wir schüttelten uns die Hände. Ich hatte den Eindruck, in einen warmen, noch rohen Brotteig zu fassen.
»Und Paul Rudzik«, fuhr Sweeney fort. »Seine Freunde nennen ihn ›Affe‹.«
Nicht zu unrecht, pflichtete ich diesen unbekannten Namensstiftern in Gedanken bei. Paul Rudzik war ein vierschrötiger Typ mit niedriger, fliehender Stirn und einer platten Nase. Die Dummheit schaute ihm aus den Augen. Doch in der Nähe der linken Achselhöhle verformte sich der Anzug zu einer Wölbung, die bestimmt nicht von einem Taschentuch stammte. Ein Schulterhalfter ist am praktischsten, wenn man sich gezwungen sieht, aus einer sitzenden Position zu ziehen – wie an einem Kartentisch, zum Beispiel.
Ich rückte mir den freien Stuhl zurecht und nahm Platz. Sweeney bestellte eine Runde, und dann zog das Trio seine Show ab. Ausdrücke wie Bohrlizenzen, Schürfrechte, Abschreibungsobjekte, kurzfristige Kapitalanlagen und steuerliche Vorteile prasselten auf mich ein. Ich bemühte mich, beeindruckt dreinzuschauen.
Zehn Minuten später gab Rudzik der Kellnerin einen Wink, sie möge die zweite Runde bringen. Mellon bot mir eine teure Zigarre an, die er aus der Brusttasche seines karierten Jacketts hervorfingerte. »Und in welcher Branche sind Sie tätig, Nick?« erkundigte er sich.
»Ich bin Grundstücksmakler«, antwortete ich gehorsam.

»Wie interessant.« Seine gespannte Miene ermunterte mich zum Weitersprechen.
»Ich kann nicht klagen«, bekannte ich mit einem Achselzucken. »Aber in dieser Branche gibt es keinen schnellen Profit, und die Steuern fressen einen auf.« Aus Erfahrung weiß ich, daß Untertreiben mehr wirkt als Angeberei.
»Vielleicht sollten Sie expandieren«, schlug Mellon vor. Offensichtlich war er kein Typ, der lange fackelte. Zehn Minuten genügten ihm, um zur Sache zu kommen. »Wenn Sie in Ölprojekte investieren, sparen Sie eine Menge Steuern.«
Ich schüttelte den Kopf. »Das ist nichts für mich. Ich bleibe bei dem Geschäft, von dem ich etwas verstehe.«
»Ich könnte Ihnen eine günstige Teilhaberschaft anbieten«, beharrte er.
»Das ist sehr großzügig von Ihnen, Mr. Mellon«, erwiderte ich ernst. »Und ich weiß Ihr Angebot zu schätzen, auch wenn ich es nicht annehmen werde.«
Während des Wortgeplänkels über das große Geld hatte Rudzik meist den Mund gehalten, doch nun beugte er sich vor und fragte:
»Weshalb sind Sie in Reno, Mr. Sattler?«
»Um zu spielen«, sagte ich arglos.
»Um zu spielen!« wiederholte das Trio im Chor. Ich sah Mellon förmlich an, wie er sich ärgerte, glatte fünfzehn Minuten mit Präliminarien verloren zu haben.
Ich mimte den Tölpel. »Manchmal lechze ich richtig danach, ein Risiko einzugehen«, gestand ich verschämt. »Ich liebe Glücksspiele. Aus diesem Grund fahren meine Frau und ich einmal im Jahr für zwei Wochen nach Reno, damit ich mich austoben kann. Auf diese Weise gerate ich nicht in Versuchung, daheim irgendwelchen Unfug anzustellen und womöglich sogar meine Existenz zu gefährden.«
»Sehr vernünftig«, lobte Mellon. »Welches Spiel ...

äh ... bevorzugen Sie?«
»Ach, ich mag Glücksspiele jeglicher Art«, bekannte ich fröhlich. »Irgendwie sind alle aufregend – Roulette, Poker, Blackjack ... Obwohl ich Poker vielleicht doch am interessantesten finde.« Meine Augen strahlten.
»Es ist auch ein großartiges Spiel«, versetzte Mellon. »Vor allen Dingen für die Casinobesitzer.«
»Das stimmt«, stärkte Sweeney ihm den Rücken. »Letzten Endes ziehen sie einem nur das Geld aus der Tasche. Spiele im privaten Kreis sind am besten. Hört mal zu – mir kommt da eine Idee. Was haltet ihr davon, wenn wir hinaufgehen in meine Suite und dort ein Spielchen machen? In aller Ruhe und Gemütlichkeit, ohne die hektische Atmosphäre im Casino.«
»Ich bin dafür!« Vor Begeisterung hopste ich auf meinem Stuhl auf und ab. »Und ich dachte schon, es wäre ein verlorener Abend.«
Ich blickte in drei lächelnde Gesichter. Mir wurde warm ums Herz, denn ich mag es, anderen Menschen so viel Freude zu bringen. Ich blickte auf meine Uhr. »In fünf Minuten treffen wir uns beim Seiteneingang«, bestimmte ich. Ich sprang auf und flitzte davon, ehe einer meiner drei neuen Freunde eine Entgegnung machen konnte.
Im Casino suchte ich die freundliche Barfrau und zog sie auf die Seite. Ich steckte ihr eine Zwanzigdollarnote zu und sagte ihr, was sie für mich tun sollte.
»Bist du auch sicher, daß alles gutgeht?« wandte sie mit besorgter Miene ein. »Nicht, daß dir etwas passiert.«
Frauen neigen dazu, mich zu bemuttern. »Tue mir bitte diesen Gefallen«, bat ich sie, wobei ich ihr mein charmantestes Lächeln schenkte.
»Na ja, wenn du meinst, daß es nicht gefährlich ist ...«
Ich drückte ihr die Hand und sauste los.
Mellon und sein Gefolge warteten am Seiteneingang des Casinos auf mich. »Wohin waren Sie denn so schnell

verschwunden?« fragte der Dicke mißtrauisch. Kein Berufsspieler verliert gern den Kontakt mit seinem auserwählten Opfer.
»Ich wollte meine Frau anrufen und ihr Bescheid sagen, daß ich heute später als üblich ins Hotel zurückkomme, aber die Telefonzellen waren alle besetzt«, erklärte ich. Ich wandte mich an Sweeney. »Ich rufe sie dann von Ihrer Suite aus an.«
Das Trio tauschte Blicke aus. Es paßte ihnen nicht, daß ich überhaupt mit jemandem telefonieren wollte, doch wenn es schon unbedingt sein mußte, dann in ihrer Hörweite.
»Na, denn los«, forderte Sweeney uns auf.
Mit dem Lift fuhren wir in den fünften Stock. Sweeney zog einen Schlüssel aus seiner Tasche und öffnete die Tür zur Suite Nummer 515, eine Luxusherberge.
Ich ging sogleich ans Telefon, das in dem kleinen Salon stand. Während ich darauf wartete, daß die Verbindung zustande kam, räumte Sweeney einen Tisch ab und stellte ihn mitten ins Zimmer.
Rudzik besorgte vier Stühle. Mellon verschwand im Schlafzimmer. Als er wiederauftauchte, hielt er mehrere noch versiegelte Kartenspiele in den fleischigen Händen. Er warf die Päckchen auf den Tisch.
Die Dame von der Vermittlung meldete sich, und ich gab ihr die Nummer des Apparates im Erdgeschoß, an dem meine Barfrau auf meine Bitte hin wartete. Im Zimmer wurde es ganz still. Keiner von dem Trio wollte ein Wort von dem verpassen, was ich sagte.
»Entschuldige, daß ich dich geweckt habe, Liebling«, sagte ich in zärtlichem Ton, »aber heute kann es ziemlich spät werden.« Ich nahm einen Pack Karten vom Tisch, warf ihn in die Luft und fing ihn wieder auf. »Ich fachsimple mit ein paar Geschäftsfreunden, die ich getroffen habe.« Verschmitzt zwinkerte ich Mellon zu, der meine Ausrede pflichtschuldigst belächelte.

»Versprich mir, daß du gut auf dich achtgibst«, erwiderte die Barfrau ängstlich. »Ich mache mir schon Vorwürfe, weil ich dich nicht zurückgehalten habe.«
»Ich bin im ›Roten Casino‹, Suite Nummer 515«, fuhr ich fort. »Aber ich möchte nicht gestört werden, es sei denn, Jamieson schickt ein Telex.«
»Zimmer 515«, wiederholte sie.
»Ich liebe dich auch«, flüsterte ich und hängte ein.
Blitzartig rührten sich meine neuen Freunde. Rudzik und Sweeney ließen sich rechts und links von mir nieder, so daß Mellon mir gegenüber zu sitzen kam. Da Rudzik laut Aussage der beiden Bullen als Leibwächter fungierte und ich Mellons fetten Stummelfingern nicht viel Geschicklichkeit zutraute, mußte Sweeney der Kartengeber sein. Jener Herr zog eine Tischschublade auf, die sich als Tablett voller vielfarbiger Chips entpuppte. Es war an alles gedacht. Mellon und Rudzik förderten mehrere Rollen grüner Riesen zutage.
Ich legte meine Banknotenrolle vor mich auf den Tisch.
»Einsatz wie üblich?« fragte ich.
Mellon schürzte seine wulstigen Lippen. »Dies ist ein Spiel unter Freunden«, versetzte er.
Ich nickte. Wenn dies ein Spiel unter Freunden sein sollte, dann fragte ich mich, wie es aussähe, wenn aus der Sache Ernst würde.
Sweeney übernahm die Bank. Er tauschte Banknoten gegen weiße, rote und blaue Chips ein, die jeweils zehn, fünfzig und hundert Dollar wert sein sollten. Die goldenen Chips ließ er auf dem Tablett. Die Burschen betrieben dieses Spiel nicht als Nebenerwerb.
Sweeney brach das Siegel an einem Päckchen Karten, mischte sie und verteilte sie dann, Blatt nach oben, auf dem Tisch.
»Der Geber wählt«, verkündete er, »das erste As entscheidet.« Er gab mir ein As.
Er brauchte nur die Karten in die Hand zu nehmen, und

ich wußte alles, was es über Terence Sweeney zu wissen gab. Ich richtete mich darauf ein, ihn für den Rest des Abends scharf im Auge zu behalten.
Ich stuckte die Karten zusammen, wobei ich mir Mühe gab, keinen übermäßig ungeschickten Eindruck zu machen, und mischte. Nachdem ich gewisse Karten ausfindig gemacht hatte, ordnete ich sie so an, daß ich Mellon drei Könige geben konnte. Üblicherweise geht man nach einer bestimmten Methode vor, doch ich wollte auf Nummer Sicher gehen. Ich bedeutete Sweeney, er möge abheben. Er tippte auf die oberste Karte. Das vereinfachte die Sache ungemein.
Ich teilte die Karten aus. Rudzik paßte. Mellon mit seinen drei Königen paßte auch, desgleichen Sweeney. Ich schob einen roten Chip in die Tischmitte, und alle zogen mit. Rudzik nahm sich eine Karte, warf einen Blick darauf und schob sein Blatt zusammen. Mellon zog drei Karten, nachdem er einen seiner Könige fortgeworfen hatte. Sweeney brauchte zwei neue. Ich behielt zwei Damen und einen Buben, zog einen weiteren Buben und hatte nun zwei Paare.
»Hundert«, sagte ich und warf einen blauen Chip in den Topf.
Rudzik hatte sein Blatt bereits beiseite gelegt. Mellon ging mit, und Sweeney erhöhte um zwei weitere blaue. Ich zog mit. Mellon und Sweeney brachen ab, und ich deckte mein Blatt auf. »Damen und Buben«, verkündete ich.
Beide warfen ihre Karten auf den Tisch zurück, und ich sammelte meine Chips ein. Mellon hatte natürlich das bessere Blatt gehabt, doch er ließ mich auf den Geschmack kommen.
»Mit Ihren zwei Paaren hatten Sie Glück«, kommentierte Rudzik, während er die Karten mischte.
»Das erste Spiel muß ich immer gewinnen«, erzählte ich. »Es ist ein alter Aberglaube von mir.« Ich lockerte meine

Krawatte, zog das Jackett aus und hängte es über die Stuhllehne. Ich gebärdete mich, als richte ich mich auf einen langen Abend ein.

»Auf ein neues«, sagte Rudzik. Ich erhielt ein miserables Blatt. Mellon eröffnete mit einem roten Chip. Ich ging mit und zog eine Karte. Dann warf ich mein Blatt hin.

Das Trio tat so, als wollten sie den Sieg untereinander ausfechten. Schließlich gewann Mellon mit drei Assen den beträchtlichen Einsatz.

Ich sah, wie Sweeney zu meinem abgelegten Blatt hinschielte. Er wollte wissen, warum ich ergänzt hatte. Ich ließ ihn mein Blatt sehen, und danach mußte er mich für den größten Idioten auf Gottes Erdboden halten.

Die nächsten zwei Spiele gewann ich, und jeder erhöhte großmütig den Einsatz. Beim zweiten Spiel teilte Sweeney aus. Er sorgte dafür, daß ich wieder zwei Paare bekam. Ich lächelte in mich hinein und betrachtete das Häuflein Chips auf der Tischmitte. Als ich den Topf gewann, gehörten mir über tausend Dollar.

Als ich an der Reihe war zu geben, mischte ich und bot die Karten Sweeney zum Abheben. Natürlich nicht, ohne sie vorher gut zu sortieren.

Dieses Mal teilte er das Päckchen. Mit der Linken warf ich einen blauen Chip auf den Tisch. »Für den Anfang«, rief ich. Während meine Stimme und meine ungestüme Geste das Trio ablenkten, mixte ich die Karten in die Position zurück, in der ich sie haben wollte.

Ich teilte geschwind aus, so daß die Burschen erst einmal damit beschäftigt waren, ihre Blätter einzusammeln. Sogar wenn sie mich argwöhnisch beobachtet hätten, anstatt sich im Glauben zu wiegen, sie hätten es mit einem ausgemachten Trottel zu tun, hätte es schon des Auges eines Experten bedurft, um zu merken, daß ein paar Karten vom Boden des Päckchens stammten anstatt von der Oberseite.

Ich gab Mellon viermal die Sieben, in der zuversichtli-

chen Annahme, er würde sie dieses Mal behalten. Mich selbst versorgte ich mit drei Neunen. Was Rudzik oder Sweeney bekamen, wußte ich nicht, doch von einem Wunder einmal abgesehen, spielte es auch keine Rolle.
Rudzik paßte, und Mellon eröffnete rasch mit zweihundert. Sweeney ging mit. Ich erhöhte auf vierhundert. Mellon hielt eine Unmenge blauer Chips in seiner Pranke, doch er bot lediglich vierhundert, offenbar aus Angst, mich zu verprellen.
Sweeney blieb, ich erhöhte nochmals. Mellon ging mit, nachdem Rudzik paßte. Sweeney zögerte, doch dann setzte er seine Chips ein.
Ich kniff aus, denn ich befürchtete, Sweeney könne das Blatt auf den Tisch legen, wenn ich nochmals erhöhte. Und ich wollte, daß er sich auf seine Karten konzentrierte, anstatt mich zu beobachten.
Rudzik nahm sich zwei Karten. Mellon eine, wobei er vorgab, voller Spannung, was er wohl zöge, fast zu vergehen. Er hoffte, ich hätte drei von einer Sorte und nähme an, er besäße zwei Paare. Sweeney zog eine Karte. »Nicht mal die richtige Farbe«, murmelte er verärgert und schob sein Blatt zusammen. Als ich nach zwei Karten griff, entspannte Mellon sich sichtlich. Er war davon überzeugt, die Situation nach Belieben deichseln zu können.
Dabei hatte ich die vierte Neun gezogen. Manchmal staune ich selbst über mein Glück. Mellon setzte zuerst vier blaue. Sweeney war bereits draußen, und ich erhöhte auf sechshundert. Rudzik zögerte, und Mellon schüttelte kaum merklich den Kopf. Widerstrebend warf Rudzik sein Blatt auf den Tisch.
Mellon schraubte mich auf tausend hoch. Ich schob sämtliche Chips, die ich noch hatte, zur Tischmitte. Mellon ließ mich aufdecken, nachdem er offenbar zu dem Schluß gelangt war, es sei noch zu früh, mich zum

Scheckbuch greifen zu lassen.
Ich drehte mein Blatt um. »Vier Neunen«, erkärte ich gelassen.
Das teigige Gesicht knitterte zusammen wie nasse Pappe. Mit der Faust hieb er auf den Tisch, als ich den Topf einsammelte.
»Spannendes Spiel«, bemerkte ich.
Keiner antwortete. Mellon kaufte sich neue Chips. Rudzik mischte. Verstohlen blickte ich auf meine Uhr. Mir blieb noch eine Frist von genau zwölf Minuten. Was ich wollte, hatte ich bekommen. Jetzt galt es, die Beute zu behalten.
Zwei Spiele vergingen in rascher Folge, und dann mußte Sweeney geben. Unwillkürlich beugten Rudzik und Mellon sich vor. Sweeney mischte die Karten zehn Sekunden länger als nötig. Ich machte mich auf den ersten Axthieb gefaßt. Mellon tat so, als wollte er abheben, und Sweeney richtete das Blatt wieder nach seinen Vorstellungen aus.
Er war kein Künstler, aber schlecht war er auch nicht. Meine ersten vier Karten hatten die Farbe Pik, dann bekam ich eine Karo.
Rudzik eröffnete mit seligem Lächeln. Mellon erhöhte, Sweeney und ich gingen mit. Worauf Rudzik den Einsatz noch höher trieb. Dann paßten alle.
»Karten«, sagte Sweeney und griff nach dem Päckchen, das vor ihm lag.
Meine rechte Hand steckte im Topf, da ich vorgab, zwei blaue Chips wechseln zu wollen. Indem ich die Hand zurückzog, streifte ich den Packen Karten und verteilte sie über dem Tisch.
»Entschuldigung«, bat ich, als ich sah, wie Sweeneys Lippen schmal wurden. »Ich nehme eine.«
Langsam stapelte Sweeney die Karten aufeinander. Ich hatte sein Arrangement durcheinandergebracht, und die Karten lagen nun in wahlloser Folge.

Ich ergatterte eine Pik Zehn. Das war wirklich Glück. Ehe ich den Stapel umstieß, hätte Sweeney mir ohnehin ein Pik gegeben, doch gleichzeitig Rudzik oder Mellon so versorgt, daß sie ein höheres Blatt gehabt hätten als ich.
Rudzik nahm zwei Karten, Mellon eine und Sweeney eine. Rudzik setzte zweihundert, und Mellon legte das Blatt nieder. Auch Sweeney gab auf.
Ich reizte auf fünfhundert. In seinem Eifer, nachzuziehen, stieß Rudzik seinen Stapel Chips um. Sweeney räusperte sich unentwegt, damit Rudzik ihn ansähe, doch der »Affe« hatte außer mir und seinem Spiel nichts anderes mehr im Sinn.
Einer erhöhte, der andere ging mit, einer erhöhte, der andere ging mit . . . Plötzlich gingen Rudzik die Chips aus, und widerstrebend mußte er aufgeben.
»Alles Pik«, sagte ich und zeigte ihm die Karten.
Seine Miene war sehenswert. »Besser als meine drei Könige«, murmelte er. Er blickte Sweeney an, dessen Gesicht einer starren Maske glich. Mellon schob Rudzik eine Rolle Banknoten zu, die er von irgendwoher unter dem Tisch hervorzauberte, und verbissen kaufte Rudzik mir Chips ab.
Sweeney starrte mich an, als hätte er mich nie zuvor gesehen. Unter seinen argwöhnischen Blicken teilte ich aus, wobei ich die Karten gab, wie sie kamen. Mellon gewann den Topf. Als Sweeney die Karten in die Hand nahm, um zu mischen, schrieb ich im Geist bereits ein paar Tausender ab.
Mein Blatt war gut, doch Mellons war besser. »Und ich dachte schon, ich würde den ganzen Abend über gewinnen«, kommentierte ich gutmütig das Spiel. Alles lief wieder normal, und die Atmosphäre entspannte sich.
Ich wollte gerade nach dem Päckchen greifen, als das Telefon schrillte.
Ehe jemand reagieren konnte, lehnte ich mich zurück

und griff nach dem Hörer. »Suite 515«, sang ich in die Muschel.
»Die halbe Stunde ist um«, antwortete die Barfrau.
»O mein Gott!« Ich sprang auf, wobei mein Stuhl nach hinten kippte. »Hast du schon einen Arzt angerufen?«
Ich hielt den Hörer so weit von meinem Ohr entfernt, daß man die weibliche Stimme hören konnte, ohne ein Wort zu verstehen.
»Ich hoffe, es ist alles in Ordnung, Nick«, sagte die Barfrau.
»Laß sofort einen Krankenwagen kommen«, schrie ich aufgeregt. »Keine Angst, Schatz, ich bin gleich bei dir!«
Ich knallte den Hörer auf die Gabel zurück und schob meine Stapel von Chips Sweeney zu. »Geben Sie mir Bargeld«, bat ich. »Mein Sohn hat vierzig Fieber.« Mein Rock lag zusammen mit dem umgekippten Stuhl auf dem Fußboden. Ich bückte mich danach und streifte ihn hastig über.
Sweeney hypnotisierte Mellon. Es war ein kritischer Augenblick. Mellon starrte mich an. Sweeney wartete auf ein Zeichen von Mellon.
»Tut mir leid, daß ich ausgerechnet jetzt aufhören muß, wo ich eine Glückssträhne habe«, bedauerte ich. Ich rückte mir die Krawatte zurecht. »Wir könnten uns morgen abend wieder treffen, aber dann bitte etwas früher.«
Mellons Mund erinnerte an eine Dörrpflaume. Kein Falschspieler greift zu Gewalt, es sei denn, man zwingt ihn dazu. Allerdings hatte ich ihn regelrecht in die Enge getrieben.
Endlich nickte Mellon, und mir stockte der Atem. Inständig hoffte ich, das Zeichen möge Sweeney gelten und nicht Rudzik.
Ich hatte schon wieder Glück. Mit hölzerner Miene zählte Sweeney die Scheine. Der Packen war so dick, daß ich ihn dreiteilen mußte, um das Geld überhaupt in meinem

Rock unterbringen zu können.
»Was halten Sie von morgen abend, neun Uhr?« fragte ich scheinheilig.
Mellon nickte, wobei es ihn offensichtlich Mühe kostete, die Beherrschung nicht zu verlieren. »Gern. Ihre Glückssträhne kann nicht ewig andauern. Wir treffen uns hier.«
»Bis morgen abend dann, Freunde.« Eilig rauschte ich aus der Suite. Ich konnte erst wieder frei durchatmen, als der Lift das Foyer im Erdgeschoß erreichte. Ich fürchtete, Mellon könne es sich doch noch anders überlegen. Verstört würden er und Sweeney über das Fiasko diskutieren. Rudzik würde überhaupt nicht begreifen, was sich abgespielt hatte.
Am Horizont kündete ein grauer Lichtstreif den jungen Tag an, als ich mich meinem Hotel näherte. Ich war mit mir zufrieden. An einem Spieltisch kann eine Glückssträhne von dreißig Minuten bedeuten, daß die Existenz eines Mannes gesichert ist. So hoch hatten wir zwar nicht gespielt, doch ich trug ungefähr zwanzigtausend Dollar mit mir herum.
Ich schloß die Tür zu meinem Hotelzimmer auf und trat ein. Meine Hand tastete nach dem Lichtschalter, ohne ihn jedoch niederzudrücken.
Mir war, als sähe ich einen schlechten Film zum zweitenmal.
Der Gestank von Zigarrenrauch hing in der Luft.
»Mach das Licht an, Junge«, sagte eine vertraute, rauhe Stimme.
Ich drückte den Schalter nieder.
Hank saß auf dem Bett. Dieses Mal hielt er eine häßlich aussehende Pistole in der Hand. Er stand auf und kam auf mich zu. »Wie geht's dir, Knirps?« fragte er beiläufig.
Ich gab keine Antwort.
Er packte mich beim Hemd und hob mich glatt vom Bo-

den. »Möchtest du, daß dein Arzt dir eine kleine Stahlkugel aus dieser Waffe hier aus dem Ohr pult?« fragte er.
»Ich habe das Geld gewonnen«, verteidigte ich mich.
»Wirf es aufs Bett!« befahl er.
Ich legte den Inhalt meiner Taschen auf die Bettdecke. Hank hob eine struppige Augenbraue. »Du mußt verdammt gut sein, Junge«, meinte er anerkennend. »Von Mellon behauptet man, er sei ein regelrechter Kartenhai.« Er nahm das Geld und verteilte es in mehrere Taschen seines Anzugs. Dann grinste er mich an. »Für den Fall, daß du jemanden vermißt — mein Partner sammelt gerade das restliche Geld ein, das du den Kerlen in der Suite 515 übriggelassen hast.«
Ich war im Bilde — leider zu spät. Meine Gäste waren gar keine Bullen.
Es handelte sich um zwei Gauner, die einen Falschspieler auf den anderen ansetzten, damit beide ihr Bargeld auf den Tisch legten. Dann brauchten sie nur noch zuzulangen und den schwer erarbeiteten Gewinn einzukassieren. Einer der beiden mußte mich von früher her kennen, und Mellon schien in Reno eine bekannte Größe zu sein.
Rückwärts gehend, bewegte sich Hank auf die Tür zu. Die Pistole lag locker in seiner Hand. »Ich an deiner Stelle würde mich ein paar Minuten lang hinsetzen«, schlug er mir vor. »Eine Kugel aus diesem Ding ist nämlich immer noch schneller als ein Mann, der zur Polizei rennt.« Abermals grinste er. »Obwohl ich mir vorstellen könnte, daß du bei einer Anzeige selbst kein gutes Bild abgäbst.«
Er hatte in beiderlei Hinsicht recht. Gute fünf Minuten lang blieb ich auf meinem Bett hocken. Plötzlich fiel mir etwas ein. Wie ein Wiesel flitzte ich in den Kleiderschrank und sah unter dem Stapel meiner sauberen Hemden nach. Zum Glück fand ich mein Reservegeld

noch an seinem Platz. Hank war offenbar nicht auf die Idee gekommen, in meinem Zimmer herumzuschnüffeln.

Aber eines sage ich Ihnen: Bei der nächsten Gelegenheit werde ich meine Wut an jemandem auslassen. Sobald ich mich wieder an einen Spieltisch setze, werde ich meine Gegner abschmücken, aber ohne daß jemand auf mich wartet und den Rahm abschöpft.

Manche Leute haben Nerven!

Inhalt:

HEYNE BÜCHER

Das Buch

Die Berliner Mauer ist gefallen, der Eiserne Vorhang zerrissen, die dunklen Ecken, in denen die Spionage zwischen Ost und West blühte, sind in helleres Licht getaucht. John le Carré, der unangefochtene Meister des Spionageromans, nutzte diesen Wendepunkt in der Weltgeschichte, um in einem neuen Roman radikaler und kritischer als je zuvor Erfahrungen und Ereignisse aus der Agentenwelt zu erzählen.
Der britische Agent Ned, der dreißig Jahre lang ein braver Fußsoldat des Kalten Krieges gewesen war, ist durch die politischen Umwälzungen gezwungen, sich seiner Vergangenheit zu stellen. Er taucht ab in die Schattenwelt von gestern, in der er mit George Smiley, dem legendären Geheimdienstchef, zusammengearbeitet hat. In einer schonungslosen Rückschau lassen beide die verschiedenen Schauplätze des Kalten Krieges noch einmal Revue passieren. Dabei kommt Erstaunliches an den Tag.
Ein besonderer Leseschmaus für John le Carrés Stammleser: Man trifft auf so viele gute Bekannte von früher — nicht nur auf George Smiley und dessen treuen Adlatus Peter Guillam, auch auf den Schuft Bill Haydon, den rückgratlosen Toby Esterhase und viele mehr.

Der Autor

John le Carré, geboren 1931, studierte in Bern und Oxford Germanistik; er lehrte in Oxford und arbeitete dann einige Jahre im diplomatischen Dienst Großbritanniens in Bonn und Hamburg. Durch seinen Roman *Der Spion, der aus der Kälte kam* (Bd. 01/8121) wurde er weltbekannt. Der Autor lebt in Cornwall, London und zeitweise auch auf dem Kontinent. Im Wilhelm Heyne Verlag sind außerdem lieferbar: *Eine Art Held* (Bd. 01/6565), *Der wachsame Träumer* (Bd. 01/6679), *Dame, König, As, Spion* (Bd. 01/6785), *Agent in eigener Sache* (Bd. 01/7720), *Ein blendender Spion* (Bd. 01/7762), *Krieg im Spiegel* (Bd. 01/7836), *Schatten von gestern* (Bd. 01/7921), *Ein Mord erster Klasse* (Bd. 01/8052), *Eine kleine Stadt in Deutschland* (Bd. 01/8155), *Das Rußland-Haus* (Bd. 01/8240), *Die Libelle* (Bd. 01/8351), *Endstation* (Bd. 01/8416).
Über John le Carré ist erschienen von David Monaghan: *Smiley's Circus. Die geheime Welt des John le Carré* (Bd. 01/8413).

JOHN LE CARRÉ

DER HEIMLICHE GEFÄHRTE

Roman

WILHELM HEYNE VERLAG
MÜNCHEN

HEYNE ALLGEMEINE REIHE
Nr. 01/8614

Titel der Originalausgabe
THE SECRET PILGRIM
Aus dem Englischen übersetzt
von Werner Schmitz

7. Auflage

Wilhelm Heyne Verlag GmbH & Co. KG, München
Printed in Germany 1995
Autorenfoto: Franta Provaznik
Umschlaggestaltung: Atelier Ingrid Schütz, München
Satz: Schaber, Satz- und Datentechnik, Wels
Druck und Bindung: Elsnerdruck, Berlin

ISBN 3-453-06117-9

Für Alec Guinness
in Dankbarkeit und Zuneigung

1

Um es gleich vorweg zu sagen: hätte ich nicht, einer spontanen Eingebung folgend, zur Feder gegriffen und George Smiley schnell eine Einladung geschrieben, am letzten Abend des Einführungs-Lehrgangs vor meiner Abgangsklasse zu sprechen — und hätte Smiley nicht ganz wider Erwarten zugesagt —, dann würde ich Ihnen jetzt nicht so freimütig mein Herz ausschütten.

Bestenfalls würde ich Ihnen Erinnerungen in einer gereinigten Fassung auftischen, wie ich sie, um ehrlich zu sein, nur zu gern meinen Schülern vorzusetzen pflegte: Heldentaten geheimen Rittertums, dramatische Geschichten von einfallsreichen und tapferen Leuten. Und nützlichen Leuten, versteht sich. Ich würde Sie begeistern mit Erinnerungen an nächtliche Absprünge im Kaukasus, an gewagte Überfahrten mit Schnellbooten, Strandlandungen, blinkende Küstenlichter, geheime Funksprüche, die mitten in der Übertragung abbrachen. Von stillen Helden des Kalten Kriegs, die, nachdem sie ihre Beiträge geleistet hatten, bescheiden in der Gesellschaft untertauchten, die sie beschützt hatten. Von Überläufern, die gerade noch rechtzeitig dem Rachen des Gegners entrissen wurden.

Und, ja, bis zu einem gewissen Punkt haben wir tatsächlich so gelebt. Wir haben zu unserer Zeit solche Dinge unternommen, und manches ist sogar gut ausgegangen. Wir hatten in bösen Ländern gute Leute, die ihr Leben für uns riskierten. Und gewöhnlich wurde ihnen geglaubt, und manchmal wurden ihre Informationen klug genutzt. Hoffe ich jedenfalls, denn ohne das wäre auch der größte Spion der Welt nichts wert.

Und zur Auflockerung pflegte ich ihnen über einem

zweiten Whisky im Rekrutenkasino zu erzählen, wie unser dreiköpfiges Empfangsteam vom Circus, das unter meiner tapferen Leitung in Ostdeutschland operierte, frierend auf einer Bergkuppe im Harz lag und betete, ein unmarkiertes Flugzeug möge mit abgestelltem Motor herbeischweben und seinen verdammten schwarzen Fallschirm abwerfen. Und was fanden wir, als unsere Gebete endlich erhört wurden und wir, um unseren Schatz zu heben, über ein Eisfeld nach unten gerutscht waren? Steine, eröffnete ich meinen erstaunten Schülern. Brocken ehrbaren Argyll-Granits. Die Absender auf unserem schottischen Luftwaffenstützpunkt hatten uns versehentlich den Trainingsbehälter geschickt.

Zumindest diese Geschichte fand ein gewisses Echo, während einige meiner anderen Vorstellungen oft schon auf halber Strecke ihr Publikum zu verlieren schienen.

Ich vermute, ich hatte mich schon länger, als mir bewußt war, mit dem Gedanken getragen, an Smiley zu schreiben. Die Idee kam mir, als ich dem Personalchef einen meiner regelmäßigen Besuche abstattete, um die Fortschritte meiner Schüler zu erörtern. Als ich auf ein Sandwich und ein Bier in der Bar der höheren Offiziere vorbeischaute, traf ich Peter Guillam. Während der langwierigen Suche nach dem Circusverräter, der sich dann als unser Operationsleiter Bill Haydon herausstellte, hatte Peter für George Smileys Sherlock Holmes den Watson gespielt. Peter hatte seit — na, einem Jahr oder noch länger — nichts mehr von George gehört. George habe irgendwo im nördlichen Cornwall ein Cottage gekauft, sagte er, und fröne seiner Abneigung gegen das Telefon. Er habe eine Art Sinekure an der Universität Exeter und dürfe die Bibliothek dort benutzen. Traurig malte ich mir das übrige aus: George, der einsame Einsiedler, wie er auf Spaziergängen allein in einer unbewohnten Landschaft seinen Gedanken nachhing. George, wie er auf seine alten Tage in Exeter ein wenig menschliche Wärme suchte, während er darauf wartete, seinen Platz in der Walhalla der Spione einzunehmen.

Und Ann, seine Frau? fragte ich Peter und senkte die Stimme, wie alle es tun, wenn die Rede auf Ann kommt — denn es war ein ebenso offenes wie schmerzliches Geheimnis, daß zu Anns zahlreichen Liebhabern auch Bill Haydon gezählt hatte.

Ann sei Ann, sagte Peter mit gallischem Achselzucken. Sie sei mit einigen vornehmen Familien an der Helford-Bucht verwandt. Manchmal halte sie sich dort auf, manchmal bei George.

Ich fragte nach Smileys Adresse. »Verraten Sie ihm nicht, daß Sie die von mir haben«, bat Peter, während er sie mir aufschrieb. Warum, ist mir bis heute nicht ganz klar, aber wenn man Georges Aufenthaltsort weitergab, bekam man unweigerlich Schuldgefühle.

Drei Wochen danach kam Toby Esterhase ins Sarratt College, um seinen berühmten Vortrag über die Kunst der verdeckten Observation auf gegnerischem Boden zu halten. Natürlich blieb er zum Lunch, das durch die Anwesenheit unserer ersten drei Mädchen für ihn beträchtlich an Wert gewonnen hatte. Nach einem Kampf, der sich über meine ganze Zeit im Sarratt hingezogen hatte, war der Personalchef endlich zu dem Schluß gekommen, daß mit Mädchen womöglich doch was anzufangen wäre.

Und ich hörte mich Smileys Namen nennen.

Es hat Zeiten gegeben, da hätte ich Toby nicht einmal in die letzte Kneipe eingeladen, während ich zu anderen Zeiten meinem Schöpfer dankte, ihn auf meiner Seite zu haben. Doch wie ich erfreut bemerke, gewöhnt man sich mit den Jahren an alle möglichen Leute.

»Also wirklich, mein Gott, Ned!« rief Toby in seinem unverbesserlichen ungarischen Englisch und strich seine sorgfältig pomadisierte silberne Haarmähne zurück. »Sie meinen, Sie haben es noch nicht gehört?«

»Was gehört?« fragte ich geduldig.

»Mein Lieber, George ist Vorsitzender des Komitees

für Angelrecht. Erzählen die euch denn gar nichts hier in der Provinz? Ich denke, ich sollte das wirklich mal mit dem Chef besprechen, von Mann zu Mann. Im Club, ein Wort unter vier Augen.«

»Vielleicht klären Sie mich erst einmal über dieses Komitee für Angelrecht auf«, schlug ich vor.

»Ned, wissen Sie was? Ich werde langsam nervös. Womöglich sind Sie von der Liste gestrichen.«

»Womöglich auch das noch«, sagte ich.

Wie nicht anders zu erwarten, erzählte er es mir trotzdem, und ich tat gebührend erstaunt, so daß er sich noch wichtiger vorkam. Und ein Teil von mir ist bis auf den heutigen Tag erstaunt. Bei dem Komitee für Angelrecht, erklärte Toby zum Wohle des Uneingeweihten, handele es sich um eine inoffizielle Arbeitsgruppe, die sich aus Offizieren der Moskauer Zentrale und des Circus zusammensetze. Ihre Aufgabe, sagte Toby — den, wie ich wirklich glaube, nichts mehr überraschen konnte —, sei es, Ziele auszumachen, die für die Nachrichtendienste beider Seiten interessant sein könnten, und ein gemeinsames System zu erarbeiten. »Dahinter steckte die Idee, Ned, die Unruheherde der Welt aufs Korn zu nehmen«, sagte er mit aufreizend überlegenem Tonfall. — »Ich vermute, als erstes werden sie den Mittleren Osten in Ordnung bringen. Aber zitieren Sie mich nicht, Ned, okay?«

»Und Sie wollen mir weismachen, daß Smiley in diesem Komitee den *Vorsitz* führt?« fragte ich ungläubig, nachdem ich versucht hatte, diese Auskunft zu verdauen.

»Nun, vielleicht nicht mehr lange. Ned — Anno Domini und so weiter. Aber die Russen waren so ungeheuer scharf darauf, ihn kennenzulernen, daß wir ihn mitgenommen haben, um ihn die Sache eröffnen zu lassen. Mach dem alten Burschen eine Freude, sage ich. Gib ihm ein paar Streicheleinheiten. Ein Bündel Fünfer im Umschlag.«

Ich wußte gar nicht, über welche Vorstellung ich mehr

staunen sollte: Toby Esterhase, wie er mit der Moskauer Zentrale vor den Altar tritt, oder George Smiley, wie er die Ehepartner einsegnet. Ein paar Tage später schrieb ich mit Genehmigung der Personalabteilung an die Adresse in Cornwall, die Guillam mir gegeben hatte, und fügte zaghaft hinzu, daß George, wenn er das Reden in der Öffentlichkeit auch nur halb so sehr verabscheute wie ich, die Einladung auf keinen Fall annehmen sollte. Bis dahin war ich ein bißchen deprimiert gewesen, doch als er dann postwendend auf einer sauberen kleinen Karte erklärte, er sei entzückt, kam ich mir selbst wie ein Rekrut vor, und auch genauso nervös.

Zwei Wochen später stand ich in einem nagelneuen Freizeitanzug im Paddington-Bahnhof an der Schranke und sah zu, wie aus den ältlichen Zügen mittelalte Pendler strömten. Ich glaube, noch nie ist mir Smileys Anonymität so bewußt geworden. Überall schien ich Doppelgänger von ihm zu erblicken: kleine, dicke, bebrillte Gentlemen von einer gewissen Gesetztheit, und ganz wie George machte jeder einzelne von ihnen den Eindruck, als sei er mit irgend etwas, das er lieber nicht täte, ein wenig zu spät dran. Und dann hatten wir uns plötzlich die Hände geschüttelt, und er saß neben mir auf der Rückbank eines Rovers der Zentrale, noch untersetzter, als ich ihn in Erinnerung gehabt hatte, und seine Haare waren weiß; aber dafür sprühte er vor Elan und guter Laune, wie ich es nach der fatalen Affäre seiner Frau mit Bill Haydon nicht mehr bei ihm erlebt hatte.

»Tja ja, Ned. Wie gefällt Ihnen die Rolle des Schulmeisters?«

»Wie gefällt Ihnen der Ruhestand?« konterte ich lachend. »Bald werde ich mich Ihnen anschließen!«

Oh, er genieße den Ruhestand, versicherte er mir. Könne nicht genug davon bekommen, sagte er trocken. Da brauche ich gar keine Bange zu haben. Ein bißchen Nachhilfe hier, Ned, gelegentlich eine Akte dort; Spaziergänge, er habe sich sogar einen Hund angeschafft.

»Wie ich höre, hat man Sie zurückgeholt, um in irgendeinem außerordentlichen Ausschuß zu sitzen«, sagte ich. »Verschwören sich mit dem Bär, heißt es, gegen den Dieb von Bagdad.«

George ist kein Schwätzer, aber ich sah, wie sein Lächeln breiter wurde. »Ach ja? Und zweifellos ist Toby Ihre Quelle«, sagte er und strahlte zufrieden die trostlos zersiedelte Landschaft an, während er zur Ablenkung von zwei zerstrittenen alten Damen in seinem Dorf zu erzählen begann. Die eine besaß ein Antiquitätengeschäft, die andere war sehr reich. Doch je länger der Rover durch das einst so ländliche Hertfordshire fuhr, desto weniger beschäftigten mich die Damen in Georges Dorf als vielmehr George selbst. Ich dachte, da haben wir unseren alten Smiley wieder: erzählt Geschichten von alten Damen, sitzt in Ausschüssen mit russischen Spionen und betrachtet die offene Welt mit dem Vergnügen eines Mannes, der eben aus dem Krankenhaus entlassen worden ist.

In einen ältlichen Smoking gezwängt, saß derselbe Mann am Abend neben mir an der erhöhten Speisetafel von Sarratt und betrachtete huldvoll die vertrauten polierten silbernen Kerzenhalter und die alten Gruppenfotos aus Gott weiß welchen Zeiten. Und die gesunden, erwartungsvollen Gesichter seines jungen Publikums, das der Rede des Meisters harrte.

»Meine Damen und Herren, Mr. George Smiley«, verkündete ich ernst und erhob mich, um ihn vorzustellen. »Eine Legende des Service. Danke.«

»Also, für eine Legende halte ich mich wirklich nicht«, protestierte Smiley, während er sich hochrappelte. »Eher für einen ziemlich dicken alten Mann, der zwischen Pudding und Portwein eingeklemmt ist.«

Dann begann die Legende zu sprechen, und mir wurde bewußt, daß ich Smiley noch nie vor einer Versammlung hatte reden hören. Ich hatte dies für etwas gehalten, wozu er schlichtweg ebensowenig in der Lage wäre, wie zum Beispiel anderen Leuten seine Ansichten aufzudrängen oder einen Joe beim richtigen Namen zu nennen. Was mich also zunächst überraschte, war die souveräne Art seines Vortrags; erst dann begann ich den Inhalt seiner Rede zu ergründen. Ich hörte seine ersten Sätze und sah, wie die Gesichter meiner Schüler nicht immer so entgegenkommend — zu ihm aufblickten, sich entspannten und aufleuchteten, während sie ihm zunächst ihre Aufmerksamkeit, dann ihr Vertrauen und schließlich ihren Beistand gewährten. Und innerlich lächelnd, daß ich es so spät gemerkt hatte, dachte ich: Ja, ja, natürlich, das war Georges andere Seite. Das war der Schauspieler, der immer in ihm verborgen gewesen war, der heimliche Rattenfänger. Das war der Mann, den Ann Smiley geliebt und den Bill Haydon betrogen hatte und dem wir anderen zur Verwirrung Außenstehender treu gefolgt waren.

In Sarratt gibt es die kluge Tradition, daß unsere Tischreden nicht aufgezeichnet und auch keine Notizen gemacht werden und daß von dem, was dort gesprochen wird, amtlicherseits nichts erwähnt werden darf. Der Ehrengast genoß, was Smiley auf seine germanische Art mit ›Narrenfreiheit‹ bezeichnete, obwohl ich mir kaum jemanden vorstellen kann, der für dieses Privileg weniger in Frage käme. Aber wenn ich vor allem eins bin, dann ein Profi, dazu ausgebildet, zuzuhören und sich zu erinnern, und Ihnen sollte auch klar sein, daß Smiley noch nicht viel gesagt hatte, als ich erkannte — wie meine Schüler prompt bemerkten —, daß er mit seiner Rede direkt in mein ketzerisches Herz zielte. Womit ich auf jene andere, weniger unterwürfige Person anspiele, die ebenfalls in mir wohnt und die ich, um ehrlich zu sein, seit dem Beginn dieser letzten Etappe meiner Laufbahn nie so richtig hatte anerkennen wollen — jenen heimlichen Zweifler, meinen unbequemen Begleiter schon aus den Tagen, bevor ein widerspenstiger Joe namens Barley

Blair zur Verblüffung der Fünften Etage durch den zerbröckelnden Eisernen Vorhang getreten war und hauptsächlich aus Liebe, aber auch aus einer Art Ehrgefühl in aller Ruhe seinen Weg fortgesetzt hatte

Je besser das Restaurant, sagen wir dem Personalchef nach, desto schlechter die Neuigkeiten. »Wird Zeit, daß Sie Ihr Wissen an die Jungen weitergeben, Ned«, hatte er mir bei einem verdächtig guten Lunch im Connaught erklärt. »*Und* an die neuen *Mädchen*«, fügte er mit einem ekelhaften Grinsen hinzu. »Als nächstes werden sie auch noch die kirchliche Laufbahn einschlagen dürfen, nehm' ich an.« Er kehrte auf erfreulicheres Gelände zurück. »Sie kennen sich aus. Sie sind viel herumgekommen. Ihre letzte Etappe als Leiter des Sekretariats war beeindruckend. Wird Zeit, all das nutzbar zu machen. Wir denken, Sie sollten den Kindergarten übernehmen und die Fackel an die Spione von morgen weitergeben.«

Wenn ich mich recht erinnerte, hatte er bereits ganz ähnliche Sportmetaphern benutzt, als er mich unmittelbar nach Barley Blairs Übertritt von meinem Posten als Leiter des Rußlandhauses entfernt und auf dieses Abstellgleis im Ermittler-Pool geschoben hatte.

Er bestellte noch zwei Gläser Armagnac. »Wie geht es übrigens Mabel?« fuhr er fort, als wäre sie ihm gerade so eingefallen. »Habe gehört, sie sei mit ihrem Handikap runter auf zwölf — zehn, Donnerwetter! Na. Bewahren Sie mich bloß vor ihr! Also was sagen Sie? Die Woche über in Sarratt, an den Wochenenden zu Hause in Turnbridge Wells — klingt für mich wie die triumphale Krönung einer großartigen Laufbahn. Was sagen Sie?«

Ja, was sagt man da? Man sagt, was andere vor einem auch schon gesagt haben. Wer was kann, tut es. Wer es nicht kann, wird Lehrer. Und was man lehrt, ist das, was man nicht mehr tun kann, weil Körper öder Geist oder beide ihre Zielstrebigkeit verloren haben; weil man zuviel gesehen und zuviel unterdrückt und zuviel Kompromisse geschlossen und am Ende zu wenig erlebt hat. Also verlegt man sich darauf, seine alten Träume in jungen Köpfen neu zu entfachen und sich am Feuer der Jugend zu wärmen.

Und das bringt mich wieder auf die Anfangstakte von Smileys Rede an jenem Abend, denn plötzlich richteten sich seine Worte an mich und packten mich. Ich hatte ihn eingeladen, weil er eine Legende der Vergangenheit war. Doch zu unser aller Entzücken entpuppte er sich als bilderstürmender Prophet der Zukunft.

Die näheren Einzelheiten von Smileys Einleitung, einer Reise um den Globus, will ich Ihnen ersparen. Er sprach über den Mittleren Osten, der ihn offensichtlich sehr beschäftigte, und untersuchte die Grenzen kolonialer Macht in angeblich postkolonialen Zeiten. Er sprach über die Dritte Welt und über die Vierte Welt und postulierte eine Fünfte Welt; und laut dachte er darüber nach, ob irgendeine der reichen Nationen wirklich ernsthaft um menschliche Verzweiflung und Armut besorgt war. Er schien ziemlich überzeugt davon, daß sie es nicht waren. Er spottete über die Vorstellung, daß jetzt, am Ende des Kalten Krieges, Spionage ein aussterbender Beruf sei: mit jeder neuen Nation, die sich aus dem Eis hervorwage, sagte er, mit jeder Neuorientierung, jeder Wiederentdeckung alter Identitäten und Leidenschaften, mit jeder Auflockerung des alten Status quo bekämen die Spione haufenweise Arbeit. Er sprach, wie ich hinterher feststellte, doppelt so lange wie üblich, aber während der ganzen Zeit hörte ich weder einen Stuhl knarren noch ein Glas klirren — nicht einmal, als sie ihn in die Bibliothek zogen und auf den Ehrensessel vorm Kamin setzten, um noch mehr von ihm zu hören, noch mehr Ketzerisches und Subversives. Meine so abgebrühten Kinder, verliebt in George! Nichts war zu hören als der selbstsichere Fluß von Smileys Stimme und gelegentlich lebhaftes Gelächter, wenn er unvermutet eine selbstironische Bemerkung machte oder einen Fehler eingestand. Man ist nur einmal alt, dachte ich, und teilte ihre Begeisterung, als ich mit ihnen lauschte.

Er erzählte ihnen Fallgeschichten, von denen ich noch nie gehört hatte und die mit Sicherheit von niemandem in der Zentrale freigegeben worden waren — jedenfalls bestimmt nicht von unserem juristischen Berater Palfrey, der als Antwort auf die Offenheit unserer ehemaligen Feinde jedes nutzlose Geheimnis, dessen seine pflichtgetreuen Hände habhaft werden konnten, doppelt und dreifach gesichert hatte.

Smiley befaßte sich mit ihrer künftigen Rolle als Agentenführer, brachte diese Rolle mit der veränderten Welt in Verbindung und stattete sie mit dem traditionellen Service-Image aus: Mentor, Hirte, Vater und Unterstützer — als Beistand und Eheberater, als Verzeihender, Unterhalter und Beschützer; als Mann oder Frau, die über das Talent verfügen, das Haarsträubende als etwas Alltägliches zu behandeln, und sich so mit ihren Agenten im Reich der Illusion wiederfinden. Nichts davon habe sich geändert, sagte er. Und werde sich niemals ändern. Er zitierte frei nach Burns: »Spion bleibt immer Spion.«

Doch kaum hatte er sie mit dieser angenehmen Vorstellung eingelullt, da warnte er sie auch schon davor, daß die Manipulation ihrer Mitmenschen und die Abstumpfung ihrer natürlichen Gefühle den Tod ihres Charakters bedeuten könne. »Wenn man für alle Spione alles ist, läuft man leicht Gefahr, für sich selbst nichts zu werden«, gestand er traurig. »Bilden Sie sich bitte niemals ein, daß die Methoden, die Sie anwenden, Ihnen selbst keinen Schaden zufügen. Der Zweck mag die Mittel rechtfertigen — wäre dem nicht so, dann wären Sie gar nicht hier, möchte ich meinen. Aber das hat seinen Preis, und dieser Preis ist gewöhnlich man selber. Kein Problem, in Ihrem Alter seine Seele zu verkaufen. Später wird's schwieriger.«

Er mischte Todernstes mit Frivolem, ohne allzu große

Unterschiede zu machen. Und ab und an schien er die Fragen zu stellen, die ich mir selbst fast während meines ganzen Arbeitslebens gestellt, aber nie hatte formulieren können; zum Beispiel: »Hat es irgend etwas gebracht?« Und: »Was hat es mir gebracht?« Und: »Was wird jetzt aus uns werden?« Manchmal waren seine Fragen Antworten. George, pflegten wir zu sagen, fragte nur, wenn er die Antwort schon wußte.

Er brachte uns zum Lachen, er ließ uns mitfühlen, und seine ungeheure Rücksichtnahme machte die Gegensätze um so schockierender. Noch besser, er rüttelte an unseren Vorurteilen. Er nahm mir meinen Glauben und weckte den schlummernden Rebellen in mir, den meine Verbannung nach Sarratt zum Schweigen gebracht hatte. Aus heiterem Himmel hatte George Smiley mich wieder zum Suchenden gemacht und mich auf wunderbare Weise verwirrt.

Ängstliche Menschen lernen nie etwas, habe ich gelesen. Trifft das zu, dürfen sie bestimmt nicht als Ausbilder wirken. Ich bin kein ängstlicher Mensch — beziehungsweise nicht ängstlicher als jeder andere, der dem Tod ins Auge geblickt hat und weiß, daß er einmal sterben wird. Dennoch hatten Erfahrung und ein wenig Schmerz mich etwas zu mißtrauisch gegenüber der Wahrheit gemacht, sogar was mich selbst betraf. George Smiley brachte das wieder ins Lot. George war für mich mehr als ein Mentor, mehr als ein Freund. Wenn auch nicht immer anwesend, bestimmte er mein Leben. Zuweilen habe ich ihn mir als eine Art Ersatzvater für den vorgestellt, den ich nie gekannt habe. Georges Besuch in Sarratt gab meinem Gedächtnis eine gefährliche Schärfe zurück. Und genau das möchte ich, nachdem ich jetzt die Muße habe, mich zu erinnern, auch mit Ihnen machen, damit Sie an meiner Reise teilnehmen und sich dieselben Fragen stellen können.

2

Es gibt Leute«, erklärte Smiley behaglich und schenkte dem hübschen Mädchen vom Trinity College in Oxford, das ich mit Bedacht ihm gegenüber am Tisch plaziert hatte, ein Lächeln, »die, wenn ihre Vergangenheit bedroht wird, Angst bekommen, alles zu verlieren, was sie gehabt zu haben glaubten, und womöglich auch noch alles, was sie gewesen zu sein glaubten. Ich empfinde das ganz anders. Der Zweck meines Lebens hat darin bestanden, der Zeit, in der ich lebte, ein Ende zu machen. Sollte demnach meine Vergangenheit noch heute bestehen, könnte man sagen, ich sei gescheitert. Aber sie besteht nicht mehr. Wir haben gewonnen. Nicht daß der Sieg auch nur einen Pfifferling wert ist. Und womöglich haben wir auch gar nicht gewonnen. Vielleicht haben die anderen bloß verloren. Oder vielleicht fangen unsere Schwierigkeiten erst an, nachdem wir jetzt die Fesseln des ideologischen Konflikts abgestreift haben. Aber was soll's. Wichtig ist nur, daß ein langer Krieg vorbei ist. Wichtig ist die Hoffnung.«

Er nahm sich die Brille von den Ohren und fummelte zerstreut an seiner Hemdbrust herum; er schien etwas zu suchen, aber was, erkannte ich erst ein wenig später: das breite Ende seiner Krawatte, an dem er seine Gläser zu putzen pflegte. Doch eine linkisch gebundene Frackschleife hat dergleichen Annehmlichkeiten nicht zu bieten, also benutzte er statt dessen das seidene Tüchlein aus seiner Brusttasche.

»Wenn ich überhaupt etwas bedaure, dann auf welche Art wir unsere Zeit und Fähigkeiten vergeudet haben. All diese Sackgassen, diese falschen Freunde, diese Verschwendung unserer Energie. All die Selbsttäuschungen, denen wir uns hingegeben haben.« Er setzte die Brille wieder auf und lächelte, wie ich mir einbildete, nun mich an. Und plötzlich kam ich mir vor wie einer meiner Schüler. Die sechziger Jahre waren wieder da. Ich war ein gerade flügge gewordener Spion, und George Smiley — der tolerante, geduldige, schlaue George — wachte über meine ersten Flugversuche.

Damals kamen einem die Tage länger vor, und wir waren gute Kameraden. Wahrscheinlich nicht bessere als meine Schüler heute, aber unsere patriotischen Vorstellungen waren weniger nebelhaft. Am Ende meines Einführungslehrgangs war ich bereit, die Welt zu retten, und wenn ich sie von einem Ende zum anderen hätte ausspionieren müssen. Bei meiner Rekrutierung waren wir zu zehnt, und nach zwei Jahren Ausbildung — im Kindergarten von Sarratt, in den Schluchten von Argyll und auf den Übungsplätzen von Wiltshire — warteten wir auf unsere ersten Einsätze wie Vollblutpferde kurz vor dem Rennen.

Auch wir hatten in einem großen Augenblick der Geschichte unsere Reife erlangt, auch wenn er genau das Gegenteil von heute war. Aus allen Winkeln des Globus starrten uns Stagnation und Feindseligkeit an. Überall drohte die Rote Gefahr, nicht zuletzt an unserem eigenen heiligen Herd. Die Berliner Mauer stand seit zwei Jahren, und es sah danach aus, als würde sie noch weitere zweihundert Jahre stehenbleiben. Der Mittlere Osten war ein Pulverfaß, genau wie heute, nur daß in jenen Tagen Nasser der ausgesuchte Gegenstand unseres britischen Hasses war, nicht zuletzt, weil er den Arabern ihre Würde wiedergab und zudem mit den Russen Hockey spielte. In Zypern, Afrika und Südostasien erhoben sich die kleineren rechtlosen Völker gegen ihre alten Kolonialherren. Und wenn wir wenigen tapferen Briten gelegentlich das Gefühl hatten, all das könnte über unsere Kräfte gehen — nun, dann hatten wir noch immer unseren Vetter Amerika, der uns wieder ins Spiel der Welt hineinbringen konnte.

Als künftige heimliche Helden hatten wir daher alles, was wir brauchten: eine gerechte Sache, einen bösen Feind, einen nachsichtigen Verbündeten, eine brodelnde Welt, Frauen, die uns, wenn auch nur von der Seitenlinie, anfeuerten, und vor allem die *große* Tradition als Erbschaft, denn damals konnte sich der Circus noch in seinem Kriegsruhm sonnen. Fast alle unsere führenden Leute hatten sich die Sporen durch Spionieren in Deutschland verdient. Wenn sie in unseren gewichtigen, nicht-öffentlichen Seminaren gefragt wurden, waren sich alle einig, daß, wenn es darum ginge, die Menschheit vor ihren eigenen Exzessen zu schützen, der Weltkommunismus eine noch finsterere Bedrohung sei als der Hunne.

»Sie haben einen gefährlichen Planeten geerbt, Gentlemen«, pflegte Jack Arthur Lumley, unser legendärer Ausbildungsleiter, uns zu sagen. »Und wenn Sie meine persönliche Meinung hören wollen: Sie haben verdammtes Glück.«

Und ob wir seine Meinung hören wollten! Jack Arthur war ein verwegener Mann. Er war drei Jahre lang immer wieder im nazibesetzten Europa aufgetaucht, als wäre er dort ein regelmäßiger Hausgast gewesen. Er hatte ganz allein Brücken gesprengt. Er war gefangen worden, geflohen, wieder gefangen worden; niemand wußte, wie oft. Er hatte Männer mit bloßen Händen getötet und dabei ein paar Finger eingebüßt, und als der Kalte Krieg an die Stelle des Heißen trat, nahm Jack den Unterschied kaum wahr. Als Fünfundfünfzigjähriger konnte er noch immer mit einer Neun-Millimeter-Browning auf zwanzig Schritt Entfernung ein Grinsen in eine kopfgroße Zielscheibe schießen, ein Türschloß mit einer Büroklammer öffnen, in dreißig Sekunden aus einer Toilettenkette eine Sprengfalle basteln oder einen mit einem einzigen Wurf hilflos auf die Matte knallen. Jack Arthur hatte uns an

Fallschirmen aus Stirling-Bombern springen und in Gummibooten an den Stränden von Cornwall landen lassen und uns nachts im Kasino unter den Tisch getrunken. Wenn Jack Arthur sagte, das sei ein gefährlicher Planet, glaubten wir ihm aufs Wort.

Aber das machte das Warten nur schlimmer. Und hätte ich es nicht mit Ben Arno Cavendish teilen können, wäre es noch schlimmer gewesen. Man darf nur wenig Verbindung zur Zentrale haben, damit einem der Enthusiasmus nicht in Verbitterung umschlägt.

Ben und ich waren unter dem gleichen Stern geboren. Wir waren gleich alt, gleich gebaut und praktisch gleich groß und hatten die gleiche Schulausbildung. Typisch für den Circus, uns zusammenzustecken — das stellten wir aufgeregt fest; wahrscheinlich haben die das alles schon vorher gewußt! Wir beide hatten ausländische Mütter, wenn seine auch bereits gestorben war — der Arno kam von seiner deutschen Seite —; und wir beide gehörten, vielleicht um das zu kompensieren, zu der ausgesprochen extrovertierten Klasse von Engländern — sportliche, hedonistische, männliche Public School-Absolventen, zum Regieren, wenn nicht zum Herrschen geboren. Aber wenn ich mir die Gruppenfotos unseres Jahrgangs betrachte, sehe ich, daß Ben die Rolle besser gespielt hat als ich, denn er hatte ein reifes Benehmen, das mir in jenen Tagen noch abging — er hatte Geheimratsecken und ein entschlossenes Kinn, ein Mann, der älter wirkte, als er war.

Und das war meines Erachtens der Grund dafür, daß Ben statt meiner den begehrten Posten in Berlin bekam, wo er mitten in Ostdeutschland Agenten aus Fleisch und Blut zu führen hatte, während ich wieder einmal warten durfte.

»Wir leihen Sie für ein paar Wochen an die Observationsabteilung aus, mein Junge«, sagte der Personalchef mit seiner onkelhaften Selbstgefälligkeit, die mir langsam auf die Nerven ging. »Wird eine gute Erfahrung für

Sie sein, Ned, und die können ein paar zusätzliche Hände brauchen. Massenhaft Mantel-und-Degen-Aktionen. Wird Ihnen gefallen.«

Hauptsache Abwechslung, dachte ich und setzte eine tapfere Miene auf. Den Monat zuvor hatte ich meinen Scharfsinn darauf verwendet, von einem finsteren Schreibtisch in der Dritten Etage aus die Weltfriedenskonferenz in — sagen wir mal — Belgrad zu sabotieren. Unter der Anleitung eines maulfaulen Vorgesetzten, der zum Lunch für mehrere Stunden in der Offiziersbar zu verschwinden pflegte, hatte ich mit wahrem Enthusiasmus Delegiertenzüge umdirigiert, Hoteltoiletten verstopft und dem Konferenzsaal anonyme Bombendrohungen zukommen lassen. Und davor hatte ich einen Monat lang jeden Morgen um sechs tapfer in einem stinkenden Keller neben der ägyptischen Botschaft gekauert und auf eine korrupte Putzfrau gewartet, die mir gegen Zahlung von fünf Pfund den Inhalt des Botschafter-Papierkorbs vom Vortag brachte. An solch bescheidenen Maßstäben gemessen, kamen mir ein paar Wochen bei den besten Spionen der Welt wie der reinste Urlaub vor.

»Sie werden der Operation Fat Boy zugewiesen«, sagte der Personalchef und gab mir die Adresse eines sicheren Hauses in einer Nebenstraße der Green Street im West End. Beim Eintreten hörte ich Tischtennisgeräusche, und von einer gesprungenen Schallplatte erklang Gracie Fields. Der Mut verließ mich, und wieder einmal schickte ich ein neidisches Gebet an Ben Cavendish und seine heldenhaften Agenten in Berlin, der ewigen Stadt der Spione. Am gleichen Abend wurden wir von Monty Arbuck, unserem Abteilungsleiter, eingewiesen.

Gestatten Sie mir, eine Entschuldigung in eigener Sache vorauszuschicken. Ich wußte damals nur sehr wenig von anderen Dienstgraden. Ich selbst gehörte der Offizierskaste an — buchstäblich, denn ich hatte in der Royal Navy gedient — und fand es vollkommen natürlich, daß ich ins obere Ende des Gesellschaftssystems hineingeboren war. Und da der Circus nichts anderes ist als ein kleines Spiegelbild des Englands, das er beschützt, schien es mir ebenso logisch, daß unsere Beobachter und verwandte Branchen, wie Einbrecher und Lauscher, aus der Gruppe der Handwerker genommen wurden. Mit einem Bowler auf dem Kopf kann man nicht lange einen Mann verfolgen. Eine geschliffene BBC-Stimme trägt nicht zu einem unauffälligen Erscheinungsbild bei, sobald man sich außerhalb von Londons goldener Meile befindet, vor allem dann nicht, wenn man als Straßenhändler, Fensterputzer oder Posttechniker auftritt. Betrachten Sie mich daher jetzt bestenfalls als unerfahrenen jungen Fähnrich unter erfahreneren, aber weniger privilegierten Schiffskameraden. Und Monty nicht als das, was er war, sondern so, wie ich ihn an jenem Abend gesehen habe, nämlich als entschlossenen, kämpferischen Wildhüter. Wir waren zu zehnt, einschließlich Monty: also drei Dreierteams, denen je eine Frau zugeteilt war, damit wir auch Damentoiletten observieren konnten. Das war das Prinzip. Und Monty war unser Aufseher.

»Guten Abend, College«, sagte er, während er sich vor einer Tafel aufbaute und mich dabei ansah. »Ein bißchen Qualität kann nie was schaden, das hebt das Niveau, sag ich immer.«

Alles lachte, am lautesten ich selbst; das war doch mal ein kameradschaftlicher Umgangston.

»Zielperson morgen, College, ist Seine Königliche Hoheit Fat Boy, auch bekannt als ...«

Monty drehte sich um, nahm ein Stück Kreide und kratzte mühsam einen langen arabischen Namen an die Tafel.

»Die Art unseres Auftrags ist PR, College«, begann er wieder. »Ich will doch hoffen, Sie wissen, was PR bedeutet? So was wird Ihnen doch zweifellos am Eton der Spione beigebracht?«

»Public Relations«, sagte ich und löste zu meinem Erstaunen große Heiterkeit aus. Denn leider stellte sich heraus, daß diese Buchstaben im Jargon der Spione für Protect und Report standen, für Schützen und Berichten, und daß unsere Aufgabe für den morgigen Tag und überhaupt für so lange, wie der königliche Besucher unser Schützling zu bleiben beliebte, darin bestand, jeglichen Schaden von ihm abzuwenden und der Zentrale von seinen Aktivitäten, ob gesellschaftlicher oder geschäftlicher Art, zu berichten.

»College, Sie arbeiten mit Paul und Nancy«, erklärte mir Monty, nachdem er uns die übrigen Informationen zu der Operation gegeben hatte. »Sie sind die Nummer drei in dieser Abteilung, College, und Sie werden so freundlich sein, ohne nachzudenken genau das zu tun, was man Ihnen sagt.«

An dieser Stelle möchte ich Ihnen nun doch die Hintergründe zum Fall Fat Boy schildern, aber nicht mit Montys, sondern lieber mit meinen eigenen Worten, denn nach fünfundzwanzig Jahren bin ich um einiges klüger geworden. Noch heute kann ich rot werden bei der Vorstellung, für was ich mich damals gehalten habe und als was ich Leuten wie Monty, Paul und Nancy erschienen sein muß.

Bedenken Sie zunächst einmal, daß konzessionierte Waffenhändler sich in Großbritannien für so etwas wie eine hemdsärmelige Elite halten — damals wie heute — und von seiten der Polizei, der Bürokratie und der Nachrichtendienste ganz unangemessene Privilegien genießen. Aus Gründen, die ich nie begriffen habe, bringt ihr schauriges Gewerbe sie in eine vertrauliche Beziehung zu diesen Institutionen. Vielleicht liegt es an der Illusion von Wirklichkeit, die sie vermitteln: Waffen als irdische Wahrheit von Leben und Tod. Vielleicht üben ihre Waren auf die beschränkten Köpfe unserer Beamten die gleiche Autorität aus wie jene, die sie benutzen. Ich weiß es nicht. Aber in der Zwischenzeit habe ich genug von der rauhen Wirklichkeit des Lebens gesehen, um zu wissen, daß mehr Männer in den Krieg verliebt sind, als jemals die Chance haben, in einem mitzukämpfen, und daß mehr Waffen zur Befriedigung dieser Liebe als für irgendwelche entschuldbaren Zwecke gekauft werden.

Bedenken Sie auch, daß Fat Boy ein sehr geschätzter Kunde dieses Industriezweigs war. Und daß unsere Aufgabe Schützen und Berichten — nur ein kleiner Teil eines weit größeren Unternehmens war, nämlich die Fürsorge und Bemühung um einen sogenannten befreundeten arabischen Staat. Was damals bedeutete, und nach wie vor noch heute bedeutet, daß man diese Scheichs mit unserer englischen Lebensart umschmeichelt, beeinflußt und einseift, um ihnen günstige Bedingungen abzuschwatzen und unsere Sucht nach Öl zu befriedigen — und dabei gleichzeitig genug britische Waffen zu verkaufen, damit die satanischen Fabriken von Birmingham Tag und Nacht weiterarbeiten können. Was Montys tiefsitzenden Abscheu vor unserer Aufgabe erklären mag. Jedenfalls stelle ich es mir gern so vor. Alte Spione sind berühmt für ihre Moralpredigten — und das nicht ohne Grund. Erst kommt das Spionieren, dann das Denken. Monty hatte das Stadium des Denkens erreicht.

Was Fat Boy betrifft, so hatte er tadellose Referenzen für diese Behandlung. Er war der Bruder des Herrschers eines ölreichen Scheichtums und ein Prasser. Er war launisch und vergaß nicht selten, was er bereits alles eingekauft hatte. Wie angekündigt, traf er in der Boeing des Herrschers auf einem eigens für ihn geräumten Militärflughafen bei London ein, um sich ein bißchen zu vergnügen und ein paar Einkäufe zu machen — darunter, wie wir erfuhren, solche Kleinigkeiten wie zwei gepanzerte Rolls Royce für ihn selbst, die halbe Schmuckabteilung von Cartier für seine Freundinnen rund um den Globus, circa hundert unserer schon etwas veralteten Boden-Luft-Raketenstartrampen und ein oder zwei Geschwader unserer schon etwas veralteten Kampfflugzeuge für seinen königlichen Bruder. Nicht zu vergessen einen fürstlichen Vertrag mit der britischen Regierung über Ersatzteile, Serviceleistungen und Ausbildung, der dafür sorgen würde, daß Royal Air Force und Waffenhersteller auf Jahre hinaus wie die Maden im Speck leben konnten. — Ach, und das Öl. Wir würden Öl im Überfluß haben. Natürlich.

Sein Gefolge, abgesehen von Privatsekretären, Sterndeutern, Schmeichlern, Kindermädchen, Kindern und zwei Privatlehrern, bestand aus einem Leibarzt und drei Leibwächtern.

Und schließlich hatte Fat Boy seine Frau mitgebracht; ihr Deckname ist irrelevant, denn wegen der dunklen Ringe um ihre Augen, wenn sie keinen Schleier trug, und ihrer wehmütigen und einsamen Erscheinung, die an eine gefährdete Spezies erinnerte, wurde sie von Montys Beobachtern ab Tag 1 Panda genannt. Fat Boy hatte eine ganze Reihe von Frauen, aber Panda war, obgleich die älteste, seine Lieblingsfrau und vielleicht auch am tolerantesten gegenüber den Vergnügungen ihres Mannes in der Stadt, denn er war ein eifriger Nachtclubbesucher und Spieler — Vorlieben, für die meine Spionkollegen ihn schon vor seiner Ankunft von Herzen haßten, denn er war dafür bekannt, daß er selten vor sechs Uhr morgens ins Bett ging, und nie ohne zuvor etwa das Zwanzigfache ihrer zusammengelegten Jahresgehälter verspielt zu haben.

Die Gesellschaft wohnte in einem Luxushotel im West End, und zwar auf zwei Etagen, die mit einem eigens installierten Lift verbunden waren. Wie viele vierzigjährige Lüstlinge machte Fat Boy sich Sorgen um sein Herz. Auch Mikrophone machten ihm Sorgen, und deshalb pflegte er den Aufzug als abhörsicheren Raum zu benutzen. Und deshalb war ihm von den umsichtigen Lauschern des Circus auch ein Mikrophon in den Lift eingebaut worden; dort, so kalkulierten sie, könnten sie am ehesten einige Interna über die neuesten Palastintrigen oder irgendwelche unvorgesehenen Bedrohungen für Fat Boys militärische Einkaufsliste mitbekommen.

Und alles ging glatt, bis am Tag 3 ein kleiner unbekannter Araber in schwarzem Mantel mit Samtkragen schweigsam an unserem Horizont auftauchte. Oder genauer gesagt in der Damenunterwäscheabteilung eines großen Kaufhauses in Knightsbridge, wo Panda und ihre Begleiter sich durch einen auf dem gläsernen Ladentisch ausgebreiteten Stapel weißer Spitzendessous wühlten. Denn auch Panda hatte ihre Spione. Und von denen hatte sie erfahren, daß Fat Boy tags zuvor selbst recht liebevoll bei eben diesen Kleidungsstücken verweilt hatte und sogar Anweisung gegeben hatte, ein paar Dutzend davon an eine Pariser Adresse zu schicken, wo eine seiner von ihm ausgehaltenen bevorzugten Freundinnen im Luxus auf ihn wartete.

Tag 3, wiederhole ich, und die Moral unserer dreiköpfigen Einheit stand stark unter Druck. Paul war Paul Skordeno, ein introvertierter Mann mit pockennarbigem Gesicht und einer Begabung für beißenden Sarkasmus. Von Nancy hörte ich, er stehe unter Verdacht, aber weswegen, wollte sie mir nicht sagen.

»Er hat ein Mädchen *verdorben* Ned«, sagte sie, aber jetzt denke ich, sie meinte wohl ein wenig mehr als bloß verdorben.

Nancy selbst war gerade einszweiundfünfzig groß und wirkte wie eine Art konzessionierte Landstreicherin. Als Standardausrüstung, wie sie das nannte, trug sie Omastrümpfe und solide Wanderschuhe mit Gummisohlen, die sie selten wechselte. Was sie sonst noch brauchte — Schals, Regenmäntel, Wollmützen in verschiedenen Farben — hatte sie in einer Plastiktüte bei sich.

Bei der Überwachung in Acht-Stunden-Schichten arbeiteten wir drei immer in der gleichen Aufstellung: Nancy und Paul spielten im Angriff, der junge Ned blieb hinten als Ausputzer. Als ich Skordeno fragte, ob wir die

Aufstellung nicht einmal ändern könnten, sagte er, ich solle mich erst einmal an meine jetzige Aufgabe gewöhnen. Am ersten Tag waren wir Fat Boy nach Sandhurst gefolgt, wo man ihm zu Ehren ein Lunch gegeben hatte. Wir drei aßen Spiegeleier und Pommes frites in einem Café in der Nähe des Haupteingangs, und Skordeno schimpfte erst über die Araber, dann über deren Ausbeutung durch den Westen, und dann zu meiner Beunruhigung über die Fünfte Etage, die er als einen Verein faschistischer Golfspieler bezeichnete.

»Sind Sie Freimaurer, College?«

Ich verneinte nachdrücklich.

»Nun, dann sollten Sie aber schleunigst Mitglied werden: Haben Sie nicht bemerkt, wie unverschämt Ihnen der Personalchef die Hand schüttelt? Solange Sie nicht bei den Maurern sind, kommen Sie nicht nach Berlin, College.«

Am Tag 2 hatten wir in der Mount Street herumgestanden, während Fat Boy sich ein Paar Purdy-Schrotflinten anmessen ließ, wobei er zunächst gefährlich mit einem Modellgewehr im Laden herumfuchtelte und dann, als er erfuhr, daß er bis zur Fertigstellung zwei Jahre würde warten müssen, einen Wutanfall bekam. Paul schickte mich im Lauf dieses Auftritts zweimal in den Laden und schien zufrieden über meine Auskunft, daß das Personal auf meine belanglosen Nachfragen allmählich mit Argwohn reagierte.

»Ich hätte gedacht, so was würde Ihnen gefallen«, sagte er mit seinem Totenkopfgrinsen. »Jagen, Schießen und Angeln — sowas hat die Fünfte Etage gern, College.«

Am gleichen Abend saßen wir dann alle drei in der South Audley Street in einem Lastwagen vor einem Bordell mit geschlossenen Fensterläden, und die Zentrale war in heller Aufregung. Fat Boy hatte sich gerade erst seit zwei Stunden dort verkrochen, als er im Hotel anrief und seinem Leibarzt befahl, unverzüglich zu ihm zu kommen. Sein Herz! dachten wir alarmiert. Sollten wir hineingehen? Während die Zentrale hin und her schwankte, malten wir uns aus, wie unser Objekt in den Armen irgendeiner allzu gewissenhaften Hure einem Herzschlag erlegen war, ehe er den Scheck für seine veralteten Kampfflugzeuge unterschrieben hatte. Erst um vier Uhr konnten uns die Lauscher beruhigen. Fat Boy sei von vorübergehender Impotenz heimgesucht worden, erklärten sie, und habe sich von seinem Arzt ein Aphrodisiakum in den königlichen Hintern spritzen lassen. Um fünf fuhren wir nach Hause. Skordeno schier trunken vor Wut, doch tröstete uns alle das Wissen, daß Fat Boy morgen mittag in Luton einer imposanten Vorführung des fast neuesten britischen Panzers beiwohnen sollte und wir mit einem Ruhetag rechnen konnten. Doch wir hatten uns zu früh gefreut.

»Panda möchte ein paar hübsche Kleinigkeiten einkaufen«, verkündete Monty huldvoll, als wir in der Green Street eintrafen. »Ihr seid dran. Tut mir leid, College.«

Und das bringt uns in die Damenunterwäscheabteilung des großen Kaufhauses in Knightsbridge, wo ich meinen glorreichen Auftritt hatte. Ben, dachte ich: Ben, wie gern würde ich einen deiner Tage gegen fünf von meinen tauschen. Aber dann dachte ich plötzlich nicht mehr an Ben und hörte auch auf, ihn zu beneiden. Ich hatte mich in eine Türöffnung verzogen und sprach in das Mundstück des klobigen Funkgeräts, das damals freilich das beste seiner Art war. Ich hatte den Kanal gewählt, der mich direkt mit der Zentrale verband. Es war der Kanal, von dessen Benutzung Skordeno mir abgeraten hatte.

»Panda hat einen Affen im Schlepptau«, informierte ich Monty so leise wie möglich und bediente mich dabei des bewährten Agentenausdrucks für einen mysteriösen Verfolger. »Einsfünfundsechzig, schwarzes lockiges Haar, dicker Schnauzbart, vierzig Jahre alt, schwarzer Überzieher, schwarze Schuhe mit Gummisohlen, arabisches Aussehen. Er war am Flughafen, als Fat Boys Maschine landete. Ich erinnere mich an ihn. Es ist derselbe.«

»Bleiben Sie dran«, kam Montys lakonische Antwort. »Paul und Nancy überwachen Panda, Sie den Affen. Welche Etage?«

»Erste.«

»Nicht aus den Augen lassen, unterrichten Sie mich laufend.«

»Er könnte was unterm Mantel haben«, sagte ich, während meine Augen sich wieder verstohlen auf den Gegenstand meiner Meldung hefteten.

»Sie meinen, er ist schwanger?«

Ich fand das gar nicht witzig.

Lassen Sie mich den Schauplatz genau beschreiben, denn das Ganze war komplizierter, als Sie vielleicht annehmen. Wir drei waren nicht die einzigen, die der Prinzessin samt Begleitung auf ihrem gemächlichen Einkaufsbummel folgten. Reiche arabische Prinzessinnen kommen nicht unangemeldet in die großen Geschäfte von Knightsbridge. Außer zwei Ladenaufsehern in schwarzen Jacketts und gestreiften Hosen hatten sich noch ganz offenkundig zwei Hausdetektive breitbeinig an den beiden Bogentüren postiert; die Hände in die Seiten gestemmt, waren sie jederzeit bereit, sich mit wirbelnden Derwischen anzulegen. Und als wäre das noch nicht genug, hatte auch Scotland Yard einen Aufpasser zur Verfügung gestellt, und zwar in Gestalt eines eisengesichtigen Mannes in einem Regenmantel. Der Beamte von Scotland Yard beharrte darauf, neben der Prinzessin zu stehen und jeden, der in ihre Nähe kam, finster anzustarren. Und schließlich stellen Sie sich Paul und Nancy vor, die in ihren besten Sonntagskleidern allen den Rükken zuwandten und so taten, als studierten sie die Auslagen mit den Negligés, um unser Wild in den Spiegeln zu beobachten.

Und all dies wiederum, verstehen Sie, in der schweigsamen parfümierten Abgeschiedenheit des Harems; in einer Welt aus zarter Unterwäsche, flauschigen Teppichen und halbnackten schmachtenden Kleiderpuppen — ganz zu schweigen von den freundlichen grauhaarigen Abteilungsleiterinnen in schwarzem Krepp, deren Auftreten, wenn sie ein gewisses Alter erreicht haben, offenbar für so wenig bedrohlich gehalten wird, daß sie über die Heiligtümer weiblicher Intimitäten wachen dürfen.

Mir fielen noch andere Männer auf, die es vorzogen, die Damenunterwäscheabteilung überhaupt nicht zu betreten oder nur eilig mit abgewandtem Blick zu durchqueren. Rein instinktiv würde ich es ihnen gleichgetan haben, hätte ich nicht diesen melancholischen kleinen Mann mit dem schwarzen Schnäuzer und den feurigen braunen Augen entdeckt, der unbeirrt im Abstand von fünfzehn Schritten hinter dem Gefolge der Panda-Dame herging. Hätte Monty mich nicht zum Libero ernannt, hätte ich ihn womöglich gar nicht bemerkt oder jedenfalls nicht so früh. Doch es wurde schnell klar, daß er und ich durch unsere jeweiligen Aufgaben gezwungen waren, den gleichen Abstand von unserem Objekt zu halten — ich ganz lässig, er mit einer Art angespannter geheimnisvoller Abhängigkeit. Denn nie wandte er den Blick von ihr ab. Selbst wenn eine Säule oder ein Kunde ihm die Sicht nahm, brachte er es noch fertig, seinen dunklen Kopf so lange nach links oder rechts zu verrenken, bis er seinen eifrigen und — wie ich nun überzeugt war — fanatischen Blick wieder auf sie heften konnte.

Das erstemal war mir diese Leidenschaft bei ihm in der Ankunftshalle des Flughafens aufgefallen, wo er sich auf Zehenspitzen stehend an das lange Fenster drückte, um das Nahen des königlichen Paares besser beobachten zu können. Da hatte ich mir nichts Besonderes dabei gedacht. Jeder einzelne wurde von mir der gleichen kritischen Prüfung unterzogen. Er schien mir bloß einer von vielen in der Schar der Diplomaten, Gefolgsleute und Herumsteher, die sich zum Empfang des Königs eingefunden hatten. Dennoch hatte mich sein Eifer aufmerken lassen. Das also ist der Mittlere Osten, ging es mir durch den Kopf, während ich beobachtete, wie er sein eingefallenes Gesicht an die Glasscheibe preßte. Das sind die heidnischen Leidenschaften, die mein Service in Zaum halten muß, falls wir in Frieden unsere Autos fahren, unsere Häuser heizen und unsere Waffen verkaufen wollen.

Der Affe war ein paar Schritte vorgerückt und begutachtete eine Auslage mit Bändchen. Sein Gang war — genau wie bei seinem Namensvetter — breitbeinig, aber verstohlen, seine verschwörerischen Bewegungen schienen ganz aus den Knien zu kommen. Ich entschied mich für die Strumpfbänder gleich neben ihm und besah sie mir, wobei ich ihn von neuem verstohlen auf verräterische Ausbeulungen an Hüfte und Achselhöhlen überprüfte. Sein schwarzer Übermantel hatte den klassischen Schnitt für Waffenträger: geräumig und ohne Gürtel, die Art von Mantel, in dem sich mühelos eine langläufige Pistole mit aufgesetztem Schalldämpfer oder eine unter den Arm geschnallte Halbautomatik unterbringen läßt.

Ich betrachtete seine Hände; meine eigenen kribbelten nervös. Seine Linke hing locker an der Seite, aber die Rechte, die um so kräftiger aussah, wanderte immer wieder zur Brust und hielt dann inne, als bereite er sich darauf vor, all seinen Mut für den letzten Akt zusammenzunehmen.

Rechtshändiger Querzug, dachte ich, höchstwahrscheinlich aus der Achsel. Unsere Schießtrainer hatten uns sämtliche Kombinationen beigebracht.

Und seine Augen — diese dunklen, leise brennenden, seelenvollen Zelotenaugen —, selbst im Profil schienen sie auf das Leben nach dem Tode gerichtet zu sein. Hatte er ihr Rache geschworen? Oder ihrer Familie? Hatten fanatische Mullahs ihm für die Ausführung der Tat einen Platz im Himmel versprochen? Mein Wissen über den Islam war dürftig, und das wenige stammte aus ein paar allgemeinen Vorträgen und den Romanen von P. C. Wren. Aber dies war genug, um mich zu warnen, daß neben mir ein verzweifelter Fanatiker stand, dem sein Leben nicht viel wert war.

Ich selbst war leider unbewaffnet. Mein wunder Punkt. Im normalen Dienst denken Beobachter nicht im Traum daran, eine Waffe zu tragen, aber der verdeckte Personenschutz ist etwas anderes, und Paul Skordeno hatte eine Seitenwaffe aus Montys Safe zugeteilt bekommen.

»Eine reicht, College«, hatte Monty mich mit seinem Altmännerlächeln beschieden. »Wir wollen doch nicht, daß Sie den Dritten Weltkrieg auslösen?«

Als ich mich aufrichtete und ihm wieder vorsichtig folgte, konnte ich mir also bloß überlegen, welchen der geräuschlos tötenden Schläge, die wir in unserer Ausbildung zu beherrschen gelernt hatten, ich gegebenenfalls anwenden sollte. Sollte ich ihn von hinten angreifen — mit einem Genickschlag? Mit einem gleichzeitigen Doppelschlag auf beide Ohren? Beides konnte ihn auf der Stelle töten; andererseits konnte man einen Lebenden noch verhören. Ob es dann nicht besser wäre, ihm zuerst den rechten Arm zu brechen, in der Hoffnung, ihn mit der Knarre in der Hand zu erwischen? Aber wenn ich ihn die Waffe ziehen ließ, könnte ich dann nicht selbst im Kugelhagel der anderen Leibwächter im Raum zu Boden gehen?

Sie hatte ihn entdeckt!

Die Prinzessin sah dem Affen direkt in die Augen, und der Affe gab ihren Blick zurück!

Hatte sie ihn erkannt? Ich war mir ziemlich sicher. Aber hatte sie auch seine Absicht erkannt? Und machte sie sich womöglich, in einer seltsamen Anwandlung von orientalischem Fatalismus, auf den Tod gefaßt? Solche düsteren Möglichkeiten schossen mir durch den Kopf, während ich den rätselhaften Blickwechsel beobachtete. Ihre Blicke begegneten sich, Panda erstarrte mitten in der

Bewegung. Eben noch hatten ihre nervösen kleinen beringten Hände in der Wäsche auf der Ladentheke gewühlt, jetzt bewegten sie sich nicht mehr — und glitten dann, wie auf sein Kommando, widerstandslos an ihr herunter. Nun stand sie reglos da, willenlos, hatte nicht einmal mehr die Kraft, sich von seinem durchdringenden Blick zu lösen.

Endlich drehte sie sich mit einer hilflosen und seltsam unterwürfigen Miene von ihm weg, murmelte ihren Begleiterinnen etwas zu, streckte die Hand über den Ladentisch und ließ das rüschenbesetzte Teil, das sie noch umklammert hielt, fallen. Sie trug an diesem Tag ein braunes Kleid — bei einem Mann wäre ich in Versuchung gewesen, es als Franziskanergewand zu bezeichnen — mit weiten Ärmeln, die länger waren als ihre Arme, und ein braunes, fest um den Kopf gewundenes Stirnband.

Ich sah sie seufzen, und dann führte sie langsam und, da war ich mir sicher, resigniert ihr Gefolge zum Ausgang. Hinter ihr ging ihr persönlicher Leibwächter; diesem folgte der Polizist von Scotland Yard. Dann kamen die Damen ihrer Begleitung, danach die Ladenaufseher. Und schließlich noch Paul und Nancy, die sich mit betonter Unentschlossenheit von den Negligés losgerissen hatten und nun wie irgendwelche Käufer hinter der Gesellschaft herschlenderten. Paul, der meine Gespräche mit Monty bestimmt mitgehört hatte, würdigte mich auch nicht eines Blickes. Nancy, die sich einiges auf ihre Laienspielkünste einbildete, brach einen Ehestreit mit ihm vom Zaun. Ich versuchte festzustellen, ob Paul sein Jackett aufgeknöpft hatte, denn auch er bevorzugte den Querzug. Aber er wandte mir seinen breiten Rücken nicht zu.

»Nun denn, College, zeigen Sie's mir«, sagte Monty mir heiter ins linke Ohr; wie hingezaubert war er plötzlich neben mir aufgetaucht. Wie lange war er schon dagewesen? Ich hatte keine Ahnung. Es war schon längst

Mittag und Zeit für unsere Ablösung, aber dies war nicht der richtige Augenblick für einen Wachwechsel. Der Affe war keine fünf Meter von uns entfernt und schritt lässig, aber entschlossen hinter der Panda-Dame her.

»Wir können ihn an der Treppe packen«, murmelte ich.

»Sprechen Sie lauter«, empfahl mir Monty mit der gleichen unverfrorenen Stimme. »Sprechen Sie ganz normal, niemand hört Ihnen zu. Wenn Sie so aus dem Mundwinkel murmeln, denken die noch, Sie wollen die Ladenkasse stehlen.«

Da wir uns in der ersten Etage befanden, würden die Panda-Dame und ihr Gefolge auf jeden Fall, ob nun aufwärts oder abwärts, den Aufzug nehmen. Neben dem Lift führte eine doppelte Schwingtür auf eine steinerne Feuertreppe, wie sie damals üblich waren, ziemlich feucht und unhygienisch, mit Linoleumbelag. Während wir dem Affen zum Ausgang folgten, erläuterte ich Monty in abgehackten Sätzen meinen äußerst einfachen Plan. Wenn die Gruppe sich dem Aufzug näherte, würden Monty und ich ihn zwischen uns nehmen, ihn bei den Armen packen und ins Treppenhaus zerren. Dort würden wir ihn mit einem Schlag in die Leistengegend kampfunfähig machen, ihm die Waffe abnehmen und ihn dann in die Green Street schaffen, wo wir ihn zu einem freiwilligen Geständnis auffordern würden. In unserer Ausbildung hatten wir so etwas ein dutzendmal gemacht — wobei uns einmal der peinliche Fauxpas unterlaufen war, daß wir einen unschuldigen, zu Frau und Familie heimeilenden Bankangestellten mit einem Mitglied unserer Ausbildungseinheit verwechselt hatten.

Aber falls Monty mich überhaupt gehört haben sollte, ließ er sich zu meiner Enttäuschung nichts davon anmerken. Er sah zu, wie die Ladenaufseher einen Weg durch die Menge vor dem Lift bahnten, damit Panda und ihre Begleitung ihn allein benutzen konnten. Und er lächelte wie irgendein Bürgerlicher, der zufällig einmal etwas Königliches zu Gesicht bekommt.

»Sie fährt runter«, stellte er zufrieden fest. »Ein Pfund gegen einen Penny, daß sie in die Modeschmuckabteilung will. Man sollte meinen, die Scheichs hätten für dieses künstliche Zeug nichts übrig, aber die können gar nicht genug davon kriegen; die denken, das sind Sonderangebote. Komm, mein Sohn. Das wird lustig. Sehen wir uns das mal an.«

Ich bilde mir gerne ein, selbst in meiner Verblüffung erkannt zu haben, wie außerordentlich geschickt Monty sich verhielt. Das exotische Gefolge der Prinzessin, die meisten in arabischen Gewändern, erregte lebhafte Neugier unter den anderen Kunden. Monty war schlicht einer dieser Gaffer und genoß das Schauspiel. Und, ja, wieder hatte er recht, ihr Ziel war tatsächlich die Modeschmuckabteilung, was auch der Affe geahnt haben mußte, denn als wir aus unserem Aufzug stiegen, rannte er schon der Gruppe voraus, um einen günstigen Platz neben den glitzernden Auslagen einzunehmen: die linke Schulter ganz nah an der Wand, genau wie es ein rechtshändiger Schütze, der über die Brust zieht, machen muß.

Monty allerdings bezog keineswegs eine strategische Position, von der aus man zurückfeuern konnte, sondern ging ihm einfach nach, und als er dann neben ihm stand, winkte er mich heran; zwangsläufig konnte ich mich nur noch so dazustellen, daß Monty, und nicht der Affe, die Mitte unseres Trios bildete.

»Deswegen gehe ich immer so gern nach Knightsbridge, mein Sohn«, erklärte Monty laut genug, daß es die halbe Etage hören konnte. »Da weiß man nie, wem man womöglich begegnet. Letztesmal hab' ich deine Mutter mitgenommen — *du* erinnerst dich —, wir sind bei Harrod's in die Lebensmittelabteilung gegangen. Ich dachte: ›*Hallo*, dich kenne ich, du bist Rex Harrison.‹ Ich hätte ihn glatt anfassen können, hab's aber nicht getan. In Knightsbridge trifft sich wahrhaftig alle Welt, meinen

Sie nicht auch, Sir?« — und zog seinen Hut vor dem Affen, der sein Lächeln matt erwiderte. »Möchte nur wissen, wo die da herkommen. Sind bestimmt Araber, so wie sie aussehen, haben den ganzen Reichtum Salomos zur Verfügung. Und zahlen nicht mal Steuern, möcht ich mal meinen. Jedenfalls nicht, wenn sie zu irgendeiner Königsfamilie gehören. Und wozu auch. Kein einziges Königshaus in der Welt zahlt Steuern an sich selbst, wäre ja auch unlogisch. Siehst du den großen Polizisten da, mein Sohn? Bestimmt von der Sicherheitspolizei, das sieht man an seiner finsteren Visage.«

Das Panda-Gefolge verteilte sich unterdessen zwischen den beleuchteten Schmuckvitrinen, während Panda mit kaum verhüllter Erregung verlangte, ihr die Schubfächer zur genaueren Ansicht auf den Ladentisch zu legen. Und bald nahm sie, wie zuvor in der Wäscheabteilung, einen Gegenstand nach dem anderen in die Hand, um ihn kritisch unter der Lampe hin und her zu drehen. Und während sie so ein Stück nach dem anderen taxierte und wieder weglegte, sah ich sie, ebenfalls wie zuvor, unruhig in unsere Richtung blicken: erst sah sie den Affen an, dann mich, als hätte sie in mir ihre einzige Hoffnung auf Schutz erkannt.

Ich wollte mich mit einem kurzen Blick von Monty bestätigen lassen, aber der lächelte noch immer.

»Genau dasselbe hat sich in der Wäscheabteilung abgespielt«, flüsterte ich; seine Anweisung, normal zu sprechen, hatte ich vergessen.

Doch Monty ließ sich in seinem lautstarken Monolog nicht stören. »Aber darunter, mein Sohn — das sag ich immer —, darunter sind die, ob Könige oder nicht, durch und durch genau wie wir. Alle sind wir nackt geboren, unser aller Ziel ist das Grab. Dein Reichtum ist deine Gesundheit, lieber reich an Freunden als an Geld, sag ich. Wir alle haben die gleichen Bedürfnisse, die gleichen kleinen Schwächen und Ungezogenheiten.« Und so immer weiter, als wollte er meine außergewöhnliche Alarmbereitschaft bewußt nicht zur Kenntnis nehmen.

Sie hatte sich noch mehr Schubfächer vorlegen lassen. Der Ladentisch war mit prächtigen Diademen, Armbändern und Ringen aus Straß bedeckt. Sie wählte eine dreischnürige Kette aus falschen Rubinen, hielt sie sich an den Hals, nahm einen Handspiegel und betrachtete sich bewundernd.

Und bildete ich mir das nur ein? Nein! Sie benutzte den Spiegel, um uns und den Affen zu beobachten! Erst richtete sie ein dunkles Auge auf uns, dann das andere, dann beide zusammen: warnte uns, flehte uns an, bevor sie den Spiegel wieder hinlegte, uns den Rücken zudrehte und wie wütend an dem gläsernen Tisch entlangrauschte, eine neue Auslage wartete bereits auf sie.

Im gleichen Augenblick trat der Affe einen Schritt vor, und ich sah seine Hand in die Öffnung seines Mantels fahren. Alle Vorsicht fahrenlassend, trat ich ebenfalls einen Schritt vor, zog den rechten Arm zurück, bog die Finger der rechten Hand, die Handfläche in der bewährten Sarratt-Weise parallel zum Boden. Ich hatte mich für einen Ellbogenstoß zum Herzen entschieden, gefolgt von einer Handkante auf die Oberlippe, auf die Stelle, wo der Nasenknorpel auf den Oberkiefer stößt. An diesem Punkt trifft sich ein kompliziertes Netzwerk von Nerven, und ein gutgezielter Schlag kann das Opfer für eine ganze Weile außer Gefecht setzen. Der Affe machte den Mund auf und holte Luft. Ich erwartete, er werde Allah anrufen oder vielleicht den Slogan irgendeiner fundamentalistischen Sekte schreien — obwohl ich mir jetzt nicht mehr sicher bin, wieviel wir in jenen Tagen von fundamentalistischen Arabern wußten oder wie sehr wir uns für sie interessierten. Sogleich beschloß ich, ebenfalls zu schreien, nicht nur, um ihn zu verwirren, sondern auch, weil ein tiefer Atemzug mehr Sauerstoff in meine Blutbahn bringen und so meine Schlagkraft erhöhen würde. Ich holte auch tatsächlich schon Luft, als sich

Montys Hand wie eine Eisenklammer um mein Handgelenk schloß und er mich mit ungeahnter Kraft bremste und zurückzog.

»Laß das, mein Sohn, dieser Gentleman ist vor dir dran«, sagte er sachlich. »Er hat ein kleines vertrauliches Geschäft abzuwickeln, hab' ich recht, Sir?«

Das hatte er allerdings. Und Monty entließ mich erst aus seinem Griff, als mir die Sache aufgegangen war. Der Affe sprach. Nicht mit Panda, nicht mit ihrem Gefolge, sondern mit den beiden Ladenaufsehern in gestreiften Hosen, die die Köpfe senkten, um ihm erst herablassend und dann, als ihr Blick zu Panda wanderte, mit verblüfftem Interesse zuzuhören.

»Leider, Gentlemen, zieht Ihre Königliche Hoheit es vor, ihre Einkäufe zwanglos zu gestalten, wie Sie sehen«, sagte er. »Ohne solche Unannehmlichkeiten wie Verpackung oder Rechnung, wenn ich mich mal so ausdrücken darf. Es ist die schönste Zeit ihres Lebens. Vor drei oder vier Jahren war sie noch eine ganz ausgezeichnete Feilscherin, müssen Sie wissen. O ja. Konnte für alles, was sie zu kaufen wünschte, die unglaublichsten Preisnachlässe aushandeln. Aber heute, in der schönsten Zeit ihres Lebens, nimmt sie die Dinge buchstäblich selbst in die Hand, wie Sie sehen. Oder sollte ich sagen, in den Ärmel? Meine Güte. Seine Königliche Hoheit hat mich daher beauftragt, bei all solchen zwanglosen Einkäufen für eine höchst großzügige Bezahlung zu sorgen, selbstverständlich unter der Voraussetzung, daß nicht das geringste davon an die Öffentlichkeit dringt, Gentlemen, weder in schriftlicher noch in mündlicher Form, falls Sie mir folgen können.«

Ach, und dann zog er keine tödliche Walther Automatik aus der Tasche, keine Heckler & Koch-Maschinenpistole, nicht einmal eine der bei uns so beliebten Neun-Millimeter-Brownings, sondern eine Brieftasche aus geprägtem Saffianleder, vollgestopft mit den Banknoten seines Herrn in den verschiedensten Nennwerten.

»Wenn ich richtig gezählt habe, waren es drei schöne Ringe, Sir, einer mit einem künstlichen Smaragd, zwei mit Straßdiamanten; und eine schöne Halskette mit künstlichen Rubinen, Gentlemen, dreischnürig. Es ist der Wunsch Seiner Königlichen Hoheit, daß unsere Entschädigung jeglicher Unannehmlichkeit, die Ihr ausgezeichnetes Personal zu erleiden hat, großzügig Rechnung tragen soll. Hinzu kommt eine Provision für Sie selbst, meine verehrten Herren, vorausgesetzt, daß Sie sich an die Abmachung halten, was die Öffentlichkeit betrifft.«

Endlich hatte Monty seinen Griff gelockert, und als wir auf den Flur zuschritten, wagte ich einen Blick zur Seite und sah zu meiner Erleichterung, daß seine Miene zwar nachdenklich, jedoch überraschend freundlich war.

»Das ist das Dumme an unserem Job, Ned«, erklärte er zufrieden, wobei er mich zum erstenmal mit meinem Vornamen anredete. »Das Leben blickt in die eine Richtung, wir in die andere. Ich gebe gerne zu, auch ich habe zuweilen nichts gegen einen anständigen Feind einzuwenden. Aber die sind nicht leicht zu finden, wie? Laufen zu viele nette Kerle rum.«

3

»Vergessen Sie bitte nicht«, ermahnte Smiley fromm sein junges Publikum in einem Tonfall, den er auch gewählt haben könnte, wenn er sie dazu hätte auffordern wollen, beim Gehen ihre Spende in die Sammelbüchse zu tun, »daß die auf Privatschulen erzogenen Engländer — und auch die Engländerinnen, wenn Sie gestatten — die größten Heuchler der Welt sind.« Er wartete, bis das Gelächter sich gelegt hatte. »Das waren sie, sind sie heute und werden sie sein, solange unser schimpfliches Schulsystem intakt bleiben wird. Niemand wird Sie so zungenfertig bezaubern, seine Gefühle besser vor Ihnen verbergen, seine Spuren besser verwischen oder es schwieriger finden, Ihnen zu gestehen, daß er ein verdammter Narr gewesen ist. Niemand handelt mutiger, wenn ihm die Angst im Nacken sitzt, gibt sich fröhlicher, wenn es ihm gottserbärmlich geht; niemand schmeichelt Ihnen eindrucksvoller, wenn er Sie verabscheut, als diese extrovertierten Engländer oder -innen der angeblich privilegierten Schicht. Wenn er neben Ihnen in der Schlange an der Bushaltestelle steht, kann er einen Nervenzusammenbruch Stärke Zwölf haben, und selbst wenn Sie sein bester Freund sind, werden Sie nichts davon mitbekommen. Deshalb sind manche unserer besten Offiziere letztlich die schlechtesten. Und unsere schlechtesten die besten. Und der schwierigste Agent, den Sie je zu führen haben werden, sind deshalb Sie selbst.«

Als er das sagte, hatte Smiley, da war ich mir sicher, Bill Haydon im Sinn, den größten Betrüger von uns allen. Aber für mich sprach er über Ben — und, ja, auch wenn das nicht so leicht einzugestehen ist, über den jungen Ned, und womöglich auch über den alten.

Es war der Nachmittag des Tages, an dem nur der Leibwächter des Pandas beinahe zum Opfer gefallen wäre. Erschöpft und niedergeschlagen kam ich in meiner Wohnung in Battersea an — die Tür war nur angelehnt, und zwei Männer in grauen Anzügen durchwühlten die Papiere in meinem Schreibtisch.

Sie sahen mich kaum an, als ich hereinplatzte. Der mir nähere war der Personalchef; der andere ein eulenhafter, altersloser, untersetzter Mann mit runder Brille, der mich mit so etwas wie kläglichem Mitgefühl musterte.

»Wann haben Sie zum letztenmal von Ihrem Freund Cavendish gehört?« fragte der Personalchef, wobei er kaum aufblickte, bevor er sich wieder meinen Papieren zuwandte.

»Er *ist* doch ihr Freund?« sagte der eulenhafte Mann unglücklich, während ich mich mühsam zu fassen suchte. »Ben? Arno? Wie reden Sie ihn an?«

»Ja. Das ist er. Ben. Was soll das hier?«

»Also, wann haben Sie zum letztenmal von ihm gehört?« wiederholte der Personalchef und schob einen Packen Briefe meiner damaligen Freundin beiseite. »Ruft er Sie an? Schreiben Sie sich?«

»Vor etwa einer Woche habe ich eine Postkarte von ihm bekommen. Wieso?«

»Wo ist die?«

»Keine Ahnung. Hab' sie vernichtet. Falls sie nicht noch im Schreibtisch ist. Würden Sie mir bitte sagen, was hier vorgeht?«

»Vernichtet?«

»Weggeworfen.«

»Vernichten hört sich nach Vorsatz an, oder? Beschreiben Sie die Karte«, sagte der Personalchef und zog eine weitere Schublade heraus. »Bleiben Sie, wo Sie sind.«

»Auf der einen Seite ein Mädchen, auf der anderen ein

paar Worte von Ben. Was spielt das für eine Rolle? Bitte gehen Sie jetzt.«

»Was stand drauf?«

»Nichts Besonderes. Meine neuste Errungenschaft oder so was. ›Lieber Ned, das ist meine neue Eroberung, bin ja so froh, daß Du nicht hier bist. Gruß, Ben.‹ Und jetzt gehen Sie!«

»Was hat er damit gemeint?« — und zog die nächste Schublade heraus.

»Froh, daß ich ihn bei dem Mädchen nicht ausstechen konnte, nehme ich an. Sollte ein Witz sein.«

»Stechen Sie ihn denn bei Frauen aus?«

»Wir haben keine gemeinsamen Frauen. Hatten wir noch nie.«

»Was haben Sie denn gemeinsam?«

»Freundschaft«, sagte ich wütend. »Was, zum Teufel, suchen Sie eigentlich? Sie sollten jetzt wirklich gehen. Beide.«

»Ich kann's nicht finden«, beklagte sich der Personalchef bei seinem dicken Gefährten und warf ein weiteres Bündel meiner Privatbriefe beiseite. »Nicht eine einzige Postkarte. Sie lügen doch nicht etwa, Ned?«

Der eulenhafte Mann hatte mich nicht aus den Augen gelassen. Musterte mich noch immer mit einem bekümmerten mitleidigen Blick, der zu sagen schien, wir sind alle einmal dran, und wir können nichts dagegen machen. »Wie ist die Postkarte zugestellt worden, Ned?« fragte er. Seine Stimme war genauso unentschlossen und bedauernd wie sein Verhalten.

»Mit der Post, wie sonst?« erwiderte ich grob.

»Sie meinen, mit der normalen Post?« schlug der eulenhafte Mann traurig vor. »Also nicht etwa mit der Servicepost?«

»Truppenpost«, antwortete ich. »Feldpost. In Berlin abgeschickt, mit einer britischen Briefmarke. Zugestellt vom hiesigen Briefträger.«

»Erinnern Sie sich rein zufällig noch an die Feldpostnummer, Ned?« fragte der eulenhafte Mann ungeheuer schüchtern. »Auf dem Poststempel, meine ich.«

»Die übliche Berliner Nummer vermutlich«, antwortete ich und versuchte auch angesichts eines so ungemein respektvollen Menschen so entrüstet wie möglich zu klingen. »Vierzig, glaube ich. Warum ist das so wichtig? Mir reicht's jetzt langsam.«

»Aber Sie würden jedenfalls sagen, daß sie wirklich in Berlin aufgegeben wurde? Ich meine, diesen Eindruck hatten Sie damals? Soweit Sie sich jetzt daran erinnern? Die Berliner Nummer — sind Sie sicher?«

»Die Karte sah genauso aus wie die anderen, die er mir geschickt hatte. Ich habe sie keiner eingehenden Prüfung unterzogen«, sagte ich, und mein Zorn schwoll wieder an, als der Personalchef die nächste Schublade aus meinem Schreibtisch riß und auskippte.

»So eine Art *Pin-up*-Mädchen, Ned?« fragte der eulenhafte Mann mit einem kriecherischen Lächeln, mit dem er sich offensichtlich für den Personalchef und sich selbst entschuldigen wollte.

»Ein Aktfoto. Ein Flittchen, nehme ich an, das einen über ihren nackten Hintern weg ansieht. Deswegen hab' ich die Karte weggeworfen. Wegen meiner Putzfrau.«

»Ah, jetzt erinnern Sie sich also!« rief der Personalchef, drehte sich um und sah mich an. »›Weggeworfen.‹ Jammerschade, daß Sie das nicht gleich gesagt haben!«

»Na, ich weiß nicht, Rex«, sagte der eulenhafte Mann beschwichtigend. »Ned war sehr durcheinander, als er reinkam. Wer wäre das nicht?« Sein besorgter Blick richtete sich wieder auf mich. »Sie sind doch zur Zeit im Observierungseinsatz, stimmt's? Monty sagt, Sie seien ziemlich gut. War sie übrigens in Farbe? Ihre Nackte?«

»Ja.«

»Hat er immer Postkarten geschickt oder manchmal auch Briefe?«

»Nur Postkarten.«

»Wie viele?«

»Drei oder vier, seit er dort ist.«

»Immer in Farbe?«

»Weiß nicht mehr. Wahrscheinlich. Ja.«

»Und immer mit Mädchen?«

»Ich glaube, ja.«

»Ach, aber Sie erinnern sich doch. Bestimmt. Und immer nackt, nehme ich an?«

»Ja.«

»Wo sind die anderen?«

»Die muß ich auch weggeworfen haben.«

»Wegen Ihrer Putzfrau?«

»Ja.«

»Um deren Zartgefühl zu schonen?«

»Ja!«

Der eulenhafte Mann ließ sich Zeit, darüber nachzudenken. »Diese schmutzigen Postkarten — verzeihen Sie mir, ich will Sie damit nicht beleidigen, wirklich nicht — waren also so eine Art Endloswitz zwischen Ihnen beiden?«

»Bei ihm, ja.«

»Aber Sie selbst haben ihm keine Karte geschickt? Bitte sagen Sie es ruhig. Das braucht Ihnen nicht peinlich zu sein. Wir haben keine Zeit.«

»Das ist mir nicht peinlich! Ich hab' ihm keine geschickt. Ja, sie sollten ein Witz sein. Und sie wurden immer schlüpfriger. Wenn es Sie interessiert, es ging mir langsam auf den Geist, wenn sie unten im Flur für mich ausgestellt waren. Und Mr. Simpson auch. Das ist der Hauswirt. Er hat mir vorgeschlagen, ich solle Ben schreiben und ihn bitten, mir nicht mehr so was zu schicken. Er sagte, das Haus käme sonst noch in Verruf. Und würde mir jetzt bitte einer von Ihnen erzählen, was, zum Teufel, hier eigentlich vorgeht?«

Diesmal antwortete der Personalchef. »Nun, wir hatten gedacht, das könnten Sie uns erzählen«, sagte er mit jammervoller Stimme. »Ben Cavendish ist verschwunden. Ebenso seine Agenten, sozusagen. Über ein paar von ihnen berichtet heute das *Neue Deutschland.* Britischer Spionagering auf frischer Tat gefaßt. Die Londoner Abendzeitungen bringen den Fall in den Spätausgaben. Ben ist seit drei Tagen nicht mehr gesehen worden. Das ist Mr. Smiley. Er möchte mit Ihnen reden. Sie werden ihm alles sagen, was Sie wissen. Und alles heißt alles. Wir sehen uns noch.«

Ich muß kurz die Orientierung verloren haben, denn als ich Smiley wiedersah, stand er in der Mitte meines Teppichs und betrachtete kummervoll die Verwüstung, die er und der Personalchef angerichtet hatten.

»Ich habe ein Haus auf der anderen Seite des Flusses, in der Bywater Street«, bekannte er in einem Tonfall, als wäre das eine große Belastung für ihn. »Vielleicht sollten wir dort hinfahren, falls es Ihnen nichts ausmacht: Es ist nicht sehr aufgeräumt, aber immer noch besser als das hier.«

Wir fuhren in Smileys bescheidenem, kleinem Austin hin, fuhren so langsam, daß man meinen konnte, er transportiere einen Kranken, und für den hielt er mich ja auch vielleicht. Es dämmerte bereits. Die weißen Laternen der Albert Bridge schwebten auf uns zu wie schwimmende Kutschenlampen. Ben, dachte ich verzweifelt, was haben wir getan? Ben, was haben sie dir getan?

Die Bywater Street war dicht, also parkten wir in einem der Mews. Das Einparken war für Smiley so kompliziert wie das Anlegen eines Überseedampfers, aber er schaffte es, und wir gingen das Stück zurück. Ich erinnere mich, wie unmöglich es war, neben ihm herzugehen, wie sein resolutes armeschwenkendes Watscheln irgendwie meine Anwesenheit ignorierte. Ich erinnere mich, wie er sich wappnete, um den Schlüssel in seiner Eingangstür herumzudrehen, und mit welcher Wachsamkeit er in den Flur trat. Als wäre Zuhause ein gefährlicher Ort für ihn, mit Recht, wie ich jetzt weiß. Im Flur standen die Milchflaschen von mehreren Tagen, im Wohnzimmer ein Teller mit Essensresten, Erbsen und Kotelett. Lautlos rotierte ein Plattenteller. Man brauchte kein Genie zu sein, um zu erkennen, daß er zu einem hastigen Aufbruch gezwungen worden war — vermutlich gestern abend vom Personalchef —, während er gerade sein Kotelett verputzte und ein bißchen Musik dabei hörte.

Er entschwand in die Küche, um Soda für unseren Whisky zu suchen. Ich ging ihm nach. Smiley hatte so etwas an sich, man fühlte sich für seine Einsamkeit verantwortlich. Offene Konservendosen standen herum, die Spüle war voller schmutziger Teller. Während er unsere Whiskys mixte, begann ich abzuwaschen, also angelte er sich von der Rückseite der Tür ein Geschirrtuch, trocknete ab und räumte weg.

»Sie und Ben waren dicke Freunde, stimmt's?« fragte er.

»Wir haben im Sarratt eine Hütte geteilt, ja.«

»Was heißt das? — Küche, zwei Schlafräume, Badezimmer?«

»Keine Küche.«

»Aber Sie waren auch auf dem Trainingslehrgang zusammen?«

»Im letzten Jahr. Man sucht sich einen Kumpel und lernt, sich zuzuarbeiten.«

»Sucht? Oder wird einem ausgesucht?«

»Zuerst sucht man, dann wird's entweder genehmigt oder abgelehnt.«

»Und danach habt ihr euch die Hand fürs Leben gereicht?«

»Kann man so sagen, ja.«

»Das ganze letzte Jahr über hindurch? Also praktisch während des halben Lehrgangs? Tag und Nacht sozusagen? Eine richtiggehende Ehe?«

Mir war unbegreiflich, weshalb er mich mit Fragen bedrängte, deren Antworten er kennen mußte.

»Und Sie machen alles zusammen?« fuhr er fort. »Verzeihen Sie mir, aber meine Ausbildung liegt schon eine ganze Weile zurück. Schriftliche und praktische Arbeiten. Sport — Sie essen zusammen, teilen sich eine Hütte — genaugenommen ein ganzes Leben.«

»Wir machen die Gruppenarbeit zusammen und die Kampfausbildung. Das ergibt sich automatisch. Es fängt damit an, daß man ungefähr das gleiche Gewicht und die gleichen körperlichen Anlagen hat.« Trotz der beunruhigenden Tendenz seiner Fragen empfand ich allmählich ein starkes Bedürfnis, mit ihm zu sprechen. »Alles andere folgt dann sozusagen von selbst.«

»Aha.«

»Manchmal werden wir getrennt — etwa für eine spezielle Übung, oder falls man den Eindruck hat, der eine verläßt sich allzusehr auf den anderen. Aber solange es fifty-fifty steht, lassen sie einen gern zusammen.«

»Und ihr habt alles erreicht«, folgerte Smiley beifällig und nahm sich den nächsten nassen Teller vor. »Ihr wart das beste Paar. Sie und Ben.«

»Ben war eben einfach der beste Schüler«, sagte ich. »Mit ihm zusammen würde jeder gut abgeschnitten haben.«

»Ja, natürlich. Wir alle kennen solche Leute. Haben Sie sich bereits gekannt, bevor Sie zum Service kamen?«

»Nein. Aber bei uns ist alles parallel gelaufen. Wir haben dieselbe Schule besucht, aber in verschiedenen Häusern. Waren in Oxford, aber an verschiedenen Colleges. Haben beide Sprachen studiert, sind uns aber noch immer nicht begegnet. Er hat eine kurze Dienstzeit bei der Armee absolviert, ich bei der Marine. Erst der Circus hat uns zusammengeführt.«

Er nahm eine zierliche Porzellantasse und spähte zweifelnd hinein, als suchte er nach etwas, das mir entgangen war. »Hätten Sie ihn nach Berlin geschickt?«

»Ja, natürlich hätte ich das getan. Warum nicht?«

»Nun, warum denn?«

»Er spricht perfekt Deutsch, durch seine Mutter. Er ist

klug. Einfallsreich. Die Leute tun, was er von ihnen verlangt. Sein Vater hat diesen kolossalen Krieg mitgemacht.«

»Ihre Mutter auch, wenn ich mich recht erinnere.« Er spielte auf die Arbeit meiner Mutter im holländischen Widerstand an. »Was hat er gemacht — Bens Vater, meine ich?« fuhr er fort, als ob er das tatsächlich nicht gewußt hätte.

»Er hat Codes geknackt«, sagte ich ebenso stolz wie Ben. »Er war der beste Student seines Jahrgangs. Mathematiker. Offenbar ein Genie. Er hat beim Aufbau des Unterwanderungssystems mitgearbeitet — Agenten der Deutschen rekrutieren und dann wieder einschleusen. Im Vergleich dazu war meine Mutter nur eine sehr kleine Nummer.«

»Und Ben war davon beeindruckt?«

»Wer wäre das nicht?«

»Ich meine, er hat davon gesprochen«, beharrte Smiley. »Häufig? Das war eine wichtige Sache für ihn. Hatten Sie diesen Eindruck?«

»Er sagte lediglich, das sei etwas, dessen er sich würdig erweisen müsse. Er sagte, es sei ebensoviel wert, wie eine deutsche Mutter zu haben.«

»Ach herrje«, sagte Smiley unglücklich. »Der arme Mann. Und das waren seine Worte? Sie haben nichts ausgeschmückt?«

»Selbstverständlich nicht! Er sagte, jemand mit seiner Herkunft müsse, bloß um mitzukommen, in England doppelt so schnell laufen wie alle anderen.«

Smiley schien aufrichtig bestürzt zu sein. »Ach herrje«, sagte er noch einmal. »Wie gemein. Und meinen Sie, er hat die Ausdauer dazu, was denken Sie?«

Wieder einmal hatte er mich aus dem Konzept gebracht. In unserem Alter wären wir gar nicht auf die Idee gekommen, daß unsere Ausdauer begrenzt sein könnte. »Wozu?« fragte ich.

»Ach, ich weiß nicht. Was für eine Art von Ausdauer

braucht man, um in Berlin doppelt so schnell zu laufen wie alle anderen? Eine doppelte Portion gute Nerven, nehme ich an — ständig unter Druck. Doppelte Trinkfestigkeit — und — nie so ganz einfach — einen kühlen Kopf, wenn es um Frauen geht.«

»Ich bin sicher, er hat alles, was er braucht«, sagte ich loyal.

Smiley hängte das Geschirrtuch an einen krummen Nagel, der aussah, als hätte er ihn selbst in die Küchenwand geschlagen. »Haben Sie beide eigentlich über Politik gesprochen?« fragte er, als wir mit unseren Whiskys ins Wohnzimmer gingen.

»Nie.«

»Dann bin ich sicher, daß er verläßlich ist«, sagte er mit einem traurigen kleinen Lachen, und auch ich lachte.

Beim ersten Betreten haben Häuser für mich entweder eine maskuline oder eine feminine Ausstrahlung, und das von Smiley mit seinen hübschen Vorhängen und geschnitzten Spiegeln und einer weiblichen Note war eindeutig feminin. Ich fragte mich, mit wem er zusammenlebte oder ob das alles von ihm stammte. Wir setzten uns.

»Und gibt es irgendeinen Grund, warum Sie ihn nicht nach Berlin geschickt hätten?« begann er von neuem und lächelte freundlich über den Rand seines Glases hinweg.

»Nun, allenfalls, weil ich selbst gern dort hingekommen wäre. Jeder will mal nach Berlin. An die Front.«

»Er ist einfach verschwunden«, erklärte Smiley, lehnte sich zurück und schien die Augen zu schließen. »Wir verbergen Ihnen nichts. Ich werde Ihnen sagen, was wir wissen. Vorigen Donnerstag ist er nach Ost-Berlin rübergegangen, um seinen wichtigsten Agenten zu treffen, einen gewissen Herrn Seidl — Sie können sein Foto im *Neuen Deutschland* sehen. Ben traf sich zum erstenmal allein mit ihm. Ein großes Ereignis. Bens Vorgesetzter in der Station Berlin ist Haggarty. Kennen Sie Haggarty?«

»Nein.«

»Auch nie von ihm gehört?«

»Nein.«

»Ben hat Ihnen nie von ihm erzählt?«

»Nein. Das habe ich doch schon gesagt. Ich habe seinen Namen noch nie gehört.«

»Verzeihen Sie. Eine Antwort kann sich manchmal mit dem Kontext ändern, falls Sie mir folgen können.«

Konnte ich nicht.

»Haggarty ist nach dem Standortältesten der zweite Mann in Berlin. Auch das haben Sie nicht gewußt?«

»Nein.«

»Hat Ben eine feste Freundin?«

»Nicht daß ich wüßte.«

»Wechselnde Freundinnen?«

»Man brauchte bloß mit ihm tanzen zu gehen, sie umschwärmten ihn nur so.«

»Und nach dem Tanzen?«

»Er war kein Angeber. Ist keiner. Wenn er mit einer ins Bett ginge, würde er es nicht erzählen. Das ist nicht seine Art.«

»Wie ich höre, haben Sie und Ben ihre Urlaube zusammen verbracht. Wo?«

»Twickenham. Lords. Manchmal angeln. Meistens waren wir bei den Eltern des einen oder des anderen.«

»Aha.«

Ich wußte nicht, warum, aber Smileys Worte machten mir angst. Vielleicht hatte ich einfach solche Angst um Ben, daß mir alles angst machte. Ich hatte zunehmend das Gefühl, Smiley vermutete irgendeine Schuld bei mir, auch wenn wir erst noch herausfinden mußten, worin die bestand. Seine Aufzählung der Ereignisse glich einer Zusammenfassung der Beweislage.

»Als erster kommt *Willis*«, sagte er, als verfolgten wir eine schwierige Fährte. »Willis ist der Leiter in Berlin, Willis hat das Oberkommando. Dann kommt *Haggarty,* und Haggarty ist Stabsoffizier unter Willis und Bens direkter Vorgesetzer. Haggarty ist für die tägliche Betreuung von Seidls Agentennetz verantwortlich. Das Netz besteht beziehungsweise bestand aus zwölf Agenten, das heißt neun Männern und drei Frauen, die jetzt alle festgenommen sind. Um ein illegales Netz dieser Größe, das teils über Funk, teils über geheime schriftliche Botschaften Kontakt hält, aufrechtzuerhalten, braucht man eine mindestens ebenso starke Basismannschaft, ganz zu schweigen von der Bewertung und Verteilung der Erkenntnisse.«

»Ich weiß.«

»Das ist mir schon klar, doch lassen Sie mich es Ihnen trotzdem erzählen«, fuhr er im gleichen nachdenklichen Tempo fort. »Dann können Sie mir helfen, die Lücken zu ergänzen. Haggarty ist eine starke Persönlichkeit. Stammt aus Ulster. Wenn er nicht im Dienst ist, trinkt er, ein lärmender, unangenehmer Zeitgenosse. Aber davon ist nichts zu merken, wenn er arbeitet. Ein gewissenhafter Offizier mit einem erstaunlichen Gedächtnis. Sind Sie sicher, daß Ben ihn nie erwähnt hat?«

»Das habe ich doch schon gesagt. Nein.«

So energisch hatte das gar nicht klingen sollen. Man weiß nie so genau, wie oft man etwas abstreiten kann, ohne sich allmählich wie ein Lügner anzuhören, auch für einen selbst; und natürlich machte Smiley sich eben dies Geheimnis zunutze, um Verdrängtes aus mir herauszuholen.

»Ja, gewiß *haben* Sie das gesagt«, pflichtete er mir mit seiner gewohnten Höflichkeit bei. »Und ich habe Ihr Nein gehört. Ich habe mich lediglich gefragt, ob ich Ihrem Gedächtnis womöglich auf die Sprünge geholfen habe.«

»Nein.«

»Haggarty und Seidl waren *Freunde*«, fuhr er fort, sprach, wenn das möglich war, noch langsamer. »*Enge* Freunde, soweit ihre Aufgaben das zuließen. Seidl war Kriegsgefangener in England gewesen, Haggarty in Deutschland. Als Seidl 1944 unter den damals herrschenden lockeren Bedingungen für deutsche Kriegsgefangene auf einem Bauernhof bei Cirencester arbeitete, gelang es ihm, mit einer englischen Landarbeiterin anzubändeln. Die Wachen im Arbeitslager hatten die Gewohnheit, ihm vor dem Haupteingang ein Fahrrad stehenzulassen, mit einem Armeemantel über der Lenkstange, damit Seidl seine Kriegsgefangenenjacke darunter verstecken konnte. Solange er zum Wecken wieder in seinem Bett war, drückten die Wachen beide Augen zu. Seidl hat das den Engländern nie vergessen. Als dann das Baby kam, erschienen Seidls Wärter und Mitgefangenen zur Taufe. Reizend, wie? So nett können Engländer sein. Aber klingelt bei dieser Geschichte nichts bei Ihnen?«

»Wie denn? Sie sprechen von einem Joe!«

»Einem aufgeflogenen Joe. Einem von Bens Leuten. Haggartys Erfahrungen im deutschen Gefangenenlager waren nicht so erbaulich. Lassen wir das. 1948 — Haggarty war nominell für die Kontrollkommission tätig — hat er Seidl in einer Kneipe in Hannover aufgelesen, ihn rekrutiert und nach Ostdeutschland, in seine Heimatstadt Leipzig, eingeschleust. Seitdem ist er sein Agentenführer. Die Haggarty-Seidl-Freundschaft war in den letzten fünfzehn Jahren der Angelpunkt des Standorts Berlin. Zur Zeit seiner Verhaftung vorige Woche war Seidl der vierte Mann im ostdeutschen Außenministerium. Er hatte als Botschafter in Havanna gearbeitet. Aber Sie haben nie von ihm gehört. Niemand hat Ihnen gegenüber seinen Namen erwähnt. Weder Ben. Noch sonstwer.«

»Nein«, sagte ich so mißmutig wie möglich.

»Einmal im Monat pflegte Haggarty nach Ost-Berlin zu gehen und sich von Seidl Bericht erstatten zu lassen — in einem Auto, in einer sicheren Wohnung, auf einer Parkbank, wo auch immer — das Übliche. Nach dem Mauerbau wurden die Treffen für eine Zeitlang eingestellt, bis man vorsichtig wieder damit anfing. Haggarty fuhr mit einem Vier-Mächte-Fahrzeug rüber — sagen wir, einem Jeep von der Armee —, nahm einen Ersatzmann herein, sprang im richtigen Augenblick aus dem Wagen und stieg an einer verabredeten Stelle wieder ein. Hört sich gefährlich an, und das war es auch, aber mit etwas Übung klappte es. Wenn Haggarty Urlaub hatte oder krank war, fanden keine Treffen statt. Vor ein paar Monaten ordnete die Zentrale an, Haggarty solle Seidl mit einem Nachfolger bekannt machen. Haggarty ist längst im Pensionsalter, Willis ist schon so lange in Berlin, daß er die Nase bis oben hin voll hat, und im übrigen weiß er viel zu viele Geheimnisse, als daß man ihn noch hinter dem Eisernen Vorhang herumlaufen lassen könnte. Dies ist der Grund für Bens Stationierung in Berlin. Ben war makellos. Sauber. Haggarty persönlich hat ihn eingewiesen — erschöpfend, wie ich vermute. Gnade hat er bestimmt nicht walten lassen. Haggarty ist kein gnädiger Mensch, und ein Netz aus zwölf Leuten kann eine komplizierte Sache sein; wer arbeitet für wen und warum; wer kennt wessen Identität; die Schlupflöcher, Kodes, Kuriere, Decknamen, Symbole, Sender, toten Briefkästen, Tinten, Wagen, Gehälter, Kinder, Geburtstage, Frauen und Geliebten. Eine ganze Menge, was man plötzlich alles in seinen Kopf kriegen muß.«

»Ich weiß.«

»Ben hat Ihnen davon erzählt, ja?«

Diesmal ließ ich mich nicht von ihm provozieren. Ich war fest entschlossen. »Das haben wir im Lehrgang gelernt. *Ad infinitum*«, sagte ich.

»Gewiß. Das will ich auch meinen. Nur, das Dumme ist, die Theorie deckt sich nie ganz mit der Wirklichkeit, stimmt's? Wer ist, abgesehen von Ihnen, sein bester Freund?«

»Weiß ich nicht.« Sein plötzlicher Richtungswechsel hatte mich verblüfft. »Jeremy vielleicht.«

»Jeremy, und wie weiter?«

»Galt. War auch bei dem Lehrgang.«

»Und Frauen?«

»Wie gesagt. Keine feste.«

»Haggarty wollte Ben mit nach Ost-Berlin nehmen und ihn selbst vorstellen«, nahm Smiley seinen Bericht wieder auf. »Die Fünfte Etage war dagegen. Die wollten Haggarty von seinem Agenten trennen, außerdem paßt es ihnen nicht, zwei Mann in Feindesland zu schicken, wenn einer reicht. Also hat Haggarty mit Ben auf einem Stadtplan geübt, wie man bei den Treffen vorzugehen hat, und Ben ist dann allein nach Ost-Berlin. Am Mittwoch ist er zu einer Trockenübung aufgebrochen und hat das Gelände erkundet. Am Donnerstag ging er ein zweitesmal, diesmal war es Ernst. Er wurde mit einem Wagen der Kontrollkommission ordnungsgemäß am Checkpoint Charlie rübergefahren. Das war um drei Uhr nachmittags. An der verabredeten Stelle schlüpfte er aus dem Wagen. Sein Ersatzmann fuhr drei Stunden lang darin herum, ganz wie geplant. Um achtzehn Uhr zehn stieg Ben wieder zu, um achtzehn Uhr fünfzig kehrte er nach West-Berlin zurück. Am Kontrollpunkt wurde seine Rückkehr verzeichnet. Er ließ sich vor seiner Wohnung absetzen. Ein fehlerloser Einsatz. Willis und Haggarty erwarteten ihn am Standort-Hauptquartier, aber er rief statt dessen von seiner Wohnung aus an. Er sagte, das Treffen sei nach Plan verlaufen, aber er habe nichts davon mitgebracht außer erhöhter Temperatur und eine scheußliche Mageninfektion. Ob es nicht möglich sei, die Einsatzbesprechung auf morgen zu verlegen? Bedauerlicherweise war es möglich. Seither hat man nichts mehr von ihm gehört oder gesehen. Er klang trotz seiner Erkrankung fröhlich, was sie seiner Nervosität zuschrieben. Haben Sie Ben schon mal krank erlebt?«

»Nein.«

»Er sagte, ihr gemeinsamer Freund sei groß in Form gewesen, ein richtiger Charakter und so weiter. Mehr konnte er am öffentlichen Telefon nicht sagen. Sein Bett war unbenutzt, er hatte keine Kleider mitgenommen. Es gibt keinen Beweis dafür, daß er von seiner Wohnung aus angerufen hat; keinen Beweis dafür, daß er entführt wurde; keinen Beweis dafür, daß er nicht entführt wurde. Wenn er vorhatte überzulaufen: warum ist er dann nicht gleich in Ost-Berlin geblieben? Die können ihn nicht umgedreht und uns wieder zurückgeschickt haben, denn dann hätten sie nicht seine ganzen Agenten verhaftet. Und wenn sie ihn entführen wollten, warum dann nicht, während er auf ihrer Seite der Mauer war? Es gibt keinen sicheren Hinweis, daß er Berlin über einen der offiziellen Korridore — Zug, Autobahn, Luft — verlassen hat. Die Kontrollen sind nicht sehr wirksam, und er war, wie Sie sagen, gut ausgebildet. Nach unserem Wissensstand hat er Berlin überhaupt nicht verlassen. Andererseits könnten wir uns vorstellen, daß er zu Ihnen gekommen ist. Schaun Sie nicht so entsetzt. Sie sind doch sein Freund? Sein bester Freund? Stehen ihm näher als alle anderen? Der junge Galt kommt nicht in Betracht. Das hat er uns selbst erzählt. ›Bens bester Freund war Ned‹, hat er gesagt. ›Wenn Ben sich an irgendeinen von uns wendet, dann nur an Ned.‹ Es gibt genug Anhaltspunkte dafür, fürchte ich.«

»Was für Anhaltspunkte?«

Keine gewichtige Pause, kein dramatischer Wechsel des Tonfalls, keinerlei Vorwarnung: nur der gute alte George Smiley, apologetisch wie eh und je. »In seiner Wohnung befindet sich ein Brief, an Sie adressiert«, sagte er. »Er ist nicht datiert, bloß in eine Schublade geworfen. Eher ein Gekritzel als ein Brief. Vermutlich war er betrunken. Es ist ein Liebesbrief, fürchte ich.« Und nachdem er mir eine Fotokopie zum Lesen gereicht hatte, ging er uns noch einen Whisky holen.

Vielleicht tue ich es, um über mein damaliges Unbehagen hinwegzukommen, denn jedesmal, wenn ich mir diese Szene ins Gedächtnis zurückrufe, sehe ich sie aus Smileys Perspektive. Ich stelle mir vor, wie das aus seiner Sicht gewirkt haben muß.

Was Smiley vor sich hatte, kann man sich ohne weiteres ausmalen. Stellen Sie sich einen strebsamen Schüler vor, der älter zu wirken versucht, als er ist, einen Pfeifenraucher und Seemann mit weisem Nicken, einen jungen Mann, der nicht abwarten kann, daß er älter wird — und Sie sehen den jungen Ned der frühen sechziger Jahre vor sich.

Aber was Smiley hinter sich hatte, war nicht halb so einfach und konnte seine Auffassung von mir drastisch ändern. Der Circus machte, obwohl ich das damals nicht wissen konnte, schwere Zeiten durch, wurde von unerklärlichen Fehlschlägen heimgesucht. Die Festnahme von Bens Agenten, schon eine Tragödie für sich, war nur das letzte Glied einer Kette von Katastrophen, die sich um den ganzen Globus zog. In Nordjapan hatte sich ein kompletter Horchposten des Circus samt der dreiköpfigen Besatzung in Luft aufgelöst. Im Kaukasus waren unsere Fluchtlinien über Nacht aufgerollt worden. Wir hatten in einem Zeitraum von wenigen Monaten Agentennetze in Ungarn, Bulgarien und der Tschechoslowakei verloren. Und unsere amerikanischen Vettern in Washington äußerten immer lauter ihre Bedenken über unsere Zuverlässigkeit und drohten schon damit, die enge Verbindung zu uns abzubrechen.

In einem solchen Klima werden ungeheuerliche Theorien etwas Alltägliches. Bunkermentalität entsteht. Nichts wird mehr dem Zufall zugeschrieben. Nichts ist willkürlich. Wenn der Circus Erfolg hatte, dann nur, weil unsere Gegner es zuließen. Schuld durch gesellschaftlichen Umgang war weit verbreitet. Nach amerikanischer Auffassung ernährte der Circus nicht nur einen Maulwurf, sondern ganze Heerscharen davon, die sich gegenseitig geschickt bei der Karriere halfen. Und was sie miteinander verband, war nicht so sehr ihr verruchter Glaube an Marx — obwohl das schon schlimm genug war —, sondern ihre gräßliche englische Homosexualität.

Ich las Bens Brief. Zwanzig Zeilen, unsigniert, einseitig auf weißem Service-Briefpapier ohne Wasserzeichen. Bens Handschrift, aber krakelig, ohne Ausstreichungen. Also, vermutlich war er betrunken.

In dem Brief sprach mich Ben mit ›Ned, mein Liebling‹ an und schrieb, daß er mir die Hände ans Gesicht legte und meine Lippen an seine zog. Er küßte mich auf Augenlider und Hals und ließ es, was das Körperliche betraf, Gott sei Dank damit bewenden.

Keine Adjektive, ganz kunstlos, und darum nur um so erschreckender. Der Brief war weder altbacken noch affektiert. Weder neckisch noch abstrus, noch im Stil der zwanziger Jahre. Er war ein hemmungsloser Schrei homosexueller Sehnsucht von einem Mann, den ich nur als meinen guten Gefährten gekannt hatte.

Doch als ich ihn las, wußte ich, daß ihn der echte Ben geschrieben hatte. Ein gepeinigter Ben, der Gefühle gestand, die ich nie bei ihm bemerkt hatte, die aber, das wurde mir beim Lesen klar, aufrichtig waren. Vielleicht hat dies mich schon schuldig gemacht — ich meine, der Gegenstand seines Verlangens zu sein, selbst wenn ich es niemals bewußt geweckt hatte. Sein Brief sagte: Entschuldige, und war dann zu Ende. Ich glaube nicht, daß er nicht fertig war. Ben hatte einfach nicht mehr zu sagen.

»Das habe ich nicht gewußt«, sagte ich.

Ich gab Smiley den Brief zurück. Er steckte ihn wieder in die Tasche. Seine Augen ließen mein Gesicht nicht los.

»Oder Sie haben nicht gewußt, daß Sie es wußten«, deutete er an.

»Ich habe es nicht gewußt«, wiederholte ich heftig. »Was wollen Sie eigentlich von mir hören?«

Sie müssen versuchen, sich Smileys Ruhm vorzustellen, den Respekt, den sein Name bei Leuten meiner Generation auslöste. Er wartete auf mich. Mein Lebtag werde ich die unwiderstehliche Macht seiner Geduld nicht vergessen. Mit dem klatschenden Geräusch, das Londoner Regenschauer in engen Straßen machen, ging ein jäher Guß nieder. Hätte Smiley mir gesagt, er gebiete über die Elemente, wäre ich nicht überrascht gewesen.

»In England ist das sowieso nie klar«, sagte ich mürrisch und versuchte mich zu fassen. Gott allein weiß, worauf ich hinauswollte. »Jack Arthur ist unverheiratet, ja? Weiß nicht, wo er abends hin soll. Trinkt mit seinen Kumpanen bis zur Sperrstunde. Danach trinkt er noch mehr. Niemand behauptet, Jack Arthur wäre schwul. Aber wenn er morgen mit zwei Köchen im Bett verhaftet würde, würden wir sagen, wir hätten das schon immer gewußt. Ich jedenfalls. Das kann man doch gar nicht absehen.« Ich stammelte weiter, ganz falsch, tastete nach einem Weg, fand keinen. Ich wußte, überhaupt zu protestieren war schon zuviel protestiert, aber ich protestierte trotzdem weiter.

»Wo wurde der Brief denn eigentlich gefunden?« fragte ich, um die Initiative wieder an mich zu bringen.

»In einer Schublade seines Schreibtischs. Ich dachte, das hätte ich bereits gesagt.«

»In einer leeren Schublade?«

»Spielt das eine Rolle?«

»Ja, allerdings! Wenn er zwischen alte Papiere gestopft war, ist das eine Sache, eine ganz andere, wenn er dort hingelegt wurde, damit ihr ihn findet. Vielleicht wurde Ben gezwungen, den Brief zu schreiben.«

»Gezwungen, und ob«, sagte Smiley. »Fragt sich nur, von wem oder was. Haben Sie gewußt, daß er so einsam war? Wenn er niemanden hatte außer Ihnen, müßte das eigentlich ziemlich klar gewesen sein.«

»Warum ist es dann dem Personalchef nicht klar gewesen?« sagte ich, schon wieder beleidigt. »Mein Gott, schließlich haben die uns lange genug ausgequetscht, bevor sie uns genommen haben. Haben unseren Freunden und Verwandten und Lehrern und Professoren nachgeschnüffelt. Die wissen viel mehr über Ben als ich.«

»Warum gehen wir nicht einfach davon aus, daß der

Personalchef einen Fehler gemacht hat? Irren ist menschlich, wir sind hier in England, wir geben den Ton an. Fangen wir noch mal mit dem Ben an, der verschwunden ist. Der Ihnen geschrieben hat. Außer Ihnen hat ihm niemand nahegestanden. Jedenfalls niemand, den Sie kannten. Es könnte eine Menge Leute gegeben haben, von denen Sie nichts wußten, aber das ist schließlich nicht Ihre Schuld. Soweit Sie wissen, gab es sonst niemanden. Das haben wir geklärt. Oder?«

»Ja doch!«

»Sehr schön. Dann reden wir jetzt doch mal über das, was Sie gewußt haben. Ja?«

Irgendwie holte er mich wieder auf den Boden der Tatsachen zurück, und wir sprachen bis zur Morgendämmerung. Der Regen hatte längst aufgehört, die Stare sangen schon, und wir redeten noch immer. Beziehungsweise ich — und Smiley hörte mir zu, wie nur Smiley es kann, die Augen halb geschlossen, das Doppelkinn in den Kragen gesunken. Ich meinte, ihm alles zu erzählen, was ich wußte. Vielleicht meinte er das auch, obwohl ich das bezweifle, denn er kannte sich viel besser als ich mit den verschiedenen Stufen des Selbstbetrugs aus, womit wir unser Überleben zu sichern suchen. Das Telefon läutete. Er nahm ab, murmelte »Danke« und legte auf. »Ben ist noch immer verschwunden, und es gibt keine neuen Hinweise«, sagte er. »Sie sind noch immer die einzige Spur.« Soweit ich mich erinnere, machte er sich keine Notizen, und ob er einen Recorder mitlaufen ließ, weiß ich bis heute nicht. Ich bezweifle es. Er haßte Maschinen, und im übrigen war sein Gedächtnis sowieso verläßlicher.

Ich erzählte von Ben, aber genausoviel von mir selbst, und das erwartete Smiley auch von mir: ich sollte mit meiner Person Bens Taten erklären. Ich schilderte noch einmal die Parallelen in unserem Leben. Wie ich ihn um seinen heldenhaften Vater beneidet hatte. Ich machte kein Geheimnis daraus, mit welcher Begeisterung wir,

Ben und ich, zu entdecken begannen, wieviel wir gemeinsam hatten. Nein, nein, wiederholte ich, von irgendeiner Frau sei mir nichts bekannt — abgesehen von seiner Mutter, und die sei tot. Und ich bin sicher, ich habe mir geglaubt.

Als Kind, erzählte ich Smiley, hätte ich mich oft gefragt, ob es irgendwo auf der Welt einen Doppelgänger von mir geben könnte, einen heimlichen Zwilling, der die gleichen Spielzeuge und Kleider und Gedanken hätte wie ich, sogar die gleichen Eltern. Vielleicht hatte ich ein Buch gelesen, das von so etwas handelte. Ich war ein Einzelkind. Ben ebenfalls. Ich erzählte Smiley das alles, weil ich entschlossen war, ihm meine Gedanken und Erinnerungen direkt zu erzählen, so wie sie mir kamen, selbst wenn sie mich in seinen Augen belasten sollten. Ich wußte nur, daß ich ihm *bewußt* nichts vorenthielt, und nahm es in Kauf, mich womöglich um Kopf und Kragen zu reden. Irgendwie hatte Smiley mich davon überzeugt, daß dies das mindeste war, was ich Ben schuldig war. Unbewußt — nun, das ist eine ganz andere Sache. Wer weiß schon, was er verbirgt, sogar vor sich selbst, wenn er im Kampf ums Überleben die Wahrheit erzählt?

Ich erzählte ihm von unserer — meiner und Bens — ersten Begegnung im Ausbildungszentrum des Circus in Lambeth; die neu ausgewählten Anfänger waren dort hin bestellt worden. Bisher hatte keiner von uns einen der anderen Neulinge kennengelernt. Im Grunde hatten wir auch den Circus erst kaum kennengelernt, abgesehen von dem Rekrutierungsoffizier und denen, die für unsere Auswahl und Überprüfung zuständig waren. Manche von uns hatten nur eine äußerst nebelhafte Vorstellung von dem, auf was wir uns da eingelassen hatten. Nun sollten wir endlich aufgeklärt werden — über einander und über unseren Beruf —, und wir versammelten uns im Warteraum wie die Figuren in einem Roman über die Fremdenlegion, jeder mit seinen geheimen

Erwartungen und heimlichen Gründen für seine Anwesenheit, jeder mit seinem Handgepäck, das die gleiche Anzahl von Hemden und Unterhosen enthielt, die, wie in den gedruckten Anweisungen auf dem briefkopflosen Schreiben verlangt, mit Wäschetinte mit seiner Nummer gezeichnet waren. Meine Nummer war neun, Ben hatte die zehn. Zwei Leute waren bereits da, als ich den Warteraum betrat, Ben und ein kleiner stämmiger Schotte namens Jimmy. Ich grüßte Jimmy mit einem Nicken, doch Ben und ich erkannten einander sofort — und zwar nicht von der Schule oder der Universität her, sondern als Leute, die einander physisch und dem Temperament nach ähnlich sind.

»Auftritt des dritten Mörders«, sagte er und schüttelte mir die Hand. Es schien ein seltsam unpassender Moment für ein Shakespeare-Zitat. »Ich bin Ben, das ist Jimmy. Nachnamen haben wir anscheinend nicht mehr. Jimmy hat seinen in Aberdeen gelassen.«

Also schüttelte ich auch Jimmys Hand und wartete dann auf der Bank neben Ben, um zu sehen, wer als nächstes durch die Tür käme.

»Fünf zu eins, daß er einen Schnurrbart hat; zehn zu eins, einen Bart; dreißig zu eins, grüne Socken«, sagte Ben.

»Und eins zu eins, einen Mantel«, sagte ich.

Ich erzählte Smiley von den Übungen in unbekannten Städten, wenn wir den Auftrag bekamen, uns eine Geschichte auszudenken, eine Kontaktperson zu treffen und uns gegen Festnahme und Verhör zur Wehr zu setzen. Ich vermittelte ihm ein Gefühl davon, wie solche Heldentaten unsere Kameradschaft vertieften, ebenso wie unsere ersten gemeinsamen Fallschirmsprünge, nächtliche Kompaßwanderungen durch das schottische Hochland, die Suche nach toten Briefkästen in elenden Innenstädten oder eine Strandlandung mit dem U-Boot.

Ich schilderte ihm, wie die Ausbilder zuweilen eine versteckte Anspielung auf Bens Vater fallenließen, nur um zu betonen, wie stolz sie waren, den Sohn trainieren zu dürfen. Ich erzählte Smiley von unseren freien Wochenenden, an denen wir meine Mutter in Wiltshire besuchten und einmal seinen Vater in Shropshire. Und wie wir uns, da wir beide nur noch ein Elternteil hatten, über die Vorstellung amüsierten, die beiden miteinander zu verkuppeln. Aber in Wirklichkeit standen die Chancen schlecht, denn meine Mutter war eine sture Anglo-Niederländerin, mit fröhlichen Schwestern und Neffen und Nichten, die alle aussahen wie Modelle von Breughel, während Bens Vater als gelehrter Einsiedler lebte, dem nur noch die Leidenschaft für Bach geblieben war.

»Und Ben verehrt ihn«, bohrte Smiley noch einmal.

»Ja. Er hat seine Mutter angebetet, aber die ist tot. Sein Vater ist für ihn zu einer Art Ikone geworden.«

Und ich weiß noch, wie ich zu meiner Beschämung bemerkte, daß ich absichtlich das Wort ›Liebe‹ vermieden hatte, nur weil Ben es bei der Beschreibung seiner Gefühle für mich verwendet hatte.

Ich erzählte Smiley von Bens Trinkgewohnheiten, obwohl er auch die wahrscheinlich kannte. Gewöhnlich trank Ben nur wenig und oft überhaupt nichts, bis er sich dann an irgendeinem Abend — etwa Donnerstag, das Wochenende stand bereits bevor — maßlos mit Scotch, Wodka oder was auch immer vollaufen ließ, ein Glas für Ben, ein Glas für Arno. Bis er schließlich, völlig blau, aber harmlos, ins Bett torkelte. Und am Morgen danach sah er aus, als käme er gerade von einer vierzehntägigen Kur auf einer Gesundheitsfarm.

»Und außer Ihnen hatte er wirklich niemand?« grübelte Smiley. »Sie Ärmster, was für eine Belastung, all diesem Charme ganz allein ausgesetzt zu sein.«

Ich schwelgte in Erinnerungen, ich schweifte ab, ich erzählte ihm alles, wie es mir gerade einfiel, aber ich wußte, er wartete noch immer auf irgend etwas, das ich zurückhielt; wir mußten nur herausfinden, was es war. Habe ich gewußt, daß ich etwas zurückhielt? Darauf kann ich Ihnen nur die Antwort geben, die ich mir hinterher selbst gab: ich habe nicht gewußt, daß ich es wußte. Ich brauchte noch volle vierundzwanzig Stunden der Selbstbefragung, bis ich mein Geheimnis aus seinem dunklen Winkel hervorgezogen hatte. Um vier Uhr morgens sagte er, ich solle nach Hause gehen und schlafen. Ich dürfe mich nicht vom Telefon entfernen, ohne dem Personalchef vorher mitzuteilen, was ich vorhätte.

»Die werden Ihre Wohnung selbstverständlich überwachen«, warnte er mich, während wir auf mein Taxi warteten. »Sie nehmen das doch nicht persönlich? Falls Sie vorhaben, sich aus dem Staub zu machen, gibt es nur sehr wenige sichere Häfen, in die Sie sich bei einem Sturm zurückziehen können. Ihre Wohnung könnte auf Bens Liste ganz oben stehen. Vorausgesetzt, er hat außer seinem Vater wirklich niemanden. Aber zu dem würde er wohl kaum gehen, oder? Das wäre ihm peinlich. Er wird zu Ihnen wollen. Also wird Ihre Wohnung überwacht. Das ist ganz natürlich.«

»Ich verstehe«, sagte ich, und wieder stieg Ekel in mir auf.

»Immerhin scheint es niemand in seinem Alter zu geben, der ihm näher steht als Sie.«

»Ist ja schon gut. Ich verstehe«, wiederholte ich.

»Andererseits ist er natürlich nicht dumm, also kann er sich unsere Überlegungen vorstellen. Und er dürfte wohl kaum davon ausgehen, daß Sie ihn im Schrank verstecken, ohne uns davon zu unterrichten. Das würden Sie doch nicht tun, oder?«

»Nein. Das könnte ich nicht.«

»Was er, wenn er halbwegs vernünftig ist, natürlich ebenfalls weiß; und damit würden Sie für ihn ausscheiden. Trotzdem könnte er vorbeikommen, um Sie um Rat oder Hilfe zu bitten. Oder um einen Drink. Es ist unwahrscheinlich, aber ignorieren dürfen wir diese Möglichkeit nicht. Sie müssen bei weitem sein bester Freund sein. Niemand kann Ihnen das Wasser reichen. Oder?«

Ich wünschte mir sehnlichst, er würde mit diesem Gerede aufhören. Bis dahin hatte er es mit beachtlichem Taktgefühl vermieden, direkt von Bens Liebe zu mir zu sprechen. Aber plötzlich schien er entschlossen, die Wunde noch einmal aufzureißen.

»Selbstverständlich *könnte* er außer Ihnen auch anderen Leuten geschrieben haben«, bemerkte er nachdenklich. »Männern oder Frauen. So unwahrscheinlich ist das nicht. Manchmal ist man so verzweifelt, daß man allen möglichen Leuten eine Liebeserklärung macht. Wenn man im Sterben liegt oder über irgendeine Verzweiflungstat nachdenkt. Nur, was in solchen Fällen unüblich ist, er hat die Briefe tatsächlich abgeschickt. Aber wir können doch nicht Bens Freunde abklappern und sie fragen, ob er ihnen in letzter Zeit einen schwülen Brief geschrieben hat — das wäre viel zu riskant. Außerdem, wo sollte man da anfangen? Das ist die Frage. Sie müssen sich in Bens Lage versetzen.«

Hat er mir den Keim der Selbsterkenntnis absichtlich eingepflanzt? Später war ich mir sicher. Ich erinnere mich an seinen besorgten, klugen Blick, als er mich an das Taxi brachte. Ich erinnere mich, daß ich, als wir um die Ecke bogen, zurückblickte und seine stämmige Gestalt mitten auf der Straße stehen sah: er schaute mir nach, bleute mir, als ich davonfuhr, seine letzten Worte ein. »Sie müssen sich in Bens Lage versetzen.«

Ich war wie benommen. Mein Tag hatte in den frühen Morgenstunden in der South Audley Street angefangen, und es war dann mit dem Affen des Pandas und Bens Brief praktisch ohne die kleinste Pause zum Schlafen bis jetzt weitergegangen. Smileys Kaffee und mein Gefühl, der Gefangene unerhörter Umstände zu sein, hatten ein Übriges getan. Aber der Name Stefanie, das schwöre ich, war noch immer nicht in meinem Kopf — weder vorn noch hinten. Stefanie existierte noch nicht. Niemals, da bin ich mir sicher, habe ich jemanden so völlig vergessen.

Als ich wieder in meiner Wohnung war, wich mein regelmäßig wiederkehrender Ekel über Bens Leidenschaft der Sorge um seine Sicherheit. Im Wohnzimmer starrte ich theatralisch das Sofa an, auf dem er sich nach einem langen Tag des Straßentrainings in Lambeth ausgestreckt hatte: »Werde wohl heute hier pennen, wenn's dir nichts ausmacht, alter Junge. Schöner als zu Hause. Arno kann zu Hause schlafen. Ben schläft hier.« In der Küche legte ich meine Handfläche auf den alten Eisenherd, auf dem ich ihm seine mitternächtlichen Eier gebraten hatte: »Ach Gottchen, Ned, soll das ein Herd sein? Sieht eher so aus wie das Ding, mit dem wir den Krimkrieg verloren haben!«

Ich erinnerte mich an seine Stimme, wenn er mir, lange nachdem ich die Nachttischlampe ausgemacht hatte, mit einer verrückten Idee nach der anderen durch die dünne Trennwand die Ohren vollblies — unsere gemeinsame Sprache, unser Insiderjargon.

»Weißt du, was wir mit Bruder Nasser machen sollten?«

»Nein, Ben.«

»Ihm Israel schenken. Weiß du, was wir mit den Juden machen sollten?«

»Nein, Ben.«

»Ihnen Ägypten schenken.«

»Warum, Ben?«

»Die Leute sind nur mit dem zufrieden, was ihnen nicht gehört. Kennst du die Geschichte von dem Skorpion und dem Frosch, die den Nil überqueren wollen?«

»Ja, kenne ich. Und jetzt sei still und schlaf.«

Aber dann erzählte er mir die Geschichte trotzdem, als wär's ein Fallbeispiel aus Sarratt. Der Skorpion als Infiltrationsagent, der mit seinem auf dem anderen Ufer zurückgebliebenen Team Kontakt aufnehmen mußte. Der Frosch als Doppelagent, der so tat, als nehme er dem Skorpion dessen Geschichte ab, und diese dann an seine Geldgeber verriet.

Und am Morgen war er verschwunden, nur ein Zettel lag noch da: ›Wir sehen uns in Borstal‹, wie er Sarratt immer nannte. ›Gruß, Ben.‹

Hatten wir bei diesen Gelegenheiten über Stefanie gesprochen? Nein. Von Stefanie sprachen wir allenfalls beiläufig, wenn wir auf Achse waren, und nicht, wenn wir Seite an Seite, durch eine Stellwand getrennt, im Bett lagen. Stefanie war ein Phantom, das wir im Einsatz teilten, ein Rätsel, das zu köstlich war, um es zu zerreden. Vielleicht habe ich deshalb nicht an sie gedacht. Beziehungsweise noch nicht. Nicht bewußt. Es gab keinen dramatischen Augenblick, in dem mir plötzlich ein großes Licht aufging und ich aus der Badewanne sprang und *»Stefanie!«* brüllte. So war es einfach nicht, und zwar aus dem Grund, den ich Ihnen die ganze Zeit zu erklären versuche; Stefanie schwebte irgendwo im Niemandsland zwischen Geständnis und Selbsterhaltung wie eine Mythengestalt, die nur existierte, wenn man sich zu ihr bekannte. Soweit ich mich erinnere, fiel sie mir wieder ein, als ich das vom Personalchef hinterlassene Chaos aufzuräumen begann. Als mir mein Notizbuch vom letzten Jahr in die Hände fiel, blätterte ich darin herum und dachte darüber nach, wieviel mehr wir im Leben erleben, als uns im Gedächtnis bleibt. Und im Monat Juni stieß ich auf einen Strich, der diagonal über die beiden mittleren Wochen ging, und daneben stand sauber die Ziffer ›8‹ — und das bedeutete: Camp 8 in North Argyll, wo wir unsere paramilitärische Ausbildung absolviert hatten. Und dann dachte ich — oder fühlte vielleicht nur —, ja, natürlich, Stefanie.

Und von da an durchlebte ich, noch immer ohne irgendeine plötzliche archimedische Offenbarung, noch einmal unsere nächtliche Fahrt durch die mondbeschienenen Highlands: Ben am Steuer des offenen Triumph-Zweisitzers, ich saß neben ihm und redete wie ein Wasserfall, um ihn wachzuhalten; beide waren wir glücklich erschöpft, nachdem wir eine Woche lang den Aufbau einer Guerillatruppe in den albanischen Bergen geübt hatten. Und die Juniluft glitt über unsere Gesichter. Die übrigen Neulinge fuhren mit dem Sarratt-Bus nach London zurück. Aber Ben und ich hatten Stefanies Zweisitzer, denn Steff war ein feines Mädchen, Steff war selbstlos, Steff hatte den Wagen die ganze Strecke von Oban nach Glasgow gefahren, nur um ihn Ben für diese Woche zu leihen; wenn der Lehrgang dann wieder anfing, würde er ihn ihr zurückbringen. Und so erschien mir Stefanie — genau so, wie sie mir in dem Wagen erschienen war — gestaltlos, eine prickelnde Vorstellung, eine gemeinsame Frau — Bens Mädchen.

»Wer oder was ist denn Stefanie, oder gibt's wieder nur das übliche laute Schweigen?« fragte ich ihn, während ich das Handschuhfach aufklappte und vergeblich nach Spuren von ihr suchte.

Eine Zeitlang gab's das laute Schweigen.

»Stefanie ist ein Licht für die Gottlosen und ein Vorbild für die Tugendhaften«, erwiderte er ernst. Und dann eher mißbilligend: »Steff stammt von der Hunnenseite der Familie.« Das gleiche pflegte er in seinen sarkastischeren Momenten auch von sich zu sagen. Steff komme von der Arno-Seite, erklärte er.

»Ist sie hübsch?« fragte ich.

»Sei nicht so ordinär.«

»Schön?«

»Weniger ordinär, aber noch immer nicht getroffen.«

»Was ist sie denn?«

»Sie ist vollkommen. Sie ist strahlend. Sie ist unvergleichlich.«

»So schön also?«

»Nein, du Trottel. Exquisit, sans pareil. So intelligent, daß der Personalchef nicht mal davon träumen würde.«

»Und sonst — was ist sie — für dich? Abgesehen davon, daß sie eine Hunnin und die Eigentümerin dieses Wagens ist?«

»Sie ist eine entfernte Kusine xsten Grades meiner

Mutter. Nach dem Krieg ist sie zu uns nach Shropshire gekommen, und wir sind zusammen aufgewachsen.«

»Also ist sie in deinem Alter?«

»Wenn das Ewige sich messen läßt, ja.«

»Sozusagen deine Ersatzschwester?«

»Früher. Ein paar Jahre lang. Wir sind zusammen durch die Gegend gerannt, haben in der Dämmerung Pilze gesammelt und Doktorspiele gemacht. Dann bin ich ins Internat gekommen, und sie ist nach München zurück, um wieder als Hunnin zu leben. Ende des Kindheitsidylls und zurück zu Daddy und England.«

Noch nie hatte ich ihn so bereitwillig über eine Frau oder über sich reden hören.

»Und jetzt?«

Ich fürchtete schon, er habe wieder abgeschaltet, aber schließlich antwortete er mir. »Jetzt ist es nicht mehr so lustig. Sie hat Kunst studiert, mit einem verrückten Maler angebändelt und lebt jetzt in einem Leibgedingehaus irgendwo auf den Inneren Hebriden.«

»Warum ist das nicht mehr so lustig? Hat ihr Maler was gegen dich?«

»Der hat was gegen jeden. Hat sich erschossen. Gründe unbekannt. Hat einen Brief an den Gemeinderat hinterlassen, in dem er sich für die Schweinerei entschuldigt. Keinen Brief an Steff. Sie waren nicht verheiratet, was das Ganze noch komplizierter machte.«

»Und jetzt?« fragte ich noch einmal.

»Sie lebt noch immer dort.«

»Auf der Insel?«

»Ja.«

»In dem Leibgedingehaus?«

»Ja.«

»Allein?«

»Meistens.«

»Du meinst, du fährst sie manchmal besuchen?«

»Ich besuche sie, ja. Also werd ich wohl auch hinfahren. Ja. Ich fahre sie besuchen.«

»Ernste Geschichte?«

»Alles, was mit Steff zu tun hat, ist ungeheuer ernst.«

»Was macht sie, wenn du nicht dort bist?«

»Vermutlich dasselbe, was sie macht, wenn ich da bin. Malen. Mit den Vögelchen reden. Lesen. Musik hören. Lesen. Musik hören. Malen. Denken. Lesen. Mir ihren Wagen leihen. Willst du noch mehr über meine Angelegenheiten hören?«

Eine Weile war die Atmosphäre geladen, bis Ben wieder einlenkte. »Ich sag dir was, Ned. Heirate sie.«

»Stefanie?«

»Wen sonst, du Idiot? Das ist eine verdammt gute Idee, wenn ich drüber nachdenke. Mein Vorschlag ist, euch beide zusammenzubringen, damit ihr drüber reden könnt. Du wirst Steff heiraten, Steff wird dich heiraten, und ich werde zu euch ziehen und am Loch angeln gehen.«

Meine Frage rührte von einer kolossalen, aber verzeihlichen Naivität: »Warum heiratest du sie nicht selbst?« fragte ich.

Oder fiel mir erst jetzt, als ich in meiner Wohnung stand und die Dämmerung langsam an den Wänden vorrückte, die Antwort darauf ein? Als ich auf die durchgestrichenen Seiten des vergangenen Junis starrte und mich plötzlich wieder der Gedanke an seinen schrecklichen Brief durchzuckte?

Oder hatte bereits damals, als wir durch die schottische Nacht rasten, die Antwort in Bens Schweigen gelegen? War mir da schon bewußt geworden, daß Ben mir damit sagen wollte, er würde nie eine Frau heiraten?

Und war dies der Grund, warum ich Stefanie aus meinem Bewußtsein verdrängt hatte, sie so tief vergraben hatte, daß nicht einmal Smiley mit all seiner raffinierten Herumwühlerei sie hatte hervorziehen können?

Hatte ich Ben angesehen, als ich ihm meine fatale Frage stellte? Hatte ich ihn angesehen, als er sich weigerte, und zwar beharrlich weigerte, mir eine Antwort zu geben? Hatte ich ihn absichtlich nicht angesehen? Ich hatte mich inzwischen an sein Schweigen gewöhnt, und vielleicht hatte ich ihn dadurch für das vergebliche Warten bestraft, daß ich mich einfach meinen eigenen Gedanken hingab.

Fest stand lediglich, daß Ben meine Frage nie beantwortet und keiner von uns Stefanie je wieder erwähnt hat.

Stefanie, seine Traumfrau, dachte ich, während ich weiter in das Notizbuch starrte. Auf ihrer Insel. Die ihn liebte. Aber mich heiraten sollte.

Die vom Schatten des Todes umgeben war, ohne den Bens Helden offenbar nie auskamen.

Stefanie die Ewige, ein Licht für die Gottlosen, strahlend, unvergleichlich. Stefanie die Deutsche, sein Vorbild und seine Ersatzschwester — vielleicht auch Mutter —, die ihm von ihrem Turm aus winkt und ihm Zuflucht vor seinem Vater anbietet. *Sie müssen sich in Bens Lage versetzen,* hatte Smiley gesagt.

Doch selbst jetzt, mit dem offenen Notizbuch in der Hand, gestand ich mir den schwer faßbaren Augenblick der Offenbarung nicht ein. Eine Idee nahm Gestalt an. Wurde nach und nach zu einer Möglichkeit. Und während mir zu Bewußtsein kam, wie zermürbt ich körperlich und geistig war, verdichtete sich diese Idee ganz allmählich zu einer Überzeugung und schließlich zu einem Entschluß.

Endlich war es Morgen. Ich ging mit dem Staubsauger durch die Wohnung. Wischte Staub und putzte. Dachte über meine Wut nach. Leidenschaftslos, versteht sich. Ich zog noch einmal den Schreibtisch auf, nahm meine entweihten Privatpapiere heraus und verbrannte im Kamin alles, was mir durch das Eindringen von Smiley und dem Personalchef besudelt schien: die Briefe von Mabel, die Ermahnungen meines damaligen Tutors, ›etwas zu tun, was mehr Spaß macht‹ als bloß Ermittlungen fürs Heeresministerium durchzuführen.

All dies tat ich mechanisch, während ich innerlich damit beschäftigt war, wie ich korrekt, moralisch und anständig weiter vorzugehen hätte.

Ben, mein Freund.

Ben, von der Meute verfolgt.

Ben voller Angst und Gott weiß was sonst noch alles.

Stefanie.

Ich badete lange, legte mich dann aufs Bett und sah in den Spiegel auf der Kommode, der so aufgestellt war, daß ich die Straße überblicken konnte. Ich sah zwei Männer in Overalls — das mußten wohl Montys Leute sein —, die irgend etwas Langwieriges mit einem Verteilerkasten anstellten. Smiley hatte gesagt, ich solle das nicht persönlich nehmen. Schließlich wollten sie ja nur Ben in Ketten legen.

Es ist zehn Uhr an demselben langen Vormittag; entschlossen stehe ich neben meinem Hinterfenster und spähe in den verwahrlosten Hof mit dem mit Kreosot desinfizierten Schuppen, der früher einmal das Klo war, und dem Brettertor, das auf die schmutzige Straße führt. Die Straße ist leer. So vollkommen ist Monty also auch nicht.

Die Inneren Hebriden, hatte Ben gesagt. Ein Leibgedingehaus auf den Inneren Hebriden.

Aber auf welcher Insel? Und Stefanie wer? Wenn sie zur deutschen Seite von Bens Familie gehörte und in München gelebt hatte und Bens deutsche Verwandtschaft etwas Besseres war, konnte man davon ausgehen, daß sie wahrscheinlich adlig war.

Ich rief den Personalchef an. Ich hätte auch Smiley anrufen können, aber beim Personalchef fühlte ich mich beim Lügen sicherer. Er erkannte meine Stimme, noch bevor ich eine Chance hatte, meine Sache vorzutragen.

»Haben Sie was gehört?« fragte er scharf.

»Nein. Ich möchte für eine Stunde weg. Geht das?«

»Wohin?«

»Mir fehlt einiges. Was zum Essen. Was zum Lesen. Will nur mal kurz in die Bücherei.«

Der Personalchef war berühmt für sein mißbilligendes Schweigen.

»Sie sind um elf zurück. Rufen Sie mich dann sofort an.«

Zufrieden mit meiner kaltblütigen Vorstellung, verließ ich das Haus durch die Vordertür und kaufte eine Zeitung und Brot. In Schaufenstern beobachtete ich, was sich hinter mir abspielte. Niemand folgte mir, da war ich mir sicher. Ich ging in die öffentliche Bücherei und holte mir bei den Nachschlagewerken eine alte Ausgabe von *Who's Who* und einen zerfledderten *Gotha.* Wer ausgerechnet in Battersea den *Gotha* so viel benutzt haben könnte, fragte ich mich nicht. Als erstes schlug ich im *Who's Who* Bens Vater nach, der außer der Ritterwürde eine ganze Serie von Auszeichnungen erhalten hatte: *›1936 Heirat mit Gräfin Ilse Arno zu Lothringen, ein Sohn Benjamin Arno.‹* Ich nahm mir den *Gotha* und schlug die Arno Lothringens nach. Sie gingen über drei Seiten, aber die entfernte Kusine mit dem Vornamen Stefanie sprang mir sofort ins Auge. Dreist bat ich die Bibliothekarin um ein Telefonbuch von den Inneren Hebriden: Sie hatte keins, erlaubte mir aber, die Auskunft anzurufen; ein Glück, denn mein Apparat wurde mit Sicherheit abgehört. Gegen Viertel vor elf war ich wieder am Telefon in meiner Wohnung und sprach ebenso locker wie vorher mit dem Personalchef.

»Wo sind Sie gewesen?« fragte er.

»Im Zeitungsladen. Und beim Bäcker.«

»Nicht auch in der Bücherei?«

»Bücherei? Ah ja. Ja, da auch.«

»Und was haben Sie sich ausgeliehen, wenn ich fragen darf?«

»Gar nichts. Aus irgendeinem Grund fällt es mir zur Zeit schwer, mich für irgend etwas zu entscheiden. Wie geht es nun weiter?«

Während ich auf eine Auskunft von ihm wartete, fragte ich mich, ob ich zu viele Antworten gegeben hätte, fand dann aber, daß dies nicht der Fall sei.

»Sie warten. Genau wie wir anderen auch.«

»Kann ich in die Zentrale kommen?«

»Warten können Sie genausogut zu Hause.«

»Wenn Sie wollen, könnte ich zu Monty zurückgehen.«

Wahrscheinlich war nur meine allzu wache Fantasie am Werk, aber vor meinem inneren Auge sah ich Smiley neben ihm stehen und ihm sagen, wie er mir antworten sollte.

»Warten Sie, wo Sie sind«, sagte er barsch.

Ich wartete, weiß Gott. Ich tat, als würde ich lesen. Ich hielt Monologe und verfaßte ein bombastisches Kündigungsschreiben an den Personalchef. Ich zerriß den Brief und verbrannte die Fetzen. Ich sah fern, und am Abend legte ich mich aufs Bett, beobachtete im Spiegel den Wachwechsel von Montys Leuten und dachte an Stefanie, an Ben und wieder an Stefanie, die sich jetzt fest in meiner Fantasie eingenistet hatte, immer außerhalb meiner Reichweite, in Weiß gekleidet, Stefanie die Makellose, Bens Beschützerin. Ich war jung, wenn ich Sie daran erinnern darf, und hatte mit Frauen weniger Erfahrung, als man vermutet hätte, wenn man mich hätte reden hören. Der Adam in mir hatte noch immer etwas von einem Kind und sollte nicht mit dem Krieger verwechselt werden.

Ich wartete bis zehn, dann schlich ich mit einer Flasche Wein für Mr. Simpson und seine Frau die Treppe runter, blieb, während sie den Wein tranken, bei ihnen sitzen, wieder vor dem Fernseher. Dann nahm ich Mr. Simpson beiseite.

»Chris«, sagte ich. »Ich weiß, es ist albern, aber mir schnüffelt eine eifersüchtige Dame nach, und ich würde gern durch die Hintertür verschwinden. Hätten Sie was dagegen, mich durch Ihre Küche rauszulassen?«

Eine Stunde später lag ich im Schlafwagenzug nach Glasgow. Ich hatte mich haargenau an die Gegenabwehrmaßnahmen bei Beschattung gehalten und war sicher, daß mir niemand gefolgt war. Dennoch vertrödelte ich im Speisesaal des Glasgower Hauptbahnhofs vorsichtshalber noch einige Zeit bei einer Kanne Tee und hielt nach möglichen Beobachtern Ausschau. Eine weitere Vorsichtsmaßnahme war, daß ich mit einem Taxi nach Helensburgh auf der anderen Seite des Clyde fuhr und dann in den Campbeltown-Bus nach West Loch Tarbert stieg. Außer in der kurzen Sommersaison fuhr die Fähre zu den Inneren Hebriden damals nur an drei Tagen in der Woche. Aber das Glück blieb mir treu: ein Schiff war im Hafen und legte ab, sobald ich an Bord gegangen war, so daß wir am frühen Nachmittag an Jura vorbeifuhren, in Port Askaig anlegten und unter einem im Norden schon dämmernden Himmel wieder in See stachen. Inzwischen gab es nur noch drei Passagiere, ein altes Paar und ich selbst, und als ich, um ihren Fragen auszuweichen, nach oben an Deck gegangen war, bombardierte mich nun der Erste Maat unbekümmert mit Fragen: Ob ich jetzt Urlaub hätte? Ob ich also ein Doktor wäre? Ob ich überhaupt verheiratet wäre? Aber ich war trotzdem in meinem Element. Sobald ich mich auf See befinde, sehe ich alles ganz deutlich, ist mir alles möglich. Ja, dachte ich aufgeregt, während ich die mächtigen Klippen näher kommen sah und über das Gekreische der Möwen lächelte, ja, genau hier würde Ben sich verstekken! Hier können seine wagnerischen Dämonen zur Ruhe kommen!

Sie müssen versuchen, meine damalige unreife Empfänglichkeit für alle Formen nordischer Abgeschiedenheit zu begreifen und zu entschuldigen. Ich jagte dem nach, wovon Ben getrieben wurde. Die mythische Insel — es hätte die Ossians sein sollen! —, die wirbelnden Wolken und die wildbewegte See, die Priesterin auf ihrem einsamen Schloß — ich konnte nicht genug davon bekommen. Ich steckte mitten in meiner romantischen Phase und hatte meine Seele schon an Stefanie verloren, ehe ich sie kennengelernt hatte.

Das Leibgedingehaus befinde sich auf der anderen Seite der Insel, erklärte man mir im Laden, ich solle besser den jungen Fergus bitten, mich in seinem Jeep hinzufahren. Der junge Fergus war, wie sich herausstellte, siebzig, mindestens. Wir fuhren durch ein zerfallendes Eisentor. Ich bezahlte den jungen Fergus und läutete. Die Tür ging auf; eine blonde Frau starrte mich an.

Sie war groß und schlank. Wenn es wirklich stimmte, daß sie in meinem Alter war — und es stimmte —, verfügte sie über eine Autorität, die ich vielleicht haben werde, wenn ich doppelt so alt bin. Sie war nicht in Weiß gekleidet, sondern trug einen dunkelblauen, mit Farbe beschmierten Kittel. In einer Hand hielt sie einen Malerspachtel, und als ich sprach, hob sie ihn und schob sich mit der Rückseite des Handgelenks eine verirrte Haarsträhne aus der Stirn. Dann ließ sie den Spachtel wieder sinken, und lange nachdem ich aufgehört hatte zu sprechen, hörte sie mir noch zu, sann über den Widerhall meiner Worte in ihrem Kopf nach und verglich sie mit dem Mann oder Jungen, der da vor ihr stand. Aber das Seltsamste dieses Augenblicks ist zugleich auch am schwierigsten zu beschreiben. Und zwar, daß Stefanie der Gestalt meiner Fantasie viel näherkam, als man glauben könnte. Ihre Blässe, ihre Ausstrahlung unverdorbener Aufrichtigkeit und innerer Stärke, gepaart mit einer geradezu bemitleidenswerten Zerbrechlichkeit, entsprachen so genau meiner Erwartung, daß ich, wäre ich ihr zufällig irgendwo anders begegnet, sofort gewußt hätte: das ist Stefanie.

»Ich heiße Ned«, sagte ich in ihre Augen. »Ich bin ein Freund von Ben. Auch ein Kollege. Ich bin allein. Niemand weiß, daß ich hier bin.«

Eigentlich hatte ich so weiterreden wollen. Ich hatte eine schwülstige Rede im Kopf, die darauf hinauslief wie: »Bitte sagen Sie ihm, was auch immer er getan hat, es spielt keine Rolle für mich.« Aber ihr unverwandt auf mich gerichteter Blick hielt mich davon ab.

»Wen interessiert es denn, daß Sie hier sind, und wer weiß das nicht?« fragte sie. Sie sprach akzentfrei, aber mit einem deutschen Tonfall, mit winzigen Pausen vor den offenen Vokalen. »Er versteckt sich nicht. Wer außer Ihnen sucht ihn denn? Weshalb sollte er sich verstekken?«

»Soviel ich weiß, könnte er irgendwelche Schwierigkeiten haben«, sagte ich und folgte ihr ins Haus.

Die Vorhalle war halb Atelier, halb provisorisches Wohnzimmer. Die meisten Möbel waren mit Laken abgedeckt. Auf dem Tisch standen die Reste einer Mahlzeit: zwei Becher, zwei Teller, beide benutzt.

»Was denn für Schwierigkeiten?« fragte sie.

»Das hat mit seiner Arbeit in Berlin zu tun. Ich dachte, er hätte Ihnen vielleicht davon erzählt.«

»Er hat mir gar nichts erzählt. Er hat mit mir nie über seine Arbeit gesprochen. Vielleicht weiß er, daß mich das nicht interessiert.«

»Darf ich fragen, worüber er denn redet?«

Sie dachte darüber nach. »Nein.« Und dann, wie einlenkend: »Zur Zeit redet er überhaupt nicht mit mir. Anscheinend ist er Trappist geworden. Aber warum auch nicht? Manchmal sieht er mir beim Malen zu, manchmal geht er angeln, manchmal essen wir zusammen oder trinken Wein. Er schläft ziemlich viel.«

»Seit wann ist er hier?«

Sie zuckte die Schultern. »Drei Tage?«

»Ist er direkt aus Berlin gekommen?«

»Er ist mit dem Schiff gekommen. Da er nichts sagt, weiß ich auch nicht mehr.«

»Er ist verschwunden«, sagte ich. »Das hat einen Riesenwirbel verursacht. Die haben geglaubt, er würde bei mir auftauchen. Von Ihnen wissen sie wohl noch nichts.«

Sie hörte mir wieder zu, lauschte erst meinen Worten

und dann meinem Schweigen. Wie ein horchendes Tier. Verlegenheit war ihr nicht anzumerken. Das ist die Autorität des Leidens, dachte ich, als mir der Selbstmord ihres Geliebten einfiel: kleine Kümmernisse erreichen sie nicht mehr.

»*Die*«, wiederholte sie verwirrt. »Wer? Was sollte es denn über mich Besonderes zu wissen geben?«

»Ben hat geheimdienstlich gearbeitet«, sagte ich.

»*Ben?*«

»Wie sein Vater«, sagte ich. »Er war ungeheuer stolz darauf, in die Fußstapfen seines Vaters zu treten.«

Sie war schockiert und erregt. »Warum? Für wen? *Geheimdienstliche* Arbeit? So ein Idiot!«

»Für den britischen Geheimdienst. Er war in Berlin als Mitarbeiter des Militärberaters, aber seine eigentliche Tätigkeit war nachrichtendienstlich.«

»*Ben?*« sagte sie, während sich auf ihrem Gesicht Widerwille und Unglaube zeigten. »Wo er soviel *lügen* muß? Ben?«

»Ja, leider. Aber das war seine Pflicht.«

»Wie *schrecklich.*«

Ihre Staffelei stand mit der Rückseite zu mir. Stefanie stellte sich dahinter und begann ihre Farben zu mischen.

»Wenn ich nur mit ihm reden könnte«, sagte ich, aber sie tat, als sei sie zu sehr in ihre Malerei vertieft, um mir zuzuhören. Die Rückseite des Hauses ging auf Grasland mit ein paar Bäumen hinaus, dahinter war eine Reihe vom Wind verkrümmter Kiefern zu sehen. Jenseits der Kiefern lag, umgeben von kleinen malvenfarbenen Hügeln, ein Loch. Auf einem verfallenen Steg am Ufer gegenüber entdeckte ich einen Angler. Er angelte, ohne aber seine Angel auch nur einmal neu auszuwerfen. Ich weiß nicht, wie lange ich ihn beobachtet habe, jedenfalls lange genug, um zu wissen, daß es Ben war und daß ihm nichts daran lag, Fische zu fangen. Ich schob die Verandatür auf und trat in den Garten. Ein kalter Wind kräuselte die Oberfläche des Loch, als ich auf Zehenspitzen über den Steg ging. Er trug eine Tweedjacke, die ihm viel zu weit war. Ich vermutete, daß sie Stefanies totem Liebhaber gehört hatte. Und einen Hut, einen grünen Filzhut, der — wie jeder Hut auf Bens Kopf — so aussah, als sei er eigens für ihn angefertigt. Ben drehte sich nicht um, obwohl er meine Schritte gespürt haben mußte. Ich stellte mich neben ihn.

»Das einzige, was du auf diese Weise fangen wirst, ist eine Lungenentzündung, du deutscher Idiot«, sagte ich.

Sein Gesicht war abweisend, also blieb ich neben ihm stehen, sah mit ihm aufs Wasser und spürte, wie er mich mit der Schulter anstieß, als der schaukelnde Steg uns unbekümmert gegeneinanderwarf. Das Wasser wurde dunkler, der Himmel hinter den Bergen grau. Ein paarmal sah ich den roten Schwimmer seiner Angelschnur unter der öligen Oberfläche verschwinden. Doch falls ein Fisch angebissen hatte, machte Ben keine Anstalten, ihn auszappeln zu lassen oder einzuholen. Im Haus gingen die Lichter an, und ich sah Stefanies Gestalt vor der Staffelei, sie machte einen Pinselstrich, trat dann zurück, das Handgelenk an der Stirn. Es wurde kalt, die Nacht sank herab, doch Ben rührte sich nicht. Wir kämpften gegeneinander, es war ein Wettkampf wie während unserer Ausbildung. Ich war der Herausforderer, Ben der Verweigernde. Nur einer von uns konnte seinen Willen haben. Und wenn ich die ganze Nacht und den ganzen Tag brauchen würde und wenn ich dabei verhungern würde, ich war entschlossen, nicht nachzugeben, bis er mich zur Kenntnis genommen hatte.

Ein Halbmond ging auf, dann Sterne. Der Wind legte sich, silbriger Bodennebel stieg aus der dunklen Heide. Und noch immer standen wir da und warteten, daß einer von uns kapitulierte. Ich war schon fast im Stehen eingeschlafen, als ich seine Spule klappern hörte; der Schwimmer hob sich aus dem Wasser, die leere Schnur darunter blitzte im Mondlicht. Ich rührte mich nicht und sagte kein Wort. Ich ließ ihn kurbeln und den Haken befestigen. Ich wartete, bis er sich zu mir herumdrehte, denn das mußte er, wenn er an mir vorbei den Steg verlassen wollte.

Wir standen uns im Mondlicht gegenüber. Ben blickte nach unten, anscheinend versuchte er herauszufinden, wie er um meine Füße herumgehen könnte. Sein Blick wanderte hinauf zu meinem Gesicht, doch seine Miene änderte sich nicht. Seine verschlossenen Züge blieben verschlossen. Falls sie überhaupt etwas verrieten, dann Wut.

»Na denn«, sagte er, »Auftritt des dritten Mörders.«

Diesmal lachte keiner von uns.

Sie muß unser Kommen gespürt und sich entfernt haben. Aus einem anderen Teil des Hauses hörte ich Musik. Als wir in die Vorhalle kamen, ging Ben auf die Treppe zu, aber ich packte ihn am Arm.

»Du mußt mir alles erzählen«, sagte ich. »Einen besseren als mich wirst du niemals finden. Ich bin desertiert, um hierherzukommen. Du mußt mir sagen, was mit dem Netz passiert ist.«

Hinter der Vorhalle lag ein langgestreckter Salon mit geschlossenen Fensterläden; auch hier waren die Sofas mit Laken abgedeckt. Es war kalt, aber Ben trug noch immer seine Jacke und ich meinen Übermantel. Ich klappte die Läden auf und ließ das Mondlicht herein. Instinktiv spürte ich, daß irgend etwas Helleres ihn stören würde. Die Musik war ganz in unserer Nähe. Ich nahm an, es war Grieg, war mir aber nicht sicher. Ben sprach ohne Reue, und es brachte ihm auch keine Erleichterung. Ich wußte, er hatte sich selbst Tag und Nacht genug gebeichtet. Mit der Musik im Hintergrund sprach er mit der leblosen Stimme eines Mannes, der eine Katastrophe schildert, von der er weiß, daß niemand, der nicht selbst dabei war, sie begreifen kann. Er konnte nichts mehr mit sich anfangen. Der strahlende Held hatte den Kampf ums Überleben aufgegeben. Vielleicht war er seiner

Schuld ein wenig überdrüssig. Er sprach kurz und knapp. Ich glaubte, er wollte, daß ich ging.

»Haggarty ist ein Arschloch«, sagte er. »Weltklasse. Er ist ein Dieb, ein Trinker, ein Vergewaltiger. Seine einzige Rechtfertigung waren Seidls Agenten. Die Zentrale hat versucht, ihn zum Aufgeben zu überreden und Seidl neuen Leuten zu unterstellen. Der erste Neue war ich. Haggarty beschloß, es mich spüren zu lassen, daß ich ihm seine Agenten weggenommen habe.«

Er beschrieb die vorsätzlichen Beleidigungen, die aufeinanderfolgenden Nachtdienste und Wochenenden, die feindseligen Berichte, die an Haggartys Anhänger in der Zentrale weitergeleitet wurden.

»Anfangs weigerte er sich, mir irgend etwas über den Agentenring zu erzählen. Nach einem Anpfiff der Zentrale hat er mir dann alles erzählt. Die ganzen fünfzehn Jahre. Jedes winzige Detail aus ihrem Leben, sogar von den Joes, die im Einsatz ums Leben gekommen waren. Schickte mir Berge von Akten, alle voller Anstreichungen und Querverweise. Lesen Sie das, bedenken Sie dies. Wer ist sie? Wer ist er? Merken Sie sich diese Adresse, diesen Namen, diese Decknamen, diese Symbole. Fluchtwege. Rückzugsorte. Kennungskodes und Sicherheitsmaßnahmen für die Funkkontakte. Dann hat er mich abgefragt. Ist mit mir in den abhörsicheren Raum gegangen, hat sich mir gegenübergesetzt und mich ausgequetscht. ›Sie sind noch nicht soweit. Wir können Sie erst rüberschicken, wenn Sie das ganze Zeug im Kopf haben. Am besten bleiben Sie übers Wochenende hier und büffeln weiter. Am Montag prüfe ich Sie noch einmal.‹ Das Agentennetz war sein Leben. Er wollte, daß ich mich dem nicht gewachsen fühlte. Ich fühlte mich dem gewachsen, und ich war es auch.« Aber die Zentrale ließ sich von Haggartys Schikanen ebensowenig einschüchtern wie Ben. »Ich war für die Prüfung gerüstet«, sagte er.

Während der Tag seines ersten Treffens mit Seidl näherrückte, erarbeitete sich Ben ein System von Gedächtnisstützen und Akronymen, mit dessen Hilfe er die fünfzehnjährige Geschichte des Agentenrings in den Griff bekam. Tag und Nacht hockte er in seinem Büro im Berliner Hauptquartier, entwarf Bewußtseinstabellen und Kommunikationslisten und tüftelte Systeme aus, um die Aliasnamen, Decknamen, Privatadressen und Arbeitsstellen der Agenten, Unteragenten, Kuriere und Mitarbeiter auswendig zu lernen. Dann übertrug er seine Daten auf gewöhnliche Postkarten, beschrieb nur eine Seite. Auf der anderen Seite vermerkte er das zugehörige Stichwort: ›tote Briefkästen‹, ›Gehälter‹, ›sichere Häuser‹. Jeden Abend, bevor er in seine Wohnung ging oder sich im Krankenzimmer des Hauptquartiers hinlegte, spielte er mit sich selbst Memory, indem er die Karten umgedreht auf seinen Schreibtisch legte und dann das, was er noch wußte, mit den Daten auf der anderen Seite verglich.

»Geschlafen habe ich nicht viel, aber das ist nichts Ungewöhnliches«, sagte er. »Dann kam der Tag, und ich habe überhaupt nicht geschlafen. Die ganze Nacht mein Zeug gebüffelt, mich anschließend auf die Couch gelegt und die Decke angestarrt. Als ich aufstand, konnte ich mich an nichts mehr erinnern. So eine An Gedächtnislähmung. Ich bin in mein Zimmer gegangen, hab' mich an den Schreibtisch gesetzt, den Kopf in die Hände gestützt und mir Fragen gestellt. ›Wenn Deckname Margaret-Strich-zwei sich beobachtet fühlt, wen kontaktiert er dann, und was unternimmt sein Kontaktmann?‹ Die Antwort war absolut gleich null.

Haggarty kam rein und fragte, wie ich mich fühlte, und ich sagte: ›Prima.‹ Gerechterweise muß man sagen, er wünschte mir Glück, und ich glaube, er meinte es ernst. Ich hatte gedacht, er würde mir irgendeine Fangfrage stellen, und war schon kurz davor, ihm zu sagen, er solle sich zum Teufel scheren. Statt dessen sagte er bloß auf deutsch: ›Komm gut heim‹ und klopfte mir auf die Schulter. Ich steckte mir die Karten in die Tasche. Frag mich nicht, warum. Ich hatte Angst, was falsch zu machen. Das steht doch hinter all unseren Handlungen, oder? Ich hatte Angst, was falsch zu machen, und ich haßte Haggarty, und Haggarty hatte mich in die Zange genommen. Ich hatte noch etwa zweihundert andere Gründe, warum ich die Karten einsteckte, aber die sind alle nicht sehr hilfreich. Vielleicht war das meine Methode, Selbstmord zu begehen. Die Vorstellung gefällt mir nicht schlecht. Jedenfalls nahm ich die Karten und bin damit über die Grenze. Wir fuhren in einer speziell umgebauten Limousine. Ich saß hinten, mein Double war unterm Sitz versteckt. Selbstverständlich durften die Vopos uns nicht durchsuchen. Trotzdem ist es eine verdammt haarige Sache, während man um eine scharfe Kurve biegt, mit einem Double zu tauschen. Man muß sich praktisch aus dem Wagen rollen. Seidl hatte mir ein Fahrrad bereitgestellt. Er schwört auf Fahrräder. Als er in englischer Kriegsgefangenschaft war, hatten ihm seine Wächter immer eins geliehen.«

Smiley hatte mir die Geschichte bereits erzählt, aber ich ließ sie mir von Ben noch einmal erzählen.

»Ich hatte die Karten in der Jackentasche«, fuhr er fort. »Meiner inneren Jackentasche. Es war einer dieser glühendheißen Berliner Tage. Ich glaube, ich habe mir beim Radfahren die Jacke aufgeknöpft. Weiß nicht mehr. Wenn ich mich daran zu erinnern versuche, habe ich sie mal aufgeknöpft, mal nicht. So was passiert mit dem Gedächtnis, wenn du es überforderst. Es denkt sich alle möglichen Versionen aus. Ich kam etwas zu früh zu dem Treffen, überprüfte die Autos, den üblichen Mist, und bin dann reingegangen. Inzwischen hatte ich alles wieder parat. Das lag nur daran, daß ich die Karten mitgenommen hatte. Ich brauchte sie nicht mehr. Seidl ging es gut. Mir ging es gut. Wir erledigten unsere Angelegenheiten, ich instruierte ihn, gab ihm etwas Geld — alles genau wie in Sarratt. Dann bin ich zum Treffpunkt zurückgefahren, hab'das Fahrrad abgestellt, bin in den Wagen geschlüpft, und als wir nach West-Berlin rüberfuhren, merkte ich, daß die Karten weg waren. Ich vermißte das Gewicht oder daß etwas drückte oder was weiß ich. Ich war in Panik, aber das bin ich immer. Tief in mir bin ich ständig in Panik. So bin ich nun mal. Nur war diesmal die Panik größer. Ich ließ mich vor meiner Wohnung absetzen und wählte Seidls Notfallnummer. Niemand nahm ab. Ich versuchte es bei der Reserve. Keine Antwort. Ich versuchte es bei seiner Vertretung, einer Frau namens Lotte. Keine Antwort. Und da habe ich ein Taxi nach Tempelhof genommen, mich diskret verdrückt und hierher durchgeschlagen.«

Plötzlich war nur noch Stefanies Musik zu hören. Ben war mit seiner Geschichte fertig. Zunächst merkte ich gar nicht, daß das alles war. Ich wartete, starrte ihn an, hoffte, daß er weiterreden würde. Ich hatte zumindest eine Entführung erwartet — wilde ostdeutsche Geheimpolizisten, die hinten in seinem Wagen auftauchten, ihn niederschlugen und mit Chloroform betäubten, während sie seine Taschen plünderten. Nur ganz langsam ging mir die entsetzliche Banalität dessen auf, was er mir da erzählt hatte: daß man ein Agentennetz genauso einfach verlieren kann wie einen Schlüsselbund, ein Scheckheft oder ein Taschentuch. Ich sehnte mich nach etwas Erhabenerem, aber er hatte mir nichts Derartiges zu bieten.

»Also, wo hattest du sie zuletzt?« fragte ich einfältig; als hätte ich ein Kind nach seinen verlorenen Schulbüchern gefragt, aber ihm machte das nichts aus, er hatte keinen Stolz mehr.

»Die Karten?« fragte er. »Vielleicht auf dem Fahrrad. Vielleicht, als ich mich aus dem Wagen gerollt habe. Vielleicht, als ich wieder reingesprungen bin. Das Fahrrad wird mit einer Kette ums Rad abgeschlossen. Um sie anzubringen und abzunehmen, mußte ich mich bücken. Vielleicht dabei. Das ist wie mit allem anderen, was man verliert. Bis man es wiederfindet, hat man keine Ahnung. Hinterher ist die Sache klar. Aber es hat kein Hinterher gegeben.«

»Glaubst du, daß du verfolgt wurdest?«

»Keine Ahnung. Wirklich keine Ahnung.«

Ich wollte ihn fragen, wann er seinen Liebesbrief an mich geschrieben hatte, aber ich konnte mich nicht dazu überwinden. Im übrigen glaubte ich die Antwort zu kennen. Während eines seiner Besäufnisse, als Haggarty mit ihm Schlitten fuhr und er völlig verzweifelt war. Eigentlich wollte ich von ihm hören, daß er ihn nie geschrieben hatte. Ich wollte die Uhr zurückdrehen, die Dinge sollten wieder so sein wie noch vor einer Woche. Aber die einfachen Fragen waren mit den einfachen Antworten gestorben. Unser beider Kindheit war für immer vorbei.

Sie müssen das Haus umstellt haben, und ganz bestimmt haben sie nicht geläutet. Als ich die Läden aufmachte, um das Mondlicht hereinzulassen, stand Monty wahrscheinlich draußen vorm Fenster; denn als er es für nötig hielt, stieg er einfach ins Zimmer. Er sah verlegen aus, aber entschlossen.

»Das war hervorragende Arbeit, Ned«, sagte er tröstend. »Die Bücherei hat Sie verraten. Ihre hübsche Bibliothekarin hatte richtig Feuer gefangen. Ich glaube, wenn wir sie gelassen hätten, wäre sie mitgekommen.«

Skordeno folgte ihm, und dann erschien in der anderen Tür mit jener Entschuldigung heischenden Miene, die seine grausamsten Taten oft zu begleiten pflegte, Smiley. Und ich erkannte ohne sonderlich große Verblüffung, daß ich alles getan hatte, was er von mir erwartet hatte. Ich hatte mich in Bens Lage versetzt und sie zu meinem Freund geführt. Auch Ben schien nicht besonders überrascht zu sein. Vielleicht war er erleichtert. Monty und Skordeno nahmen neben ihm Aufstellung, doch Ben blieb zwischen den Schonbezügen sitzen, die Tweedjacke wie eine Decke um sich gewickelt. Skordeno klopfte ihm auf die Schulter; dann beugten sich Monty und Skordeno vor und hoben ihn wie zwei gut eingespielte Möbelpacker sacht auf die Füße. Als ich Ben beteuerte, daß ich ihn nicht wissentlich verraten hätte, schüttelte er den Kopf, als wollte er sagen, das spiele keine Rolle. Smiley trat zur Seite, um sie vorbeizulassen. Sein kurzsichtiger Blick war fragend auf mich gerichtet.

»Wir haben ein Schiff gechartert«, sagte er.

»Ich komme nicht mit«, gab ich zur Antwort.

Ich wandte den Blick von ihm ab, und als ich wieder hinsah, war er verschwunden. Ich hörte, wie der Jeep über den Weg davonrumpelte. Ich folgte der Musik durch die leere Vorhalle in ein Arbeitszimmer, das vollgestopft war mit Büchern und Zeitschriften; der Boden war übersät mit Manuskriptblättern, die zu einem Roman zu gehören schienen. Sie saß seitwärts in einem tiefen Sessel. Sie trug jetzt einen Morgenrock, und das hellblonde Haar hing ihr lose auf die Schultern. Sie war barfuß und hob bei meinem Eintreten nicht den Kopf. Sie sprach mit mir, als hätte sie mich schon ihr Leben lang gekannt, und wenn man bedachte, daß ich Bens Vertrauter war, traf dies wohl auch zu. Sie schaltete die Musik aus.

»Waren Sie sein Liebhaber?« fragte sie.

»Nein. Er hätte das gern gehabt. Das ist mir jetzt klar.«

Sie lächelte. »So wie *ich* ihn gern zum Liebhaber gehabt hätte, aber das war wohl auch nicht möglich«, sagte sie.

»Scheint so.«

»Hatten Sie schon Frauen, Ned?«

»Nein.«

»Und Ben?«

»Keine Ahnung. Ich glaube, er hat's versucht. Nehme an, es ging nicht.«

Sie holte tief Luft, und Tränen liefen ihr über Wangen und Hals. Die Augen fest zugedrückt, stand sie auf und streckte mir wie eine Blinde die Arme entgegen. Ihr Körper preßte sich an meinen, zitternd und weinend vergrub sie ihren Kopf an meiner Schulter. Ich legte die Arme um sie, aber sie schob mich weg und führte mich zum Sofa.

»Wer hat ihn dazu gebracht, einer von euch zu werden?« fragte sie.

»Niemand. Es war seine eigene Entscheidung. Er wollte seinem Vater nacheifern.«

»Nennt man so was eine Entscheidung?«

»In gewissem Sinne, ja.«

»Und du, bist du auch ein Freiwilliger?«

»Ja.«

»Wem willst *du* nacheifern?«

»Keinem.«

»Ben war für ein solches Leben nicht geeignet. Die hatten keinen Anlaß, sich von ihm einnehmen zu lassen. Er war zu überzeugend.«

»Ich weiß.«

»Und du? Hast du sie nötig, um einen Mann aus dir zu machen?«

»So etwas muß nun einmal getan werden.«

»Um einen Mann aus dir zu machen?«

»Die Arbeit. Das ist wie Mülltonnen leeren oder im Krankenhaus putzen. Irgend jemand muß das tun. Wir können nicht so tun, als gebe es das nicht.«

»O doch, ich denke, das können wir.« Sie nahm meine Hand und verschränkte ihre Finger steif mit meinen. »Bei vielen Dingen tun wir so, als gäbe es sie nicht. Oder wir tun so, als ob andere Dinge wichtiger wären. So überleben wir. Lügner werden wir mit Lügen nicht täuschen können. Übernachtest du hier?«

»Ich muß zurück. Ich bin nicht Ben. Ich bin ich. Ich bin sein Freund.«

»Ich möchte dir was sagen, Ned. Darf ich? Es ist sehr gefährlich, mit der Wirklichkeit zu spielen. Denk immer daran.«

Da ich keine Vorstellung von unserem Abschied habe, vermute ich, er war so schmerzlich, daß mein Gedächtnis sich ihm verweigert hat. Ich weiß nur noch, daß ich die Fähre bekommen mußte. Da kein Jeep auf mich wartete, ging ich zu Fuß. Ich erinnere mich an das Salz ihrer Tränen und den Duft ihres Haars, während ich durch den Nachtwind lief, an die schwarzen Wolken, die sich um den Mond ballten, und das Donnern der See, als ich um die Felsbucht herumging. Ich erinnere mich an die Landspitze und den gedrungenen kleinen erleuchteten Dampfer, der kurz vorm Ablegen war. Und ich weiß, daß ich während der ganzen Fahrt auf dem Vorderdeck stand und daß Smiley am Ende der Fahrt neben mir stand. Inzwischen mußte er Bens Geschichte gehört haben und an Deck gekommen sein, um mich stumm zu trösten.

Ich habe Ben nie wiedergesehen — sie hielten ihn beim Aussteigen von mir fern —, doch als ich hörte, daß man ihn aus dem Service entlassen habe, schrieb ich Stefanie und bat sie, mir zu sagen, wo er sich befinde. Mein Brief kam zurück mit dem Vermerk ›Verzogen‹.

Ich hätte Ihnen gern berichtet, daß Ben nicht der Urheber der Zerstörung des Agentennetzes war, weil Bill Haydon es schon viel früher verraten hatte. Oder noch besser, daß uns überhaupt die Ostdeutschen oder die Russen das Netz aufgebaut hätten, um uns zu beschäftigen und mit Falschinformationen zu füttern. Aber ich fürchte, die Wahrheit sieht anders aus, denn in jenen Tagen war Haydons Zugang durch die Aufteilung der Bereiche begrenzt, und seine Arbeit führte ihn nicht nach Berlin. Smiley hatte Bill nach dessen Verhaftung sogar gefragt, ob er seine Hand dabei im Spiel gehabt habe, und Bill hatte nur gelacht.

»Jahrelang habe ich versucht, mich in dieses Netz reinzuhängen«, hatte er geantwortet. »Als ich hörte, was passiert war, hatte ich verdammt große Lust, dem jungen Cavendish einen Blumenstrauß zu schicken, aber ich nehme an, das wäre etwas riskant gewesen.«

Das Beste, was ich Ben erzählen könnte, wenn ich ihn heute träfe, ist, daß ihm, wenn er damals das Netz nicht gesprengt hätte, Haydon ein paar Jahre später diese Arbeit abgenommen hätte. Das Beste, was ich Stefanie erzählen könnte, ist, daß sie auf ihre Art recht hatte, ich freilich ebenfalls, und daß ich ihre Worte immer in Erinnerung behalten habe, auch nachdem ich sie längst nicht mehr als der Weisheit letzter Schluß betrachtete. Selbst wenn ich nie begriffen habe, wer sie eigentlich war — ob sie gewissermaßen eher zu Bens Rätsel gehörte als zu meinem eigenen —, war sie dennoch die erste all der Sirenen, deren Warnung mir im Ohr klang, daß meine Mission durchaus zweischneidig sei. Manchmal frage ich mich, was ich für sie gewesen sein mag, aber ich fürchte, das weiß ich nur zu gut: ein unreifer Junge, ein zweiter Ben, unerfahren im Leben, einer, der Schwäche mit vermeintlicher Stärke überspielt und in einer klosterartigen Welt Zuflucht sucht.

Vor kurzem bin ich nach Berlin zurückgekommen, nur wenige Wochen, nachdem die Mauer für überholt erklärt worden war. Anlaß war, daß ich noch den Rest einer alten Angelegenheit zu erledigen hatte, und die Personalabteilung bezahlte mir mit Vergnügen den Flug. Es hatte sich so ergeben, daß ich offiziell nie dort stationiert, aber häufig zu Besuch in Berlin gewesen war, und für uns alte kalte Krieger ist ein Aufenthalt in Berlin wie eine Rückkehr an die Quelle. Und an einem feuchten Nachmittag stand ich nun an jenem schmutzigen Stückchen Zaun, das so pompös Mauer der Unbekannten genannt wird — das Denkmal für jene Leute, die in den sechziger Jahren bei Fluchtversuchen getötet wurden und von denen einige nicht so weitblickend waren, im voraus ihren Namen anzugeben. Ich stand in einer jämmerlichen Gruppe von Ostdeutschen, hauptsächlich Frauen, und ich bemerkte, daß sie die Inschriften auf den Kreuzen lasen: Unbekannter, erschossen an dem und dem Tag im Jahr 1965.

Sie suchten nach Hinweisen, verglichen die Daten mit dem wenigen, was sie wußten.

Und ich hatte die krankmachende Vorstellung, daß sie womöglich nach einem von Bens Agenten suchten, der fünf vor zwölf in die Freiheit zu entkommen versucht hatte und gescheitert war. Und diese Vorstellung wurde noch verwirrender, als ich überlegte, daß nicht mehr wir westlichen Alliierten, sondern Ostdeutschland selbst jetzt darum kämpfte, die eigene Existenz auszulöschen.

Die Gedenkstätte gibt es jetzt nicht mehr. Vielleicht wird sie einen Winkel in irgendeinem Museum finden, aber das bezweifle ich. Als die Mauer fiel — in Stücke gehackt, verkauft —, fiel das Denkmal gleich mit, und das erscheint mir als ein angemessener Kommentar zur Wandelbarkeit der menschlichen Beständigkeit.

4

Wieder einmal fragte jemand Smiley nach Verhörtechniken. Diese Frage tauchte im Lauf des Abends öfter auf — hauptsächlich, weil Smileys Zuhörer ihm weitere Fallgeschichten entlocken wollten, Kinder sind gnadenlos.

»Ach, es ist schon eine gewisse Kunst, einen Lügner zu überführen«, räumte Smiley zweifelnd ein und nippte an seinem Glas. »Aber die wirkliche Kunst besteht darin, die Wahrheit zu erkennen, und das ist wesentlich schwieriger. Im Verhör verhält sich niemand normal. Dumme Leute verhalten sich intelligent. Intelligente Leute verhalten sich dumm. Die Schuldigen wirken wie die Unschuld selbst, die Unschuldigen wirken schrecklich schuldig. Und nur ganz selten geben sich die Leute, wie sie wirklich sind, und sagen die Wahrheit, wie sie sie kennen, und das sind natürlich die armen Hunde, die jedesmal erwischt werden. In unserem elenden Gewerbe ist niemand weniger überzeugend als ein unbescholtener Mann, der nichts zu verbergen hat.«

»Außer vielleicht eine unbescholtene Frau«, murmelte ich vor mich hin.

George hatte mich an Bella und den undurchsichtigen Seekapitän Brandt erinnert.

Er war ein großer, derber, flachsblonder Bursche, dem ersten Eindruck nach Slawe oder Skandinavier, mit dem schlingernden Gang eines Seemannes und dem in die Ferne gerichteten Blick eines Abenteurers. Kennengelernt hatte ich ihn in Zürich, wo er mit der Polizei aneinandergeraten war. Der Polizeichef der Stadt rief mich mitten in der Nacht an und sagte: »Herr Konsul, wir haben hier jemand, der behauptet, Informationen für die Briten zu haben. Wir haben Anweisung, ihn am Morgen über die Grenze abzuschieben.«

Ich fragte mich, welche Grenze. Die Schweizer haben vier, aber wenn sie jemand rausschmeißen, sind sie nicht wählerisch. Ich fuhr zum Bezirksgefängnis und traf den Mann in einem vergitterten Sprechzimmer: ein eingesperrter Riese im Rollkragenpullover, er stellte sich als Seekapitän Brandt vor, was seine persönliche Version von Kapitän zur See zu sein schien.

»Sie sind weit weg von der See«, sagte ich, als ich seine große gepolsterte Hand schüttelte.

Was nun die Schweizer betraf, so hatte er alles Unrecht auf seiner Seite. Er hatte ein Hotel betrogen, was in der Schweiz ein so abscheuliches Verbrechen ist, daß es dafür einen eigenen Paragraphen im Strafgesetzbuch gibt. Er hatte einen Aufruhr verursacht, er war völlig abgebrannt, und sein westdeutscher Paß hielt einer Überprüfung nicht stand — auch wenn die Schweizer das nicht laut sagen wollten, da ein gefälschter Paß ihre Chancen, ihn in ein anderes Land abzuschieben, beeinträchtigen konnte. Er war betrunken und ohne festen Wohnsitz aufgegriffen worden und gab die Schuld daran einem Mädchen. Er hatte jemand den Kiefer eingeschlagen. Und er bestand darauf, mit mir allein zu sprechen.

»Sie Brite?« fragte er in englisch, vermutlich, um unser Gespräch vor den Schweizern geheimzuhalten; dabei sprachen die besser Englisch als er.

»Ja.«

»Beweisen, bitte.«

Ich zeigte ihm meine offizielle Legitimation, die mich als Vizekonsul für Wirtschaftsangelegenheiten auswies.

»Sie arbeiten für britischen Nachrichtendienst?« fragte er.

»Ich arbeite für die britische Regierung.«

»Okay, okay«, sagte er und ließ den Kopf plötzlich erschöpft auf die Hand sinken, so daß sein langes blondes

Haar nach vorn fiel und er es mit einer Armbewegung wieder nach hinten werfen mußte. Er hatte ein zerknautschtes und vernarbtes Gesicht wie ein Boxer.

»Sie schon mal im Gefängnis gewesen?« fragte er und starrte den geschrubbten weißen Tisch an.

»Gott sei Dank, nein.«

»Jesus«, sagte er und erzählte mir dann in schlechtem Englisch seine Geschichte.

Er war Lette, in Riga geboren, ein Elternteil aus Lettland, der andere aus Polen. Er sprach Lettisch, Russisch, Polnisch und Deutsch. Er war für die See geboren, wie ich sofort spürte; das verband uns. Sein Vater und Großvater waren zur See gefahren, er hatte sechs Jahre bei der sowjetischen Marine gedient und von Archangelsk aus das Nördliche Eismeer und von Wladiwostok aus das Japanische Meer befahren. Vor einem Jahr war er nach Riga zurückgekehrt, hatte sich ein kleines Schiff gekauft und mit Hilfe skandinavischer Fischer angefangen, billigen russischen Wodka an der Ostseeküste entlang nach Finnland zu schmuggeln. Er wurde erwischt und kam in ein Gefängnis bei Leningrad, brach aus und fuhr als blinder Passagier nach Polen, wo er illegal mit einer polnischen Studentin in Krakau zusammenlebte. Ich gebe Ihnen dies genau so wieder, wie er es mir erzählt hat, als ob eine Flucht als blinder Passagier von Rußland nach Polen etwas so Selbstverständliches wäre wie eine Fahrt mit dem Bus Nr. 11 oder ein Gang in die nächste Kneipe. Auch wenn ich nur wenig von den Schwierigkeiten wußte, die er dabei zu überwinden hatte, war mir klar, daß dies eine außerordentliche Leistung war — zumal es ihm noch ein zweitesmal gelang. Denn als das Mädchen ihn sitzenließ, um einen Handelsvertreter aus der Schweiz zu heiraten, schlug er sich wieder zur Küste durch und fuhr nach Malmö und von dort nach Hamburg, wo ein entfernter Vetter von ihm lebte; dieser Vetter war allerdings so entfernt, daß er ihn gleich wieder rauswarf. Vorher stahl Brandt ihm noch den Reisepaß und fuhr dann in die Schweiz, um seine Polin zurückzuholen. Da ihr frisch angetrauter Mann sie nicht gehen lassen wollte, schlug Brandt dem armen Kerl den Kiefer ein, und nun saß er also in einem Gefängnis der Schweizer Polizei.

All das erzählte er in englisch, und ich fragte ihn, wo er das gelernt habe. Von der BBC, auf seinen Schmuggeltouren, sagte er. Von seiner Polin — sie habe Sprachen studiert. Ich hatte ihm ein Päckchen Zigaretten gegeben, und er qualmte eine nach der anderen und verwandelte unseren kleinen Raum in eine Gaskammer.

»Und was für eine Information haben Sie nun für uns?« fragte ich ihn.

Als Lette, schickte er voraus, fühle er sich Moskau gegenüber nicht zur Treue verpflichtet. Er sei in Lettland unter der miesen Tyrannei der Russen aufgewachsen, er habe bei der Marine unter miesen russischen Offizieren gedient, er sei von miesen Russen ins Gefängnis gesteckt und von miesen Russen gejagt worden, und er habe keinerlei Gewissensbisse, sie zu verraten. Er empfinde nur Haß für die Russen. Ich fragte ihn nach den Namen der Schiffe, auf denen er gedient hatte, und er nannte sie mir. Ich fragte ihn nach ihrer militärischen Ausrüstung, und er beschrieb mir einige der raffiniertesten Geräte, die die Russen damals besaßen. Ich gab ihm Bleistift und Papier, und er fertigte erstaunlich eindrucksvolle Zeichnungen an. Ich fragte ihn, was er von Signalen wisse. Er wußte eine Menge. Er war als Signalgast ausgebildet und hatte ihr neuestes Spielzeug bedient, auch wenn seine jüngsten Kenntnisse schon ein Jahr alt waren. »Warum die Briten?« fragte ich, und er antwortete, er habe »ein paar von euch in Leningrad kennengelernt« — britische Matrosen auf einer Goodwilltour. Ich notierte mir ihre Namen und den Namen ihres Schiffs, kehrte in mein Büro zurück und schickte ein Blitztelegramm nach London, denn bis zu seiner Abschiebung blieben uns nur noch wenige Stunden. Am nächsten Abend wurde

Seekapitän Brandt in einem sicheren Haus in Surrey einem strengen Verhör unterzogen. Er stand am Anfang einer gefährlichen Karriere. Er kannte jeden Winkel und jede Bucht an der Südküste der Ostsee; er hatte gute Freunde, die teils anständige lettische Fischer waren, teils Schwarzhändler, Diebe und unzufriedene Aussteiger. Er bot genau das an, was London nach unseren letzten Verlusten suchte — die Chance, über Polen und Deutschland eine neue Versorgungslinie ins nördliche Rußland aufzubauen.

Ich muß Ihnen hier die jüngste Geschichte darlegen — und zwar die vom Circus und die meiner eigenen Bemühungen, erfolgreich dabei mitzuwirken.

Nach der Sache mit Ben stand es für mich auf Messers Schneide, ob sie mich befördern oder feuern würden. Heute denke ich, daß ich Smileys heimlicher Intervention mehr zu verdanken habe, als ich ihm damals zubilligen wollte. Hätte der Personalchef allein zu entscheiden gehabt, würde er mich keine fünf Minuten länger behalten haben. Ich hatte unter Hausarrest gestanden und war abgehauen; ich hatte ihnen mein Wissen von Bens Beziehung zu Stefanie vorenthalten; und wenn ich auch für Bens Liebeserklärungen nicht zugänglich gewesen war, so hatte ich mich doch durch Kontaktaufnahme schuldig gemacht, also zum Teufel mit mir.

»Wir dachten, Sie hätten vielleicht Interesse am British Council«, hatte der Personalchef bei einem Treffen, das nicht einmal von einer Tasse Tee veredelt wurde, boshaft angedeutet.

Aber Smiley war für mich eingetreten. Smiley, so schien es, hatte über meine jugendliche Impulsivität hinausgesehen, und Smiley führte das Kommando über so etwas wie eine bescheidene Privatarmee nachrichtendienstlicher Informanten, die über ganz Europa verstreut waren. Einen weiteren Grund für meine Begnadigung — obwohl nicht einmal Smiley das damals gewußt haben konnte — lieferte der Verräter Bill Haydon, dessen Londoner Station schnell eine weltweite Monopolstellung für Circus-Operationen errang. Und mochte Smileys suchender Blick sich auch noch nicht auf Bill gerichtet haben, so war er doch schon davon überzeugt, daß die Fünfte Etage einen Maulwurf von der Moskauer Zentrale an ihrem Busen nährte, und entschlossen, eine Gruppe von Offizieren zusammenzustellen, deren Alter und Zugang sie über jeden Verdacht erhaben sein ließen. Durch eine glückliche Fügung gehörte ich dazu.

Einige Monate lang ließ man mich im ungewissen und als Hilfskraft in großen Hinterzimmern arbeiten, wo ich belanglose Berichte auswerten und an Whitehall-Klienten weiterleiten mußte. Ich hatte keine Freunde, langweilte mich und begann mich ernstlich zu fragen, ob der Personalchef beschlossen hatte, mich bis an mein Lebensende auf diesem Abstellgleis zu lassen, als ich eines Tages zu meiner Freude in sein Büro bestellt wurde und er mir in Smileys Anwesenheit den Posten des zweiten Mannes in Zürich anbot. Ich würde einem fähigen alten Haudegen namens Eddows unterstellt sein, dessen erklärter Grundsatz es war, mich auf Gedeih und Verderb mir selbst zu überlassen.

Innerhalb eines Monats hatte ich eine kleine Wohnung in der Altstadt bezogen und war acht Tage die Woche rund um die Uhr im Einsatz. In Genf hatte ich einen sowjetischen Marine-Attaché, der Lenin zwar liebte, eine französische Stewardeß aber noch mehr, und in Lausanne einen tschechischen Waffenhändler, der gerade eine Gewissenskrise durchmachte, weil er die Terroristen der Welt mit Waffen und Sprengstoff belieferte. Ich hatte einen albanischen Millionär, der in St. Moritz ein Chalet besaß und seinen Hals riskierte, wenn er in seine Heimat zurückkehrte und dort ehemaliges Hauspersonal anwarb, und einen nervösen ostdeutschen Physiker, der ans Max-Planck-Institut in Essen abkommandiert war und insgeheim zur katholischen Kirche übergetreten war. In Bern lief ein schöner, kleiner Lauschangriff in der polnischen Botschaft, und in Basel zapfte ich einem ungarischen Agentenpärchen das Telefon an. Außerdem begann ich mir langsam einzubilden, ernstlich in Mabel verliebt zu sein, die vor kurzem an die Überprüfungsabteilung versetzt worden war, wo sie die Herzen sämtlicher jüngeren Offiziere höher schlagen ließ.

Und Smileys Vertrauen in mich war nicht unberechtigt, denn durch meinen Einsatz draußen und sein Beharren auf genauer Information daheim ist es uns gelungen, wertvolle Erkenntnisse zu gewinnen und sogar in die richtigen Hände weiterzuleiten — und Sie wären überrascht, wie selten dies beides zusammen gelingt.

Und als dann nach zwei Jahren die Stelle in Hamburg frei wurde — ein Einmannposten, unmittelbar der Londoner Station unterstellt, jetzt nolens volens Dreh- und Angelpunkt sämtlicher Operationen des Service —, gab mir Smiley großmütig seinen Segen, mich zu bewerben, welche persönlichen Vorbehalte auch immer er gegen Haydons zunehmenden Einfluß haben mochte. Ich versuchte die Stelle in Hamburg zu bekommen, ohne mich aufzudrängen, ich erinnerte den Personalchef an meine seemännische Vorgeschichte. Auch wenn ich es nur andeutete, ließ ich ihn den Schluß ziehen, daß Smileys altväterliche Behutsamkeit mir allmählich lästig wurde. Und es hat funktioniert. Er gab mir die Hamburger Station auf der Haydon-Schiene, und am Abend des gleichen Tages schliefen Mabel und ich nach einem romantischen Essen im ›Bianchi‹ zusammen, die Premiere für beide von uns.

Mein Gefühl, richtig gehandelt zu haben, steigerte sich noch, als ich bei der Durchsicht meiner neuen Besetzungsliste zu meinem Vergnügen feststellte, daß ein gewisser Wolf Dittrich, alias Seekapitän Brandt, in meinem neuen Theater eine der Hauptrollen spielte. Wir befinden uns jetzt in den späten Sechzigern. Bill Haydon hatte noch drei Jahre vor sich.

Als Engländer hatte man es in Hamburg schon immer gut gehabt, und als Spion ging es einem dort jetzt sogar noch besser. Zürich mit dem See war vornehm und betulich gewesen, Hamburg knisterte vor Energie und sprühte vor Meeresluft. Die alten hanseatischen Verbindungen nach Polen, Nordrußland und den baltischen Staaten standen noch immer in voller Blüte. Wir trieben Handel, wir hatten Banken — nun, das war in Zürich nicht anders. Aber wir hatten auch Schiffe und Einwanderer und Abenteurer. Dazu jede Menge Draufgänger und Pöbel. Wir waren die deutsche Hauptstadt der Hurerei und der Presse. Und vor unseren Toren lag das schweigsame Tiefland Schleswig-Holsteins mit seinen flach peitschenden Regenstürmen, roten Bauernhöfen, grünen Äckern und wolkenverhangenen Himmeln. Jeder Mann hat seinen Preis. Bis zum heutigen Tag verkaufe ich meine Seele für einen Krug Lübecker Bier, einen Bismarck-Hering und ein Glas Schnaps nach einem Marsch über die Deiche.

Alles andere an dieser Arbeit war ebenso erfreulich. Ich war Ned, der Stellvertretende Hafenkonsul; meine bescheidene Dienststelle war ein hübsches Backsteinhaus mit einer Messingtafel neben dem Eingang, vom Generalkonsulat bequem erreichbar, aber wohlweislich von ihm getrennt. Zwei von der Admiralität abgeordnete Sekretäre erledigten meine Ermittlungsarbeiten und hielten ansonsten den Mund. Ich verfügte über einen Sender und einen Dechiffrierer vom Circus. Und wenn Mabel und ich auch noch nicht verlobt waren, hatte unsere Beziehung doch ein Stadium erreicht, in dem Mabel bereit war, sich jederzeit freizunehmen, wenn ich zu einer Besprechung mit Bill oder einem seiner Leutnants einmal nach London kam.

Für die Treffen mit meinen Joes hatte ich in Wellingsbüttel eine sichere Wohnung mit Blick auf den Friedhof; sie lag über einem Blumenladen, der von einem deutschen Rentnerehepaar betrieben wurde, das im Krieg für uns gearbeitet hatte. Den größten Andrang hatten die beiden Alten an den Sonntagen zu bewältigen, und Montagmorgens standen die Kinder aus dem Viertel Schlange, um ihnen die Blumen, die sie am Tag zuvor verkauft hatten, zurückzuverkaufen. So einen sicheren Ort habe ich nie wieder gesehen. Den ganzen Tag lang zogen Leichenwagen, verhüllte Autos und Trauergefolge an uns vorüber, während nachts dort im wahrsten Sinne des Wortes Grabesstille herrschte. Selbst die exotische Gestalt meines Seekapitäns war nicht mehr auffällig, wenn er in schwarzem Hut und dunklem Anzug in den Torweg neben unserem Laden bog und mit seinem Vertreterköfferchen die Treppe zu unserer harmlos mit Büro beschrifteten Eingangstür hochstapfte.

Ich werde ihn auch weiterhin Brandt nennen. Manche Leute mögen noch so oft den Namen wechseln, sie haben doch nur einen.

Aber das Schmuckstück meiner Sammlung war die *Margerite* — beziehungsweise, wie wir sie auf englisch nannten, die *Daisy*. Sie war ein fünfzehn Meter langer Doppelender in Klinkerbauweise, der in einen Kabinenkreuzer mit Steuerhaus, Hauptsalon und vier Kojen im Vorderdeck umgebaut worden war. Der Kutter hatte einen Besanmast und ein Besansegel, damit er nicht schlingerte. Der Rumpf war dunkelgrün, das Schanzdeck hellgrün und das Kabinendach weiß. Sie war auf heimliche, nicht auf schnelle Fortbewegung ausgerichtet. Bei schlechtem Licht und kabbeliger See war sie für das bloße Auge unsichtbar. Sie hatte nur wenig obere Takelung und lag tief im Wasser, was sie, besonders bei schwerem Wetter, auf den Radarschirmen ganz harmlos wirken ließ. Die Ostsee ist ein rachsüchtiges Meer, seicht und ohne Gezeiten. Selbst bei leichtem Wind kommen die Wellen steil und gefährlich. Mit zehn Knoten, bei voller Kraft voraus, stampfte und rollte die *Daisy* wie ein Schwein. Das einzig Schnelle an ihr war das vier Meter lange Zodiac-

Schlauchboot, das wie ein Rettungsboot auf dem Kabinendach festgezurrt war und einen 50-PS-Johnson-Motor hatte, so daß wir unsere Agenten absetzen und wieder einsammeln konnten. Der Liegeplatz der *Daisy* war an der Elbe in Blankenese, und dort lag sie zufrieden unter ihresgleichen, ein so bescheidenes Exemplar ihrer Art, wie man nur wünschen konnte. Von Blankenese aus konnte sie bei Bedarf flußaufwärts in den Nord-Ostseekanal schlüpfen und dann die neunundneunzig Kilometer bis zum offenen Meer mit fünf Knoten weiterkriechen.

Sie hatte ein Decca-Navigationsgerät, das Meßdaten von Hilfsstationen an der Küste aufnahm, aber das machten alle anderen auch. Weder außen noch innen hatte sie irgend etwas, das nicht zu ihrer bescheidenen Erscheinung paßte. Die dreiköpfige Besatzung war für jede Aufgabe einsetzbar. Es gab keine Spezialisten, auch wenn jeder seine besondere Vorliebe hatte. Wenn wir erfahrene Funker oder Monteure brauchten, half uns die Royal Navy aus.

Sie sehen also, daß mir mit der Rückendeckung eines neuen dynamischen Teams in der Londoner Station, jeder Menge Nachrichtenquellen, um meine Vielseitigkeit zu erproben, und der *Daisy* samt ihrer Mannschaft alles zur Verfügung stand, was ein Stationsleiter mit Salzwasser im Blut anständigerweise verlangen konnte.

Und natürlich hatte ich Brandt.

Brandts zwei Jahre vor dem Mast des Circus hatten ihn auf eine Weise verändert, die ich mir anfangs nur schwer erklären konnte. Nicht, daß er mir älter oder verhärtet vorkam, eher beobachtete ich an ihm jene selbstquälerische Wachsamkeit, jene Überwachsamkeit, durch die die geheime Welt im Lauf der Zeit auch die entspanntesten ihrer Mitglieder prägt. Wir trafen uns in der sicheren Wohnung. Er kam herein. Blieb abrupt stehen und starrte mich an. Seine Kinnlade fiel herunter, und er stieß einen lauten Schrei des Erkennens aus. Er packte mich zur Begrüßung an den Armen und brach sie mir fast. Er lachte, bis ihm die Tränen kamen, er hielt mich mit ausgestreckten Armen von sich weg und drückte mich dann wieder an seinen schwarzen Mantel. Und doch war diese Spontaneität von Wachsamkeit überlagert. Ich kannte die Anzeichen. Ich hatte sie bei anderen Joes gesehen.

»Gottverdammich, warum die sagen nichts zu mir, Herr Konsul?« rief er und umarmte mich von neuem. »Was für ein verdammtes Spiel treiben die? Hören Sie, wir tun da drüben gute Arbeit, ja? Wir haben gute Leute, wir schlagen diese verdammten Russen tot, okay?«

»Ich weiß«, sagte ich und lachte mit ihm. »Habe davon gehört.«

Und als die Nacht herabsank, bestand er darauf, mich zwischen die Taurollen im Laderaum seines Lieferwagens zu setzen und mit halsbrecherischem Tempo zu dem abgelegenen Bauernhaus zu fahren, das London für ihn erworben hatte. Er war entschlossen, mich seiner Mannschaft vorzustellen, und ich freute mich darauf. Und noch mehr freute ich mich darauf, seine Freundin Bella zu sehen zu bekommen, über deren plötzliches Auftauchen in seinem Leben die Londoner Station ein wenig beunruhigt war. Sie war zweiundzwanzig Jahre alt und lebte seit drei Monaten mit ihm zusammen. Brandt ging auf die fünfzig zu. Es war Hochsommer, wie ich mich erinnere, und im Innern des Lieferwagens roch es nach Freesien; er hatte auf dem Markt einen Strauß für sie gekauft. »Sie ist ein prima Mädchen«, erklärte er mir stolz, als wir das Haus betraten. »Gute Köchin, gute Liebhaberin, lernt Englisch und alles. Hey, Bella, ich bring dir neuen Freund!«

Die Häuser von Malern und Seeleuten sind sehr ähnlich, und das von Brandt machte keine Ausnahme. Es war spärlich, aber gemütlich eingerichtet, mit Backsteinböden und niedrigen Decken mit weißen Balken. Selbst bei

Dunkelheit schien es das Licht von außen hereinzuziehen. Durch die Eingangstür traten wir direkt ins Wohnzimmer. Im Kamin schwelte ein Holzfeuer, eine Schiffslaterne beschien die nackten Oberschenkel eines Mädchens, das lesend auf einem Haufen Kissen lag. Als sie uns kommen hörte, sprang sie aufgeregt auf. Zweiundzwanzig und geht auf die achtzehn zu, dachte ich, als sie meine Hand packte und fröhlich auf und nieder schwenkte. Sie trug ein Männerhemd und sehr kurze Shorts. An ihrem Hals glitzerte ein goldenes Amulett, das Brandt als ihren Besitzer auswies: das ist meine Frau, sie trägt mein Eigentumszeichen. Ihr bäuerliches slawisches Gesicht wirkte ungekünstelt glücklich, klare große Augen, hohe Wangenknochen und ein leises Lächeln, das nie von ihren Lippen wich. Ihre nackten Beine waren lang und ebenso goldfarben wie ihr Haar. Schlanke Taille, hohe Brüste, volle Hüften. Ein sehr schöner, sehr junger Körper, und was immer Brandt denken mochte, dieser Körper war nicht für Leute seines, nicht einmal meines Alters bestimmt.

Sie stellte seine Freesien in eine Vase und holte Schwarzbrot, Gewürzgurken und eine Flasche Schnaps. Ihre Bewegungen waren aufreizend lässig. Entweder war ihr die Wirkung jeder ihrer kleinsten Gesten vollkommen bewußt, oder gar nicht. Sie setzte sich neben ihn an den Tisch, lächelte mich an und schlang den Arm um ihn; ihr Hemd stand auf. Sie nahm seine Hand und ließ mich diese mit der Schlankheit ihrer eigenen vergleichen, während Brandt unbekümmert über das Agentennetz plauderte, Joes und Orte beim Namen nannte und Bella mich unverhohlen musterte.

»Hören Sie«, sagte Brandt, »wir müssen Aleks einen andern Sender besorgen, ja, Ned? Die nehmen ihn auseinander, setzen neue Ersatzteile ein, Batterien, dieser Sender ist Mist. Der bringt Unglück.«

Als das Telefon läutete, sprach er gebieterisch hinein: »Hör mal, ich bin beschäftigt, okay? ... Laß das Paket bei

Stefan, hab' ich gesagt. Sag mal, hast du von Leonids gehört?«

Nach und nach füllte sich das Zimmer. Als erstes kam ein hektischer Mann mit O-Beinen und herunterhängendem Schnurrbart. Er gab Bella einen stürmischen, aber züchtigen Kuß auf die Lippen, schlug Brandt auf den Unterarm und lud sich einen Teller voll.

»Das ist Kazimirs«, erklärte Brandt und stieß ihn mit dem Daumen an. »Er ist ein Mistkerl, und ich mag ihn. Okay?«

»Völlig okay«, stimmte ich von Herzen zu.

Kazimirs war, wie ich mich erinnerte, vor drei Jahren über die finnische Grenze geflohen, wobei er zwei sowjetische Grenzposten getötet hatte. Er war ganz verrückt auf Maschinen — am glücklichsten, wenn er bis zu den Ellbogen mit Öl beschmiert war. Außerdem war er der anerkannte Koch des Schiffs.

Nach Kazimirs kamen die Durba-Brüder, Antons und Alfreds, stämmig und vorlaut wie Waliser und blauäugig wie Brandt. Da sie ihrer Mutter geschworen hatten, nie gemeinsam zur See zu gehen, fuhren sie abwechselnd, zumal die *Daisy* mit drei Mann auskam und wir immer gern etwas Platz für Ladung und unerwartete Passagiere freihielten. Sehr bald redeten alle durcheinander, bombardierten mich mit Fragen, ohne die Antworten abzuwarten, lachten, brachten Trinksprüche aus, rauchten, schwelgten in Erinnerungen und gaben sich verschwörerisch. Ihre letzte Fahrt sei schlecht verlaufen, sagte Kazimirs, sehr schlecht. Das war drei Wochen her. *Daisy* sei vor der Danziger Bucht in einen ungewöhnlichen Sturm geraten und habe dabei das Besansegel verloren. Vor Ujava an der lettischen Küste hätten sie im Nebel das Lichtsignal nicht gesehen, erzählte Antons Durba. Sie hätten eine Rakete gefeuert, und Gott steh ihnen bei, am Strand war ein komplettes Empfangskomitee von verrückten Letten angetreten, wie eine Delegation von Stadtvätern! Wildes Gelächter, Trinksprüche, denen ein tiefes nordisches Schweigen folgte, als alle außer mir sich der gleichen feierlichen Erinnerung hingaben.

»Auf Valdemars«, sagte Kazimirs, und wir tranken auf Valdemars, ein Mitglied ihrer Gruppe, das vor fünf Jahren gestorben war. Dann nahm Bella Brandts Glas und trank ebenfalls, ein persönliches Zeremoniell, bei dem sie mich über den Rand hinweg ansah. »Valdemars«, wiederholte sie leise, und ihr Ernst war ebenso betörend wie ihr Lächeln. Hatte sie Valdemars gekannt? Hatte er zu ihren Liebhabern gezählt? Oder trank sie einfach auf einen tapferen Landsmann, der sein Leben für die SACHE gelassen hatte?

Aber ich muß Ihnen ein wenig mehr von Valdemars erzählen — nicht, ob er nun mit Bella geschlafen hatte oder wie er zu Tode gekommen war, denn das wußte niemand so ganz genau. Bekannt war lediglich, daß man ihn an Land gesetzt und dann nie wieder von ihm gehört hatte. Nach einer Version hatte er noch seine Pille schlucken können, nach einer anderen hatte er seinem Leibwächter den Befehl gegeben, ihn zu erschießen, falls er in eine Falle geriete. Aber der Leibwächter war ebenfalls verschwunden. Und Valdemars war nicht der einzige, der während jener Zeit, die von der Gruppe als ›Herbst des Verrats‹ bezeichnet wurde, verschwunden war. In den nächsten Monaten, als sich ihre Todestage jährten, tranken wir noch auf vier weitere lettische Helden, die alle in demselben unheilvollen Zeitraum umgekommen waren — sie waren, wie man inzwischen annahm, nicht von Partisanen im Wald oder loyalen Gruppen an der Küste in Empfang genommen worden, sondern direkt in die Fänge des Moskauer Operationsleiters für den Bereich Lettland geraten. Und wenn man auch in der Zwischenzeit behutsam neue Netze aufgebaut hatte, so waren die Überlebenden doch noch immer mit dem Stigma jenes Verrats gezeichnet, wie Haydon mir eindringlich eingeschärft hatte.

»Das ist ein schlampiger Sauhaufen«, hatte er mit seiner gewöhnlichen Respektlosigkeit gesagt, »und wenn sie mal nicht schlampig sind, dann sind sie falsch. Gehen Sie bloß nicht diesem nordischen Phlegma und Schulterklopfen auf den Leim.«

An diese Worte mußte ich denken, als ich mich in Gedanken weiter mit Bella beschäftigte. Manchmal hörte sie den Kopf auf die geballte Faust gestützt zu, manchmal legte sie den Kopf auf Brandts Unterarm und träumte seine Gedanken weiter, während er trank und Pläne schmiedete. Doch ihre großen, hellen Augen wanderten immer wieder zu mir, tasteten mich ab, diesen Engländer, den man uns geschickt hat, um über unser Leben zu bestimmen. Und wie eine heiße Katze machte sie sich ab und zu von Brandt los, um sich zu putzen, schlug die Beine neu übereinander, zupfte geziert ihre Shorts zurecht, flocht eine Haarsträhne zu einem Zopf oder zog das goldene Amulett zwischen den Brüsten hervor und untersuchte es von vorn und hinten. Ich wartete auf einen Funken von Komplicenschaft zwischen ihr und den anderen Mitgliedern der Mannschaft, obwohl mir klar war, daß Brandts Mädchen tabu war. Selbst der überschwengliche Kazimirs bekam ein verschlossenes Gesicht, wenn er mit ihr sprach. Sie ging eine zweite Flasche holen, und als sie zurückkam, setzte sie sich neben mich, nahm meine Hand, legte sie mit der Handfläche nach oben auf den Tisch und untersuchte sie, während sie auf lettisch etwas zu Brandt sagte, der darauf in Gelächter ausbrach, in das die übrigen einfielen.

»Sie verstehen, was sie sagt?«

»Leider nein.«

»Sie sagt, Engländer sind verdammt gute Ehemänner. Wenn ich sterbe, sie will Sie nehmen!«

Sie setzte sich wieder zu ihm und kuschelte sich lachend in seine Arme. Danach sah sie mich nicht mehr an. Es war, als hätte sie das nicht mehr nötig. Also vermied ich ebenfalls ihren Blick und dachte pflichtbewußt über ihre Geschichte nach, so wie Seekapitän Brandt sie der Londoner Station erzählt hatte. Bella war eine Bauerntochter aus einem Dorf in der Nähe von Jelgava; ihr Vater war erschossen worden, als die Sicherheitspolizei ein geheimes Treffen lettischer Patrioten hochgehen ließ, hatte Brandt erzählt. Der Bauer war ein Gründungsmitglied dieser Gruppe. Die Polizei wollte auch das Mädchen erschießen, aber sie entkam in den Wald und schloß sich einem Trupp Partisanen und Banditen an, die sie einen Sommer lang unter sich herumreichten, was sie aber nicht zu stören schien. Mit Unterbrechungen schlug sie sich auf einer Route, die uns noch immer ein Rätsel ist, zur Küste durch und ließ Brandt eine Nachricht zukommen. Ohne sich ihretwegen vorher mit London in Verbindung zu setzen, holte er sie an einem Strand ab, als er einen neuen Funker als Ersatz für einen anderen, der einen Nervenzusammenbruch erlitten hatte, an Land brachte. Funker sind die Opernstars jedes Agentennetzes. Wenn sie nicht zusammenbrechen, haben sie Gürtelrose.

»Großartige Burschen«, sagte Brandt begeistert, als er mich in die Stadt zurückfuhr. »Gefallen sie Ihnen?«

»Sie sind großartig«, sagte ich, und das meinte ich ehrlich, denn es gibt keine bessere Gesellschaft als Männer, die das Meer lieben.

»Bella will für uns arbeiten. Sie will die Kerle töten, die ihren Vater erschossen haben. Ich sage nein. Sie ist zu jung. Ich liebe sie.«

Auf die flachen Wiesen schien ein grimmig weißer Mond, in dessen Licht ich sein zerklüftetes Gesicht von der Seite betrachtete; es sah aus, als stemme er es einem Sturm entgegen. »Und Sie haben ihn gekannt«, ließ ich fallen, als ob ich eine vage Erinnerung rekapitulierte. »Ihren Vater. Feliks. Er war ein Freund von Ihnen.«

»Und ob ich Feliks gekannt habe! Ich liebe ihn! Er war ein toller Bursche! Die Mistkerle haben ihn erschossen.«

»Ist er gleich tot gewesen?«

»Die haben ihn in Stücke geschossen. Kalaschnikoffs.

Die haben alle erschossen. Sieben Mann. Alle erschossen.«

»Gibt es Zeugen dafür?«

»Einen. Er hat gesehen, dann weggelaufen.«

»Was ist aus den Leichen geworden?«

»Hat Geheimpolizei mitgenommen. Die haben Angst, diese Polizisten. Wollen keinen Ärger mit den Leuten. Erschießen die Partisanen, werfen sie auf einen Lastwagen, fahren zur Hölle.«

»Wie gut haben Sie ihn gekannt — ihren Vater?«

Brandt machte eine ausladende Geste mit dem Unterarm. »Feliks? Er war mein Freund. In Leningrad gekämpft. Kriegsgefangener in Deutschland. Stalin hatte was gegen diese Leute. Als sie aus Deutschland nach Hause kamen, hat er sie nach Sibirien geschickt, erschießen lassen, ganz schlecht behandelt. Was, zum Teufel?«

Aber die Londoner Station hatte eine andere Geschichte in Erfahrung gebracht, auch wenn die bis dahin nur hinter vorgehaltener Hand erzählt wurde. Der Vater habe die anderen denunziert, hieß es. War in sibirischer Gefangenschaft rekrutiert und nach Lettland zurückgeschickt worden, um bei den Partisanen eingeschleust zu werden. Er habe die Versammlung einberufen, seinen Herren einen Tip gegeben und sei dann, während die Partisanen abgeschlachtet wurden, aus dem Hinterfenster gestiegen. Zur Belohnung habe man ihm die Leitung einer Kolchose bei Kiew übergeben, wo er jetzt unter anderem Namen lebe. Irgend jemand habe ihn erkannt und es jemand anderem erzählt, der es wieder jemand anderem erzählt habe. Die Quelle war heikel, eine Überprüfung wäre eine langwierige Sache.

Jedenfalls war ich gewarnt. Hüte dich vor Bella.

Ich war mehr als gewarnt. Ich war beunruhigt. In den nächsten Wochen sah ich Bella mehrere Male, und jedesmal mußte ich meine Eindrücke auf dem Beobachtungsbogen notieren, den ich nun nach jeder Begegnung zu vervollständigen hatte; eine Auflage der Londoner Station. Ich verabredete ein Rendezvous mit Brandt in der sicheren Wohnung, und zu meinem Schrecken brachte er sie mit. Er sagte, sie habe den Tag in der Stadt verbracht. Jetzt wären sie auf dem Rückweg zu ihrem Bauernhaus, warum also nicht?

»Nur ruhig. Sie spricht kein Wort Englisch« erinnerte er mich lachend, als er mein Unbehagen bemerkte.

Also machte ich es kurz, während sie sich lächelnd auf dem Sofa herumlümmelte und uns mit den Augen zuhörte, das heißt, hauptsächlich hörte sie mir zu.

»Mein Mädchen studiert. Eines Tages ist es ein großer Professor«, erzählte Brandt mir stolz und tätschelte ihr den Po, als sie sich zum Gehen anschickten. Dann fügte er auf deutsch hinzu: »Nicht wahr, Bella? Du wirst ein ganz großer Professor, du!« Als ich eine Woche später einen diskreten Blick auf die *Daisy* an ihrem Liegeplatz in Blankenese warf, sah ich Bella wieder; barfuß und in Shorts turnte sie an Deck herum, als planten wir eine Kreuzfahrt auf dem Mittelmeer.

»Um Himmels willen. Mädchen an Bord, das geht nicht. London wird durchdrehen«, sagte ich am Abend zu Brandt. »Und die Mannschaft auch. Sie wissen, wie abergläubisch die sind, wenn es um Frauen an Bord geht. Sie sind doch auch abergläubisch.«

Er wischte meine Bedenken beiseite. Mein Vorgänger habe nichts dagegen gehabt, sagte er. Warum also ich?

»Bella macht die Jungs glücklich«, behauptete er. »Sie ist aus der Heimat, Ned, sie ist noch ein Kind. Bei ihr fühlen die sich wie zu Hause. Bitte!«

Beim Überprüfen der Akte stellte ich fest, daß er teilweise recht hatte. Mein Vorgänger, ein abkommandierter Marineoffizier, hatte berichtet, Bella habe ›Kenntnis‹ von der *Daisy*, und sogar hinzugefügt, sie scheine ›als Schiffsmaskottchen einen günstigen Einfluß auszuüben‹. Und als ich zwischen den Zeilen seines Berichts über den jüngsten Einsatz der *Daisy* las, ging mir auf, daß

Bella sie an der Kaimauer verabschiedet und zweifellos auch wieder begrüßt hatte.

Nun ist Sicherheit bei einem Einsatz natürlich immer relativ. Daß in der Organisation Brandt alles nach Sarratt-Regeln ablaufen würde, hatte ich mir nie eingebildet. Mir war bewußt, daß man in der klosterhaften Atmosphäre der Zentrale unsere verwickelten Systeme von Kodenamen, Symbolen und Sicherungen nur allzu leicht mit dem wirklichen Leben verwechseln konnte. Cambridge Circus war eine Sache, ein Haufen leichtfertiger baltischer Patrioten, die ihren Hals riskierten, eine ganz andere.

Dennoch ging die Anwesenheit einer undurchsichtigen, nicht angeworbenen Mitläuferin mitten im Einsatz, die in unsere Pläne und Gespräche eingeweiht war — zumal nach jenen Verratsfällen fünf Jahre zuvor —, weit über alles hinaus, was ich mir hatte vorstellen können. Und je mehr mich das beunruhigte, desto besitzergreifender erschien mir Brandts Liebe zu dem Mädchen. Seine Zärtlichkeiten wurden in meiner Gegenwart immer freigebiger, seine Liebkosungen immer demonstrativer. »Typische Vernarrtheit eines älteren Mannes in ein junges Mädchen«, berichtete ich London, als hätte ich schon Dutzende solcher Fälle erlebt.

Unterdessen wurde ein neuer Einsatz für die *Daisy* geplant, dessen Zweck uns erst später enthüllt werden sollte. Zwei- bis dreimal wöchentlich sah ich mich gezwungen, nach Einbruch der Dunkelheit zu dem Bauernhaus hinauszufahren, wo wir dann stundenlang um den Tisch saßen und See- und Wetterkarten und die aktuellen Berichte der Küstenwachen studierten. Manchmal kam die komplette Mannschaft, manchmal waren wir nur zu dritt. Für Brandt machte das keinen Unterschied. Als befänden die beiden sich in einem ständigen Sinnestaumel, drückte er Bella an sich, streichelte ihr Haar und Hals und vergaß sich einmal sogar so sehr, daß er seine Hand in ihr Hemd gleiten ließ, ihre nackte Brust umfaßte und Bella lange und hingebungsvoll küßte. Auch wenn ich bei solch beunruhigenden Szenen diskret den Blick abwandte, entging mir doch nie, wie Bella mich dabei ansah, als wollte sie mir sagen, sie wünschte, sie läge nicht in Brandts, sondern in meinen Armen.

›Unzweideutige Umarmungen scheinen die Regel zu sein‹, schrieb ich spätnachts in meinem Büro lakonisch auf den Beobachtungsbogen, Hamburg an Station London. Und in mein Logbuch: ›Route, Wetterlage und Seegang akzeptabel. Erwarten Einsatzbefehl von der Zentrale, Moral der Mannschaft gut.‹

Doch um meine eigene Moral war's nicht gut bestellt. Ein Unheil jagte das andere.

Da war zunächst einmal die unglückselige Sache mit meinem Vorgänger, vollständiger Name Perry de Mornay Lipton, Lieutenant Commander der Royal Navy im Ruhestand, Träger des Kriegsverdienstordens, heldenhafter Mitstreiter von Jack Arthur Lumleys Freischärlern. Bis zu meinem Eintreffen hatte Lipton zehn Jahre lang seine Hamburger Rolle gespielt: tagsüber trieb er sich als vertrottelter Engländer mit Monokel in den Emigrantenklubs herum, angeblich, um Gratisratschläge für seine Geldinvestitionen aufzuschnappen, doch sobald es Nacht wurde, setzte er sich den Hut des Geheimagenten auf und machte sich ans Werk, sein mächtiges Heer von Spionen zu instruieren und abzufragen. So jedenfalls die Legende, wie ich sie von der Zentrale gehört hatte.

Nur eins hatte mich dabei verwirrt, daß nämlich keine förmliche Amtsübergabe zwischen uns stattgefunden hatte; die Personalabteilung hatte mir lediglich knapp erklärt, Lipton sei irgendwo anders im Einsatz. Jetzt bekam ich die Wahrheit mitgeteilt. Lipton war in der Tat abgereist, aber nicht zu irgendeinem lebensgefährlichen Unternehmen im finstersten Rußland, sondern nach Südspanien. Er hatte sich dort zusammen mit einem ehemaligen Kavalleriekorporal namens Kenneth und zweihunderttausend Pfund aus der Circus-Kasse zum größten Teil in Goldbarren und Schweizer Franken, die er über mehrere Jahre an tapfere, überhaupt nicht existierende Agenten gezahlt hatte, niedergelassen.

Das Mißtrauen, das diese betrübliche Entdeckung verbreitete, übertrug sich nun auf sämtliche Operationen, mit denen Lipton zu tun gehabt hatte, und damit unvermeidlich auch auf Brandt. War Brandt ebenfalls eine Erfindung Liptons und machte sich im Austausch für kunstvoll erdichtete Informationen auf Kosten unserer Geheimkasse ein schönes Leben? Und was war mit seinem Agentennetz, seinen gepriesenen Kollaborateuren und Freunden, von denen etliche großzügige Gehälter bezogen?

Und Bella — war Bella auch ein Teil dieses Schwindels? Hatte Bella ihn weichgemacht und seinen Willen untergraben? Brachte auch Brandt seine Schäfchen ins trockene, bevor er sich mit seiner Geliebten nach Südspanien absetzte?

Eine Prozession von Circus-Experten zog durch die Türen meines kleinen Hafenbüros. Als erstes kam ein unglaubwürdiger Mensch, der sich Kapitän Plum nannte. In meinem sicheren Raum kauernd, brüteten Plum und ich über den alten Benzinbestellungen und Fahrtenbüchern der *Daisy* und verglichen diese mit den gefahrvollen Routen, die Brandt und seine Mannschaft bei ihren Einsätzen an der Ostseeküste gefahren sein wollten. Wie die meisten Logbücher waren auch die der *Daisy* bestenfalls skizzenhaft, aber wir lasen sie alle, und dazu Plums Aufzeichnungen von aufgefangenen Funksprüchen, Radarstationen, Navigationsbojen und sowjetischen Patrouillenbooten. Eine Woche später kam Plum wieder, diesmal in Begleitung eines ordinären, aus Manchester stammenden Menschen namens Rose, der früher Polizist in Malaya gewesen war und sich dann als Circus-Schnüffelhund einen Namen gemacht hatte. Rose befragte mich so grob, als hätte ich selbst etwas mit dem Komplott zu tun. Doch als ich gerade die Beherrschung verlieren wollte, nahm er mir den Wind aus den Segeln, als er erklärte, die Organisation Brandt müsse aufgrund des vorhandenen Beweismaterials als unschuldig betrachtet werden.

Doch wenn solche Leute erst einmal Verdacht geschöpft haben, kennen sie kein Halten mehr, und das Bellas Vater Feliks betreffende Fragezeichen war noch längst nicht verschwunden. Wenn der Vater nicht sauber war, mußte die Tochter das wissen, argumentierten sie. Und wenn sie es wußte und nicht sagte, war sie ebenfalls nicht sauber. Die Moskauer Zentrale war wie der Circus dafür bekannt, ganze Familien zu rekrutieren. Ein Team aus Vater und Tochter war ausgesprochen wahrscheinlich. Und ohne daß mir irgendwelche handfesten Beweise bekannt gewesen wären, begann die Londoner Station denn auch bald die Ansicht zu verbreiten, die Verratsfälle von vor fünf Jahren seien auf das Konto von Feliks gegangen.

Dies rückte Bella unvermeidlich in ein noch schieferes Licht. Man sprach davon, sie nach London zu zitieren und auszuquetschen, doch hier setzte ich meine Autorität als Brandts Agentenführer ein. Unmöglich, lautete mein Bescheid nach London. Brandt werde das niemals zulassen. Also dann, lautete die Antwort — typisch für den Kavalier Haydon —, bringen Sie sie beide her, dann kann Brandt sich dazusetzen, wenn wir das Mädchen befragen. Diesmal regte ich mich nun so auf, daß ich selbst nach London flog, wo ich darauf bestand, meine Sache persönlich bei Bill vorzutragen. Als ich in sein Zimmer trat, lag er auf einer Chaiselongue; er gab sich gern als Exzentriker, der nie an seinem Schreibtisch saß. In einem alten Ingwerglas qualmte ein Räucherstäbchen.

»Vielleicht ist Bruder Brandt gar nicht so empfindlich, wie Sie glauben, Master Ned«, sagte er tadelnd und spähte mich über den Rand seiner Halbbrille an. »Vielleicht sind Sie das nur?«

»Er ist vernarrt in sie«, sagte ich.

»Und Sie?«

»Wenn wir anfangen, das Mädchen in seiner Gegenwart zu beschuldigen, dreht er durch. Sie ist sein Leben. Er würde uns zum Teufel jagen und das Netz hochgehen lassen, und ich bezweifle sehr, daß irgend jemand sonst es übernehmen könnte.«

Haydon dachte darüber nach: »Der Garibaldi der Ostsee. Schön, schön. Aber Garibaldi war auch nicht besonders gut, wie?« Er wartete auf meine Antwort, aber ich zog es vor, das als eine rhetorische Frage zu verstehen. »Diese Kerle, mit denen sie im Wald gehaust hat«, sagte er schließlich gedehnt. »Erwähnt sie die schon mal?«

»Davon spricht sie überhaupt nicht. Nur Brandt, sie nicht.«

»Und wovon spricht sie denn?«

»Sie redet selten, und wenn sie mal irgend etwas von Belang sagt, dann meistens auf lettisch, und Brandt übersetzt es mir oder auch nicht, wie er es für richtig hält. Ansonsten blickt sie nur lächelnd vor sich hin.«

»Wen sieht sie an? Sie?«

»Ihn.«

»Und sie sieht klasse aus, nehme ich an.«

»Sie ist attraktiv, würde ich sagen. Ja.«

Wieder ließ er sich Zeit, darüber nachzudenken. »Hört sich für mich nach der idealen Frau an«, erklärte er dann. »Schaut lächelnd vor sich hin, hält den Mund, bumst — was kann man mehr verlangen?« Wieder der skeptisch musternde Blick über den Brillenrand. »Meinen Sie, die spricht noch nicht mal *Deutsch?* Muß sie doch wohl, wenn sie von da oben kommt. Seien Sie doch nicht so blöd.«

»Wenn ihr nichts anders übrigbleibt, spricht sie Deutsch, aber nur widerwillig. Lettisch sprechen ist eine patriotische Tat. Deutsch nicht.«

»Gute Titten?«

»Nicht übel.«

»Könnten Sie sich nicht etwas an sie ranmachen? Natürlich ohne sie ihrem Geliebten auszuspannen. Die Antworten auf ein paar grundsätzliche Fragen wären schon eine Hilfe. Nichts Dramatisches. Bloß, ob sie wirklich echt ist oder ob Bruder Brandt sie in einer Wärmepfanne ins Nest geschmuggelt hat — oder ob die Moskauer Zentrale das getan hat. Sehen Sie zu, was sie aus ihr herausbekommen können. Ihnen ist ja wohl klar, daß er nicht ihr leiblicher Vater ist. Er kann es nicht sein.«

»Wer?« Verwirrt hatte ich einen Augenblick lang gedacht, er rede noch immer von Brandt.

»Ihr Papa. Feliks. Der erschossen wurde, oder auch nicht. Der Bauer. Den Unterlagen zufolge wurde sie doch im Januar 45 geboren?«

»Ja.«

»Demnach etwa im April 44 gezeugt. Zu dieser Zeit — wenn man Bruder Brandt glauben darf — schmachtete ihr angeblicher Papa in einem deutschen Kriegsgefangenenlager. Wohlgemerkt, wir sollten da nicht allzu prüde sein. Kein großes Kunststück, möchte ich meinen, sich ein Kind machen zu lassen, während der Alte im Knast hockt. Aber bei der Entscheidung, ob wir ein Netz, das womöglich ausgedient hat, auflösen sollen, kann jede Kleinigkeit hilfreich sein.«

In dieser Nacht war ich dankbar für Mabels Gesellschaft, auch wenn wir noch nicht die großen Liebenden waren, die wir so sehnlichst werden wollten. Aber natürlich erzählte ich ihr nichts von meinen Angelegenheiten und erst recht nichts von Bella. Als Mitarbeiterin der Überprüfungsstation machte Mabel für den Circus nur Routinearbeiten. Es wäre absolut unzulässig gewesen, mit ihr über meine Probleme zu sprechen. Wären wir bereits verheiratet gewesen — nun, dann hätte die Sache vielleicht anders ausgesehen. Aber bis dahin mußte Bella mein Geheimnis bleiben.

Und das blieb sie. Und auch nachdem ich in mein einsames Bett nach Hamburg zurückgekehrt war, drehten sich meine Gedanken fast nur um Bella. Ihr doppeltes Geheimnis — als Frau und als mögliche Verräterin — erhob sie in meinen Augen zu einem Gegenstand schier grenzenloser Gefahr. Ich sah in ihr nicht mehr eine Randfigur unserer Organisation, sondern deren Schicksal. Bellas Tugend war die unsere. Wenn Bella sauber war, dann war es auch das Netz. Doch wenn sie das Spielzeug eines anderen Geheimdienstes war — eine Betrügerin, die man auf uns angesetzt hatte, um uns in Versuchung zu führen, zu schwächen und am Ende zu verraten —, dann hätte auch die Integrität der Leute in ihrer Umgebung gelitten, und dann hätte das Netz, um mit Haydon zu sprechen, tatsächlich ausgedient.

Ich schloß die Augen und sah ihren Blick auf mir, freundlich und verlockend. Und ich spürte wieder ihre sanften Küsse bei jeder unserer Begrüßungen — jedesmal, wie mir schien, eine Spur länger, als es die Höflichkeit erforderte. Ich stellte mir ihren geschmeidigen Körper in verschiedenen Posen vor und spielte damit in meiner Fantasie genauso wie mit der Möglichkeit, daß sie eine Verräterin war. Ich dachte an Haydons Vorschlag, ich solle versuchen, mich ›an sie heranzumachen‹, und stellte fest, daß sich mein Pflichtgefühl nicht von meinem Verlangen trennen ließ.

Ich rekapitulierte noch einmal die Geschichte ihrer Flucht und stellte sie in jedem Punkt in Frage. War sie vor oder während der Schießerei entkommen? Und wie? Hatte irgendein Liebhaber unter den Sicherheitstruppen ihr einen Tip gegeben? Hatten überhaupt Erschießungen stattgefunden? Und warum trauerte sie nicht mehr um ihren toten Vater, statt mit Brandt ins Bett zu gehen? Selbst ihr Glück schien gegen sie zu sprechen. Ich stellte sie mir im Wald vor, zusammen mit Mördern und Banditen. Hatte jeder dieser Männer sie ganz nach Belieben genommen, oder hatte sie mal mit diesem, mal mit jenem zusammengelebt? Im Traum sah ich sie nackt im Wald, und mich nackt neben ihr. Ich wachte auf, schämte mich und meldete in aller Frühe ein Gespräch bei Mabel an.

Konnte ich mich selbst noch verstehen? Ich bezweifle es. Ich wußte nur wenig über Frauen, und über schöne Frauen schon gar nichts. Ich bin sicher, daß mir nie der Gedanke kam, ich müßte an Bella etwas auszusetzen finden, um die sexuelle Faszination, die sie auf mich ausübte, zu schwächen. Entschlossen, den geraden Weg zu gehen, schrieb ich Mabel täglich einen Brief. Unterdessen beschloß ich, den bevorstehenden Einsatz der *Daisy* als eine geeignete Gelegenheit zu nutzen, Bella einer feindseligen Befragung zu unterziehen. Das Wetter wurde schlecht, und das war genau das richtige für die *Daisy*. Es war Herbst, die Nächte wurden länger. Und Dunkelheit hatte *Daisy* auch gern.

»Mannschaft bereithalten für Abfahrt Montag«, lautete der erste Funkspruch aus London. Der zweite traf erst am Freitagabend ein und gab den Bestimmungsort an: die Narwa-Bucht in Nord-Estland, keine hundert Meilen westlich von Leningrad. Nie zuvor hatte die *Daisy* sich so weit an der russischen Küste vorgewagt; nur selten war sie zur Unterstützung nicht-lettischer Patrioten herangezogen worden.

»Ich würde alles dafür geben«, sagte ich zu Brandt.

»Sie sind viel zu gefährlich, Ned«, erwiderte er und schlug mir auf die Schulter. »Vier Tage lang seekrank, Sie liegen in Ihrer Koje, sind im Weg, also wozu das?«

Wir wußten beide, daß es unmöglich war. Das Höchste, was die Zentrale mir zugestanden hatte, war ein nächtlicher Törn um Bornholm, und schon das war wie ein Besuch beim Zahnarzt gewesen.

Am Samstagabend trafen wir uns im Bauernhaus. Kazimirs und Antons Durba fuhren mit dem Lastwagen vor. Diesmal sollte Antons zum Einsatz kommen. Bei einer so kleinen Mannschaft mußte jeder alles können, mußte jeder austauschbar sein. Trinken war ab sofort gestrichen, das Schiff zur alkoholfreien Zone erklärt. Kazimirs hatte ein paar Hummer mitgebracht und bereitete sie, mit einer Sauce, für die er berühmt war, kunstvoll zu; Bella spielte die Stewardeß für ihn, half, trug auf und war die Zierde des Abends. Nach dem Essen räumte sie den Tisch ab, und ich breitete unter der hängenden Lampe die Karten aus.

Brandt hatte von sechs Tagen gesprochen. Eine optimistische Schätzung. Aus der Kieler Förde sollte die *Daisy* ins offene Meer stechen und Bornholm an der schwedischen Seite passieren. Danach würde sie Sundre an der Südspitze der schwedischen Insel Gotland anlaufen, um Treibstoff und Proviant an Bord zu nehmen. Dort würden zwei Männer zum Schiff kommen, und einer von ihnen würde fragen, ob sie Heringe zu verkaufen hätten. Sie hätten darauf zu antworten: »Nur in Dosen. In diesen Gewässern gibt es seit Jahren keine Heringe mehr.« Nüchtern betrachtet klingen solche Wortwechsel immer albern, und bei diesem brachen Antons und Kazimirs in hysterisches Gelächter aus. Bella, die eben aus der Küche kam, lachte mit.

Einer der Männer würde dann fragen, ob er an Bord kommen dürfe, fuhr ich fort. Er war ein Experte — ich sagte nicht: für Sabotage, da die Mannschaft hier gemischte Gefühle hegte. Für die Fahrt würde er Volodia heißen. Er würde einen Lederkoffer tragen und zum Beweis seiner Vertrauenswürdigkeit zwei Knöpfe in der Manteltasche haben, einen braunen und einen weißen. Wenn er seinen Namen nicht wüßte oder keinen Koffer dabeihätte oder die Knöpfe nicht vorweisen könnte, sollten sie ihn lebendig wieder an Land bringen, aber dann sofort nach Kiel zurückkehren. Für diesen Fall war ein bestimmtes Funksignal vereinbart. Im übrigen sollte Funkstille bewahrt werden. Wir wurden einen Augenblick still, und ich hörte Bellas bloße Füße über den Backsteinboden tappen, als sie neues Kaminholz holen ging.

Von Gotland aus sollten sie nordöstlich durch internationales Gewässer auf den Finnischen Meerbusen zuhalten, sagte ich, und diesen auf einem zentralen Kurs hochfahren; bei der Insel Gogland sollten sie vor Anker gehen und die Dämmerung abwarten, um dann Kurs nach Süden in die Narwa-Bucht zu nehmen; etwa um Mitternacht würden sie dann Land sichten. Ich hatte detaillierte Seekarten von der Bucht und Fotos von der sandigen Küstenlinie mitgebracht. Ich breitete die Karten auf dem Tisch aus, und die Männer setzten sich neben mich, um sie zu betrachten. Als ich dabei von ungefähr einmal aufblickte, sah ich Bella, die mit angezogenen Knien in ihrem Winkel des Zimmers hockte; ihr erregter Blick war im Schein des Kaminfeuers direkt auf mich gerichtet.

Ich zeigte ihnen die Stelle am Strand, auf die das Zodiac-Boot zuhalten sollte, und den Punkt auf der Landspitze, wo sie Signale sehen würden. Der Landetrupp werde UV-Brillen tragen, sagte ich; die estländischen Kontaktleute würden eine UV-Lampe benutzen. Mit bloßem Auge werde nichts zu erkennen sein. Nachdem der Passagier und sein Koffer an Land gesetzt seien, dürfe das Beiboot keinesfalls länger als zwei Minuten auf eine etwaige Ablösung warten und müsse dann mit voller Fahrt zur *Daisy* zurückkehren. Das Beiboot solle nur mit einem Mann besetzt sein, so daß es notfalls einen zweiten Passagier mit zurücknehmen könne. Ich wiederholte die Signale, die sie mit dem ›Empfangskomitee‹ auszutauschen hätten, und diesmal lachte keiner. Ich gab ihnen Neigung und Gefälle der Landestelle an. Der Mond würde nicht scheinen. Es sei schlechtes Wetter zu erwarten, ja zu erhoffen. Bella brachte uns Tee, streifte uns unbekümmert, als sie die Becher hinstellte. Es war, als spannte sie ihre Sexualität für unsere Sache ein. Als sie zu Brandt kam, der sich noch immer über die Küstenkarte beugte, streichelte sie ihm mit beiden Händen ernst den breiten Rücken, als wollte sie ihre jugendliche Kraft auf ihn übertragen.

Um fünf Uhr morgens kehrte ich in meine Wohnung

zurück, an Schlaf war nicht zu denken. Am Nachmittag fuhr ich mit Brandt und Bella im Lieferwagen nach Blankenese. Antons und Kazimirs waren den ganzen Tag auf dem Schiff gewesen. Sie waren schon für das Unternehmen angezogen, in Pudelmützen und Ölzeughosen. An Deck hingen orangefarbene Schwimmwesten zum Lüften. Ich gab beiden die Hand und teilte die wasserdichten Kapseln mit den tödlichen Zyankalipillen aus. Es nieselte; der kleine Kai war menschenleer. Brandt ging zur Gangway, doch als Bella ihm folgen wollte, hielt er sie zurück.

»Nicht weiter«, sagte er zu ihr. »Du bleibst bei Ned.«

Sie trug seinen alten Dufflecoat und eine Wollmütze mit Ohrenklappen, die sie vermutlich schon getragen hatte, als er sie gerettet hatte. Er küßte sie, und sie umarmte ihn, bis er sie von sich schob, an Bord ging und sie an meiner Seite stehen ließ. Antons trat ins Maschinenhaus, und wir hörten den Motor hustend anspringen. Brandt und Kazimirs machten die Leinen los. Niemand sah uns mehr an. Die *Daisy* legte ab und hielt gemächlich auf die Flußmitte zu. Die drei Männer drehten sich nicht nach uns um. Wir hörten das Hupen der Schiffssirene und sahen der *Daisy* nach, bis sie hinter dem grauen Nebelvorhang verschwunden war.

Hand in Hand wie verlassene Kinder gingen Bella und ich die Rampe zu Brandts Lieferwagen hoch. Keiner von uns sprach ein Wort. Keiner von uns hatte irgend etwas zu sagen. Ich blickte mich noch einmal nach der *Daisy* um, aber der Nebel hatte sie verschluckt. Ich sah Bella an, und ihre Augen glänzten ungewöhnlich, ihr Atem ging schnell.

»Es wird ihm nichts passieren«, versicherte ich ihr und ließ ihre Hand los, um den Wagen aufzuschließen. »Sie haben viel Erfahrung. Er ist ein großartiger Mann.« Selbst auf deutsch hörte sich das ziemlich albern an.

Sie stieg ein, setzte sich neben mich und nahm wieder meine Hand. Ihre Finger schienen auf meiner Handfläche ein eigenes Leben zu führen. Machen Sie sich an sie heran, hatte Haydon immer wieder verlangt. In meiner letzten Nachricht hatte ich ihm versichert, daß ich es versuchen würde.

Das erste Stück der Fahrt legten wir in verständnisvollem Schweigen zurück, vereint und getrennt durch unser gemeinsames Erlebnis. Da ich angespannt war, fuhr ich besonders vorsichtig, aber meine Hand hielt noch immer tröstend die ihre, und als ich dann das Steuer fester pakken mußte, bemerkte ich, daß ihre Hand neben mir liegenblieb, die Finger wartend aufgerichtet. Plötzlich machte ich mir Sorgen, wo ich sie hinbringen sollte. Absurderweise. Ich dachte an ein elegantes Kellerrestaurant mit gekachelten Nischen, wo ich meine Joes von der Bank zu treffen pflegte. Sie brauchte Ruhe, und die würden ihr die ältlichen Kellner dort bieten. Dann fiel mir ein, daß sie Brandts Dufflecoat, Jeans und Gummistiefel anhatte. Ich selbst war auch nicht besser angezogen. Also wohin? fragte ich mich beunruhigt. Es wurde langsam Abend. Im Nebel tauchten die Lichter von Häusern auf.

»Haben Sie Hunger?« fragte ich.

Sie legte die Hand auf ihren Schoß zurück.

»Sollen wir irgendwo essen gehen?« fragte ich.

Sie zuckte die Schultern.

»Soll ich Sie zu dem Bauernhaus bringen?«

»Wozu?«

»Also, ich meine, wie wollen Sie die nächsten Tage verbringen? Was haben Sie letztesmal gemacht, als er weg war?«

»Mich von ihm ausgeruht«, sagte sie mit einem Lachen, das ich nicht erwartet hatte.

»Dann sagen Sie mir doch, wie Sie gerne auf ihn warten würden«, schlug ich edelmütig und etwas überheblich vor. »Möchten Sie allein sein? Oder mit anderen Verbannten ein Schwätzchen halten? Was wäre Ihnen lieber?«

»Das ist nicht wichtig«, sagte sie und rückte von mir weg.

»Sagen Sie's mir trotzdem. Helfen Sie mir.«

»Ich werde ins Kino gehen. Schaufenster ansehen. Zeitschriften lesen. Musik hören. Ich werde versuchen, etwas zu lernen. Mich langweilen.«

Ich entschied mich für die sichere Wohnung. Im Kühlschrank ist noch was zu essen, sagte ich mir. Setz ihr etwas vor, gib ihr einen Drink, bring sie zum Reden. Und dann fährst du sie entweder selbst zum Bauernhaus oder besorgst ihr ein Taxi.

Wir kamen in die Stadt. Ich parkte zwei Straßen von der sicheren Wohnung entfernt und nahm ihren Arm, als wir den von Bäumen gesäumten Bürgersteig entlanggingen. Das gleiche hätte ich auch für jede andere Frau auf einer dunklen Straße getan, aber ihr nackter Arm im Ärmel von Brandts Jacke hatte für mich etwas Beunruhigendes. Die Stadt war mir nicht vertraut. Hinter den hellen Fenstern der Häuser redeten Menschen und lachten, als ob wir gar nicht existierten. Sie nahm meinen Arm und zog meine Hand an ihre Brust — an die Unterseite, um genau zu sein; durch die Kleiderschichten spürte ich ganz deutlich die Form. Ich dachte an die ordinären Circus-Witze über Offiziere, die ihre besten Informationen im Bett bekamen. Dann fiel mir Haydons Frage nach ihren Titten ein, und beschämt zog ich meine Hand zurück.

Neben dem Friedhofstor war ein Einlaß. Als ich ihn öffnete und Bella den Vortritt ließ, drehte sie sich um, nahm mein Gesicht in ihre Hände und küßte mich auf beide Augen. Ich ergriff ihre Hüften, sie schien schwerelos. Sie war sehr glücklich. Im gelben Schein der Friedhofslichter konnte ich sehen, wie sie lächelte.

»Alle sind tot«, flüsterte sie erregt. »Aber wir sind lebendig.«

Auf der Treppe ging ich ihr voraus. Auf halbem Weg wandte ich den Kopf, um mich zu vergewissern, daß sie mir folgte. Ich hatte Angst, sie könnte es sich anders überlegt haben. Ich hatte furchtbare Angst — nicht, weil ich noch unerfahren gewesen wäre — das war dank Mabel nicht der Fall —, sondern weil ich bereits wußte, daß ich mit einer Frau wie ihr noch nie etwas zu tun gehabt hatte. Sie stand direkt hinter mir und hielt, noch immer lächelnd, ihre Schuhe in den Händen.

Ich machte ihr die Tür auf. Sie trat ein und küßte mich wieder fröhlich lachend, als wäre dies unser Hochzeitstag, und ich hätte sie gerade über die Schwelle getragen. Benommen fiel mir ein, daß Russen sich nie in der Tür die Hand geben, und vielleicht hielten es die Letten ebenso, und vielleicht waren ihre Küsse so etwas wie eine Geisterbeschwörung. Ich hätte sie danach gefragt, wenn mir nicht buchstäblich die Stimme weggeblieben wäre. Nachdem ich die Tür geschlossen hatte, ging ich durchs Zimmer und drehte die Heizung an, einen elektrischen Heizlüfter, der, solange es im Zimmer kalt war, emsig warme Luft verströmte, danach aber nur noch stoßweise welche ausstieß, wie ein alter Hund, der vor sich hinträumt.

Ich ging in die Küche, um Wein zu holen. Als ich zurückkam, war Bella verschwunden, unter der Badezimmertür war Licht zu sehen. Ich deckte sorgfältig den Tisch mit Messern und Gabeln und Löffeln, Käse und kaltem Fleisch und Gläsern und Papierservietten und was mir sonst noch einfallen wollte; mit anderen Worten, ich flüchtete mich in die distanzschaffenden Formalitäten der Gastfreundschaft.

Die Badezimmertür ging auf, und sie erschien in Brandts Mantel, den sie wie einen Bademantel um sich gewickelt hatte; darunter trug sie, den nackten Beinen nach zu urteilen, nicht mehr allzuviel. Ihr Haar war gebürstet. Als gute Gastgeber halten wir in unseren sicheren Wohnungen immer Kamm und Bürste bereit.

Und ich weiß noch, wie ich dachte, daß, wenn sie wirklich so schlecht war, wie Haydon zu vermuten schien, es ganz schön schlimm wäre, Brandt ausgerechnet in seinem eigenen Mantel zu betrügen, und ebenso schlimm, daß sie mich dazu erwählt hatte, während meine Agenten mit Todespillen in der Tasche größten Gefahren entgegenfuhren. Aber Schuldgefühle hatte ich nicht. Ich erwähne das, um deutlich zu machen, daß meine Gedanken in dem Bemühen, mein Verlangen nach ihr zu befriedigen, kreuz und quer in alle möglichen Richtungen gingen.

Ich küßte sie und nahm ihr den Mantel ab, und nie zuvor und nie seither habe ich eine so schöne Frau gesehen. Um die Wahrheit zu sagen: in diesem Augenblick und in diesem Alter war ich noch gar nicht in der Lage, zwischen Wahrheit und Schönheit zu unterscheiden. Für mich war beides ein und dasselbe, und ich konnte nur Ehrfurcht vor ihr empfinden. Sollte ich je irgendeinen Verdacht gegen sie gehegt haben, der Anblick ihres nackten Körpers überzeugte mich von ihrer Unschuld.

Was danach kam, müssen Sie sich von den Bildern meiner Erinnerung erzählen lassen. Noch heute sehe ich uns beide als zwei andere Menschen und nie als uns selbst.

Bella nackt im Halblicht des Ofens, auf der Seite liegend, wie ich sie zum erstenmal vor dem Kamin im Bauernhaus gesehen hatte. Ich hatte die Steppdecke aus dem Schlafzimmer geholt. »Wie schön du bist«, flüsterte sie.

Daß ich vergleichbares Staunen bei ihr hervorrufen könnte, war mir nicht in den Sinn gekommen.

Bella am Fenster, wie das Licht vom Friedhof aus ihrem Körper eine vollkommene Statue macht, ihr Vlies vergoldet und helle Muster auf ihre Brüste zeichnet.

Bella, wie sie Neds Gesicht küßt, ihn mit Hunderten kleiner Küsse wieder zum Leben erweckt. Bella, wie sie über ihre und unser beider grenzenlose Schönheit lacht. Bella, wie sie unter Lachen liebt — das hatte ich noch nie zuvor erlebt —, bis jeder Zentimeter unserer Körper ein

Grund zum Feiern ist und geküßt und gelutscht und bewundert wird.

Bella, wie sie sich von Ned wegdreht, sich ihm anbietet, sich ihm entgegenreckt, um ihn zu empfangen, und dabei unablässig weiterflüstert. Ihr Flüstern verstummt. Sie beginnt ihren Aufstieg, biegt sich zurück, bis sie ganz hoch ist. Und plötzlich beginnt sie zu schreien, schreit nach mir und den Toten und ist das lebendigste Wesen der Welt.

Ned und Bella, endlich zur Ruhe gekommen, wie sie am Fenster stehen und auf den Friedhof hinausblicken.

Und was ist mit Mabel, sage ich, doch es scheint noch zu früh zum Heiraten.

»Es ist immer zu früh«, erwidert sie, als wir wieder aufs Bett sinken.

Bella in der Badewanne, ich ihr gegenüber glücklich an die Wasserhähne gedrückt, während sie mich träge im Wasser streichelt und mir von ihrer Kindheit erzählt.

Bella auf der Steppdecke, wie sie meinen Kopf zwischen ihre Beine zieht.

Bella, wie sie auf mir reitet.

Bella, wie sie auf mir kniet, ihr heimlicher Garten offen vor meinem Gesicht; sie führt mich an Orte, die ich mir nie hatte vorstellen können, nicht einmal allein in meinem elenden Einzelbett, wenn ich diesen Augenblick immer wieder erträumt und mich des Unbekannten mit viel zu wenig Wissen zu erwehren gesucht hatte.

Und zwischendurch können Sie Ned im Halbschlaf auf Bellas Brüsten sehen, das Essen noch unberührt auf dem Tisch, den ich zum Selbstschutz so formell gedeckt hatte. Durch unser Liebesspiel hatte ich wieder einen klaren Kopf, und ich frage sie nun nach allem, was Bill Haydons und auch meine eigene Neugier befriedigen könnte.

Ich fuhr sie nach Hause und kam gegen sieben Uhr morgens in meiner Wohnung an. Zwei Nächte hatte ich nicht geschlafen, und auch jetzt war mir nicht danach; also setzte ich mich hin und schrieb mit fliegender Feder, denn ich war noch immer im Paradies, meinen Bericht über die Begegnung. Von der *Daisy* kam keine Nachricht, aber ich erwartete auch keine. Am Abend traf ein Zwischenbericht über die bisher zurückgelegte Strecke ein. Sie hatte Kiel passiert und steuerte auf die Kieler Förde zu. In wenigen Stunden würde sie das offene Meer erreichen: Ich war für den Abend mit einem zahmen deutschen Journalisten verabredet, und für den Vormittag stand ein Konsulatstermin an, doch ich unterrichtete Bella telefonisch zumindest in Andeutungen von den Neuigkeiten und versprach ihr, bald zu kommen; sie bestand nämlich darauf, daß ich sie im Bauernhaus besuchen sollte. Wenn Brandt wieder zurück wäre, sagte sie, wolle sie immer all die Stellen im Haus ansehen können, wo wir uns geliebt hätten, und an mich denken. Ich nehme an, es beweist, wie mächtig die Illusion der Liebe ist, daß ich daran nichts Heimtückisches oder Widersinniges fand. Wir hatten zusammen eine Welt erschaffen, und die wollte sie um sich haben, wenn ich ihr wieder genommen würde. Das war alles. Sie war Brandts Mädchen. Von mir erwartete sie nichts anderes als meine Liebe.

Gleich nach meinem Eintreffen gingen wir in das langgestreckte Wohnzimmer, wo diesmal sie den Tisch gedeckt hatte. Vollständig nackt nahmen wir daran Platz, wie sie es wünschte. Sie wollte mich unter ihren vertrauten Möbeln sehen. Danach liebten wir uns in Brandts und ihrem Bett. Vermutlich hätte ich mich schämen sollen, aber ich empfand nur Erregung darüber, an die geheimsten Orte ihres gemeinsamen Lebens geführt zu werden. »Das sind seine Haarbürsten«, sagte sie. »Das sind seine Kleider, du liegst auf seiner Seite des Betts.« Eines Tages werde ich begreifen, was das zu bedeuten hat, dachte ich. Und dann, grausamer: oder ist es gerade das, was ihr am Betrug Spaß macht?

Am nächsten Abend mußte ich nach Lübeck, wo ich mit einem alten Polen verabredet war, der eine geheime Korrespondenz mit einem entfernten Neffen in Warschau aufgebaut hatte. Der Junge erhielt gerade eine Ausbildung als Dechiffrierer im polnischen diplomatischen Dienst und wollte für uns spionieren, wenn wir ihm dafür eine neue Existenz in Australien verschafften. Die Londoner Station erwog, direkt an ihn heranzutreten. Ich kehrte nach Hamburg zurück und schlief wie ein Toter. Während ich am nächsten Morgen meinen Bericht schrieb, unterrichtete mich ein Funkspruch aus London, daß die *Daisy* problemlos in Sundre getankt habe und jetzt mit Passagier Volodia an Bord auf Kurs zum Finnischen Meerbusen sei. Ich rief Bella an und teilte ihr mit, alles laufe noch gut, und sie sagte: »Bitte, komm zu mir.«

Den Vormittag verbrachte ich auf der Polizeiwache an der Reeperbahn, wo ich zwei betrunkene britische Handelsmatrosen loseiste, die ein Bordell auseinandergenommen hatten, und den Nachmittag auf einer gespenstischen Teeparty, die Gattinnen der Konsulatsangestellten zur Unterstützung der Woche des Politischen Gefangenen veranstalteten. Ich wünschte, die Handelsmatrosen hätten auch dieses Bordell in Stücke gehauen. Um acht Uhr abends war ich endlich in dem Bauernhaus, und wir gingen gleich ins Bett. Um zwei Uhr morgens klingelte das Telefon, und Bella nahm ab. Es war mein Dechiffrierer, er rief vom Hafenbüro an: ein Funkspruch, den ich selbst dechiffrieren müsse, höchste Eile; ich müsse auf der Stelle kommen. Ich fuhr wie die Feuerwehr und schaffte die Strecke in vierzig Minuten. Als ich mich im Büro über die Kodebücher setzte, stellte ich fest, daß mein Gesicht und meine Hände noch nach Bella rochen.

Der Funkspruch war mit Haydons Kode eingelaufen, persönlich an den Stationsleiter Hamburg. Der Landetrupp der *Daisy* sei von vorbereiteten Stellungen aus schwer unter Beschuß genommen worden, begann der Funkspruch. Das Beiboot werde vermißt, desgleichen alle, die an Bord waren, also Antons Durba und sein Passagier, und höchstwahrscheinlich auch alle, die am Strand gewartet hätten. Von den estnischen Patrioten gebe es keine Nachricht. Die *Daisy* habe UV-Signale von der Küste gesichtet, jedoch nur eine einzige vollständige Serie der vereinbarten Abfolge; man gehe davon aus, daß die Esten gefangengenommen worden seien, gleich nachdem sie den Landetrupp ans Ufer geleitet hätten, wo ihn sein Schicksal ereilt hätte. Eine bekannte Geschichte, auch wenn sie schon fünf Jahre alt war. Der Notsender in Tallinn gebe keine Antwort.

Ich sollte diese Information an niemand weitergeben und die erste Morgenmaschine nach London nehmen. Ein Platz sei bereits für mich gebucht. Toby Esterhase würde mich in Heathrow abholen. Ich schrieb eine Empfangsbescheinigung aus und gab sie meinem Sekretär, der sie kommentarlos entgegennahm. Er weiß Bescheid, dachte ich. Und wie auch nicht? Er hatte mich in dem Bauernhaus angerufen und Bella an den Apparat bekommen. Den Rest konnte er mir am Gesicht ablesen, und riechen konnte er es vermutlich auch.

Diesmal brannte kein Räucherstäbchen in Haydons Zimmer, und er saß an seinem Schreibtisch. Rechts und links von ihm saßen Roy Bland, sein Abteilungsleiter für Osteuropa, und Toby Esterhase. Tobys Funktionen waren nie leicht zu bestimmen, da er sich in der Hoffnung, es würden noch mehr werden, immer etwas bedeckt hielt. Doch in der Praxis war er Haydons Wasserträger, eine Rolle, die ihn später teuer zu stehen kam. Zu meiner Überraschung sah ich auch George Smiley; er kauerte abseits von den anderen unglücklich auf der Kante von Haydons Sofa; die Bedeutung seiner Haltung sollte mir erst drei Jahre später aufgehen.

»Da waren Insider am Werk«, begann Haydon ohne Vorgeplänkel. »Die Aktion muß im Vorfeld komplett verraten worden sein. Wenn Durba nicht mit dem Schiff untergegangen ist, liegt er jetzt schon auf der Streckbank und plaudert alles aus. Volodia weiß zwar nicht viel, aber gerade das könnte sein Pech sein, denn beim Verhör wird man ihm nicht glauben, und er hat ja wahrlich einen Haufen Sprengstoff zu erklären. Vielleicht hat er die Pille geschluckt, aber das bezweifle ich — er ist ein Dummkopf.«

»Wo ist Brandt?« fragte ich.

»Wird unter einer hellen Lampe in Sarratt verhört und brüllt wie ein Stier. Irgendwo hat irgendwer Mist gebaut. Wir fragen Brandt, ob er das zufälligerweise war. Wenn nicht, wer dann? Genau dieselbe Scheiße wie beim letztenmal. Jedes Mitglied der Mannschaft wird einzeln ausgequetscht.«

»Wo ist die *Daisy*?«

»In Helsinki. Wir haben Matrosen von der Marine an Bord geschickt, und die haben Anweisung, das Schiff heute nacht in Sicherheit zu bringen. Die Finnen lassen sich nicht gern dabei erwischen, wie sie Leuten, die den Bären ärgern, Zuflucht bieten. Es wäre allerdings ein verdammtes Wunder, wenn die Presse keinen Wind davon bekäme.«

»Verstehe«, sagte ich einfältig.

»Wie schön. Ich nicht. Was sollen wir tun? Sagen Sie es mir. Sie haben dreißig baltische Agenten, die nur auf ein Wort von Ihnen warten. Was sagen Sie denen? Sollen sie untertauchen? Abbitte leisten? Sich normal verhalten und einen beschäftigten Eindruck machen? Jeder Vorschlag ist herzlich willkommen.«

»Die Durbas wußten nichts von dem estnischen Agentennetz«, wandte ich ein. »Antons kann nichts verraten, was er nicht weiß.«

»Und wer hat dann Antons verraten, bitte schön? Und den Landetrupp, die Koordinaten, den Strand, die Uhrzeit? Wer hat uns da reingelegt? Wir haben Brandt die gleiche Frage gestellt, sehr witzig, wie? Wir dachten, er würde vielleicht Bella vorschlagen, die baltische Hure.

Statt dessen meinte der unverschämte Kerl, es könnte einer von uns sein.«

Er war wütend, und seine Wut richtete sich gegen mich. Ich hatte nie gedacht, daß Lethargie in derart wütenden Zorn umschlagen könnte. Und dennoch sprach er leise; schleppend, näselnd, distinguiert wie immer. Noch gelang es ihm, Ruhe zu bewahren. Selbst in der Erregung wirkte er tödlich. Unbeteiligt, was ihn um so furchtbarer erscheinen ließ.

»Also was sagen Sie dazu?« wollte er von mir wissen.

»Wozu?«

»Zu *ihr*, Euer Liebden. Zu der schmollenden Miß Lettland.« Er hielt den Bericht in der Hand, den ich nach unserer ersten Nacht geschrieben hatte. »Herr im Himmel, ich hatte um eine Bewertung gebeten, nicht um eine Arie, verdammt.«

»Ich halte sie für unschuldig«, sagte ich. »Ich halte sie für ein einfaches Bauernmädchen. Das ist meine Einschätzung. Und die von Brandt wohl auch. Sie hat meine Fragen beantwortet, und ihre Geschichte klang plausibel.«

Haydon hatte seinen Charme wiedergefunden. So was gelang ihm im Handumdrehn. Man fand ihn anziehend und dann wieder abstoßend. Ich erinnere mich noch genau daran. Er nahm alle möglichen Rollen an und spielte die Gefühle seines Gegenübers gegeneinander aus, weil er selbst keine hatte.

»Die meisten Spione erzählen plausible Geschichten«, erwiderte er, während er in meinem Bericht herumblätterte. »Jedenfalls die besseren. Stimmt's, Tobe?« sagte er wohlwollend zu Esterhase.

»Vollkommen, Bill. Hundertprozentig, würde ich sagen«, sagte Esterhase, der Schmeichler.

Die anderen hatten ebenfalls eine Kopie. Es wurde still, sie machten sich an die Lektüre und vertieften sich in die Stellen, die Haydon angestrichen hatte. Roy Bland hob den Kopf und sah mich an. Bland hatte uns im Sarratt Vorträge gehalten. Er stammte aus dem North Country und hatte als ehemaliger Universitätslehrer mit der Tarnung akademischer Tätigkeit etliche Jahre hinter dem Eisernen Vorhang verbracht. Sein Akzent war breit und sehr undeutlich.

»Bella gibt zu, daß ihr Vater nicht ihr Vater ist, stimmt's, Ned? Ihre Mutter wurde von den Deutschen vergewaltigt und geschwängert, demnach ist sie ihrer Abstammung nach eine halbe Deutsche. Stimmt's, Ned?«

»Ja. Stimmt, Roy. So hat sie's mir erzählt.«

»Und als dann also ihr Vater, wie sie ihn nennt, als Feliks aus der Kriegsgefangenschaft zurückkehrt und hört, was passiert ist, adoptiert er das Kind. Sie. Bella. Wie nett von ihm. Das hat sie ihnen freiwillig erzählt. Sie hat kein Geheimnis daraus gemacht. Stimmt's, Ned?«

»Ja. Stimmt, Roy.«

»Und warum, zum Teufel, erzählt sie Brandt dann nicht dieselbe Geschichte wie Ihnen?«

Das hatte ich sie auch gefragt und konnte ihm daher umgehend antworten. »Als er sie in den Westen brachte, hatte sie Angst, er würde sie nicht bei sich aufnehmen, wenn er wüßte, daß sie gar nicht die leibliche Tochter seines besten Freundes war. Zu dem Zeitpunkt hatten die beiden noch kein Verhältnis miteinander. Er bot ihr seinen Schutz an und ein neues Leben. Sie war verängstigt und fügte sich. Sie hatte im Wald gelebt. Jetzt war sie zum erstenmal im Westen. Ihr Vater war tot, also brauchte sie eine neue Vaterfigur.«

»Brandt, meinen Sie?« fragte Bland hinterhältig.

»Ja, natürlich.«

»Also, finden Sie es nicht verdammt merkwürdig, Ned, daß Brandt nicht dennoch die Wahrheit über sie wußte?« fragte er triumphierend. »Wenn Brandt, wie er behauptet, ein guter Freund ihres Vaters war, würde er das alles dann nicht wissen müssen? Sagen Sie schon, Ned!«

Jetzt schaltete sich Smiley ein — um mir zu helfen, wie ich dachte: »Sehr wahrscheinlich *weiß* Brandt Bescheid, Roy. Aber würden Sie der Tochter ihres besten Freundes erzählen, sie wäre das uneheliche Kind eines deutschen Soldaten, wenn Sie davon ausgingen, daß sie es nicht wüßte? *Ich* würde das bestimmt nicht tun. *Ich* würde mir alle erdenkliche Mühe geben, sie zu beschützen. Besonders, wenn der Vater tot wäre und ich mich in die Tochter verliebt hätte.«

»Scheiß auf die Liebe«, sagte Haydon und blätterte in meinem Bericht eine Seite um. »Brandt ist ein geiler alter Bock. Wer ist dieser Tadeo, von dem sie da dauernd redet? ›Tadeo hat gesehen, wie die Leichen auf den Lastwagen geladen wurden. Tadeo sagt, die Leiche meines Vaters sei zuletzt aufgeladen worden. Den meisten Männern hatten sie ins Gesicht geschossen, aber meinen Vater in Brust und Bauch, ein Maschinengewehr hatte ihn fast in zwei Teile geschossen.‹ Ich meine, Herrgott, für eine Unschuld vom Lande ist sie verdammt ausführlich, wenn es ihr mit ihrer Geschichte weiterhilft, das steht fest.«

»Tadeo war ihr erster Liebhaber«, sagte ich.

»Wohl eifersüchtig, wie?« fragte mich Haydon, was die Paladine neben ihm in Gelächter ausbrechen ließ.

Nicht jedoch Smiley. Und mich auch nicht.

»Tadeo war einer ihrer Mitschüler«, sagte ich. »Er hatte den Auftrag, während der Versammlung draußen vor dem Haus Wache zu schieben, vergnügte sich aber stattdessen mit Bella auf einem nahegelegenen Acker. Dadurch gelang ihr auch die Flucht. Tadeo sagte ihr, sie sollte um ihr Leben rennen, und nach wem sie fragen müsse, wenn sie die Partisanen erreichte. Dann versteckte er sich in einem Haus in der Nähe, beobachtete von dort die Ereignisse und folgte ihr anschließend. Steht alles in meinem Bericht.«

Toby Esterhase gab in seinem österreichisch-ungarischen Englisch auch noch seinen Senf dazu: »Und Tadeo ist natürlich tot, wie praktisch, Ned. In Bellas Geschichte Zeuge zu sein ist offenbar eine ziemlich riskante Sache.«

»Er wurde von einem Grenzposten erschossen«, sagte ich. »Dabei wollte er noch nicht mal rüber, sondern bloß das Gelände erkunden. Sie hat das Gefühl, jeder, mit dem sie in Berührung kommt, muß sterben«, fügte ich hinzu und mußte unwillkürlich an Ben denken.

»Damit könnte sie recht haben«, sagte Haydon.

Seltsamerweise sagte jetzt auch Roy Bland, wie mir schien, etwas zu meiner Verteidigung — denn ich hatte zunehmend das Gefühl, auf der Anklagebank zu sitzen. »Allerdings könnte Tadeo ja auch koscher sein und sich in bezug auf Feliks' Tod geirrt haben. Vielleicht hat die Polizei dessen Tod nur vorgetäuscht. Schließlich ist er als letzter auf den Lastwagen geworfen worden. Blutüberströmt wird er in diesem Schlachthaus ohnehin gewesen sein. Sie hätten ihn gar nicht erst mit Ketchup übergießen müssen, was? Das hätte sich schon von selbst erledigt.«

Smiley nahm Blands Faden auf. Allmählich bedauerte ich, daß ich mich so darum bemüht hatte, nicht unter seiner Leitung arbeiten zu müssen.

»Ist denn der Vater *wirklich* so wichtig für uns, Bill?« wandte er ein. »Feliks kann der größte Judas aller Zeiten gewesen sein und trotzdem eine vollkommen ehrliche Tochter haben, oder?«

»Das glaube ich auch«, sagte ich. »Sie bewundert ihren Vater. Es fällt ihr nicht schwer, von ihm zu erzählen. Sie verehrt ihn. Sie trauert noch immer um ihn.«

Ich dachte daran, wie sie auf den Friedhof hinuntergeblickt hatte. Ich dachte an ihre Entschlossenheit, das Geschenk des Lebens zu feiern. Ich weigerte mich zu glauben, daß sie mir etwas vorgespielt hatte.

»Na schön«, sagte Haydon unwillig und schob mir ein großformatiges Foto über den Tisch. »Wir wollen ein Auge zudrücken und Ihnen vertrauen. Was, zum Teufel, sollen wir nun *damit* anfangen?«

Es handelte sich um ein stark vergrößertes Foto, das ziemlich unscharf war. Ich vermutete, es war von einem anderen Foto abfotografiert worden. Links oben war es noch mit dem Wort ›Hexerei‹ gestempelt — die höchste Geheimhaltungsstufe der Londoner Station, wie ich hatte läuten hören. Toby Esterhases Warnung bestätigte mir das: »Sie haben dieses Foto nie gesehen, Ned«, erklärte er mir über Haydons Schulter hinweg mit jener Blasiertheit, die manche Leute Jüngeren gegenüber an den Tag legen. »Auch das Wort ›Hexerei‹ haben Sie nie gesehen. Wenn Sie dieses Zimmer verlassen, ist Ihr Kopf vollkommen leer.«

Es war eine Gruppenaufnahme von jungen Männern und Frauen, im Hintergrund sah man so etwas wie eine Kaserne oder den Campus einer Universität. Es waren etwa sechzig Personen in Zivilkleidung, die Männer in Anzügen und Krawatten, die Frauen in hochgeschlossenen weißen Blusen und langen Röcken. Eine Gruppe älterer Männer und eine finster dreinblickende Frau standen auf einer Seite daneben. Das Ganze wirkte düster, wie die Kleidung und das Gebäude im Hintergrund.

»Zweite Reihe, dritte von rechts«, sagte Haydon und reichte mir eine Lupe. »Gute Titten, genau wie der junge Mann gesagt hat.«

Es war Bella, ganz ohne jeden Zweifel. Gewiß, hier war sie drei oder vier Jahre jünger und hatte das Haar hinten zu einem Knoten aufgesteckt, wie mir schien. Aber es waren Bellas große, ehrliche Augen, Bellas unbezähmbares Lächeln und ihre hohen festen Wangen, die ich so mochte.

»Hat Bella Ihnen in Ihrem Liebesnest je geflüstert, daß sie in Kiew eine Sprachschule besucht hat?« fragte mich Haydon.

»Nein.«

»Hat sie überhaupt irgend etwas von ihrer Ausbildung erzählt, abgesehen davon, wie sie es mit Tadeo im Heu getrieben hat?«

»Nein.«

»Selbstverständlich ist das in Kiew eher ein Ferienkurs als eine richtige Schule. Kein Ort, von dem man später allzuviel erzählt. Außer beim Verhör. Theoretisch ist es eine Schule für die Dolmetscher von morgen, praktisch aber leider wohl eher ein Brutplatz für den vielversprechenden Nachwuchs der Moskauer Zentrale. Gehört der Zentrale, die Stellen werden von der Zentrale besetzt, die Zentrale schöpft den Rahm ab. Die Rückstände gehen ans Außenministerium, genau wie bei uns.«

»Hat Brandt das hier gesehen?« fragte ich.

Sein leichtfertigen Ton schlug um. »Machen Sie Witze? Brandt ist ein feindlicher Zeuge, wie alle anderen.«

»Kann ich Brandt sehen?«

»Davon würde ich abraten.«

»Heißt das nein?«

»Ja. Das heißt nein.«

»War Hexerei auch die Quelle für den nachteiligen Bericht über Bellas Vater?«

»Kümmern Sie sich um Ihren eigenen Dreck«, sagte er, aber ich hatte Tobys erschreckten Blick bemerkt und spürte, daß ich richtig geraten hatte.

»Macht die Moskauer Zentrale immer von ihren Musterschülern Klassenfotos?« fragte ich ermutigt durch eine Kopfbewegung Smileys, die ich wieder als Unterstützung deutete.

»In Sarratt machen wir welche«, gab Haydon zurück. »Warum dann nicht auch die Moskauer Zentrale?«

Ich fühlte, wie mir der Schweiß über den Rücken lief, und die Stimme wollte mir versagen. Aber ich stolperte weiter. »Hat man sonst noch jemand auf diesem Foto identifiziert?«

»Allerdings.«

»Und wen?«

»Vergessen Sie's.«

»Welche Sprachen hat sie da gelernt?«

Haydon hatte von mir genug. Er hob den Blick, als

flehte er den Himmel um Geduld an. »Nun, Englisch lernen die *alle,* mein Lieber, falls Sie *danach* fragen«, schnarrte er, stützte das Kinn in die Hand und bedachte Smiley mit einem langen Blick.

Ich bin kein Hellseher, und ich konnte unmöglich wissen, was zwischen den beiden Männern vorging oder bereits vorgegangen war. Zugegeben, hinterher ist man immer klüger, aber ich bin sicher, daß ich damals das Gefühl hatte, zwischen zwei feindliche Lager geraten zu sein. Selbst für jemanden, der mit der Politik der Zentrale so wenig zu tun hatte wie ich, war das Donnergrollen der Schlacht, die dort ausgetragen wurde, nicht zu überhören: wie der große X auf dem Korridor an dem großen Y vorbeigegangen war, ohne auch nur »Guten Morgen« zu sagen; wie A sich geweigert hatte, mit B in der Kantine am gleichen Tisch zu sitzen. Und wie Haydons Londoner Station allmählich zum Dienst im Dienst wurde, die regionalen Kommandozentralen verschlang und die Sonderabteilungen übernahm, die Beobachter, die Lauscher, bis hin zu so niederen Kreaturen wie unseren Postleuten, die in tropfenden Sortierbüros hockten und pflichtergeben über ständig dampfenden Wasserkesseln Briefe öffneten. Es wurde sogar gemunkelt, der wahre Kampf der Titanen fände zwischen Bill Haydon und dem amtierenden Chef statt — dem letzten, der sich noch Chef nennen konnte —, und Smiley als der Mundschenk des Chefs stünde eher auf dessen als auf Haydons Seite.

Andererseits munkelte man auch davon, daß Smiley selbst in Ungnade gefallen sei, beziehungsweise — taktvoller ausgedrückt — über eine akademische Laufbahn nachdenke, um sich besser um seine Ehe kümmern zu können.

Haydon sah Smiley unbeschwert an, doch dieser unbeschwerte Blick wurde zum eisigen Starren, während er darauf wartete, daß Smiley ihn erwiderte. Wir anderen warteten ebenfalls. Das Peinliche an der Sache war, daß Smiley den Blick nicht erwiderte. Er glich einem Mann, der absichtlich einen Gruß ignorierte. Er saß auf der Chaiselongue, die Augenbrauen hochgezogen, die schweren Lider gesenkt, den runden Kopf zur Seite gelegt, und schien ganz in die Betrachtung des persischen Gebetsteppich vertieft zu sein, der ebenfalls zu der exzentrischen Ausstattung von Haydons Zimmer gehörte. Und er ließ sich nicht darin stören, als hätte er von Haydons Interesse an ihm gar nichts mitbekommen; dabei wußten wir alle — selbst ich wußte es —, daß dies keineswegs der Fall war. Schließlich blies er die Wangen auf und verzog mißbilligend das Gesicht. Und dann stand er auf — nicht dramatisch, denn so weit brauchte George nie zu gehen — und packte seine Papiere zusammen.

»Nun, Bill, ich denke, das Wichtigste hätten wir«, sagte er. »In genau einer Stunde, bitte, wenn's recht ist, wird der Chef gut unterrichtete Offiziere empfangen, und wir werden versuchen, uns eine Meinung zu bilden. Ned, wir beide müssen uns noch ein wenig mit der Züricher Geschichte beschäftigen. Vielleicht kommen Sie bei mir vorbei, wenn Bill hier mit Ihnen fertig ist.«

Zwanzig Minuten später saß ich in Smileys Büro.

»Halten Sie dieses Foto für echt?« fragte er, ohne auch nur ein Wort an Zürich zu verschwenden.

»Das muß ich ja wohl.«

»Wieso müssen Sie das? Fotos kann man fälschen, Schon mal was von Fehlinformation gehört? Die Moskauer Zentrale soll sich gelegentlich mit dergleichen beschäftigen. Die geben sich sogar dazu her, Unschuldige in Verruf zu bringen, habe ich mir sagen lassen. Ja, sie haben sogar eine komplette Abteilung, die sich mit kaum etwas anderem befaßt. Hat an die fünfhundert Mitarbeiter.«

»Aber wieso sollten die Bella was anhängen? Warum nicht Brandt oder einem von der Mannschaft?«

»Was hat Bill Ihnen gesagt?«

»Nichts. Er sagt, zu gegebener Zeit würde ich meine Anweisungen erhalten.«

»Sie haben seine Frage nicht beantwortet. Meinen Sie, wir sollten das Netz auflösen?«

»Dazu kann ich kaum was sagen. Ich bin bloß Verbindungsstück vor Ort. Geleitet wird das Netz von der Londoner Station.«

»Trotzdem.«

»Wir können unmöglich dreißig Agenten herausschleusen. Das gäbe Krieg. Wenn die Nachschublinien hochgegangen und die Fluchtwege verbaut sind, wüßte ich nicht, was wir für die noch tun könnten.«

»Also sind die gestorben«, meinte er, eher abschließend als fragend. Auf seinem Schreibtisch klingelte ein Telefon, aber er nahm nicht ab, sondern sah mich weiter mitfühlend und besorgt an. »Nun, wenn sie *wirklich* gestorben sind, denken Sie bitte daran, daß es nicht Ihre Schuld war, Ned«, fügte er freundlich hinzu. »Niemand erwartet, daß Sie allein es mit der Moskauer Zentrale aufnehmen. Es könnte die Schuld der Fünften Etage sein, es könnte meine sein. Ihre ist es mit Sicherheit nicht.«

Er entließ mich nickend. Als ich die Tür hinter mir geschlossen hatte, hörte sein Telefon auf zu klingeln.

Noch am gleichen Abend kehrte ich nach Hamburg zurück. Als ich Bella anrief, klang sie aufgeregt und traurig, daß ich nicht gleich zu ihr gekommen war.

»Wo ist Brandt?« fragte sie. Von Sicherheitsvorkehrungen am Telefon hatte sie keine Ahnung. Brandt gehe es gut, sagte ich, wirklich gut. Ich hatte Schuldgefühle, als ich mit ihr sprach — ich wußte so viel und sie so wenig. Ich sollte mich ihr gegenüber ganz natürlich verhalten, hatte Haydon gesagt: »Was immer Sie vorher getan haben, machen Sie weiter so, oder machen Sie's noch besser. Ich möchte nicht, daß sie auf irgendwelche Gedanken kommt.« Ich sollte ihr sagen, daß Brandt sie liebe; offenbar redete er ständig davon. Ich vermutete, daß er in seiner Not darum bat, mich sehen zu dürfen. Jedenfalls hoffte ich das, denn ich vertraute ihm und war für ihn verantwortlich.

Ich versuchte, mir keine Sorgen um mich selbst zu machen, da sich in meiner Umgebung doch so viel größere Tragödien abspielten, aber es fiel mir schwer. Bis vor ein paar Tagen hatten Brandt und die Mannschaft unter meiner Obhut gestanden. Ich war ihr Sprecher und Fürsprecher gewesen. Jetzt war einer von ihnen tot oder noch Schlimmeres, und die Verantwortung für den Rest hatte man mir aus der Hand genommen. Auch wenn das Netz für London gearbeitet hatte, war es für mich so etwas wie ein Familienersatz gewesen. Jetzt glich es den jammervollen Resten einer gespenstischen Armee, die außer Reichweite zwischen Leben und Tod schwebten.

Am allerschlimmsten war das Gefühl der Verwirrung, ein Dutzend widersprüchliche Theorien gleichzeitig im Kopf zu haben und sie abwechselnd für richtig zu halten. Kaum hatte ich mir, so wie ich Haydon gegenüber behauptet hatte, eingeredet, Bella sei unschuldig, stellte ich mir die Frage, wie sie mit ihren Herren Kontakt gehalten haben könnte. Die Antwort lautete: nur zu einfach. Sie ging einkaufen, ging ins Kino, ging zur Schule. Bei all dem konnte sie nach Herzenslust Kuriere treffen und tote Briefkästen füllen und wieder leeren.

Doch kaum war ich so weit gegangen, ging ich eilig zu ihrer Verteidigung über. Bella war nicht *schlecht*. Das Foto war getürkt, und die Geschichte von ihrem Vater lief am Ende auf nichts hinaus. Smiley selbst hatte das angedeutet. Es gab hundert Möglichkeiten, diesen Einsatz zum Scheitern zu bringen, ohne daß Bella das geringste damit zu tun hatte. Wir hatten strenge Sicherheitsmaßnahmen, wenn auch nicht so strenge, wie ich mir gewünscht hätte. Mein Vorgänger hatte sich als korrupt herausgestellt. Vielleicht hatte er nicht nur ein paar Agenten erfunden, sondern auch welche verkauft? Und selbst wenn das nicht zutraf, war denn Brandts Andeutung, das Leck sei womöglich nicht auf seiner, sondern auf unserer Seite zu suchen, wirklich so unsinnig?

Nun denken Sie aber bitte nicht, der junge Ned hätte auf seinem einsamen Lager in dieser Nacht im Alleingang jenes Gewirr von Verrat aufgedröselt, dessen Aufdekkung dann später George Smileys ganze Fähigkeiten erforderte. Eine Information kann getürkt sein, man kann sie ignorieren, ein erfahrener Geheimdienstmann kann eine falsche Entscheidung treffen — ohne daß in der Fünften Etage ein Verräter sitzen muß. Ich wußte das. Schließlich war ich kein Kind und auch keiner von diesen graugesichtigen Verschwörungstheoretikern des Circus.

Nachgedacht habe ich trotzdem, wie jeder von uns es tun würde, wenn seine Loyalität dem eigenen Geheimdienst gegenüber aufs äußerste gefordert ist. Aus meiner Froschperspektive stellte ich sämtliche Gerüchte zusammen, die mir innerhalb des Circus zu Ohren gekommen waren. Geschichten von unerklärlichen Fehlschlägen und wiederholten Skandalen, von der zunehmenden Verärgerung unserer amerikanischen Vettern. Von sinnlosen Umbesetzungen, verheerenden Rivalitäten zwischen Leuten, die heute unsterblich waren und morgen aufgegeben hatten. Horrorgeschichten, in denen Unfähigkeit als Beweis für großangelegten Verrat gegolten hatte — und erdrückende Beweise für Verrat als Unfähigkeit abgetan worden waren.

Falls es so etwas wie einen Reifungsprozeß gibt, könnte man sagen, irgendwann in dieser Nacht bin ich dem Erwachsensein einen Schritt nähergekommen. Ich erkannte, daß der Circus eigentlich genauso war wie jede andere britische Institution, nur in komprimierter Form, da er seine Spiele hinter verschlossenen Türen machte und das Leben anderer Menschen als Pfand einsetzte. Dennoch freute mich diese Erkenntnis. Sie gab mir die Verantwortung für meine Taten zurück, die ich bis dahin ein wenig zu bereitwillig anderen Leuten zugeschoben hatte. Wenn meine Karriere bis zu diesem Zeitpunkt ein ständiges Ringen zwischen Unterwerfung und Selbstbehauptung gewesen war, dann war es letztlich doch immer auf eine Unterwerfung hinausgelaufen. Doch in dieser Nacht bin ich über eine Schwelle getreten. Ich beschloß, von nun an mehr auf meinen eigenen Instinkt und meine Wünsche zu achten und weniger auf das Gängelband, ohne das ich offenbar nicht hatte auskommen können.

Wir trafen uns in der sicheren Wohnung. Wenn es irgendwo neutrales Gelände gab, dann dort. Von der Katastrophe wußte sie noch immer nichts. Ich hatte ihr nur gesagt, Brandt sei nach England beordert worden. Wir stürzten uns sofort ins Bett, blindlings und gierig; danach wartete ich, bis sich die Gedanken geklärt hatten, und begann mit meinem Verhör. Ich spielte zunächst mit ihrem Haar, strich es ihr glatt um den Kopf. Dann zog ich es mit beiden Händen nach hinten und raffte es zu einem groben Knoten.

»So siehst du *sehr* streng aus«, sagte ich und küßte sie, ohne den Knoten loszulassen. »Hast du es schon mal so getragen?« Ich küßte sie noch einmal.

»Als Mädchen.«

»Wann war das?« fragte ich zwischen Küssen. »Du meinst vor Tadeo? Oder wann?«

»Bis ich in den Wald gekommen bin. Da hab' ich's mir abgeschnitten. Das heißt, eine andere Frau hat das getan, mit einem Messer.«

»Hast du ein Foto von dir, auf dem du so aussiehst?«

»Im Wald haben wir keine Fotos gemacht.«

»Ich meine, davor. Als du das Haar wie eine strenge Dame getragen hast.«

Sie setzte sich auf. »Warum?«

»Erzähl's mir einfach.«

Sie musterte mich mit ihren fast farblosen Augen. »In der Schule, da hat man uns fotografiert. Warum?«

»In Gruppen? Während des Unterrichts? Was waren das für Bilder?«

»Warum?«

»Erzähl's mir einfach, Bella. Ich muß es wissen.«

»Wir wurden in der Klasse fotografiert, und wir wurden für unsere Dokumente fotografiert.«

»Was für Dokumente?«

»Ausweise. Reisepässe.«

Unter Reisepaß verstand sie etwas anderes als wir, und zwar einen Paß, der das Reisen innerhalb der Sowjetunion erlaubte. Kein freier Bürger konnte ohne so einen Paß auch nur die Straße überqueren.

»Das Gesicht von vorn aufgenommen? Kein Lächeln?«

»Ja.«

»Was hast du mit deinem alten Reisepaß gemacht, Bella?«

Sie wußte es nicht mehr.

»Was hattest du dabei an — als du fotografiert wurdest?« Ich küßte ihre Brüste. »Die meine ich nicht. Was für Kleider hattest du an?«

»Bluse und Krawatte. Was redest du da für einen Unsinn?«

»Bella, hör mir zu. Gibt es irgend jemanden bei dir zu Hause, einen Schulkameraden, einen alten Freund, einen Verwandten, von dem du dir vorstellen könntest, daß er ein Bild von dir hat, auf dem du das Haar zurückgekämmt trägst? Jemand, dem du womöglich schreiben könntest, mit dem man Kontakt aufnehmen könnte?«

Sie starrte mich an und überlegte kurz. »Meine Tante«, sagte sie mürrisch.

»Wie heißt sie?«

Sie sagte es mir.

»Wo wohnt sie?«

In Riga, sagte sie. Zusammen mit Onkel Janek. Ich nahm einen Briefumschlag, setzte sie noch immer nackt an einen Tisch und ließ sie die vollständige Adresse darauf schreiben. Dann legte ich ihr ein Blatt Schreibpapier hin und diktierte einen Brief, den sie beim Schreiben gleich übersetzte.

»Bella.« Ich hob sie auf die Füße und küßte sie zärtlich. »Bella, sag mir noch etwas. Hast du außer den Schulen in deiner Heimatstadt noch irgendwelche anderen Schulen besucht?«

Sie schüttelte den Kopf.

»Keine Ferienkurse? Sonderschulen? Sprachschulen?«

»Nein.«

»Hast du auf der Schule Englisch gelernt?«

»Natürlich nicht. Sonst könnte ich ja Englisch. Was ist nur mit dir, Ned? Warum stellst du mir so dumme Fragen?«

»Die *Daisy* ist in Schwierigkeiten geraten«, sagte ich, noch immer nah vor ihrem Gesicht. »Es sind Schüsse gefallen. Brandt wurde nicht verletzt, aber andere. Mehr darf ich dir nicht sagen. Morgen müssen wir beide zusammen nach London fliegen. Die wollen uns ein paar Fragen stellen und herausfinden, was schiefgegangen ist.«

Sie schloß die Augen und begann zu zittern. Sie öffnete den Mund und stieß einen stummen Schrei aus.

»Ich vertraue dir«, sagte ich. »Ich möchte dir helfen. Und Brandt. Das ist die Wahrheit.«

Allmählich kam sie zu mir zurück und legte weinend ihren Kopf auf meine Brust. Sie war wieder ein Kind. Vielleicht war sie immer eins gewesen. Vielleicht hatte sie dadurch, daß sie mir half, erwachsen zu werden, den Abstand zwischen uns vergrößert. Ich hatte einen britischen Reisepaß für sie mitgebracht. Sie selbst war ohne Staatsangehörigkeit. Ich bat sie, die Nacht bei mir zu verbringen, und sie klammerte sich wie eine Ertrinkende an mich. Wir konnten beide nicht schlafen.

Im Flugzeug hielt sie meine Hand, doch zwischen uns lagen bereits Kontinente. Dann sprach sie mit einer Stimme, die ich noch nie bei ihr gehört hatte. Eine feste, erwachsene Stimme, traurig und desillusioniert, die mich an die von Stefanie erinnerte, als sie mich auf der Insel so sibyllinisch gewarnt hatte.

»Es ist reiner Unsinn«, sagte sie.

»Wie bitte?«

Sie hatte ihre Hand weggezogen. Nicht aus Verärgerung, sondern aus einer Art irdischer Verzweiflung. »Ihr sagt ihnen, sie sollen ins Wasser springen, und dann wartet ihr ab, was passiert. Werden sie nicht erschossen, sind sie Helden. Werden sie erschossen, sind sie Märtyrer. Ihr gewinnt nichts dabei, was der Mühe wert wäre, und ihr ermutigt meine Leute, sich umzubringen. Was verlangt ihr von uns? Sollen wir uns erheben und den russischen Unterdrücker umbringen? Werdet ihr uns helfen, wenn wir das versuchen? Daran glaube ich nicht. Ich denke, ihr tut irgend etwas, weil ihr nicht nichts tun könnt. Ich denke, ihr seid uns kein bißchen nützlich.«

Ich habe Bellas Worte nie vergessen können, denn sie bedeuteten auch eine Absage an meine Liebe. Und ich denke heute jeden Morgen an sie, wenn ich die Nachrichten höre, bevor ich den Hund ausführe. Und frage mich, was wir diesen tapferen Balten damals eigentlich zu versprechen glaubten und ob es das gleiche Versprechen war, das wir auch jetzt noch so fleißig brechen.

Diesmal wartete Peter Guillam am Flughafen, zu meiner Erleichterung, denn sein gutes Aussehen und forsches Auftreten schienen ihr Vertrauen einzuflößen. Als Anstandsdame hatte er Nancy von den Beobachtern mitgebracht, und Nancy hatte sich für diesen Anlaß mütterlich zurechtgemacht. Sie nahmen Bella zwischen sich und führten sie durch die Paßkontrolle zu einem grauen Lieferwagen, der den Schnüffelhunden von Sarratt gehörte. Ich wünschte, jemand hätte daran gedacht, ein etwas weniger furchterregendes Fahrzeug zu schicken, denn beim Anblick des Wagens blieb sie stehen und sah anklagend zu mir zurück, bevor Nancy sie am Arm nahm und hineinschob.

Im turbulenten Leben eines Agentenführers, so lernte

ich nun, war ein anständiger Abschied nicht immer möglich.

Ich kann Ihnen nur erzählen, was ich als nächstes getan und was ich später gehört habe. Ich ging zu Smileys Büro und versuchte fast den ganzen Tag, ihn zwischen irgendwelchen Sitzungen zu erreichen. Nach dem Protokoll des Circus hätte ich als erstes zu Haydon gemußt, doch mit den Fragen, die ich Bella gestellt hatte, hatte ich ohnehin schon gegen Haydons Anweisungen verstoßen, und ich vermutete, Smiley würde mich mit größerem Verständnis anhören. Er hörte mich an; er nahm Bellas Brief entgegen und betrachtete ihn prüfend.

»Wenn wir ihn in Moskau abschicken lassen und ihnen eine sichere Adresse in Finnland angeben, an die sie die Antwort schicken können, könnte die Sache klappen«, drängte ich ihn. Aber wie so oft bei Smiley hatte ich den Eindruck, daß er an mir vorbei in Bereichen dachte, von denen ich ausgeschlossen war. Er ließ den Brief in eine Schublade fallen und schloß sie ab.

»Ich denke, das wird nicht nötig sein«, sagte er. »Hoffen wir das jedenfalls.«

Ich fragte ihn, was sie mit Bella machen würden.

»Vermutlich so etwa dasselbe, was sie mit Brandt gemacht haben«, antwortete er und erwachte immerhin so weit aus seiner Versunkenheit, daß er mich traurig anlächelte. »Sämtliche Einzelheiten ihres Lebens mit ihr durchgehen. Versuchen, sie aufs Glatteis zu führen. Sie weichklopfen. Man wird ihr nicht weh tun. Jedenfalls nicht körperlich. Man wird ihr nicht sagen, was man gegen sie in der Hand hat. Man hofft nur, sie zu enttarnen. Anscheinend sind die meisten Männer, die sich im Wald um sie gekümmert haben, in letzter Zeit geschnappt worden. Das spricht natürlich nicht gerade für Bella.«

»Und was machen sie hinterher mit ihr?«

»Nun, ich denke, das Schlimmste können wir noch verhindern, auch wenn wir heutzutage nicht allzuviel verhindern können«, antwortete er und wandte sich wieder seinen Papieren zu. »Wird Zeit, daß Sie bei Bill vorbeigehen. Er wird sich schon fragen, was Sie im Schilde führen.«

Und ich erinnere mich an den Gesichtsausdruck, mit dem er mich entließ: Schmerz und Frustration waren da zu sehen, und Wut.

Hat Smiley, wie von mir vorgeschlagen, den Brief abschicken lassen? Hat der Brief ein Foto zutage gefördert, und war dieses Foto wiederum eben jenes, das die Fälscher in der Moskauer Zentrale in eins ihrer Gruppenfotos montiert hatten? Ich wünsche, es wäre so einfach, aber in Wirklichkeit ist es das nie, obwohl ich mir gern einbilde, meine Bemühungen um Bella haben mit dazu beigetragen, daß sie ein paar Monate später freigelassen wurde und nach Kanada umsiedeln konnte, auch wenn mir die genauen Umstände noch immer ein Rätsel sind.

Denn Brandt weigerte sich, sie wieder zu sich zu nehmen, geschweige denn, mit ihr irgendwohin zu gehen. Hatte Bella ihm von unserer Affäre erzählt? Oder jemand anders? Ich halte das für ziemlich ausgeschlossen, es sei denn, Haydon selbst hätte es aus Gehässigkeit getan. Bill haßte alle Frauen und auch die meisten Männer, und nichts gefiel ihm besser, als die Gefühle der Menschen durcheinanderzubringen.

Auch Brandt wurde freigesprochen und erhielt nach einigem Widerstand der Fünften Etage eine Entschädigung, die ihm den Start in ein ehrbares Leben ermöglichte. Soll heißen, er konnte sich ein Boot kaufen und nach Westindien fahren, wo er sein altes Schmuggelgewerbe wieder aufnahm, nur ging es diesmal um Waffen für Kuba.

Und der Verrat? Brandts Agentennetz sei für Haydons Geschmack einfach zu effizient gewesen, erzählte mir Smiley später; also habe Bill es, wie schon die Organisation davor, auffliegen lassen und die Schuld daran Bella zuschieben wollen. Er hatte von der Moskauer Zentrale sie belastendes Material fälschen lassen, von dem er dann behauptete, es stamme von seinem erfundenen Informanten Merlin, dem Lieferanten der Hexerei-Informationen. Smiley, der dem Maulwurf inzwischen auf der Fährte war, hatte seinen Verdacht an höchster Stelle vorgetragen, und wurde dafür, daß er recht behielt, in die Wüste geschickt. Es dauerte zwei weitere Jahre, bis man ihn zurückholte, um den Stall auszumisten.

Und so standen die Dinge, bis wir selbst ernstlich mit unserer eigenen internen Perestroika begannen — im Winter 89 —, als Toby Esterhase, der allgegenwärtige Überlebenskünstler, eine Delegation von Circus-Leuten mittleren Rangs in die Moskauer Zentrale führte — ein erster Schritt in jene Richtung, die unser gesegnetes Außenministerium nicht umhin konnte, eine ›Normalisierung der Beziehungen zwischen den beiden Geheimdiensten‹ zu nennen.

Tobys Leute wurden am Dsershinskiplatz willkommen geheißen, und man zeigte ihnen viele der dortigen Einrichtungen, wenn auch nicht, wie anzunehmen ist, die Folterkammern der alten Lubjanka oder das Dach, auf dem gewisse leichtfertige Gefangene gelegentlich den Halt verloren hatten. Man bewirtete Toby und seine Leute mit Speis und Trank. Sie wurden, wie die Amerikaner sagen, gut unterhalten. Sie kauften Pelzmützen, hefteten sich witzige Buttons daran und ließen sich auf dem Dsershinskiplatz fotografieren.

Und am letzten Tag wurden sie zum Zeichen besonders guten Willens auf die Galerie des riesigen Nachrichtensaales der Zentrale geführt, in dem die Berichte sämtlicher Informationsstellen zusammenlaufen und weiterbearbeitet werden. Und hier, beim Verlassen der Galerie, sagt Toby, sahen dann er und Peter Guillam im gleichen Augenblick am anderen Ende des Korridors die Silhouette eines großen, flachsblonden, untersetzten Burschen auftauchen, und zwar offenbar aus der Herrentoilette, denn in diesem Teil des Korridors gab es nur noch eine andere Tür, und die war für Damen bestimmt.

Der Mann war nicht mehr der Jüngste, doch er trat aus der Tür wie ein Stier. Er blieb stehen, und dann starrte er sie lange an, als könne er sich nicht entscheiden, ob er auf sie zugehen und sie begrüßen oder sich zurückziehen solle. Dann senkte er den Kopf, wandte sich mit einem Lächeln, wie ihnen schien, ab und verschwand in den nächsten Flur. Doch vorher hatten sie noch reichlich Gelegenheit, seinen schlingernden Seemannsgang und seine Ringerschultern zu bewundern.

Nichts geht in der geheimen Welt verloren; und nichts geht in der wirklichen Welt verloren. Falls Toby und Peter recht haben — und manche behaupten noch immer, sie seien der russischen Gastfreundschaft erlegen —, dann hatte Haydon sogar noch einen gewichtigeren Grund, Seekapitän Brandt zu entlasten und den Verdacht auf Bella zu lenken.

War Brandt von Anfang an nicht sauber? Wenn ja, hatte ich ahnungslos seine Rekrutierung unterstützt und zum Tod unserer Agenten beigetragen. Ein furchtbarer Gedanke, der mich zuweilen heimsucht, wenn ich in den kalten frühen Morgenstunden neben Mabel liege.

Und Bella? Für mich ist sie meine letzte Liebe, der richtige Weg, den ich nie eingeschlagen habe. Stefanie hatte mir die Tür des Zweifels aufgestoßen, und Bella hatte mir den Weg in die Freiheit gewiesen, solange noch Zeit dazu war. Die Frauen, die ich seither hatte, betrachte ich nur noch als Nachbehandlung. Und wenn ich an Mabel denke, dann sehe ich in ihr allenfalls die Verlokkung, die ein häusliches Leben auf einen Mann ausübt, der gerade von der Front zurückkehrt. Aber die Erinnerung an Bella bleibt für mich so lebendig wie unsere erste Nacht in der sicheren Wohnung über dem Friedhof — obwohl Bella in meinen Träumen stets von mir weggeht und selbst ihr Rücken noch vorwurfsvoll aussieht.

5

Wollen Sie behaupten, auch *heute* könnte wieder ein Haydon unter uns sein?« rief ein Student namens Maggs unter dem Gestöhne seiner Kollegen. »Welche Motive könnte er haben, Mr. Smiley? Wer bezahlt ihn? Was hat er davon?«

Ich hatte Maggs nicht so recht getraut, seit er zu uns gekommen war. Er war für eine getarnte Karriere im Journalismus bestimmt und hatte bereits die schlimmsten Eigenschaften seines zukünftigen Berufs. Doch Smiley ließ sich nicht erschüttern.

»Nun ja, im nachhinein müssen wir Bill doch zu großem Dank verpflichtet sein«, erwiderte er ruhig. »Er hat einem Service, der schon viel zu lange im Sterben lag, die letzte Spritze verpaßt.« Er runzelte in gekünstelter Bestürzung die Stirn. »Was neue Verräter betrifft, so dürfte unsere Premierministerin ja genug für Nachwuchs an Unzufriedenen gesorgt haben. Vielleicht bin ich selbst einer. Mir fällt auf, daß ich auf meine alten Tage immer radikaler werde.«

Aber glauben Sie mir, damals haben wir es Bill nicht gedankt. Es gab eine Zeit VOR dem Sündenfall und eine Zeit NACH dem Sündenfall, und der Sündenfall hieß Haydon, und plötzlich gab es im ganzen Circus niemanden, der einem nicht sagen konnte, wo er gerade gewesen war und was er gerade getan hatte, als er die schreckliche Neuigkeit erfuhr. Altgediente Mitarbeiter erzählen einander bis auf den heutigen Tag von der Stille auf den Korridoren, den Gesichtern, die sich in der Kantine erstarrt abwandten, dem Klingeln der Telefone, die niemand abnahm.

Am schlimmsten war der Vertrauensverlust. Nur ganz

allmählich, benommen wie nach einem Luftangriff, kamen wir schüchtern, einer nach dem anderen, aus unseren zerstörten Häusern und machten uns an die Arbeit, die Zitadelle wiederaufzubauen. Da eine grundlegende Reform für nötig gehalten wurde, gab der Circus seinen alten Spitznamen auf und verließ das Labyrinth Dikkensscher Korridore und schiefer Treppen am Cambridge Circus, das seine Schande beherbergt hatte, und baute sich statt dessen in der Nähe von Victoria Station einen scheußlichen Kasten aus Stahl und Glas, wo bei jedem Windstoß die Fenster auffliegen und es auf den Korridoren nach Schreibmaschinen-Reinigungsflüssigkeit und abgestandenem Kohl aus der Kantine stinkt. Nur die Engländer bestrafen sich mit so fürchterlichen Gefängnissen. Im formellen Sprachgebrauch wurden wir über Nacht der Service, obwohl der Name ›Circus‹ uns noch gelegentlich über die Lippen kommt, so wie wir noch lange nach der Umstellung auf das Dezimalsystem Pfund, Schilling oder Pence sagen.

Das Vertrauen ging in die Brüche, weil Haydon ein Teil davon gewesen war. Bill war kein Emporkömmling mit harten Bandagen und einer Pistole in der Tasche. Er selbst hatte sich mit höhnischem Grinsen immer genau als das bezeichnet, was er auch war: ein Angehöriger des Kirchen- und Agenten-Establishments, mit Onkeln, die in Parteiausschüssen der Torys saßen, und einem heruntergekommenen Landsitz in Norfolk, dessen Pächter ihn mit ›Mr. William‹ anredete. Er war ein Faden im fein gesponnenen Netz englischen Einflusses, als dessen Zentrum wir uns selbst gesehen hatten. Und er hatte uns darin gefangen.

Ich selbst — und dafür beanspruche ich noch immer einen gewissen Ruhm — schaffte es, die Nachricht von Bills Verhaftung erst volle vierundzwanzig Stunden nach allen anderen Mitgliedern des Circus zu erfahren, weil ich zu der Zeit im Vatikan in einer fensterlosen mittelalterlichen Zelle hinter einer imposanten Zimmerflucht, eingeschlossen war. Ich kommandierte eine Gruppe von Circus-Lauschern unter Führung eines hohläugigen Mönchs, vom Geheimdienst des Vatikans zur Verfügung gestellt, der sich eher an die Russen persönlich gewandt hätte, als seine weltlichen Kollegen zwei Kilometer in Rom die Straße rauf um Unterstützung zu bitten. Wir hatten den Auftrag, eine Mikrophonsonde ins Audienzzimmer eines korrupten katholischen Bischofs zu schmuggeln, der an einem Deal — Drogen gegen Waffen — mit einer unserer sich abspaltenden Kolonien beteiligt war — aber wozu die Zurückhaltung? Es handelte sich um Malta.

Zusammen mit Monty und seinen Leuten, die eigens für den Anlaß eingeflogen wurden, schlichen wir durch gewölbte Verliese und über unterirdische Treppen, bis wir jene vorteilhafte Position erreicht hatten, von der aus wir durch eine alte Mörtelschicht zwischen den Blöcken einer meterdicken Mauer ein feines Loch bohren wollten. Das Loch sollte vereinbarungsgemäß höchstens zwei Zentimeter im Durchmesser haben, weit genug für den verlängerten Plastiktrinkhalm, der den Ton aus dem Zielraum zu unserem Mikrophon leiten sollte, aber nicht so groß, daß das geheiligte Mauerwerk des Papstpalastes Schaden hätte nehmen können. Heute würden wir raffiniertere Geräte benutzen, aber die siebziger Jahre gehörten praktisch noch zum Dampfzeitalter, und Sonden waren noch immer groß in Mode. Dazu kommt, daß man den Kollegen vom Vatikan auch beim besten Willen seine Spitzengeräte nicht einfach so vorführt, und erst recht nicht einem Mönch in schwarzer Tracht, der aussieht, als gehörte er noch zur Inquisition.

Wir bohrten, Monty bohrte, der Mönch sah zu. Wir gossen Wasser auf rotglühende Bohrerspitzen und auf unsere schwitzenden Gesichter und Hände. Wir dämpften das Dröhnen unserer Bohrer mit Flüssigschaum, und alle paar Minuten nahmen wir Messungen vor, um uns zu vergewissern, daß wir nicht versehentlich schon im Zimmer des heiligen Mannes gelandet waren. Denn unser Ziel war, den Bohrer einen Zentimeter vor dem Durchbruch zu stoppen und von der Rückseite der Tapete oder der Verputzschicht zu lauschen.

Plötzlich waren wir durch, aber schlimmer als durch. Wir befanden uns in der Luft. Eine hastig abgesaugte Probe erbrachte bloß ein paar exotische Seidenfäden. Betäubtes Schweigen rundum. Hatten wir ein Möbelstück angebohrt? Einen Vorhang? Ein Bett? Oder den Rocksaum irgendeines nichtsahnenden Prälaten? Hatte man das Audienzzimmer umgeräumt, seit unser Spähtrupp es fotografiert hatte?

Und an diesem Tiefpunkt erinnerte sich der Mönch plötzlich mit entsetztem Flüstern daran, daß der gute Bischof ein Sammler wertvoller Stickereien war, und wir erkannten nun, daß die Gewebeteilchen, die wir da anstarrten, nicht von einem Sofa oder Vorhang oder gar von irgendeiner Priestertracht stammten, sondern von einem Gobelin. Der Mönch entschuldigte sich und floh.

Nun wechselt der Schauplatz zu der alten Stadt Rye in der Grafschaft Kent, wo zwei Schwestern, die Misses Quayle, eine Restaurationswerkstatt für Wandteppiche hatten, und durch glückliche Fügung — oder man könnte auch sagen: als Folge der unentrinnbaren Gesetze der englischen Gesellschaft — war ihr Bruder Henry ein pensionierter Mitarbeiter des Service. Henry wurde aufgestöbert, die Schwestern wurden aus den Betten gescheucht und mit einem Jet der RAF zum römischen Militärflughafen geflogen, von wo aus ein Wagen sie schnell zu uns brachte. Monty ging nun in aller Ruhe an die Vorderseite des Gebäudes und zündete eine Rauchbombe, die den halben Vatikan leerfegte und unserem verstärkten Team zu vier verzweifelten Stunden im Zielraum verhalf. Am Nachmittag desselben Tages war der Gobelin leidlich geflickt und unsere Mikrophonsonde sauber installiert.

Wieder wechselt der Schauplatz, diesmal zu dem von unseren vatikanischen Gastgebern veranstalteten Festbankett. Schweizergarden stehen drohend an den Türen. Monty, eine weiße Serviette um den Hals, sitzt zwischen den gleichmütigen Quayle-Schwestern, wischt mit einem Stück Brot die letzten Cannelloni von seinem Teller und unterhält sie mit Geschichten von den jüngsten Fortschritten seiner Tochter im Reitunterricht.

»Sie werden das nicht wissen, Rosie, und woher sollten Sie auch, aber meine Beckie hat für ihr Alter die geschicktesten Hände in ganz South Croydon — —«

Monty unterbricht sich mitten im Satz. Er liest den Zettel, den mir ein Bote unserer römischen Station gebracht hat und den ich ihm soeben gereicht habe: *Bill Haydon, Leiter der Geheimoperationen des Circus, hat gestanden, ein Hauptagent Moskaus zu sein.*

Manchmal frage ich mich, ob dies nicht das größte aller Verbrechen Bills gewesen ist: daß er uns allen die gemeinsame Unbeschwertheit genommen hat.

Ich kehrte nach London zurück und erfuhr, ich würde schon erfahren, wenn es etwas zu erfahren gebe. Ein paar Vormittage später teilte mir die Personalabteilung mit, ich sei als ›Halbgar‹ eingestuft, was im Jargon des Circus bedeutet: ›nur in befreundete Staaten versetzbar‹. Ebensogut hätte man mir sagen können, ich müßte den Rest meines Lebens in einem Rollstuhl verbringen. Ich hatte nichts falsch gemacht, ich war nicht in Ungnade gefallen, ganz im Gegenteil. Aber in unserem Gewerbe ist Tarnung alles, und meine war aufgeflogen.

Ich räumte meinen Schreibtisch zusammen und nahm mir für den Rest des Tages frei, um aufs Land zu fahren. An die Fahrt erinnere ich mich nicht, nur an einen Spaziergang in den Downs von Sussex, über die runden Kuppen der Kreidehügel, die hundertfünfzig Meter steil abstürzen.

Erst nach einem weiteren Monat bekam ich mein Urteil zu hören: »Ich bedaure, aber Sie müssen zu den Emigranten zurück«, sagte der Personalchef mit seinem üblichen Widerwillen. »Und zwar wieder nach Deutschland. Immerhin sind die Spesen ganz ordentlich, und die Möglichkeiten zum Skifahren sind auch nicht schlecht, wenn Sie weit genug in die Berge fahren.«

6

Es ging auf Mitternacht zu, aber Smileys gute Laune hatte mit jeder neuen Ketzerei zugenommen. Er gleicht einem fröhlichen Weihnachtsmann, dachte ich, der mit den Geschenken aufwieglerische Flugblätter verteilt.

»Manchmal denke ich, das *Geschmackloseste* am Kalten Krieg war, wie wir lernten, unsere eigene Propaganda zu schlucken«, sagte er mit einem unglaublich gütigen Lächeln. »Ich möchte mich nicht als Schulmeister aufspielen, und selbstverständlich hatten wir das gewissermaßen schon während unserer ganzen Geschichte getan. Aber im Kalten Krieg haben unsere Feinde nur gelogen, um die Erbärmlichkeit ihres Systems zu verschleiern. Während *wir* gelogen haben, um unsere Tugenden zu verbergen. Sogar vor uns selbst. Wir haben genau das verheimlicht, weshalb wir im Recht waren. Unsere Achtung vor dem Individuum, unsere Liebe zu Vielfalt und Diskussion, unseren Glauben daran, daß man nur mit Zustimmung der Regierten anständig regieren kann, unsere Fähigkeit, die Welt auch aus der Sicht der anderen zu sehen — vor allem in den Ländern, die wir für unsere eigenen Bedürfnisse fast zu Tode ausgebeutet haben. In unserer vermeintlichen ideologischen Rechtschaffenheit haben wir unser Mitgefühl dem großen Gott der Gleichgültigkeit geopfert. Wir haben die Starken vor den Schwachen geschützt, wir haben die Kunst der öffentlichen Lüge perfektioniert. Wir haben anständige Reformer zu Feinden erklärt und mit den widerwärtigsten Potentaten Freundschaft geschlossen. Und kaum einmal innegehalten, um uns zu fragen, wie lange es noch möglich wäre, unsere Gesellschaft mit solchen Mitteln zu verteidigen und dabei eine Gesellschaft zu bleiben, die es überhaupt wert war, verteidigt zu werden.« Wieder ein kurzer Blick zu mir. »Wen konnte es da noch wundern, Ned, daß wir im Kampf gegen den Kommunismus jedem Betrüger und Scharlatan Tor und Tür öffneten? Wir haben die Schurken bekommen, die wir verdient haben. Ned kennt sich da aus. Fragen Sie ihn.«

Und Smiley brach zur allgemeinen Erheiterung in Gelächter aus — und ich stimmte nach kurzem Zögern mit ein und versicherte meinen Schülern, eines Tages würde ich ihnen davon erzählen.

Vielleicht haben Sie, wie man in den Staaten sagt, die Show gesehen. Vielleicht waren Sie ein dankbarer Zuhörer auf einer der vielen mitreißenden Veranstaltungen, die die beiden auf ihrem unermüdlichen Zug durch den amerikanischen Mittelwesten abhielten — händeschüttelnd absolvierten sie die öffentlichen Essen der Vortragstournee, hundert Dollar das Gedeck — Gummiadler — und immer ausverkauft. Wir nannten das die Teodor-Latzi-Show. Teodor war der Vorname des Professors.

Vielleicht haben auch Sie sich wie alle anderen Beifall klatschend erhoben, wenn unsere beiden Helden bescheiden auf die Bühne traten, der Professor groß und stattlich in einem von mehreren kostspieligen, eigens für diese Tournee erworbenen Anzügen, und sein molliger Statist, der kleine Latzi, den seichten Blick randvoll mit Idealen. Es gab Beifall, bevor sie zu reden anfingen, und Beifall, wenn sie fertig waren. Kein Applaus war laut genug für ›zwei große amerikanische Ungarn, die im Alleingang ein Loch in den Eisernen Vorhang getreten hatten‹. Ich zitiere den *Tulsa Herald.*

Vielleicht *hat* Ihre durch und durch amerikanische Tochter zu diesem Anlaß das kleidsame Kostüm eines ungarischen Bauernmädchens angezogen und sich Blumen ins Haar gesteckt — auch das kam vor. Vielleicht haben Sie eine Spende an die ›Liga für die Befreiung‹ geschickt, Postfach XY in Wilmington. Oder haben Sie im Wartezimmer Ihres Zahnarztes im *Reader's Digest* von unseren Helden gelesen?

Oder vielleicht *haben* Sie, wie Peter Guillam, der damals in Washington stationiert war, die Ehre gehabt, an der feierlichen Weltpremiere teilzunehmen, einer Gemeinschaftsinszenierung von unseren amerikanischen Vettern, der Washingtoner Polizei und dem FBI, die an keinem geringeren Ort als dem Schrein des rechten Denkens, dem schlichten, holzgetäfelten Hay-Adams-Hotel gegenüber dem Weißen Haus stattfand. Wenn ja, müssen Sie als wichtiger Meinungsmacher gegolten haben. Man mußte schon ein Journalist der vordersten Front oder wenigstens Lobbyist sein, um Einlaß in den würdevollen Konferenzsaal zu erhalten, wo jedes gedämpfte Wort die Autorität einer gemeißelten Gesetzestafel hatte und Männer in ausgebeulten Blazern streng über Wohlergehen und Bequemlichkeit der Anwesenden wachten. Denn wer konnte wissen, wann der Kreml zurückschlagen würde? Solche Zeiten waren das damals noch.

Oder vielleicht haben Sie das Buch der beiden gelesen; unsere Vettern hatten es bei einem folgsamen Verleger an der Madison Avenue lanciert und unter Begleitung einer Breitseite willfährigen Kritikerlobes auf den Markt gebracht, so daß es sich spektakuläre zwei Wochen lang am unteren Ende der Sachbuch-Bestsellerliste behaupten konnte. Ich hoffe, Sie haben es gelesen, denn obwohl es unter dem Namen der beiden erschienen ist, stammt in Wirklichkeit ein Teil davon von mir, auch wenn die Vettern an meinem ursprünglichen Titel Anstoß genommen hatten. Der genehmigte Titel lautete *Der Killer des Kreml.* Meinen Titel verrate ich Ihnen später.

Der Personalchef hatte sich wie üblich geirrt. Für jemanden, der einmal in Hamburg gelebt hat, ist München keine deutsche Stadt. Es liegt in einem anderen Land. Ich habe zwischen diesen beiden Städten nie auch nur die geringste Gemeinsamkeit bemerkt, doch in puncto Spionage gehörten München und Hamburg zu den unbesungenen Hauptstädten Europas. Selbst Berlin kam nur auf einen schlechten zweiten Platz, wenn es um die Größe und Sichtbarkeit von Münchens unsichtbarer Gemeinde ging. Die größte und übelste unserer Organisationen war am besten unter dem Namen des Ortes bekannt, an dem sie ihren Sitz hatte: Pullach, wo die Amerikaner viel zu bald nach 1945 eine unangenehme Gruppe alter Nazioffiziere zusammengezogen hatten, die von einem ehemaligen General aus Hitlers militärischem Nachrichtendienst geleitet wurde. Diese Leute hatten den Auftrag, anderen alten Nazis in Ostdeutschland den Hof zu machen und sie mit Hilfe von Bestechung, Erpressung oder Appellen an kameradschaftliche Gefühle für den Westen anzuwerben. Den Amerikanern schien dabei nie in den Sinn gekommen zu sein, daß die Ostdeutschen dasselbe tun könnten, und zwar besser und in größerem Maßstab.

Jedenfalls saß der deutsche Nachrichtendienst in Pullach, und die Amerikaner saßen nebenan und machten Dampf, bis sie kalte Füße bekamen und auf die Bremse traten. Und wo die Amerikaner saßen, saßen auch alle anderen. Und gelegentlich kam es zu fürchterlichen Skandalen, meist, wenn der eine oder andere aus dieser Kompanie von Clowns buchstäblich vergaß, für welche Seite er eigentlich arbeitete, oder in betrunkenem Zustand unter Tränen irgend etwas ausplauderte oder seine Geliebte, seinen Geliebten oder sich selbst erschoß oder besoffen auf der anderen Seite des Vorhangs auftauchte, um dem Nächstbesten, der ihm noch auf der Liste seiner Loyalitäten fehlte, seine Loyalität zu erklären. So hurenhafte Geheimdienste hatte ich in meinem ganzen Leben noch nicht kennengelernt.

Nach der Gründung von Pullach kamen dann die Kodeknacker und die Sicherheitskünstler und nach diesen Radio Liberty, Radio Free Europe und Radio Freies Überall und schließlich und unvermeidlich, da es sich größtenteils um dieselben Leute handelte, die konspirativen Emigranten, denen inzwischen ein wenig die Felle wegschwammen, was sie aber nicht zu sagen wagten. In diesen Exilgruppen wurde viel Zeit damit verbracht, über irgendwelche Feinheiten zu diskutieren, zum Beispiel, wer nach Wiederherstellung der Monarchie Königlicher Oberhofstallmeister werden sollte; wer den Orden Sankt Peter und der Igel erhalten sollte; wer den Sommerpalast des Großherzogs erben sollte, wenn erst einmal die kommunistischen Gänse aus den Salons getrieben wären; oder wer den Topf voller Gold bergen sollte, den man auf den Grund des Sowieso-Sees versenkt hatte, wobei man stets vergaß, daß der besagte See vor dreißig Jahren von den russischen Besatzern trockengelegt und auf dem Gelände ein sechs Morgen großes Wasserkraftwerk betrieben worden war, bis am Ende das Wasser ausgegangen war.

Als wäre all dies nicht schon genug, war München auch noch der Hort für die wüstesten gesamtdeutschen Bestrebungen, deren Anhänger selbst die Grenzen von 1939 als bloßes Vorspiel für noch weitergehende Großdeutsche Bedürfnisse betrachteten. Ostpreußen, Sachsen, Pommern, Schlesier, Balten und Sudetendeutsche protestierten gegen das schreckliche Unrecht, das man ihnen angetan hatte, und bezogen aus Bonn Unsummen für ihren Kummer. In manchen Nächten, wenn ich durch die bierseligen Straßen zu Mabel nach Hause trottete, glaubte ich zu hören, wie sie hinter Hitlers Geist hermarschierten und ihre Nationalhymnen sangen.

Sind sie, während ich dies schreibe, noch immer aktiv? Ach, ich fürchte ja, und heute dürften sie weit weniger verrückt wirken als zu jener Zeit, als ich den Auftrag hatte, mich unter ihnen zu bewegen. Smiley hat mir gegenüber einmal Horace Walpole zitiert, ein Name, der mir sonst wohl nicht so ohne weiteres eingefallen wäre: Für den Denkenden ist diese Welt eine Komödie, sagt Walpole, für den Gefühlsmenschen eine Tragödie. Nun, für die Komödie hat München seine Bayern. Und für die Tragödie hat es seine Vergangenheit.

Was nun die politische Herkunft des Professors betrifft, so weist meine Erinnerung nach zwanzig Jahren Lücken auf. Damals glaubte ich ihn zu verstehen — das heißt, ich muß ihn verstanden haben, denn die meisten unserer gemeinsamen Abende vergingen damit, daß ich seinen Vorträgen über die Geschichte Ungarns zwischen den Kriegen lauschte. Und ich bin sicher, auch diese Vorträge haben wir in dem Buch untergebracht — zumindest in einem Kapitel, aber ich habe kein Exemplar mehr zum Nachprüfen.

Problematisch war, daß er viel lieber von der Vergangenheit als von der Gegenwart Ungarns redete. Vielleicht hatte er in einem Leben ständiger Anpassung gelernt, daß man klug beraten ist, seine Interessen auf unumstößliche Tatsachen der Geschichte zu beschränken. Da gab es die Legitimisten, wie ich mich erinnere; sie unterstützten König Karl, der 1921 unerwartet nach Ungarn zurückgekehrt war, sehr zur Bestürzung der Alliierten, die ihn geschickt wieder von der Bühne schickten. Der Professor kann zur Zeit dieses bewegenden Ereignisses höchstens fünf Jahre alt gewesen sein, doch wenn er davon sprach, hatte er Tränen in den leuchtenden Augen, und manches in seinem Verhalten ließ einen kurzfristigen Kontakt mit der Monarchie erkennen. Und wenn er den Vertrag von Trianon erwähnte, begann die vornehme weiße Hand, in der er das Weinglas hielt, vor unterdrückter Empörung zu zittern.

»Das war ein Diktat, Herr Ned«, wandte er mit höflichem Tadel mir gegenüber ein, »das ihr Sieger uns auferlegt habt. Zwei Drittel unseres Kronlandes habt ihr uns geraubt! Und an die Tschechoslowakei, Rumänien und Jugoslawien verteilt. An einen solchen Abschaum, Herr Ned! Und wir Ungarn waren ein kultiviertes Volk! Warum habt ihr uns das angetan? Wozu?«

Ich konnte nur für das schlechte Benehmen meines

Landes um Entschuldigung bitten, und beim Völkerbund, der 1931 die ungarische Wirtschaft ruinierte, blieb mir auch nichts anderes übrig. Wie der Völkerbund dieses rücksichtslose Werk zustande gebracht hat, habe ich nie ganz begriffen, doch erinnere ich mich, daß es etwas mit dem Weizenmarkt und der streng orthodoxen Deflationspolitik des Völkerbunds zu tun hatte.

Aber sobald wir uns aktuelleren Themen näherten, wurde der Professor in seinen Meinungsäußerungen seltsam zurückhaltend.

»Auch das ist eine Katastrophe«, war alles, was er dazu sagte. »Das haben wir alles dem Vertrag von Trianon und den Juden zu verdanken.«

Die Strahlen der Abendsonne fielen schräg durch das Gartenfenster auf Teodors prachtvolles weißes Haupt. Er war ein Löwe von einem Mann, glauben Sie mir, mit buschigen Brauen und sokratisch, wie ein großer Dirigent hatte er immer etwas Genialisches, wallende Locken, gemeißelte Hände und die gebeugte Haltung des tiefen Denkers. Niemand, der so ehrwürdig aussah, konnte ein oberflächlicher Mensch sein — daran änderte auch nichts, daß seine gelehrten Augen ein wenig zu klein für die Höhlen wirkten und manchmal verstohlen zur Seite wanderten, wie bei jemandem, der im Restaurant ißt und sieht, wie ein besseres Essen an ihm vorbeigetragen wird.

Nein, nein, er war ein großartiger, guter Mann und fünfzehn Jahre unser Joe. Wer großgewachsen ist, muß Autorität besitzen. Hat er eine goldene Stimme, sind auch seine Worte golden. Sieht er aus wie Schiller, muß er auch wie Schiller empfinden. Ist sein Lächeln entrückt und vergeistigt, dann gilt dies auch für sein Inneres. Das zur visuellen Gesellschaft.

Nur daß Gott, wie ich jetzt denke, sich gelegentlich den Spaß macht, uns einen ganz anderen Menschen zuzuspielen, als die Schale vermuten läßt. Manche straucheln und werden durchschaut. Andere gehen aus sich heraus, bis ihr Äußeres sie Lügen straft. Und einige wenige tun weder das eine noch das andere, sondern tragen ihr Charisma wie eine von oben gewährte Gunst und akzeptieren gütig die Huldigung, die ihnen nicht zusteht.

Die Geschichte der geheimdienstlichen Tätigkeiten des Professors ist schnell erzählt. Zu schnell, denn sie war ein bißchen banal. Geboren wurde er in Debrecen nahe der rumänischen Grenze als einziges Kind nachgiebiger Eltern, die dem Kleinadel angehörten und ihr Fähnchen nach jedem Wind hängten. Von ihnen erbte er Geld und Verbindungen, was in den sogenannten sozialistischen Staaten selbst damals öfter vorkam, als man meinen sollte. Er war ein gebildeter Mann, verfaßte Artikel für wissenschaftliche Zeitschriften und schrieb einige Gedichte, und er war ein Frauenheld, der mehrmals verheiratet war. Seine Jacketts trug er wie Umhänge, die Ärmel baumelten lose. All diesen Luxus konnte er sich aufgrund seiner Privilegien und seines diskreten Reichtums gut leisten.

In Budapest, wo er eine langweilige Form der Philosophie lehrte, hatte Teodor sich unter seinen Studenten eine bescheidene Zahl von Anhängern erworben, die in seinen Worten mehr Feuer wahrnahmen, als ihm lieb war, denn er war nicht zum Redner bestimmt — Rhetorik betrachtete er als etwas für den Pöbel. Dennoch war er ihren Bedürfnissen ein Stück entgegengekommen. Er hatte ihre Leidenschaft bemerkt, und als geborener Vermittler war er darauf eingegangen und hatte ihr Ausdruck verliehen — freilich sehr maßvoll, aber immerhin, und sie respektierten ihn deshalb und auch wegen seines eindrucksvollen Auftretens, das eine ältere, bessere Ordnung verkörperte. Inzwischen war er in einem Alter, das sich gern am Lob der Jugend wärmte, und eitel war er ohnehin. Aus Eitelkeit ließ er sich denn auch von der konterrevolutionären Strömung mitreißen. So daß ihm, als in der Schreckensnacht des 3. November 1956 die russischen Panzer die Grenze verließen und Budapest umstellten, nichts anderes übrig blieb, als um sein Leben zu laufen, und zwar direkt in die Arme des Britischen Geheimdienstes.

Unmittelbar nach seiner Ankunft in Wien rief der Professor einen ungarischen Freund in Oxford an, und auf seine gebieterische Art verlangte er von ihm Geld sowie Empfehlungsschreiben, die seine Verdienste und Vorzüge bestätigen sollten. Dieser Freund war zufällig auch ein Freund des Circus, und es war Hochsaison für Neuanwerbungen.

Nach wenigen Monaten stand der Professor auf der Gehaltsliste. Man brauchte ihn nicht zu umwerben, nicht listig an ihn heranzuschleichen, der ganze übliche Schleiertanz fiel weg. Man machte ihm ein Angebot, und er akzeptierte es wie etwas, das ihm zustand. Dank großzügiger amerikanischer Unterstützung war Professor Teodor innerhalb eines Jahres in München etabliert, in einer komfortablen Wohnung an der Isar, mit Auto und seiner verzweifelten Frau Helena, die mit ihm geflohen war — ein wenig zu seinem Bedauern, wie man vermutete. Seitdem — und für außerordentlich lange Zeit war Professor Teodor die merkwürdige Speerspitze unseres Feldzugs gegen Ungarn, und nicht einmal Haydon hatte ihn aus dem Sattel gehoben.

Zur Tarnung arbeitete er bei Radio Free Europe, wo er als der freiheitlich gesinnte Aristokrat auftrat und Sendungen über Geschichte und Kultur Ungarns machte; eine Rolle, die ihm auf den Leib geschneidert war. Mehr oder weniger hatte er sie schon immer gespielt. Daneben hielt er zuweilen Vorträge und gab Privatunterricht — hauptsächlich Mädchen, wie mir auffiel. Seine geheime Arbeit, für die er dank der Amerikaner bemerkenswert gut bezahlt wurde, bestand darin, die Verbindungen zu seinen zurückgebliebenen Freunden und ehemaligen Studenten zu pflegen, ihnen als Bezugsperson und Anlaufstelle zu dienen und, unter Anleitung, ein einsatzfähiges Agentennetz aus ihnen zu bilden, obwohl meines Wissens nie etwas dabei herausgekommen ist. Es war eine fantastische Operation, die auf dem Papier besser aussah als in der Wirklichkeit. Doch sie lief immer weiter. Erst fünf Jahre, dann noch einmal fünf Jahre, und als ich die Akten des großen Mannes in die Hand bekam, bestand sie bereits außergewöhnliche fünfzehn Jahre. So etwas kommt vor, und Stagnation begünstigt dergleichen. Solche Operationen sind nicht teuer, sind nicht überzeugend, führen nicht unbedingt zu irgendwelchen Ergebnissen — was freilich für Stillstand in der Politik genauso gilt —, und sie verursachen keine Skandale. Und bei der jährlichen Revision werden sie jedesmal ohne Abstimmung durchgewinkt, bis schließlich schon allein ihre Langlebigkeit eine Existenzberechtigung ist.

Nun will ich nicht behaupten, der Professor habe in dieser ganzen Zeit nichts für uns geleistet. Das wäre nicht nur unfair, sondern würde auch Toby Esterhase schaden, der, selbst ungarischer Herkunft, im Anschluß an seine Wiedereinsetzung NACH dem Sündenfall die Aufgabe übertragen bekommen hatte, den Professor von der Zentrale aus zu führen. Toby hatte für seine blinde Unterstützung Haydons teuer bezahlen müssen, und als man ihm die Ungarn-Abteilung übergab — nicht gerade der bedeutsamste Posten, was die Arbeit hinterm Eisernen Vorhang betraf —, wurde Teodor prompt zur wichtigsten Figur in Tobys persönlichem Rehabilitationsprogramm.

»Teodor, würde ich sagen, Ned — Teodor ist wirklich unser absoluter Star«, hatte er mir vor meinem Weggang aus London versichert, bei einem Lunch, das er beinahe bezahlt hätte. »Alte Schule, absolute Diskretion, viele Jahre im Sattel, anhänglich wie eine Klette. Teodor ist unser As, absolut.«

Und zweifellos zählte es zu den besonders verblüffenden Leistungen des Professors, daß er den Säuberungen Haydons entgangen war — entweder weil er Glück gehabt hatte oder, weniger nachsichtig formuliert, weil er schlichtweg nicht genug Informationen produziert hatte, um das Interesse eines vielbeschäftigten Verräters auf sich zu ziehen. Denn als ich mich auf die Übernahme vorbereitete — mein Vorgänger war bei einem Urlaub auf Ibiza von einem tödlichen Schlag getroffen worden —, konnte ich einfach nicht übersehen, daß Teodors Personalakte immerhin einige Ordner füllte, die Akte mit seinen Tätigkeitsberichten dagegen ungewöhnlich schmal war. Teils erklärte sich dies aus der Tatsache, daß seine Hauptaufgabe nicht darin bestanden hatte, talentierte Leute einzusetzen, sondern sie zu suchen; teils auch daher, daß die wenigen Informanten, die er uns im Verlauf seiner langjährigen Arbeit zugeführt hatte, noch immer verhältnismäßig unproduktiv waren.

»Ungarn, Ned, das ist schon ein verdammt schwieriges Operationsfeld, würde ich sagen«, versicherte mir Toby, als ich ihn taktvoll darauf hinwies. »Es ist zu offen. Ein offenes Ziel, da kriegt man einen Haufen Mist, den man längst schon kennt. Wenn man nicht die Kronjuwelen bekommt, dann eben allgemein bekannte Tatsachen — wer interessiert sich schon dafür? Was Teodor für die Amerikaner leistet, ist fantastisch.«

Das schien der springende Punkt zu sein. »Ja was *leistet* er denn für die?« fragte ich. »Abgesehen davon, daß er die Leute am Radio heißmacht und Artikel schreibt, die kein Mensch liest?«

Toby setzte ein unangenehm überlegenes Lächeln auf. »Tut mir leid, Ned, alter Knabe. ›Streng geheim‹, leider. Sie sind nicht auf der Liste.«

Ein paar Tage später stattete ich, wie es das Protokoll erforderte, Russell Sheriton am Grosvenor Square meinen Abschiedsbesuch ab. Sheriton war Leiter der Londoner Station unserer Vettern, darüber hinaus aber auch für ihre Operationen in Westeuropa verantwortlich. Ich ließ mir Zeit, um dann beiläufig den Namen Teodor fallenzulassen.

»Also, dafür ist München zuständig, Ned«, sagte Sheriton schnell. »Sie kennen mich. Nie einem anderen ins Handwerk pfuschen.«

»Aber ist er Ihnen in irgendeiner Weise nützlich? Mehr will ich ja gar nicht wissen. Ich meine, Joes brennen nun einmal aus, oder? Fünfzehn Jahre!«

»Tja nun, wir dachten, er sei *Ihnen* nützlich, Ned. Wenn man Toby reden hört, sollte man meinen, ohne Teodor wäre die freie Welt geliefert.«

Nein, dachte ich. Wenn man Toby reden hört, sollte man meinen, ohne Teodor wäre Toby geliefert. Aber ich war kein Zyniker. Beim Spionieren ist es wie auch oft im Leben: man sagt stets leichter nein als ja. Als ich in München eintraf, war ich bereit zu glauben, daß Teodor der Star war, als den Toby ihn gepriesen hatte. Ich wollte nur Gewißheit haben.

Und die bekam ich. Jedenfalls zu Anfang. Er war großartig. Ich hatte geglaubt, meine Ehe mit Mabel hätte mich von so überstürzten Schwärmereien kuriert, und dies traf auch in gewisser Weise zu, jedoch nur bis zu dem Abend, an dem er mir die Tür öffnete und ich feststellen mußte, daß ich einem jener vollständig erhaltenen Zeugen der mitteleuropäischen Geschichte begegnet war und mir kaum etwas anderes übrig blieb, als mich wie seine übrigen Schüler ihm zu Füßen zu setzen und gierig seinen Weisheiten zu lauschen. Dafür ist der Service da! dachte ich. Ein solcher Mann ist schon um seiner selbst willen wert, gerettet zu werden! Diese Kultur, dachte ich. Diese Größe. Diese jahrelange Dienstzeit.

Er empfing mich freundlich, aber mit einer gewissen Zurückhaltung, wie es seinem Alter und seinem Ruf entsprach. Er bot mir ein Glas feinen Tokaiers an und beehrte mich mit einem Gespräch über dessen Herkunft. Nein, gestand ich, von ungarischen Weinen verstünde ich nur wenig, wolle aber gern mehr darüber erfahren. Er sprach von Musik, wovon ich ebenfalls betrüblich wenig verstehe, und spielte mir ein paar Takte auf seiner geliebten Violine vor, die er, wie er mir erklärte, auf seiner Flucht aus Ungarn mitgenommen hatte; sie sei nicht von Stradivarius gebaut, sondern von einem unendlich viel besseren Geigenbauer, dessen Name mir längst wieder entfallen ist. Ich hielt es für ein wunderbares Privileg, einen Agenten zu führen, der mit seiner Violine geflohen war. Er sprach über Theater. Zur Zeit gastiere in München eine ungarische Theatertruppe mit einem außerordentlichen *Othello,* und obwohl Mabel und ich die Aufführung noch nicht gesehen hatten, war ich von seiner Meinung darüber schon bezaubert. Er trug eine Hausjacke, schwarze Hosen und ein Paar glänzend polierter Stiefel. Wir sprachen von Gott und der Welt, wir aßen den besten *gulyás* meines Lebens, serviert von der verzweifelten Helena, die sich mit einem Flüstern gleich wieder entschuldigte. Sie war eine große Frau und mußte früher einmal schön gewesen sein, doch jetzt zog sie es vor, ihre Vernachlässigung zur Schau zu stellen. Wir beschlossen das Mahl mit einer Aprikosen-Palinka.

»Herr Ned, wenn ich Sie so nennen darf«, sagte der Professor, »es gibt da eine Angelegenheit, die mir sehr am Herzen liegt. Sie werden mir gestatten, wenn ich gleich zu Beginn unserer beruflichen Zusammenarbeit darauf zu sprechen komme.«

»Bitte sehr«, sagte ich großzügig.

»Leider hat der letzte Ihrer Vorgänger — ein guter Mann, selbstverständlich« — er brach ab, offenbar nicht in der Lage, dem kürzlich Verstorbenen etwas Schlechtes nachzusagen — »und wie Sie selbst ein kultivierter Mann ...«

»Bitte«, wiederholte ich.

»Es geht um meinen britischen Paß.«

»Ich wußte gar nicht, daß Sie einen haben!« rief ich überrascht.

»Das ist es ja eben. Ich habe keinen. Ich begreife ja, daß es da Probleme gibt. Das ist in allen Bürokratien so. Bürokratien sind mit Abstand die schlimmsten Einrichtungen des Menschen, Herr Ned. Sie vergöttern die Schlechtesten von uns und unterdrücken die Besten von uns. Ein Ungar, der in München im Exil lebt und bei einer amerikanischen Organisation beschäftigt ist, kommt natürlich nicht für die britische Staatsbürgerschaft in Frage. Das begreife ich. Dessen ungeachtet steht mir, nachdem ich so viele Jahre mit Ihrer Abteilung zusammengearbeitet habe, dieser Paß zu. Ein befristetes Reisedokument ist keine würdige Alternative.«

»Aber ich dachte, Sie bekämen einen Paß von den Amerikanern! War das nicht von Anfang an so abgemacht? Daß die Amerikaner sich um Ihre Staatsbürgerschaft und Umsiedlung kümmern würden? Das schließt einen Paß doch sicher mit ein. Das muß es!«

Ich war aufgebracht, daß man einem Mann, der uns einen so großen Teil seines Lebens gewidmet hatte, diese schlichte Würde vorenthalten haben sollte. Doch der Professor hatte sich eine philosophischere Haltung dazu angeeignet.

»Die Amerikaner, Herr Ned, sind ein junges und ein selbstsüchtiges Volk. Nachdem sie das Beste aus mir herausgeholt haben, können sie mich kaum noch als einen Mann der Zukunft betrachten. Für die Amerikaner gehöre ich bereits zum alten Eisen.«

»Aber haben sie nicht versprochen — wenn sie mit Ihren Diensten zufrieden sind? Da bin ich mir aber ganz sicher!«

Er machte eine Geste, die ich nie vergessen werde. Er hob beide Hände vom Tisch, als wuchte er einen ungeheuer schweren Felsbrocken hoch, und stemmte sie fast bis in Schulterhöhe, um sie dann mit voller Kraft mit dem imaginären Felsbrocken auf den Tisch zurückkrachen zu lassen. Und ich erinnere mich an seine von der Anstrengung aufgebrachten Augen, die mich schweigend anklagten. Das also sind Ihre Versprechungen, sagte er mit diesem Blick. Ihre und die der Amerikaner.

»Besorgen Sie mir nur meinen Paß, Herr Ned.«

Als loyaler Agentenführer, dem das Wohl seines Joes am Herzen lag, stürzte ich mich auf das Problem. Da ich Toby schon seit langem kannte, beschloß ich, von Anfang an in offiziellem Ton mit ihm zu reden: halbe Versprechungen oder nebelhafte Versicherungen wollte ich nicht hinnehmen. Ich informierte Toby von Teodors Wunsch und bat ihn um Hilfe. Immerhin war er mein unmittelbarer Vorgesetzter in der Zentrale, mein Londoner Anker. Wenn es stimmte, daß die Amerikaner sich davor drückten, dem Professor ihre Staatsbürgerschaft zu verleihen, sei dies keine Angelegenheit für München, sondern für London oder Washington, sagte ich. Und wenn Teodor aus Gründen, die mir nicht bekannt seien, schließlich doch einen britischen Paß bekäme, würde auch dies die ausdrückliche Genehmigung der Fünften Etage erfordern. Die Zeiten, da das Innenministerium jedem Tom, Dick oder Teodor, der mal für den Circus gearbeitet hatte, ohne weiteres die britische Staatsbürgerschaft verleihen konnte, waren für immer vorbei. Dafür hatte der Sündenfall gesorgt.

Ich gab mein Ersuchen nicht als Funkspruch durch, sondern schickte es mit der Diplomatenpost, was ihm nach den ungeschriebenen Gesetzen des Circus größeres Gewicht verlieh. Ich schrieb einen kämpferischen Brief, dem ich ein paar Wochen später ein Erinnerungsschreiben folgen ließ. Doch als der Professor sich nach meinen Fortschritten erkundigte, gab ich mich zugeknöpft. Die Sache läuft, versicherte ich ihm; London läßt sich nicht gern drängen. Aber ich fragte mich trotzdem, warum Tobys Antwort so lange auf sich warten ließ.

Unterdessen suchte ich bei meinen Treffen mit Teodor zu ergründen, was genau er eigentlich für uns tat, daß er der Stern an Tobys dünn besetztem Himmel geworden war. Meine Nachforschungen wurden durch die Widerborstigkeit des Professors nicht gerade erleichtert, und anfangs fragte ich mich, ob er etwa seine Kooperation so lange verweigerte, bis die Sache mit seinem Paß geklärt war. Nach und nach kam ich dann dahinter, daß dies, wenn es um unsere geheimdienstliche Arbeit ging, sein normales Verhalten war.

Eine seiner langweiligeren Aufgaben war es, ein Studentenapartment in Schwabing zu unterhalten, das er als sichere Adresse benutzte, um die Post gewisser ungarischer Kontaktleute zu empfangen. Ich überredete ihn, mich dorthin mitzunehmen. Als er die Tür aufschloß, lagen mindestens ein Dutzend Briefe auf der Matte, alle mit ungarischen Briefmarken. »Meine Güte, wann sind Sie das letztemal hiergewesen, Professor?« fragte ich ihn, während er sie schwerfällig zusammenraffte.

Er zuckte, wie mir schien, abweisend die Schultern.

»Was schätzen Sie, wie viele Briefe bekommen Sie pro Woche, Professor?«

Ich nahm ihm die Umschläge ab und sah die Poststempel durch. Der älteste war vor drei Wochen abgeschickt, der jüngste vor einer. Wir gingen in das winzige, völlig staubbedeckte Wohnzimmer. Seufzend setzte er sich an den Schreibtisch, zog eine Schublade auf und holte aus einem Geheimfach zwei Flaschen mit Chemikalien und einen Pinsel. Er nahm den ersten Umschlag, untersuchte ihn mürrisch und schlitzte ihn dann mit einem Taschenmesser auf.

»Von wem ist der?« fragte ich neugieriger, als er für gerechtfertigt zu halten schien.

»Pali«, antwortete er mürrisch.

»Pali vom Landwirtschaftsministerium?«

»Pali aus Debrecen. Er war in Rumänien.«

»Aus welchem Anlaß? Doch nicht wegen der C-Waffenkonferenz? Das könnte ein Knüller sein!«

»Wir werden sehen. Irgendeine wissenschaftliche Konferenz. Sein Gebiet ist die Kybernetik. Er ist keine große Nummer.«

Ich sah zu, wie er den Pinsel in die erste Flasche tauchte und die Rückseite des handschriftlichen Briefes damit bestrich. Er spülte den Pinsel mit Wasser aus und trug die zweite Chemikalie auf. Und er schien entschlossen, mir seine Verachtung für eine solche Handlangerarbeit zu demonstrieren. Mit leichten Abwandlungen wiederholte er das Ganze bei jedem einzelnen Brief; manchmal faltete er den Umschlag auseinander und behandelte die Innenseite, oder er bestrich die Flächen zwischen den lesbaren Zeilen. Im gleichen Zeitlupentempo setzte er sich an eine alte Remington und tippte lustlos eine Übersetzung der zum Vorschein gekommenen Texte: erwartete Erz- und Energiedefizite in den neuen Industrien ... Bauxitkontingente für die Bergwerke im Bakonywald ... niedriger Metallgehalt des im Gebiet von Miskolc geförderten Eisenerzes ... Planwerte für die Mais- und Zukkerrübenernte in irgendeinem anderen Gebiet ... Gerüchte über einen Fünfjahresplan zur Erneuerung des staatlichen Eisenbahnnetzes ... Störaktionen gegen Parteifunktionäre in Sopron ... Ich stellte mir die Analytiker der Dritten Etage vor, wie sie sich gähnend durch solch aufgeblähtes Zeug wühlten. Ich erinnerte mich daran, wie Toby geprahlt hatte, daß Teodor sich nur mit Informationen bester Qualität befaßte. Wenn das hier das Beste war, wie um Himmels willen sah dann das Schlechteste aus? Geduld, sagte ich mir, großen Agenten muß man ihren Willen lassen.

Am nächsten Tag erhielt ich eine Antwort auf meinen Brief wegen des Passes. Das Problem bestehe darin, erklärte Toby, daß es in der Ungarn-Abteilung unserer Vettern in den letzten Jahren eine Menge Veränderungen gegeben habe. Es würden Anstrengungen unternommen, schrieb er — der Gebrauch der Passivform schien mir verdächtig —, die Modalitäten des weiteren Vorgehens auf unserer oder amerikanischer Seite festzulegen. Inzwischen sollte ich eine Erörterung dieser Angelegenheit mit Teodor vermeiden, fügte er hinzu — als wäre es nicht der Professor, sondern ich, der so darauf drängte.

Als ich drei Wochen später mit Milton Wagner im Cosmo aß, war die Sache noch immer in der Schwebe.

Wagner war ein alter Hase und mein amerikanisches Gegenstück. Jetzt beschloß er seine Karriere als Leiter der Münchner Abteilung Ost. Das Cosmo war eins dieser Lokale, wie die Amerikaner sie überall einrichten; es gab knusprige Kartoffelchips, Knoblauchsauce und Sandwiches, die auf riesige Plastikhaarnadeln gespießt waren.

»Wie kommen Sie mit unserem berühmten Akademiker zurecht?« fragte er mit seinem schleppenden Südstaatenakzent, nachdem wir unsere anderen Geschäfte abgewickelt hatten.

»Glänzend«, erwiderte ich.

»Einige von unseren Leuten scheinen zu denken, Teodor hat sich in all diesen vielen Jahren ein schönes Leben auf unsere Kosten gemacht«, sagte Wagner träge.

Diesmal sagte ich nichts.

»Unsere Männer in der Heimat haben sich noch einmal ausführlich mit seiner Arbeit beschäftigt. Sieht nicht gut aus, Ned. Ganz und gar nicht gut. Manches von dem ›Hallo Ungarn‹-Zeug, das er im Radio gebracht hat, stammt überhaupt nicht von ihm. Sie haben eine Stelle gefunden, die sich wörtlich mit einem Artikel deckt, der 48 im *Monat* erschienen ist. Als der Verfasser des Originals seine eigenen Worte im Radio wiedererkannte, ist er ausgeflippt.« Er bediente sich großzügig mit Ketchup. »Kann jederzeit passieren, daß wir ihn uns zu einem ausführlichen und offenen Meinungsaustausch vorknöpfen.«

»Wahrscheinlich hat er gerade eine Pechsträhne«, sagte ich.

»Eine Pechsträhne von fünfzehn Jahren ist ziemlich lang. Ned.«

»Weiß er, daß Sie ihn überprüfen?«

»Bei Radio Free Europe, Ned? Unter Ungarn? *Klatsch?* Sie machen wohl Witze.«

Ich konnte meine Besorgnis nicht länger zurückhalten. »Aber warum hat niemand London gewarnt? Warum haben Sie das nicht getan?«

»Gehen Sie davon aus, daß wir das getan haben, Ned. Gehen Sie davon aus, daß wir auf ziemlich taube Ohren gestoßen sind. Schlechte Zeiten für euch. Als ob wir das nicht wüßten.«

Inzwischen war mir die ganze Tragweite seiner Neuigkeiten aufgegangen. Wenn der Professor schon bei seinen Radiosendungen schummelte, wen beschummelte er dann wohl nicht? »Milt, darf ich Ihnen eine dumme Frage stellen?«

»Nur zu, Ned.«

»Hat Teodor *jemals* gute Arbeit für Sie geleistet? Während all der Zeit? Geheime Arbeit? Oder sogar sehr geheime?«

Entschlossen, im Zweifel zugunsten des Professors zu entscheiden, dachte Wagner darüber nach. »Kann ich nicht behaupten, Ned. Wir hatten erwogen, ihn eines Tages als Kontaktmann für einen unserer dicken Fische einzusetzen, aber irgendwie hat uns das Benehmen des Alten nicht gefallen.«

»Kann ich das glauben?«

»Würde ich Sie jemals belügen, Ned?«

Soviel also zu der fantastischen Arbeit, die er für die Amerikaner leistet, dachte ich. Soviel also zu den Jahren treuer Dienste, an die sich niemand so recht erinnern kann.

Ich sandte Toby sofort einen Funkspruch. Da mir immer wieder meine Wut in die Quere kam, vergeudete ich Zeit mit verschiedenen Textentwürfen. Ich begriff jetzt nur zu gut, warum die Amerikaner sich weigerten, dem Professor einen Paß zu geben, und warum er sich statt dessen an uns gewandt hatte. Ich verstand sein Endzeitgetue, seine Lustlosigkeit, seine Trägheit: Er wartete darauf, gefeuert zu werden. Ich wiederholte, was Wagner mir mitgeteilt hatte, und fragte, ob dies der Zentrale bekannt sei. Wenn nicht, hatten die Vettern gegen unser beiderseitiges Unterrichtungsabkommen verstoßen. Und wenn uns die Vettern *doch* gewarnt hatten, warum war mir das vorenthalten worden?

Am nächsten Morgen traf Tobys aalglatte Antwort ein. Sie war in einem hoheitsvollen Ton abgefaßt. Da sie fehlerfrei war, vermutete ich, daß er sie sich von jemandem hatte schreiben lassen. Die Vettern, erklärte er, hätten London eine ›nicht spezifizierte Warnung‹ übermittelt, dahingehend, daß der Professor ›zu irgendeinem künftigen Zeitpunkt mit einem Disziplinarverfahren wegen seiner Radiosendungen‹ zu rechnen hätte. Die Zentrale — womit er vermutlich sich selber meinte — sei ›zu der Ansicht gelangt‹, daß das Verhältnis des Professors zu seinen amerikanischen Arbeitgebern die Angelegenheiten des Circus nicht unmittelbar berühre. Die Zentrale sei ›des weiteren der Meinung‹ — wer außer Toby konnte die geäußert haben? —, daß der Professor bei seiner enormen Arbeitsbelastung im geheimdienstlichen Bereich durchaus wegen etwaiger ›kleinerer Fehlleistungen‹ in seinem Tarnberuf zu entschuldigen sei. Falls für den Professor eine andere Tarnung gesucht werden müsse, werde die Zentrale ›zu geeigneter Zeit Schritte unternehmen‹. Eine Lösung könnte sein, ihn bei einer der harmlosen Zeitschriften unterzubringen, für die er bereits jetzt gelegentlich Beiträge verfaßte. Aber dies komme erst für die Zukunft in Frage. Der Professor sei auch schon früher mit seinen Arbeitgebern in Konflikt geraten, gab mir Toby zu bedenken, und stets aus allem heil herausgekommen. Das stimmte allerdings. Eine Sekretärin hatte sich über seine Annäherungsversuche beschwert, und Teile der ungarischen Gemeinde hatten seine antisemitischen Ansichten kritisiert.

Im übrigen gab Toby mir den Rat, mich zu beruhigen, mir Zeit zu lassen und — eine ständige Maxime Tobys — so zu tun, als ob nichts geschehen wäre. Und so standen die Dinge eine Woche und zwölf Stunden später, als der Professor mich um zehn Uhr abends anrief, den Code für den Notfall nannte und mich mit erstickter, aber gebieterischer Stimme bat, auf der Stelle in sein Haus zu kommen, dabei aber die Gartentür zu benutzen.

Mein erster Gedanke war: er hat jemanden umgebracht, womöglich seine Frau. Ich hätte mich nicht mehr irren können.

Der Professor öffnete die Hintertür und schloß sie hinter mir schnell wieder ab. Die Lichter im Haus waren abgedunkelt. Irgendwo in der Finsternis tickte eine Biedermeier-Standuhr wie eine dicke Bombe. Am Eingang zum Wohnzimmer stand Helena, beide Hände vorm Mund, einen Schrei unterdrückend. Seit Teodors Anruf waren zwanzig Minuten vergangen, aber der Schrei schien immer noch aus ihr hervorbrechen zu wollen.

Vor einem Kamin mit verlöschendem Feuer standen zwei Sessel. Einer war leer. Ich nahm an, es war der des Professors. In dem anderen saß, aus meiner Sicht ein wenig verdeckt, ein seidig glänzender, rundlicher Mann von vierzig Jahren, mit glattem schwarzem Haar und zwinkernden runden Augen, die zu sagen schienen: wir sind doch alle Freunde, oder? Sein Ohrensessel hatte eine hohe Lehne, und er hatte sich so weit nach hinten hineingesetzt wie ein Flugzeugpassagier kurz vor der Landung. Seine vorne abgerundeten Schuhe berührten nicht ganz den Boden, und ich hatte den Eindruck, daß sie aus Osteuropa stammten: fleckig, undefinierbares Leder, abgelaufene Profilsohlen. Sein fusseliger brauner Anzug sah wie eine umgearbeitete Militäruniform aus. Vor ihm stand ein Tisch mit einem Topf blauer Hyazinthen, und neben den Hyazinthen lagen einige Gegenstände, die ich als Werkzeuge zum lautlosen Töten ausmachte: zwei Garrotten aus Holzknebeln und Klaviersaiten; ein zu einem Stilett gefeilter Schraubenzieher; ein Charter Arms Undercover-Revolver Kaliber .38 mit fünfschüssiger Trommel, dazu zwei Sorten Munition, sechs H-Mantelgeschosse und sechs TIGs, in deren Fräsung ein zusammengepreßtes Pulver gedrückt war.

»Das ist Blausäure«, erklärte der Professor als Reaktion auf meine wortlose Verblüffung. »Eine Erfindung des Teufels. Auch wenn die Kugel das Opfer nur streift, tötet sie unweigerlich.«

Ich fragte mich, wie das Giftpulver die enorme Hitze eines Revolverlaufs überstehen sollte.

»Dieser Gentleman heißt Ladislaus Kaldor«, fuhr der Professor fort. »Die ungarische Geheimpolizei hat ihn geschickt, um uns zu töten. Er ist ein Freund. Nehmen Sie bitte Platz, Herr Ned.«

Ladislaus Kaldor erhob sich feierlich aus seinem Sessel und schüttelte mir die Hand, als hätten wir gerade ein einträgliches Geschäft abgeschlossen.

»Sir!« rief er glücklich, und zwar auf Englisch. »Latzi. Entschuldigen Sie, Sir. Machen Sie keine Sorgen. Alle nennen mich Latzi, Herr Doktor. Mein Freund. Bitte Platz zu nehmen. Ja.«

Ich erinnere mich, wie gut der Duft der Hyazinthen zu seinem Lächeln zu passen schien. Erst ganz allmählich ging mir auf, daß ich mir keiner Gefahr bewußt war. Manche Leute wirken immer gefährlich; andere setzen eine gefährliche Miene auf, wenn sie wütend sind oder bedroht werden. Aber Latzi strahlte, als ich endlich meinen Instinkt zu Rate ziehen konnte, nur den enormen Willen aus zu gefallen. Was vielleicht das einzige ist, was man als Profikiller braucht.

Ich nahm nicht Platz. Ein Aufruhr widerstreitender Gefühle tobte in meinem Kopf, aber Müdigkeit gehörte nicht dazu. Die leeren Kaffeetassen, dachte ich. Die leeren Teller mit Kuchenkrümeln. Wer ißt Kuchen und trinkt Kaffee, wenn sein Leben unmittelbar bedroht ist? Latzi saß bereits wieder und lächelte wie ein Zauberkünstler. Der Professor und seine Frau beobachteten mein Gesicht, aber von verschiedenen Stellen im Zimmer aus. Sie hatten Streit, dachte ich; die Krise hat sie auseinandergetrieben. Ein amerikanischer Revolver, dachte ich. Aber kein Ersatzmagazin, wie ernsthafte Spieler sie gewöhnlich dabeihatten. Osteuropäische Schuhe, mit Sohlen, die auf jedem Teppich oder polierten Boden perfekte Abdrücke hinterlassen. Blausäuregeschosse, bei denen die Blausäure im Lauf verbrennen mußte.

»Wie lange ist er schon hier?« fragte ich den Professor.

Er zuckte die Schultern. Ich haßte diese Schulterzukkerei. »Eine Stunde. Weniger.«

»Mehr als eine Stunde«, widersprach ihm Helena. Ihr ungehaltener Blick ließ mich nicht los. Bis zu diesem Abend hatte sie mich ostentativ ignoriert, sich wie ein Geist an mir vorbeigedrückt und als Zeichen ihrer Mißbilligung lächelnd oder finster immer nur den Boden angestarrt. Auf einmal brauchte sie nun meine Unterstützung. »Punkt acht Uhr fünfundvierzig hat er geläutet. Ich habe Radio gehört. Es fing gerade eine neue Sendung an.«

Ich sah zu Latzi hinüber. »Sprechen Sie Deutsch?«

»Jawohl, Herr Doktor!«

Wieder zu Helena. »Was für eine Sendung?«

»BBC World Service«, sagte sie.

Ich ging ans Radio und schaltete es ein. Eine quäkende Oxford-Stimme unbestimmbaren Geschlechts verbreitete sich plärrend über Keats. Vielen Dank, BBC. Ich schaltete wieder aus.

»Er hat geläutet — wer hat aufgemacht?« fragte ich.

»Ich«, sagte der Professor.

»Er«, sagte Helena.

»Bitte«, sagte Latzi.

»Und dann?«

»Er stand vor der Haustür, im Mantel«, sagte der Professor.

»Regenmantel«, korrigierte Helena.

»Er fragte, ob ich Professor Teodor sei, ich sagte ja. Er nannte seinen Namen, er sagte: ›Verzeihen Sie mir, Professor, ich bin gekommen, um Sie mit einer Garrotte oder einer Blausäurekugel zu töten, aber das möchte ich nicht, ich bin Ihr Schüler und Bewunderer. Ich möchte mich Ihnen ergeben und im Westen bleiben.‹«

»Er sprach Ungarisch?« fragte ich.

»Natürlich.«

»Und Sie haben ihn hereingebeten?«

»Natürlich.«

Helena war anderer Meinung. »Nein! Erst hat Teodor *mich* gefragt«, behauptete sie. Bis zu diesem Abend hatte ich nie gehört, daß sie Teodor korrigierte. Jetzt hatte sie es bereits zweimal in ebensoviel Minuten getan. »Er ruft mich herbei und sagt: ›Helena, wir haben einen Gast.‹ Ich sage: ›Gut.‹ Dann bittet er Latzi ins Haus. Ich nehme seinen Regenmantel, hänge ihn im Flur auf, mache Kaffee. Genau so hat es sich abgespielt.«

»Und Kuchen«, sagte ich. »Sie haben Kuchen gebakken.«

»Der Kuchen war schon gebacken.«

»Hatten Sie Angst?« fragte ich — denn ebensowenig wie ich mir keiner Gefahr bewußt war, verspürte ich auch keine Angst.

»Ich war angewidert, ich war schockiert«, antwortete sie. »Jetzt habe ich Angst — ja, ich habe große Angst. Wir alle haben Angst.«

»Und Sie?« fragte ich den Professor.

Wieder zuckte er die Schultern, als wollte er sagen, ich sei der letzte Mensch auf der ganzen Erde, dem er seine Gefühle anvertrauen würde.

»Warum bringen Sie Ihre Frau nicht ins Arbeitszimmer?« sagte ich.

Er war kurz davor zu widersprechen, überlegte es sich dann aber anders. Wie Fremde marschierten sie Arm in Arm aus dem Zimmer.

Ich war mit Latzi allein. Ich stand, er saß. München kann eine sehr stille Stadt sein. Selbst in entspannter Haltung bedachte er mich mit einem gewinnenden Lächeln. Seine kleinen Augen zwinkerten noch immer, aber ich konnte nichts darin ablesen. Er nickte mir ermunternd zu, sein Lächeln wurde breiter. Er sagte: »Bitte« und machte es sich in seinem Sessel noch bequemer. Ich machte eine Geste, die jeder Mitteleuropäer versteht. Ich streckte meine Hand aus, mit der Handfläche nach oben, und fuhr mit dem Daumen über die Spitze meines Zeigefingers. Noch immer lächelnd, wühlte er in seiner inneren Jackentasche und reichte mir seine Papiere. Sie waren auf einen Egon Braubach aus Passau ausgestellt, geboren 1933, Beruf Künstler. Nie habe ich jemanden gesehen, der so wenig wie ein bayrischer Künstler aussah. Es handelte sich um einen westdeutschen Reisepaß, einen Führerschein und einen Sozialversicherungsausweis. Keins dieser Papiere, so schien mir, wirkte im geringsten überzeugend. Ebensowenig wie seine Schuhe.

»Wann sind Sie nach Deutschland eingereist?«

»Heute nachmittag, Herr Doktor, heute nachmittag um fünf. Bitte.«

»Von wo?«

»Wien, bitte, Wien«, wiederholte er in atemloser Hast, als wolle er mir die ganze Stadt als Geschenk zu Füßen legen, und rutschte mit dem Hinterteil hin und her, offenbar, um eine noch unterwürfigere Haltung einzunehmen. »Ich habe heute morgen den ersten Zug nach München genommen, Herr Doktor.«

»Um wieviel Uhr?«

»Um acht, Sir. Den Acht-Uhr-Zug.«

»Wann sind Sie nach Österreich eingereist?«

»Gestern, Herr Doktor. Es hat geregnet. Bitte.«

»Was für Papiere haben Sie an der österreichischen Grenze vorgezeigt?«

»Meinen ungarischen Paß, Euer Exzellenz. In Wien habe ich deutsche Papiere bekommen.«

Schweiß perlte auf seiner Oberlippe. Er sprach fließend Deutsch, aber mit einem unverkennbaren Balkanakzent. Er sei mit dem Zug gekommen, sagte er: Budapest, Györ, Wien, Herr Doktor. Seine Herren hätten ihm für die Reise ein kaltes Hähnchen und eine Flasche Wein mitgegeben. Außerdem Gewürzgurken erster Qualität, Eurer Ehren, und Paprika. Erneutes Lächeln. Nach seiner Ankunft in Wien sei er ins Hotel Altes Kaiserreich gegangen, in der Nähe des Bahnhofs; dort sei für ihn ein Zimmer reserviert gewesen. Ein bescheidenes Zimmer, ein bescheidenes Hotel, Euer Exzellenz, aber ich bin ein bescheidener Mann. Spätnachts habe er in dem Hotel Besuch von einem ungarischen Herrn erhalten, den er noch nie zuvor gesehen habe — »Aber ich vermute, es war ein Diplomat, Herr Doktor. Ein distinguierter Mann, genau wie Sie!« Dieser Herr habe ihm Geld und Dokumente gegeben erklärte er — und das Waffenarsenal, das jetzt vor uns auf dem Tisch lag.

»Wo wohnen Sie in München?«

»In einer bescheidenen Pension am Rand der Stadt, Herr Doktor«, antwortete er mit entschuldigendem Lächeln. »Eher ein Bordell. Ja, ein Bordell. Man sieht dort viele Männer ständig ein und aus gehen.« Er nannte mir den Namen der Pension, und ich dachte schon, er würde mir gleich auch noch ein Mädchen empfehlen.

»Sind Sie auf Anweisung dort abgestiegen?«

»Wegen der Diskretion, Herr Doktor. Wegen der Anonymität. Bitte.«

»Haben Sie dort Gepäck?«

Er zuckte die Schultern wie ein armer Mann, ganz anders als der Professor. »Eine Zahnbürste«, sagte er. »Ein paar Kleider. Eine Reisetasche, Sir. Bescheidene Sachen.«

In Ungarn arbeite er als Landwirtschaftsjournalist, sagte er, aber um seinen Lebensunterhalt aufzubessern, habe er sich bei der Geheimpolizei verdingt, zunächst als Informant und in letzter Zeit als Killer, wegen des Geldes. Er habe in Ungarn gewisse Aufträge ausgeführt, ziehe es aber vor — bitte um Vergebung, Exzellenz —, sich dazu nicht näher zu äußern, bis er sicher sein könne, daß er im Westen keine strafrechtlichen Konsequenzen zu erwarten habe. Der Professor sei sein erster ›Auslandsauftrag‹, aber die Vorstellung, ihn zu töten, habe sein Gefühl für Anstand verletzt.

»Der Professor ist ein Mann von Format, Herr Doktor! Von Ruf! Nicht irgend so ein Jude oder Priester! Wieso sollte ich diesen Mann töten? Ich bin ein ehrbarer Mensch, gütiger Himmel! Ich habe meine Ehre! Bitte!«

»Wie lauten Ihre Anweisungen?«

Die waren nicht sehr kompliziert. Er sollte an der Tür des Professors läuten, hätten sie gesagt — also habe er geläutet. Der Professor wäre sicher zu Hause, da er mittwochs immer bis neun Uhr Privatunterricht gebe, hätten sie gesagt. — Der Professor war tatsächlich zu Hause gewesen. — Er sollte sich als Freund von Pali aus Debrecen vorstellen. — Er habe sich die Freiheit genommen, dies nicht zu tun. — Einmal im Haus, sollte er den Professor mit irgendeinem seiner Mordwerkzeuge töten, doch vorzugsweise mit der Garrotte, da diese sicher und lautlos wirke, auch wenn dabei bedauerlicherweise stets die Gefahr bestehe, das Opfer zu enthaupten. Er sollte auch Helena töten, hätten sie gesagt — unter Umständen als erste, je nachdem, wer ihm die Tür aufmache; die Reihenfolge sei ihnen egal gewesen. Für diesen möglichen Fall habe er die zweite Garrotte mitgenommen. Bei einer Garrotte, Herr Doktor, erklärte er hilfreich, wisse man nie, ob man sie nach Gebrauch noch abbekommen könne. Dann sollte er eine Bonner Telefonnummer anrufen, nach Peter verlangen und diesem mitteilen: »Susi wird heute nacht bei Freunden bleiben.« — Susi sei der Deckname des Professors für diese Operation, Exzellenz. Dies sei die Losung für einen gelungenen Verlauf, Herr Doktor, obwohl man unter den gegebenen Umständen nicht gerade von einer erfolgreichen Abwicklung reden könne. Kicher.

»Von hier aus telefonieren?« fragte ich.

»Von diesem Haus, ganz recht. Bei Peter. Bitte. Das sind brutale Leute, Herr Doktor. Sie bedrohen meine Familie. Ich habe gar keine andere Wahl. Ich habe eine

Tochter. Man hat mir strikte Anweisung gegeben: ›Sie werden Peter vom Haus des Professors aus anrufen.‹«

Auch dies überraschte mich. Da die ungarische Geheimpolizei den Professor als Stütze des Westens identifiziert hatte und dies seit über fünfzehn Jahren —, sollte man meinen, daß ihnen sein Telefon verdächtig sein müßte.

»Was sollen Sie im Fall eines Fehlschlags tun?« fragte ich.

»Wenn der Auftrag nicht ausgeführt werden kann — wenn der Professor Gäste hat oder aus irgendeinem Grund nicht erreichbar ist —, soll ich von einer Telefonzelle aus anrufen und sagen, daß Susi auf dem Weg nach Hause ist.«

»Von einer bestimmten Telefonzelle?«

»Im Fall eines negativen Verlaufs, Herr Doktor, geht jede beliebige Telefonzelle. Peter gibt mir dann entweder neue Anweisungen oder auch nicht. Wenn nicht, kehre ich sofort nach Budapest zurück. Oder aber Peter sagt: ›Versuchen Sie es morgen noch einmal‹, oder: ›Versuchen Sie es in zwei Tagen.‹ In diesem Fall liegt die Entscheidung allein bei Peter.«

»Wie lautet die Bonner Telefonnummer?«

Er sagte sie auf.

»Leeren Sie Ihre Taschen.«

Ein graubraunes Taschentuch, ein paar schlechte Abzüge von Familienfotos, darunter einige von einem jungen Mädchen, vermutlich seine Tochter, drei osteuropäische Kondome, ein geöffnetes Päckchen russischer Zigaretten, ein wackliges Blechtaschenmesser eindeutig östlicher Herstellung, der Stummel eines unlackierten Bleistifts, 960 Deutsche Mark, etwas Kleingeld. Eine Rückfahrkarte zweiter Klasse Wien-München-Wien, die Hinfahrt entwertet. Noch nie in meinem ganzen Leben hatte ich einen so erbärmlichen Tascheninhalt gesehen. Hatte der ungarische Geheimdienst keine Operationsleiter? Kontrolleure? Was, zum Teufel, dachten die sich? »Und

Ihren Regenmantel«, sagte ich und beobachtete, wie er ihn aus dem Flur hereinholte. Er war nagelneu. Die Taschen waren leer. Er war in Österreich hergestellt und von guter Qualität. Mußte hartes Westgeld gekostet haben.

»Haben Sie den in Wien gekauft?«

»Jawohl, Herr Doktor. Es hat wie aus Eimern gegossen, und ich hatte keinen Schutz dagegen.«

»Wann?«

»Bitte?«

»Womit?«

»Bitte?«

Ich stellte fest, daß er mich schnell in Rage bringen konnte. »Sie haben heute morgen den ersten Zug genommen, ja? Der ist vor Öffnung der Geschäfte aus Wien abgefahren, ja? Ihr Geld haben Sie erst gestern abend von diesem ungarischen Diplomaten bekommen. Also, wann haben Sie den Mantel gekauft, und womit haben Sie ihn bezahlt? Oder haben Sie ihn gestohlen? Ist das die Antwort?«

Erst runzelte er die Stirn; dann lachte er nachsichtig über meinen Verstoß gegen die guten Sitten. In einer großmütigen Geste des Verzeihens streckte er mir die ausgebreiteten Hände entgegen: »Aber den habe ich gestern nacht gekauft, Herr Doktor! Als ich im Bahnhof ankam! Mit meinen persönlichen Valuten, die ich natürlich aus Ungarn zum Einkaufen mitgenommen hatte! Ich bin kein Lügner! Bitte!«

»Haben Sie die Quittung aufbewahrt?«

Er schüttelte weise den Kopf, Ratschlag an einen Jüngeren. »Quittungen aufbewahren, Herr Doktor? Hören Sie auf meinen Rat. Wer Quittungen aufbewahrt, provoziert Fragen nach der Herkunft des Geldes. Eine Quittung — das ist wie ein Spion in der Tasche. Bitte.«

Zu viele Entschuldigungen, dachte ich, während ich sein strahlendes Lächeln abschüttelte. Zu viele Antworten in einem einzigen Abschnitt. Meine Instinkte sagten mir alle, die ganze Geschichte sei unglaubwürdig und die daran Beteiligten auch. Was mich stutzen ließ, war nicht so sehr die schlampige Planung des Attentats — die wenig überzeugenden Dokumente, der Inhalt seiner Taschen, die Schuhe —, und nicht einmal die grundsätzliche Unwahrscheinlichkeit dieser Mission. Ich besaß genug Erfahrung mit unbedeutenden Operationen sowjetischer Satellitenstaaten, um derart amateurhaftes Vorgehen für die Norm zu halten. Aber mich störte an diesen Leuten, wie unrealistisch sie sich in meiner Gegenwart verhielten, das Gefühl, es gäbe da eine Geschichte für mich und eine für sie; daß man mich geholt habe, um eine Rolle zu spielen, und daß der gemeinsame Wille von mir verlangte, den Mund zu halten und mich zufriedenzugeben.

Gleichzeitig aber saß ich in der Falle. Ich war in Zeitnot und hatte keine andere Wahl, als alles, was sie mir erzählt hatten, für bare Münze zu nehmen. Ich befand mich in der Lage eines Arztes, der den Verdacht hat, sein Patient simuliert, die Symptome aber dennoch behandeln muß. Nach den Spielregeln war Latzi das große Los. Es kam nicht jeden Tag vor, daß ein ungarischer Killer, mochte er auch ein Stümper sein, einfach so zum Westen überlaufen wollte. Im übrigen befand sich der Mann in beträchtlicher Gefahr, denn es war undenkbar, daß ein Attentat von solcher Tragweite ohne besondere Überwachung ausgeführt worden sein könnte.

Im Zweifelsfall, sagt das Handbuch, soll man ganz schematisch vorgehen. Wurde das Haus beobachtet? Davon mußte man ausgehen, auch wenn es nicht leicht zu beobachten war — eben dieser Umstand hatte es Teodors Helfern vor fünfzehn Jahren empfohlen. Es stand am Ende einer baumreichen Sackgasse und grenzte hinten an den Fluß. In den Garten gelangte man über einen verlassenen Treidelpfad. Aber die vordere Veranda war für jeden Passanten sichtbar, so daß man Latzi womöglich schon beim Betreten des Hauses gesehen hatte.

Ich ging nach oben und nahm vom Flurfenster aus die Straße in Augenschein. Die Nachbarhäuser lagen im Dunkeln. Von irgendwelchen Autos oder Menschen keine Spur. Meinen Wagen hatte ich in der nächsten Nebenstraße geparkt, in der Nähe des Flusses. Ich ging ins Wohnzimmer zurück. Das Telefon stand im Bücherregal. Ich gab Latzi den Hörer und sah ihn die Bonner Nummer wählen. Seine Hände waren mädchenhaft und feucht. Er beugte sich zuvorkommend in meine Richtung, hielt mir den Hörer hin. Er roch nach alten Decken und russischem Tabak. Das Rufzeichen ertönte, dann hörte ich eine Männerstimme, sehr mürrisch, deutsch. Für jemanden, der von einem Killer die Vollzugsmeldung erwartet, spielst du nicht übel den Ahnungslosen, dachte ich.

Ein schwerer, vermutlich ungarischer Akzent: »Hallo? Ja? Wer spricht dort?«

Ich nickte Latzi aufmunternd zu.

»Guten Abend. Ich möchte bitte mit Herrn Peter sprechen.«

»In welcher Angelegenheit?«

»Spreche ich mit Herrn Peter, bitte? Es handelt sich um eine Privatangelegenheit.«

»Worum geht es?«

»Spreche ich mit Peter?«

»Mein Name ist Peter!«

»Es geht um Susi, Herr Peter«, erklärte Latzi und blinzelte mir von der Seite zu. »Susi kommt heute abend nicht nach Hause, Herr Peter. Sie bleibt bei Freunden, fürchte ich. Bei guten Freunden. Sie ist in guten Händen. Gute Nacht, Herr Peter.«

Er wollte den Hörer schon zurücklegen, aber ich hielt seine Hand lange genug fest, um den Mann am anderen Ende verächtlich oder verständnislos knurren zu hören, bevor er auflegte.

Latzi lächelte mich an, er war sehr zufrieden mit sich. »Er spielt das gut, Herr Doktor. Ein richtiger Profi, würde ich sagen. Ein guter Schauspieler, finden Sie nicht auch?«

»Haben Sie die Stimme erkannt?«

»Nein, Herr Doktor. Die Stimme war mir leider nicht bekannt.«

Ich schob die Tür zum Arbeitszimmer auf. Der Professor saß, die geballten Fäuste vor sich, an seinem Schreibtisch. Helena saß auf dem Schülersofa. Ich hatte das Bedürfnis, den Professor von meiner Skepsis in Kenntnis zu setzen. Ich trat in das Zimmer und machte hinter mir die Tür zu.

»Dieser Latzi, wie Sie ihn nennen, ist ein Krimineller«, sagte ich. »Entweder ist er ein Bauernfänger oder ein geständiger Mörder, der mit falschen Papieren nach Deutschland gekommen ist, um Sie und Ihre Frau zu töten. In beiden Fällen haben Sie das Recht, ihn der westdeutschen Polizei zu übergeben und ihn sich so vom Hals zu schaffen. Möchten Sie das? Oder wollen Sie die Entscheidung uns überlassen? Nun?«

Zu meiner Überraschung schien er jetzt zum erstenmal an diesem Abend wirklich beunruhigt zu sein. Vielleicht hatte er nicht mit einer solchen Aufforderung gerechnet. Vielleicht war ihm erst jetzt aufgegangen, wie nah er dem Tod gewesen war. Wie auch immer, ich hatte den Eindruck, daß er meine Frage wichtiger nahm als beabsichtigt. Helena hatte den Blick von mir abgewandt und beobachtete ihn nun ebenfalls. Kritisch. Eine Frau, die auf ihre Bezahlung wartete.

»Tun Sie, was immer Sie tun müssen«, murmelte er.

»Dann müssen Sie tun, was ich verlange. Sie beide.«

»Wir sind kooperativ. Wir werden kooperativ sein — ja. Kooperativ — das sind wir seit vielen Jahren gewesen. Zu vielen.«

Ich sah Helena an.

»Das wird mein Mann zu verantworten haben«, sagte sie.

Ich hatte keine Zeit, über das Geheimnis dieser ominösen Erklärung nachzudenken. »Dann packen Sie bitte ein paar Sachen für die Nacht ein, und halten Sie sich in fünf Minuten am Gartentor bereit«, sagte ich und ging wieder ins Wohnzimmer zu Latzi.

Ich nehme an, er hatte an der Tür gestanden, denn bei meinem Eintreten trat er schnell zurück, faltete die Hände unterm Kinn und fragte mich strahlend, womit er mir zu Diensten sein könne.

»Haben Sie den Professor vor heute abend schon einmal gesehen?«

»Nein, Sir. Nur auf Fotos. Bewundern muß man ihn auch so. Ein echter Aristokrat.«

»Und seine Frau?«

»Die ist mir natürlich bekannt.«

»Wieso?«

»Sie war früher Schauspielerin, Herr Doktor, eine der besten in ganz Budapest.«

»Und Sie haben sie auf der Bühne gesehen?«

Wieder eine Pause. »Nein, Sir.«

»Wo dann?«

Er versuchte, mich zu durchschauen. Ich hatte den Eindruck, er fragte sich, ob sie mir irgend etwas gesagt haben könnte, und wollte seine Antworten darauf abstimmen.

»Auf Theaterplakaten, Euer Exzellenz. In ihrer Jugend konnte man ihr berühmtes Gesicht an jeder Straßenecke sehen. Alle jungen Männer liebten sie — und ich war keine Ausnahme.«

»Wo sonst noch?«

Er merkte, daß ich nichts in der Hand hatte. Und ich merkte, daß er das merkte. »Das ist das Traurige mit dem Aussehen der Frauen, Herr Doktor. Ein Mann kann auch noch mit achtzig eindrucksvoll aussehen. Eine Frau ...« Er seufzte.

Ich ließ ihn seine Waffen wieder zusammenpacken und nahm sie dann an mich. Den Revolver lud ich mit den Mantelgeschossen. Dabei kam mir ein Gedanke.

»Als ich hier hereinkam, war die Trommel leer, die Munition lag auf dem Tisch ausgebreitet.«

»Sehr richtig, Exzellenz.«

»Wann haben Sie die Kugeln aus der Trommel genommen?« fragte ich.

»Bevor ich das Haus betreten habe. Um meine friedlichen Absichten zu beweisen. Natürlich.«

»Natürlich.«

Als wir in den Flur gingen, schob ich mir den Revolver in den Hosenbund.

»Sollten Sie auf die Idee kommen wegzulaufen, bekommen Sie einen Schuß in den Rücken«, erklärte ich ihm und sah zu meiner Befriedigung, wie seine kleinen Augen beunruhigt hin und her zuckten. Profikiller, so schien es, haben etwas gegen ihre eigene Medizin.

Ich warf ihm seinen Regenmantel zu und blickte mich im Zimmer nach anderen Spuren von ihm um. Es waren keine mehr da. Ich befahl ihnen zu schweigen und führte die drei in den Garten und über den Treidelpfad zu meinem Wagen.

Eine berühmte Schauspielerin, dachte ich, und kein Wort davon in unseren Akten. Der Professor und Helena saßen hinten und Latzi neben mir auf dem Beifahrersitz. Dann saßen wir fünf Minuten still, während ich auf irgendein Anzeichen wartete, daß wir beobachtet würden. Nichts. Ich fuhr bis zur Hauptstraße und hielt wieder an. Nichts. Unterdessen war es Mitternacht geworden, zwischen den Sternen hing noch eine dünne Mondsichel. Stets den Rückspiegel beobachtend, fuhr ich um die Stadt herum und nahm dann die Autobahn zum Starnberger See; dort hatten wir ein sicheres Haus, in dem wir Joes auf der Durchreise vernehmen und instruieren konnten. Es lag direkt am Seeufer und war mit zwei blutrünstigen langhaarigen Wunderknaben besetzt, die uns die ›Laternenanzünder‹ der Londoner Station überlassen hatte. Sie hießen Jeffrey und Arnold. Arnold stand im Eingang, als wir heranfuhren. Eine Hand hatte er in der Tasche seines Kaftans. Die andere hing bedrohlich herab.

»Ich bin's, Sie Komiker«, sagte ich leise.

Jeffrey führte den Professor und seine Frau ins Schlafzimmer, während Arnold sich mit Latzi ins Wohnzimmer setzte. Ich ging durch den Garten zum Bootshaus, wo ich am sicheren Telefon endlich mit Toby Esterhase sprechen konnte. Er war erstaunlich gefaßt. Es war, als hätte er meinen Anruf erwartet.

Toby kam am nächsten Morgen mit der ersten Maschine aus London nach München; in seinem Biberpelzmantel und dem ledernen Schlapphut glich er eher einem Impresario als einem besorgten Spion.

»Nedike, mein Gott!« rief er und umarmte mich wie ein Vater seinen verlorenen Sohn. »Also fantastisch sehen Sie aus, würde ich sagen. Gratuliere, okay? Wie ein kleines bißchen Aufregung Ihnen doch gleich rote Bakken macht! Und wie geht's Mabel? Eine Ehe muß man ständig gießen, wie eine Blume.«

Ich fuhr langsam und erzählte ihm möglichst leidenschaftslos von den Ergebnissen meiner Nachforschungen in dieser langen Nacht. Er sollte, wenn wir bei dem Haus am See ankamen, alles wissen, was ich wußte.

Weder die Amerikaner noch die Westdeutschen hätten irgend etwas über Latzi herausbekommen, sagte ich. Ebensowenig wie London, schloß ich aus Tobys Worten.

»Latzi ist ein unbeschriebenes Blatt, Ned. Total«, gab Toby zu, während er die vorbeiziehende Landschaft mit allen Zeichen der Zustimmung betrachtete.

Auch über seinen bayrischen Decknamen sei nichts zu erfahren, und das gelte auch für alle anderen Decknamen, die Latzi bei seinen ›Aufträgen‹ in Ungarn benutzt haben wollte, sagte ich.

Toby kurbelte sein Fenster herunter, um den Duft der Felder zu genießen.

Latzis westdeutscher Paß sei eine Fälschung, fuhr ich

entschlossen fort, er stamme aus der Produktion eines zweitklassigen Wiener Fälschers und sei auf dem privaten Markt verkauft worden.

Toby war leicht indigniert. »Ich meine, wer kauft denn solchen Mist, um Gottes willen?« protestierte er, während wir an einer Koppel vorbeifuhren, auf der zwei Palomino-Pferde grasten. »Wer heutzutage einen Paß kauft, bekommt doch genau das, was er dafür bezahlt. Und für so einen Mist bekommt man sechs Monate Gefängnis.« Und er schüttelte traurig den Kopf wie einer, dessen Warnungen niemand beachtet, bis es zu spät ist.

Ich haspelte weiter. Die Bonner Telefonnummer gehöre dem ungarischen Militärattaché, sagte ich, der in der Tat mit Vornamen Peter heiße. Er sei als Offizier des ungarischen Geheimdienstes identifiziert. Ich erlaubte mir eine leise Ironie:

»Das ist was ganz Neues für uns, stimmt's, Tobe? Ein Spion, der seinen richtigen Namen als Decknamen benutzt? Ich meine, wozu auch die Mühe? Sie heißen Toby, aber das halten wir geheim und nennen Sie statt dessen Toby! Großartig.«

Aber Toby war so fest entschlossen, seinen Tag in Bayern zu genießen, daß er sich von der Tragweite meiner Ausführungen nicht stören ließ. »Nedike, glauben Sie mir, die Leute von der Armee sind völlige Idioten. Mit dem ungarischen militärischen Nachrichtendienst ist es genauso wie mit der ungarischen Militärmusik, verstehen Sie, was ich meine? Die wird durch den Arsch geblasen.«

Ich setzte meinen Bericht fort. Die westdeutsche Sicherheit schneide jedes Telefongespräch des ungarischen Attachés mit, sagte ich. Eine Kassette mit Latzis Gespräch mit Peter sei bereits auf dem Weg in mein Büro. Soweit ich wisse, biete es keine Überraschungen, sondern bestätige nur noch einmal meinen Eindruck, daß Peter auf diesen Anruf absolut nicht vorbereitet gewesen sei. Peter habe letzte Nacht keine anderen Telefonate empfangen oder gemacht, sagte ich, und es sei auch nicht zu vermehrtem diplomatischem Funkverkehr vom Dach der ungarischen Botschaft in Bonn gekommen. Jedoch habe sich Peter bei der Protokollabteilung des westdeutschen Außenministeriums wegen telefonischer Belästigung bei seinem Privatanschluß beschwert. Dies, deutete ich an, sei untypisch für einen Verschwörer. Toby war sich nicht so sicher.

»Könnte so sein, Ned, könnte anders sein«, sagte er sich zurücklehnend und drehte träge die flachen Hände hin und her. »Falls jemand denkt, er ist kompromittiert worden? Vielleicht ist es da gar nicht so dumm, einmal Beschwerde einzulegen, die Spuren zu verwischen — warum nicht?«

Ich erzählte ihm auch noch den Rest. Ich wollte nicht lockerlassen. Latzis Beschreibung des mutmaßlichen Diplomaten in Wien decke sich mit der eines gewissen Leo Bakocs, sagte ich, Handelssekretär und wie Peter ein identifizierter Offizier des ungarischen Geheimdienstes. Vetter Wagner wolle ein Foto besorgen, um es Latzi im Lauf des Tages zu zeigen.

Der Name Bakocs brachte ein zärtliches Lächeln auf Tobys Lippen. »Die wollen *Leo* da hineinziehen? Hören Sie, Leo ist so eitel, daß er nur bei Herzoginnen spioniert.« Er lachte belustigt und ungläubig. »Leo in einem lausigen Hotel, um einem stinkenden Killer Garrotten zu überreichen? Erzählen Sie mir was anderes, Ned. Also wirklich.«

»Nicht ich sage das«, sagte ich. »Sondern Latzi.«

Schließlich, sagte ich, hätte ich noch Jeffrey in das Münchner Freudenhaus geschickt, um Latzis Rechnung zu bezahlen und seine Reisetasche abzuholen. Das einzig Interessante in seinem Gepäck sei ein Satz pornographischer Fotos.

»Das ist die Anspannung, Ned«, erklärte Toby großmütig. »In einem fremden Land, wo man jemand töten soll, den man gar nicht kennt, braucht man privat ein bißchen Gesellschaft — Sie verstehen, was ich meine?«

Toby selbst hatte mir nichts mitzuteilen, weder privat noch sonst. Ich hatte mir vorgestellt, er hätte die ganze Nacht am Telefon gesessen, und vielleicht hatte er das ja auch. Aber nicht, um meine Nachforschungen zu unterstützen.

»Wir könnten heute abend eine Party feiern«, schlug er vor. »Harry Palfrey von der Rechtsabteilung kommt mit zwei Leuten vom Außenministerium vorbei. Harry ist ein netter Kerl. Sehr englisch.«

Ich war verwirrt. »Welche Abteilung des Außenministeriums?« fragte ich. »Wer? Wieso Palfrey?«

Aber Fragen werden erst dann gefährlich, wenn man sie beantwortet, wie Toby sagen würde. Als wir in dem Haus am See eintrafen, briet Arnold gerade Speck mit Eiern. Der Professor und Latzi saßen an einem Ende des Tischs. Am anderen Ende saß Helena, eine Vegetarierin, und kaute an einem Nußriegel aus ihrer Handtasche.

Arnold war blond und schlank. Das Haar trug er in einem Knoten. »Sie hatten ein bißchen Zoff, Ned«, vertraute er mir mißbilligend an, während Toby dem Professor um den Hals fiel. »Der Professor und seine Alte, eine richtige Keilerei. Keine Ahnung, wer angefangen hat oder worum es ging, ich wollte nicht fragen.«

»Hat Latzi sich daran beteiligt?«

»Er wollte, Ned, aber ich hab' ihm gesagt, er soll still sein. Ich kann es nicht leiden, wenn einer sich bei Eheleuten einmischt.«

Im nachhinein betrachtet gleichen unsere Gespräche an diesem Tag einem kunstvollen Menuett. Es begann in unserer Küche und endete am Hof des Allmächtigen — genauer gesagt, im beflaggten Konferenzraum des amerikanischen Generalkonsulats, wo die inspirierenden Gesichter von Präsident Nixon und Vizepräsident Agnew wohlwollend auf unsere Bemühungen herablächelten.

Denn weit davon entfernt, nichts zu tun, hatte sich Toby, wie ich bald bemerkte, ebenfalls ein vollständiges Programm zurechtgelegt, das er nun mit der Gewandtheit eines Zirkusdirektors Punkt für Punkt ablaufen ließ. In der Küche ließ er sich von Latzi und dem Professor die ganze Geschichte noch einmal erzählen, während Helena an ihrem Nußriegel kaute. Ich hatte Toby noch nie zuvor in seinem ungarischen Element erlebt und hatte Zeit genug, diese Verwandlung zu bestaunen. Mit einem Satz hatte er das unnatürliche Korsett seiner angelsächsischen Reserviertheit fortgeschleudert und war jetzt wieder ein Ungar unter Ungarn. Seine Augen sprühten Funken. Er warf sich in die Brust, und sein Rücken bog sich, als säße er auf einem Paradepferd.

»Ned, die sagen, Sie wären ganz fantastisch gewesen«, rief er mir zwischendurch über den Tisch zu. »Ein starker Rückhalt, sagen sie. Ich glaube, die werden Sie noch für den Nobelpreis vorschlagen!«

»Wenn sie einen Oscar draus machen, nehme ich ihn an«, sagte ich säuerlich und brach zu einem Spaziergang am Seeufer auf, um mich wieder zu beruhigen.

Als ich ins Haus zurückkam, hatten Toby und der Professor sich im Wohnzimmer eingeschlossen und sprachen ununterbrochen miteinander. Tobys Hochachtung vor dem Professor schien tatsächlich noch zugenommen zu haben. Latzi half Arnold beim Abwasch, und beide kicherten. Offenbar hatte Latzi einen schmutzigen Witz erzählt. Helena war nirgends zu sehen. Dann war Latzi an der Reihe, sich mit Toby zurückzuziehen, während der Professor und seine Frau unruhig am Seeufer spazierengingen und alle paar Schritte stehenblieben, um sich Vorhaltungen zu machen, bis der Professor auf dem Absatz kehrtmachte und mit großen Schritten ins Haus zurücklief.

Ich ergriff die Gelegenheit, nach draußen zu schleichen und mich Helena anzuschließen. Ihre Lippen waren zusammengekniffen, ihr Gesicht war kränklich weiß — ob vor Angst, Wut oder Erschöpfung, konnte ich nicht erkennen. Als sie etwas sagen wollte, kam kein Ton heraus, und sie mußte stehenbleiben und noch einmal von vorne anfangen.

»Er ist ein *Lügner*«, sagte sie. »Das sind alles Lügen! Lügen, Lügen! Er ist ein Lügner!«

»Wer?«

»Sie sind *beide* Lügner. Sie *lügen* seit ihrer Geburt. Und noch auf dem Totenbett werden sie *lügen*.«

»Und was ist die Wahrheit?« fragte ich.

»Die Wahrheit ist *Warten!*«

»Warten auf was?«

»Ich habe ihn gewarnt. ›Wenn du das tust, sag ich's den Engländern.‹ Also warten wir. Wenn er es tut, werde ich es Ihnen sagen. Wenn er bereut, verschone ich ihn. Schließlich bin ich seine Frau.«

Sie kehrte zum Haus zurück, eine stattliche Frau. Als sie hineinging, fuhr auf der Einfahrt eine schwarze Limousine vor, aus der Harry Palfrey, der Rechtsberater des Circus, und zwei weitere Mitglieder der herrschenden Klasse Englands stiegen. Der größere der beiden war Alan Barnaby, eine Koryphäe der zu Unrecht so genannten Informations- und Forschungsabteilung des Außenministeriums, denn ihre wahre Aufgabe bestand in der Verbreitung kommunistischer Gegenpropaganda der primitivsten Sorte. Toby schüttelte Barnaby herzlich die Hand und winkte mich gleichzeitig mit der anderen heran. Wir gingen hinein und setzten uns.

Anfangs kochte ich schweigend vor mich hin. Die Spieler hatte man nach oben geschickt. Toby führte das Wort, die anderen lauschten ihm mit der besonderen Ehrerbietung, die Leute ihres Schlages nur Habenichtsen oder Schwarzen entgegenbringen. Ich hatte sogar ein wenig das Gefühl, ich müsse ihn beschützen — Toby Esterhase, Gott steh mir bei, der immer nur darauf bedacht war, sich selbst zu beschützen! »Wir haben es hier, Alan, und das gehört durchaus zur Sache, mit einem absoluten Topinformanten zu tun, der aber jetzt erschöpft ist«, erklärte Toby. »Ein großartiger Joe, aber seine Zeit ist abgelaufen.«

»Sie meinen den Professor«, sagte Barnaby entgegenkommend.

»Sie sind ihm auf die Spur gekommen. Sie wissen nur zu gut, was er wert ist. Gewisse Hinweise Latzis lassen eindeutig darauf schließen, daß die Ungarn ein dickes Dossier über die Operationen des Professors besitzen. Ich meine, warum sollten sie wohl versuchen, einen Mann umzubringen, der für uns nicht von Nutzen ist? Ein ungarischer Mordanschlag — damit wird der Zielperson ein Zeugnis für gute Arbeit ausgestellt, würde ich sagen.«

»Wir können nicht unbegrenzt für die Sicherheit des Professors sorgen«, ermahnte uns Palfrey mit seinem Verliererlächeln. »Für eine Weile können wir ihm natürlich Schutz gewähren. Aber wir können nicht lebenslänglich für ihn sorgen. Das muß er wissen. Wir sollten ihn überreden, etwas zu unterschreiben, um das klarzustellen.«

Der zweite Mann vom Außenministerium war rundlich und fiel durch eine Uhrkette über der Weste auf. Ich hatte den kindischen Drang, daran zu ziehen, um festzustellen, ob er quietschte.

»Nun, *ich* denke, wir reden alle zuviel«, sagte er ölig. »Wenn die Amerikaner bereit sind, uns die beiden abzunehmen, den Prof und seine Frau, brauchen wir uns doch keine Sorgen mehr zu machen, oder? Am besten halten wir uns bedeckt und unser Pulver trocken, was?«

Palfrey widersprach. »Er sollte uns trotzdem eine Verzichtserklärung unterschreiben, Norman. Er hat uns in den letzten Jahren ganz schön gegen unsere Vettern ausgespielt.«

Als ständiger Wahrer seiner Interessen produzierte Toby ein wissendes Lächeln. »Das machen doch alle Spitzenjoes, Harry, würde ich sagen. Eine Hand wäscht die andere, auch auf Teodors Niveau. Aber jetzt, da er nicht mehr verwendbar ist, lautet doch die Frage, was haben wir denn eigentlich zu verlieren außer einem Haufen Ärger? Ich meine, ich bin ja hier nicht der Experte«, fügte er hinzu und lächelte Barnaby gewinnend an.

»Und was ist mit diesem Attentäter?« fragte der Mann, den sie Norman nannten. »Wird der da auch mitspielen? Ist es nicht verdammt gefährlich, wenn er da oben hockt wie eine Ente im Baum?«

»Latzi ist flexibel«, sagte Toby. »Er hat Angst, und er ist ein großer Patriot.« Ich hätte ihm in keinem dieser Punkte zugestimmt, war aber zu angewidert, um mich einzuschalten. »Wenn diese *Apparatschiks* aus ihrem System herauskommen, kriegen sie einen Schock. Latzi wird damit fertig. Er hat enorme Sorgen wegen seiner Familie, doch er fügt sich in sein Schicksal. Wenn Teodor akzeptiert, wird Latzi das ebenfalls tun. Natürlich nur mit Garantien.«

»Garantien welcher *Art?*« fragte der Uhrketten-Mann vom Außenministerium so schnell, daß nicht einmal Harry Palfrey ihm zuvorkommen konnte.

Toby schwankte nicht. »Nun, das Übliche natürlich. Latzi und Teodor wollen nicht auf der Müllhalde landen, wenn das hier vorbei ist, würde ich sagen. Und Helena auch nicht. Amerikanische Pässe, ein gutes Stück Geld am Ende der Straße, Hilfe und Schutz — ich meine, das ist sozusagen das mindeste.«

»Das Ganze ist ein Schwindel«, platzte ich heraus. Ich hatte die Nase voll.

Alle lächelten mich an. Egal, was ich gesagt hätte, sie hätten immer gelächelt. So waren sie nun einmal. Hätte ich gesagt, ich sei ein ungarischer Doppelagent, hätten sie gelächelt. Hätte ich gesagt, ich sei Adolf Hitlers wiedergeborener jüngerer Bruder, hätten sie gelächelt. Das heißt, alle außer Toby, der jetzt die Luft anhielt wie jemand, der weiß, daß er sich in diesem Augenblick am besten ganz still verhalten sollte.

»Wie kommen Sie denn nur auf so was, Ned?« fragte Barnaby schrecklich interessiert.

»Latzi ist kein ausgebildeter Killer«, sagte ich. »Ich weiß nicht, was er ist, aber ein Killer ist er nicht. Er trug eine ungeladene Waffe bei sich. Das würde kein Profi, der noch alle Tassen im Schrank hat, tun. Er gibt sich als bayrischer Künstler aus, aber er trägt ungarische Kleider, und die Hälfte des Zeugs in seinen Taschen stammt aus Ungarn. Als er mit Bonn telefonierte, stand ich neben ihm. Schön, der Attaché heißt mit Vornamen Peter. So steht es in der Diplomatenliste. Peter hat nie auf diesen Anruf gewartet. Latzi hat ihn einfach benutzt. Hören Sie sich den deutschen Mitschnitt des Gesprächs an.«

»Und was ist dann mit diesem Kerl in Wien, Ned?« fragte Barnaby, der nicht von seinem gönnerhaften Gebaren loskam. »Von dem er das Geld und die Ausrüstung bekommen hat? He? He?«

»Die sind sich nie begegnet. Wir haben Latzi das Foto gezeigt, und er war entzückt. ›Das ist er‹, hat er gesagt. Aber sicher: er hatte irgendwo anders schon mal ein Foto gesehen. Fragen Sie Helena, die weiß Bescheid. Im Augenblick redet sie nicht, aber wenn wir sie unter Druck setzen, wird sie es bestimmt tun.«

Toby wurde vorübergehend lebendig. »Druck, Ned? Helena. Druck, so was wendet man an, wenn man weiß, daß man fester drücken kann als der andere. Diese Frau liebt ihren Mann heiß und innig. Die würde ihn bis ins Grab verteidigen.«

»Der Professor ist bei den Amerikanern in Ungnade gefallen«, sagte ich. »Sein roter Teppich wird eingerollt. Er ist verzweifelt. Wenn er das Attentat nicht selbst inszeniert hat, dann war es Latzi. Das Ganze ist ein Trick, mit dem er sich möglichst elegant aus der Affäre ziehen und ein neues Leben anfangen will.«

Sie warteten, daß ich weiterredete. Es war, als warteten sie auf den Knalleffekt. Endlich sprach Toby. Er war wieder ganz der alte.

»Nedike, wie lange haben Sie eigentlich nicht mehr geschlafen?« fragte er mit nachsichtigem Lächeln. »Sagen Sie es uns, bitte.«

»Was hat das damit zu tun?«

Toby sah demonstrativ auf seine Uhr. »Ich glaube, Sie haben jetzt dreißig Stunden keinen Schlaf bekommen, Ned. In dieser Zeit haben Sie ein paar verdammt wichtige Entscheidungen getroffen — und zwar ausgezeichnet, würde ich sagen. Wir dürfen Ihnen wohl keinen Vorwurf machen, wenn Sie jetzt ein wenig ausrasten.«

Es war, als hätte ich nie etwas gesagt. Alle Köpfe waren wieder Toby zugewandt.

»Nun, *ich* finde, wir sollten uns das Ensemble einmal ansehen«, sagte Barnaby, während ich schon auf dem Weg zur Tür war. »Können wir sie mal runterpfeifen, Toby? Fragt sich doch, wie sie sich im Rampenlicht darstellen.«

»Ja, wir sollten das auf der Stelle tun, das könnte neue Erkenntnisse bringen, Barnaby«, sagte Palfrey, als ich in den Garten stürzte, um einen klaren Kopf zu kriegen. »Man muß das Eisen schmieden, solange es heiß ist. Einverstanden?«

»Mit Ihnen immer, Harry. Hundertprozentig.«

Ich weigerte mich, bei der ersten Anhörung anwesend zu sein. Schmollend saß ich in der Küche und ließ Arnold für mich sorgen, während ich so tat, als hörte ich mir eine Geschichte von seiner Mutter an, die den Mann, mit dem sie seit zwanzig Jahren zusammenlebte, verlassen hatte, um mit ihrer Jugendliebe zusammenzuziehen. Ich sah Toby die Treppe hinaufspringen, um seine Champions abzuholen, und machte ein finsteres Gesicht, als wenige Minuten später die drei Männer herunterkamen; Latzi hatte sein schwarzes Haar gekämmt und gescheitelt, der Professor trug sein Jackett locker um die Schultern, sein Prophetenhaupt gedankenvoll vorgestreckt, die weiße Mähne wallte malerisch herab.

Dann kam Helena tränenüberströmt in die Küche, und

Arnold nahm sie tröstend in die Arme und holte ihr eine Decke, denn es war ein frischer Frühlingsmorgen, und sie zitterte. Arnold machte ihr Kamillentee und saß, einen Arm um sie gelegt, neben ihr, bis Toby geschäftig hereinkam und sagte, man erwarte uns alle in zwei Stunden im amerikanischen Konsulat.

»Russell Sheriton fliegt aus London ein, Pete de May aus Bonn. Die sind ganz verrückt darauf, Ned. Total verrückt. Washington steht Kopf vor Begeisterung.« Ich weiß nicht mehr, ob Pete de May einen höheren Rang hatte als Sheriton oder einen niedrigeren. Aber jedenfalls einen sehr hohen. »Ned, dieser Teodor ist fantastisch«, versicherte Toby mir vertraulich.

»Ach ja? In welcher Hinsicht?«

»Wissen Sie, was die zu ihm gesagt haben? ›Was Sie da machen, ist verdammt riskant, Professor. Denken Sie, Sie können das schaffen?‹ Und wissen Sie, was er geantwortet hat? ›Herr Botschafter, wir alle nehmen Risiken auf uns, um die zivilisierte Gesellschaft zu schützen.‹ Er ist ganz ruhig, er ist würdevoll. Latzi auch. Ned, wenn das vorbei ist, legen Sie sich schlafen, okay? Ich werde Mabel anrufen.«

Wir fuhren in zwei Wagen, Toby mit den Ungarn, ich mit Palfrey und den Leuten vom Außenministerium. Als Palfrey mir die Wagentür aufmachte, nahm er mich beim Arm und gab mir einen knallharten Rat. »Ich denke, von jetzt an ziehen alle an einem Strang, Ned. Müdigkeit ist eine Sache, von Intrigen reden eine ganz andere. Ja? Einverstanden?«

Wir waren etwa zwanzig Mann. Den Vorsitz führte der Generalkonsul, ein blasser Mensch aus dem Mittelwesten, der wie Palfrey früher Anwalt war und ständig besorgt von ›Reaktionen‹ sprach. Milton Wagner saß zwischen Sheriton und de May. Mir war klar, daß Sheriton und Wagner, was auch immer sie persönlich denken mochten, Anweisung hatten, ihre Skepsis für sich zu behalten. Vielleicht hatten auch sie erkannt, daß man unbrauchbare Agenten auf schlimmere Weise loswerden konnte, als sie einfach an die amerikanischen Nachrichtendienste abzuschieben, hier von einem Quartett von nervösen Gläubigen vertreten, deren Namen ich nie erfahren habe.

Natürlich war auch Pullach anwesend. Obgleich nicht unmittelbar beteiligt, hatten sie ihren eigenen Beobachter geschickt, so daß wir sicher sein konnten, daß unsere Entscheidungen sich am Nachmittag bis nach Potsdam herumgesprochen haben würden. Pullach bestand auch darauf, eine weitschweifige Beschwerde über Wien vorzutragen. Anscheinend lag man sich seit längerem mit der österreichischen Polizei in den Haaren, weil man den Verdacht hatte, daß diese gefälschte Pässe an die Ungarn verkaufte. Ein beträchtlicher Teil der Sitzung ging damit drauf, daß ein Oberst von-und-zu Soundso sich über die Doppelzüngigkeit der Österreicher beklagte.

Die drei Champions nahmen selbstverständlich nicht an unseren Beratungen teil, sondern saßen so lange im Wartezimmer. Als Sandwiches gereicht wurden, ließen wir ihnen großzügig einen Teller zukommen. Und als man sie schließlich hineinrief, brachen einige der Nicht-Fachleute der Versammlung in Beifall aus; es war das erste von vielen weiteren Malen, daß unsere Helden Applaus zu hören bekamen.

Doch Helenas Tränen spielten alles andere an die Wand. Der Professor hielt seine kurze Rede, und wie vorauszusehen, bezauberte seine verhaltene Würde jeden. Nach ihm trat Latzi auf, und ein kaltes Schaudern senkte sich über den Raum, als er erklärte, wozu er die zwei Garrotten mitgebracht hatte, die dann zusammen mit den anderen Beweisstücken behutsam am Tisch herumgereicht wurden. Doch als Helena am Arm des Professors nach vorne trat, spürte ich einen Kloß in der Kehle, und ich wußte, allen anderen im Raum erging es auch nicht anders.

»Ich werde meinen Mann unterstützen«, war alles, was die große Schauspielerin deklamieren konnte.

Aber das reichte, um den ganzen Saal auf die Beine zu bringen.

Erst spätabends gelang es mir, allein mit ihr zu sprechen. Inzwischen waren wir fix und fertig; sogar der unverwüstliche Latzi war erschöpft. Die Kapitäne und Könige waren abgezogen, Toby ebenfalls. Ich saß mit Arnold im Wohnzimmer des Hauses am See. In der Einfahrt wartete ein amerikanischer Lieferwagen mit geschwärzten Fenstern und zwei Marines in Zivil, doch unsere Stars hatten bereits gelernt, ihr Publikum warten zu lassen. Der Tag war damit verbracht worden, Presseankündigungen für den Nachmittag vorzubereiten und Palfreys Verzichtserklärungen zu unterschreiben, die er, wie sich herausstellte, gleich in der Aktentasche mitgebracht hatte.

Sie kam zögernd herein, als ob sie Schläge von mir erwartete, doch mein Zorn war längst verflogen.

»Wir bekommen unsere Pässe«, sagte sie und setzte sich. »Es ist die neue Welt.«

Arnold glitt taktvoll aus dem Zimmer und machte die Tür hinter sich zu.

»Wer ist Latzi?« fragte ich.

»Ein Freund von Teodor.«

»Und was sonst noch?«

»Ein Schauspieler. Ein schlechter, ach, ein *schlechter* Schauspieler aus Debrecen.«

»Hat er denn jemals für die Geheimpolizei gearbeitet?«

Sie machte eine verächtliche Geste. »Er hatte Verbindungen. Als Teodor sich mit den Behörden arrangieren mußte, war Latzi der Mittelsmann.«

»Sie meinen, als Teodor seine Studenten denunzieren mußte?«

»Ja.«

»Hat Teodor, als Sie in München lebten, von Latzi Informationen erhalten?«

»Zuerst nur wenig. Als von den anderen Informanten nichts kam, wurde es mehr. Dann viel mehr. Latzi hat Teodor das Material besorgt. Teodor hat es an die Briten und Amerikaner verkauft. Sonst hätten wir kein Geld gehabt.«

»Ist Latzi dabei von der Geheimpolizei unterstützt worden?«

»Das lief privat. Die Dinge ändern sich in Ungarn. Es ist jetzt nicht mehr klug, etwas mit den Behörden zu tun zu haben.«

Ich schloß die Tür auf und sah zu, wie sie erhobenen Hauptes ihren Abgang machte.

Einige Wochen später konfrontierte ich Toby in London mit ihrer Geschichte. Er war weder überrascht noch zerknirscht.

»Frauen, Ned, sind doch alle kriminell. Wir sollten nicht in der Suppe herumrühren, sondern sie lieber auslöffeln.«

Nach einigen Wochen machte dann die Teodor-Latzi-Show Furore. Toby ebenfalls. Welchen Anteil hatte er daran? Wieviel hat er wann gewußt? Alles? Hat er sich das ganze Theater ausgedacht, um aus seinem gefährdeten Agenten das Beste zu machen und ihn gleichzeitig loszuwerden? Insgeheim habe ich oft den Verdacht gehabt, daß an diesem Stück mindestens drei Personen beteiligt waren, mit Helena als widerstrebendem Publikum. »Wissen Sie was, Ned?« erklärte Toby und legte mir zärtlich einen Arm um die Schulter. »Wer nicht auf zwei Pferden gleichzeitig reiten kann, sollte lieber nicht zum Circus gehen.«

Erinnern Sie sich an den Mann mit dem Pseudonym Colonel Weatherby in dem Buch? Den Meister der Masken, in sieben europäischen Sprachen zu Hause? Den Scarlet Pimpernel der osteuropäischen Widerstandskämpfer?

Den Mann, der ›durch den Eisernen Vorhang hin und her huschte, als wäre der aus feinster Gaze‹? Das war ich. Ned. Gott sei Dank stammt dieser Teil nicht von mir. Er war das Werk einiger käuflicher Journalisten aus Baltimore, die unsere Vettern angeworben hatten. Von mir stammt das einleitende Kapitel mit dem Porträt des großen Mannes, das mit der Überschrift *Der wahre Professor Teodor. Wie ich ihn gekannt habe* erschienen und von Toby und der Fünften Etage aus mir herausgequetscht worden war. Mein Arbeitstitel für das Buch lautete *Die Tricks des Gewerbes,* aber die Fünfte Etage hielt das für mißverständlich. Statt dessen wurde ich befördert.

Doch erst, nachdem ich bei George Smiley Dampf abgelassen hatte, der kürzlich seine Arbeit als amtierender Chef aufgegeben hatte und sich nun zum beinahe letzten Mal ins Schattenreich des akademischen Lebens zurückziehen wollte. Ich hielt mich während einer Tourneepause in London auf. Es war ein Freitagabend, und ich erwischte ihn in der Bywater Street, wo er gerade fürs Wochenende packte. Er hörte mich an, kicherte erst leise, dann lauter. *»Ach Toby«,* murmelte er zärtlich vor sich hin.

»Andererseits *verüben* die doch Attentate, Ned«, wandte er ein, während er umständlich einen Tweedanzug zusammenlegte. »Die Ungarn, meine ich. Selbst nach osteuropäischen Maßstäben sind sie so ziemlich die Übelsten von allen, stimmt's?«

Gewiß, räumte ich ein, die Ungarn töteten und folterten ganz nach Belieben. Das ändere aber nichts an der Tatsache, daß Latzi ein Betrüger sei und Teodor sein Komplize, und was Toby betreffe —

Smiley schnitt mir das Wort ab. »Ned, ich finde, Sie sind da ein bißchen kleinlich. Jede Kirche braucht ihre Heiligen. Die antikommunistische Kirche macht da keine Ausnahme. Und gleich mehrere Heilige auf einmal sind ganz schön verdächtig, wenn man sich's genau überlegt. Aber wenn sie den Job einmal haben, würde kein

Mensch behaupten, sie wären nicht nützlich. Meinen Sie, das Hemd kann ich so lassen, oder muß ich es noch einmal bügeln?«

Wir saßen in seinem Wohnzimmer, schlürften unseren Scotch und lauschten dem Lärm von Partybesuchern auf der Bywater Street.

»Und ist Ihnen auf den Straßen von München der Geist Stefanies erschienen, Ned?« fragte Smiley freundlich, als ich mich gerade fragte, ob er womöglich eingenickt wäre.

Ich wunderte mich schon seit langem nicht mehr über seine Fähigkeit, sich in mich hineinzuversetzen.

»Ab und zu«, antwortete ich.

»Aber leibhaftig nicht? Wie traurig.«

»Einmal habe ich eine ihrer Tanten angerufen«, sagte ich. »Ich hatte einen albernen Streit mit Mabel gehabt und war in ein Hotel gegangen. Es war schon spät. Vermutlich war ich ein wenig betrunken.« Ich ertappte mich bei der Überlegung, ob Smiley das nicht alles schon wußte, und fand, daß ich Gespenster sah. »Das heißt, ich *nehme* an, daß es eine Tante war. Hätte auch eine Hausangestellte sein können. Nein, es war eine Tante.«

»Was hat sie gesagt?«

»›Fräulein Stefanie ist nicht zu Hause.‹«

Ein langes Schweigen, aber diesmal machte ich nicht den Fehler anzunehmen, er sei eingeschlafen.

»Junge Stimme?« fragte er nachdenklich.

»Ziemlich.«

»Dann war vielleicht Stefanie selbst am Apparat.«

»Schon möglich.«

Wieder lauschten wir den lauten Stimmen unten auf der Straße. Ein Mädchen lachte. Ein Mann war gereizt. Jemand hupte und fuhr davon. Die Geräusche erstarben. Stefanie ist meine Ann, dachte ich, als ich über den Fluß nach Battersea zu meiner kleinen Wohnung zurückging: nur mit dem Unterschied, daß ich nie den Mut hatte, mich von ihr enttäuschen zu lassen.

7

Smiley hatte sich unterbrochen — mitten in einer Geschichte über einen mittelamerikanischen Diplomaten mit einer Leidenschaft für britische Modelleisenbahnen eines bestimmten Baujahrs, und wie der Circus sich die lebenslange Treue dieses Mannes mit einer Hornby Double-O Rangierlok erkauft hatte, die Monty Arbucks Leute aus einem Londoner Spielzeugmuseum gestohlen hatten. Alles lachte, bis dieses jähe nachdenkliche Schweigen eintrat und Smileys besorgter Blick sich auf irgendeinen Punkt außerhalb des Saales heftete.

»Und nur selten begegnen wir auch der Realität, mit der wir gespielt haben«, sagte er leise. »Bis dahin sind wir nur Zuschauer. Die Joes leben unsere Träume für uns aus, und wir Agentenführer sitzen sicher und behaglich hinter unseren Einwegspiegeln und reden uns ein, Sehen sei das gleiche wie Fühlen. Doch wenn der Augenblick der Wahrheit kommt — falls Sie das je erleben sollten, nun, von da an schrauben wir unsere Ansprüche bei dem, was wir von den Leuten verlangen, etwas herunter.«

Er sah mich bei diesen Worten nicht an. Er machte keine Andeutung, an wen er dabei dachte. Aber ich wußte es, und er wußte es. Und jeder wußte vom anderen, daß es um Oberst Jerzy ging.

Ich habe ihn gesehen und Mabel nichts gesagt. Vielleicht war ich zu überrascht. Oder die alten Gewohnheiten, sich nichts anmerken zu lassen, sind so zählebig, daß selbst heute noch meine erste Reaktion auf irgendein unerwartetes Ereignis darin besteht, jeden spontanen Reflex zu unterdrücken. Wir sahen die Einundzwanzig-

Uhr-Nachrichten im Fernsehen, was für Mabel und mich zu einer Art Abendgebet geworden ist, fragen Sie mich nicht, warum. Und plötzlich sah ich ihn.

Oberst Jerzy. Und anstatt aus dem Sessel zu springen und zu schreien: »Mein Gott! Mabel! Sieh mal, der Bursche da im Hintergrund! Das ist Jerzy!« — was die gesunde Reaktion jedes normalen Menschen gewesen wäre —, blickte ich einfach weiter auf den Bildschirm und schlürfte meinen Whisky mit Soda. Sobald ich dann allein war, schob ich eine neue Kassette in den Videorecorder, um in den Spätnachrichten die Wiederholung aufzuzeichnen. Seitdem — es ist jetzt sechs Wochen her — habe ich mir den Ausschnitt mindestens ein dutzendmal angesehen, denn jedesmal gibt es irgendwelche neuen Aspekte zu genießen.

Aber ich will diesen Teil der Geschichte dort lassen, wo er hingehört, nämlich am Ende. Ich erzähle Ihnen die Ereignisse besser in der richtigen Reihenfolge, denn zu München gehörte mehr als nur Professor Teodor, und nach Bill Haydons Entlarvung gehörte zum Spionieren mehr als nur die Fähigkeit zu warten, bis die Wunden verheilt waren.

Oberst Jerzy war ein Pole, und ich habe nie begriffen, warum so viele Polen eine Schwäche für uns haben. Unseren wiederholten Verrat an ihrem Land habe ich immer als so schändlich empfunden, daß ich, wenn ich Pole wäre, auf jeden vorbeikommenden britischen Schatten spucken würde, ganz gleich, ob ich unter den Nazis oder den Russen gelitten hätte — schließlich wurden die armen Polen in beiden Fällen von den Briten im Stich gelassen. Und sicherlich wäre ich in Versuchung, unter die sogenannte ›zuständige Abteilung‹ des britischen Außenministeriums eine Bombe zu legen. Gütiger Himmel, was für ein Ausdruck! Während ich dies schreibe, werden die Polen gerade wieder einmal zwischen dem unberechenbaren russischen Bären und dem besser berechenbaren deutschen Ochsen zerquetscht. Aber Sie können ganz sicher sein, falls die Polen einmal einen guten Freund brauchen sollten, der ihnen aus der Patsche hilft, wird eben diese ›zuständige Abteilung‹ des britischen Außenministeriums mit zuckersüßem Bedauern ablehnen und sich auf eine verlockendere Aufgabe ein paar Häuser weiter berufen.

Gleichwohl kann sich mein Service einer überdurchschnittlichen Erfolgsquote in Polen rühmen und einer geradezu peinlichen Anzahl von Polen und Polinnen, die mit unbekümmertem polnischem Mut ihren Hals und den ihrer Familien riskiert haben, um für ›England‹ zu spionieren.

Kein Wunder also, daß im Gefolge des Falles Haydon die Verlustrate bei unseren polnischen Netzwerken entsprechend hoch war. Haydon war zu verdanken, daß die Briten einen weiteren Verrat auf ihre lange Liste setzen konnten. Als da mit furchtbarer Unausweichlichkeit eine Verlustmeldung auf die andere folgte, war die Trauerstimmung in unserer Münchner Station geradezu mit Händen greifbar, und was unsere Beschämung noch verstärkte, war unsere Hilflosigkeit. Uns allen war völlig klar, was sich da abspielte. Bis zum Sündenfall hatte der polnische Abwehrdienst — unter der kompetenten Führung des Operationsleiters Oberst Jerzy — Haydons Verrat nicht an die große Glocke gehängt, sondern sich damit zufriedengegeben, in unsere bestehenden Netzwerke einzudringen und sie zur Weitergabe von Falschmeldungen zu benutzen — oder, wenn es gelang, sie umzudrehen, sie wieder mit viel Geschick gegen uns einzusetzen.

Nach dem Sündenfall aber hatte der Oberst nicht mehr das Bedürfnis, taktvoll vorzugehen, und brachte innerhalb weniger Tage alle die unserer loyalen Agenten brutal zum Schweigen, die er bis dahin nicht in ihrer Tätigkeit gestört hatte. Die Zahl erhöhte sich fast täglich; wir sprachen von ›Jerzys Hitliste‹ und entwickelten aus Frustration einen persönlichen Haß auf den Mann, der unsere geliebten Joes ermordete, wobei er sich gelegentlich nicht mit den Formalitäten eines Prozesses aufhielt, sondern zuließ, daß seine Vernehmungsbeamten ihren Spaß bis zum bitteren Ende hatten.

München als Sprungbrett nach Polen — das mag seltsam klingen. Doch München war seit Jahrzehnten Kommandozentrale für eine Reihe von Operationen in Polen gewesen. Auf dem Dach des Konsulatanbaus in einem baumreichen Vorort hatten unsere Antennen Tag und Nacht auf die Funksignale unserer polnischen Agenten gelauscht — oft nicht mehr als ein komprimiertes Blip zwischen den Worten im öffentlichen Rundfunk. Und wir wiederum hatten ihnen nach vorher festgelegten Zeitplänen Trost und neue Anweisungen übermittelt. Von München aus hatten wir unsere Briefe nach Polen geschickt, mit unsichtbarer Tinte beschrieben. Und wenn es unseren Informanten gelang, außerhalb von Polen zu reisen, flogen wir von München los, um mit ihnen zu sprechen, sie festlich zu bewirten und uns ihre Sorgen anzuhören.

Und es war ebenfalls von München, daß, wenn es wirklich nötig war, unsere Stationsoffiziere nach Polen reisten, und zwar stets einzeln und meist in der Rolle eines Geschäftsmannes, der eine Handelsmesse oder eine Ausstellung besuchen wollte. Und an irgendeinem Rastplatz oder in irgendeinem Café in einer Nebenstraße sahen diese Abgesandten dann unsere kostbaren Joes kurz von Angesicht zu Angesicht, wickelten ihre Geschäfte ab und reisten ab in dem Bewußtsein, die Lampe wiederaufgefüllt zu haben. Denn niemand, der nicht das Leben eines Joes geführt hat, kann sich vorstellen, wie einsam man durch seinen Glauben ist. Eine Tasse schlechten Kaffees zur rechten Zeit mit einem guten Agentenführer kann die Moral eines Joes für Monate heben.

Und so kam es denn, daß ich an einem Wintertag kurz nach Beginn der zweiten Hälfte meiner Münchner Dienstzeit (und der willkommenen Abreise Professor

Teodors und seines Anhangs nach Amerika) mit einem holländischen Paß in der Tasche, der mich als den vierzig Jahre alten Frans Joost aus Nijmegen auswies, mit einer Maschine der polnischen Fluggesellschaft LOT von Warschau nach Danzig flog. Auf meinem Visumantrag stand, daß ich geschäftlich den Auftrag hatte, für eine westdeutsche Agrargenossenschaft landwirtschaftliche Gebäude in Fertigbauweise zu begutachten. Denn ich habe einige technische Grundkenntnisse — für den Austausch von Visitenkarten mit den Funktionären des dortigen Agrarministeriums reichen sie jedenfalls.

Mein zweiter Auftrag war komplizierter. Ich suchte nach einem Joe namens Oskar, der, nachdem wir ihn sechs Monate lang für tot gehalten hatten, wieder ins Leben zurückgekehrt war. Aus heiterem Himmel hatte Oskar uns einen Brief an eine alte Deckadresse geschickt: er hatte seine geheime Schreibausrüstung benutzt und alles geschildert, was er seit dem Tag, an dem er von den Verhaftungen gehört hatte, bis heute getan und gelassen hatte. Er habe die Nerven behalten. Er sei bei seiner Arbeit geblieben. Um den Verdacht von sich abzulenken, habe er anonym irgendeinen harmlosen *Apparatschik* in seiner Archivabteilung denunziert. Nachdem er einige Wochen gewartet habe, sei der *Apparatschik* verschwunden. Ermutigt wartete er weiter, bis er von dem Gerücht hörte, daß der *Apparatschik* gestanden habe. Dies war in Anbetracht von Oberst Jerzys liebevoller Fürsorge nicht weiter überraschend. Die Wochen gingen dahin, und langsam fühlte er sich wieder sicher. Jetzt war er bereit, die Arbeit erneut aufzunehmen, falls jemand ihm sagen würde, was er zu tun habe. Als Zeichen dafür hatte er auf jeweils den dritten, fünften und siebten Punkt des Briefs, was genau den vereinbarten Positionen entsprach, einen Mikrodot geklebt. Vergrößert ergaben die Mikrodots insgesamt sechzehn Seiten streng geheimer Anweisungen des polnischen Verteidigungsministeriums an Oberst Jerzys Abteilung. Die Circus-Analytiker erklärten, das Material sei ›wahrscheinlich und offenbar verläßlich‹, eine Einschätzung, die aus ihrem Mund einem ekstatischen Glaubensbekenntnis gleichkam.

Jetzt müssen Sie sich die Aufregung vorstellen, die Oskars Brief in der Station und selbst bei mir auslöste, obwohl ich ihn noch nie gesehen hatte. Oskar! riefen die Gläubigen. Der alte Teufelskerl! Springlebendig unter den Trümmern! Der mußte natürlich davonkommen! Oskar, unser zäher polnischer Mitarbeiter im Hauptquartier der Danziger Küstenwacht, einer der Besten, den die Station je gehabt hatte!

Nur die Abgebrühtesten und die, die ohnehin bald in den Ruhestand traten, taten den Brief als Köder ab. Es ist leicht, in solchen Fällen ›nein‹ zu sagen. Zum Jasagen braucht man Mut. Dennoch hört man die Neinsager stets am deutlichsten, besonders nach dem Fall Haydon, und für eine Weile geriet alles ins Stocken, da niemand den Mut aufbrachte, sich so oder so zu entscheiden. Um Zeit zu gewinnen, baten wir Oskar schriftlich um weitere Sicherheiten. Er schrieb wütend zurück und fragte, ob er noch unser Vertrauen genieße, und diesmal forderte er ein persönliches Treffen. »Ein Treffen oder gar nichts«, schrieb er. Und zwar in Polen. Bald oder nie.

Während die Zentrale weiter herumlavierte, bat ich um Erlaubnis, ihn zu treffen. Die Ungläubigen in meiner Station erklärten mich für verrückt, die Gläubigen meinten, das sei das einzig Vernünftige. Beide Seiten überzeugten mich nicht, doch ich wollte Gewißheit haben. Vielleicht wollte ich die auch für mich, denn Mabel schien sich in letzter Zeit von mir zurückzuziehen, und ich war nicht in der Stimmung, mich allzu hoch einzuschätzen. Die Zentrale hielt es mit den Neinsagern. Ich erinnerte an meine Erfahrungen bei der Marine. Die Zentrale schwankte und sagte: »Nein, aber vielleicht.« Ich erinnerte sie an meine Zweisprachigkeit und die erprobte Stärke meiner niederländischen Identität, die von unseren holländischen Kollegen für Gegenleistungen auf einem anderen Gebiet geduldet wurde. Die Zentrale prüfte die Risiken und die Alternativen und sagte schließlich: »Ja, aber nur für zwei Tage.« Vielleicht war man zu dem Schluß gekommen, daß ich nach dem Fall Haydon ohnehin nicht mehr allzu viele Geheimnisse zu verraten hätte. Hastig bereitete ich mich vor und brach auf, bevor sie es sich wieder anders überlegten. Es war sechs Grad unter Null, als meine Maschine auf dem Danziger Flughafen landete; auf den Straßen lag hoher Schnee, und es schneite noch immer; die Stille wiegte mich in trügerischer Sicherheit. Aber ich bin kein Risiko eingegangen, glauben Sie mir. Ich mochte nach Gewißheit suchen, aber ein Naivling war ich gewiß nicht mehr.

Die Danziger Hotels sind von einheitlicher Scheußlichkeit, und meins machte da keine Ausnahme. Das Foyer stank wie ein desinfiziertes Pissoir; die Anmeldeprozedur war so kompliziert wie die Adoption eines Kindes, nur langwieriger. Mein Zimmer war bereits belegt, und die Insassin sprach keine bekannte Sprache. Als ich endlich ein anderes Zimmer gefunden hatte und ein Zimmermädchen, das im Groben die Spuren des vorherigen Bewohners beseitigte, dämmerte es schon, und es wurde Zeit, daß ich Oskar von meiner Ankunft in Kenntnis setzte.

Jeder Joe hat seine Handschrift. Im Sommer, so stand in der Akte, ging Oskar gern angeln, und mein Vorgänger hatte erfolgreiche Gespräche mit ihm am Flußufer geführt. Sie hatten zusammen sogar ein paar Fische gefangen, die freilich wegen der Wasserverschmutzung nicht genießbar gewesen waren. Jetzt aber war Winter, und allenfalls Kinder und Masochisten gingen bei solcher Eiseskälte angeln. Im Winter hatte Oskar andere Gewohnheiten, da spielte er lieber Billard in einem Klub für kleine Funktionäre in der Nähe des Hafens. Und in diesem Klub gab es ein Telefon. Um ein Treffen zu verabreden, brauchte mein Vorgänger, der Polnisch sprach, ihn nur dort anzurufen und munter ein Gespräch mit ihm zu führen, das auf der Fiktion beruhte, er sei ein alter Freund aus Marinezeiten, Lech. Dann sagte Oskar: »Gut, wir treffen uns morgen auf einen Drink bei meiner Schwester«, und das bedeutete: »Holen Sie mich in einer Stunde mit Ihrem Wagen an der So-und-so-Ecke ab.«

Aber ich sprach kein Polnisch. Und außerdem verlangten die Verhaltensregeln der Nach-Haydon-Ära, daß kein Agent mit alten Verfahrensweisen reaktiviert werden durfte.

In seinem Brief hatte Oskar die Telefonnummern von drei Cafés und die Zeiten angegeben, zu denen er versuchen würde, dort jeweils erreichbar zu sein — drei Cafés, weil man immer damit rechnen mußte, daß eins der Telefone außer Betrieb oder besetzt war. Falls es telefonisch nicht klappte, würde er mich eben mit dem Wagen auflesen müssen, und er hatte mir geschrieben, an welcher Straßenbahnhaltestelle ich zu welcher Zeit warten sollte. Er hatte auch die Zulassungsnummer seines neuen blauen Trabants angegeben.

All dies scheint mir eine passive Rolle zuzuweisen, und das aus gutem Grund; denn die eiserne Regel für solche Treffen lautet: der Agent im Einsatzgebiet ist König, und *er* entscheidet darüber, welche Vorgehensweise für ihn am ungefährlichsten ist und am ehesten seinem Lebensstil entspricht. Oskar schlug ganz andere Dinge vor, als ich es getan hätte, und ich begriff auch nicht, warum wir vor unserem Treffen noch telefonieren sollten. Aber Oskar mußte es besser wissen. Vielleicht befürchtete er eine Falle. Vielleicht wollte er prüfen, wie ruhig meine Stimme wirkte, ehe er den Sprung wagte.

Oder vielleicht gab es irgendwelche neuen Umstände, die ich erst noch zu erfahren hatte: er wollte einen Freund mitbringen; er wollte sofort außer Landes gebracht werden; er hatte es sich anders überlegt. Denn es gibt noch eine zweite Verhaltensmaßregel, die ebenso streng ist wie die erste und besagt, daß das Unglaubliche zu allen Zeiten als die Norm zu betrachten ist. Ein guter Agentenführer *erwartet*, daß in dem Augenblick, da er zu telefonieren beginnt, das gesamte Danziger Telefonsystem zusammenbricht. Er *erwartet*, daß die Straßenbahnhaltestelle mitten in einer aufgerissenen Straße liegt oder daß Oskar an diesem Morgen mit seinem Wagen gegen einen Laternenpfahl gefahren ist oder plötzlich vierzig Grad Fieber bekommen hat oder daß er von seiner Frau überredet worden ist, eine Million Dollar in Gold zu verlangen, bevor er mit uns Kontakt aufnimmt oder daß ihr Kind beschlossen hat, als Frühgeburt auf die Welt zu kommen. Die ganze Kunst — wie ich meinen Schülern so oft gesagt habe, bis sie mich haßten — besteht darin, sich auf Murphys Gesetz und sonst gar nichts zu verlassen.

Mit dieser Maxime im Kopf stellte ich mich, nachdem ich eine Stunde lang vergeblich die drei Cafés angerufen hatte, an diesem Abend um zehn nach neun an die vereinbarte Straßenbahnhaltestelle und wartete darauf, daß Oskars Trabant mir langsam entgegenkriechen würde. Denn obwohl es jetzt nicht mehr schneite, sah man von der Straße noch immer nicht viel mehr als zwei schwarze Reifenspuren auf einer Seite der Straßenbahnschienen, und die wenigen vorbeikommenden Wagen bewegten sich mit der Behutsamkeit von Überlebenden, die von der Front heimkehrten.

Es gibt das alte Danzig, die prächtige hanseatische Hafenstadt, und es gibt Gdansk, den polnischen Industrie-Slum. Die Straßenbahnhaltestelle, an der ich wartete, lag in Gdansk. Links und rechts von mir kauerten muffige, schlecht beleuchtete Betonhäuser unter einem orange glühenden Himmel. In der ganzen Straße entdeckte ich nicht das kleinste Anzeichen von menschlicher Liebe oder Lebensfreude. Kein Café, kein Kino, kein hübsches Licht. Selbst die zwei Betrunkenen, die gegenüber in einem Hauseingang zusammengesackt waren, schienen sprachlos vor Angst. Schallendes Gelächter, ein einziger freundschaftlicher oder vergnügter Ruf wäre ein Verbrechen gegen die Monotonie dieses Freiluftgefängnisses gewesen. Ein Wagen schlich vorbei, aber er war nicht blau und auch kein Trabant. Die Seitenfenster waren schneeverkrustet, und auch nachdem er vorbeigefahren war, hätte ich nicht sagen können, wie viele Leute darin saßen. Er hielt an. Nicht am Straßenrand, nicht auf dem Bürgersteig, nicht an einer Ecke oder in einer Parkbucht — all das war von Schneehaufen versperrt. Er blieb einfach in der schwarzen Fahrspur mitten auf der Straße stehen und stellte den Motor ab, schaltete dann die Scheinwerfer aus.

Wahrscheinlich ein Liebespaar, dachte ich. Ganz schön leichtsinnig, denn es konnte ja auch Gegenverkehr kommen. Ein zweiter Wagen kam aus derselben Richtung wie der erste. Auch er hielt an, jedoch kurz vor meiner Haltestelle. Noch ein Liebespaar? Oder bloß ein vernünftiger Fahrer, der an den längeren Bremsweg bis zu dem stehenden Wagen vor ihm dachte? Im Endeffekt war es das gleiche: links und rechts von mir stand ein Auto, und während ich weiter wartete, sah ich, daß die zwei schweigsamen Betrunkenen jetzt vor dem Hauseingang standen und einen sehr nüchternen Eindruck machten. Dann hörte ich hinter mir einen Schritt, durch den Schnee leise wie ein Schlafzimmerpantoffel, aber ganz nahe. Und ich wußte, jetzt durfte ich keine plötzliche und erst recht keine verstohlene Bewegung machen. Weglaufen war nicht drin, kein Präventivschlag konnte mich noch retten, denn was ich in Gedanken zu fürchten begann, war entweder alles oder nichts. Und wenn es alles war, konnte ich nichts mehr tun.

Links von mir stand ein Mann, nah genug, um mich zu berühren. Er trug einen Pelzmantel und einen Lederhut und hielt einen Taschenschirm in der Hand, der ebensogut ein Bleirohr in einer Nylonhülle hätte sein können. Also schön, genau wie ich wartete er auf die Straßenbahn. Rechts neben mir stand ein zweiter Mann.

Er roch nach Pferd. Na wunderbar, auch er wartete, wie sein Gefährte und ich, auf die Straßenbahn, auch wenn er hierher geritten sein mochte. Dann sprach mich in traurigem polnischen Englisch eine Männerstimme an, und die kam weder von links noch von rechts, sondern von unmittelbar hinter mir, wo ich die Pantoffelschritte gehört hatte.

»Oskar wird heute abend leider nicht kommen, Sir. Er ist seit sechs Monaten tot.«

Aber inzwischen hatte er mir Zeit zum Nachdenken gegeben. Unendlich viel Zeit. Ich kannte keinen Oskar. Oskar wie? Kommen wohin? Ich war Holländer und sprach nur wenig Englisch, mit starkem holländischem Akzent wie meine Onkel und Tanten in Nijmegen. Ich wartete und ließ seine Worte auf mich wirken; dann drehte ich mich um — aber langsam und ohne Neugier.

»Sie verwirren mich, Sir«, beteuerte ich in dem schwerfälligen Singsang, den ich auf den Knien meiner Mutter gelernt hatte. »Mein Name ist Frans Joost, aus Holland, und ich warte auf niemanden, nur auf die Straßenbahn.«

In diesem Augenblick ergriffen mich die beiden neben mir stehenden Männer nach bester Profimanier, packten meine Arme und verpaßten mir gleichzeitig einen Schlag, daß ich das Gleichgewicht verlor; dann zerrten und schleiften sie mich zu dem zweiten Wagen. Aber ich konnte noch den gedrungenen Mann erkennen, der mich angesprochen hatte, seine feuchten grauen Backen und seine triefenden Nachtwächteraugen. Es war niemand anders als unser Oberst Jerzy, der vielgerühmte heldenhafte Bewahrer der Volksrepublik Polen, dessen ausdrucksloses Foto damals, als er tapfer unsere Agenten verhaften und foltern ließ, die Titelseiten etlicher erlauchter polnischer Zeitungen geziert hatte.

Es gibt Todesarten, auf die wir uns je nach Beruf unbewußt vorbereiten. Ein Bestattungsunternehmer denkt an seine Beerdigung, der Reiche an seine Armut, der Gefängniswärter an seine Verhaftung, der Lüstling an seine Impotenz. Ein Schauspieler, habe ich mir sagen lassen, kann sich nichts Schrecklicheres vorstellen, als daß sich das Theater leert, während er hilflos um seinen Text ringt, und was ist das sonst als eine verfrühte Vision seines Todes? Für den Beamten ist dies der Augenblick, in dem die Schutzwälle seiner Privilegien um ihn herum zusammenbrechen und er mit einemmal nicht mehr sicherer ist als sein Nachbar; den Blicken der Außenwelt ausgesetzt, hat er sich wie ein lügender Ehemann für seine Fahrlässigkeiten und Unterschlagungen zu verantworten. Und wenn ich ehrlich bin, gehörten die meisten meiner Kollegen beim Service zu dieser Kategorie: ihre größte Befürchtung war, eines Morgens aufzuwachen und ihre richtigen Namen *en clair* in den Zeitungen zu lesen; in Radio und Fernsehen von sich reden zu hören, verspottet und ausgelacht zu werden und, noch schlimmer, von der Öffentlichkeit, der sie zu dienen glaubten, in Frage gestellt zu werden. Eine solche öffentliche Untersuchung wäre für sie eine größere Katastrophe gewesen, als wenn die Gegenseite sie ausgetrickst hätte oder sie bei sämtlichen anderen Geheimdiensten auf der Welt aufgeflogen wären. Es wäre ihr Tod gewesen.

Und für mich war der schlimmste Tod, und damit die härteste Prüfung, auf die ich mich seit meinem Eintritt in die geheime Welt immer wieder vorbereitet hatte, genau das, was mir jetzt bevorstand: meinen zweifelhaften Mut auf der Folterbank erproben zu müssen; geistig und körperlich bis zur äußersten Grenze des Ertragens fertiggemacht zu werden und dabei zu wissen, daß es in meiner Macht stand, das Sterben mit einem einzigen Wort abzubrechen — daß sich in meinem Innern ein tödlicher Kampf zwischen Geist und Körper abspielte und daß diejenigen, die mir die Schmerzen zufügten, in diesem heimlichen Krieg in mir bloß die gedungenen Söldner waren.

So daß ich alles beim ersten blendenden Ausbruch der Schmerzen gleich wiedererkannte: Hallo, dachte ich, du bist also endlich da — mein Name ist Joost, und wie heißt du?

Es gab keine Förmlichkeiten, müssen Sie wissen. Er setzte mich nicht nach bewährter Kinotradition an einen Schreibtisch und sagte: »Entweder Sie reden mit mir, oder Sie werden geprügelt. Hier ist Ihr Geständnis. Unterschreiben Sie.« Er ließ mich nicht in eine Zelle sperren und ein paar Tage schmoren, bis ich von allein darauf kommen würde, daß ein Geständnis erst recht großen Mut erforderte. Sie schleppten mich einfach aus dem Wagen und durch den Eingang eines Gebäudes, das wie ein normales Wohnhaus aussah, und dann auf einen Hof, wo nur unsere eigenen Fußspuren zu sehen waren, so daß sie mich durch den hohen Schnee schleifen mußten; alle drei zerrten mich auf den Fersen herum, stießen mich von einem zum andern, schlugen mir ins Gesicht, in den Unterleib, in den Magen, dann wieder mit einem Ellbogen oder einem Knie ins Gesicht. Schließlich, ich krümmte mich noch, traten sie mich wie ein halb betäubtes Schwein über das glitschige Pflaster, als könnten sie es gar nicht erwarten, endlich hineinzukommen und richtig loszulegen.

Im Haus gingen sie dann systematischer vor, als hätte die Eleganz des kahlen alten Raums ihnen ein Gefühl der Ordnung vermittelt. Sie nahmen mich wie zivilisierte Leute der Reihe nach vor, wobei immer zwei mich festhielten und einer schlug, ein zweckmäßiges, demokratisches Rotationsverfahren, nur daß Oberst Jerzy, als er zum fünften oder fünfzigsten Mal an die Reihe kam, mich mit solchem Bedauern und so heftig schlug, daß ich tatsächlich für eine Weile starb. Als ich wieder zu mir kam, war ich allein mit ihm. Er saß an einem Klapptisch, die Ellbogen aufgestützt und den unglücklichen Kopf zwischen den zerschrammten Händen, als hätte er einen

Kater; enttäuscht überdachte er, was ich zwischen den Schlägen auf seine Fragen geantwortet hatte, hob erst den Kopf, um voller Abscheu meine veränderte Erscheinung zu mustern, schüttelte ihn dann schmerzlich und seufzte, als wollte er sagen, das Leben sei wirklich nicht fair zu ihm, er wisse nicht mehr, was er sonst noch tun könne, um mir zu helfen, Vernunft anzunehmen. Mir dämmerte, daß mehr Zeit vergangen war, als ich gedacht hatte, womöglich einige Stunden.

Dies war auch der Augenblick, da die Szene Ähnlichkeit mit der bekam, die ich mir immer ausgemalt hatte: mein Peiniger behaglich an einem Schreibtisch, mit professioneller Besorgnis über mich nachgrübelnd, und ich selbst, alle viere von mir gestreckt, an eine kochendheiße Wasserleitung gelehnt, die Arme mit Handschellen an die äußeren Enden eines schwarzen ziehharmonikaförmigen Heizkörpers gefesselt, dessen Kanten sich wie rotglühende Zähne in mein Steißbein bohrten. Ich hatte aus Mund und Nase geblutet, und vermutlich auch aus einem Ohr, und mein Hemd sah wie eine Schlachterschürze aus. Aber das Blut war getrocknet, und ich blutete auch nicht mehr — eine weitere Methode zur Berechnung der inzwischen vergangenen Zeit. Wie lange braucht Blut, um in einem großen leeren Haus in Gdansk zu gerinnen, wenn man an eine glühende Heizung gekettet ist und in das traurige Hundegesicht Oberst Jerzys blickt?

Es war ungeheuer schwer, ihn zu hassen, und so wie mein Rücken brannte, wurde es immer schwerer. Er allein konnte mich erlösen. Sein Gesicht war jetzt dauernd auf mich gerichtet. Selbst wenn er den Kopf in stillem Gebet über den Tisch senkte oder aufstand, um sich eine scheußliche polnische Zigarette anzuzünden und sich reckend ein wenig im Zimmer herumzugehen, schien mich sein kummervoller Blick nicht loszulassen, ohne daß man sagen konnte, wo der Rest von ihm geblieben war.

Er drehte mir seinen untersetzten Rücken zu, ließ mich seinen dicken, kahlen Schädel und den narbigen Nacken sehen. Doch seine Augen — Augen, die mit mir verhandelten, mit mir diskutierten, und manchmal, wie es schien, mich anflehten, seine Qualen zu erleichtern — ließen mich nicht für eine Sekunde los. Und etwas in mir wollte ihm tatsächlich helfen und wurde durch das Brennen immer fordernder. Denn das Brennen war jetzt kein Brennen mehr, sondern reiner Schmerz, ein unteilbarer und absoluter Schmerz, der auf einer nach oben offenen Skala immer weiter anstieg. So daß ich, um Jerzy zu helfen, praktisch alles gegeben hätte — nur nicht mich selbst. Nur nicht das Etwas in mir, das mich von ihm trennte und mir so das Leben rettete.

»Wie heißen Sie?« fragte er mich, noch immer in seinem polnischen Englisch.

»Joost.« Er mußte sich vorbeugen, um mich zu hören. »Frans Joost.«

»Aus München«, sagte er versuchsweise und stützte sich auf meine Schulter, als er sein Ohr noch näher an meinen Mund brachte.

»Geboren in Nijmegen. Arbeite für Bauern im Taunus, bei Frankfurt.«

»Sie haben Ihren holländischen Akzent vergessen.« Er schüttelte mich ein wenig, um mich wachzumachen.

»Das können Sie gar nicht hören. Sie sind Pole. Ich möchte den holländischen Konsul sprechen.«

»Sie meinen den britischen Konsul.«

»Holländisch.« Und dann wiederholte ich das Wort ›Holländisch‹ wohl mehrere Male und wiederholte es immer weiter, bis er mich mit kaltem Wasser übergoß und mir dann ein wenig zum Ausspülen in den Mund schüttete. Ich stellte fest, daß mir ein Zahn fehlte. Unterkiefer, vorne links. Vielleicht zwei Zähne. War schwer zu sagen.

»Glauben Sie an Gott?« fragte er mich.

Als er so auf mich herunterstarrte, hingen seine Backen über wie bei einem Baby, und seine Lippen rundeten sich zu einem Kuß, so daß er aussah wie ein verblüfftes Engelchen.

»Im Augenblick nicht«, sagte ich.

»Warum nicht?«

»Holen Sie mir den holländischen Konsul. Sie haben den Falschen erwischt.«

Ich sah, daß er sich so was nicht gern sagen ließ. Anweisungen oder Widerspruch war er nicht gewöhnt. Er fuhr sich mit dem rechten Handrücken über die Lippen, was er gelegentlich tat, bevor er zuschlug, und ich wartete auf den Schlag. Er tastete seine Taschen ab, suchte nach irgendeinem Werkzeug, wie ich annahm.

»Nein«, bemerkte er seufzend. »Sie irren sich. Ich habe den Richtigen.«

Er kniete sich neben mich, und ich dachte, gleich bringt er mich um, denn mir war aufgefallen, daß er immer dann besonders brutal wurde, wenn er besonders unglücklich wirkte. Statt dessen schloß er meine Handschellen auf. Danach schob er mir seine geballten Fäuste unter die Achseln und schleppte mich — fast kam es mir so vor, als helfe er mir — in ein geräumiges Badezimmer mit einer alten, freistehenden Badewanne, die mit warmem Wasser gefüllt war.

»Ausziehen«, sagte er und sah niedergeschlagen zu, als ich mir das, was von meinen Kleidern noch übrig war, vom Leibe zerrte. Ich war zu erschöpft, um mir darüber Gedanken zu machen, was er mit mir anstellen würde, wenn ich erst einmal im Wasser lag: mich ertränken, mich kochen oder erfrieren lassen oder ein Stromkabel hineinwerfen.

Er hatte meinen Koffer aus dem Hotel holen lassen. Während ich in der Wanne lag, suchte er saubere Kleider heraus und schmiß sie auf einen Stuhl.

»Sie nehmen morgen den Flug nach Frankfurt via Warschau. Es hat da eine Verwechslung gegeben«, sagte er. »Wir bitten um Entschuldigung. Wir werden Ihre geschäftlichen Verabredungen absagen und erklären, Sie seien das Opfer eines Unfalls mit Fahrerflucht geworden.«

»Ich brauche mehr als eine Entschuldigung«, sagte ich.

Das Bad tat mir keineswegs gut. Ich hatte Angst, ich würde noch einmal sterben, wenn ich noch länger so flach liegenblieb. Ich zog mich in eine kauernde Stellung hoch. Jerzy streckte den Unterarm aus. Ich packte ihn, richtete mich auf und geriet gefährlich ins Schwanken. Jerzy half mir aus der Wanne, reichte mir dann ein Handtuch und sah finster zu, wie ich mich abtrocknete und die sauberen Kleider anzog, die er mir hingelegt hatte.

Er führte mich aus dem Haus und über den Hof; in einer Hand trug er meinen Koffer, und mit der anderen stützte er mich, denn das Bad hatte nicht nur meine Schmerzen gelindert, sondern mich auch geschwächt. Ich hielt nach seinen Kumpanen Ausschau, sah aber niemand.

»Die kalte Luft wird Ihnen guttun«, sagte er mit der Bestimmtheit des Experten.

Er führte mich zu einem geparkten Wagen, der keinem der beiden glich, die an meiner Festnahme beteiligt gewesen waren. Auf der Rückbank lag ein Spielzeugsteuerrad. Wir fuhren durch leere Straßen. Ein paarmal döste ich ein. Wir kamen an ein weißgestrichenes Eisentor, das von Milizsoldaten bewacht wurde.

»Sehen Sie die nicht an«, befahl er mir und zeigte ihnen seine Papiere, während ich wieder einnickte.

Wir stiegen aus dem Wagen und standen am oberen Rand eines grasbewachsenen Steilhangs. Der Wind wehte landeinwärts und ließ unsere Gesichter gefrieren. Meins fühlte sich so dick an wie zwei Fußbälle. Mein Mund hatte sich in die linke Wange verlagert. Ein Auge war zugeschwollen. Der Mond schien nicht, und das Meer war ein Grollen hinter dem salzigen Nebel. Das einzige Licht kam von der Stadt hinter uns. Ab und an flogen phosphoreszierende Funken an uns vorüber oder trudelten weiße Schaumfetzen in die Schwärze. Hier soll ich also sterben, dachte ich, während ich neben ihm stand; erst schlägt er mich, dann spendiert er mir ein warmes Bad, jetzt erschießt er mich und stößt mich über die Klippe. Doch seine Hände hingen verdrießlich herunter und hielten keine Schußwaffe; und seine Augen — soweit ich sie erkennen konnte — starrten an mir vorbei in die sternenlose Dunkelheit. Also würde mich wahrscheinlich jemand anders erschießen, jemand, der bereits im Dunkeln wartete. Hätte ich die Kraft gehabt, hätte ich Jerzy vorher noch töten können. Aber ich hatte sie nicht, und ich spürte auch nicht das Bedürfnis dazu. Ich dachte an Mabel, doch ohne jedes Gefühl von Gewinn oder Verlust. Ich fragte mich, ob sie wohl mit meiner Pension auskommen, wen sie finden würde. *Fräulein Stefanie ist nicht zu Hause,* erinnerte ich mich ... *Dann war vielleicht Stefanie selbst am Apparat,* sagte Smiley ... So viele unerhörte Gebete, dachte ich. Und so viele, die nie gesprochen worden waren. Ich fühlte mich sehr schläfrig.

Endlich sagte Jerzy etwas, seine Stimme klang nicht verzweifelter als vorher. »Ich habe Sie an diesen Ort gebracht, weil uns hier kein Mikrophon der Welt hören kann. Ich möchte für Ihr Land spionieren. Ich brauche einen guten Profi als Mittelsmann. Ich habe mich für *Sie* entschieden.«

Wieder verlor ich das Gefühl für Zeit und Raum. Aber vielleicht hatte er seins auch verloren, denn er hatte den Rücken dem Meer zugewandt, und während er mit einer Hand seinen Lederhut im Wind festhielt, gab er sich einer melancholischen Betrachtung der Lichter im Binnenland hin, bedachte mißbilligend Dinge, die gar nicht bedacht werden mußten, und schlug sich mit den großen Fäusten gelegentlich die Windtränen von den Backen.

»Aus welchem Grund sollte jemand für Holland spionieren?« fragte ich ihn.

»Also schön, ich habe vor, für Holland zu spionieren«, erwiderte er verdrießlich, so wie man einem pedantischen Nörgler nachgibt. »Deshalb brauche ich einen guten professionellen *Holländer,* der den Mund halten kann. Da ich weiß, was für Idioten ihr *Holländer* in der Vergangenheit gegen uns eingesetzt habt, bin ich begreiflicherweise wählerisch. Sie aber haben den Test bestanden. Gratuliere. Sie sind der Mann meiner Wahl.«

Ich hielt es für das Beste, nichts zu sagen. Wahrscheinlich glaubte ich ihm nicht.

»Im doppelten Boden Ihres Koffers finden Sie einen Packen polnischer Geheimdokumente«, fuhr er mit schwermütigem Tonfall fort. »Selbstverständlich werden Sie am Danziger Flughafen keine Schwierigkeiten mit dem Zoll bekommen. Ich habe Anweisung erteilt, Ihr Gepäck nicht zu durchsuchen. Für die sind Sie jetzt mein Agent. In Frankfurt sind Sie auf vertrautem Boden. Ich werde für Sie und niemanden sonst arbeiten. Das nächstemal treffen wir uns am 5. Mai in Berlin. Ich werde an den Maifeierlichkeiten zum glorreichen Sieg des Proletariats teilnehmen.«

Er versuchte sich eine neue Zigarette anzustecken, doch der Wind blies ein Streichholz nach dem anderen aus. Also nahm er den Hut ab und zündete die Zigarette dahinter an, wobei er sein fettes Gesicht so tief in den Hut senkte, als trinke er aus einem Bach.

»Ihre Leute werden mein Motiv wissen wollen«, fuhr er fort, nachdem er einen tiefen Zug getan hatte. »Sagen Sie ihnen ...« Plötzlich um Worte verlegen, zog er den Kopf zwischen die Schultern und sah mich von der Seite an, als bitte er um Ratschläge für den Umgang mit Idioten. »Sagen Sie ihnen, ich langweile mich. Sagen Sie ihnen, ich habe die Nase voll von meiner Arbeit. Sagen Sie ihnen, die Partei ist ein Haufen Verbrecher. Das wissen die zwar schon, aber sagen Sie es ihnen trotzdem. Ich bin katholisch. Ich bin Jude. Ich bin Tartare. Sagen Sie ihnen alles, was, zum Teufel, die hören wollen.«

»Womöglich wollen sie wissen, warum Sie sich für die *Holländer* entschieden haben«, sagte ich. »Und nicht für die Amerikaner oder die Franzosen oder wen auch immer.«

In der Dunkelheit an seiner Zigarette paffend, dachte er auch darüber nach. »Ihr Holländer hattet ein paar gute Joes«, sagte er versonnen. »Einige von ihnen habe ich genauer kennengelernt. Haben gute Arbeit geleistet, bis dann dieses Schwein Haydon aufgetaucht ist.« Ihm kam eine Idee. »Sagen Sie ihnen, mein Vater war Kampfflieger bei der Luftschlacht um England«, schlug er vor. »Wurde über Kent abgeschossen. Das müßte denen gefallen. Kennen Sie Kent?«

»Woher sollte ein Holländer Kent kennen?« fragte ich.

Wäre ich schwach geworden, hätte ich ihm erzählen können, daß Mabel und ich vor unserer ›freundschaftlichen‹ Trennung ein Haus in Tunbridge Wells gekauft hatten. Aber das tat ich nicht, und es spielte ohnehin keine Rolle, denn eine Nachprüfung dieser Geschichte durch die Zentrale ergab, daß Jerzys Vater nichts geflogen hatte, das größer als ein Papierdrachen war. Und als ich das Jerzy einige Jahre später vorhielt — lange nachdem er seine Loyalität gegenüber den treulosen Briten eindeutig bewiesen hatte —, lachte er nur und sagte, sein Vater sei ein alter Narr, der nur Wodka und Kartoffeln im Kopf habe.

Also warum?

Fünf Jahre lang war Jerzy meine geheime Hochschule der Spionage, doch seine Geringschätzung von Motiven — besonders seiner eigenen — blieb immer gleich. Erst tun wir Idioten, was wir tun wollen, sagte er; dann sehen wir uns nach einer Rechtfertigung dafür um, daß wir es getan haben. Für ihn seien alle Menschen Idioten, erklärte er mir, und wir Spione seien die größten Idioten von allen.

Anfangs hatte ich den Verdacht, er spioniere aus Rache, und erkundigte mich ausführlich bei ihm nach den Leuten, die in der Hierarchie über ihm standen und ihm womöglich auf den Schlips getreten waren. Er haßte sie alle und sich selbst am meisten.

Dann kam ich zu dem Schluß, er spioniere aus ideologischen Gründen, und hinter seinem Zynismus verberge sich eine edlere Sehnsucht, die er im mittleren Lebensalter entdeckt hatte. Doch als ich seinen Zynismus mit gewissen Tricks aufzubrechen versuchte — »Ihre Familie, Jerzy, Ihre Mutter, Jerzy. Geben Sie zu, Sie sind stolz darauf, Großvater geworden zu sein« —, stieß ich unter der Oberfläche nur auf weiteren Zynismus. Er empfinde nichts für diese Leute, gab er zurück, und zwar so eisig, daß ich daraus schloß, er hasse tatsächlich die gesamte Menschheit, und seine Brutalität und vielleicht auch sein Verrat seien einfach der Ausdruck dieses Hasses.

Was den Westen anbetreffe, so hätten dort dieselben Idioten das Sagen wie auch sonst überall in der Welt, wo sei da also der Unterschied? Und als ich ihm sagte, dies sei schlechthin nicht der Fall, verteidigte er sein nihilistisches Credo mit der gleichen Inbrunst wie jeder andere Fanatiker, und aus Angst, ihn ernstlich zu verärgern, mußte ich schwer an mich halten.

Also warum? Warum also Hals, Leben, Auskommen und die verhaßte Familie riskieren, um etwas für eine Welt zu tun, die er verachtete?

Die Kirche? Ich fragte ihn auch danach, und bezeichnenderweise, wie ich jetzt denke, widersprach er entrüstet. Jesus war manisch depressiv, gab er zurück. Jesus mußte in der Öffentlichkeit Selbstmord begehen, also provozierte er die Behörden, bis die ihm den Gefallen taten. »Diese Betbrüder sind alle gleich«, sagte er voller Verachtung. »Ich habe sie gefoltert. Ich weiß Bescheid.«

Wie die meisten Zyniker war er Puritaner, und dieses Paradox zeigte sich bei ihm in mehrfacher Weise. Als wir ihm anboten, Geld für ihn anzulegen, ihm ein Bankkonto in der Schweiz zu eröffnen, das Übliche halt, bekam er einen Wutanfall und erklärte, er sei nicht irgend so ein ›billiger Spitzel‹. Als ich ihm — auf Anweisung der Zentrale — in einem günstigen Augenblick versicherte, falls jemals etwas schiefgehen sollte, würden wir keine Mühe scheuen, ihn herauszuholen und im Westen mit einer neuen Identität auszustatten, reagierte er mit absoluter Verachtung: »Ich bin ein Polenschwein, aber bevor ich als Verräter in irgendeinem kapitalistischen Schweinestall sterbe, stelle ich mich lieber einem Erschießungskommando meiner schweinischen Landsleute.«

Was die anderen Bequemlichkeiten des Lebens betreffe, hätten wir ihm nichts zu bieten, was er nicht schon besitze. Seine Frau sei ein Drache, sagte er, und es öde ihn an, nach einem schweren Tag im Büro nach Hause gehen zu müssen. Seine Geliebte sei ein dummes Gänschen, und wenn er eine Stunde mit ihr zusammengewesen sei, zöge er eine Partie Billard ihrer Unterhaltung vor.

Also warum? fragte ich weiter, nachdem ich die Service-Checkliste der Standardmotive abgehakt hatte.

Unterdessen füllte Jerzy unsere Schatztruhen. Er nahm seinen Dienst ebenso sorgfältig auseinander, wie Haydon es mit unserem getan hatte. Wenn die Moskauer Zentrale ihm Anweisungen erteilte, erfuhren wir noch vor seinen Untergebenen davon. Er fotografierte alles, was in seine Reichweite kam; er nahm Risiken auf sich, von denen ich ihm dringend abriet. Er war so unbekümmert, daß ich mich manchmal fragte, ob er wie Jesus, den er so nachdrücklich verleugnete, einen Tod in der Öffentlichkeit anstrebte. Allein die nie nachlassende Wirksamkeit seines Tarnjobs, wie wir belustigt zu sagen pflegten, schützte ihn davor, in Verdacht zu geraten. Denn dies war die dunkle Seite seines Balanceakts: Gnade dem westlichen Agenten, ob echt oder eingebildet, der von Jerzy aufgefordert wurde, ein freiwilliges Geständnis abzulegen.

Nur ein einziges Mal in den fünf Jahren, die ich mit ihm zu tun hatte, schien er den Faden zu verlieren, den ich immer festhalten wollte. Er war todmüde. In einer

Zeit, in der er seinen Service zu Hause gegen Beschuldigungen wegen Brutalität und Korruption zu verteidigen hatte, hatte er in Bukarest an einer Konferenz der Geheimdienstchefs des Warschauer Pakts teilgenommen. Wir trafen uns in West-Berlin, in einer Pension am Kurfürstendamm, die auf die Bewirtung besserer Handelsvertreter eingestellt war. Er war wirklich ein müder Folterer. Rauchend saß er auf meinem Bett und beantwortete meine nachfassenden Fragen zu seinem letzten Material. Seine Augen waren rot umrändert. Als wir fertig waren, bat er um einen Whisky, dann um einen zweiten.

»Ohne Gefahr kein Leben«, sagte er und warf drei weitere Filmrollen auf die Steppdecke. »Ohne Gefahr ist man tot.« Er zog ein schmutziges braunes Taschentuch heraus und wischte sich sorgfältig das schwere Gesicht ab. »Ohne Gefahr bleibt man besser zu Hause und kümmert sich um das Baby.«

Ich zog es vor, nicht zu glauben, daß er von Gefahr sprach. Vielmehr sprach er, so beschloß ich, über Gefühl, über seinen Alptraum, daß ein Erlöschen der Gefühle auch ein Erlöschen seiner Existenz bedeutete — vielleicht der Grund dafür, warum er so darauf aus war, die Gefühle anderer Leute wachzukitzeln. In diesem Augenblick glaubte ich zu begreifen, wieso er hier mit mir in einem Zimmer saß und sämtliche Regeln seines Gewerbes brach. Er versuchte in einem Abschnitt seines Lebens, wo es jederzeit ans Sterben gehen konnte, seinen Geist lebendig zu halten.

Am gleichen Abend aß ich mit Stefanie in einem armenischen Restaurant, zehn Minuten zu Fuß von der Pension entfernt, in der Jerzy und ich uns getroffen hatten. Ihre Telefonnummer hatte ich bei einer ihrer Schwestern in München herausbekommen. Stefanie war so groß und schön wie in meiner Erinnerung und wollte mich unbedingt überzeugen, daß sie glücklich sei. Ach, das Leben ist *herrlich,* Ned, behauptete sie. Sie lebe mit einem *unge-*

heuer berühmten Wissenschaftler zusammen, die Blüte der Jugend habe er freilich schon hinter sich — aber schau mal, wir doch auch —, aber er sei äußerst klug und bewundernswert. Sie nannte mir seinen Namen, aber der sagte mir nichts. Sie sagte, sie bekomme ein Kind von ihm. Zu sehen war nichts.

»Und *du*, Ned, wie ist es *dir* ergangen?« fragte sie, als wären wir zwei Generäle, die sich von ihren erfolgreichen, aber getrennt geführten Feldzügen erzählten.

Ich schenkte ihr mein zuversichtlichstes Lächeln, jenes Lächeln, das mir in den Jahren, seit ich sie zum letztenmal gesehen hatte, das Vertrauen meiner Joes und Kollegen eingetragen hatte.

»Na ja, ich glaube, es ist ganz gut gelaufen, ja«, sagte ich mit scheinbarem britischem Understatement. »Schließlich kann man von einem Menschen allein nicht erwarten, daß er einem alle Wünsche erfüllt, stimmt's? Ich würde sagen, es ist keine üble Partnerschaft. Leben gut nebeneinander her.«

»Und diese Arbeit machst du noch immer?« fragte sie. »Bens Arbeit?«

»Ja.«

Es war das erstemal, das einer von uns ihn erwähnt hatte. Er lebe in Irland, sagte sie. Ein Vetter von ihm habe im County Cork einen heruntergekommenen Landsitz gekauft. Ben spiele in seiner Abwesenheit so eine Art Verwalter für ihn, vergrößere den Fischbestand, kümmere sich um den Hof und so weiter.

Ich fragte, ob sie noch Kontakt zu ihm habe.

»Nein«, sagte sie. »Er will das nicht.«

Ich hätte sie nach Hause gefahren, aber sie wollte lieber ein Taxi nehmen. Wir warteten auf der Straße, und es schien ungeheuer lange zu dauern, bis das Taxi kam. Als ich die Tür hinter ihr zuschlug, fiel ihr Kopf nach vorn, als hätte sie etwas auf den Boden fallen lassen. Ich winkte ihr nach, bis sie nicht mehr zu sehen war, aber sie winkte nicht zurück.

Die Neun-Uhr-Nachrichten brachten Bilder von einer Solidarnosc-Versammlung in Danzig, wo ein polnischer Kardinal eine riesige Menschenmenge zur Mäßigung aufrief. Mabel legte sich wenig interessiert den *Daily Telegraph* auf den Schoß und machte an ihrem Kreuzworträtsel weiter. Zu Anfang der Rede des Kardinals lärmte die Menge noch. Aber die Polen sind ja für ihre Frömmigkeit bekannt, und bald wurde es still. Nach der Ansprache mischte sich der Kardinal unter seine Herde, spendete Segen und nahm Huldigungen entgegen. Und während ihm ein Würdenträger nach dem anderen vorgestellt wurde, erkannte ich plötzlich im Hintergrund Jerzy, der dort herumstand wie ein häßlicher Schuljunge, den man vom Fest ausgeschlossen hat. Er hatte seit seiner Pensionierung viel Gewicht verloren, und ich vermutete, daß die gesellschaftlichen Veränderungen nicht gerade günstig für ihn gewesen waren. Sein Jackett hing an ihm herab, als gehörte es jemand anderem; seine einst furchterregenden Fäuste waren in den Ärmeln kaum zu sehen.

Plötzlich hat ihn der Kardinal entdeckt, genau wie ich.

Der Kardinal erstarrt, als sei er sich über seine Gefühle nicht ganz im klaren, und nimmt für einen Augenblick irgendwie Haltung an, beinahe unterwürfig winkelt er die Ellbogen an und drückt wachsam die Schultern zurück. Dann hebt er langsam wieder die Arme und gibt einem jungen Priester aus seiner Begleitung eine Anweisung, die dieser anscheinend nicht befolgen will. Der Kardinal wiederholt die Anweisung, der Priester bahnt sich einen Weg zu Jerzy; die beiden Männer stehen einander gegenüber, der Geheimpolizist und der Kardinal. Jerzy zuckt zusammen, als hätte er Bauchschmerzen. Der Kardinal beugt sich vor und sagt Jerzy etwas ins Ohr. Unbeholfen kniet Jerzy nieder und empfängt den Segen des Kardinals.

Und jedesmal, wenn ich diese Szene ablaufen lasse, sehe ich, wie Jerzy offenbar gequält die Augen schließt.

Aber was bereut er? Seine Brutalität? Seine Loyalität für eine verlorene Sache? Oder seinen Verrat an dieser Sache? Oder ist dieses Zupressen der Augen bloß die instinktive Reaktion eines Folterers, dem von einem seiner Opfer vergeben wird?

Ich gehe angeln. Ich gebe mich meinen kleinen Träumereien hin. Meine Liebe zur Landschaft Englands ist, falls das möglich ist, noch größer geworden. Ich denke an Stefanie und Bella und die anderen Frauen, die ich halb besessen habe. Ich setze mich bei unserem Parlamentsabgeordneten wegen des verdreckten Flusses ein. Er ist ein Konservativer, aber was glaubt er denn eigentlich konservieren zu müssen? Ich habe mich einer der solideren Umweltgruppen angeschlossen; ich sammle Unterschriften für Petitionen. Die Petitionen werden ignoriert. Golf spiele ich nicht, niemals. Aber ich habe nichts dagegen, Mabel an einem Mittwochnachmittag auf einer Runde zu begleiten, vorausgesetzt, sie spielt allein. Ich sporne sie an. Der Hund amüsiert sich. Im Ruhestand sollte man keine einsamen Spaziergänge unternehmen oder sich den Kopf darüber zerbrechen, wie man die Menschheit neu erfinden könnte.

8

Meine Schüler hatten sich vorgenommen, Smiley ebenso hart in die Mangel zu nehmen, wie sie es hin und wieder mit mir gemacht hatten. Alles ging immer vollkommen glatt — etwa spätnachmittags eine Doppelstunde über natürliche Tarnung —, bis einer von ihnen plötzlich anfing, mir zuzusetzen, meist, indem er einen anarchistischen Standpunkt einnahm, den niemand, der noch alle Sinne beisammen hatte, vertreten konnte. Dann schaltete sich ein zweiter ein und schließlich alle, so daß sie, falls mir nicht gerade der Sinn nach Humor stand — und ich bin auch nur ein Mensch —, solange auf mir herumtrampelten, bis die Glocke dem Spiel ein Ende machte. Und am nächsten Tag war alles vergessen: sie hatten dem kleinen Teufel, der sie geritten hatte, Genüge getan, und nun wollten sie gern wieder etwas lernen, bitte schön, also wo waren wir stehengeblieben? Anfangs geriet ich über diese Zwischenfälle immer ins Grübeln, vermutete eine Verschwörung und suchte nach Rädelsführern. Bis ich mich vorsichtig dazu durchrang, dies als spontan artikulierte Auflehnung gegen das unnatürliche Geschirr zu deuten, das diese Kinder zu tragen auf sich genommen hatten.

Doch als sie damit bei Smiley anfingen, ihrem und meinem Ehrengast, und sogar den ganzen Sinn seines Lebenswerkes in Frage stellten, war Schluß mit meiner Toleranz. Und diesmal war auch nicht Maggs der Übeltäter, sondern seine spröde Freundin Clare, die Smiley während des ganzen Abendessens so voller Bewunderung gegenüber gesessen hatte.

»Nicht doch, Ned«, protestierte Smiley, als ich wütend aufsprang. »Clare macht da einen berechtigten Einwand.

In neun von zehn Fällen kann ein guter Journalist uns tatsächlich genausoviel von einer bestimmten Situation berichten wie die Spione. Sehr häufig greifen sie ohnehin auf die gleichen Quellen zurück. Also warum nicht die Spione in die Wüste schicken und dafür die Zeitungen unterstützen? Das ist eine Frage, die in diesen wechselhaften Zeiten beantwortet werden sollte. Warum nicht?«

Unwillig nahm ich wieder Platz, während Clare, dicht an Maggs geschmiegt, ihren engelhaften Blick nicht von ihrem Opfer ließ und ihre Kollegen ein Grinsen unterdrückten.

Doch wo ich mich in Humor geflüchtet hätte, zog Smiley es vor, ihre vorwitzige Bemerkung ernst zu nehmen:

»Es ist vollkommen richtig«, stimmte er ihr zu, »daß das meiste unserer Arbeit entweder nutzlos oder ebenso in allgemein zugänglichen Quellen zu finden ist. Das Problem dabei ist, daß Spione nicht die Öffentlichkeit, sondern Regierungen aufzuklären haben.«

Und langsam spürte ich, wie sein Zauber sie wieder zusammenbrachte. Sie hatten ihre Stühle in einem unordentlichen Halbkreis um ihn herangerückt. Einige Mädchen lümmelten sich malerisch auf dem Boden.

»Und wie alle anderen vertrauen auch Regierungen auf das, wofür sie bezahlen, und mißtrauen allem, wofür sie nicht bezahlen«, sagte er. Taktvoll ging er über Clares provokative Frage hinweg und widmete sich einem umfassenderen Thema: »Spionage ist etwas Ewiges«, erklärte er schlicht. »Selbst wenn die Regierungen ohne sie auskommen könnten, würden sie nicht darauf verzichten. Sie lieben sie über alles. Sollte jemals der Tag kommen, an dem es auf der ganzen Welt keine Feinde mehr gibt, werden die Regierungen welche für uns erfinden, also keine Bange. Im übrigen — wer sagt denn, daß wir nur unsere Feinde ausspionieren? Die Geschichte lehrt uns, daß die Alliierten von heute unsere Rivalen von morgen sind. Die Mode mag Prioritäten setzen, aber die kluge Voraussicht tut das nicht. Solange Schurken Führer werden können, treiben wir Spionage. Solange es auf der Welt Despoten und Lügner und Verrückte gibt, treiben wir Spionage. Solange Staaten miteinander konkurrieren, Politiker mit falschen Karten spielen, Tyrannen Eroberungen machen, Konsumenten Rohstoffe brauchen, Heimatlose nach Land suchen und Hungrige nach Essen und Reiche nach Ausschweifungen, ist der von Ihnen gewählte Beruf vollkommen krisenfest, das kann ich Ihnen versichern.«

Und nachdem er so das Thema geschickt wieder auf ihre eigene Zukunft gelenkt hatte, warnte er sie noch einmal vor den Gefahren:

»Es gibt keine Karriere auf der Welt, die unsinniger wäre als die, für die Sie sich entschieden haben«, erklärte er mit allen Zeichen der Zufriedenheit. »Sie sind am besten einzusetzen, wenn Sie noch kaum Erfahrung haben, und wenn Sie sich dann endlich eingearbeitet haben, wird niemand Sie mehr irgendwo hinschicken können, weil Ihr Gewerbe Ihnen dann ins Gesicht geschrieben steht. Alte Sportler wissen, daß sie ihre besten Spiele auf dem Höhepunkt ihrer Laufbahn gemacht haben. Aber Spione auf dem Höhepunkt ihrer Laufbahn gehören zum alten Eisen; deshalb kommen sie so ungern in die Jahre und fangen dann an nachzurechnen, was ihr Leben sie gekostet hat.«

Sein gesenkter Blick blieb allem Anschein nach auf seinen Brandy gerichtet, aber ich sah ihn kurz in meine Richtung blicken. »Und schließlich, in einem gewissen Alter, wollen Sie die Antwort finden«, fuhr er fort. »Sie wollen das zusammengerollte Pergament im Allerheiligsten sehen, das Ihnen sagt, wer Ihr Leben lenkt und warum. Das Dumme ist nur, inzwischen sind Sie genau diejenigen, die am besten wissen, daß dieses Allerheiligste leer ist. Ned, Sie trinken ja gar nicht. Sie sind ein Verräter am Brandy. Kann jemand ihm nachschenken?«

Es ist eine unangenehme Wahrheit der nun folgenden Phase meines Lebens, daß ich diese als eine einzige Suche in Erinnerung habe, bei der ich nicht genau wußte, was ich da eigentlich suchte. Und dann Hansen fand, den abtrünnigen Spion.

Und obwohl ich auf meinem Weg nach Osten in Wirklichkeit ganz andere Ziele und Personen verfolgte, schienen sie alle im Rückblick nur Etappen auf meinem Weg zu ihm gewesen zu sein. Ich kann das nicht anders ausdrücken. Hansen in seinem kambodschanischen Dschungel war mein Kurtz im Herzen der Finsternis. Und alles, was mir unterwegs zustieß, war nur eine Vorbereitung auf unser Treffen. Hansen war die Stimme, auf die ich wartete. Hansen wußte die Antwort auf die Fragen, von denen ich gar nicht wußte, daß ich sie stellte. Rein äußerlich blieb ich weiterhin der phlegmatische, maßvolle, anständige Pfeifenraucher, jemand, bei dem schwächere Seelen Trost finden konnten. Innerlich aber spürte ich zunehmend, wie mir meine eigene Nutzlosigkeit immer unbegreiflicher wurde; ich hatte das Gefühl, daß ich trotz aller Bemühungen nicht mit meinem Leben zurechtgekommen war; daß ich bei meinem Kampf für die Freiheit anderer für mich selbst keine Freiheit gefunden hatte. In meinen dunkelsten Stunden sah ich mich als lächerlichen Helden, jedoch nicht im Stile Buchans, sondern Don Quixotes.

Damals begann ich voller Zynismus über mein Leben zu schreiben, und als ich die bisher geschilderten Episoden überarbeitete, gab ich ihnen pikareske Überschriften, die die Vergeblichkeit noch hervorhoben: Panda — Ich beschütze unsere Interessen im Mittleren Osten! Ben — Ich stöbere einen britischen Überläufer auf! Bella — Ich bringe das größte Opfer! Teodor — Ich beteilige mich an einem großen Betrugsmanöver! Jerzy — Ich spiele das Spiel zu Ende! Obwohl die Sache mit Jerzy, wie ich zugeben mußte, einem guten Zweck gedient hatte, auch wenn die gewonnenen Erkenntnisse genauso kurzlebig waren wie sonst fast auch immer und genauso unerheblich für die menschlichen Gewalten, die sein Volk jetzt überwältigt haben.

Wie Quixote war ich mit dem Schwur ins Leben aufgebrochen, die Flut des Bösen einzudämmen. Doch in meinen dunkelsten Stunden begann ich mich zu fragen, ob ich nicht eher dazu beigetragen hatte, sie zu vergrößern. Aber noch immer erhoffte ich mir von der Welt die Chance, meinen Beitrag zu leisten — und machte ihr den Vorwurf, daß sie nichts mit mir anzufangen wußte.

Um dies zu verstehen, sollten Sie wissen, wie es mir nach München ergangen war. Was immer Jerzy mir auch sonst angetan haben mochte, er verhalf mir doch zu einem gewissen Prestige, und die Fünfte Etage beschloß, mich als wandernden Einsatzkoordinator zu verwenden; dieser Job bestand aus kurzen Auslandsmissionen, bei denen ich ›Möglichkeiten außerhalb des Einflußbereichs der jeweiligen örtlichen Station bewerten und falls möglich nutzen‹ sollte — so meine Instruktion, unterzeichnet und zurück an den Auftraggeber.

Rückschauend wird mir klar, daß die damit verbundenen ständigen Reisen — diese Woche Mittelamerika, nächste Woche Nordirland, Afrika, der Mittlere Osten, wieder Afrika meine damalige Rastlosigkeit linderten und daß die Personalabteilung dies aller Wahrscheinlichkeit nach wußte, denn kurz zuvor hatte ich mich mit einem Mädchen namens Monica, das in unserer Abteilung für Industrielle Zusammenarbeit beschäftigt war, in eine sinnlose Liebesgeschichte eingelassen. Ich war zu dem Schluß gekommen, daß ich eine Liebesaffäre brauchte; und als ich Monica in der Kantine sah, besetzte ich die Rolle mit ihr. So banal war das. Eines Abends regnete es, und als ich heimfahren wollte, sah ich sie an einer Haltestelle der Buslinie 23 stehen. Fleischgewordene Banalität. Ich brachte sie nach Hause, ich brachte sie ins Bett, ich führte sie zum Essen aus; dann versuchten wir herauszufinden, was wir gemacht hatten, und kamen zu dem günstigen Ergebnis, daß wir uns verliebt hatten. Einige Monate lang waren wir damit zufrieden, bis eine Tragödie mich jäh wieder zur Räson brachte. Rein zufällig war ich gerade einmal wieder in London, um mich für meinen nächsten Einsatz instruieren zu lassen, als ich die Nachricht erhielt, daß meine Mutter im Sterben lag. Eine geschmacklose göttliche Fügung wollte es, daß ich gerade mit Monica im Bett lag, als ich den Anruf erhielt. Aber immerhin war ich auf diese Weise zur Stelle; das Ganze zog sich länger hin, verlief aber unerwartet friedlich.

Dennoch traf es mich völlig unvorbereitet. Da es mir in der Vergangenheit stets gelungen war, mich um unangenehme Hindernisse herumzudrücken, war ich immer davon ausgegangen, daß dies auch beim Tod meiner Mutter der Fall sein würde. Ich hätte mich nicht mehr täuschen können. Nur sehr wenige Verschwörungen, hat Smiley einmal bemerkt, überleben den Kontakt mit der Realität. Und so war es auch mit der Verschwörung mit mir selbst, den Tod meiner Mutter als willkommene und notwendige Erlösung von Schmerzen an mir vorübergleiten zu lassen. Nicht einkalkuliert hatte ich dabei, daß ich selbst Schmerzen empfinden könnte.

Ich war verwaist und gleichzeitig erleichtert. Anders kann ich das nicht beschreiben. Mein Vater war schon lange tot. Ohne daß ich das überhaupt merkte, hatte meine Mutter die Aufgaben beider Elternteile übernommen. Mit ihrem Tod war nicht nur meine Kindheit vorbei, sondern auch ein großer Teil meines Erwachsenenalters. Unbelastet konnte ich endlich den Herausforderungen des Lebens entgegentreten, von denen viele jedoch bereits hinter mir lagen — verfälscht, verpaßt, verpfuscht. Endlich war ich frei zu lieben, aber wen? Monica leider nicht, so sehr ich auch das Gegenteil beteuert und dann erwartet haben mag, daß die Wirklichkeit sich schon danach richten würde. Weder Monica noch meine Ehe boten mir den Zauber, dem ich als Überlebender von nun an pflichtschuldig nachzulaufen hatte. Und als ich mich in dem rosenfarbenen Waschraum des Bestattungsunternehmens nach meiner Nachtwache im Spiegel betrachtete, jagte mir mein Anblick einen Schrecken ein. Ich sah das Gesicht eines Spions, und es trug das Brandmal des Selbstbetrugs.

Haben Sie das auch schon einmal in Ihrer Umgebung gesehen? An sich selbst? Dieses Gesicht? Für mich war es etwas so Alltägliches, daß es mir gar nicht mehr auffiel, bis der Schock des Todes mir das endlich wieder bewußtmachte. Wir lächeln, aber durch unsere Reserviertheit ist unser Lächeln falsch. Wenn wir euphorisch sind oder betrunken — oder sogar, wie ich mir habe sagen lassen, bei der Liebe —, bleibt unsere Zurückhaltung bestehen, bleibt das Gyroskop in senkrechter Position, erinnert uns die mahnende Stimme an unseren Beruf. Bis nach und nach eben diese Reserviertheit sich so heftig bemerkbar macht, daß sie praktisch zum Sicherheitsrisiko wird. So daß ich, wenn ich mich heute — etwa bei einem Treffen mit Kollegen oder einem geselligen Abend mit den alten Kameraden vom Sarratt — im Raum umblicke, tatsächlich sehen kann, wie der heimliche Makel bei jedem von uns zum Vorschein gekommen ist. Ich sehe die allzu heiteren oder allzu finsteren Gesichter, aber dahinter erkenne ich die Überreste eines unterdrückten Lebens. Ich höre das angeblich gelöste Gelächter, aber von wem es kommt, brauche ich gar nicht erst herauszufinden, um zu wissen, daß da aber auch gar nichts gelöst ist — weder sein Urheber noch dessen innere Sperren, nichts. In jüngeren Jahren hielt ich diesen Typus lediglich für eine Verkörperung der gehemmten herrschenden Klasse Englands. »Sie wurden in Gefangenschaft geboren und hatten seitdem keine andere Wahl«, pflegte ich mir zu sagen, wenn ich ihre wenig überzeugenden Höflichkeiten anhörte und ihr kameradschaftliches Lächeln erwiderte. Aber da ich nur ein halber Brite bin, hatte ich mich selbst von ihrem Mißgeschick ausgenommen — bis zu jenem Tag in dem rosa gekachelten Waschraum des

Bestattungsunternehmens, als ich sah, daß derselbe Schatten, der auf uns alle fällt, auch auf mich gefallen war.

Seit jenem Tag habe ich, wie ich jetzt glaube, nur noch den Horizont gesehen. Ich fange so spät an! dachte ich. Und so weit hinten! Das Leben muß eine Suche sein oder gar nichts! Die Angst, daß es nichts war, trieb mich dann voran. So sehe ich das heute. Und so müssen Sie das bitte in den bruchstückhaften Erinnerungen aus dieser surrealen Phase meines Lebens sehen. In den Augen des Mannes, der ich geworden war, war jede Begegnung eine Begegnung mit mir selbst. Jedes Geständnis eines Fremden war mein eigenes, und Hansens Geständnis war am vorwurfvollsten — und dadurch letzten Endes auch am tröstlichsten. Ich begrub meine Mutter, ich nahm Abschied von Monica und Mabel. Am nächsten Tag flog ich nach Beirut. Doch selbst so eine einfache Abreise wurde von einem beunruhigenden Vorfall begleitet.

Zur Vorbereitung auf meine Mission teilte ich einen Raum mit einem recht klugen Mann namens Giles Latimer, der sich in der sogenannten ›Abteilung für Verrückte Mullahs‹ eine Nische geschaffen hatte und sich mit den verworrenen und scheinbar undurchschaubaren Aktionen aus dem Libanon operierender fundamentalistischer Moslemgruppen befaßte. Die von den Amateuren der Terrorbranche so gehätschelte Vorstellung, diese Gruppen seien alle Teil einer einzigen großen Verschwörung, ist Unsinn. Wenn es doch nur so wäre! — denn dann gäbe es womöglich einen Weg, an sie heranzukommen! In Wirklichkeit aber bewegen sie sich unkoordiniert, vereinigen sich und gruppieren sich immer neu wie Wassertropfen an einer nassen Wand, und entsprechend schwer sind sie auch zu kriegen.

Doch Giles, Arabienkenner und ausgezeichneter Bridgespieler, war dem Unmöglichen so nahe gekommen wie nur irgend möglich, und ich hatte die Aufgabe, mich zu seinen Füßen auf meinen Einsatz vorzubereiten. Er war groß, plump und kantig. Er war aus meinem Rekrutierungsjahrgang. Sein jungenhaftes Gebaren wirkte noch jugendlicher durch seine roten Wangen, obwohl deren Rötung freilich von einer Unzahl geplatzter kleiner Blutgefäße herrührte. Er war unermüdlich, übertrieben zuvorkommend und sprang dauernd auf, um Frauen die Tür aufzumachen. Zweimal sah ich ihn im Frühlingswetter naß bis auf die Haut werden, weil er die Gewohnheit hatte, jedem, der sich ohne Schirm ins Freie wagen wollte, seinen eigenen zu leihen. Er war reich, aber genügsam und ein durch und durch guter Mensch mit einer durch und durch guten Frau, die Bridge-Tourniere für Servicemitglieder organisierte und die Namen sämtlicher jüngeren Mitarbeiter und ihrer Familien im Kopf hatte. Um so seltsamer war es, als dann seine Akten zu verschwinden begannen.

Und ohne es zu wollen, stieß ausgerechnet ich als erster darauf. Ich verfolgte gerade die Spur einer Deutschen namens Britta auf ihrer Odyssee durch die Terroristenausbildungslager in den Shuf-Bergen, und in dem Zusammenhang forderte ich eine Akte an, die streng vertrauliches Observationsmaterial über diese Frau enthielt. Es handelte sich um amerikanisches Material, und der Zugang war nur nach Eintragung in eine Unterschriftenliste möglich, doch nachdem ich die ganze Prozedur hinter mich gebracht hatte, konnte niemand die Akte finden. Angeblich befand sie sich bei Giles, aber das galt für fast alles, denn Giles war Giles, und sein Name stand auf sämtlichen Listen.

Aber Giles wußte von nichts. Er erinnerte sich, die Akte gelesen zu haben, er konnte daraus zitieren; er dachte, er hätte sie an mich weitergegeben. Die muß in die Fünfte Etage gegangen sein, sagte er, oder zurück in die Registratur. Oder sonstwohin.

Also wurde die Akte als vermißt deklariert. Man informierte die Bluthunde von der Registratur, und für ein paar Tage ging alles seinen gewohnten Gang, bis noch einmal so etwas passierte, nur daß diesmal Giles' Sekretärin zur Jagd blies, als die Registratur drei Ordner über eine nebulöse Gruppe anforderte, die sich Brüder des Propheten nannte und angeblich von Damour aus operierte.

Wieder wußte Giles von nichts; er habe die Ordner weder gesehen noch angefaßt. Als die Bluthunde ihm seine Unterschrift auf der Empfangsbescheinigung zeigten, erklärte er diese schlankweg für gefälscht. Und wenn Giles etwas abstritt, spürte man wenig Neigung, ihm zu widersprechen. Wie gesagt, er war ein Mann von offenkundiger Rechtschaffenheit.

Inzwischen war die Jagd ernstlich eröffnet, und es wurde gründlich Inventur gemacht. Die Registratur war damals noch nicht auf Computer umgestellt, und man konnte tatsächlich noch finden, was man suchte, oder mit Sicherheit feststellen, daß es verschwunden war. Heutzutage würde nur jemand den Kopf schütteln und einen Techniker rufen.

Die Registratur ermittelte, daß zweiunddreißig für Giles bestimmte Akten fehlten. Einundzwanzig davon waren *top secret,* fünf waren besondere Verschlußsachen, und sechs gehörten in die Kategorie RETAIN, was, wie ich leider sagen muß, bedeutete, daß zur Einsichtnahme niemand zugelassen werden durfte, der ausgeprägte projüdische Gefühle hegte. Machen Sie daraus, was Sie wollen. Es war eine niederträchtige Einschränkung, und nur wenigen von uns war das nicht peinlich. Aber so war es, wenn es um den Mittleren Osten ging.

Den ersten Hinweis, welches Ausmaß die Krise hatte, bekam ich vom Leiter der Personalabteilung. Es war ein Freitagmorgen. Der Personalchef machte sich gern die Abgeschirmtheit des Wochenendes zunutze, wenn er seine Axt schwingen wollte.

»Ging es Giles in letzter Zeit gut, Ned?« fragte er mich in vertraulichem Ton.

»Sicher«, sagte ich.

»Er ist doch Christ, oder? So ein christlicher Typ. Fromm.«

»Soweit ich weiß.«

»Nun, ich denke, das sind wir alle in gewisser Weise, aber was meinen Sie, Ned, ist er nicht sehr christlich? Oder wie sehen Sie das?«

»Wir haben nie darüber gesprochen.«

»Und Sie?«

»Nein.«

»Würden Sie zum Beispiel sagen, er könnte mit so etwas wie der britisch-israelitischen Sekte sympathisieren oder überhaupt mit irgend etwas in dieser Richtung? Nichts gegen diese Leute, wohlgemerkt. Jeder nach seiner Überzeugung, sage ich.«

»Giles ist sehr strenggläubig, sehr konservativ, da bin ich mir sicher. Er ist Laienprälat oder so was in seiner Gemeindekirche. Ich glaube, ab und zu hält er eine Fastenpredigt, und das ist so ziemlich alles.«

»Das haben wir hier auch stehen«, beklagte sich der Personalchef und klopfte mit den Knöcheln auf einer zugeklappten Akte herum. »Genau dieses Bild habe ich mir ebenfalls von ihm gemacht, Ned. Also was ist da los? Nicht immer einfach, mein Job. Nicht immer sehr erfreulich.«

»Warum fragen Sie ihn nicht selbst?«

»Ja, ich weiß, ich weiß, das muß ich tun. Es sei denn, natürlich, Sie übernehmen das. Sie könnten ihn zum Lunch einladen — selbstverständlich auf meine Kosten. Ihm auf den Zahn fühlen. Mir Ihren Eindruck schildern.«

»Nein«, sagte ich.

Sein vertrauliches Gebaren wurde wesentlich schroffer. »Ich dachte mir, daß Sie das sagen würden. Manchmal mache ich mir Sorgen um Sie, Ned. Sie haben eine Menge Weibergeschichten, und Ihre Sturheit könnte Ihnen gesundheitlich schaden. Das kommt von Ihrem holländischen Blut. Also, halten Sie den Mund. Das ist ein Befehl.«

Schließlich lud mich dann Giles zum Lunch ein. Wahrscheinlich hatte der Personalchef das Spiel auch mit Giles gespielt und ihm ebenfalls irgendeine Geschichte erzählt. Wie auch immer, um halb eins sprang Giles plötzlich auf und sagte: »Zum Teufel damit, Ned. Es ist Freitag. Kommen Sie, ich lade Sie zum Lunch ein. Hab' schon seit Jahren kein anständiges Mittagessen mehr gehabt.«

Also gingen wir zu Travellers', setzten uns an einen Fenstertisch und leerten ziemlich schnell eine Flasche Sancerre. Und plötzlich begann Giles von seiner Dienstreise zu erzählen, die er kürzlich zum FBI nach New York gemacht hatte. Zuerst sprach er noch ganz normal; dann schien seine Stimme in einer Tonlage hängenzubleiben, und sein Blick blieb auf irgend etwas geheftet, das nur er sehen konnte. Anfangs schrieb ich das dem Wein zu. Giles sah nicht aus wie ein Trinker, und er trank auch nicht so. Dennoch hatte seine Art zu reden etwas sehr Überzeugendes und — je länger er sprach etwas geradezu Prophetisches.

»Komische Typen, diese Amerikaner, Ned, bei denen muß man sich vorsehen. Zuerst glaubt man nicht, daß sie hinter einem her sind. Zum Beispiel im Hotel. In einem Hotel blickt man doch immer gleich durch. Zu viel Gelächel, wenn man sich anmeldet. Zu viel Interesse am Gepäck. Sie beobachten einen. Riesenkasten von Gewächshaus. Swimmingpool im obersten Stockwerk. Man sieht auf die Hubschrauber runter, die den Fluß raufkfliegen. ›Willkommen, Mr. Lambert, wünsche einen schönen Tag, Sir.‹ Ich war als Lambert da. Wie immer in Amerika. Sie hatten mich in die vierzehnte Etage gesteckt. Ich bin ein systematischer Mensch. War ich schon immer. Schuhspanner und all so was. Kann nichts dagegen machen. Mein Vater war genauso. Schuhe hierhin, Hemden dorthin. Socken dahin. Anzüge in festgelegter

Reihenfolge. Wir Engländer haben keine leichten Anzüge, stimmt's? Man denkt, sie sind leicht. Man entscheidet sich für einen leichten. Der Schneider erzählt einem, sie wären leicht. ›Die leichtesten, die wir haben, Sir. Leichtere führen wir nicht.‹ Man sollte meinen, inzwischen müßten sie es gelernt haben, bei den vielen Geschäften mit Amerikanern. Haben sie aber nicht. Prost.«

Er trank, und ich trank mit. Ich goß ihm etwas Mineralwasser ein. Er schwitzte.

»Am nächsten Tag komme ich ins Hotel zurück. Den ganzen Tag Besprechungen gehabt. Alle sehr bemüht, Gefallen aneinander zu finden. Für mich kein Problem, ich meine, die sind schon in Ordnung. Nur — na ja, anders. Andere Einstellung. Tragen Waffen. Verlangen Resultate. Dabei kann es gar keine geben, oder? Wissen wir doch alle. Je mehr Fanatiker man umbringt, desto mehr gibt es. Ich weiß das, die nicht. Mein Vater war übrigens auch Arabist, wie Sie wissen.«

Ich sagte, das hätte ich nicht gewußt. Ich sagte: »Erzählen Sie mir von ihm.« Ich wollte ihn ablenken. Ich hatte das Gefühl, ich würde mich wesentlich wohler fühlen, wenn er von seinem Vater statt von dem Hotel erzählen würde.

»Jedenfalls komme ich rein und kriege meinen Schlüssel. ›Hey, Moment mal‹, sagte ich. ›Das ist nicht die vierzehnte, das ist die einundzwanzigste Etage. Irrtum.‹ Natürlich muß ich lächeln. Jeder kann mal einen Fehler machen. Diesmal ist es eine Frau. Wirkt sehr robust. ›Irrtum ausgeschlossen, Mr. Lambert. Ihr Zimmer ist auf der einundzwanzigsten. Zimmernummer 2109.‹

›Nein, nein‹, sagte ich. ›1409. Sehen Sie.‹ Ich hatte so eine Kennkarte, wie man sie da bekommt, und suchte danach. Habe unter ihren Augen meine Taschen umgestülpt, konnte das Ding aber nicht finden. ›Hören Sie‹, sagte ich. ›Glauben Sie mir. Mein Gedächtnis täuscht sich da bestimmt nicht. Ich habe Zimmer Nummer 1409.‹ Sie nimmt die Gästeliste und zeigt sie mir. Lambert,

2109. Ich fahre mit dem Lift nach oben, schließe das Zimmer auf, und alles ist da. Schuhe hier. Hemden dort. Socken da. Die Anzüge in derselben Reihenfolge. Alles so, wie ich es in dem anderen Zimmer, unten in der vierzehnten Etage, hingeräumt hatte. Wissen Sie, was die getan haben?«

Wieder sagte ich, das wüßte ich nicht.

»Die haben es fotografiert. Polaroid.«

»Wozu denn das?«

»Um mich abzuhören — in 2109 gab es Mikrophone, in 1409 nicht. Das hat ihnen nicht gepaßt, also haben sie mich nach oben verlegt. Sie haben mich für einen arabischen Spion gehalten.«

»Wie sollten sie denn darauf kommen?«

»Wegen meines Vaters. Der hatte mit Lawrence sympathisiert. Das wußten sie. Also dann. So sind sie nun mal. Fotografieren das Zimmer.«

An den Rest des Lunchs kann ich mich kaum erinnern. Ich weiß nicht mehr, was wir gegessen haben, ob oder was wir noch getrunken haben. Mir ist so, als ob sich Giles weitschweifig und sehr lobend über Mabel als perfekte Agentengattin ausgelassen hätte, aber vielleicht war das auch nur mein Gewissen. Woran ich mich wirklich noch erinnere, ist dies: wir beide stehen nebeneinander wieder in Giles' Zimmer in der Zentrale, der Personalchef steht vor Giles' Panzerschrank, dessen Tür entfernt worden ist, und die zweiunddreißig vermißten Akten sind wild durcheinander in die Fächer gestopft — alle die Akten, mit denen Giles während seines ›Nervenzusammenbruchs Stärke zwölf‹, wie Smiley das nannte, nicht mehr zurechtgekommen war, waren vorhanden.

Und was steckte dahinter? Ich erfuhr es später. Auch Giles hatte seine Monica gefunden. Was ihn angeblich aus der Bahn geworfen hatte, war seine Leidenschaft für ein einundzwanzigjähriges Mädchen in seinem Dorf. Seine Liebe zu ihr, seine Schuldgefühle und seine Verzweiflung hatten ihn außer Betrieb gesetzt. Mechanisch hatte er seine tägliche Arbeit fortgesetzt — selbstverständlich, er war ja Soldat —, aber sein Kopf spielte einfach nicht mehr mit. Der war mit anderen Dingen beschäftigt, auch wenn er sich das nicht eingestehen wollte.

Was ihn sonst noch aus der Bahn geworfen hat, überlasse ich Ihrem Urteil und dem unserer Hauspsychiater, die täglich an Boden zu gewinnen scheinen. Womöglich hat es etwas mit der Kluft zwischen unseren Träumen und unserer Wirklichkeit zu tun. Mit der Kluft zwischen dem, was Giles als junger Mensch ersehnt hatte, und dem, was er jetzt, da er schon fast alt war, erreicht hatte. Und die harte Wahrheit war, daß Giles mir angst gemacht hatte. Ich hatte das Gefühl, er sei mir auf dem Weg, den ich selbst beschritt, nur vorangegangen. Dieses Gefühl hatte ich auf der Fahrt zum Flughafen; dieses Gefühl hatte ich im Flugzeug, während ich an meine Mutter dachte. Und versuchte, es in mehreren Whiskys zu ertränken.

Und dieses Gefühl hatte ich noch immer, als ich in Beirut, in Zimmer 607 des Commodore Hotels, meine armselige Garderobe auspackte und wenige Zentimeter neben meinem Kopf das Telefon zu läuten anfing. Als ich den Hörer abnahm, hatte ich die absurde Vorstellung, am anderen Ende sei Ahmed vom Empfang, um mir mitzuteilen, man habe mir ein neues Zimmer in der einundzwanzigsten Etage zugewiesen. Falsch. Mit diesem Läuten begann die surreale Episode Nummer zwei.

Draußen hatten halbautomatische Waffen das Feuer eröffnet. Höchstwahrscheinlich ein paar Kinder auf einem japanischen Kleinlaster, die das Stadtviertel mit AK 47ern bestrichen. In Beirut war es mal wieder soweit, daß man die Uhr nach den ersten Unruhen des Abends stellen konnte. Aber mich hatten diese Schießereien nie sonderlich gestört. Schüsse haben eine Logik, wenn auch eine willkürliche. Sie sind entweder auf einen selbst gerichtet oder auf einen anderen. Ich persönlich hatte eine panische Angst vor Autobomben — wenn man über die Bürgersteige hastete oder sich durch den schwitzenden, kriechenden Verkehr wühlte, konnte man nie wissen, ob nicht irgendein geparkter Wagen mit einem einzigen gewaltigen Schlag den ganzen Block in die Luft jagte und einen in so winzige Fetzen riß, daß für einen Leichensack, geschweige denn eine Beerdigung, nichts mehr übrigblieb. Was bei Autobomben auffiel — hinterher, meine ich —, waren die Schuhe. Die Leute wurden glatt aus den Schuhen rausgesprengt, die jedoch blieben unversehrt, so daß, wenn die Leichenteile aufgesammelt und fortgeschafft worden waren, zwischen den Glasscherben und zertrümmertem Gebissen und Anzugfetzen auch immer noch das eine oder andere Paar tragbarer Schuhe zurückblieb. Ein bißchen Maschinengewehrfeuer wie jetzt oder ab und zu eine aus der Hand abgefeuerte Rakete beunruhigten mich nicht so sehr wie manche andere Leute.

Als ich den Hörer abnahm und eine Frauenstimme hörte, wurde ich gleich hellwach, nicht nur wegen meiner häuslichen Probleme, sondern auch weil ich den Auftrag hatte, eine deutsche Frau aufzuspüren — eben diese Britta, die in den Shuf-Bergen Unterricht in terroristischen Aktivitäten genommen hatte.

Aber es war nicht Britta. Es war auch nicht Monica oder Mabel. Die Stimme klang nach mittlerem Westen und verängstigt. Und ich war Peter, vergessen Sie das nicht — Peter Carter von einer großen britischen Zeitung, auch wenn deren Korrespondent hier noch nie von mir gehört hatte. Dies rief ich mir ins Gedächtnis, während ich ihr zuhörte.

»Peter, um Gottes willen, ich will jetzt bei dir sein«, sagte sie in einem Atemzug. »Peter, wo, zum Teufel, hast du gesteckt?«

Schweres Maschinengewehrfeuer ratterte los, wurde aber gleich vom Krachen einer raketengetriebenen Granate zum Schweigen gebracht. Die Stimme im Hörer sprach weiter, bloß noch aufgeregter.

»Herrgott, Peter, warum rufst du mich nicht an? Okay, ich hab' ziemlichen Scheiß geredet. Ich hab' deinen Artikel versaut. Tut mir leid. Ich meine, Herrgott, sind wir denn Kinder? Du weißt, wie ich das alles hasse.«

Ein wüstes Geknatter von Gewehrschüssen. Ab und zu schossen die Jungens aus Effekthascherei einfach in die Luft.

Ihre Stimme wurde schriller. »Sag was, Peter! Erzähl mir was Lustiges, ja, bitte? *Irgendwo* auf der Welt muß doch irgend etwas Lustiges passieren! Peter, sag doch bitte was! Du bist doch nicht tot? Du liegst doch nicht auf dem Boden, oder hat man dir den Kopf weggeschossen? Wenn du noch lebst, nick bitte. Ich will nicht alleine sterben, Peter. Ich bin ein geselliger Mensch. Ich liebe gesellig, ich sterbe gesellig. Peter, sag doch was. Bitte.«

»Mit welchem Zimmer telefonieren Sie?« fragte ich.

Totenstille. Die wahre Totenstille zwischen den Schußwechseln.

»Wer spricht dort?« wollte sie wissen.

»Hier spricht Peter, aber vermutlich nicht Ihr Peter. Mit welchem Zimmer telefonieren Sie?«

»Mit diesem.«

»Welche Nummer?«

»Zimmer 607.«

»Ich fürchte, er ist abgereist. Ich bin heute nachmittag in Beirut angekommen. Man hat mir dieses Zimmer gegeben.«

Eine Granate explodierte, eine zweite folgte als Antwort. Draußen auf der Straße, vielleicht drei Blocks entfernt, ertönte ein entsetzlicher Schrei. Und brach ab.

»Ist er tot?« flüsterte sie.

Ich antwortete nicht.

»Hätte eine Frau sein können«, sagte sie.

»Hätte«, stimmte ich zu.

»Wer sind Sie? Sind Sie Engländer?«

»Ja.« Peter auch, dachte ich, ohne zu wissen, warum.
»Was machen Sie?«
»Meinen Sie beruflich?«
»Reden Sie einfach mit mir. Reden Sie weiter.«
»Ich bin Journalist«, sagte ich.
»Wie Peter?«
»Ich weiß nicht, was für ein Journalist er ist.«
»Ein abgebrühter. Ein Draufgänger. Und Sie?«
»Vor manchen Dingen habe ich Angst, vor anderen nicht.«
»Mäusen?«
»Vor Mäusen habe ich schreckliche Angst.«
»Sind Sie gut?«
»So gut wie die Nachrichten, nehme ich an. Ich schreibe nicht mehr viel. Bin jetzt in der Redaktion.«
»Verheiratet?«
»Und Sie?«
»Ja.«
»Mit Peter?«
»Nein, nicht mit Peter.«
»Wie lange kennen Sie ihn schon?«
»Meinen Mann?«
»Nein, Peter«, sagte ich. Wieso ich mehr Interesse an ihren Seitensprüngen als an ihrer Ehe hatte, fragte ich mich nicht.
»Bei so was läuft man hier nicht mit der Stoppuhr rum«, sagte sie. »Ein Jahr, zwei Jahre — das zählt hier nicht. Nicht in Beirut. Sie sind auch verheiratet, ja? Sie wollten mir das nur verraten, wenn ich es Ihnen vorher sagte.«
»Ja, ich bin verheiratet.«
»Dann erzählen Sie mir von ihr.«
»Von meiner Frau?«
»Sicher. Lieben Sie sie? Ist sie groß? Schöne Haut? Sehr britisch, steife Oberlippe?«
Ich erzählte ihr ein paar harmlose Dinge von Mabel und erfand ein paar andere, wobei ich mich selber haßte.

»Ich meine, wer kann denn nach fünfzehn Jahren mit derselben Person noch an Sex glauben?« fragte sie.

Ich lachte, sagte aber nichts.

»Sind Sie ihr treu, Peter?«

»Unbedingt«, sagte ich nach einer Pause.

»Okay, noch mal zur Arbeit. Sprechen wir von der Arbeit. Was machen Sie hier draußen? Irgendwas Besonderes? Erzählen Sie mir, was Sie hier zu tun haben.«

Der Spion in mir wich der Frage aus: »Ich denke, Sie sollten mir jetzt mal erzählen, was Sie machen«, sagte ich. »Sind Sie auch Journalistin?«

Ein Leuchtspurgeschoß raste in den Himmel. Dann folgten Schüsse.

Ihre Stimme wurde müde, als hätte die Angst sie erschöpft. »Sicher, ich gebe Artikel durch.«

»Für wen?«

»Für eine lausige Nachrichtenagentur, was denn sonst? Fünfzig Cents pro Zeile, bis irgendein Drecksack sie klaut und an einem Nachmittag zwei Riesen draus macht. Was gibt's Neues?«

»Wie heißen Sie?« fragte ich.

»Keine Ahnung. Vielleicht Annie. Sagen Sie Annie zu mir. Hören Sie, Sie sind richtig nett, wissen Sie das? Was machen Sie, wenn ein Dobermann Ihr Bein bespringt?«

»Bellen?«

»Einen Orgasmus vortäuschen. Ich habe Angst, Peter. Vielleicht habe ich das nicht klargemacht. Ich brauche einen Drink.«

»Wo sind Sie jetzt?«

»Na, hier.«

»Was heißt das, hier?«

»Im Hotel, Herrgott noch mal. Hotel Commodore. Stehe im Foyer, rieche Ahmeds Knoblauchatem und laß mich von dem Griechen begaffen.«

»Was für ein Grieche?«

»Stavros. Handelt mit harten Drogen und schwört Stein und Bein, es wären weiche. Eine miese Type.«

Ich horchte, und zum erstenmal nahm ich das Stimmengewirr im Hintergrund wahr. Die Schießerei war vorbei.

»Peter?«

»Ja?«

»Peter, mach das Licht aus.«

Sie muß gewußt haben, daß in dem Zimmer nur ein Licht funktionierte, eine wacklige Nachttischlampe mit schiefem Pergamentschirm. Sie stand auf einem Schränkchen zwischen den beiden Diwanen. Ich machte sie aus. Wieder waren Sterne zu sehen.

»Schließ die Tür auf und laß sie etwas offen. Eine Handbreit. Was zu trinken da?«

»Eine Flasche Scotch«, sagte ich.

»Wodka?«

»Nein.«

»Eis?«

»Nein.«

»Ich bring welches mit. Peter?«

»Ja?«

»Du bist ein guter Mann. Hat dir das schon mal jemand gesagt?«

»Schon seit langem nicht mehr.«

»Behalte den Türspalt im Auge«, sagte sie und legte auf.

Sie ist nie zu mir gekommen.

Sie können sich das ganz nach Belieben ausmalen, so wie ich es tat, als ich im Dunkeln auf dem Diwan saß und die Tür anstarrte und mein Leben vergehen sah, während ich auf das Geräusch ihrer Schritte im Korridor wartete.

Nach einer Stunde ging ich nach unten. Ich setzte mich in die Bar und achtete auf alle amerikanischen Frauenstimmen, die zu hören waren. Keine paßte. Ich suchte nach einer Gestalt, die sich Annie hätte nennen und einem Mann anbieten können, mit dem sie nur am

Telefon gesprochen hatte. Ich bestach Ahmed, mir zu sagen, wer an diesem Abend um neun vom Foyer aus das Haustelefon benutzt hatte, aber aus irgendeinem Grund konnte er sich überhaupt nicht an eine gefühlsgeladene Amerikanerin erinnern.

Ich versuchte sogar, die Identität des früheren Bewohners meines Zimmers festzustellen und ob er Peter mit Vornamen geheißen hatte, doch da wurde Ahmed merkwürdig vage und behauptete, zu der Zeit habe er seine alte Mutter in Tripoli besucht, und Gästelisten würden in diesem Hotel nicht geführt.

Ist der echte Peter gerade noch rechtzeitig zurückgekommen und hat sie abgeschleppt? Oder der Grieche Stavros? War sie eine Hure? Oder ich? War Ahmed ihr Zuhälter? War dieses Telefongespräch ein kunstvoller Trick, mit dem sie versuchte, nervöse Neuankömmlinge am ersten einsamen Abend abzuschleppen?

Oder war sie, und diese Vorstellung ist mir lieber, einfach eine verängstigte Frau, die ihren Freund vermißte und sich nach einem Körper sehnte, an dem sie sich festhalten konnte, wenn der nächtliche Donner der Stadt sie um den Verstand zu bringen drohte?

Was auch immer dahinterstecken mochte, ich hatte jedenfalls etwas über mich selbst gelernt, auch wenn mich das ziemlich beunruhigte. Ich hatte gelernt, wie gefährlich meine Einsamkeit war, wie leicht ansprechbar ich war, wie sehr ich mich danach sehnte, zu lieben und geliebt zu werden; und wie unzuverlässig im Vergleich zu meinem zunehmenden Bedürfnis nach Anschluß jene Tugend in mir war, die der Service ›persönliche Sicherheit‹ nannte. Ich dachte an Monica und meine hohlen Liebesschwüre, denen es so gar nicht gelungen war, die Götter zu bewegen, an die sie gerichtet waren. Ich dachte an Giles Latimer und seine hoffnungslose Leidenschaft. Und diese Frau, die sich Annie genannt hatte, schien irgendwie auch einer jener ängstlichen Boten zu sein, die da aus meinem Innern zu mir sprachen.

Nach dem gesichtslosen Mädchen kam der gesichtslose Junge. Das war am nächsten Abend.

Erschöpft hatte ich mich im Hotelfoyer niedergelassen und trank allein meinen Scotch. Zuvor hatte ich die Lager bei Sidon besucht, und meine Hand zitterte noch immer von nur einem Tag im Südlibanon. Jetzt herrschte die magische Stunde der Abenddämmerung, in der das menschliche Tierreich Beiruts einmütig alle Fehden begrub und an der gemeinsamen Tränke zusammenkam. Ähnliches habe ich im Dschungel erlebt. Sie vielleicht auch. Wie auf Kommando kommen Elefanten, Warzenschweine, Gazellen, Löwen und Giraffen vorsichtig aus dem schützenden Dunkel der Bäume und versammeln sich, größtenteils lautlos, in der schlammigen Niederung.

Zur gleichen Stunde konnte man im Foyer des Commodore beobachten, wie die Journalisten von ihren Tagesexkursionen zurückkehrten. Unter dem angestrengten Seufzen und Ächzen der stets ein wenig zu langsamen automatischen Glastüren strömte aus dem Dunkel der frühen Beiruter Nacht eine bunte Menge in die Halle: ein schwedisches Fernsehteam, angeführt von einer graugesichtigen Blondine in Designerjeans; ein Fotograf und Korrespondenten einer amerikanischen Wochenzeitschrift; immer paarweise die Leute von den Nachrichtenagenturen; ein ältlicher und äußerst mysteriöser Ostdeutscher mit seiner japanischen Mätresse. Alle hatten das gleiche bewußt verhaltene Auftreten, als sie kamen, stehenblieben und die Last des Tages ablegten. Nicht, daß ihr Tag vorbei gewesen wäre. Die richtigen Journalisten mußten noch Filme abschicken, Artikel schreiben und per Telex oder Telefon weitergeben. Jemand wurde vermißt, und sein Verschwinden mußte aufgeklärt werden. Soundso hatte einen Querschläger erwischt; wußte seine Frau schon Bescheid? Dennoch, wenn die Glastür sich hinter ihnen geschlossen hatte, hatten sie dem Feind einen Tag abgerungen. Die Pressemeute machte für die Nacht die Luken dicht.

Ich sah mir das an und wartete — auf einen Mann, der einen Mann kannte, der einen anderen kannte, der womöglich die Frau kannte, die aufzuspüren man mich hierhergeschickt hatte. Außer einem weiteren Besuch bei den Elenden dieser Erde hatte der Tag mir bis dahin nichts gebracht.

An anderer Stelle im Foyer versammelten sich Typen, die zwar nicht so glamourös, doch für den Beobachter oft interessanter waren: Abenteurer, Waffen- und Drogenhändler und kleinere Diplomaten in dunklen Anzügen, Leute, die mit Einfluß und Informationen handelten und jetzt mit ihren Gebetsketten spielten, während ihre Blicke rastlos die Gesichter der Anwesenden musterten. Und offen agierende Spione jeder Couleur, denn in Beirut war ohnehin jeder ein Spion. Es gab in diesem Hotel keinen einzigen Menschen, der nicht über irgendeine Quelle mit Insiderinformationen verfügte, und wenn es nur Ahmed an der Rezeption war, der einem für ein paar Dollar und ein Lächeln die Geheimnisse des Universums verraten hätte.

Aber die Gestalt, auf die ich jetzt aufmerksam geworden war, war selbst nach den Maßstäben der Menagerie des Commodore exotisch. Ich hatte den Mann nicht hereinkommen sehen. Er muß hinter einer Gruppe eingetreten sein. Ich erblickte ihn im Foyer, umrahmt von den dunklen Glastüren, mit einem gestreiften Footballhemd bekleidet und einem sauberen weißen Schwesternkopftuch, das er sich locker um den Kopf gebunden hatte. Wäre er nicht so schlank und flachbrüstig gewesen, hätte ich mich zunächst einmal gefragt, ob er eine Frau war, die als Mann auftrat, oder ein Mann, der als Frau auftrat.

Der Wachposten hatte ihn auch bemerkt. Ebenso Ahmed der Portier hinter seiner gewaltigen Empfangstheke, dessen zwei Kalaschnikoffs hinter ihm an der Wand lehnten, direkt unter den Fächern mit den Zimmerschlüsseln. Ich sah Ahmed behutsam einen halben Schritt zurücktreten, so daß er eine davon in Reichweite hatte. Eine kleine Handgranate in diesem Foyer zu dieser Stunde hätte die Hälfte der einträglicheren Schiebergeschäfte in der Stadt mit einem Schlag zunichte machen können.

Aber die Erscheinung setzte ihren Weg fort, entweder ahnungslos oder gleichgültig gegenüber der Neugier, die sie erregte. Es war ein großer junger Mann mit schnellen, aber steifen Bewegungen. Er schien völlig willenlos, von der Stimme seines Meisters angetrieben. Jetzt sah ich ihn besser. Er trug eine dunkle Brille, hatte schwarze Bartstoppeln und einen Schnäuzer. Deshalb also hatte sein Gesicht so schwarz gewirkt. Dazu das weiße Schwesternkopftuch auf dem Kopf. Doch was mir durch Mark und Bein ging und mich überlegen ließ, mit was für einem komischen Heiligen wir es denn da zu tun hätten, war die automatenhafte Steifheit seines Gangs.

Er hatte jetzt die Mitte des Foyers erreicht. Ein paar Leute machten ihm Platz. Einige sahen ihn an und blickten dann weg, andere drehten ihm wie unbeteiligt den Rücken zu, als wüßten sie Bescheid und hätten etwas gegen ihn. Plötzlich schien er unter dem strahlenden Deckenlicht hochzusteigen. Den verhüllten Kopf nach vorn gebeugt, die Arme fast bewegungslos, kletterte er auf Anordnung von oben auf sein eigenes Schafott. Ich sah jetzt, daß er Amerikaner war. Und zwar erkannte ich das an der Art, wie seine Knie einknickten und seine Handgelenke herabhingen, und an seinen leicht mädchenhaften Hüften. Ein typischer Amerikaner. Die dunkle Brille war ihm offenbar nicht dunkel genug, denn von einer seiner langen Hände baumelte so eine Augenblende herab, wie sie angeblich von Spielern und Nachtredakteuren in Filmen der vierziger Jahre getragen werden. Er war mindestens einsachtzig groß und trug Turnschuhe, jungfräulich weiß wie sein Kopftuch, geräuschlos.

Ein Arabienfreak? fragte ich mich.

Ein durchgedrehter Zionist? So was sollte es ja geben.

Bekifft?

Ein Kriegstourist von der Highschool, ein Hippie auf der Suche nach Nervenkitzel in der Stadt der Verdammten?

Er hatte die Richtung gewechselt und sprach jetzt mit dem Empfangschef, stand aber so da, daß er das Foyer überblicken konnte, weil er bereits nach demjenigen Ausschau hielt, nach dem er sich erkundigt hatte. Und da sah ich nun die roten Flecke, die wie Quaddeln oder Windpocken, nur kräftiger, seine Wangen und seine Stirn bedeckten. In irgendeinem stinkenden Hotel sind die Wanzen über ihn hergefallen, dachte ich. Er ist mit dem Kopf durch die Windschutzscheibe seiner alten Klapperkiste geflogen. Dann kam er auf mich zu. Jetzt wieder steif und ausdruckslos. Entschlossen, ein Mann, der es gewöhnt war, daß man ihn anstarrte. Wütend, die Augenblende schlenkerte in seiner Hand. Den finsteren Blick blind auf mich gerichtet, während ich da saß und trank. Eine Frau hatte seinen Arm genommen. Sie trug einen Rock und hätte die Krankenschwester sein können, von der er sein Kopftuch hatte. Sie blieben vor mir stehen. Vor mir und sonst niemandem.

»Sir? Ich möchte Ihnen Sol vorstellen, Sir«, sagte sie — oder Mort oder Syd oder so was Ähnliches. »Er fragt, ob Sie Journalist sind, Sir.«

Ich sagte, ich sei Journalist.

»Aus London, Sir, hier auf Besuch? Sind Sie der Herausgeber, Sir? Haben Sie Einfluß, Sir?«

Einfluß wohl kaum, sagte ich mit abwehrendem Lächeln. Ich hätte mit der Verwaltung zu tun und habe einen kurzen Abstecher nach hier gemacht.

»Und Sie fliegen nach London zurück, Sir? Bald?«

In Beirut lernt man, nicht im voraus von den nächsten Schritten zu reden. »Ziemlich bald«, räumte ich ein, obwohl ich in Wirklichkeit vorhatte, am nächsten Tag wieder in den Süden zu fahren.

»Kann Sol Sie kurz sprechen, Sir, nur sprechen? Sol muß unbedingt mit jemand sprechen, der Einfluß bei den größeren westlichen Zeitungen hat. Die Journalisten hier, meint er, sind ja schon längst alle abgestumpft. Sol muß mit einem Außenstehenden reden.«

Ich rückte zur Seite, und sie nahm neben mir Platz, während Sol sich sehr langsam in einen Sessel sinken ließ — dieser verhüllte, schweigsame, sehr saubere Mann mit seinem langärmeligen Football-Hemd und dem Kopftuch. Als er endlich saß, legte er die Handgelenke auf die Knie und hielt die Augenblende mit beiden Händen fest. Dann stieß er einen langen Seufzer aus und begann murmelnd auf mich einzureden.

»Ich habe da was geschrieben, Sir. Ich möchte, bitte, daß Sie das in Ihrer Zeitung abdrucken.«

Seine Stimme war zwar leise, klang aber gebildet und höflich. Sie wirkte aber leblos und wie seine Bewegungen ökonomisch, als ob ihm jedes Wort Schmerzen bereitete. Hinter den Gläsern seiner dunklen Brille sah ich, daß sein linkes Auge kleiner war als das rechte. Schmaler. Nicht geschwollen oder von einem Schlag geschlossen, sondern insgesamt kleiner als das andere, als stamme es aus einem anderen Gesicht. Und die Flecken waren keine Insektenstiche, keine Quaddeln, keine Schnittwunden. Es waren Krater, ähnlich den von den wilden Schießereien stammenden Pockennarben an den Hauswänden Beiruts. Und wie bei Kratern war die Haut darum herum angeschwollen, hatte sich aber nicht geschlossen.

Seine Geschichte folgte, ohne daß ich ihn darum bitten mußte. Er sei als freiwilliger Helfer hier, Sir, Medizinstudent aus Omaha im dritten Studienjahr. Er glaube an den Frieden, Sir. Er sei Opfer eines Bombenattentats gewesen, Sir, unten an der Corniche, in einem Restaurant; das ist dabei vollkommen zerstört worden. Gehen Sie mal hin, und sehen Sie sich das an, das Lokal heißt Akhbar's, Sir, wird von vielen Amerikanern besucht, und davor ist eine Autobombe abgestellt worden, und Autobomben sind überhaupt das Schlimmste. Etwas Schlimmeres als eine Autobombe kann einem gar nicht passieren.

Ich sagte, das sei mir bekannt.

Bis auf ihn selbst seien alle in dem Restaurant ums Leben gekommen, Sir, die Leute, die am nächsten zur Wand gesessen hätten, seien in Fetzen gesprengt worden, fuhr er fort, ohne zu ahnen, daß er mir meinen schlimmsten Alptraum an die Wand gemalt hatte. Und jetzt habe er also etwas geschrieben, er habe das Gefühl, er müsse das einfach einmal sagen, Sir, ein bescheidener Aufruf für den Frieden, den meine Zeitung unbedingt drucken müsse, vielleicht würde es ja etwas helfen, er denke an die Wochenendausgabe oder vielleicht nächsten Montag. Das Honorar wolle er für einen guten Zweck spenden. Er nehme an, es könnten ein paar hundert Dollar dabei herauskommen, vielleicht auch mehr. Damit könne man den Leuten in den Beiruter Krankenhäusern immerhin ein Stückchen Hoffnung kaufen.

»Wir brauchen eine Pause, Sir«, erklärte er mit seiner leblosen Stimme, während die Frau einen Schwung getippter Seiten aus seiner Tasche angelte. »Eine Pause zur Mäßigung. Bloß eine Unterbrechung zwischen den Kriegen, damit wir den Mittelweg finden können.«

Nur im Beiruter Commodore-Hotel konnte man es natürlich finden, daß ein an einer Bombenneurose leidender Friedenssucher sich mit einer hoffnungslosen Bitte an einen Journalisten wandte, der gar keiner war. Dennoch versprach ich ihm, zu sehen, was sich machen ließe. Nach dem Treffen mit dem Mann, auf den ich gewartet hatte — der natürlich nichts wußte und nichts gehört hatte, aber wenn ich vielleicht einmal mit Colonel Asme in Tyrus reden würde, Sir? —, ging ich auf mein Zimmer und begann mit einem Glas neben mir den Artikel des jungen Amerikaners zu lesen, fest entschlossen, nach meiner Rückkehr nach London einen unserer zahllosen

Freunde in der Fleet Street zu treten, das Ganze drucken zu lassen, falls es auch nur einigermaßen zur Veröffentlichung geeignet wäre.

Es war ein tragisches Stück, und bald wurde die Lektüre unerträglich: ein weitschweifiger, gefühlsbeladener Appell an Juden, Christen und Moslems gleichermaßen, an ihre Mütter und Kinder zu denken und liebevoll miteinander zu leben. Der Text plädierte für einen Kompromiß und führte ungenaue Beispiele aus der Geschichte an. Er schlug eine neue Religion vor, ›wie Jeanne d'Arc sie uns hatte geben wollen, was aber die Engländer nicht zuließen, die sie statt dessen lebendig verbrannten, ohne auf ihre Schreie und den Willen des gemeinen Volkes zu achten‹. Diese große neue Bewegung, schrieb er, würde ›die semitischen Rassen in einer Bruderschaft der Liebe und Toleranz zusammenschließen‹. Dann geriet er völlig aus der Bahn und schrieb nur noch mit Großbuchstaben, machte Unterstreichungen und ganze Reihen von Ausrufezeichen. Am Ende schrieb er dann von etwas ganz anderem als am Anfang, nämlich von ›dieser ganzen Familie, Kinder und Großeltern, die da an der Wand gleich neben dem Epizentrum gesessen hatten‹. Und wie sie alle in die Luft gesprengt worden seien, nicht nur einmal, sondern immer und immer wieder bohrte Sol in seinen qualvollen Erinnerungen.

Plötzlich schrieb ich das Stück für ihn. Für sie. Für Annie. Zuerst im Kopf, dann auf den Rand seiner Blätter, dann auf einen neuen DIN-A4-Bogen aus meiner Aktentasche, der schnell vollgeschrieben war und dem ein zweiter folgte. Ich kam ins Schwitzen, der Schweiß lief in Strömen; es war eine typische Beiruter Nacht, bis jetzt noch ruhig, aber schwer von einer feuchten, juckenden Hitze, die von den Bergen herabkam, und einem üblen grauen Smog, der sich wie Pulverdampf auf das Meer legte. Während ich schrieb, fragte ich mich, ob sie noch einmal anrufen würde. In der Rolle des Bombenopfers schrieb ich an ein Mädchen, das ich nicht kannte. Ich schrieb — wie ich zu meiner Bestürzung erkannte, als ich am nächsten Morgen aufwachte — schwülstigen Mist. Ich verkündete abstruse Gefühle, predigte hochtrabende Gesinnungen, schwadronierte über den unaufhaltsamen Kreislauf der menschlichen Schlechtigkeit und die endlose Suche des Menschen nach Gründen, das Falsche zu tun.

Eine Pause, hatte der Junge gesagt. Eine Pause zur Mäßigung, eine Unterbrechung zwischen den Kriegen. In diesem Punkt berichtigte ich ihn. Und auch Annie. Ich sagte ihnen, wenn es in der Geschichte menschlicher Konflikte Pausen gegeben hätte, dann hätten sie nicht der Mäßigung, sondern der Ausschweifung gedient; in solchen Pausen wäre die Welt neu aufgeteilt worden, hätten neue Schurken neue Opfer gefunden und seien Habgier und Entbehrung umverteilt worden. Ich schrieb wie ein an der Welt verzweifelnder Pubertierender, und als ich am Morgen die mit meiner Handschrift bedeckten Blätter sah, die um die leere Whiskyflasche herum auf dem Boden verstreut lagen, konnte ich nicht glauben, daß dies das Werk eines mir bekannten Menschen war.

Also tat ich das einzige, was mir dazu einfiel. Ich legte das Ganze ins Waschbecken und äscherte es ein, zerbröselte die Asche, streute sie in die Toilette und spülte sie in die von Leichen verstopfte Kanalisation von Beirut. Und als das erledigt war, unternahm ich zur Strafe einen Sprint über die Küstenpromenade, rannte, so schnell meine Füße mich trugen, vor dem davon, was auch immer hinter mir sein mochte.

Ich rannte vor mir selbst davon und Hansen entgegen, doch auf dem Weg dorthin mußte ich noch einmal haltmachen.

Wie sich herausstellte, hielt sich mein deutsches Mädchen Britta in Israel auf, und zwar mitten in der Negev-Wüste, in einer kahlen grauen Hüttensiedlung in der Nähe einer Ortschaft namens Revivim. Ein Streifen gepflügten Landes sowie eine Doppelreihe von Stacheldrahtzäunen mit bemannten Wachtürmen an den Ecken umgab die Hütten. Falls außer Britta noch andere Europäer in dem Lager gefangengehalten wurden, wurde ich ihnen nicht vorgestellt. Ich sah das Mädchen nur in Gesellschaft von jungen Araberinnen, die meist aus armen Dörfern der West Bank und des Gazastreifens stammten und von ihren palästinensischen Kameraden überredet oder gezwungen worden waren, Greueltaten gegen die verhaßten zionistischen Besatzer zu verüben: sie hatten Bomben auf Marktplätzen gelegt oder in Busse mit Zivilisten geworfen.

Ich gelangte mit einem Jeep aus Beerscheba dorthin, den ein verwegener junger Colonel des Geheimdienstes fuhr. Sein Vater war als Kind zur Zeit des Britischen Mandats von dem exzentrischen General Wingate als Night Raider ausgebildet worden und konnte sich noch daran erinnern, wie Wingate splitternackt bei Kerzenlicht in seinem Zelt hockte und Schlachtpläne in den Sand malte. Jeder israelische Soldat scheint von seinem Vater zu erzählen, und nicht wenige erzählen von den Briten. Seit der Beendigung des Mandats glauben sie uns so zu kennen, wie wir wohl wirklich noch immer sind: antisemitisch, unwissend und imperialistisch, bis auf die Ausnahmen, die unsere Ehre retten. Dimona, wo die Israelis ihr Atomwaffenlager haben, lag ein Stück weiter oben an der Straße.

Das Gefühl von Unwirklichkeit war immer noch nicht von mir gewichen. Im Gegenteil, es hatte sich noch verstärkt. Es war, als wäre mir die für unser Gewerbe so wesentliche Distanz zu den menschlichen Verhältnissen abhanden gekommen. Meine und die Gefühle anderer schienen für mich eine größere Bedeutung zu haben als meine Beobachtungen. Im Libanon kann man, wenn man nicht aufpaßt, ziemlich schnell einen blinden Haß auf Israel entwickeln. Und ich war schwer mit dieser Krankheit infiziert. Als ich durch den Matsch und Gestank der verwahrlosten Lager stapfte und in den mit Sandsäcken verbarrikadierten Elendshütten hockte, kam ich zu der Überzeugung, daß der Rachedurst der Israelis erst dann gestillt sein würde, wenn das letzte Palästinenserkind für immer seine anklagenden Augen geschlossen hätte.

Vielleicht spürte mein junger Colonel etwas davon, denn obwohl ich von Zypern aus eingeflogen war, war es doch erst wenige Stunden her, daß ich Beirut verlassen hatte, und womöglich waren noch Spuren meiner Empfindungen in meinem Gesicht zu finden.

»Haben Sie Arafat gesehen?« fragte er mit einem schwermütigen Lächeln, als wir die lange gerade Straße entlangfuhren.

»Nein, habe ich nicht.«

»Warum nicht? Er ist ein netter Kerl.«

Ich überging das.

»Warum wollen Sie Britta sehen?«

Ich erzählte es ihm. Es gab keinen Grund, das zu verschweigen. London hatte alle Überredungskünste aufbringen müssen, um mir die Genehmigung für ein Gespräch mit ihr zu beschaffen, und meine Gastgeber würden mich sicherlich nicht allein mit ihr reden lassen.

»Wir denken, sie könnte bereit sein, mit uns über einen alten Freund zu reden«, sagte ich.

»Warum sollte sie das tun?«

»Er hat sie sitzenlassen. Sie hatte Wut auf ihn.«

»Wer ist dieser Freund?« — als ob er das nicht gewußt hätte.

»Ein Ire. Hat in der IRA den Rang eines Adjutanten. Er instruiert Bombenleger, kundschaftet Ziele aus, besorgt die Ausrüstung. Sie hat in Amsterdam und Paris mit ihm im Untergrund gelebt.«

»Wie George Orwell, was? *Erledigt in London und Paris?*«

»Wie George Orwell.«

»Wie lang ist das her, daß er sie verlassen hat?«

»Sechs Monate.«

»Vielleicht ist sie jetzt nicht mehr wütend auf ihn. Vielleicht sagt sie Ihnen, Sie sollen sich zum Teufel scheren. Für ein Mädchen wie Britta sind sechs Monate eine verdammt lange Zeit.«

Ich fragte, ob sie in der Gefangenschaft viel geredet habe. Eine heikle Frage, denn die Israelis hatten uns noch immer nicht verraten, wie lange sie Britta schon gefangenhielten oder wie sie sie überhaupt gekriegt hatten. Der Colonel hatte ein breites braunes Gesicht. Seine Familie stammte ursprünglich aus Rußland. An seinem kurzärmeligen Khakihemd trug er Fallschirmspringerabzeichen. Er war achtundzwanzig, ein Sabra, in Tel Aviv geboren, verlobt mit einer marokkanischen Sephardi. Sein Vater, der Night Raider, war jetzt Zahnarzt. All das hatte er mir in den ersten Minuten unserer Bekanntschaft in einem gutturalen Englisch erzählt, das er sich allein beigebracht hatte.

»Geredet?« wiederholte er mit grimmigem Lächeln auf meine Frage. »Britta? Diese Lady redet ohne Punkt und Komma, seit sie bei uns ist.«

Das überraschte mich nicht, denn die Methoden der Israelis waren mir nicht ganz unbekannt, und ich schauderte innerlich bei der Vorstellung, eine Frau befragen zu müssen, die ihnen in die Finger geraten war. Ich hatte so etwas einmal in Irland erlebt: ein Mann, stumm wie ein Fisch, hatte mich angestarrt wie ein Toter und jedes Geständnis unterschrieben.

»Verhören Sie sie selbst?« fragte ich, und wieder fielen mir seine dicken braunen Unterarme und sein unnachgiebiges Kinn auf. Und ich dachte dabei vielleicht an Oberst Jerzy.

Er schüttelte den Kopf. »Unmöglich.«

»Wieso?«

Er schien etwas sagen zu wollen, überlegte es sich dann aber anders. »Dafür haben wir Experten«, sagte er. »Leute von Shin Bet, die so schlau sind wie Britta. Die lassen sich Zeit mit ihr. Bleibt in der Familie.«

Von dieser reizenden Familie hatte ich auch schon gehört, behielt das aber für mich. Die Zionisten hätten sie in eine Falle gelockt, hatte mir in Tyrus ein Informant mit blutunterlaufenen Augen zugeflüstert. Sie hätte das Lager verlassen und sei mit ihrem neuen Freund Said und drei von dessen Freunden nach Athen geflogen. Gute Leute. Sehr fähig. Sie hätten vorgehabt, eine El-Al-Maschine beim Anflug auf den Athener Flughafen abzuschießen. Die Männer hätten sich einen tragbaren Raketenwerfer besorgt und ein Haus an der Einflugschneise gemietet. Britta sollte als unverdächtig aussehende Europäerin mit einem Dreißig-Dollar-Kurzwellenempfänger in einer Telefonzelle am Flughafen stehen und beim Anflug der Maschine die Anweisungen des Kontrollturms zu ihren Leuten auf dem Dach übertragen. Alles sei bestens arrangiert gewesen, sagte mein ausgemergelter Informant. Die Proben hätten glänzend geklappt. Doch am entscheidenden Tag sei die Operation dann schiefgegangen.

Beim Zuhören hatte ich für mich den Rest der Geschichte dadurch ergänzt, daß ich mir vorstellte, wie der Service vorgegangen wäre, wenn wir von der Sache gewußt hätten: zwei Teams, die gleichzeitig das Dach und die Telefonzelle angreifen; das vorgewarnte und nun leere Flugzeug, das sie angreifen wollten, landet sicher auf dem Athener Flughafen; es fliegt mit den an ihre Sitze geketteten Terroristen an Bord nach Tel Aviv zurück. Ich fragte mich, was sie mit ihr vorhatten. Ob sie ihr den Prozeß machen wollten oder sie gegen irgendwelche Gefälligkeiten austauschen würden.

»Was ist mit den Männern passiert, die mit ihr in Athen waren?« fragte ich den Colonel und ignorierte damit Londons ausdrücklichen Befehl, bei solchen Angelegenheiten keine Neugier zu zeigen.

»Männer? Von Männern weiß sie nichts. Athen? Wo liegt Athen überhaupt? Sie ist eine unschuldige deutsche Touristin, die in Eilat Urlaub macht. Wir haben sie entführt, mit Drogen vollgepumpt, eingesperrt, und jetzt wollen wir ihr aus Propagandagründen etwas anhängen. Sie fordert uns auf, das Gegenteil zu beweisen, weil sie weiß, daß wir das nicht können. Wollen Sie noch mehr wissen? Fragen Sie Britta, nur zu!«

Seine Stimmung machte mich irre, und dies um so mehr, als er mir beim Aussteigen aus dem Jeep eine Hand auf die Schulter legte und viel Glück wünschte oder so was Ähnliches. »Sie gehört ganz Ihnen«, sagte er. »*Mazel tov.*«

Langsam begann ich mich vor dem zu fürchten, was mich da erwartete.

Eine pummelige kleine Frau in Armeeuniform empfing uns in ihrem reinlichen Büro. Gefängniswärter haben immer genug Reinigungspersonal, dachte ich. Sie hieß Captain Levi und war Brittas unglaubliche Aufseherin. Sie sprach ein Englisch, wie man es vielleicht von einer amerikanischen Kleinstadtlehrerin erwartet hätte, nur langsamer, sorgfältiger. Sie hatte funkelnde Augen und kurzes graues Haar und machte einen freundlich resignierten Eindruck. Sie hatte den staubigen Teint des Gefängnisbeamten, doch wenn sie ihre Hände zusammenlegte, hatte man das Gefühl, sie sollte besser etwas für ihre Enkel stricken.

»Britta ist sehr intelligent«, sagte sie bedauernd. »Wenn ein intelligenter Mann eine intelligente Frau verhören will, kann das manchmal schwierig werden. Haben Sie eine Tochter, Sir?«

Ich hatte nicht vor, ihr meine Biographie auf die Nase zu binden, also sagte ich nein, was zufällig auch der Wahrheit entsprach.

»Sehr schade. Aber macht nichts. Vielleicht bekommen Sie noch eine. Ein Mann wie Sie, Sie haben ja noch Zeit. Sprechen Sie Deutsch?«

»Ja.«

»Dann haben Sie Glück. Sie können in ihrer Muttersprache mit ihr reden. Auf diese Weise lernen Sie sie besser kennen. Britta und ich, wir reden nur Englisch miteinander. Ich spreche Englisch wie mein verstorbener Mann, der Amerikaner war. Britta spricht es ein wenig wie ihr früherer Geliebter, der Ire war. Tel Aviv hat Ihnen zwei Stunden genehmigt. Werden Sie mit zwei Stunden auskommen? Sollten Sie mehr brauchen, werden wir fragen — vielleicht sagen sie ja. Aber vielleicht sind zwei Stunden auch zu viel. Wir werden sehen.«

»Sie sind sehr freundlich«, sagte ich.

»Freundlich, ich weiß nicht. Vielleicht sollten wir weniger freundlich sein. Vielleicht sind wir viel zu freundlich. Sie werden ja sehen.«

Und damit bestellte sie Kaffee und ließ Britta holen, während der Colonel und ich unsere Plätze an einer Seite des schlichten Holztisches einnahmen.

Doch Captain Levi blieb nicht am Tisch sitzen, vermutlich, weil sie nicht an dem Gespräch teilnahm. Sie setzte sich auf einen einfachen Küchenstuhl neben der Tür und senkte den Blick, als bereite sie sich auf ein Konzert vor. Auch als Britta zwischen zwei jungen Wärterinnen hereinkam, hob sie den Blick nur so weit, daß sie allenfalls sehen konnte, wie die Füße der Frauen an ihr vorbei zur Mitte des Zimmers gingen und dort stehenblieben. Eine Wärterin zog für Britta einen Stuhl zurück, die andere schloß ihr die Handschellen auf. Die Wärterinnen gingen, und wir setzten uns an den Tisch.

Ich möchte Ihnen die Szene genau so schildern, wie ich sie von meinem Platz aus gesehen habe: der Colonel zu meiner Rechten, uns gegenüber am Tisch Britta, und fast unmittelbar hinter ihr, aber ein wenig nach links versetzt, der gesenkte graue Kopf von Captain Levi, mit einer in sich gekehrten Miene, die ein halbes Lächeln war. So verharrte sie während unseres ganzen Gesprächs, starr wie eine Wachsfigur. Ihr halbes, mit der Situation vertrautes Lächeln änderte sich nicht und verschwand auch nicht. Ihre Haltung hatte etwas Konzentriertes, etwas Angestrengtes, so daß ich mich fragte, ob sie sich etwa bemühte, Redewendungen und Worte aufzufangen, die ihr womöglich von ihren Jiddisch- und Englischkenntnissen her vertraut sein könnten, denn als Bremerin sprach Britta ein klares und autoritäres Deutsch, das verhältnismäßig leicht zu verstehen war.

Und Britta war zweifellos ein schönes Exemplar ihrer Gattung. Sie war ›blond wie ein Brötchen‹, wie man da oben sagt, groß und gut gewachsen, breitschultrig und mit großen, etwas dreisten blauen Augen und einem kräftigen, attraktiven Kinn. Sie hatte Monicas Jugend und Monicas Körpergröße; und auch, wie ich nicht umhin konnte zu spekulieren, Monicas Sinnlichkeit. Mein Verdacht, sie könnte mißhandelt worden sein, legte sich gleich bei ihrem Eintreten. Sie hielt sich wie eine Ballerina, jedoch intelligenter und dem Leben zugewandter, als es sonst oft bei Tänzerinnen der Fall ist. Sie hätte auch in einem Tennisdreß oder in einem Dirndl gut ausgesehen, und ich vermutete, daß sie einst beides getragen hatte. Selbst die Gefängniskluft war ihr nicht abträglich, denn sie hatte sich aus einem Stück Stoff einen Gürtel gemacht und um die Taille gebunden, und trug ihr langes Haar offen über den Schultern. Nachdem ihre Hände befreit waren, hielt sie mir als erstes eine hin und machte gleichzeitig einen Schulmädchenknicks, ob ironisch oder respektvoll, war zu diesem frühen Zeitpunkt noch nicht zu entscheiden. Sie hatte einen Händedruck wie ein Junge, hielt die Hand nur länger fest. Sie trug kein Makeup, hatte aber auch keins nötig.

»Und mit wem hab' ich die Ehre?« fragte sie auf deutsch, was höflich oder boshaft gemeint sein konnte.

»Ich bin britischer Beamter«, sagte ich.

»Ihr Name, bitte?«

»Ist unwichtig.«

»Aber Sie sind sehr wichtig!«

Wenn Gefangene aus ihren Zellen geholt werden, sagen sie im ersten Eifer oft unsinniges Zeug, also antwortete ich ihr besonders behutsam.

»Ich arbeite mit den Israelis an bestimmten Aspekten Ihres Falles. Mehr brauchen Sie nicht zu wissen.«

»Fall? Ich bin ein Fall? Wie amüsant. Ich dachte, ich bin ein Mensch. Nehmen Sie doch bitte Platz, Herr Niemand«, sagte sie und setzte sich hin.

Und da sitzen wir nun, wie von mir beschrieben: Captain Levis Gesicht hinter ihr, ein wenig unscharf wie ihr Gesichtsausdruck. Der Colonel war nicht aufgestanden, um Britta zu begrüßen, und machte sich kaum die Mühe, sie anzusehen, als sie jetzt vor ihm saß. Er schien plötzlich nichts mehr zu erwarten. Er sah auf seine Uhr. Sie war aus mattglänzendem Stahl und schimmerte an seinem braunen Handgelenk wie eine Waffe. Brittas Handgelenke waren weiß und glatt wie Monicas, abgesehen von den roten Ringen, die die Handschellen hinterlassen hatten.

Plötzlich hielt sie mir einen Vortrag.

Sie begann unvermittelt, als nehme sie eine Vorlesung wieder auf, und in gewissem Sinne tat sie das auch, denn wie mir bald klar wurde, hielt sie diese Vorträge jedem, beziehungsweise jedem, den sie als bürgerlich abgetan hatte.

Sie sagte, sie habe eine Erklärung abzugeben, die ich doch bitte an meine ›Kollegen‹, wie sie sich ausdrückte, weitergeben möge, denn sie habe das Gefühl, daß ihre Lage von den Behörden nicht richtig gesehen werde. Sie sei eine Kriegsgefangene, genau wie jeder israelische Soldat in den Händen der Palästinenser ein Kriegsgefangener sei, und habe Anspruch auf Behandlung und Privilegien, wie sie in der Genfer Konvention festgelegt seien. Sie sei als Touristin hier, sie habe kein Verbrechen gegen Israel begangen; ihre Verhaftung sei einzig aufgrund erfundener Vorstrafenregister in anderen Staaten erfolgt und eine bewußte Provokation des Weltproletariats.

Ich lachte kurz auf, und sie geriet ins Stocken. Lachen hatte sie nicht erwartet.

»Aber sehen Sie doch«, wandte ich ein. »Entweder sind Sie Kriegsgefangene, oder Sie sind eine unschuldige Touristin. Beides können Sie nicht sein.«

»Der Kampf findet zwischen den Unschuldigen und den Schuldigen statt«, erwiderte sie, ohne zu zögern, und setzte ihren Vortrag fort. Ihre Feinde seien nicht auf den Zionismus beschränkt, sagte sie, sondern umfaßten, was sie die Dynamik der bourgeoisen Herrschaft nannte, die Unterdrückung natürlicher Instinkte und die Aufrechterhaltung despotischer Autorität, die sich als ›Demokratie‹ ausgebe.

Wieder versuchte ich sie zu unterbrechen, aber diesmal redete sie einfach über mich hinweg. Sie zitierte Marcuse und Freud. Sie verwies auf die Rebellion pubertierender Söhne gegen ihre Väter und die Verleugnung dieser Rebellion in späteren Jahren, wenn die Söhne selbst zu Vätern wurden.

Ich sah den Colonel an, aber der schien vor sich hinzudösen.

Ziel ihrer ›Aktionen‹ und der ihrer Genossen sei es, diesen instinktbedingten Kreislauf von Unterdrückung in all ihren Formen — in der Unterwerfung der Arbeit unter den Materialismus, im repressiven Prinzip des ›Fortschritts‹ — zu durchbrechen und die wahren Kräfte der Gesellschaft, etwa die erotische Energie, bei der Entwicklung neuer, freier Formen kulturellen Schaffens zu unterstützen.

»All das interessiert mich nicht im geringsten«, protestierte ich. »Machen Sie bitte einen Punkt, und hören Sie sich meine Fragen an.«

Sogenannte Terrorakte hätten daher zwei klare Ziele, fuhr sie fort, als hätte ich gar nichts gesagt; erstens sollten die Armeen der bourgeois-materialistischen Verschwörung verunsichert werden, und zweitens sollten die Grubenpferde der Erde, die gar nicht mehr wüßten, wie das Licht aussähe, durch Beispiele instruiert werden. Mit anderen Worten, es gelte, Aufruhr zu säen und bei den am stärksten unterdrückten Menschen Bewußtsein zu wecken.

Sie wünsche hinzuzufügen, daß sie, obwohl sie keine Anhängerin des Kommunismus sei, dessen Lehren denen des Kapitalismus vorziehe, denn der Kommunismus stelle eine kraftvolle Verneinung des Ich-Ideals dar, das den Menschen unter Ausnutzung des Eigentums ein Gefängnis errichte.

Sie halte viel vom freien Ausleben der Sexualität und — wenn jemand das nötig habe — von Drogen als Mittel, das freie Ich zu entdecken, worunter sie das Gegenteil von dem unfreien Ich verstehe, das von der aggressiven Toleranz kastriert werde.

Ich wandte mich an den Colonel. Bei Verhören gibt es ebenso Umgangsformen wie bei allem anderen. »Müssen wir uns diesen Unsinn noch länger anhören? Die Dame ist Ihre Gefangene, nicht meine«, sagte ich. Denn ich konnte ihr ja wohl kaum über den Tisch hinweg Vorschriften machen.

Der Colonel hob den Kopf gerade so hoch, daß er ihr einen gleichgültigen Blick zuwerfen konnte. »Wollen Sie wieder zurück, Britta?« fragte er. »Wollen Sie Wasser und Brot für ein paar Wochen?« Sein Deutsch war genauso eigenartig wie sein Englisch. Er schien plötzlich viel älter, als er war — und klüger.

»Danke, ich habe noch mehr zu sagen.«

»Wenn Sie hier bleiben wollen, beantworten Sie seine Fragen und halten im übrigen den Mund«, sagte der Colonel. »Sie haben die Wahl. Wenn Sie jetzt gehen wollen, haben wir nichts dagegen.« Er sagte noch etwas auf hebräisch zu Captain Levi, die abwesend nickte. Eine arabische Gefangene kam mit einem Tablett — vier Tassen Kaffee und ein Teller mit Zuckerplätzchen —, reichte jedem von uns demütig eine Tasse und auch Captain Levi eine; die Kekse stellte sie in die Mitte des Tischs. Mattigkeit hatte sich auf uns gesenkt. Britta streckte einen langen Arm nach den Keksen aus, träge, als wäre sie bei sich zu Hause. Die Hand des Colonels krachte kurz vor ihrer Hand auf den Tisch und zog den Teller aus ihrer Reichweite.

»Also, was möchten Sie mich fragen, bitte?« erkundigte sich Britta bei mir, als wäre gar nichts geschehen. »Wollen Sie, daß ich Ihnen die Iren ausliefere? Welche anderen Aspekte meines Falles könnten die Engländer interessieren, Herr Niemand?«

»Wenn Sie uns einen bestimmten Iren ausliefern, sind wir schon zufrieden«, sagte ich. »Sie haben ein Jahr lang mit einem Mann namens Seamus zusammengelebt.«

Sie war amüsiert. Ich hatte ihr zu einem Anfang verholfen. Sie musterte mich und schien in meinem Gesicht etwas wiederzuerkennen. »Zusammengelebt? Das ist eine Übertreibung. Ich habe mit ihm geschlafen. Seamus war nur für den Sex zuständig«, erklärte sie mit boshaftem Lächeln. »Er war eine Annehmlichkeit, ein Werkzeug. Ein *gutes* Werkzeug, würde ich sagen. Ich war für ihn das gleiche. Mögen Sie Sex? Manchmal kam noch ein anderer Junge dazu, manchmal ein Mädchen. Wir haben Kombinationen ausprobiert. Das war ohne Bedeutung, aber es hat uns Spaß gemacht.«

»Ohne Bedeutung für was?«

»Für unsere Arbeit.«

»Welche Arbeit?«

»Ich habe Ihnen unsere Arbeit bereits beschrieben, Herr Niemand. Ich habe Ihnen von den Zielen erzählt und von unseren Motiven. Humanitäre Einstellung darf nicht mit Gewaltlosigkeit gleichgesetzt werden. Wir müssen kämpfen, um frei zu sein. Manchmal kann man selbst die höchsten Ziele nur durch gewaltsame Methoden erreichen. Ist Ihnen das klar? Auch Sex kann gewaltsam sein.«

»An welcher Art von gewaltsamen Methoden war Seamus beteiligt?« fragte ich.

»Es geht uns nicht um Willkürakte, sondern um das Recht des Volkes auf Widerstand gegen die Mächte der

Unterdrückung. Gehören Sie auch zu diesen Mächten, oder ziehen Sie spontanes Handeln vor, Herr Niemand? Vielleicht sollten Sie sich befreien und sich uns anschließen.«

»Er ist ein Bombenleger«, sagte ich. »Er sprengt unschuldige Menschen in die Luft. Sein letztes Angriffsziel war eine Gastwirtschaft in Südengland. Seine Opfer waren ein älteres Ehepaar, der Wirt und der Pianist, und ich gebe Ihnen mein Wort darauf, er hat nicht einen einzigen irregeleiteten Arbeiter befreit.«

»Ist das eine Frage oder eine Feststellung, Herr Niemand?«

»Es ist eine Aufforderung, mir von seinen Aktivitäten zu erzählen.«

»Die Gastwirtschaft lag in der Nähe eines britischen Militärlagers«, erwiderte sie. »Sie hat faschistischen Kräften der Unterdrückung Infrastruktur und Komfort zur Verfügung gestellt.«

Wieder blieb ihr kühler Blick spielerisch auf mir liegen. Habe ich schon gesagt, wie attraktiv sie war? Was bedeutet Attraktivität unter solchen Umständen? Sie trug ein Kattunkleid. Man zwang sie, für Verbrechen zu büßen, die sie nicht bereute. Sie hatte alle Sinne angespannt, das spürte ich, und sie wußte, daß ich das spürte, und die Kluft zwischen uns reizte sie.

»Meine Abteilung erwägt, Ihnen bei Ihrer Freilassung einen gewissen Geldbetrag anzubieten, zahlbar, wenn Ihnen das lieber ist, an jemanden, den Sie uns in der Zwischenzeit nennen«, sagte ich. »Wir wollen an Informationen kommen, die zur Festnahme und Überführung Ihres Freundes Seamus führen könnten. Wir interessieren uns für seine früheren Verbrechen und auch für die, die er noch plant, für konspirative Adressen, Kontaktpersonen, Gewohnheiten und Schwächen.« Sie wartete, daß ich weiterredete, und ich redete weiter, auch wenn es wahrscheinlich töricht war. »Seamus ist kein Held. Er ist ein Schwein. Nicht so jemand, den Sie ein Schwein nennen. Sondern ein richtiges Schwein. Niemand hat ihm etwas Böses getan, als er jung war; seine Eltern sind anständige Leute, die im County Down einen Tabakladen haben. Sein Großvater war Polizist, und zwar ein guter. Seamus sprengt Leute zum Spaß in die Luft, weil er schwach ist. Deshalb hat er auch Sie schlecht behandelt. Er existiert nur, wenn er anderen Leid zufügt. Die übrige Zeit ist er ein verzogener kleiner Junge.«

Ich war nicht zu ihr durchgedrungen.

»Sind Sie schwach, Herr Niemand? Ich halte das für möglich. Bei Ihrem Beruf ist das normal. Sie sollten sich uns anschließen, Herr Niemand. Sie sollten bei uns Unterricht nehmen, und wir werden Sie zu unserer Sache bekehren. Dann werden Sie stark sein.«

Wohlgemerkt, dabei hob sie weder die Stimme noch verhielt sie sich irgendwie sonst theatralisch. Sie blieb herablassend und gefaßt, geradezu aufgeschlossen. Ihre Boshaftigkeit war tief in ihrem Innern verborgen. Ihr gesundes, natürliches Lächeln wich ihr nicht aus dem Gesicht, solange sie sprach, während hinter ihr Captain Levi weiterhin in ihre Erinnerungen starrte, vermutlich, weil sie von dem Gesagten kein Wort verstand.

Der Colonel sah mich fragend an. Da ich meinen Worten selbst nicht mehr traute, hob ich nur fragend die Hände vom Tisch: was soll's? Der Colonel sagte etwas zu Captain Levi, die mit der enttäuschten Gebärde einer Frau, die gekocht hat und jetzt zusehen muß, wie die Mahlzeit ungegessen wieder abgeräumt wird, auf einen Klingelknopf drückte, um die Wachen zu rufen. Britta erhob sich, strich das Gefängniskleid über ihren Brüsten und Hüften glatt und streckte die Hände zum Anlegen der Handschellen aus.

»Wieviel Geld hatten Sie mir denn anbieten wollen, Herr Niemand?« erkundigte sie sich.

»Gar nichts«, sagte ich.

Sie machte wieder einen Knicks vor mir und ging dann mit wogenden Hüften zwischen ihren Wärterinnen zur Tür; in ihrem Kattunkleid erinnerte sie mich an Monica in ihrem Morgenmantel. Ich fürchtete, sie würde noch etwas sagen, aber sie ließ es sein. Vielleicht war ihr bewußt, daß sie die Stärkere gewesen war und jedes weitere Wort die Wirkung verderben würde. Der Colonel folgte ihr nach draußen, und ich war mit Captain Levi allein. Sie zeigte noch immer ihr halbes Lächeln.

»Na also«, sagte sie. »Jetzt wissen Sie in etwa, wie man sich fühlt, wenn man Britta zuhören muß.«

»Kann schon sein.«

»Manchmal reden wir einfach zuviel miteinander. Vielleicht hätten Sie Englisch mit ihr sprechen sollen. Solange sie Englisch spricht, kann ich etwas für sie empfinden. Sie ist ein Mensch, sie ist eine Frau, sie ist im Gefängnis. Und Sie können sicher sein, daß sie Qualen leidet. Sie ist mutig, und solange sie Englisch mit mir spricht, kann ich ihr gegenüber meine Pflicht tun.«

»Und wenn sie Deutsch mit Ihnen spricht?«

»Wozu sollte das gut sein, sie weiß doch, daß ich sie nicht verstehen kann?«

»Aber wenn sie es täte — und wenn Sie sie verstehen könnten? Was dann?«

Ihr Lächeln wurde verkrampft und ein wenig beschämt. »Dann würde ich es wohl mit der Angst zu tun bekommen«, antwortete sie in ihrem langsamen Amerikanisch. »Ich glaube, wenn sie mir etwas befehlen würde, könnte ich in Versuchung geraten, ihr zu gehorchen. Aber ich lasse mir von ihr nichts befehlen. Wozu auch? Ich gebe ihr keine Macht über mich. Ich spreche Englisch und bleibe der Boß. Ich war zwei Jahre lang im Konzentrationslager Buchenwald, müssen Sie wissen.« Noch immer lächelnd, sagte sie den Rest auf deutsch, in dem gepreßten, gedämpften Flüsterton des Lagerinsassen: »Man hört so scheußliche Echos in ihrer Stimme, wissen Sie.«

Der Colonel stand am Eingang und wartete auf mich. Als wir die Treppe hinunterstiegen, legte er mir wieder eine Hand auf die Schulter. Diesmal wußte ich, warum.

»Verhält sie sich bei allen Männern so?« fragte ich ihn.

»Captain Levi?«

»Britta.«

»Allerdings. Bei Ihnen nur ein bißchen mehr, das ist alles. Vielleicht, weil Sie Engländer sind.«

Durchaus möglich, dachte ich, und vielleicht auch, weil sie in mir mehr als nur den Engländer gesehen hat. Vielleicht hat sie unbewußte Signale meiner Ansprechbarkeit empfangen. Aber was auch immer Britta in mir gesehen haben mag oder nicht, durch sie hatte meine Verwirrung den Höhepunkt erreicht. Sie hatte artikuliert, was ich nur vage spürte: meinen krampfhaften Versuch, an einer Welt festzuhalten, die mir entglitt, meine Empfänglichkeit für jedes zufällige Argument und Begehren.

Die Aufforderung, Hansen aufzuspüren, erreichte mich noch am selben Abend, mitten in einer ausgelassenen Diplomatenparty, die mein Gastgeber von der Britischen Botschaft in Herzliyye gegeben hatte.

9

Earnest Perigrew befragte Smiley zum Kolonialismus. Früher oder später befragte Perigrew jeden, der nach Sarratt kam, zum Kolonialismus, und seine Fragen waren meist ziemlich unverschämt. Er war ein unruhiger junger Mann, Sohn britischer Missionare in Westafrika und einer jener Menschen, auf die der Service wegen ihrer speziellen Kenntnisse und sprachlichen Qualifikation praktisch kaum verzichten kann. Wie üblich saß er allein, im Schatten hinten in der Bibliothek, das hagere Gesicht vorgereckt und eine lange Hand emporgehoben, als wolle er irgendwelchen Spott abwehren. Seine Frage war zunächst ganz vernünftig gewesen, dann aber zu einer wütenden Predigt über Großbritanniens Gleichgültigkeit gegenüber den ehemals versklavten Untertanen ausgeartet.

»Ja, ich denke, ich bin ziemlich Ihrer Meinung«, sagte Smiley zur allgemeinen Überraschung in höflichem Ton, nachdem er sich Perigrew bis zu Ende angehört hatte. »Ich fürchte, die traurige Antwort ist einfach die, daß der Kalte Krieg bei uns so etwas wie einen Ersatz-Kolonialismus hervorgebracht hat. Einerseits haben wir so gut wie alles, was unsere nationale Identität ausmacht, der amerikanischen Außenpolitik überlassen. Andererseits haben wir uns eine Galgenfrist für unsere kolonialistische Vision erkauft. Schlimmer noch, wir haben die Amerikaner ermutigt, sich ganz genauso zu verhalten. Nicht daß die unsere Ermutigung nötig gehabt hätten, aber sie waren natürlich froh darüber.«

Hansen hatte so ziemlich das gleiche gesagt. Und etwa mit denselben Worten. Aber während Smiley kaum etwas von seiner weltmännischen Art einbüßte, hatte

Hansen mir dabei mit Augen ins Gesicht gestarrt, die noch von der roten Hölle glühten, aus der er zurückgekehrt war.

Ich flog von Israel nach Bangkok, weil Smiley sagte, Hansen sei durchgedreht und wisse zu viel: ein Funkspruch, den ich selbst dechiffrieren mußte, war für mich beim Leiter der Station Tel Aviv eingegangen. Smiley war zu jener Zeit Leiter der Sicherheitsabteilung des Service und damit auf dem Papier Vizechef des Hauses. Immer wenn ich von ihm hörte, schien er gerade in fliegender Eile wieder einmal irgendein Leck zu verstopfen oder einen Skandal abzuwehren. Ich schwitzte ein tropisch heißes Wochenende über einem Stoß per Boten gelieferter Akten und redete am Telefon eine Stunde lang beschwichtigend auf Mabel ein, die am letzten Hindernis des alljährlichen Rennens um das Amt des Damenmannschaftskapitäns in unserem Golfclub gestürzt war und irgendwelche Intrigen witterte.

Ich weiß nicht, warum die gegenüber Mabel so streng sind. Vielleicht stören sie sich an ihrer direkten Art. Ich tat, was ich konnte. Ich sagte ihr, die Gemeinheit dieser Weiber in Kent übertreffe alles, was ich je im Service erlebt habe. Ich versprach ihr nach meiner Rückkehr einen herrlichen Urlaub. Wohin die Reise gehen sollte, habe ich vergessen, da wir sie nie angetreten haben.

Hansens Akte schilderte mir einen Menschentyp, mit dem ich inzwischen vertraut war; denn davon hatten wir eine ganze Menge. Ich selbst war auch so einer, und Ben ebenfalls: der Typ des hybriden Engländers, der den Service zu seiner Heimat macht und mit einer Reihe von Eigenschaften ausstattet, die er in Wirklichkeit gar nicht besitzt.

Wie ich war Hansen ein halber Holländer. Vielleicht hatte Smiley mich deshalb ausgewählt. Hansen war in der bitteren Zeit der deutschen Okkupation Hollands geboren, dann im Schatten des Delfter Doms aufgewachsen. Die englischen Eltern seiner Mutter, einer Angestellten bei Thomas Cook's, bedrängten sie bei Kriegsausbruch, mit ihnen nach London zurückzugehen. Sie lehnte ab, heiratete statt dessen einen Delfter Vikar, der ein Jahr später von einem deutschen Erschießungskommando hingerichtet wurde und seine schwangere Frau völlig auf sich allein gestellt zurückließ. Unverzagt trat sie einer britischen Fluchthelfergruppe bei, wo sie bei Kriegsende eine ausgewachsene Organisation leitete, die über eigene Kommunikationswege, Informanten, sichere Häuser und die übliche Ausstattung verfügte. Die Arbeit meiner Mutter beim Service hatte auch nicht viel anders ausgesehen. Auf welchen Wegen der junge Hansen dann zu den Jesuiten gekommen war, teilte die Akte nicht mit. Vielleicht war die Mutter konvertiert. Es waren damals schwere Zeiten, und wenn der Zweck es erforderte, könnte sie, um dem Jungen eine anständige Erziehung zu erkaufen, durchaus ihren protestantischen Überzeugungen abgeschworen haben. Gib den Jesuiten seine Seele, mag sie überlegt haben, sie geben ihm dafür einen klugen Kopf. Oder vielleicht spürte sie schon früh bei ihrem Sohn jene Ruhelosigkeit, die später sein Leben beherrschen sollte, und beschloß, ihn einer strengeren religiösen Disziplin zu unterwerfen, als die eher laxen Protestanten sie zu bieten hatten. Wenn es so war, dann hat sie klug gehandelt. Hansen nahm den Glauben so an, wie er auch alles andere annahm: mit Leidenschaft. Die Nonnen beeindruckten ihn ebenso wie die Mönche, die Priester und die Lehrer. Bis er mit einundzwanzig, gelehrt und fromm, aber noch immer Novize, in ein Priesterseminar nach Indonesien geschickt wurde, wo er die Lebensweise der Heiden kennenlernen sollte: Sumatra, die Molukken, Java.

Wie so viele Holländer scheint Hansen Asien instinktiv geliebt zu haben. Die braven Holländer können, wie Heines sprichwörtliche Kiefer, an den Küsten ihres kleinen flachen Landes stehen und in der kalten Meeresluft das Zitronengras und die Kochtöpfe Asiens riechen.

Hansen kam, sah und wurde besiegt. Buddhismus und Islam, die Riten und der Aberglaube der entlegensten Wilden — auf all das stürzte er sich mit einem Eifer, der nur noch zunahm, je tiefer er in den Dschungel vordrang.

Auch Sprachen lernte er wie von selbst. Zu seinen beiden Sprachen, Holländisch und Englisch, hatte er mühelos Französisch und Deutsch dazugelernt. Jetzt kamen weitere Sprachen dazu: Tamilisch, Khmer, Thai, Sanskrit und mehr als nur ein paar Brocken Kantonesisch, wobei er oft Hunderte von Meilen hügeligen Landes durchwanderte, um einen fehlenden Dialekt oder ein rituelles Bindeglied aufzuspüren. Er verfaßte Abhandlungen über philologische Themen, Hochzeitsriten, Feuerwerk und Affen. Er entdeckte in den Tiefen des Dschungels versunkene Tempel und erhielt Auszeichnungen, deren Annahme die Gesellschaft Jesu ihm nicht gestattete. Nachdem er sechs Jahre furchtlos gesucht und geforscht hatte, war er einer jener Spitzenwissenschaftler, für die die Jesuiten so berühmt sind, er erhielt außerdem die Priesterweihe.

Aber nur wenige Dinge können sechs Jahre geheim bleiben. Nach und nach bekamen die über ihn umlaufenden Geschichten einen unangenehmen Beigeschmack. Hansen der Schwindler. Hansens Gelüste. Sehen Sie jetzt nicht hin, aber da kommt eins von Hansens Mädchen.

Was ihn erledigte, waren Ausmaß und Dauer seines Treibens: die Tatsache, daß es, als sie erst einmal mit der Untersuchung angefangen hatten, keinen Winkel seines Lebens gab, der nicht anfällig gewesen wäre, keine Reise, bei der es nicht einen Abstecher gegeben hätte. Hier und da eine Frau — oder ein junger Mann —, nun, nach dem, was ich überall auf der Welt bei Priestern erlebt habe, sind solche kleinen Sünden gewiß eher die Regel als die Ausnahme.

Aber die permanenten Exzesse, denen Hansen sich in

jedem Kampong und jeder schäbigen Seitengasse hingab, diese endlosen Ausschweifungen, denen er, wie man jetzt entdeckte, über ein Jahrzehnt lang direkt unter ihrer Nase gefrönt hatte, mit Mädchen, die nach westlichen Maßstäben kaum für die Erste Kommunion, geschweige denn für die Ehe geeignet waren — und von denen viele zudem unter dem Schutz der Kirche standen —, machten ihn plötzlich und auf dramatische Weise unhaltbar. Angesichts der Beweise für ein derart fortgesetztes und ausgeprägtes sündhaftes Treiben reagierte sein Superior eher betrübt als entrüstet. Er befahl Hansen, nach Rom zurückzukehren, und schickte vorab einen Brief an den General der Gesellschaft. Von Rom, gab er Hansen traurig Bescheid, werde er höchstwahrscheinlich nach Loyola in Spanien geschickt werden, wo qualifizierte jesuitische Psychotherapeuten ihm helfen würden, mit seiner bedauerlichen Schwäche zurechtzukommen. Und danach — nun, ein Neubeginn, vielleicht eine andere Hemisphäre, ein neuer Abschnitt. Doch wie früher schon seine Mutter, lehnte Hansen es hartnäckig ab, seine Wahlheimat zu verlassen.

Ratlos schickte ihn sein Oberer zu einer abseits in den Bergen gelegenen Missionsstation, die von einem Traditionalisten der strengeren Schule geleitet wurde. Dort durchlitt Hansen die Grausamkeiten des Hausarrestes. Er wurde überwacht wie ein Geistesgestörter. Er durfte die Umgebung des Hauses nicht verlassen, Bücher, Papier, Gesellschaft und Lachen waren ihm verboten. Die Menschen reagieren auf Gefangenschaft ebenso unterschiedlich wie auf große Höhen, Kälte oder den Tod. Hansen reagierte schrecklich darauf, und nach drei Monaten konnte er es nicht mehr aushalten. Als ihn seine Aufpasser zur Messe begleiteten, warf er einen von ihnen eine Treppe hinunter, während der andere Bruder die Flucht ergriff. Dann kehrte Hansen nach Djakarta zurück und tauchte ohne Geld und Paß in den ihm so gut bekannten Bordellen unter. Die Mädchen nahmen sich seiner an, und zum Dank betätigte er sich als Zuhälter und Rausschmeißer. Er zapfte Bier, spülte Gläser, setzte Ruhestörer an die Luft, nahm Beichten ab, leistete Beistand, spielte mit den Kindern im Hinterzimmer. So wie ich ihn jetzt kenne, sehe ich ihn all das mühelos und ohne Umstände machen. Er war kaum dreißig, und seine Begierden waren so heftig wie eh und je. Doch eines Tages, wie so oft einem Impuls nachgebend, rasierte sich Hansen, zog ein sauberes Hemd an und machte dem britischen Konsul seine Aufwartung, um seine britische Seele einzufordern.

Und der Konsul, weder taub noch blind, sondern ein langgedientes Mitglied des Service, hörte sich Hansens Geschichte an, stellte ein paar gelangweilte Fragen und wurde hinter einer Maske der Teilnahmslosigkeit aktiv. Seit Jahren hatte er einen Mann mit Hansens Talenten gesucht. Hansens Unberechenbarkeit schreckte den Konsul nicht im mindesten. Eben das gefiel ihm. Er forderte von London Hintergrundmaterial an; um keine übertriebene Begeisterung zur Schau zu stellen, lieh er Hansen bescheidene Bargeldbeträge gegen Quittungen in dreifacher Ausfertigung. Als London die saubere Vergangenheit von Hansens Mutter mitteilte und andeutete, sie sei eine ehemalige Agentin des Service, war das Glück des Konsuls vollkommen.

Nach einem weiteren Monat war es Hansen halbwegs bewußt — das heißt, er wußte es, aber nur zur Hälfte, vielleicht aber auch gar nicht —, daß er womöglich in Kontakt zu dem geraten war, was man vage als den Britischen Nachrichtendienst bezeichnen könnte. Nach zwei weiteren Monaten machte er, rastlos wie immer, eine Tour durch den Süden Javas, angeblich auf der Suche nach antiken Schriftrollen, in Wirklichkeit, um den Konsul von der Stärke der kommunistischen Subversion zu unterrichten, die er sich als neuen Antichrist erkoren hatte. Am Ende des Jahres reiste er nach London, mit dem ersehnten nagelneuen britischen Paß ausgestattet, der allerdings nicht auf seinen eigenen Namen ausgestellt war.

Ich wandte mich seinem kurzgefaßten Ausbildungsprotokoll zu, das sechs Monate umfaßte. Der damalige Chef von Sarratt war Clive Bellamy, ein dürrer, boshafter Etonschüler. »Hervorragend in allen praktischen Dingen«, schrieb er in Hansens Abschlußbericht. »Hat ein ausgezeichnetes Gedächtnis und schnelle Reaktionen, kann selbständig arbeiten. Muß straff geführt werden. Sollte es auf meinem Schiff zu einer Meuterei kommen, würde ich Hansen als ersten auspeitschen lassen. Braucht eine wasserdichte Tarnung und einen erstklassigen Überwacher.«

Dann das Protokoll seiner Einsätze. Auch hier nichts von Wahnsinn. Da Hansen noch immer Holländer war, beschloß die Zentrale, es dabei zu lassen und sein Engländertum herunterzuspielen. Hansen erhob Einspruch, aber der wurde abgewiesen. Zu einer Zeit, da die Briten im Ausland von jedermann außer von ihnen selbst als Amerikaner, nur ohne deren Schlagkraft, angesehen wurden, hätte die Zentrale für einen Schweden gemordet und für einen Westdeutschen gestohlen. Selbst die etwas schlichter gestrickten Kanadier wurden umworben. Zurück in Holland, vollzog Hansen formell seine Trennung von den Jesuiten und fing an, sich nach neuen Betätigungsfeldern im Osten umzusehen. Damals gab es in den westeuropäischen Hauptstädten eine ganze Reihe von Orient-Forschungsinstituten. Hansen klapperte sie alle ab, erhielt hier ein Versprechen und dort einen Auftrag. Eine französische Nachrichtenagentur für den asiatischen Raum nahm ihn als freien Mitarbeiter. Eine Londoner Wochenzeitung gab ihm auf einen Wink der Zentrale hin einen Posten, unter der Bedingung, daß er sie nichts kosten würde. Und so weiter, bis seine Tarnung vollständig war — so umfassend, daß er für jede beliebige Reise und alle Fragen, die er stellen mochte, einen

Grund angeben konnte, und so vielseitig, daß die Herkunft seiner Finanzen unergründlich war, da niemand je würde ermitteln können, wer von seinen zahlreichen Arbeitgebern ihm wieviel für was bezahlte. Jetzt war er zum Einsatz bereit. Das britische Interesse an Südostasien mochte ja mit dem Schrumpfen des Empire abgenommen haben, aber die Amerikaner mit ihrem offiziellen Krieg in Vietnam, dem inoffiziellen in Kambodscha und dem geheimen in Laos steckten noch tief drin. In unserer wenig reizvollen Rolle als Mitläufer waren wir entzückt, ihnen Hansens wertvolle Talente anbieten zu dürfen.

Spionagetechnik vermag eine ganze Menge. Sie kann Äcker und Gräben fotografieren, Panzer und Raketenstellungen, Reifenabdrücke und den Zug des Rentiers. Sie registriert den Furz eines russischen Jagdfliegers in zwölf Kilometer Höhe und den Rülpser eines schlafenden chinesischen Generals. Aber die menschliche Intelligenz kann sie nicht ersetzen. Sie kann einem nicht sagen, was im Herzen eines kambodschanischen Bauern vorgeht, dessen Terrassenfelder von Dr. Kissingers nicht gekennzeichneten Bombern in tausend Stücke gesprengt, dessen Töchter als Prostituierte in die Stadt verkauft und dessen Söhne dazu verführt wurden, die Felder zu verlassen und für eine amerikanische Marionettenarmee zu kämpfen, oder in die Reihen der Roten Khmer gedrängt wurden, um die Familie zu schützen. Spionagetechnik kann nicht die Worte von den Lippen der mit schwarzen Pyjamas bekleideten Dschungelkämpfer ablesen, deren mächtigste Waffe der pervertierte Marxismus eines blutrünstigen, an der Sorbonne ausgebildeten kambodschanischen Psychopathen ist. Sie kann nicht die Auspuffgase einer Armee riechen, die über keine Kraftfahrzeuge verfügt. Oder die Kodes einer Armee ohne Sendeanlagen knacken. Oder die Vorräte von Menschen berechnen, die sich von Käfern und Baumrinde ernähren können; oder die Moral derer, die, nachdem sie ihren ganzen Besitz verloren haben, nur noch die Zukunft zu gewinnen haben.

Aber Hansen konnte das. Hansen, der Wahlasiate, konnte eine Woche lang ohne Essen wandern, in den Kampongs hocken und dem Gemurmel der Dorfbewohner zuhören, Hansen spürte den aufkommenden Wind ihres Widerstandes, lange bevor er die Sternenbanner auf den Botschaftsdächern in Phnom Penh und Saigon zum Flattern brachte. Und er konnte den Bomberpiloten sagen — und, wie er später bedauern sollte, tat er das auch —, er konnte den amerikanischen Bomberpiloten sagen, welche Dörfer den Vietkong Unterschlupf gewährten. Auch er war ein Menschenfischer. Er konnte Helfer aus allen sozialen Schichten rekrutieren und ihnen beibringen, wie und was sie sehen und hören, behalten und berichten sollten. Er wußte, wie wenig oder wie viel er ihnen sagen durfte, wie und ob er sie zu belohnen hatte oder nicht.

Erst einige Monate, dann Jahre lang arbeitete Hansen auf diese Weise in den sogenannten ›befreiten Gebieten‹ im Norden Kambodschas, wo offiziell die Roten Khmer an der Macht waren, bis er eines Tages aus dem Dorf verschwand, das er zu seiner Heimat gemacht hatte; lautlos verschwand und die Einwohner mit sich nahm. Um bald für tot gehalten zu werden, ein weiteres Opfer des Dschungels.

Und war tot geblieben, bis er vor kurzem in einem Bangkoker Bordell wieder ins Leben zurückgekehrt war.

»Lassen Sie sich Zeit, Ned«, hatte Smiley mich bei seinem Anruf in Tel Aviv bedrängt. »Wenn Sie sich erst einmal ein paar Tage an die Zeitumstellung gewöhnen wollen, soll es mir recht sein.«

Was in Smileys Sprache bedeutete: »Suchen Sie ihn so schnell wie möglich auf und berichten Sie mir, daß ich nicht schon wieder einen Riesenskandal am Hals habe.«

Unser Stationsleiter in Bangkok war ein kahlköpfiger, ungehobelter, schnauzbärtiger kleiner Tyrann namens Rumbelow, für den ich mich nie hatte erwärmen können. Der Service hat Fünfzigjährigen herzlich wenig zu bieten. Die meisten sind enttarnt; viele sind zu müde und desillusioniert, als daß sie das überhaupt noch interessierte. Andere gehen zu Privatbanken oder in die Wirtschaft, aber solche Ehen haben selten Bestand. Mit dem Denken dieser Männer ist irgend etwas geschehen, das sie für das Leben in der Öffentlichkeit untauglich macht. Ganz wenigen jedoch, und dazu zählten etwa Toby Esterhase und Rumbelow, gelingt das Kunststück, den Service zur Geisel ihrer unverzichtbaren Eigenschaften zu nehmen.

Was genau Rumbelows unverzichtbare Eigenschaften waren, habe ich nie in Erfahrung gebracht. Schäbig waren sie auf alle Fälle, denn wenn er auf eins spezialisiert war, dann auf menschliche Niedertracht. Ein Gerücht besagte, er habe einige korrupte Thai-Generäle in der Hand, die für ihn und sonst niemanden arbeiteten. Ein anderes, er habe einem Mitglied des Königshauses bei einem schmutzigen Geschäft einen Gefallen getan, von dem man nicht sprechen dürfe. Womit auch immer er sie in seiner Gewalt hatte, die Herren der Fünften Etage wollten nichts Schlechtes über ihn hören. »Und um Gottes willen, ecken Sie bloß nicht bei Rumbelow an, Ned«, hatte Smiley mich angefleht. »Er ist mit Sicherheit ein unangenehmer Zeitgenosse, aber wir brauchen ihn.«

Ich traf ihn in meinem Hotelzimmer. Für den Rest der Welt war ich Mark Seymour, Buchhalter von Beruf, und spürte kein Verlangen, mich in der Botschaft oder Rumbelows Haus sehen zu lassen. Ich hatte zwanzig Stunden im Flugzeug hinter mir. Es war früher Abend. Rumbelow sprach wie ein Buchmacher aus Eton. Und wenn ich jetzt so darüber nachdenke, sah er auch wie einer aus.

»Es war der *reinste* Zufall, verdammt noch mal, daß

wir überhaupt auf diesen Scheißkerl gestoßen sind«, erzählte er mir gereizt. »Man streckt natürlich die Fühler aus. Man legt das Ohr auf den sprichwörtlichen Boden. Man weiß, wie der Hase läuft. Man hat von ähnlichen Fällen gehört. Man ist nicht unempfänglich. Man stellt sich nicht gerne vor, wie einer von den Joes an einer Stange hängend wochenlang durch den Dschungel geschleppt und dabei von den Roten Khmer bestialisch gefoltert wird. Man ist ja kein Vogel Strauß. Man weiß, was da passiert. Die Schlitzaugen haben mit den Queensbury-Rules nichts am Hut, müssen Sie wissen«, versicherte er mit, als hätte ich das Gegenteil behauptet. Dann zog er aus dem Ärmel seines durchgeschwitzten Anzugs ein Taschentuch und betupfte damit heftig seinen albernen Schnauzbart. »Ein *Durchschnitts*-Joe würde nach einer einzigen solchen Nacht um eine schnelle Kugel betteln.«

»Sind Sie sicher, daß ihm das zugestoßen ist?«

»Sicher? Aber nicht im geringsten, alter Junge. Gerüchte, sonst nichts. Wie kann ich denn sicher sein, wenn dieser Scheißkerl nicht mal mit uns reden will? Droht mit Gewalt falls wir's versuchen sollten! Soweit *ich* weiß, haben die Roten Khmer nie etwas von ihm gesehen oder gehört. Die haben den Holländern noch nie getraut, nicht hier draußen — die denken doch, denen *gehört* diese verdammte Gegend. Hansen wäre ganz bestimmt nicht der erste Joe, der sich klammheimlich verdrückt, wenn ihm die Lage zu brenzlig wird, und dann plötzlich, wenn alles vorbei ist, wieder auftaucht, um sein Lametta und seine Pension einzufordern. Allem Anschein nach noch im Besitz seiner sämtlichen Finger und Daumen. Auch andere Körperteile scheinen ihm nicht zu fehlen, wenn man bedenkt, wo er sich jetzt verkrochen hat. Duffy Marchbanks hat ihn entdeckt. Erinnern Sie sich an Duffy? Braver Bursche.«

Mir sank der Mut, ja, ich erinnerte mich an Duffy. Er war mir schon aufgestoßen, als ich seinen Namen in der Akte gelesen hatte. Ein extravaganter Gauner mit Sitz in

Hongkong und einer Vorliebe für schnelle Geschäfte mit allem möglichen, von Opium bis Muschelschalen. Einige Jahre lang waren wir so töricht gewesen, ihm sein Büro zu finanzieren.

»Der reinste Zufall war das, was Duffy betrifft. Er war hier auf Stippvisite. Bloß für einen Tag. Einen Tag, eine Nacht, dann wieder zurück zu seiner Alten und seinen Büchern. Ein ausländisches Freizeitkonsortium hatte ihn beauftragt, hundert Morgen bestes Küstenland für sie anzukaufen. Nach Kaufabschluß dann alle ab in ein einschlägiges Restaurant, Duffy und seine Geschäftspartner — gegen so was hat Duffy noch nie was einzuwenden gehabt. Meer der Glückseligkeit heißt der Laden, liegt mitten im Vergnügungsviertel. Soll ein ziemlich anspruchsvolles Etablissement sein, habe ich gehört. Chambres separées, ordentliches Essen, falls man Hunanesisch mag, man bekommt was für sein Geld, und die Mädchen lassen einen in Ruhe, es sei denn, man läßt sich eine kommen.«

In solchen Restaurants, erklärte er, wobei es ihm irgendwie gelang, den Eindruck zu vermitteln, als sei er selbst nie in einem gewesen, säßen junge Hostessen mehr oder weniger bekleidet zwischen den Gästen und reichten ihnen Essen und Getränke, während die Männer über gewichtige Geschäftssachen diskutierten. Darüber hinaus habe das Meer der Glückseligkeit einen Massagesalon zu bieten, eine Diskothek und eine Live-Show im Parterre.

»Duffy macht den Handel mit dem Konsortium perfekt, ein Scheck wechselt den Besitzer, ihn sticht der Hafer. Also beschließt er, sich von einem der Mädchen verwöhnen zu lassen. Die Sache wird abgemacht, ab geht's in eine der Kabinen. Das Mädchen behauptet, Durst zu haben, wie wär's mit einer Flasche Champagner, um sie auf Touren zu bringen? Sie arbeitet natürlich auf Provisionsbasis — machen die alle. Was soll's. Duffy ist gut drauf, also warum nicht? Das Mädchen drückt auf eine

Klingel, schreit in die Sprechanlage, und dann sieht Duffy auch schon so einen verdammt großen Europäer mit Eiskübel und Tablett hereinmarschieren. Stellt das Zeug hin, Duffy gibt ihm zwanzig Baht Trinkgeld, der Kerl sagt ›danke‹, auf englisch und sehr höflich, aber ohne zu lächeln, verzieht sich. Es ist Hansen. Dschungel-Hansen. Kein Abbild ... sondern er selbst!«

»Woher will Duffy das wissen?«

»Hat doch sein Foto gesehen, oder?«

»Wieso?«

»Herrgott noch mal, weil wir Duffy das verdammte Foto gezeigt haben, als Hansen vermißt gemeldet wurde! Wir haben es jedem in der ganzen verdammten Gegend hier gezeigt, den wir kannten! Warum, haben wir nicht gesagt — wir haben nur gesagt, wenn ihr irgendwo diesen Mann seht, schlagt Alarm. Befehl von der Zentrale, na ich danke, war nicht *meine* Idee. *Ich* habe das für verdammt riskant gehalten.«

Um sich zu beruhigen, goß Rumbelow uns noch einen Whisky ein. »Duffy braust zu seinem Hotel zurück, ruft mich gleich zu Hause an. Drei Uhr morgens. ›Ich hab' den Kerl‹, sagt er. ›Wen denn?‹ frag ich. ›Von dem Sie mir dieses nette Bild geschickt haben, damals in Hongkong, vor einem Jahr oder so. Er arbeitet als Kellner in einem Puff, Meer der Glückseligkeit.‹ Sie wissen ja, wie Duffy redet. Loses Mundwerk. Am nächsten Tag habe ich Henry da mal vorbeigeschickt. Der Idiot hat alles verpatzt. Davon haben Sie doch hoffentlich schon gehört? Typisch.«

»Hat Duffy mit Hansen gesprochen? Ihn gefragt, wer er ist? Oder was?«

»Aber nicht doch. Hat einfach durch ihn durchgesehen. Duffy ist ein alter Hase. Salz der Erde. Schon immer.«

»Wo ist Henry?«

»Wartet unten im Foyer.«

»Holen Sie ihn rauf.«

Henry war Chinese, Sohn eines hohen Offiziers der Kuomintang im Schanstaat und unser Bangkoker Chefagent, obwohl ich den Verdacht habe, daß er sich schon längst bei der thailändischen Polizei rückversichert hatte und jetzt eine ruhige Kugel schob, weil er sicherheitshalber auf beide Seiten setzte. Er war untersetzt, ein übereifriger schmieriger Kerl, der zuviel lächelte. Er trug eine Goldkette um den Hals und ein elegantes Ledernotizbuch mit goldenem Stift. Zur Tarnung arbeitete er als Übersetzer. Ich war noch nie einem Übersetzer begegnet, der mit einem Gucci-Notizbuch herumlief, aber Henry war eben anders.

»Erzählen Sie Mark, wie Sie sich letzten Dienstagabend im Meer der Glückseligkeit zum Narren gemacht haben«, befahl ihm Rumbelow drohend.

»Aber sicher, Mike.«

»Mark«, sagte ich.

»Aber sicher, Mark.«

»Er hatte Anweisung, sich da mal umzusehen. Das war *alles*«, fuhr Rumbelow dazwischen, noch ehe Henry irgend etwas sagen konnte. »Umsehen, herumschnüffeln, mich anrufen. Stimmt's, Henry? Er sollte bloß die Lage peilen, schnüffeln, *sehen,* ob Hansen sich da irgendwo herumtreibt, *nicht* mit ihm sprechen, mich informieren. Eine diskrete Erkundung ohne Kontaktaufnahme. Schnüffeln und berichten. Jetzt erzählen Sie Mark, was Sie getan haben.«

Zuerst habe er an der Theke einen Drink zu sich genommen, sagte Henry; dann habe er sich die Show angesehen. Dann habe er sich die Mama San, die Puffmutter, kommen lassen, die in der Annahme, er habe irgendeinen besonderen Wunsch, sogleich herbeigeeilt sei. Die Mama San war eine Chinesin aus derselben Provinz wie Henrys Vater, also hätten sie gleich etwas Gemeinsames gehabt.

Er habe der Mama San seine Übersetzerkarte gezeigt und ihr erzählt, er wolle einen Artikel über ihr Etablissement schreiben — das ausgezeichnete Essen, die entzükkenden Mädchen, den hohen Standard der Sinnlichkeit und der Hygiene, vor allem der Hygiene. Er behauptete, er arbeite im Auftrag eines deutschen Reisemagazins, das nur die besten Lokalitäten empfehle.

Die Mama San schluckte den Köder und bot ihm eine Führung durchs Haus an. Sie zeigte ihm die separaten Speisezimmer, die Küchen, Kabinen und Toiletten. Sie stellte ihm die Mädchen vor — und bot ihm eins auf Kosten des Hauses an, was er ablehnte —, den Geschäftsführer, den Türsteher und die Rausschmeißer, aber aus irgendeinem Grund nicht diesen riesigen Europäer, den Henry bis dahin nun schon dreimal gesehen hatte, einmal, als er aus den separaten Speisezimmern ein Tablett mit Gläsern in die Küche trug, einmal, als er einen Servierwagen voller Flaschen durch einen Flur schob, und einmal, als er aus einer offenen Stahltür auftauchte, die anscheinend in das Getränkelager führte.

»Aber wer ist denn dieser *farang,* der die Flaschen für Sie trägt?« hatte Henry sich amüsiert bei der Mama San erkundigt. »Muß der nachsitzen und arbeiten, weil er seine Rechnung nicht bezahlen kann?«

Auch die Mama San lachte. Gegen *farangs* oder Abendländer sind alle Asiaten natürliche Verbündete. »Der *farang* lebt mit einem unserer kambodschanischen Mädchen zusammen«, antwortete sie voller Verachtung, denn in der thailändischen Zoologie rangieren Kambodschaner noch unter *farangs* und Vietnamesen. »Er hat sie hier kennengelernt und sich in sie verliebt, also versuchte er sie freizukaufen und eine Dame aus ihr zu machen. Aber sie wollte uns nicht verlassen. Also bringt er sie jeden Tag zur Arbeit und bleibt hier so lange, bis sie wieder nach Hause gehen kann.«

»Was für ein *farang* ist er denn? Deutscher? Engländer? Holländer?«

Die Mama San zuckte mit den Schultern. Wo war da der Unterschied? Henry setzte ihr zu. Aber ein *farang,* der seine Frau in ein Bordell bringt und Getränke herumträgt, während sie mit anderen Männern geht, beharrte er, und sie dann wieder mit zu sich nach Hause ins Bett nimmt? Das muß aber ein tolles Mädchen sein!

»Sie hat Nummer neunzehn«, sagte die Mama San mit einem Achselzucken. »Ihr Hausname ist Amanda. Möchten Sie sie mal ausprobieren?«

Doch Henry war über seinen journalistischen Coup zu aufgeregt, um sich ablenken zu lassen. »Aber der *farang*, wie heißt er denn? Wie kommt er denn hierher?« rief er belustigt.

»Er heißt Ham Sin. Mit uns spricht er Thai und mit dem Mädchen Khmer, aber Sie dürfen ihn nicht in Ihrer Zeitung erwähnen, er ist nämlich illegal.«

»Ich kann ihn unkenntlich machen. Ich kann das alles unkenntlich machen. Liebt das Mädchen ihn denn auch?«

»Sie zieht es vor, hier im Meer der Glückseligkeit bei ihren Freundinnen zu sein«, sagte die Mama San geziert.

Henry mußte sich das einfach einmal ansehen. Die Mädchen, die gerade keinen Kunden hatten, rekelten sich hinter einer Glaswand auf Plüschbänken herum; mit nichts als einem Nummernschild um den Hals bekleidet, plauderten sie miteinander, machten ihre Fingernägel oder starrten mit leerem Blick auf einen schlecht eingestellten Fernseher. Während Henry das beobachtete, wurde Nummer 19 aufgerufen; sie stand auf, nahm ihre kleine Handtasche und einen Umhang und verließ den Raum. Sie war sehr jung. Viele Mädchen machten, um die Vorschriften zu umgehen, falsche Angaben über ihr Alter — besonders die völlig mittellosen Kambodschanerinnen. Aber dieses Mädchen, sagte Henry, habe nicht älter als fünfzehn ausgesehen.

Hier nun begann Henry sich von seinem Übereifer in die Irre leiten zu lassen. Er verabschiedete sich von der Mama San, fuhr seinen Wagen in eine Gasse gegenüber der Hintertür und wartete. Kurz nach ein Uhr kam die

Belegschaft nach und nach heraus, darunter auch Hansen, doppelt so groß wie alle anderen, an seinem Arm Nummer 19. Auf dem Platz sahen Hansen und das Mädchen sich nach einem Taxi um, und Henry besaß die Dreistigkeit, mit seinem Wagen neben ihnen zu halten. Zuhälter und illegale Taxifahrer machen zu dieser Nachtstunde enorme Geschäfte, und Henry war einmal beides gewesen, also war sein Vorgehen vielleicht ganz natürlich.

»Wohin möchten Sie, Sir?« rief er Hansen auf englisch zu. »Wollen Sie mit mir fahren?«

Hansen nannte eine Adresse in einem ärmlichen Vorort fünf Meilen nördlich. Man vereinbarte einen Preis, Hansen und das Mädchen stiegen auf den Rücksitz; sie fuhren los.

Jetzt begann Henry ernstlich den Kopf zu verlieren. Durch seinen Erfolg ermutigt, beschloß er, ohne das hinterher irgendwie begründen zu können, daß es das beste wäre, seine Jagdbeute und das Mädchen in Rumbelows Haus abzuliefern, das freilich nicht im Norden, sondern im Westen lag. Selbstverständlich hatte er Rumbelow nicht auf dieses tollkühne Manöver vorbereitet; er selbst war ja kaum darauf vorbereitet. Nichts garantierte ihm, daß Rumbelow zu Hause war oder um halb zwei morgens überhaupt in der Lage, ein Gespräch mit einem ehemaligen Spion zu führen, der achtzehn Monate lang vom Erdboden verschwunden gewesen war. Aber die Vernunft hatte bei Henry in diesem Augenblick nicht die Überhand. Er war ein Joe, und es gibt keinen Joe auf der Welt, der nicht irgendwann einmal in seinem Leben etwas absolut Dämliches anstellt.

»Gefällt Ihnen Bangkok?« fragte Henry munter, in der Hoffnung, seine Passagiere von der Richtung abzulenken, die er eingeschlagen hatte.

Keine Antwort.

»Sind Sie schon lange hier?«

Keine Antwort.

»Ein hübsches Mädchen. Sehr jung. Sehr schön. Ist das Ihre feste Freundin?«

Das Mädchen hatte den Kopf an Hansens Schulter gelegt. Soweit Henry im Rückspiegel sehen konnte, war sie schon eingeschlafen. Aus irgendeinem Grund brachte diese Beobachtung Henry noch mehr in Schwung.

»Brauchen Sie einen Schneider, Sir? Hat Tag und Nacht geöffnet, sehr gut. Ich fahre Sie hin. Guter Schneider.«

Und er bog ungestüm in eine Seitenstraße, tat so, als suche er diesen erbärmlichen Schneider, während er tatsächlich so schnell wie möglich zu Rumbelows Haus fuhr.

»Wieso fahren Sie nach Westen?« fragte Hansen, der nun zum erstenmal etwas sagte. »Ich will nicht in diese Richtung. Ich brauche keinen Schneider. Fahren Sie wieder auf die Hauptstraße.«

Und nun verließ Henry der letzte Funken Verstand. Plötzlich versetzten ihn Hansens Größe und Hansens taktischer Vorteil auf dem Rücksitz in Panik. Was, wenn Hansen bewaffnet war? Henry stieg auf die Bremse und hielt den Wagen an.

»Mr. Hansen, Sir, ich bin Ihr Freund!« rief er auf thai, und es klang, als flehe er um Gnade. »Mr. Rumbelow ist auch Ihr Freund. Er ist stolz auf Sie! Er will Ihnen viel Geld geben. Sie kommen bitte mit mir. Kein Problem. Mr. Rumbelow wird sehr froh sein, Sie zu sehen!«

Das war das letzte, was Henry in dieser Nacht sagte, denn dann stieß Hansen so heftig gegen die Rücklehne von Henrys Fahrersitz, daß Henrys Kopf beinahe durch die Windschutzscheibe krachte. Hansen stieg aus und zerrte Henry aus dem Wagen. Danach stellte er Henry auf die Beine und schleuderte ihn über die Straße. Eine Gruppe schlafender Bettler begann aufgeregt zu jammern und zu lärmen, während Hansen zu dem am Boden liegenden Henry ging und wütend auf ihn herabstarrte.

»Sagen Sie Rumbelow, wenn er mich holen kommt, bringe ich ihn um«, sagte er auf thai.

Dann legte er einen Arm um das noch halb schlafende Mädchen und machte sich mit ihr auf die Suche nach einem anderen Taxi.

Als ich mir die Geschichte der beiden Männer zu Ende angehört hatte, war ich plötzlich furchtbar müde.

Bevor ich sie wegschickte, bat ich Rumbelow, mich am nächsten Morgen anzurufen. Ich sagte, ehe ich irgend etwas unternehmen werde, müsse ich zunächst einmal wegen der Zeitumstellung ausschlafen. Ich legte mich hin und war mit einem Schlag hellwach. Eine Stunde später betrat ich das Meer der Glückseligkeit und kaufte mir ein Ticket für fünfzig Dollar. Ich zog, wie es üblich war, die Schuhe aus, und wenige Augenblicke später stand ich in Strümpfen in einer neonhellen Kabine und starrte in das teilnahmslose, stark geschminkte Gesicht des Mädchens Nummer 19.

Sie trug einen billigen, mit Tigern bedruckten Seidenumhang, der allerdings vom Hals an offen war. Darunter war sie nackt. Ein im japanischen Stil dick aufgetragenes Make-up bedeckte ihr Gesicht. Sie lächelte mich an und streckte schnell eine Hand nach meinen Genitalien aus, aber ich schob ihre Hand zurück. Das Mädchen war so schmächtig, daß mir rätselhaft war, wie sie dieser Arbeit gewachsen sein konnte. Ihre Beine waren für eine Asiatin ungewöhnlich lang, und ihre Haut war ungewöhnlich blaß. Sie warf ihren Umhang ab und sprang, ehe ich sie davon abhalten konnte, auf die durchgescheuerte Chaiselongue, wo sie eine Pose einnahm, die sie offenbar für erotisch hielt, und sich unter sehnsuchtsvollen Seufzern zu streicheln begann. Dann drehte sie sich mit herausgestrecktem Hintern auf die Seite und drapierte sich das Haar so über die Schulter, daß ihre winzigen Brüste daraus hervorragten. Als ich noch immer nicht näher kam, legte sie sich auf den Rücken, öffnete die Schenkel und stemmte ihr Becken hoch, sagte »Darling« und »Bitte«. Sie warf sich herum, so daß ich ihre Rückansicht bewundern konnte, und hielt weiterhin einladend die Beine gespreizt.

»Setz dich richtig hin«, sagte ich, also setzte sie sich auf und wartete, daß ich zu ihr kam.

»Zieh deinen Umhang an«, sagte ich.

Da sie nicht zu begreifen schien, half ich ihr selbst hinein. Henry hatte mir die Botschaft in Khmer aufgeschrieben. »Ich will mit Hansen reden«, lautete sie. »Ich bin in der Lage, Ihnen und Ihrer Familie thailändische Papiere zu besorgen.« Ich gab ihr den Zettel und beobachtete, wie sie ihn studierte. Konnte sie lesen? Das war nicht zu erkennen. Ich reichte ihr einen einfachen weißen Umschlag, der an Hansen adressiert war. Sie nahm ihn und machte ihn auf. Der Brief war getippt und nicht gerade freundlich im Ton. Er enthielt zweitausend Baht.

»Als alter Freund von Father Vernon«, hatte ich unter Verwendung des ihm bekannten Kodeworts geschrieben, »muß ich Sie darauf hinweisen, daß Sie gegen den Vertrag mit unserer Gesellschaft verstoßen. Sie haben einen thailändischen Staatsbürger angegriffen, Ihre Freundin ist illegal aus Kambodscha eingewandert. Wir könnten uns gezwungen sehen, diese Information an die Behörden weiterzugeben. Mein Wagen parkt auf der anderen Straßenseite. Geben Sie das beiliegende Geld der Mama San, damit sie Ihnen für diese Nacht freigibt. Ich erwarte Sie in zehn Minuten.«

Sie ging aus der Kabine und nahm den Brief mit. Bis jetzt war mir gar nicht aufgefallen, was für ein Lärm draußen auf dem Flur herrschte: die schrille Musik, das gellende Gelächter, das wollüstige Knurren, das Rauschen des Wassers in den altersschwachen Leitungen.

Ich hatte den Wagen nicht abgeschlossen. Er saß auf der Rückbank, neben ihm das Mädchen. Irgendwie hatte ich nicht daran gezweifelt, daß er das Mädchen mitbringen würde. Er war groß und kräftig, was ich bereits wußte, und ausgemergelt. Mit seinem schwarzen Bart und den tiefliegenden Augen und seinen nervös um die Lehne des Beifahrersitzes geklammerten Händen glich er im Halbdunkel eher einem der Heiligen, die er einst verehrt hatte, als den Fotos in seiner Akte. Das Mädchen saß zusammengesunken dicht neben ihm, suchte Schutz an seinem Körper. Wir waren noch keine hundert Meter gefahren, als plötzlich ein Sturzregen wie ein Wasserfall auf uns niederging. Ich hielt am Bordstein an, und wir starrten durch die überflutete Windschutzscheibe, sahen die Wassermassen über die Gullis und Schlaglöcher rauschen.

»Wie sind Sie nach Thailand gekommen?« schrie ich auf holländisch. Der Regen trommelte auf das Dach.

»Zu Fuß«, antwortete Hansen auf englisch.

»Wo sind Sie rübergekommen?« schrie ich, ebenfalls auf englisch.

Er nannte den Namen einer Stadt. Hörte sich an wie ›Orania Prathet‹. Der Platzregen hörte auf, und ich fuhr drei Meilen, während Hansen, wachsam wie eine Katze und auch genauso still, beschützend neben dem schlafenden Mädchen saß. Ich hatte nach einer Annonce in der Bangkoker *Nation* ein Strandhotel ausgewählt. Ich wollte ihn aus seiner gewohnten Umgebung herausholen und an einen Ort bringen, der von mir kontrolliert wurde. Ich holte den Schlüssel und bezahlte für eine Nacht im voraus. Hansen und das Mädchen folgten mir über einen Betonpfad zum Strand. Die Bungalows standen in einem zum Meer hin offenen Halbkreis, an dessen einem Ende sich meiner befand. Ich schloß die Tür auf und ging vor ihnen hinein. Hansen folgte, dahinter das Mädchen. Ich schaltete das Licht und die Klimaanlage ein. Das Mädchen blieb in der Nähe der Tür, aber Hansen schleuderte die Schuhe von sich, trat mitten in den Raum und ließ seine tiefliegenden Augen umherschweifen.

»Nehmen Sie Platz«, sagte ich und zog die Tür des Kühlschranks auf. »Möchte sie was zu trinken?« fragte ich.

»Geben Sie ihr eine Coca Cola«, sagte Hansen. »Eis. Sind Limonen da?«

»Nein.«

Er beobachtete mich, als ich vor dem Kühlschrank kniete.

»Und Sie?« fragte ich.

»Wasser.«

Ich suchte weiter: Gläser, Mineralwasser, Eis. Dabei hörte ich, wie Hansen in Khmer zärtlich etwas zu dem Mädchen sagte. Sie protestierte, aber er ging darüber hinweg. Ich hörte, wie er ins Schlafzimmer ging und wieder herauskam. Als ich mich wieder aufrichtete, sah ich das Mädchen zusammengerollt auf dem Sofa liegen, das an einer Wand des Zimmers stand; Hansen beugte sich mit einer Decke über sie und deckte sie zu. Als er fertig war, machte er die Lampe über ihr aus, strich ihr mit den Fingerspitzen über die Wange und ging dann an die Verandatür, um aufs Meer hinauszustarren. Ein roter Mond hing über dem Horizont. Die Regenwolken standen wie schwarze Gebirge am Himmel.

»Wie heißen Sie?« fragte er mich.

»Mark.«

»Ist das Ihr richtiger Name? Mark?«

Das Zuverlässigste, was wir voneinander wissen, erfahren wir von unserem Instinkt. Als ich beobachtete, wie Hansen da am Fenster stand und auf das Meer hinaussah und das Mondlicht die Furchen und Höhlen auf seinem verwüsteten Gesicht hervortreten ließ, wußte ich auf einmal, daß der abtrünnige Priester mich zu seinem Beichtvater bestimmt hatte.

»Nennen Sie mich, wie Sie wollen«, sagte ich.

Stellen Sie sich eine sonore, aber beklommene englische Stimme vor, ganz verstört, als habe der Sprecher nie geglaubt, einmal anhören zu müssen, was er da sagt. Ein leichter Akzent, ostindisches Holländisch. Der für Unzucht geplante Bungalow liegt im Dunkeln und geht auf einen winzigen beleuchteten Swimmingpool und einen Betonsteingarten hinaus. Hinter diesem Schnickschnack liegt still und prachtvoll das asiatische Meer, mit einem breiten Streifen Mondlichts und Sternen, die wie Sonnensprenkel auf dem Wasser funkeln. Zwei Fischer stehen aufrecht in ihren Sampans, werfen ihre Netze ins Wasser und ziehen sie langsam wieder ein.

Im Vordergrund müssen Sie sich die kantige, turmhohe Gestalt Hansens vorstellen, der barfuß den Raum durchstreift, mal an der Verandatür stehenbleibt, mal kurz auf der Armlehne eines Sessels hockt, um dann gleich wieder geräuschlos in eine andere Ecke zu gleiten. Und dazu immer seine Stimme, mal grimmig, dann wieder grüblerisch, mal erschüttert und dann wieder wie sein Körper minutenlang ganz ruhig, während er Kraft für die nächste Prüfung sammelt.

Das kambodschanische Mädchen liegt auf dem Sofa in eine Decke gehüllt, den Kopf nach Art der Asiaten auf den angewinkelten Arm gelegt. War sie wach? Verstand sie, was er sagte? Lag ihr etwas daran? Hansen jedenfalls lag viel an ihr. Jedesmal, wenn er an ihr vorbeikam, blieb er stehen und sah auf sie hinab oder rückte die Decke an ihrem Hals zurecht. Einmal kniete er sich neben sie auf den Boden, starrte ihr inbrünstig in die geschlossenen Augen und legte die Hand auf ihre Stirn, als wolle er ihre Temperatur prüfen.

»Sie braucht Limonen«, murmelte er. »Coca Cola ist nichts für sie. Limonen.«

Ich hatte sie bereits bestellt. Ein Junge vom Empfang brachte sie uns. Hansen wurde geschäftig, preßte sie aus und stützte das Mädchen, während es trank.

Als erstes stellte er mir eine Reihe vager Fragen über meine Stellung im Service. Er wollte wissen, mit welchen Vollmachten, mit welchen Instruktionen ich ausgestattet war.

»Ich will keinen Dank für das, was ich getan habe«, ließ er mich wissen. »Für die Bombardierung von Dörfern gibt es keinen Dank.«

»Aber Sie könnten Hilfe brauchen«, sagte ich.

Worauf er mir förmlich erklärte, daß er nie wieder, unter keinen Umständen für den Service arbeiten würde. Das hätte ich ihm auch sagen können, aber ich hielt mich zurück. Er habe geglaubt, er arbeite für die Briten, sagte er, doch habe er tatsächlich für Mörder gearbeitet. Damals, bei seinen Machenschaften, sei er ein anderer Mensch gewesen. Er hoffe, auch die amerikanischen Piloten seien andere Menschen gewesen.

Er erkundigte sich nach seinen Unteragenten — dem Bauern Soundso, dem Reishändler Soundso. Er fragte nach seinem einstigen Agentennetz, das er so gewissenhaft für den Tag aufgebaut hatte, an dem die Roten Khmer aus dem Dschungel kommen und die Städte besetzen würden, etwas, mit dem weder wir noch die Amerikaner trotz aller Warnungen je ernsthaft gerechnet hatten. Doch Hansen hatte daran geglaubt. Hansen war einer der Warner gewesen. Hansen hatte uns immer wieder erklärt, daß Kissingers Bomben eine Drachensaat seien, obwohl Hansen dazu beigetragen hatte, sie zu ihren Zielen zu lenken.

»Kann ich Ihnen glauben?« fragte er mich, als ich ihm versicherte, daß es unter seinen Informanten nicht zu einer Verhaftungswelle gekommen sei.

»Es ist die Wahrheit«, sagte ich mit einer Stimme, die auf seinen flehenden Tonfall einging.

»Dann habe ich sie nicht verraten«, murmelte er erstaunt. Für einen Augenblick setzte er sich und stützte den Kopf in die Hände, als wolle er ihn zusammenhalten.

»Wenn Sie in die Gefangenschaft der Roten Khmer geraten wären, hätte ohnehin niemand von Ihnen erwartet, daß Sie schweigen«, sagte ich.

»Schweigen! Mein Gott.« Er lachte beinahe. »Schweigen!« Abrupt stand er auf und stellte sich wieder ans Fenster.

Im Licht des Mondes sah ich Schweißtropfen auf seinem großen bärtigen Gesicht. Ich fing an, ihm etwas von dem ehrenhaften Abschied vorzuerzählen, den der Service ihm anbieten wolle, aber mitten in meiner Ansprache breitete er jäh die Arme aus und streckte sie, als wolle er die Grenzen seines Gefängnisses ausmessen. Als er nirgends anstieß, ließ er sie wieder sinken.

»Zum Teufel mit dem Service«, sagte er leise. »Zum Teufel mit dem verdammten Westen. Wir haben kein Recht, unsere Kriege hier auszutragen, unsere religiösen Rezepte zu verhökern. Wir haben uns an Asien versündigt: die Franzosen, die Briten, die Holländer und jetzt die Amerikaner. Wir haben uns an den Kindern des Paradieses versündigt. Gott verzeih uns.«

Mein Tonbandgerät stand auf dem Tisch.

Wir sind in Asien. Hansens Asien. Dem Asien, an dem wir uns versündigt haben. Wir hören das wahnsinnige Lärmen der Insekten. Von Thais und Kambodschanern weiß man, daß sie große Beträge darauf wetten, wie oft ein Ochsenfrosch rülpst. Das Zimmer liegt im Dämmerlicht, die Zeit ist vergessen, auch das Zimmer ist vergessen; der Mond ist nicht mehr zu sehen. Es ist wieder Vietnamkrieg, wir sind mit Hansen im kambodschanischen Dschungel, fast ohne alle modernen Annehmlichkeiten, falls wir nicht die amerikanischen Bomber dazuzählen wollen, die wie geduldige Falken mehrere Meilen über uns kreisen und darauf warten, daß die Computer ihnen sagen, was sie als nächstes zerstören sollen: zum Beispiel ein Ochsengespann, dessen Urin von geheimen Sensoren versehentlich als Auspuffgase eines Militärkonvois interpretiert wurde; zum Beispiel Kinder, deren Geplapper mit militärischen Kommandos verwechselt wurde. Die Sensoren wurden von amerikanischen Kommandotrupps entlang der Nachschubrouten versteckt, über die Hansen sie informiert hatte — nur sind die Sensoren leider nicht so gut informiert wie Hansen.

Die Gegend, in der wir uns befinden, wird von den amerikanischen Piloten ›böses Land‹ genannt, aber im Dschungel sind die Definitionen von Gut und Böse fließend. Wir sind in einem Gebiet, das die Roten Khmer ›befreit‹ haben, in dem Vietkongsoldaten Zuflucht finden, die vorziehen, die Amerikaner von der Flanke, und nicht frontal von Norden her anzugreifen. Aber wenn der Krieg dadurch auch sichtbar ist, befinden wir uns unter Menschen, die von ihren Feinden keine kollektive Vorstellung haben, und in einer Gegend, in der sich allenfalls die Kämpfer auskennen. Wenn man Hansen reden hört, ist diese Gegend so paradiesisch, daß es keinen Unterschied macht, ob er als Priester, Sünder, Wissenschaftler oder Spion spricht.

Mit dem Jeep erreicht man nach ein paar Meilen einen antiken buddhistischen Tempel, den Hansen mit Hilfe von Dorfbewohnern aus der dichten Vegetation ausgegraben hat; dieser Tempel liefert ihm den Vorwand für seine Anwesenheit in dieser Gegend, für die Notizen, die er ständig anfertigt, für die Funksprüche, die er abschickt, und für die gelegentlichen Besucher, die gewöhnlich kurz vor Einbruch der Nacht eintreffen und im ersten Morgenlicht wieder aufbrechen. Der Kampong, in dem er lebt, ist eine Gruppe von Pfahlbauten auf einer Lichtung am Ufer eines schönen Flusses, von dem fruchtbare Felder in Stufen bis zur Grenze des Regenwaldes ansteigen. Oft hängt bläulicher Dunst in der Luft. Hansen hat sein Haus oben auf dem Hang errichtet, um einen besseren Radioempfang und alles im Blickfeld zu haben, was sich im Tal bewegt. In der Regenzeit pflegt er den Jeep unten im Dorf zu lassen und dann zu Fuß zu seinem Haus hinaufzustapfen. In der Trockenzeit fährt er auf sein eingezäuntes Grundstück, wobei er meist die Hälfte der Dorfkinder mitnimmt. Mindestens ein Dutzend wartet schon darauf, um für die fünfminütige Fahrt vom Dorf zu seinem Haus über die Ladeklappe zu klettern.

»Meine Tochter war manchmal auch dabei«, sagte Hansen.

Weder Rumbelow noch die Akten hatten erwähnt, daß Hansen eine Tochter hatte. Wenn er sie uns verschwiegen hatte, war dies ein schwerer Verstoß gegen die Service-Regeln — aber weiß der Himmel, die Service-Regeln waren so ziemlich das letzte, was wir beide damals wichtig fanden. Trotzdem unterbrach er sich und sah mich im Dunkeln finster an, als erwarte er meine Vorwürfe. Doch ich bewahrte Stillschweigen, denn ich wollte der Zuhörer sein, auf den er vielleicht schon seit Jahren gewartet hatte.

»Als ich noch Priester war, habe ich die Tempel von Kambodscha besucht«, sagte er. »Und dabei habe ich mich in eine Dorfbewohnerin verliebt, die dann von mir schwanger wurde. In Kambodscha herrschten noch friedliche Zeiten. Sihanouk war an der Macht. Ich bin bis zur Geburt des Kindes bei ihr geblieben. Ein Mädchen. Ich taufte es auf den Namen Marie. Ich habe der Mutter Geld gegeben und bin nach Djakarta zurückgekehrt, habe aber mein Kind schrecklich vermißt. Ich habe mehr Geld geschickt. Ich habe Geld an den Dorfvorsteher geschickt, damit er sich um die beiden kümmerte. Ich habe Briefe geschrieben. Ich habe für das Kind und seine Mutter gebetet, und ich habe geschworen, daß ich eines Tages anständig für sie sorgen würde. Sobald ich wieder in Kambodscha war, habe ich die Mutter zu mir ins Haus genommen, obwohl sie in den dazwischenliegenden Jahren ihre Schönheit eingebüßt hatte. Meine Tochter hatte einen Khmer-Namen, aber ich habe sie gleich wieder Marie genannt. Das gefiel ihr. Sie war stolz darauf, mich zum Vater zu haben.«

Ihm schien daran zu liegen, mir klarzumachen, daß Marie sich mit ihrem europäischen Namen wohl fühlte.

Das sei kein amerikanischer Name, sagte er. Sondern ein europäischer.

»Ich hatte noch andere Frauen in meinem Haushalt, aber Marie war mein einziges Kind, und ich liebte sie. Sie war schöner, als ich mir vorgestellt hatte. Aber auch wenn sie häßlich und reizlos gewesen wäre, hätte ich sie nicht weniger geliebt.« Seine Stimme war plötzlich kräftig geworden und klang, wie mir schien, warnend. »Keine Frau, kein Mann, kein Kind hat je so meine Liebe beansprucht. Man könnte sagen, Marie ist die einzige Frau, für die ich, von meiner Mutter abgesehen, reine Liebe empfunden habe.« Er starrte mich in der Dunkelheit an, forderte mich heraus, seine Leidenschaft anzuzweifeln. Doch ich stand unter Hansens Bann und bezweifelte nichts, hatte alles, was mich anging, vergessen, sogar den Tod meiner Mutter. Er hatte mich für sich eingenommen, von mir Besitz ergriffen.

»Wer sich einmal auf den unmöglichen Begriff ›Gott‹ eingelassen hat, weiß, daß wahre Liebe keine Zurückweisung erlaubt. Vielleicht kann das nur ein Sünder richtig verstehen. Nur ein Sünder kann das Ausmaß von Gottes Vergebung ermessen.«

Hier dürfte ich weise genickt haben. Ich dachte an Oberst Jerzy. Ich fragte mich, warum Hansen unbedingt erklären mußte, daß er seine Tochter nicht zurückweisen konnte. Oder warum ihn, wenn er von ihr sprach, seine Sündhaftigkeit beschäftigte.

»Als ich an diesem Abend vom Tempel nach Hause fuhr, warteten in dem Kampong keine Kinder auf mich, obwohl gerade Trockenzeit war. Ich war enttäuscht, denn wir hatten an diesem Tag einen schönen Fund gemacht, von dem ich Marie erzählen wollte. Die müssen irgendein Schulfest haben, dachte ich, konnte mir aber gar nicht denken, welches. Dann bin ich den Hügel zu meinem Haus hochgefahren und habe ihren Namen gerufen. Das Grundstück war leer. Das Pförtnerhaus war leer. Die Kochtöpfe der Frauen unter den Pfählen waren leer. Wieder habe ich nach Marie gerufen, dann nach meiner Frau. Dann nach irgend jemand. Niemand zeigte sich. Ich fuhr ins Dorf zurück. Dort ging ich in das Haus einer Freundin von Marie, dann in ein anderes und noch ein weiteres, und ich rief nach Marie. Sogar die Schweine und Hühner waren verschwunden. Ich suchte nach Blut, nach Kampfspuren. Nichts zu sehen. Aber ich entdeckte Fußabdrücke, die in den Dschungel führten. Ich fuhr zurück zu meinem Haus. Ich nahm einen Spaten und vergrub meinen Sender im Wald, in der Mitte zwischen zwei hohen Bäumen, deren Verbindungslinie nach Westen wies, und nahe bei einem alten Ameisenhügel, der wie ein Mensch geformt war. Ich haßte alles, was ich für Sie getan hatte, alle meine Lügen, die ich für Sie und die Amerikaner erzählt hatte. Noch heute hasse ich mich dafür. Ich ging zum Haus zurück, grub meine Kodebücher und die ganze Ausrüstung aus und zerstörte alles. Mit größtem Vergnügen. Auch das alles haßte ich. Ich zog Stiefel an und packte einen Rucksack mit Essensvorräten für eine Woche. Aus meinem Revolver schoß ich drei Kugeln in den Motor des Jeeps, um ihn unbrauchbar zu machen; dann folgte ich den Fußspuren in den Dschungel. Den Jeep empfand ich als Affront, weil er von Ihnen stammte.«

Ganz allein hatte Hansen sich auf die Suche nach den Roten Khmer gemacht. Andere Männer — selbst wenn sie keine westlichen Spione gewesen wären — hätten sich das zwei- oder dreimal überlegt, selbst wenn man ihre Frau und ihre Tochter als Geiseln genommen hätte. Aber nicht so Hansen. Hansen hatte nur einen Gedanken, und konsequent, wie er war, handelte er danach.

»Ich konnte nicht zulassen, von Gottes Gnade getrennt zu werden«, sagte er. Womit er mir erklärte, falls ich es noch nicht wußte, daß er seine unsterbliche Seele nur retten konnte, wenn er zuvor das Leben des Mädchens rettete.

Ich fragte ihn, wie lange er marschiert sei. Er wußte es nicht. Anfangs war er nur nachts marschiert und hatte sich tagsüber ausgeruht. Aber das Tageslicht zermürbte ihn und trieb ihn allmählich gegen alle Regeln des Dschungels vorwärts. Auf seinem Marsch erinnerte er sich an jedes Ereignis aus Maries Leben, mit jener Nacht beginnend, als er sie aus dem Schoß ihrer Mutter geholt, mit einem rituellen Bambusstab die Nabelschnur durchtrennt und den anwesenden Frauen befohlen hatte, ihm Wasser zu bringen, damit er sie waschen könne; und mit diesem Wasser hatte er sie kraft seiner Autorität als Priester und Vater nach seiner und der Mutter Jesu auf den Namen Marie getauft.

Er erinnerte sich an die Nächte, in denen sie schlafend in seinen Armen oder in der Binsenkrippe zu seinen Füßen gelegen hatte. Er sah sie im Schein des Feuers an der Brust ihrer Mutter. Er geißelte sich für die schrecklichen Jahre der Trennung, die er in Djakarta und während seines Ausbildungslehrgangs in England verbracht hatte. Er geißelte sich für seine verlogene Arbeit im Dienst des Service und für seine Schwäche, wie er das nannte, seinen Verrat an Asien. Damit meinte er, daß er den amerikanischen Bombern den Weg gewiesen hatte. Er durchlebte noch einmal die Stunden, die er damit verbracht hatte, ihr Geschichten zu erzählen und sie mit englischen oder holländischen Liedern in den Schlaf zu singen. Für ihn zählte nur seine Liebe zu ihr, sein Verlangen nach ihr und ihr Verlangen nach ihm.

Er folgte den Spuren, weil er sonst nichts hatte, dem er hätte folgen können. Er wußte jetzt, was geschehen war. Dasselbe war mit anderen Kampongs geschehen, wenn auch nicht in Hansens Gebiet. Die Roten Khmer hatten den Kampong nachts umstellt und dann gewartet, bis die kampffähigen Männer in der Dämmerung auf die Felder gingen. Die Kämpfer hatten sie gefangengenommen, waren dann ins Dorf geschlichen und hatten die Alten und Kinder und schließlich das Vieh geholt.

Sie versorgten sich mit Proviant, aber vergrößerten auch ihre Mannschaft. Sie hatten es eilig, sonst hätten sie die Häuser geplündert; sie wollten in den Dschungel zurück, bevor man sie entdeckte. Wenig später stieß Hansen im Licht des Vollmonds auf den ersten schauerlichen Beweis für seine Theorie: die nackten Leichen eines alten Ladenbesitzers und seiner Frau mit auf den Rücken gefesselten Händen. Hatten sie nicht Schritt halten können? Waren sie zu häßlich? Hatten sie Streit angefangen?

Hansen marschierte schneller. Er dankte Gott, daß Marie ganz und gar wie eine Asiatin aussah. Den meisten Mischlingskindern sah jeder Asiate den europäischen Einschlag an, doch Hansen war zwar ein Riese, aber dunkelhäutig und sehr schlank, und irgendwie war es ihm mit seiner asiatischen Seele gelungen, ein asiatisches Mädchen zu zeugen.

In der nächsten Nacht fand Hansen wieder eine Leiche am Weg; er näherte sich ihr mit bangem Herzen. Es war Ong Sai, die streitsüchtige Lehrerin. Ihr Mund stand weit offen. Beim Protestieren erschossen, diagnostizierte Hansen und eilte beunruhigt weiter. Auf der Suche nach Marie, seiner reinen Liebe, der Erdmutter, die seine Tochter war, der einzigen Hüterin seiner Gnade.

Er fragte sich, was für einer Einheit er da wohl folgte. Waren es die schüchternen Jungen, die nachts bei einem anklopften und um ein bißchen Reis für die Kämpfer baten? Die finsteren Kader, die das asiatische Lächeln als ein Symbol westlicher Dekadenz betrachteten? Oder die Zombies, marodierende Haufen von Heimatlosen, die sich in der Not zusammengeschlossen hatten, eher Banditen als Guerillas? Doch er hatte bereits Hinweise darauf, daß in der Gruppe vor ihm Disziplin herrschte. Eine weniger organisierte Bande hätte erst noch das Dorf geplündert, hätte dort haltgemacht, um zu essen und sich selbst zu gratulieren. Als Hansen sich an dem Morgen, nachdem er Ong Sai gefunden hatte, zum Schlafen niederlegte, versteckte er sich ganz besonders sorgfältig.

»Ich hatte eine Vorahnung«, sagte er.

Im Dschungel geschieht es auf eigene Gefahr, wenn man Vorahnungen ignoriert. Er versteckte sich tief im Unterholz und beschmierte sich mit Schlamm. Er schlief mit dem Revolver in der Hand. Am Abend weckte ihn der Geruch von Holzrauch und schrilles Geschrei, und als er die Augen aufschlug, blickte er in die Läufe von mehreren Sturmgewehren.

Er sprach von den Ketten, Dschungelkämpfer, trainiert, mit leichtem Gepäck zu marschieren, schleppten ein Dutzend eiserne Handfesseln über Hunderte von Kilometern — wie konnte das möglich sein? Das war ihm noch immer ein Rätsel. Doch irgend jemand hatte sie getragen, irgend jemand hatte eine Lichtung angelegt und in deren Mitte einen Pfahl geschlagen, hatte die Eisenringe um den Pfahl gelegt und die zwölf Ketten an den zwölf Ringen befestigt, um daran zwölf ausgewählte Gefangene angekettet Regen und Hitze und Kälte und Dunkelheit auszusetzen. Hansen beschrieb, wie die Ketten angeordnet waren. Wobei er plötzlich ins Französische verfiel. Er brauchte den Schutz einer anderen Sprache, nahm ich an. »*... une tringle collective sur laquelle étaient enfilés des étriers ... nous étons fixés par un pied ... j'avais été mis au bout de la chaine parce que ma cheville trop grosse ne passait pas ...*«

Ich warf einen Blick auf das Mädchen. Sie lag, falls das möglich war, noch regloser da als zuvor. Sie hätte auch tot oder in Trance sein können. Und mir wurde klar, daß Hansen ihr was ersparen wollte, das sie nicht hören sollte.

Tagsüber, fuhr er immer noch auf französisch fort, wurden uns die Fußfesseln abgenommen, so daß wir knien und sogar ein wenig kriechen konnten, wenn auch nicht sehr weit, da wir ja an den Pfahl gebunden und uns auch noch gegenseitig im Weg waren. Nur nachts, wenn unsere Fußeisen an dicken Pfosten, die um unser Gehege standen, befestigt waren, konnten wir uns der

Länge nach ausstrecken. Die Menge der Ketten bestimmte die Anzahl der Sondergefangenen, die ausschließlich aus der ›Bourgeoisie‹ der Dorfbewohner ausgewählt wurden, sagte er. Er erkannte zwei Dorfälteste und eine dürre vierzigjährige Witwe namens Ra, die als Wahrsagerin galt. Und die drei mit Reis handelnden Brüder Liu, bekannte Geizhälse, von denen einer schon aussah wie tot, da er sich wie ein nackter Igel um seine Ketten zusammengerollt hatte. Nur sein Schluchzen kündete davon, daß er noch am Leben war.

Und Hansen, mit seiner panischen Angst vor Gefangenschaft? Wie hatte er auf seine Ketten reagiert?

»Je les ai portées pour Marie«, antwortete er in seinem hastigen, beschwörenden Französisch, vor dem ich allmählich Respekt bekam.

Die Gefangenen, die keine Sonderbehandlung erfuhren, waren in ein Gehege am Rand der Lichtung gesperrt; in gewissen Abständen wurde einer von ihnen zum Hauptquartier geführt oder geschleift, das hinter einem kleinen Hügel versteckt lag. Die Verhöre waren kurz. Nach wenigen Stunden Schreierei ertönte ein einzelner Pistolenschuß, und dann herrschte wieder das beklommene Schweigen des Dschungels. Niemand kehrte von seinem Verhör zurück. Die Kinder, einschließlich Marie, durften frei herumlaufen, vorausgesetzt, sie näherten sich nicht den Gefangenen oder stiegen auf den Hügel, hinter dem das Hauptquartier lag. Die Kühnsten von ihnen hatten bereits auf dem Marsch mit den jungen Kämpfern Bekanntschaft geschlossen und hielten sich jetzt in ihrer Nähe, um irgendwelche Aufträge auszuführen oder einmal ihre Gewehre berühren zu dürfen.

Aber Marie hielt sich von allen fern. Sie saß jenseits der Pfosten im Staub der Lichtung und wachte von morgens bis abends bei ihrem Vater. Selbst als man ihre Mutter aus dem Gehege schleppte und ihre Schreie nach Hansen über den Hügel schallten, die dann zu Schreien um Gnade wurden und mit dem üblichen Pistolenschuß endeten, wich Maries Blick nicht ein einziges Mal von Hansens Gesicht.

»Wußte sie, was da vor sich ging?« fragte ich auf französisch.

»Das ganze Lager wußte das«, erwiderte er.

»Hat sie ihre Mutter gern gehabt?«

Bildete ich mir das nur ein, oder hatte Hansen seine Augen in der Dunkelheit geschlossen?

»Ich war Maries Vater«, sagte er. »Ich war nicht der Vater ihrer Beziehung zueinander.«

Woher hatte ich gewußt, daß Mutter und Tochter sich gehaßt hatten? Spürte ich womöglich, daß Hansens Liebe zu Marie eifersüchtig und fordernd gewesen war — absolut wie immer, wenn er jemanden liebte — und keinen Rivalen zulassend?

»Ich durfte nicht mit ihr sprechen, und sie nicht mit mir«, sagte er. »Gefangenen war es bei Todesstrafe verboten, mit irgend jemandem zu sprechen.«

Schon ein Stöhnen konnte zuviel sein, wie einer der unglücklichen Liu-Brüder erfahren mußte, als die Wächter ihn mit ihren Gewehrkolben für immer zum Schweigen brachten und am nächsten Morgen durch einen unterwürfigen übriggebliebenen Gefangenen aus dem Gehege ersetzten. Doch Marie und ihr Vater kamen auch ohne Worte aus. Die stoische Ruhe, die Hansen auf dem Gesicht seiner Tochter sah, entsprach der leidenschaftlichen Entschlossenheit, mit der er selbst gefesselt und hilflos in seinen Ketten lag. Mit Marie an seiner Seite konnte er alles ertragen. Jeder war die Rettung des anderen. Ihre Liebe zu ihm war genauso heftig und zielstrebig wie seine zu ihr. Er zweifelte keinen Augenblick daran. So sehr er auch die Gefangenschaft haßte, er dankte Gott, daß er Marie gefolgt war.

Ein Tag verging und noch einer, aber Hansen blieb an den Pfahl gekettet: er glühte in der Sonne, zitterte in der Abendkälte und stank in seinem Schmutz, ohne daß sein Blick oder sein Sinnen von Marie abließ.

In Gedanken quälte er sich unterdessen damit ab, welche Taktik er in seiner Lage anwenden sollte.

Von Anfang an war ihm klargewesen, daß er eine Berühmtheit war. Wenn sie geplant hätten, einen Europäer gefangenzunehmen, dann hätten sie angegriffen, bevor er sein Haus verlassen hatte, und es dann hinterher durchsucht. Er war ein unverhoffter Glücksfund, und sie warteten auf Anweisung, was sie mit ihm tun sollten. Alle anderen an dem Pfahl wurden abgeholt und verschwanden, bis auf den überlebenden Liu-Bruder und die Wahrsagerin, die beide nach tagelangen lautstarken Verhören wieder auftauchten, um als Lagerkalfakter ihre ehemaligen Gefährten zu schikanieren, und mit allen Mitteln versuchten, sich bei den Soldaten einzuschmeicheln.

Es gab Indoktrinationsunterricht, und jeden Abend bildeten die Kinder und ausgesuchte Überlebende im Schatten einen Kreis und hörten sich die Haßtiraden eines jungen Kommissars mit rotem Stirnband an. Während Hansen glühte und fror, hörte er den Kommissar Stunde um Stunde mit schrillem Kreischen über die verhaßten Imperialisten herziehen. Anfangs ärgerte ihn dieser Unterricht, da ihm Marie dadurch weggenommen wurde. Doch als er einmal die Anstrengung machte, seinen Kopf so weit wie möglich nach oben zu recken, sah er ihren aufrechten Körper in dem Kreis, sie saß ihm genau gegenüber und starrte ihn über die Lichtung hinweg an. Ich werde deine Mutter sein, dein Vater und dein Freund, sagte er ihr. Ich werde dein Leben sein, und wenn ich dafür mein eigenes geben muß.

Dann wieder machte er sich Vorwürfe wegen ihrer ungewöhnlichen Schönheit, die er als Strafe für seine ziellosen Ausschweifungen auffaßte. Die zwölfjährige Marie war zweifellos die Schönste im ganzen Lager, und obwohl den Kadern Sex mit der Begründung, es handle sich dabei um eine bourgeoise Bedrohung ihrer revolutionären Gesinnung, untersagt war, blieb Hansen doch nicht die Wirkung verborgen, die ihre spärlich bekleidete Gestalt auf die jungen Kämpfer machte, wenn sie an ihnen vorüberging; wie sie mit glanzlosen Augen ihre sprießenden Brüste und schwingenden Hüften unter dem zerfetzten Baumwollkittel verschlangen, und wie ihre finsteren Blicke noch düsterer wurden, wenn sie sie anbrüllten. Schlimmer noch, er wußte, daß Marie sich des Verlangens dieser Männer bewußt war und daß sie mit ihrer erwachenden Weiblichkeit darauf reagierte.

Als sich dann eines Morgens ohne erkennbaren Grund die Bedingungen von Hansens Gefangenschaft verbesserten, nahmen seine Befürchtungen zu, denn sein Wohltäter war der junge Kommissar mit dem roten Stirnband. Begleitet von zwei Soldaten, kam der Kommissar zu Hansen und befahl ihm aufzustehen. Als er das nicht schaffte, stellten die Soldaten ihn auf die Beine, nahmen ihn bei den Armen und ließen ihn zu einer Stelle am Flußufer taumeln, wo eine schmale Bucht einen natürlichen Teich bildete.

»Waschen«, befahl der junge Kommissar.

Tagelang — seit sie ihn angekettet hatten — hatte Hansen immer wieder vergebens auf sein Recht gepocht, sich waschen zu dürfen. Am ersten Abend hatte er sie angebrüllt: »Bringt mich zum Fluß!« Aber sie hatten ihn geschlagen. Am nächsten Morgen hatte er weitere Prügel riskiert und sich an seinen Ketten herumgeworfen und nach dem verantwortlichen Genossen geschrien, nur um sein Recht geltend zu machen, daß er ein Mensch bleiben dürfe, den seine Bewacher respektieren und somit vor dem Untergang bewahren konnten

Unter den Blicken der Soldaten riß Hansen sich mit seinen zerschundenen Gliedern soweit zusammen, daß er baden und — obwohl es einer Kreuzigung gleichkam — sich mit dem feinen Flußschlamm abreiben konnte, ehe man ihn wieder an den Pfahl zurückführte. Dabei kam er zweimal ganz nah an seiner geliebten Marie vorüber, die auf ihrem gewohnten Platz außerhalb der Umzäunung saß. Obwohl sein Herz wegen ihrer Nähe und der Tapferkeit in ihren Augen einen Satz machte, konnte er den Verdacht nicht loswerden, daß er die seltene Wohltat, die er da genießen durfte, seinem eigenen Kind zu verdanken hatte. Und als der Kommissar ihr einen Gruß zuknurrte und Marie den Kopf hob, um mit einem halben Lächeln zu antworten, kamen zu Hansens Schmerzen auch noch die Qualen der Eifersucht hinzu.

Nach dem Bad brachte man ihm Reis — mehr als er in der ganzen Zeit seiner Gefangenschaft bekommen hatte. Und anstatt ihn zu zwingen, wie ein Hund aus der Schale zu essen, banden sie ihm die Hände los und ließen ihn mit den Fingern essen, so daß er, bevor sie ihn wieder anketteten, ein wenig Reis in seiner Hand verbergen und sich vorn in die Jacke schieben konnte.

Den ganzen Tag dachte er an nichts anderes als den kleinen Reisklumpen unter seinem Hemd und achtete ständig darauf, ihn nicht mit einer Bewegung zu zerdrücken. Ich werde sie zurückgewinnen, dachte er. Ich werde den Kommissar in ihrer Gunst ausstechen. Als es Abend wurde und sie ihn wieder an den Fluß führten, vollbrachte er das Wunder, das er geplant hatte. Er taumelte dramatischer als unbedingt nötig, und es gelang ihm dadurch, von seinen Wächtern unbemerkt den Reis vor Maries Füße fallen zu lassen. Als er auf dem Rückweg wieder an ihr vorbeikam, sah er zu seinem heimlichen Entzücken, daß der Klumpen verschwunden war.

Doch ihr Gesicht war ausdruckslos. Nur ihre Augen, geradeaus gerichtet und zuweilen leblos in ihrer Ergebenheit, sagten ihm, daß sie seine absolute Liebe erwiderte. Ich habe mich getäuscht, stellte er fest, als man ihn wieder an die Kette legte. Sie lernt die Tricks der Gefangenen. Sie ist keusch und wird überleben. An diesem Abend hörte er sich den Indoktrinationsunterricht des Kommissars mit neuer Toleranz an. Führe ihn an der Nase herum, bedrängte er sie in dem telepathischen Dialog, den er unablässig mit ihr führte; du mußt ihn einlullen, ihn verhexen, sein Vertrauen gewinnen, ihm aber nichts gewähren. Und Marie mußte ihn gehört haben, denn als der Kommissar sie nach dem Unterricht zu sich heranwinkte und ihr Vorhaltungen machte, hörte sie ihn nur stumm und verschüchtert an. Hansen sah, wie ihr Kopf nach vorne sank. Und mit noch immer gesenktem Kopf entfernte sie sich.

Überzeugt, daß außer Marie niemand etwas davon mitbekam, wiederholte er seinen Trick am nächsten Tag und dann eine ganze Woche lang. Der kleine Klumpen Reis, der bei jeder Bewegung leise über seine Magengrube rollte, wurde ein lebenswichtiger Trost für ihn. Ich ernähre sie an meiner Brust. Ich bin ihr Hüter, der Beschützer ihrer Keuschheit. Ich bin ihr Priester, ich gebe ihr das Heilige Sakrament.

Der Reis war alles, was für ihn noch zählte. Er dachte sich immer neue Wege aus, ihn ihr zuzuspielen; wartete, bis er an ihr vorbei war, und schnipste das Klümpchen dann nach hinten; ließ es durch sein zerrissenes Hosenbein auf den Boden fallen.

»Ich habe es übertrieben«, sagte er mit der leisen Stimme eines Büßers.

Und weil er es übertrieben hatte, nahm Gott ihm Marie. Als sie ihn eines Morgens losketteten und an die Badestelle führten, saß da keine Marie mehr, um das Sakrament zu empfangen. Beim abendlichen Indoktrinationsunterricht sah er, daß sie an die Seite des Kommissars erhoben worden war, und er glaubte, ihre Stimme zu hören, wie sie, lauter als die anderen, mit neuem Selbstvertrauen die liturgischen Antworten intonierte. Als die Nacht herabsank, erkannte er ihre Silhouette zwischen den Feuern der Soldaten — sie war in ihrer Mitte aufgenommen und teilte den Reis mit ihnen wie eine Genossin. Am nächsten und übernächsten Tag sah er sie überhaupt nicht.

»Ich wollte sterben«, sagte er.

Doch als er am Abend reglos auf dem Bauch lag und

darauf wartete, daß die Wachen ihm die Füße anketteten, stapfte der junge Kommissar auf ihn zu, und Marie lief in einer schwarzen Jacke neben ihm her.

»Ist dieser Mann dein Vater?« fragte der Kommissar, als sie bei Hansen ankamen.

Maries starrer Blick schwankte nicht, doch schien sie in ihrem Gedächtnis nach einer Antwort zu suchen. »Angka ist mein Vater«, sagte sie schließlich. »Angka ist der Vater aller Unterdrückten.«

»Angka war die Partei«, erklärte mir Hansen, ohne daß ich danach gefragt hätte. »Angka war die Organisation, die die Roten Khmer angebetet haben. In der Hierarchie der Roten Khmer war Angka der Gott.«

»Und wer ist deine Mutter?« fragte der Kommissar Marie.

»Angka ist meine Mutter. Nur Angka ist meine Mutter.«

»Wer ist dieser Mann?«

»Er ist ein amerikanischer Agent«, antwortete Marie. »Er wirft Bomben auf unsere Dörfer. Er tötet unsere Arbeiter.«

»Warum gibt er sich als dein Vater aus?«

»Er behauptet, unser Genosse zu sein, weil er uns hereinlegen will.«

»Prüf die Ketten des Spions. Sieh nach, ob sie fest genug sitzen«, befahl der Kommissar.

Marie kniete sich vor Hansens Füße, genau wie er es ihr zum Beten beigebracht hatte. Für einen Augenblick schloß sich ihre Hand wie die heilende Berührung Jesu um seine schwärenden Knöchel.

»Kannst du deine Finger zwischen Kette und Knöchel stecken?« fragte der Kommissar.

In seiner Panik verhielt sich Hansen so wie immer, wenn seine Füße angekettet wurden. Er spannte die Muskeln der Unterschenkel an, in der Hoffnung, mehr Spielraum zu haben, wenn er sie wieder entspannte. Er fühlte, wie ihr Finger die Kette prüfte.

»Ich kann meinen kleinen Finger dazwischenschieben«, sagte sie und hielt ihn hoch, während ihr Körper in der Sichtlinie zwischen dem Kommissar und Hansens Füßen verharrte.

»Kannst du ihn nur mit Mühe oder leicht dazwischenschieben?«

»Ich kann den Finger nur mit Mühe dazwischenschieben«, log sie.

Als Hansen sie weggehen sah, bemerkte er etwas Alarmierendes. Mit ihrer schwarzen Jacke hatte Marie sich auch den verstohlenen Watschelgang der Dschungelkämpfer zugelegt. Trotzdem schlief Hansen zum erstenmal seit seiner Gefangennahme tief und fest in seinen Ketten. Sie macht bei ihnen mit, um sie zu hintergehen, redete er sich ein. Gott beschützt uns. Bald werden wir fliehen.

Der offizielle Ermittler kam mit dem Boot, ein glattwangiger Student mit ernstem, stirnrunzelndem Auftreten. Hansen nannte ihn bei sich nur den Studenten. Ein Empfangskomitee unter Leitung des Kommissars holte ihn am Ufer ab und begleitete ihn über den Hügel zum Hauptquartier. Daß er der Ermittler war, erkannte Hansen, weil er als einziger nicht den Kopf wandte, um sich den letzten in der Hitze verfaulenden Gefangenen anzusehen. Dafür sah er Marie an. Er blieb vor ihr stehen, so daß auch alle anderen stehenbleiben mußten. Er baute sich vor ihr auf; er hielt sein lernbegieriges Gesicht dicht vor ihres und stellte ihr Fragen, die Hansen nicht hören konnte. In der gleichen Haltung hörte er sich ihre papageienhaften Antworten an. Meine Tochter ist die Lagerhure, dachte Hansen verzweifelt. Aber war sie das wirklich? Nichts, was er je über die Roten Khmer gehört hatte, wies darauf hin, daß sie in ihrer Mitte Prostituierte hatten oder auch nur tolerierten. Alles wies eher auf das Gegenteil hin. *»Angka hait le sexuel«,* hatte ihm einmal ein französischer Anthropologe erklärt.

Dann vergewaltigen sie Marie mit ihrem Puritanismus, dachte er. Sie haben sie durch eine Leidenschaft an sich gefesselt, die schlimmer ist als Notzucht. Er lag mit dem Gesicht auf der Erde und betete darum, ihre aus Unschuld begangenen Sünden auf sich nehmen zu dürfen.

Ich habe kein zusammenhängendes Bild von Hansens Verhör, aus dem einfachen Grund, weil er selbst kaum eins davon hatte. Ich erinnerte mich daran, was Oberst Jerzy mit mir gemacht hatte, und das war im Vergleich dazu ein Kinderspiel. Doch Hansens Erinnerungen waren genauso unscharf wie meine. Daß er gefoltert wurde, ist selbstverständlich. Sie hatten zu diesem Zweck einen hölzernen Rost gebaut. Aber sie waren doch darauf bedacht, ihn am Leben zu halten, denn zwischen den einzelnen Sitzungen gab man ihm zu essen und erlaubte ihm sogar, falls er sich richtig erinnerte, ans Flußufer zu gehen, obwohl es sich dabei womöglich nur um einen einzigen Gang handelte, der von Ohnmachtsanfällen unterbrochen war. Es gab auch Sitzungen, in denen er schreiben mußte, denn für den pedantisch denkenden Studenten war ein Geständnis erst echt, wenn es schriftlich niedergelegt war. Und das Schreiben wurde immer anstrengender und war eine Strafe für sich, auch wenn sie ihn dazu von dem Rost losbanden.

Als Ermittler hat der Student offenbar zwei intellektuelle Fronten zugleich in Angriff genommen. Wenn er an der einen nicht mehr weiterkam, machte er an der anderen weiter.

Sie sind ein amerikanischer Spion, sagte er, ein Agent der konterrevolutionären Marionette Lon Nol, ein Feind der Revolution.

Hansen widersprach.

Und Sie sind auch ein Katholik, der sich als Buddhist ausgibt, Sie vergiften das Denken der Leute, Sie fördern den gegen die Partei gerichteten Aberglauben, Sie sabotieren die Aufklärung des Volkes, schrie der Student ihn an.

Im allgemeinen schien der Student lieber Erklärungen abzugeben, als Fragen zu stellen: »Nennen Sie uns jetzt bitte sämtliche Daten und Orte Ihrer konspirativen Treffs mit der konterrevolutionären Marionette, dem amerikanischen Spion Lon Nol, und die Namen aller dabei anwesenden Amerikaner.«

Hansen blieb dabei, daß solche Treffen niemals stattgefunden hätten. Was den Studenten freilich nicht befriedigte. Als die Folter gesteigert wurde, erinnerte sich Hansen an die Namen in einem englischen Volkslied, das seine Mutter ihm oft vorgesungen hatte: Tom Pearse ... Bill Brewer ... Jan Stewer ... Peter Gurney ... Peter Davey ... Dan'l Whiddon ... Harry Hawk ...

»Schreiben Sie uns jetzt bitte den Anführer dieser Sippschaft auf«, sagte der Student und schlug eine Seite des Notizbuchs um. Die Augen des Studenten, sagte Hansen, seien häufig fast geschlossen gewesen. Auch dies erinnerte mich an Jerzy.

»Cobbleigh«, flüsterte Hansen und hob den Kopf von dem Tisch, an den sie ihn gesetzt hatten. *Thomas Gobbleigh,* schrieb er. *Kurz Tom. Deckname Onkel.*

Wichtig waren die Daten, denn Hansen befürchtete, er würde sie, sobald er sie erfunden hatte, wieder vergessen und dann wegen irgendwelcher Widersprüche beschuldigt werden. Er nahm Maries Geburtstag und den Geburtstag seiner Mutter und den Tag, an dem sein Vater hingerichtet worden war. Nur das Jahr änderte er, damit es mit Lon Nols Machtergreifung zusammenpaßte. Als konspirativen Treffpunkt wählte er die ummauerten Gärten um Lon Nols Palast in Phnom Penh, die er auf dem Weg zu seiner bevorzugten *fumerie* oft bewundert hatte.

Während er diese blödsinnigen Geständnisse machte, hatte er ständig Angst, versehentlich auch einmal wahre Informationen preiszugeben, denn inzwischen war ihm klar, daß der Student nichts von seinen tatsächlichen nachrichtendienstlichen Aktivitäten wußte und daß die Anklagen gegen ihn lediglich auf der Tatsache beruhten, daß er aus dem Westen stammte.

»Schreiben Sie bitte die Namen aller Spione auf, die in den letzten fünf Jahren von Ihnen bezahlt wurden, und nennen Sie alle Sabotageakte, die Sie gegen das Volk begangen haben.«

In all den Tagen und Nächten, während derer sich Hansen in Gedanken mit der drohenden Folter beschäftigt hatte, war ihm nie in den Sinn gekommen, daß seine Kreativität einmal versagen könnte. Er zählte die Namen von Märtyrern auf, über deren Qualen er zur eigenen Vorbereitung nachgedacht hatte; er nannte asiatische Gelehrte, die im sicheren Schoß des Todes ruhten; Autoren wissenschaftlicher Bücher über philologische und linguistische Themen. Spione, sagte er. Alles Spione. Und schrieb sie auf, wobei seine Hand immer wieder vor Schmerzen krampfhaft übers Papier zuckte; denn auch nachdem die Maschine längst abgeschaltet war, spürte er noch die Folterqualen.

Verzweifelt machte er eine Liste von T. E. Lawrences Offizieren in der Wüste, die er von seiner oftmaligen Lektüre der *Sieben Säulen der Weisheit* in Erinnerung hatte. Er schilderte, wie er auf Lon Nols persönlichen Befehl die Vergiftung von Ernte und Vieh durch buddhistische Priester organisiert hatte. Der Student ließ ihn wieder auf den Rost legen und steigerte die Folter.

Hansen beschrieb die Vorträge, die er heimlich über den Imperialismus gehalten, und wie er die Ausbreitung bourgeoiser Gesinnungen und familiärer Tugenden unterstützt hatte. Der Student machte die Augen auf, sprach sein Mitgefühl aus und steigerte die Folter.

Er erzählte ihnen fast alles. Er beschrieb, wie er Signalfeuer für die amerikanischen Bomber angezündet und dann Gerüchte verbreitet hatte, es handele sich um chinesische Bomber. Er war kurz davor, ihnen zu erzählen, wer ihm geholfen hatte, amerikanische Kommandotrupps zu den Nachschubwegen zu führen, als er glücklicherweise ohnmächtig wurde.

Doch während dieser ganzen Tortur ließ er innerlich nie von Marie ab, ihr schrie er seine Schmerzen zu, ihre Hände zogen ihn ins Leben zurück, wenn sein Körper um Erlösung flehte, ihre Augen wachten über ihn in Liebe und Mitleid. Marie opferte er seine Leiden, und für sie klammerte er sich ans Leben. Als er sich so zwischen Tod und Leben befand, hatte er eine Halluzination: er sah sich am Boden des Bootes liegen, mit dem der Student gekommen war, und Marie saß in ihrer schwarzen Jacke über ihm und ruderte sie flußaufwärts in den Himmel. Aber er war noch nicht tot. Sie haben mich nicht umgebracht. Ich habe alles gestanden, und sie haben mich nicht umgebracht.

Aber er hatte nicht alles gestanden. Er hatte seine Helfer nicht verraten und seinen Peinigern nichts von seinem Sender erzählt. Und als sie ihn am nächsten Tag wieder auf den Rost schnallten, sah er Marie neben dem Studenten sitzen, und vor ihr auf dem Tisch lag eine Abschrift seines Geständnisses. Ihr Haar war kurzgeschoren, ihre Miene ausdruckslos.

»Bist du mit den Angaben dieses Spions vertraut?« fragte sie der Student.

»Ich bin mit seinen Angaben vertraut«, antwortete sie.

»Sind die Angaben des Spions eine genaue Beschreibung seines Lebens, wie du es in seiner Gesellschaft beobachten konntest?«

»Nein.«

»Warum nicht?« fragte der Student und schlug das Notizbuch auf.

»Sie sind nicht vollständig.«

»Erkläre, warum die Angaben des Spions Hansen nicht vollständig sind.«

»Der Spion Hansen hatte in seinem Haus einen Sender, mit dem er den imperialistischen Bombern Signale sandte. Außerdem sind die Namen, die er in seinem Geständnis erwähnt hat, nicht echt. Sie stammen aus einem bourgeoisen englischen Lied, das er mir vorgesungen hat, als er sich für meinen Vater ausgab. Ferner hat er in unserem Haus nächtliche Besuche von imperialistischen Soldaten empfangen und sie in den Dschungel geführt. Außerdem hat er nicht erwähnt, daß er eine englische Mutter hat.«

Der Student schien enttäuscht. »Was hat er sonst noch nicht erwähnt?« fragte er und strich mit der Kante seiner kleinen Hand eine neue Seite glatt.

»Während seiner Gefangenschaft hat er viele Verstöße gegen die Vorschriften begangen. Er hat Essen gehortet und versucht, sich damit die Kollaboration von Genossen bei seinen Fluchtplänen zu erkaufen.«

Der Student seufzte und machte Notizen. »Was hat er sonst noch nicht erwähnt?« fragte er geduldig.

»Er hat seine Fußketten nicht richtig getragen. Beim Anlegen der Ketten hat er unerlaubterweise die Füße angespannt, damit die Ketten für die Flucht lose wären.«

Bis zu diesem Augenblick hatte Hansen sich einreden können, daß Marie ein raffiniertes Spiel trieb. Jetzt nicht mehr. Das Spiel war Wirklichkeit.

»Er ist ein Hurenbock!« schrie sie tränenerstickt. »Er verführt unsere Frauen, er holt sie in sein Haus und gibt ihnen Drogen! Er behauptet, eine bürgerliche Ehe zu führen, und zwingt dann seine Frau dazu, seine dekadenten Praktiken zu tolerieren! Er schläft mit Mädchen in meinem Alter! Er behauptet, er sei der Vater unserer Kinder, und wir hätten kein Khmer-Blut in den Adern! Er liest uns bourgeoise Literatur in westlichen Sprachen vor, um uns zu verderben! Er verführt uns, fährt uns in seinem Jeep spazieren und singt uns imperialistische Lieder vor!«

Er hatte sie noch nie zuvor schreien hören. Der Student, der peinlich berührt wirkte, offenbar auch nicht.

Aber sie war nicht zu bremsen. Sie verleugnete ihn hartnäckig weiter. Sie erzählte ihnen, er habe ihrer Mutter verboten, sie zu lieben. Sie brachte einen Haß auf ihn zum Ausdruck, der, wie er spürte, ungeheuchelt war und ebenso absolut und unmäßig wie seine Liebe zu ihr. Ihr Körper zitterte vom aufgestauten Haß einer mißbrauchten Frau, ihre Züge waren verzerrt von Haß und Schuldgefühlen. Sie streckte den Arm aus und zeigte in der klassischen Haltung der Anklage auf ihn. Ihre Stimme gehörte jemandem, den er nie gekannt hatte.

»Tötet ihn!« schrie sie. »Tötet den Plünderer unseres Volkes! Tötet den Verderber unseres Khmer-Blutes! Tötet den westlichen Lügner, der uns weismachen will, daß wir nicht alle gleich sind! Rächt das Volk!«

Der Student machte eine letzte Notiz und gab Anweisung, Marie fortzuführen.

»Ich habe für ihre Vergebung gebetet«, sagte Hansen.

Im Bungalow dämmerte es. Hansen stand am Fenster, den Blick auf die dunstige Fläche des Meers gerichtet. Das Mädchen lag auf der Chaiselongue, wo sie die ganze Nacht gelegen hatte, die Augen geschlossen, die leere Colabüchse neben ihr, den Kopf noch immer auf dem Arm. Ihre herabhängende Hand sah verarbeitet und alt aus. Hansens Stimme klang jetzt schroff, und einen Augenblick lang fürchtete ich, mit dem hereinbrechenden Morgen habe er beschlossen, sich gegen mich zu stellen. Dann wurde mir klar, daß er nicht mit mir, sondern mit sich selbst uneins war. Er erinnerte sich an seine Wut, als sie ihn, gefesselt, aber nicht angekettet, zum Schlafen in das Gehege trugen — falls man das Schlafen nennen kann, wenn man sich vor Schmerzen windet und einem das Blut aus Ohren und Nase läuft. Wut auf sich selbst, daß er seinem Kind einen solchen Haß eingegeben hatte.

»Ich war immer noch ihr Vater«, sagte er auf französisch. »Ich habe die ganze Schuld auf mich genommen,

Marie konnte nichts dafür. Wäre ich doch nur früher geflohen, anstatt auf ihre Hilfe zu zählen. Wäre ich doch nur ausgebrochen, als ich noch bei Kräften war, anstatt auf ein Kind zu vertrauen. Ich hätte niemals für euch arbeiten sollen. Meine Spionagetätigkeit hatte Marie in Gefahr gebracht. Ich habe euch alle verflucht. Und das tue ich heute noch.«

Habe ich etwas gesagt? Meine Hauptsorge war, nichts zu sagen, was seinen Redefluß hemmen könnte.

»Sie fühlte sich zu ihnen hingezogen«, sagte er, um sie zu rechtfertigen. »Das waren Leute aus ihrem eigenen Volk, Dschungelkämpfer, die an etwas glaubten, wofür sie bereit waren zu sterben. Warum hätte sie die zurückweisen sollen?«

»Nur ich hinderte sie noch daran, von ihrem Volk aufgenommen zu werden«, sagte er, um ihr Verhalten zu erklären. »Ich war ein Störenfried, ein Verderber. Warum hätte sie glauben sollen, daß ich ihr Vater war, wenn die ihr sagten, ich sei es nicht?«

Noch immer in der Absperrung liegend, erinnerte er sich an den Tag, an dem der junge Kommissar sie in das bräutliche Schwarz gekleidet hatte. Er erinnerte sich an den angewiderten Blick, mit dem sie auf ihn hinabsah, auf diesen verdreckten und geprügelten Bettler zu ihren Füßen, diesen sich krümmenden westlichen Spion. Und an ihrer Seite der hübsche Kommissar mit seinem roten Stirnband. »Ich bin mit Angka verheiratet«, sagte sie zu ihm. »Angka beantwortet alle meine Fragen.«

»Ich war allein«, sagte er.

Dunkelheit senkte sich über die Absperrung, und er nahm an, falls sie ihn erschießen wollten, würden sie damit bis zum Tagesanbruch warten. Aber die Vorstellung, daß Marie mit dem Bewußtsein durchs Leben gehen würde, den Tod ihres Vaters befohlen zu haben, entsetzte ihn. Er stellte sie sich vor, wie sie älter war. Wer würde ihr dann helfen? Wer würde ihr die Beichte abnehmen? Wer würde sie freisprechen und ihr die Absolution erteilen? Der Gedanke an seinen Tod beunruhigte ihn immer mehr. Es würde auch ihr Tod sein.

Irgendwann müsse er eingenickt sein, sagte er; denn als es dämmerte, fand er auf dem Boden neben sich eine Schale Reis, die am Abend zuvor bestimmt nicht dort gestanden hatte; denn trotz aller Schmerzen würde er sie gerochen haben. Der Reis war nicht zu Kugeln gerollt, nicht an seiner nackten Haut gehortet, sondern es war ein richtiger weißer Berg, genug für fünf Tage. Anfangs war er noch zu müde, um Überraschung zu empfinden. Als er zum Essen auf dem Bauch lag, fiel ihm die Stille auf. Zu dieser Stunde hätten die Geräusche der erwachenden Soldaten in der Lichtung ertönen müssen: der Singsang ihrer Stimmen, das Plätschern vom Flußufer, wenn sie sich wuschen, das Klappern von Pfannen und Gewehren, der von dem Kommissar angeführte Wechselgesang der Parolen. Doch als er innehielt und lauschte, schienen sogar die Vögel und Affen ihr Kreischen eingestellt zu haben, und menschliche Geräusche hörte er überhaupt nicht.

»Sie waren weg«, sagte er irgendwo hinter mir. »Sie hatten in der Nacht das Lager abgebrochen und Marie mitgenommen.«

Er aß noch etwas Reis und döste dann wieder vor sich hin. Warum haben sie mich nicht getötet? Marie hat sie davon abgebracht. Marie hat mir mein Leben erkauft. Hansen machte sich daran, an einem der Pfähle seine Fesseln durchzuscheuern. Bei Einbruch der Dunkelheit lag er von Schrammen und Fliegen bedeckt am Flußufer und wusch seine Wunden. Zum Schlafen kroch er in die Absperrung zurück, und am nächsten Morgen nahm er den restlichen Reis und brach auf. Unbehindert von Gefangenen und Vieh, hatten sie diesmal keine Spuren hinterlassen.

Dennoch machte er sich auf die Suche nach ihr.

Mehrere Monate, Hansen meint fünf oder sechs, blieb er im Dschungel, zog von Dorf zu Dorf, machte nirgendwo länger Halt, vertraute niemandem — ich vermute, er hatte vorübergehend den Verstand verloren. Wo immer er konnte, erkundigte er sich nach Maries Einheit, aber er hatte zu wenig Anhaltspunkte, und seine Suche wurde immer planloser. Er hörte von Einheiten, in denen auch Mädchen mitkämpften. Er hörte von Einheiten, die nur aus Mädchen bestanden. Er hörte von Mädchen, die als Huren in die Städte geschickt wurden, um Informationen zu sammeln. Er stellte sich Marie in allen diesen Situationen vor. Eines Nachts schlich er zu seinem alten Haus zurück, in der Hoffnung, sie habe dort Zuflucht gesucht. Das Dorf war niedergebrannt worden.

Ich fragte ihn, ob sein vergrabener Sender zerstört gewesen sei.

»Ich habe nicht nachgesehen«, antwortete er. »Es war mir egal. Ich habe euch alle gehaßt.«

In einer anderen Nacht besuchte er Maries Tante, die in einem abgelegenen Dorf lebte; aber sie schmiß mit Pfannen nach ihm, und er mußte fliehen. Doch sein Entschluß, seine Tochter zu retten, war so fest wie nie zuvor, denn jetzt wußte er, daß er sie vor sich selbst retten mußte. Sie ist mit meinem Absolutheitsanspruch geschlagen, dachte er. Sie ist gewalttätig und dickköpfig; und ich bin schuld daran. Ich habe sie in den Kerker meiner Zwänge gesperrt. Nur die blinde Liebe eines Vaters kann das übersehen haben. Jetzt waren ihm die Augen aufgegangen. Er sah, daß sie von Grausamkeit und Unmenschlichkeit gefesselt war und so ihre Ergebenheit bewies. Er sah, daß sie seine eigene ziellose Suche wiederholte, jedoch ohne seine intellektuelle und religiöse Disziplin — wie er in dem vagen Glauben, die Hingabe an eine große Vision könne ihr Erfüllung bringen.

Von seinem Marsch zur thailändischen Grenze erzählte er nur wenig. Er lief nach Südwesten in Richtung Pailin. Er hatte gehört, dort gebe es ein Lager für Khmer-

Flüchtlinge. Er überquerte Gebirge und Malariasümpfe. Sobald er angekommen war, bestürmte er die Suchdienststellen des Lagers und hängte Maries Beschreibung an die Anschlagtafeln. Wie ihm das ohne Papiere, Geld oder Beziehungen gelang und wie er dabei dennoch seine Anwesenheit in Thailand geheimhalten konnte, ist mir bis heute ein Rätsel. Aber immerhin war Hansen ein ausgebildeter und gewiefter Agent, selbst wenn er uns jetzt verleugnete. Er war nicht bereit, sich von irgend etwas aufhalten zu lassen. Ich fragte, warum er nicht Rumbelow um Hilfe gebeten hätte, aber die Idee wies er verächtlich zurück.

»Ich war kein imperialistischer Agent mehr. Ich habe nur noch an meine Tochter geglaubt.«

Eines Tages traf er im Büro einer Hilfsorganisation eine Amerikanerin, die meinte, sich an Marie erinnern zu können. »Sie ist weg«, sagte sie vorsichtig.

Hansen drang in sie. Marie gehöre zu einer Gruppe von einem halben Dutzend Mädchen, sagte die Frau. Sie seien Huren, besäßen aber die Unerschrockenheit von Kämpfern. Wenn sie nicht gerade Männer empfingen, hielten sie sich von allen Leuten fern und seien äußerst abweisend. Eines Tages seien sie über die Grenze gegangen. Sie habe gehört, sie seien von der thailändischen Polizei aufgegriffen worden. Danach habe sie die Mädchen nie wiedergesehen.

Die Frau, die das sagte, schien unschlüssig, ob sie auch noch den Rest erzählen sollte, aber Hansen ließ ihr keine Wahl.

»Wir hatten Angst um sie«, sagte sie. »Sie hat sich verschiedene Namen gegeben. Sie hat widersprüchliche Angaben darüber gemacht, wie sie zu uns gekommen ist. Die Ärzte waren sich nicht einig, ob sie verrückt war. Irgendwo unterwegs muß sie ihre Identität verloren haben.«

Hansen wandte sich an die thailändische Polizei, und durch Drohungen oder animalische Glaubenskraft verfolgte er Maries Spur bis zu einer Polizeiherberge, die für das Vergnügen der Offiziere geführt wurde. Anscheinend fragte man ihn nie, wer er sei oder was für Papiere er besitze. Er war ein Rundauge, ein *farang*, der Khmer und Thai sprach. Marie sei drei Monate dort geblieben, dann verschwunden, sagte man ihm. Sie sei seltsam gewesen, sagte ein freundlicher Sergeant.

»Wieso seltsam?« fragte Hansen.

»Sie wollte nur Englisch sprechen«, antwortete der Sergeant.

Es gebe da noch ein anderes Mädchen, eine Freundin von Marie, die länger geblieben sei und einen der Korporale geheiratet habe. Hansen verschaffte sich ihren Namen.

Er hatte aufgehört zu sprechen.

»Und haben Sie sie gefunden?« fragte ich nach langem Schweigen.

Ich wußte die Antwort bereits, hatte sie schon, noch während er erzählte, gewußt, ohne zu wissen, daß ich sie wußte. Er saß bei dem Mädchen und streichelte ihr zärtlich den Kopf. Langsam richtete sie sich auf und rieb sich mit ihren kleinen alten Händen die Augen, als ob sie tatsächlich geschlafen hätte. Ich glaube, sie hatte uns die ganze Nacht über zugehört.

»Etwas anderes konnte sie nicht mehr«, erklärte Hansen auf englisch, während er ihr weiter den Kopf streichelte. Er sprach von dem Bordell, in dem er sie gefunden hatte. »Sie wollte keine großen Entscheidungen mehr, stimmt's, Marie? Keine großen Worte, keine Versprechungen.« Er drückte sie an sich. »Sie möchte nur bewundert werden. Von ihrem Volk. Von uns. Wir alle müssen Marie lieben. Nur das kann sie trösten.«

Ich vermute, er faßte mein Schweigen als Vorwurf auf, denn er hob die Stimme. »Sie will doch nur harmlos sein. Ist das so schlimm? Sie will in Ruhe gelassen werden, wie sie alle es wollen. Es wäre doch nur gut, wenn mehr von uns das ebenfalls wollten. Sie will mit euren

Bombern und euren Spionen und eurem Imponiergehabe nichts zu tun haben. Sie ist nicht das Kind von Dr. Kissinger. Sie möchte nur ein bescheidenes Dasein, wo sie Freude geben und niemand weh tun kann. Was ist schlimmer? Euer Bordell oder ihres? Haut aus Asien ab! Ihr hättet niemals kommen sollen, keiner von euch. Ich schäme mich, euch jemals geholfen zu haben. Laßt uns in Ruhe.«

»Ich werde Rumbelow nur sehr wenig von all dem berichten«, sagte ich, als ich aufstand, um zu gehen.

»Erzählen Sie ihm, was Sie wollen.«

Von der Tür aus betrachtete ich die beiden ein letztes Mal. Das Mädchen starrte mich an, wie sie wohl auch Hansen in seinen Ketten angestarrt hatte, mit einem tiefen Blick, reglos und unverwandt. Ich glaubte zu wissen, was in ihr vorging. Ich hatte für sie bezahlt und sie nicht gehabt. Sie fragte sich, ob ich noch etwas für mein Geld bekommen wollte.

Rumbelow fuhr mich zum Flughafen. Wie Hansen hätte ich es vorgezogen, mich nicht mit ihm abgeben zu müssen, aber wir hatten noch einiges zu besprechen.

»*Wieviel* haben Sie ihm versprochen?« rief er entsetzt.

»Ich habe ihm gesagt, ihm stehe ein Zuschuß für einen Neuanfang zu und aller denkbare Schutz, den wir ihm geben könnten. Ich habe ihm gesagt, Sie würden ihm eine Bankanweisung über fünfzigtausend Dollar schicken.«

Rumbelow war außer sich. »*Ich ihm* fünfzigtausend Dollar geben? Mein lieber Mann, der wird sich sechs Monate lang betrinken und seine Lebensgeschichte in ganz Bangkok herumerzählen. Und was ist mit dieser kambodschanischen Hure, die er da hat? Jede Wette, daß die genau Bescheid weiß.«

»Keine Bange«, sagte ich. »Er hat abgelehnt.«

Diese Neuigkeit verblüffte Rumbelow so sehr, daß ihm seine ganze Entrüstung verging und er statt dessen bis zum Ende unserer Fahrt gekränkt schwieg.

Im Flugzeug trank ich zu viel und schlief zu wenig. Einmal, als ich aus einem bösen Traum erwachte, machte ich mich eines aufrührerischen Gedankens über Rumbelow und die Fünfte Etage schuldig. Ich wünschte mir, ich könnte den ganzen Verein, Smiley eingeschlossen, auf Hansens Marsch durch den Dschungel schicken. Ich wünschte mir, ich könnte sie dazu bringen, alles für eine geschändete und unmögliche Leidenschaft wegzuwerfen, nur um dann feststellen zu müssen, wie der Gegenstand dieser Leidenschaft sich gegen sie wendet und den Beweis dafür liefert, daß es für die Liebe keine Belohnung gibt außer der Erfahrung der Liebe und daß man außer Demut nichts daraus lernen kann.

Dennoch war ich zufrieden, so wie ich bis zum heutigen Tag zufrieden bin, wenn ich an Hansen denke. Ich hatte gefunden, was ich gesucht hatte — einen Mann wie mich selbst, der jedoch auf seiner Suche nach einem Sinn für sein Leben ein lohnendes Ziel gefunden hatte; der jeden Preis bezahlt hatte und das nicht als Opfer auffaßte; der diesen Preis noch immer bezahlte und bis ans Ende seines Lebens bezahlen würde; der sich nichts aus Kompromissen machte, nichts aus uns oder der Meinung anderer Leute; der seinen Stolz aufgegeben hatte; der sein Leben allein auf das konzentriert hatte, was ihm etwas bedeutete, und so die Freiheit gefunden hatte. Das subversive Element in mir hatte seinen Fürsprecher gefunden. Der Möchtegern-Liebhaber in mir hatte ein Maß gefunden, an dem er seine eigenen banalen Alltagssorgen messen konnte.

So daß ich, als ich einige Jahre später zum Leiter des Rußlandhauses ernannt wurde und dann zusehen mußte, wie mein wertvollster Agent sein Land für seine Liebe verriet, nie so recht die Empörung aufbringen konnte, die meine Vorgesetzten von mir verlangten. Der Personalchef war gar nicht so dumm, als er mich daraufhin in den Ermittler-Pool versetzte.

10

Maggs, mein unerfreulicher Kryptojournalist, versuchte Smiley auf das Unmoralische unserer Arbeit zu bringen. Smiley sollte zugeben, daß alles erlaubt sei, solange man nicht dabei erwischt wurde. Ich vermute, im Grunde wollte Maggs diese Maxime auf das ganze Leben angewendet wissen, denn er hatte ebenso wenig Skrupel wie Manieren und wollte in unserer Arbeit so etwas wie einen Freibrief dafür sehen, sich auch noch über die letzten ihm verbliebenen Bedenken hinwegzusetzen.

Doch diesen Gefallen tat ihm Smiley nicht. Anfangs schien er, wie von mir erhofft, fast in Wut zu geraten. Doch er hielt sich zurück. Er begann zu sprechen, unterbrach sich aber, stockte, so daß ich mich fragte, ob es nicht an der Zeit sei, das Ganze abzubrechen. Bis er sich zu meiner Erleichterung wieder fing und mir klar wurde, daß nur eine von Tausenden privater Erinnerungen, aus denen sein geheimes Ich bestand, ihn abgelenkt hatte.

»Sehen Sie«, erklärte er — wobei er sich wie so oft eher auf den Geist als den Wortlaut der Frage bezog —, »in einer freien Gesellschaft ist es doch unabdingbar, daß die Leute, die unsere Arbeit machen, sich nicht mit ihrem Schicksal versöhnen können. Wir sind in der Tat gezwungen, mit dem Teufel zu speisen, und nicht immer mit einem sehr langen Löffel. Und wie jeder weiß« — ein verschmitzter Blick zu Maggs hinüber rief eine Salve dankbaren Gelächters hervor —, »ist der Teufel oft ein viel besserer Gesellschafter als der Gottesfürchtige, stimmt's? Trotzdem sind wir unveränderlich von der Tugend besessen. Eigennutz ist ja so *einengend.* Und das gilt auch für Selbstsucht.« Wieder machte er eine Pause, noch immer tief in Gedanken versunken. »Vermutlich will ich damit nur sagen, daß ich hoffe, Sie werden, wenn Sie hin und wieder die Versuchung zur Menschlichkeit überkommt, dies nicht als persönliche Schwäche auffassen, sondern Ihrer inneren Stimme wenigstens Gehör schenken.«

Die Manschettenknöpfe, dachte ich in einer plötzlichen Erleuchtung. George denkt an den alten Mann.

Lange Zeit vermochte ich nicht zu ergründen, warum diese Geschichte mir so lange nachging. Dann erkannte ich, daß ich in einer Zeit darauf gestoßen war, in der meine Beziehung zu meinem Sohn Adrian einen Tiefpunkt erreicht hatte. Er redete davon, er wolle sich nicht auf der Universität herumquälen, sondern statt dessen lieber einen gutbezahlten Job suchen. Ich verwechselte seine Rastlosigkeit mit Materialismus und seine Träume von Unabhängigkeit mit Faulheit, und eines Abends verlor ich die Beherrschung und beleidigte ihn, wofür ich mich in den nächsten Wochen gebührend schämte. Und in einer dieser Wochen habe ich dann die Geschichte ausgegraben.

Außerdem fiel mir noch ein, daß Smiley selbst keine Kinder hatte und dies eine zumindest teilweise Erklärung für seine unklare Rolle bei dieser Sache sein könnte. Mir schauderte leicht bei dem Gedanken, daß er womöglich eine innere Leere damit gefüllt hatte, eine Beziehung wiederherzustellen, die er nie gehabt hatte.

Schließlich erinnerte ich mich, daß ich nur wenige Tage, nachdem ich auf die Papiere gestoßen war, einen anonymen Brief erhalten hatte, in dem der arme Frewin als russischer Spion denunziert wurde. Und daß zwischen Frewin und dem alten Mann eine gewisse geheimnisvolle Verwandtschaft bestand, die mit verbissener Loyalität und verlorenen Welten zu tun hatte. All dies, um Ihnen den Kontext zu erläutern, denn ich kenne keinen Fall, der sich nicht aus hundert anderen zusammensetzte.

Zu all dem kam schließlich noch hinzu, daß sich, wie so oft in meinem Leben, wieder einmal herausstellte, daß Smiley mein Vorgänger gewesen war, denn kaum hatte ich mich an meinem ungewohnten Schreibtisch im Ermittler-Pool eingerichtet, als ich auch schon allenthalben Smileys Spuren entdeckte: in unseren staubigen Archiven, in alten Akten mit Aufzeichnungen des Offiziers vom Dienst und in dem nostalgischen Lächeln unserer älteren Sekretärinnen, die mit der süßlichen Ehrfurcht alter Jungfern von ihm sprachen, als sei er gleichzeitig Gott, Teddybär und — obwohl sie über diesen Aspekt seines Wesens immer rasch beschönigend hinweggingen — Mörderhai gewesen. Sie zeigten einem sogar die Tasse und Untertasse aus feinem Porzellan, die bei Thomas Goode in der South Audley Street gekauft war — wo sonst? —, ein Geschenk von Ann für George, wie sie schwärmerisch erklärten, das George nach seiner Begnadigung und Wiedereinsetzung in die Zentrale dem Pool vermacht hatte — und selbstverständlich durfte Smileys Tasse, als wär's der Gral persönlich, nie von irgendeinem bloßen Sterblichen zum *Trinken* benutzt werden.

Der Pool ist, falls Sie noch nicht darauf gekommen sind, gewissermaßen das Sibirien des Service, und Smiley hatte dort, wie ich zu meinem Trost herausfand, nicht nur eine, sondern zwei Verbannungszeiten abgesessen: das erstemal, weil er so frech gewesen war, die Fünfte Etage darauf hinzuweisen, daß sie einen Maulwurf aus Moskau an ihrem Busen nähren könnte; und das zweitemal, wenige Jahre später, weil er recht gehabt hatte. Und der Pool ist nicht nur so eintönig wie Sibirien, sondern auch ebenso abgelegen, denn er ist nicht im Hauptgebäude untergebracht, sondern in einer Reihe höhlenartiger Büros im Erdgeschoß eines verwinkelten Kastens an der Northumberland Avenue am nördlichen Ende von Whitehall.

Und wie so viele Baulichkeiten in seiner Umgebung hatte auch der Pool schon große Zeiten erlebt. Er war während des Zweiten Weltkriegs gebaut worden, um aussagebereite Fremde zu empfangen, ihre Verdächtigungen anzuhören und ihre Ängste zu beschwichtigen oder — falls sie tatsächlich irgendeiner Wahrheit auf die Spur gekommen waren — sie durch Lügen oder Einschüchterung zum Schweigen zu bringen.

Wenn man zum Beispiel glaubte, den Nachbarn spätnachts über einen Radiosender gebeugt gesehen zu haben; wenn man merkwürdige Lichtblitze hinter einem Fenster gesehen hatte und zu schüchtern oder zu mißtrauisch war, die örtliche Polizeiwache zu verständigen; wenn der geheimnisvolle Ausländer, der einen im Bus nach der Arbeit gefragt hatte, plötzlich neben einem in der Stammkneipe auftauchte; wenn der heimliche Geliebte einem — aus Einsamkeit oder Prahlerei oder einem verzweifelten Bedürfnis, sich interessanter zu machen — gestand, er arbeite für den Deutschen Geheimdienst — nun, dann wurde man, nachdem man mit irgendeinem unechten Assistenten irgendeines gänzlich unbekannten Whitehall-Staatssekretärs korrespondiert hatte, mit einiger Sicherheit an irgendeinem frühen Abend in die Höhle des Löwen bestellt, wo man dann mit einem Kloß im Hals durch den abblätternden, mit Sandsäcken vollgepackten Korridor zum Zimmer 909 geführt und dort von einem Major Soundso oder einem Captain Soundsoanders, beide falsch wie Drei-Dollar-Scheine, höflich aufgefordert wurde, ohne Angst vor irgendwelchen Auswirkungen seine Sache offen darzulegen.

Und gelegentlich ergaben sich, wie die geheime Geschichte des Pools berichtet, aus solch wenig verheißungsvollen Anfängen großartige Dinge, was auch heute noch gelegentlich geschieht, obwohl die Geschäfte längst nicht mehr so gut gehen wie früher und der Pool sich heutzutage meist nur noch mit so lästigen Dingen zu befassen hat wie unerbetenen Hilfsangeboten, anonymen Denunziationen wie der gegen den armen Frewin und sogar — zur Unterstützung der verachteten Sicherheitsdienste — Ersuchen um irgendwelche Personenüberprüfungen, die als das schlimmste Sibirien empfunden werden und einen von den Drahtseilakten des Rußlandhauses so weit wegführen wie nur möglich, wenn man nicht gleich ganz beim Service kündigt.

Dennoch kann man aus diesen Züchtigungen mehr lernen als bloße Bescheidenheit. Ein Geheimdienstoffizier ist ein Nichts, wenn er die Bereitschaft zum Zuhören verloren hat, und George Smiley, der gutgenährte, besorgte, zum Hahnrei gemachte, genügsame, unermüdliche George, der ewig seine Brille am Krawattenfutter putzte und in seiner immerwährenden Zerstreutheit vor sich hin schnaufte und seufzte, war der beste Zuhörer von uns allen.

Smiley konnte mit seinen schläfrigen, halb geschlossenen Augen zuhören; er konnte mit der Neigung seines rundlichen Körpers zuhören, mit seinem Schweigen und seinem verständnisvollen Lächeln. Er konnte zuhören, da er, mit einer Ausnahme, und das war seine Frau Ann, nichts von seinen Mitmenschen erwartete, nichts kritisierte und auch die größte Schlechtigkeit vergab, lange bevor sie ihm offenbart worden war. Er konnte besser zuhören als ein Mikrophon, weil er sofort auf das Wesentliche stieß; er schien es zu erkennen, bevor er noch wußte, wohin es eigentlich führte.

Und so hatte George auch Mr. Arthur Wilfred Hawthorne, wohnhaft 12, The Dene, Ruislip, zugehört, ein halbes Leben vor meiner Zeit in eben diesem Zimmer 909, in dem ich nun saß und neugierig die vergilbten Seiten einer zur baldigen Vernichtung bestimmten Akte umblätterte, die ich in den Regalen des Pool-Tresorraums ausgegraben hatte.

Begonnen hatte ich meine Suche zufällig — man könnte sogar sagen: oberflächlich —, etwa so, wie man im Club eine alte Ausgabe des *Tatler* in die Hand nimmt. Und plötzlich erkannte ich, daß ich da zahllose Seiten in

Smileys vertrauter, behutsamer Handschrift vor mir liegen hatte, mit den spitzen kleinen Ts und gewundenen griechischen Es und seinem legendären Kürzel abgezeichnet. Wo er gezwungen war, persönlich im Drama aufzutreten — und man spürte, wie er mit allen Mitteln versuchte, dieser ordinären Qual auszuweichen —, bezeichnete er sich selbst lediglich als ›D. O.‹, kurz für Diensthabender Offizier. Und da er für seinen Widerwillen gegen Initialen bekannt war, wird einem auch hierbei wieder sein einsiedlerisches, wenn nicht geradezu fluchtergreifendes Wesen bewußt. Hätte ich einen verloren geglaubten Shakespeare-Folianten entdeckt, hätte meine Erregung nicht größer sein können. Alles war da: Hawthornes Originalbrief, Abschriften von auf Band aufgenommenen Gesprächen, die Smiley abgezeichnet hatte, sogar Hawthornes unterschriebene Quittungen für seine Reisekosten und Barauslagen.

Mein dumpfer Kummer war wie weggeblasen. Meine Verbannung bedrückte mich nicht mehr, ebensowenig wie die Stille des großen leeren Hauses, in das ich eingesperrt war. Ich teilte das alles mit George, wartete auf das loyale Klappern von Arthur Hawthornes Stiefeln, während er durch den Korridor zu dem Treffen mit Smiley marschierte.

»Sehr geehrter Herr«, hatte er ›An den für Nachrichtendienste Zuständigen Offizier im Verteidigungsministerium‹ geschrieben. Und schon ist für uns Briten seine gesellschaftliche Stellung aufs Papier gebannt — wenn auch nur durch den im Englischen seltsam gebieterischen Gebrauch von Großbuchstaben, die ungebildeten Menschen so wichtig sind. Ich stellte mir vor, daß er sich beim Schreiben viel Mühe gegeben hatte, und vermutlich hatte er ein Wörterbuch zur Hand gehabt. »Ich bitte, Sir, ein Gespräch mit Ihrem Stab führen zu dürfen. Es geht um eine Person, die Spezialarbeit für den Britischen Nachrichtendienst auf Höchster Ebene geleistet hat und deren Namen meiner Frau und mir selbst ebensoviel bedeutet wie wohl Ihnen Selbst und den ich folglich in diesem Brief nicht erwähnen darf.«

Das war alles. Unterschrieben »Hawthorne, A. W., Warrant Officer II. Klasse, im Ruhestand«. Mit anderen Worten, Arthur Wilfred Hawthorne, wie Smileys Nachforschungen ergaben, als er die Wählerlisten konsultierte und anschließend die entsprechende Akte des Heeresministeriums einsah. Geboren 1915, notierte Smiley gewissenhaft auf Hawthornes Personalienbogen. Rekrutiert 1939, gedient bei der Achten Armee von Kairo bis El Alamein. Ex-Sergeant Major Arthur Wilfred Hawthorne, zweimal im Kampf verwundet, drei Auszeichnungen und eine Tapferkeitsmedaille für seinen Einsatz, ohne einen Flecken auf der Weste aus dem Dienst entlassen, ›das beste Vorbild für die besten Kämpfer der Welt‹, wie sein Kommandant in einer begeisterten, wenn auch etwas übertreibenden Belobigung schrieb.

Und ich wußte, daß Smiley als guter Profi schon lange vor dem Eintreffen seines Klienten in Stellung gegangen sein dürfte, so wie ich selbst es in diesen letzten Monaten getan hatte: an demselben ramponierten gelben Kiefernschreibtisch aus Kriegszeiten, dessen Vorderkante braun angesengt war — der Legende nach von den Hunnen; mit demselben bemoosten Telefon, mit Buchstaben und Ziffern auf der Wählscheibe; mit demselben handkolorierten Foto der Queen, das sie als Zwanzigjährige auf einem Pferd zeigt. Ich sehe, wie George mit sorgenvoller Miene seine Uhr betrachtet und dann mit säuerlichem Gesicht über das übliche Chaos blickt, denn seit Menschengedenken war ein Streit darüber im Gange, wer eigentlich für die Reinigung dieses Hauses zuständig sei, das Ministerium oder wir selbst. Ich sehe, wie er ein Taschentuch aus dem Ärmel zieht — wiederum mühsam, denn George schaffte keine Geste ohne Anstrengung —, um den Schmutz von der Sitzfläche seines Holzstuhles zu wischen und dann auf der anderen Seite des Schreibtischs im voraus für Hawthorne das gleiche zu tun. Anschließend leistet er, wie ich selbst es ein paarmal getan hatte, der Queen einen ähnlichen Dienst, stellt ihren Rahmen ordentlich hin und bringt ihre jungen, idealistischen Augen wieder zum Strahlen.

Denn ich stellte mir vor, daß George sich, wie es jeder gute Geheimdienstoffizier tun muß, bereits mit den Gefühlen seines Klienten beschäftigte. Ein ehemaliger Sergeant Major würde schließlich eine gewisse Ordnung erwarten.

Dann sehe ich Hawthorne selbst, wie der Hausmeister ihn pünktlich auf die Minute hereinführt; Hawthorne hat seinen besten Anzug zugeknöpft wie einen Kampfanzug, seine polierten Stiefelkappen glänzen im Dämmer wie Kastanien. Smileys Beschreibung auf dem Beobachtungsbogen war knapp; aber präzise: Größe eins siebzig, Haar grau und kurz geschnitten, glattrasiert, gepflegte Erscheinung, militärische Haltung. Sonstige Kennzeichen: unterdrücktes Hinken des linken Beins, Armeestiefel.

»Hawthorne, Sir«, schnappte er und nahm Habachtstellung ein, bis Smiley ihn mit einiger Mühe zum Hinsetzen überredete.

Smiley war an diesem Tag Major Nottingham, und als Beweis hatte er eine eindrucksvolle Karte mit seinem Foto. Als ich seinen Bericht über diesen Fall las, steckte in meiner Tasche eine ähnliche Karte auf den Namen Colonel Ned Ascot. Fragen Sie mich nicht, warum Ascot; dazu möchte ich allenfalls bemerken, daß ich durch die Wahl eines Ortsnamens als Decknamen wieder einmal unbewußt eine von Smileys kleinen Angewohnheiten nachahmte.

»Aus welchem Regiment sind Sie, Sir, wenn ich fragen darf?« erkundigte sich Hawthorne bei Smiley, als er endlich saß.

»Reserve«, sagte Smiley bedauernd — die einzige Antwort, die uns gestattet ist.

Aber ich bin sicher, es fiel Smiley ebenso schwer wie

mir, sich als eine Art Nonkombattanten darstellen zu müssen.

Zum Beweis seiner Loyalität hatte Hawthorne seine Orden mitgebracht, die in einen Putzlappen für Gewehre eingewickelt waren. Smiley sah sie sich entgegenkommend an.

»Es geht um unseren Sohn, Sir«, sagte der alte Mann. »Ich muß Sie fragen. Meine Frau — na ja, die will nichts mehr davon hören, sie sagt, das sei alles bloß Unsinn. Aber ich habe ihr gesagt, ich muß Sie danach fragen. Selbst wenn Sie mir die Antwort verweigern, habe ich da zu ihr gesagt, hätte ich meinem Sohn gegenüber meine Pflicht versäumt, wenn ich nicht wenigstens einmal fragen würde.«

Smiley sagte nichts, aber ich bin sicher, daß sein Schweigen teilnahmsvoll war.

»Sehen Sie, Ken war unser einziger Sohn, Major, da ist das doch natürlich«, sagte Hawthorne entschuldigend.

Und noch immer ließ Smiley ihm Zeit. Habe ich nicht schon gesagt, daß er gut zuhören konnte? Einfach durch die Aufrichtigkeit seines Zuhörens konnte Smiley einem Antworten auf Fragen entlocken, die er nie gestellt hatte.

»Wir fragen nicht nach Geheimnissen, Major. Wir wollen nicht wissen, was man nicht wissen darf. Aber Mrs. Hawthorne liegt im Sterben, Sir, und bevor sie stirbt, muß sie unbedingt wissen, ob das wahr ist.« Er hatte die Frage genau vorbereitet. Jetzt stellte er sie. »Hat unser Junge — hat Ken — während seiner scheinbar kriminellen Karriere hinter den feindlichen Linien in Rußland operiert oder nicht?«

Und hier, könnte man sagen, war ich Smiley ausnahmsweise einmal voraus, wenn auch nur, weil ich nach fünf Jahren im Rußlandhaus ein ziemlich gutes Bild von den Operationen hatte, die wir in der Vergangenheit durchgeführt hatten. Ich spürte, wie sich auf meinem Gesicht ein Lächeln abzeichnete, und mein Interesse an der Geschichte steigerte sich, falls das überhaupt noch möglich war.

Aber auf Smileys Gesicht zeichnete sich mit Sicherheit gar nichts ab. Ich stellte mir vor, daß seine Züge so unbewegt waren wie die eines Mandarins. Vielleicht spielte er an seiner Brille herum, die immer den Eindruck machte, als gehöre sie einem viel größeren Mann. Schließlich fragte er Hawthorne aber ernst, ohne eine Spur von Skepsis —, wieso er annehme, daß dies der Fall sein könne.

»Weil Ken mir das erzählt hat, Sir.« Und bei Smiley noch immer nichts, nur eine einladend geöffnete Tür. »Mrs. Hawthorne wollte Ken nicht im Gefängnis besuchen. Aber ich habe es getan. Jeden Monat. Er hat fünf Jahre wegen schwerer Körperverletzung abgesessen, und drei weitere, weil er Gewohnheitstäter war. Damals gab es noch die sogenannte Sicherungsverwahrung. Wir, also ich und Ken, haben in der Gefängniskantine zusammen am Tisch gesessen. Und plötzlich beugt er sich dicht zu mir heran und sagt mit seiner leisen Stimme: ›Komm nicht wieder her, Dad. Das bringt mich in Schwierigkeiten. Weißt du, ich bin nicht richtig eingesperrt. Ich bin in Rußland. Die müssen mich extra immer hierherbringen, bloß damit du mich siehst. Ich arbeite hinter den Linien, aber sag Mum nichts davon. Schreib mir — das ist kein Problem, die leiten das weiter. Und ich schreibe zurück, als wäre ich hier im Gefängnis, dabei tue ich nur so, weil man als Gefangener besonders gut getarnt ist. Aber in Wirklichkeit diene ich unserer Heimat, Dad, genau wie du es damals bei den Wüstenratten getan hast, denn dafür sind die Besten von uns auf der Welt bestimmt.‹ Danach habe ich keinen Antrag mehr auf Besuchserlaubnis gestellt. Ich hatte das Gefühl, ich müsse einem Befehl gehorchen. Geschrieben habe ich ihm natürlich. Ins Gefängnis. Hawthorne und dann seine Nummer. Und drei Monate später kam seine Antwort, auf Gefängnispapier, und jedesmal schien mir ein ganz anderer Junge zu schreiben. Manchmal war die Handschrift groß und klotzig, als wenn er wütend wäre, manchmal klein und gehetzt, als hätte er nur wenig Zeit. Ein paarmal waren auch fremde Wörter dazwischen, die ich nicht verstanden habe, meist wieder durchgestrichen, als ob er Schwierigkeiten mit der eigenen Sprache gehabt hätte. Manchmal gab er mir irgendeinen Hinweis. ›Ich friere, bin aber in Sicherheit‹, schrieb er. Oder: ›Letzte Woche hatte ich etwas mehr Bewegung als nötig.‹ Meiner Frau habe ich nichts davon gesagt, weil er mich davor gewarnt hatte. Außerdem hätte sie ihm sowieso nicht geglaubt. Als ich ihr seine Briefe zeigen wollte, schob sie sie weg — sie taten ihr zu weh. Aber als Ken gestorben war, sind wir hingegangen und haben uns im Leichenschauhaus des Gefängnisses seinen zerstückelten Körper angesehen. Zwanzig Stichwunden, und kein Täter zu ermitteln. Sie hat nicht geweint, auch heute nicht, aber man hätte ebensogut sie selbst erstechen können. Und auf dem Heimweg im Bus konnte ich dann nicht mehr anders. ›Ken ist ein Held‹, hab' ich zu ihr gesagt. Ich wollte sie damit wachrütteln, denn sie war völlig versteinert. Ich nahm sie beim Ärmel und schüttelte sie, damit sie mir zuhörte. ›Er ist kein schäbiger Verbrecher‹, sagte ich. ›Unser Ken doch nicht. Niemals. Und er ist auch nicht von anderen Sträflingen umgebracht worden. Sondern von den roten Russen.‹ Ich habe ihr auch von den Manschettenknöpfen erzählt. ›Ken fantasiert‹, hat sie gesagt. ›Das hat er schon immer getan. Er kann keinen Unterschied machen, und das hat ihm ja auch immer den ganzen Ärger eingebracht.‹«

Wie der Priester und der Arzt ist der Verhörende im Vorteil, wenn es darum geht, Gefühle zu verbergen. Er kann zum Beispiel einfach eine andere Frage stellen, so wie ich es auch getan haben würde.

»Was für Manschettenknöpfe, Sergeant Major?« fragte Smiley, und ich sehe ihn die schweren Lider senken und den Kopf einziehen, um sich den nächsten Teil der Geschichte des alten Mannes anzuhören.

»›Orden habe ich keine, Dad‹, hat Ken mir gesagt. ›Orden wären zu riskant. Ordensverleihungen müssen amtlich bekanntgegeben werden, und dann würden es alle wissen. Sonst hätte ich genauso einen Orden wie du. Vielleicht sogar einen höheren, um ehrlich zu sein, etwa das Viktoriakreuz, denn die fordern uns bis zum äußersten und manchmal noch darüber hinaus. Aber wenn man seinen Job ordentlich macht, bekommt man seine Manschettenknöpfe, die dann in einem Spezialsafe für dich aufbewahrt werden. Und einmal im Jahr gibt es an einem bestimmten Ort, den ich dir nicht nennen darf, ein großes Dinner mit Champagner und Butlern, daß man es kaum glauben kann, und da gehen wir Rußlandleute alle hin. Dazu tragen wir Smokings und die Manschettenknöpfe, so ähnlich wie eine Uniform, nur geheim. Und auf dem Fest an diesem Ort, den ich dir nicht nennen darf, werden Reden gehalten und Hände geschüttelt, es ist wie eine Verleihungsfeier, so ähnlich wie bei deinen Orden, nehme ich an. Und wenn das Fest vorbei ist, geben wir die Manschettenknöpfe zurück. Das müssen wir, aus Gründen der Sicherheit. Wenn ich also jemals vermißt werde oder wenn mir etwas zustößt, schreib einfach an den Geheimdienst und bitte darum, daß man dir die Rußland-Manschettenknöpfe für deinen Ken zuschickt. Vielleicht werden sie sagen, sie hätten nie von mir gehört, vielleicht werden sie sagen: Was für Manschettenknöpfe? Aber vielleicht machen sie auch aus Mitleid eine Ausnahme und überlassen sie dir, denn manchmal tun sie das. Und wenn sie das tun — wirst du wissen, daß alles, was ich jemals falsch gemacht habe, viel richtiger war, als du dir vorstellen kannst. Denn ich bin der Sohn meines Vaters, und die Manschettenknöpfe werden dir das beweisen. Mehr kann ich nicht sagen, und es war schon mehr, als ich darf.‹«

Als erstes fragte Smiley nach dem vollständigen Namen des Jungen. Dann nach seinem Geburtsdatum. Dann nach seiner Ausbildung und seinen Qualifikationen, die beide wie vorherzusehen kläglich waren. Ich sehe ihn ruhig und geschäftsmäßig die Einzelheiten notieren: Kenneth Branham Hawthorne, sagte der alte Soldat — Branham war der Mädchenname seiner Mutter, Sir; er benutzte ihn manchmal für das, was man seine Verbrechen nannte —, geboren in Folkstone am 14. Juli 1946, Sir, zwölf Monate nach meiner Rückkehr aus dem Krieg. Vorher wollte ich kein Kind haben, Sir, obwohl meine Frau eins wollte, Sir, aber ich habe das nicht für richtig gehalten. Ich wollte, daß unser Junge im Frieden aufwächst, Sir, und seine Eltern sollten beide noch am Leben sein, um sich um ihn zu kümmern, Herr Major, darauf hat jedes Kind ein Recht, sage ich, auch wenn das nicht so verbreitet ist, wie es das sein sollte.

Smileys nächste Aufgabe war nicht halb so einfach, wie es den Anschein haben könnte, so unwahrscheinlich Kenneth Hawthornes Geschichte auch klingen mochte. Smiley war nicht der Mensch, der einen guten Mann oder selbst einen schlechten im Zweifelsfall für schuldig hielt. Der Circus jener Tage verfügte noch nicht über so etwas wie eine zuverlässige Zentralkartei seiner Mitarbeiter, und was dafür galt, war schändlich und oft absichtlich unvollständig, da rivalisierende Gruppen eifersüchtig über ihren Informationsquellen wachten und bei ihren Nachbarn wilderten, sobald sie dazu Möglichkeiten hatten.

Wohl wahr, die Geschichte des alten Mannes starrte vor Unwahrscheinlichkeiten. Für Puristen war es zum Beispiel eine groteske Vorstellung, daß eine Gruppe von Geheimagenten sich einmal jährlich zum Essen traf und damit gegen die Grundregel des Gewerbes verstießen. Aber in der gesetzlosen Welt der Irregulären konnte noch Schlimmeres passieren, wie Smiley durchaus bewußt war. Und er mußte seine ganze Findigkeit und Überredungskunst einsetzen, um sich davon zu überzeugen, daß Hawthorne in keinem ihrer Bücher verzeichnet war: weder als Kurier noch als Laternenanzünder oder Skalpjäger, weder als Funker noch unter irgendeiner der anderen beliebten Berufsbezeichnungen, mit denen diese zwielichtigen Typen ihren Rang glorifizierten.

Und als Smiley mit den Irregulären fertig war, wandte er sich den Streitkräften zu, den Sicherheitsdiensten und der Royal Ulster Constabulary, bei denen allen nicht auszuschließen war, daß sie — wenn auch auf wesentlich bescheidenerer Basis, als der Junge erzählt hatte — einen gewalttätigen Kriminellen von Ken Hawthornes Charakter beschäftigt haben könnten.

Denn zumindest eins schien sicher: das Vorstrafenregister des Jungen war ein Alptraum. Ein schlimmeres Zeugnis gleichbleibenden, oft bestialischen Verhaltens war kaum vorstellbar. Als Smiley die Lebensgeschichte des Jungen durchging, von der Kindheit zur Pubertät, vom Erziehungsheim zum Gefängnis, schien es zwischen kleineren Diebstählen und sadistischer Körperverletzung keine Gesetzesübertretung zu geben, zu der Kenneth Branham Hawthorne, geboren 1946 in Folkstone, sich nicht hergegeben hätte.

Bis Smiley sich dann am Ende einer Woche offenbar widerwillig eingestanden hat, was er in einem anderen Teil seines Kopfs längst gewußt haben muß, Kenneth Hawthorne war, aus welchen traurigen Ursachen auch immer, ein unverbesserlicher und monströser Gewohnheitsverbrecher gewesen. Daß seine Mitgefangenen ihn umgebracht hatten, hatte er verdient. Seine Vergangenheit war vollständig aufgezeichnet, und seine Erzählungen von Heldentaten für irgendeinen märchenhaften britischen Geheimdienst waren bloß das letzte Kapitel seiner lebenslangen Bemühungen, etwas von dem Ruhm seines Vaters abzubekommen.

Es war tiefster Winter. Ein schmutzig-grauer Abend, an dem sich ein alter Soldat in peitschendem Schneeregen quer durch London zu einem kahlen Gesprächszimmer in Whitehall schleppte. Und Whitehall in der kargen Beleuchtung jener Tage war eine Zitadelle, die sich noch immer im Kriegszustand befand, auch wenn ihre Geschütze jetzt woanders eingesetzt wurden. Es war ein Ort militärischer Strenge, herzlos und gebieterisch; ein Ort gedämpfter Stimmen und geschwärzter Fenster, seltener hastiger Schritte und abgewandter Blicke. Auch Smiley war im Krieg gewesen, vergessen Sie das nicht, allerdings hinter den deutschen Linien. Ich kann das Tuckern des Aladdin-Paraffinofens hören, den der Circus widerstrebend genehmigt hatte, als Ersatz für die defekten Ministeriumsheizkörper. Der Ofen hört sich wie ein Funkgerät an, das von einer frierenden Hand bedient wird.

Hawthorne war nicht allein gekommen, um sich Major Nottinghams Antwort anzuhören. Der alte Soldat hatte seine Frau mitgebracht, und ich kann Ihnen sogar sagen, wie sie aussah, denn Smiley hatte sie in seinem Bericht beschrieben, und den Rest habe ich mir in der Fantasie seit langem ausgemalt.

Ihr gekrümmter kranker Körper steckte in ihrem besten Sonntagskleid. Sie trug eine Brosche, die dem Regimentsabzeichen ihres Mannes nachempfunden war. Smiley bat sie, Platz zu nehmen, doch sie zog vor, am Arm ihres Mannes stehenzubleiben. Smiley stand ihnen gegenüber am Schreibtisch, demselben angesengten, verblichenen Schreibtisch, an den ich während dieser letzten Monate verbannt war. Ich sehe ihn beinahe strammstehen, die runden Schultern untypisch gestrafft, die Stummelfinger in der traditionellen Heereshaltung an die Hosennähte gelegt. Ohne Mrs. Hawthorne zu beachten, sprach er den alten Soldaten an, von Mann zu Mann. »Sie verstehen, daß ich Ihnen absolut nichts zu sagen habe, Sergeant Major?«

»Jawohl, Sir.«

»Ich habe von Ihrem Sohn nie gehört, verstehen Sie? Kenneth Hawthorne ist mir nicht bekannt, ebensowenig irgendeinem meiner Kollegen.«

»Ja, Sir.« Der Blick des alten Mannes war wie auf dem Exerzierplatz starr auf einen Punkt über Smileys Kopf gerichtet. Doch seine Frau sah Smiley die ganze Zeit grimmig in die Augen, auch wenn es schwer für sie war, seinen Blick durch die dicken Gläser seiner Brille zu fixieren.

»Er hat nie in seinem Leben für irgendeine Abteilung der britischen Regierung gearbeitet, weder geheim noch sonstwie. Er war sein ganzes Leben lang ein gewöhnlicher Krimineller. Mehr nicht. Kein bißchen mehr.«

»Ja, Sir.«

»Ich bestreite entschieden, daß er je als Geheimagent im Dienst der Krone tätig war.«

»Ja, Sir.«

»Sie verstehen auch, daß ich keine Fragen beantworten kann, Ihnen keine Erklärungen geben kann und daß Sie mich nie mehr wiedersehen und nie mehr in diesem Haus vorgelassen werden?«

»Ja, Sir.«

»Und schließlich ist Ihnen klar, daß Sie von diesem Augenblick niemals mit irgendeiner Menschenseele reden dürfen? So stolz Sie auch auf Ihren Sohn sein mögen? Daß es andere gibt, die noch am Leben sind und geschützt werden müssen?«

»Ja, Sir. Ich verstehe, Sir.«

Smiley zog die Schublade unseres Schreibtischs auf, holte ein rotes Cartier-Kästchen heraus und reichte es dem alten Mann. »Ich habe das zufällig in meinem Safe gefunden«, sagte er.

Der alte Mann gab das Kästchen an seine Frau weiter, ohne es anzusehen. Mit sicherem Griff zwängte sie es auf. Darinnen lag ein Paar prächtiger goldener Manschettenknöpfe mit einer englischen Rose, die diskret in einer Ecke eingraviert war, ein wunderbares Stück Arbeit. Ihr Mann sah noch immer nicht hin. Vielleicht hatte er das gar nicht nötig; vielleicht traute er sich selbst nicht über den Weg. Sie klappte das Kästchen zu, öffnete den Verschluß ihrer abgewetzten Handtasche und steckte es hinein. Dann ließ sie die Handtasche wieder zuschnappen, so laut, daß man meinen konnte, sie knalle den Deckel auf dem Sarg ihres Sohnes zu. Ich habe mir das Tonband angehört; es harrt ebenfalls seiner Vernichtung.

Der alte Mann sagte immer noch nichts. Als sie gingen, waren sie zu stolz, sich noch mit Smiley abzugeben.

Und die Manschettenknöpfe? fragen Sie — wo hatte Smiley die Manschettenknöpfe her? Die Antwort darauf bekam ich nicht aus den vergilbenden Akten in Zimmer 909, sondern von Ann Smiley selbst, ganz zufällig an einem Abend in einem prachtvollen Schloß in Cornwall in der Nähe von Saltash, wo wir beide zufällig zu Gast waren. Ann war allein da und nachdenklich gestimmt. Mabel nahm an einem Golfturnier teil. Es war lange nach der Geschichte mit Bill Haydon, aber Smiley konnte Ann noch immer nicht in seiner Nähe ertragen. Nach dem Dinner löste sich die Gesellschaft in einzelne Gruppen auf, aber Ann blieb bei mir, vermutlich weil sie in mir einen Ersatz für George sah. Und ich fragte sie halb intuitiv, ob sie George jemals ein Paar Manschettenknöpfe geschenkt habe. Wenn sie allein war, war Ann immer am schönsten.

»Ach, die«, sagte sie, als könnte sie sich kaum noch daran erinnern. »Sie meinen die, die er dem alten Mann gegeben hat.« Sie habe sie George zu ihrem ersten Hochzeitstag geschenkt, sagte Ann. Nach ihrer Affäre mit Bill habe er beschlossen, sie für einen besseren Zweck zu verwenden.

Aber *warum* genau hat George das beschlossen? fragte ich mich.

Zunächst schien es mir vollkommen klar. Das war Smileys weicher Kern. Der alte kalte Krieger offenbarte sein blutendes Herz.

Wie meistens bei George — vielleicht.

Oder vielleicht ein Racheakt gegen Ann? Oder gegen seine andere treulose Liebe, den Circus, zu einer Zeit, als ihn die Fünfte Etage ausgesperrt hatte?

Nach und nach entwickelte ich eine etwas andere Theorie, die ich Ihnen auch noch mitteilen kann; denn eins ist sicher, daß nämlich George selbst uns nie über den Fall aufklären wird.

Als Smiley dem alten Soldaten zuhörte, erkannte er, daß dies einer jener seltenen Momente war, in denen der Service echten Menschen tatsächlich einen echten Dienst erweisen konnte. Diesmal würde die Geheimniskrämerei der Spionage nicht dazu benutzt werden, noch eine weitere Geschichte von Unfähigkeit oder Verrat zu vertuschen, sondern ein altes Paar mit seinen Träumen weiterleben zu lassen. Diesmal konnte Smiley angesichts einer geheimdienstlichen Operation mit absoluter Gewißheit sagen, daß sie funktioniert hatte.

11

Und manche Verhöre«, sagte Smiley, während er in die tanzenden Flammen des Kaminfeuers starrte, »sind überhaupt keine Verhöre, sondern eine Zwiesprache zwischen verletzten Seelen.«

Er hatte von seiner Befragung des Moskauer Meisterspions mit dem Decknamen Karla gesprochen, dessen Übertritt er zustande gebracht hatte. Aber für mich sprach er nur von dem armen Frewin, von dem er, soweit ich weiß, nie etwas gehört hatte.

Der Brief, der Frewin als sowjetischen Spion denunzierte, landete an einem Montagabend auf meinem Schreibtisch, per Briefpost am Freitag in London S.W I aufgegeben, am Montagmorgen von der Registratur der Zentrale geöffnet und von dem diensthabenden Hilfsregistrator mit ›LEP vorlegen‹ abgestempelt; LEP ist das Kürzel für den Leiter des Ermittler-Pools; mit anderen Worten, für mich, wobei manche meinen, es müsse nicht LEP sondern RIP heißen — denn man Ruhe in Frieden beim Ermittler-Pool. Als der grüne Lieferwagen der Zentrale sein bescheidenes Päckchen in der Northumberland Avenue ablieferte, war es fünf Uhr, und im Pool wurden solche späten Störungen gewöhnlich bis zum nächsten Morgen nicht zur Kenntnis genommen. Aber ich versuchte gerade, all das zu ändern, und da ich ohnehin nichts anderes zu tun hatte, machte ich den Umschlag sofort auf.

Zwei rosa Laufzettel waren an den Brief geheftet, jeder mit einer handschriftlichen Notiz. Die Notizen der Zentrale an den Pool klangen immer wie Anweisungen für einen Idioten. Die erste lautete: »FREWIN C mutmaßlich identisch mit FREWIN Cyril Arthur, Dechiffrierer beim Außenministerium«, gefolgt von Frewins einwandfreiem Überprüfungszeugnis und seiner weißen Aktennummer — eine schwerfällige Art, mir mitzuteilen, daß nichts gegen ihn vorlag. Die zweite Notiz lautete:

»MODRIAN S mutmaßlich identisch mit MODRIAN Sergei«, gefolgt von einer weiteren Reihe von Angaben, mit denen ich mich aber nicht abgab. Nach meinen fünf Jahren im Rußlandhaus war Sergei Modrian einfach Sergei für mich, genau wie für alle anderen dort: der alte Sergei, der gerissene Armenier, Musterknabe der von der Moskauer Zentrale großzügig überbesetzten Sowjetischen Botschaft in London.

Sollte ich dennoch insgeheim den Wunsch verspürt haben, die Lektüre des Briefes auf morgen zu verschieben, hielt Sergeis Name mich endgültig davon ab. Der Brief mochte Humbug sein, aber immerhin hatte ich ein Heimspiel.

An den Direktor
Sicherheits-Abteilung
Außenministerium
Downing Street, SW.

Sehr geehrter Herr,
Hiermit wird Ihnen mitgeteilt, daß C. Frewin, Dechiffrierer beim Außenministerium, mit ständigem und regelmäßigem Zugang zu *Top Secret und Darüber,* in den letzten vier Jahren, heimlichen Umgang mit S. Modrian, Erstem Sekretär der Sowjetischen Botschaft in London, gepflegt hat, und selbiges nicht in seinen jährlichen Überprüfungsberichten angegeben hat. Es wurde geheimes Material übergeben. Mr. Modrians Aufenthalt ist nicht mehr bekannt, aufgrund der Tatsache, daß er vor kurzem in die Sowjetunion zurückberufen wurde. Besagter Frewin ist noch immer

wohnhaft Chestnuts, Beavor Drive, Sutton, und Modrian hat ihn dort, mindestens einmal, aufgesucht. C. Frewin führt jetzt ein *sehr zurückgezogenes Leben.*

Hochachtungsvoll
E. Patriot.

Elektrische Schreibmaschine. Normales weißes DIN-A4-Papier, keine Wasserzeichen. Altmodisch, zu viele Satzzeichen, Rechtschreibung korrekt, Briefbogen scharf gefaltet. Und kein Absender. Wie immer.

Da ich an diesem Abend nicht viel anderes zu tun hatte, genehmigte ich mir ein paar Scotch im Sherlock Holmes und ging dann bei der Zentrale vorbei, wo ich mich im Lesezimmer der Registratur anmeldete und die Akten einsah. Am nächsten Morgen ging ich um zehn zur Sprechstunde und nahm in Burrs Wartezimmer Platz, nachdem ich zunächst seinem gelackten persönlichen Assistenten, der nie von mir gehört zu haben schien, meinen Namen buchstabiert hatte. Brock von der Moskauer Station war vor mir an der Reihe. Bis er aufgerufen wurde, unterhielten wir uns angelegentlich über Cricket und schafften es so, nicht davon zu sprechen, daß er im Rußlandhaus für mich gearbeitet hatte, zuletzt im Fall Blair. Nach einigen Minuten erschien Peter Guillam mit einem Aktenbündel unterm Arm, er sah verkatert aus. Er war vor kurzem Burrs Sekretariatsleiter geworden.

»Was dagegen, wenn ich mich vor Ihnen reindrängele, alter Freund? Ich bin dringend gerufen worden. Der blöde Kerl scheint von mir zu erwarten, daß ich auch noch im Schlaf arbeite. Was haben Sie denn?«

»Lepra«, sagte ich.

Nirgendwo kann man so einfach über Nacht zur Unperson werden wie beim Service — außer vielleicht in Moskau. Während der Umwälzungen im Gefolge von Barley Blairs Übertritt hatte nicht einmal Burrs Vorgänger, der wendige Clive, sich auf dem rutschigen Deck der Fünften Etage halten können. Als ich das letztemal von ihm hörte, war er gerade unterwegs, um den heilsamen Posten des Stationsleiters in Guyana anzutreten. Einzig unser zaghafter Rechtsberater Harry Palfrey schien die Veränderungen wie üblich überstanden zu haben, und als ich Burrs blitzblankes Vorstandsbüro betrat, wollte Palfrey sich gerade durch die andere Tür verdrücken — war aber nicht schnell genug; also gewährte er mir ein überschwengliches Lächeln. Um einen rechtschaffeneren Eindruck zu machen, hatte er sich neuerdings einen Schnurrbart wachsen lassen.

»Ned! Wunderbar! Wir sehen uns nachher zum Lunch«, hauchte er aufgeregt flüsternd und verdünnisierte sich.

Burr war ebenso modern wie sein Büro. Wo er herkam, war mir ein Rätsel, aber ich war ja auch nicht mehr auf dem laufenden. Aus der Werbung, hatte mir jemand erzählt; aus der Londoner Geschäftswelt, ein anderer; vom Inns of Court, wieder ein anderer.

Ein Witzbold im Postzimmer des Pools behauptete, Burr käme von nirgendwo her: er sei so, wie er jetzt war, auf die Welt gekommen, nach Aftershave und Macht riechend, in einem zweiteiligen blauen Vorstandsanzug und schwarzen Lackschuhen mit Seitenschnallen. Er war groß und unstet und lächerlich jung. Wenn man seine weiche Hand schüttelte, lockerte man sogleich den Griff, aus Angst, sie zu zerdrücken. Vor ihm auf seinem Vorstandsschreibtisch lag Frewins Akte, an deren Deckel mein — spät in der letzten Nacht geschriebenes — formloses Protokoll geheftet war.

»Woher stammt der Brief?« wollte er in seinem trockenen nordenglischen Tonfall wissen, noch ehe ich Platz genommen hatte.

»Ich weiß es nicht. Er ist gut informiert. Wer auch immer ihn geschrieben hat, hat seine Hausaufgaben gemacht.«

»Wahrscheinlich Frewins bester Freund«, sagte Burr, als wären beste Freunde vor allem dafür bekannt.

»Die Angaben über Modrian stimmen, er weiß über Frewins Zugang genau Bescheid«, sagte ich. »Er kennt das Überprüfungsergebnis.«

»Aber das ist doch kein Kunststück, oder? Für einen Insider? Höchstwahrscheinlich also ein Kollege. Oder seine Freundin. Was wollen Sie mich fragen?«

Mit einem solchen Schnellfeuerverhör hatte ich nicht gerechnet. Nach sechs Monaten beim Pool war ich es nicht mehr gewöhnt, gehetzt zu werden.

»Ich denke, ich muß wissen, ob ich dem Fall nachgehen soll oder nicht«, sagte ich.

»Was sollte ich dagegen haben?«

»Er liegt außerhalb der üblichen Zuständigkeit des Pools. Frewins Zugang ist beträchtlich. Seine Abteilung hat mit dem geheimen Funkverkehr von Whitehall zu tun. Ich habe angenommen, Sie würden den Fall lieber dem Sicherheitsdienst übergeben.«

»Warum?«

»Weil es ihr Spezialgebiet ist. Wenn da überhaupt etwas zu machen ist, dann eine normale Sicherheitsüberprüfung.«

»Wir haben die Information, wir haben diesen Brief bekommen, wir sind an der Reihe«, erwiderte Burr mit einer Grobheit, die mir insgeheim das Herz erwärmte. »Zum Teufel mit ihnen. Wenn wir wissen, was wir da haben, entscheiden wir, wo wir damit hingehen. Diese kirchengläubigen Scheißkerle dort hinterm Park haben doch nichts anderes im Kopf als eine wasserdichte Anklage und einen Haufen Orden, die sie sich gegenseitig umhängen können. Ich sammle Informationen für den Markt. Wenn Frewin nicht sauber ist, können wir ihn vielleicht halten und umdrehen. Womöglich bringt er uns sogar wieder an Bruder Modrian in Moskau heran. Wer weiß? Die Künstler von der Sicherheit jedenfalls nicht, das steht fest.«

»Dann ziehen Sie es also vermutlich vor, den Fall ans Rußlandhaus abzugeben«, beharrte ich.

»Wieso sollte ich das?«

Ich hatte angenommen, einen nicht besonders gewinnenden Eindruck auf ihn zu machen, denn er war noch in einem Alter, in dem man Fehler unmoralisch findet. Doch er schien mich aufzufordern, ihm doch zu sagen, warum er nicht mit mir rechnen konnte.

»Dem Pool steht es nicht zu, operationsmäßig tätig zu werden«, erklärte ich. »Wir sind ein Büro im Vordergrund und hören den einsamen Herzen zu. Wir haben keinen Auftrag, heimlich Nachforschungen anzustellen oder Agenten einzusetzen, und auch kein Mandat, Verdächtige mit Frewins Zugangsmöglichkeiten zu überprüfen.«

»Sie können doch ein Telefon anzapfen?«

»Wenn Sie mir eine Vollmacht besorgen, ja.«

»Sie können doch Leute zur Beobachtung einsetzen? So was sollen Sie ja schon ein paarmal getan haben, wie ich höre.«

»Nur wenn Sie persönlich mich dazu ermächtigen.«

»Angenommen, ich tu's? Der Pool ist auch befugt, Überprüfungen durchzuführen. Spielen Sie einfach das Arbeitstier. Das können Sie gut, nach allem, was man so hört. Es geht doch um eine Überprüfung, richtig? Und bei Frewin ist eben mal wieder eine fällig, richtig? Also überprüfen Sie ihn.«

»Bei positiven Überprüfungen ist der Pool verpflichtet, alle Nachforschungen im voraus mit dem Sicherheitsdienst abzuklären.«

»Betrachten Sie das als erledigt.«

»Das geht nicht, es sei denn, ich habe es schriftlich.«

»Und ob das geht. Sie sind doch ein alter Service-Hase. Sie sind der große Ned. Sie haben genauso viel Vorschriften verletzt, wie Sie befolgt haben, ich habe mich über Sie informiert. Und Modrian kennen Sie auch.«

»Nicht besonders gut.«

»Wie gut?«

»Ich war einmal mit ihm essen und habe einmal Squash mit ihm gespielt. Von Kennen kann da wohl kaum die Rede sein.«

»Squash wo?«

»Im Lansdowne.«

»Und wie kam es dazu?«

»Modrian wurde uns offiziell als Verbindungsmann der Botschaft mit der Moskauer Zentrale beschrieben. Ich habe versucht, mit ihm in Sachen Barley Blair ins Geschäft zu kommen. Ein Tauschhandel.«

»Warum ist Ihnen das nicht gelungen?«

»Barley wollte nicht mitziehen. Er hatte bereits sein eigenes Geschäft gemacht. Er wollte sein Mädchen, nicht uns.«

»Wie spielt er?«

»Trickreich.«

»Haben Sie ihn geschlagen?«

»Ja.«

Er unterbrach seine Fragerei und sah mich prüfend an. Es war, als würde man von einem Baby angestarrt. »Und Sie kommen damit klar, oder? Sie stehen nicht unter allzuviel Streß? Sie haben zu Ihrer Zeit ein paar gute Sachen gemacht. Und Sie haben Mut, was ich von manchen der Kastraten in diesem Verein nicht gerade behaupten kann.«

»Wieso sollte ich unter Streß stehen?«

Keine Antwort. Oder noch keine. Er schien direkt hinter seinen dicken Lippen auf irgend etwas herumzukauen.

»Wer glaubt denn heutzutage noch an die Ehe, um Himmels willen?« wollte er wissen. Seine nordenglische Aussprache war noch schleppender geworden. Es war, als hätte er jede Zurückhaltung aufgegeben. »Wenn Sie mit Ihrer Freundin leben wollen, dann tun Sie das, rate ich Ihnen. Wir haben sie überprüft, sie hat keine Feinde, sie ist keine Bombenwerferin, keine heimliche Sympathisantin und auch nicht drogensüchtig, also was stört Sie an ihr? Sie ist ein nettes Mädchen und führt ein nettes Leben, und Sie sind ein Glückspilz. Also wollen Sie den Fall, oder wollen Sie ihn nicht?«

Einen Augenblick lang fiel mir keine Antwort ein. Daß Burr von meiner Affäre mit Sally wußte, war nicht überraschend. In unserer Welt gibt man dergleichen Dinge zu den Akten, bevor die Akten sie einem mitteilen, und ich hatte meine obligatorische Beichte beim Personalchef bereits hinter mir. Nein, was mir die Sprache verschlug, war Burrs Fähigkeit, vertraulich zu werden, die Geschwindigkeit, mit der er in meine Haut geschlüpft war.

»Wenn Sie mich decken und mir die notwendige Unterstützung gewähren, werde ich die Sache selbstverständlich übernehmen«, sagte ich.

»Also dann fangen Sie an. Halten Sie mich auf dem laufenden, aber nicht zu sehr — erzählen Sie mir keinen Scheiß, rücken Sie mit schlechten Nachrichten immer gleich heraus. Unser Cyril ist ein Mann ohne Eigenschaften. Sie haben Robert Musil gelesen, möchte ich meinen. Oder nicht?«

»Leider nein.«

Er zog Frewins Akte auf. Ich sage ›zog‹, weil seine schlaffen Hände nicht den Eindruck machten, als ob sie schon jemals etwas angepackt hätten: jetzt wollen wir doch einmal sehen, wie diese Akte aufgeht; jetzt wollen wir uns diesem seltsamen Gegenstand zuwenden, den man Bleistift nennt.

»Er hat keine Hobbys, keine erklärten Interessen außer Musik, keine Frau, keine Freundin, keine Eltern, keine Geldsorgen, nicht einmal irgendwelche bizarren sexuellen Gelüste, der arme Teufel«, klagte Burr und blätterte zu einem anderen Abschnitt der Akte weiter. Wann hatte er nur die Zeit gefunden, das zu lesen? fragte ich mich. Ich tippte auf die frühen Morgenstunden. »Und wie, zum Teufel, ein Mann mit Ihrer Erfahrung, dessen Job es ist, sich mit der modernen Zivilisation und all ihrer Unzufriedenheit abzugeben, ohne die Weisheit eines Robert

Musil auskommen kann, ist eine Frage, die ich Sie in einem ruhigeren Augenblick zu beantworten bitte.« Er leckte an seinem Daumen und blätterte eine Seite um. »Er ist einer von fünf«, sagte er.

»Ich dachte, er wäre ein Einzelkind.«

»Ich rede nicht von seinen Geschwistern, Sie Trottel, sondern von seiner Arbeit. In seinem öden Dechiffrierbüro ist er einer von fünfen. Sie haben alle mit demselben Zeug zu tun; sie haben alle denselben Rang, dieselbe Arbeitszeit, dieselben schmutzigen Gedanken.« Er sah mich offen an, was er bis jetzt noch nicht getan hatte. »Wenn er das getan hat, was war dann sein Motiv? Der Briefschreiber sagt dazu nichts. Komisch. Normalerweise tun sie das. Langeweile — wie wär's damit? Langeweile und Habgier, das sind die einzigen Motive, die heute noch übrig sind. Plus Revanche, das ewige Motiv.« Er wandte sich wieder der Akte zu. »Cyril ist der einzige, der nicht verheiratet ist, schon gemerkt? Er ist schwul. Ich auch. Ich bin schwul, Sie sind schwul. Wir sind alle schwul. Kommt bloß darauf an, welcher Teil von einem schließlich oben ist. Er hat keine Haare, sehen Sie?« Er schwenkte Frewins Foto kurz an mir vorbei und redete weiter. Seine Energie war einschüchternd. »Aber Kahlköpfigkeit ist schließlich kein Verbrechen, möchte ich meinen, jedenfalls kein größeres als die Ehe. Ich sollte das wissen, ich hab' drei Ehen hinter mir und bin immer noch nicht fertig. Das ist keine normale Denunziation, stimmt's? Deswegen sind Sie hier. Dieser Brief weiß, wovon er redet. Sie glauben doch nicht, daß Modrian ihn geschrieben hat, oder?«

»Wozu hätte er das tun sollen?«

»Ich frage, Ned, also keine Sperenzchen. Ohne gemeine Gedanken komme ich nicht weiter. Vielleicht hat Modrian gedacht, er könnte, wenn er nach Moskau zurückgeht, ein bißchen Verwirrung zurücklassen. Modrian ist ein durchtriebener kleiner Affe, wenn er seinen Kopf mal anstrengt. Ich habe mich auch über ihn informiert.«

Wann? dachte ich wieder. Wann hat er nur die Zeit dafür gefunden?

So ging es weitere zwanzig Minuten im Zickzackkurs hin und her, er knallte mir Möglichkeiten hin und sah zu, was ich damit machte. Und als ich endlich erschöpft ins Vorzimmer trat, traf ich dort schon wieder Peter Guillam.

»Wer, zum Henker, ist Leonard Burr?« fragte ich ihn, noch immer ganz benommen.

Peter war erstaunt, daß ich das nicht wußte. »Burr? Mein lieber Freund, Leonard war jahrelang Smileys Kronprinz. George hat ihn vor einem Schicksal gerettet, das schlimmer als der Tod an Allerseelen gewesen wäre.«

Was soll ich Ihnen von Sally, meiner amtierenden außerehelichen Freundin, erzählen? Sie war frei und sprach den Gefangenen in mir an. Monica hatte mit mir im selben Kerker gesessen. Monica war eine Frau vom Service, durch dieselben Vorschriften wie ich gebunden und wieder nicht gebunden. Aber für Sally war ich bloß ein mittelalterlicher Verwaltungsbeamter, der vergessen hatte, auch mal etwas Spaß zu haben. Sie war Designerin und ehemalige Tänzerin, deren Leidenschaft das Theater war, und den Rest des Lebens hielt sie für unwirklich. Sie war groß und blond und ziemlich klug, und manchmal glaube ich, daß sie mich an Stefanie erinnert haben muß.

»Sehen wir uns, Käptn?« schrie Gorst durchs Telefon. »Noch mal unsern Cyril überprüfen? Wird mir ein Vergnügen sein, Sir!«

Wir trafen uns am nächsten Tag in einem Gesprächszimmer des Außenministeriums. Ich war Captain York, irgendein langweiliger Überprüfungsoffizier, der seine Runde machte. Gorst war der Leiter von Frewins Dechiffrierabteilung, die besser unter dem Namen *Tank* bekannt war; ein Lustmolch im Küstergewand, ein watschelnder, grinsender Mann mit harten Ellbogen und einem winzigen Mund, der sich zusammenzog wie ein Wurm. Als er sich hinsetzte, hob er seine Rockschöße hoch, als wolle er sein Hinterteil entblößen. Darauf schwang er wie eine Revuetänzerin ein stämmiges Bein vor, um es dann anzüglich über das andere zu schlagen.

»Der heilige Cyril, so nennen wir Mr. Frewin«, verkündete er munter. »Trinkt nicht, flucht nicht, beglaubigte Jungfrau. Ende des Überprüfungsgesprächs.« Er zog eine Zigarette aus einer Zehnerpackung, klopfte die Spitze auf seinem Daumennagel fest und befeuchtete sie dann mit seiner geschäftigen Zunge. »Musik ist seine einzige Schwäche. Liebt die *Oper.* Geht regelmäßig wie ein Uhrwerk in die *Oper.* Hab' mir selbst nie was draus gemacht. Weiß nie genau, ob das nun singende Schauspieler oder schauspielernde Sänger sind.« Er zündete die Zigarette an. Ich konnte riechen, daß er zum Lunch Bier getrunken hatte. »Auch dicke Frauen sagen mir nicht sonderlich zu, ehrlich gesagt. Besonders wenn sie mich ankreischen.« Er ließ den Kopf nach hinten sinken und stieß Rauchringe aus, die er genoß, als wären sie Symbole seiner Autorität.

»Darf ich fragen, wie Frewin zur Zeit mit dem Rest der Belegschaft auskommt?« sagte ich und spielte den ehrbaren Gesellen, während ich eine Seite meines Notizbuchs umschlug.

»Glänzend, Euer Gnaden. Pör-fekt.«

»Die Archivare, Registratoren, Sekretärinnen — kein Ärger an dieser Front?«

»Ach wo. Nicht die Bohne.«

»Sie sitzen alle zusammen?«

»In einem großen Raum, und dem Titel nach bin ich der Vorsteher. Hat sich was mit *Vor*-stand!«

»Ich habe läuten hören, er sei irgendwie misogyn«, sagte ich aufs Geratewohl.

Gorst lachte schrill auf. »Cyril? *Misogyn?* Quatsch. Er hat was gegen Mädchen. Will nicht mit ihnen sprechen, abgesehen vom Guten Morgen. Kommt auch nach Möglichkeit nicht zur Vor-Weihnachtsparty, könnte ja sein, daß er sie unterm Mistelzweig küssen müßte.« Er schlug die Beine andersherum übereinander, womit er andeutete, daß er sich zur Abgabe einer Erklärung entschlossen hatte. »Cyril Arthur Frewin — der heilige Cyril — ist ein höchst zuverlässiger, außerordentlich gewissenhafter, vollkommen kahlköpfiger, unglaublich langweiliger Mitarbeiter der alten Schule. Der heilige Cyril, obwohl pedantisch bis zum Gehtnichtmehr, hat meiner Ansicht nach, was sein Land und seine Profession angeht, seine natürliche Beförderungsgrenze erreicht. Der heilige Cyril hat sich festgefahren. Der heilige Cyril tut, was er tut, und das hundertprozentig. Amen.«

»Politik?«

»Nicht mit mir, vielen Dank.«

»Und er ist nicht arbeitsscheu?«

»Habe ich das behauptet, Euer Ehren?«

»Nein, im Gegenteil, ich habe aus der Akte zitiert. Wenn es zusätzliche Arbeit gibt, krempelt Cyril immer die Ärmel hoch, arbeitet die Mittagspause, die Abende und so weiter durch. Trifft das noch immer zu? Kein Nachlassen seines Enthusiasmus?«

»Unser Cyril ist jederzeit dienstbereit, sehr zur Freude derer, auf die zu Hause Familien, Frauen oder hübsche Nebenbeschäftigungen warten. Er übernimmt die Frühschicht, die Mittagspause, die Nachtwache, außer natürlich an den Opernabenden. Cyril ist niemals kleinlich. In letzter Zeit, das muß ich sagen, ist er ein bißchen weniger geneigt, sich zum Märtyrer zu machen, aber zweifellos macht er nur vorübergehend eine Pause. Unser Cyril hat eben seine kleinen Launen. Wer hat die nicht, Euer Eminenz?«

»Also seit kurzem ein Nachlassen, würden Sie sagen?«

»Nicht, was seine Arbeit betrifft, niemals. Cyril ist der absolute Arbeitssklave, war er schon immer. Ich habe nur von seiner Bereitschaft gesprochen, sich von seinen doch menschlicheren Kollegen ausnutzen zu lassen. Neuerdings räumt der heilige Cyril um Schlag halb sechs seinen Schreibtisch auf und geht mit den anderen nach Hause. Das heißt, er bietet zum Beispiel nicht an, die Spätschicht zu übernehmen und bis zum Abschließen um neun völlig allein dazubleiben, wie er es früher oft getan hat.«

»Sie können nicht zufällig sagen, wann genau er seine Gewohnheiten geändert hat?« fragte ich so gelangweilt wie möglich und schlug gehorsam eine neue Seite in meinem Notizbuch auf.

Aber seltsamerweise konnte Gorst das. Er schürzte die Lippen. Runzelte die Stirn. Zog seine mädchenhaften Augenbrauen hoch und drückte sein Doppelkinn in den schmutzigen Hemdkragen. Er gab sich alle erdenkliche Mühe, den Grübler zu spielen. Und schließlich erinnerte er sich. »Das letztemal hat Cyril Frewin am Mittsommertag die Spätschicht des jungen Burton übernommen. Ich führe Buch, wissen Sie. Zur Sicherheit. Außerdem habe ich ein ganz ausgezeichnetes Gedächtnis, was ich mir freilich nicht ständig anmerken lasse.«

Insgeheim war ich in der Tat beeindruckt, aber nicht von Gorst. Drei Tage nach Modrians Abreise aus London nach Moskau hatte Cyril Frewin aufgehört, abends zu arbeiten, dachte ich. Ich hatte weitere Fragen, die unbedingt gestellt werden mußten. Verfügte der Tank über elektrische Schreibmaschinen? Hatten die Dechiffrierer Zugang dazu? Oder Gorst? Doch ich fürchtete, daß er Verdacht schöpfte.

»Sie erwähnten seine Liebe zur Oper«, sagte ich. »Könnten Sie mir ein wenig mehr davon erzählen?«

»Nein, das kann ich nicht, da wir darüber keine detaillierten Berichte bekommen und auch nicht danach fragen. Immerhin soviel: an seinen *Opern*-Tagen erscheint er in einem gebügelten dunklen Anzug, falls er nicht seine Smokingjacke im Koffer mitbringt, und befindet sich, wie ich das nennen würde, in einem Zustand großer, wenn auch beherrschter Erregung, nicht unähnlich gewissen anderen Formen von Vorfreude, die ich jetzt nicht nennen will.«

»Aber hat er zum Beispiel einen Stammplatz? Einen Abonnementsplatz? Ich frage nur für die Akte. Wie Sie sagen, hat er ja sonst kaum ein Privatvergnügen.«

»Ich sagte es wohl bereits, Euer Ehren, ich und die Oper sind leider nicht füreinander geschaffen. Ich rate Ihnen, schreiben Sie ›Opern-Fan‹ in sein Formular, und damit haben Sie seine Privatvergnügungen abgedeckt.«

»Danke. Das werde ich tun.« Ich schlug eine neue Seite auf. »Und wirklich keine Feinde, sind Sie sicher?« fragte ich, und mein Bleistift lauerte über dem Notizbuch.

Gorst wurde ernst. Die Wirkung des Biers ließ nach. »Über Cyril wird gelacht, das gebe ich zu, Captain. Aber er nimmt das nicht übel. Cyril ist nicht unbeliebt.«

»Also es würde zum Beispiel niemand etwas Schlechtes über ihn sagen?«

»Ich kann mir keinen einzigen Grund vorstellen, warum irgend jemand etwas Schlechtes über Cyril Arthur Frewin sagen sollte. Der britische Staatsdiener mag ja mürrisch sein, aber bösartig ist er nicht. Cyril tut seine Pflicht, genau wie wir alle. Wir sind ein glücklicher Verein. Ich hätte nichts dagegen, wenn Sie auch das notieren würden.«

»Wie ich höre, ist er dieses Jahr zu Weihnachten nach Salzburg gefahren. Und in den vorangegangenen Jahren auch. Stimmt das?«

»Allerdings, Cyril nimmt seinen Urlaub immer über Weihnachten. Er fährt nach Salzburg, hört sich die Musik an. Das ist der einzige Punkt, in dem er dem Rest unserer Belegschaft keine Zugeständnisse macht. Einige der Jüngeren versuchen sich darüber zu beschweren, aber das lasse ich nicht zu. ›Cyril macht das auf andere Weise wieder für Sie wett‹, sage ich zu ihnen. ›Cyril arbeitet schon länger hier als Sie, er liebt seine Reisen nach

Salzburg, um dort Musik zu hören, er hat seine kleinen Eigenarten, und so soll es auch bleiben.‹«

»Hinterläßt er eine Urlaubsadresse, wenn er fährt?«

Gorst wußte es nicht, telefonierte aber auf meine Bitte mit seiner Personalabteilung und bekam sie. In den letzten vier Jahren immer dasselbe Hotel. Mit Modrian verkehrt er ebenfalls seit vier Jahren, dachte ich, so steht es in dem Brief. Vier Jahre Salzburg, vier Jahre Modrian, und am Ende ein *sehr zurückgezogenes Leben.*

»Schließt er Freundschaften, würden Sie davon erfahren?«

»Cyril hatte in seinem ganzen Leben noch keinen Freund, Käptn.« Gorst gähnte. »Und bestimmt keinen, den er im Urlaub kennengelernt hat. Gehen wir nächstesmal zusammen essen? Ihr sollt ja so ein famoses Spesenkonto haben, wenn ihr an der richtigen Stelle bohrt.«

»Erzählt er eigentlich von seinen Salzburgreisen, wenn er zurückkommt? Was für Spaß er da gehabt hat — von der Musik — irgend so was in der Richtung?« Die Einsicht, daß die Leute auch mal etwas Spaß haben könnten, hatte ich vermutlich Sally zu verdanken.

Nachdem er kurz wieder den Grübler gespielt hatte, schüttelte Gorst den Kopf. »Sollte Cyril so etwas wie Spaß haben, Euer Ehren, dann ist der sehr, sehr privat«, sagte er mit einem letzten Grinsen.

Das entsprach Sallys Vorstellung von Spaß nicht im geringsten.

In meinem Büro beim Pool bestellte ich eine sichere Leitung nach Wien und sprach mit Toby Esterhase, der mit seinem unbändigen Überlebenstalent kürzlich zum Wiener Stationsleiter ernannt worden war.

»Ich möchte, daß Sie für mich in der Weißen Rose in Salzburg auf den Busch klopfen, Toby. Cyril Frewin, britischer Staatsbürger. War in den letzten vier Jahren immer zu Weihnachten dort. Ich möchte wissen, wann er angekommen ist, wie lange er geblieben ist, ob er früher auch schon da war und mit wem, wie hoch die Rechnungen waren und was er da treibt. Konzertkarten, Ausflüge, Mahlzeiten, Frauen, Knaben, Feiern — alles, was Sie kriegen können. Aber erregen Sie kein Aufsehen, was auch immer Sie tun. Treten Sie als Scheidungsanwalt auf oder so was.«

Wie vorherzusehen, war Toby entsetzt. »Ned, hören Sie. Ned, das ist wirklich absolut unmöglich. Ich bin hier in Wien, okay? Salzburg, das ist wie auf der anderen Seite der Erdkugel. In dieser Stadt geht es zu wie in einem Bienenkorb. Ich brauche mehr Leute, Ned. Sagen Sie das Burr. Der weiß gar nicht, was ich hier für einen Streß habe. Beschaffen Sie mir zwei Leute zusätzlich, dann tun wir alles, was Sie wollen, kein Problem. Tut mir leid.«

Er bat um eine Woche. Ich gab ihm drei Tage. Er sagte, er werde sein Möglichstes tun, und ich glaubte ihm. Er sagte, er habe gerüchteweise gehört, Mabel und ich hätten uns getrennt. Was ich bestritt.

Solange ich denken kann, haben Beobachter sich immer am wohlsten in abbruchreifen Häusern gefühlt, die in der Nähe von Buslinien und Flughäfen liegen. Monty hatte sein Hauptquartier in einem merkwürdigen edwardianischen Palast in Baron's Court aufgeschlagen. Aus der gekachelten Eingangshalle wand sich eine imposante Steintreppe durch fünf verwinkelte Stockwerke zu einem Oberlicht aus buntem Glas. Als ich nach oben stieg, kam ich mir vor wie in einer französischen Farce: Türen flogen auf und zu, während seine seltsamen Mitarbeiter mehr oder weniger bekleidet und die Blicke von dem Fremden abgewandt zwischen Umkleideraum, Cafeteria und Besprechungszimmer hin und her hasteten. Ich trat in eine Mansarde, die einmal das Atelier eines Malers gewesen war. Irgendwo spielten vier Frauen geräuschvoll Tischtennis. Etwas näher sangen zwei Männerstimmen Blakes ›Jerusalem‹ unter der Dusche.

Ich hatte Monty seit langem nicht mehr gesehen, doch weder die inzwischen vergangenen Jahre noch seine Beförderung zum Leiter der Beobachtungsabteilung hatten ihn altern lassen. Ein paar graue Haare, die hohlen Wangen etwas ausgeprägter. Er war von Natur aus nicht sehr gesprächig, und eine Weile saßen wir nur da und schlürften unseren Tee.

»Also Frewin«, sagte er schließlich.

»Frewin«, bestätigte ich.

Wie ein Schütze hatte Monty so eine Art, einen Bereich von Ruhe um sich zu schaffen. »Frewin ist ein komischer Typ Ned. Der ist nicht ganz normal. Nun wissen wir natürlich nicht, was normal ist, jedenfalls nicht genau, wissen nicht, was für Cyril normal ist, abgesehen von dem, was man so vom Hörensagen weiß. Postbote, Milchmann, Nachbarn, das Übliche. Mit einem Fensterputzer redet jeder, Sie würden staunen. Oder mit einem Fernmeldetechniker, der sich in einem Verteilerkasten nicht mehr zurechtfindet. Allerdings sind wir nur zwei Tage hinter ihm her gewesen.«

Wenn Monty so redete, spitzte man einfach die Ohren und ließ sich Zeit.

»Und Nächte natürlich«, fügte er hinzu: »Wenn man die Nächte mitzählt, Cyril schläft nicht, das steht fest. Er ist auf den Beinen, nach seinen Fenstern zu urteilen und den Teetassen am Morgen. Und seiner Musik. Eine seiner Nachbarinnen hat vor, sich bei ihm zu beschweren. Hat sie noch nie getan, aber diesmal könnte sie es machen. ›Was ist nur in ihn gefahren?‹ sagt sie. ›Händel zum Frühstück, schön und gut, aber Händel um drei Uhr morgens, das geht zu weit.‹ Sie meint, er sei in die Wechseljahre gekommen. Sie sagt, wie die Frauen würden auch die Männer in seinem Alter so. Davon hatten wir keine Ahnung, wie?«

Ich grinste. Und ließ mir weiter Zeit. »Aber sie weiß Bescheid«, sagte Monty nachdenklich. »Ihr Alter ist mit einer Aushilfslehrerin von der Gesamtschule durchgebrannt. Sie ist sich gar nicht sicher, ob sie ihn noch mal zurückhaben will. Hat unseren hübschen Jungen, der den Zähler ablesen kam, fast vergewaltigt. Übrigens — wie geht es Mabel?« wollte er plötzlich wissen.

Ich fragte mich, ob auch er das Gerücht gehört hatte; kam aber zu dem Schluß, falls ja, hätte er mich nicht so gefragt.

»Gut«, sagte ich.

»Cyril hat im Zug immer Zeitung gelesen. Den *Telegraph* falls Sie das interessiert. Von der Labour Party hält er nichts — er bezeichnet sie als gewöhnlich. Aber jetzt kauft er keine Zeitung mehr. Er sitzt nur noch da. Sitzt und starrt vor sich hin. Sonst nichts. Unser Mann mußte ihn gestern anstupsen, als sie an der Victoria Station ankamen. Er war völlig weggetreten. Gestern abend auf dem Heimweg hat er auf seiner Aktentasche die komplette Partitur einer Oper getrommelt. Nancy sagt, es war Vivaldi. Die muß es wissen. Erinnern Sie sich an Pauli Skordeno?«

Ich bejahte. Abschweifungen gehörten zu Montys Methode. Wie zum Beispiel: »Wie geht's Mabel?«

»Pauli sitzt auf Barbados sieben Jahre ab, weil er eine Bank belästigt hat. Was fährt bloß in diese Leute, Ned? Als Beobachter hat er nie einen Fehler gemacht. Ist nie zu spät gekommen, hat nie unverschämte Spesenforderungen gestellt, hatte ein erstaunliches Gedächtnis, einen erstaunlichen Blick, eine gute Nase. Wir haben jede Menge Einbrüche durchgezogen. London, die Home Counties, die Midlands, die Bürgerrechtler, die Abrüster, die Partei, die ungezogenen Diplomaten — bei allen sind wir gewesen. Ist Pauli je ertappt worden? Nicht ein einziges Mal. Kaum dreht er ein eigenes Ding, stellt er sich denkbar ungeschickt an und spielt sich vor dem Kerl neben ihm an der Theke auf. Ich glaube, die suchen einfach nach Anerkennung, nachdem sie so viele Jahre als ein Niemand herumgelaufen sind.«

Er schlürfte seinen Tee. »Neben der Musik hat Cyril

noch einen Tick, das ist sein Radio. Er liebt sein Radio. Nur als Empfänger, wohlgemerkt, soweit wir wissen. Aber er hat eins von diesen tollen deutschen Geräten mit Feinabstimmung und großen Lautsprechern für seine Konzerte, und er hat es nicht hier gekauft, denn als es mal kaputtging, mußte der Laden hier es nach Wiesbaden einschicken. Hat drei Monate gedauert und ein Vermögen gekostet. Ein Auto hat er nicht, er ist dagegen. Einkaufen fährt er samstags morgens mit dem Bus, von seinen Weihnachtsferien in Österreich abgesehen ist er ein Stubenhocker. Keine Betthasen, völlig kontaktarm. Gäste, niemals. Keine Besucher, keine Untermieter, keine Post außer Rechnungen, bezahlt alles pünktlich, geht nicht wählen, geht nicht zur Kirche, hat kein Fernsehen. Seine Putzfrau sagt, er lese viel, hauptsächlich dicke Bücher. Sie kommt nur einmal die Woche, gewöhnlich, wenn er nicht da ist, und wir haben nicht gewagt, uns näher an sie heranzumachen. Ein dickes Buch ist für die alles, was dicker als ein frommes Heftchen aus der Kirche ist. Seine Telefonrechnungen sind bescheiden, er besitzt sechstausend Pfund bei einer Bausparkasse, hat sein Haus und ein gutgeführtes Bankkonto, das immer so zwischen sechs- und vierzehnhundert steht, außer um Weihnachten, wenn es wegen seines Urlaubs auf etwa zweihundert absinkt.«

Montys Gespür für das, was sich gehört, verlangte wieder einmal eine Abschweifung von uns, diesmal, um von unseren Kindern zu sprechen. Mein Sohn Adrian habe gerade ein Stipendium für moderne Sprachen in Cambridge erhalten, sagte ich. Monty war sehr beeindruckt. Montys einziger Sohn hatte gerade mit Auszeichnung sein Juraexamen bestanden. Wir waren uns einig, daß das Leben nur mit Kindern lebenswert sei.

»Modrian«, sagte ich, nachdem wir die Formalitäten wieder einmal erledigt hatten. »Sergei.«

»Ich erinnere mich gut an diesen Herrn, Ned. Wie wir alle. Wir sind ihm viele Tage lang rund um die Uhr gefolgt. Außer zu Weihnachten natürlich, wenn er seinen Heimaturlaub nahm ... Hallo! Denken Sie, was ich denke? Wir alle nehmen über Weihnachten Urlaub?«

»Es war mir durch den Kopf gegangen«, sagte ich.

»Wir haben uns bei Modrian nicht mal Mühe gegeben, uns zu verstellen, nach einer Weile konnte man das einfach nicht mehr. Mann, dabei war er ein ganz schlüpfriger Aal. Manchmal hätte ich ihm wirklich gern eine Abreibung verpaßt. Pauli Skordeno war einmal so wütend auf ihn, daß er ihm draußen vor dem Albert and Victoria Museum die Luft aus den Reifen gelassen hat, während Modrian drinnen grade einen toten Briefkasten leerte. Ich habe das nie gemeldet, hab's einfach nicht übers Herz gebracht.«

»Irre ich eigentlich, oder war Modrian nicht ebenfalls Opern-Fan, Monty?

Montys Augen wurden ganz rund, und ich hatte das seltene Vergnügen, ihn überrascht zu sehen.

»O mein Gott, Ned«, rief er aus. »Ach du liebe Zeit. Sie haben recht. Sergei hatte ein Abo für Covent Garden — aber natürlich, genau wie Cyril. Wir haben ihn — tja, wohl ein Dutzend mal — dort hingebracht und wieder abgeholt. Er hätte ein Taxi nehmen können, wenn er ein wenig barmherzig gewesen wäre, aber das hat er nie getan. Es hat ihm Spaß gemacht, uns im Verkehr fertigzumachen.«

»Wenn wir wüßten, welche Vorstellungen er besucht hat und wo er gesessen hat — wenn Sie das herausbringen könnten —, könnten wir versuchen, das mit Frewins Daten zu vergleichen.«

Monty war in theatralisches Schweigen verfallen. Er runzelte die Stirn, dann kratzte er sich am Kopf, »Sie finden nicht, daß das alles ein wenig zu *einfach* für uns wäre, Ned?« fragte er. »Ich jedenfalls werde argwöhnisch, wenn alles in ein hübsches Schema paßt; und Sie?«

»Ich will nicht in dein Schema passen«, hatte Sally mir

in der Nacht zuvor gesagt. »Ein Schema ist dazu da, daß man es aufbricht.«

»Er *singt*, Ned«, murmelte Mary Lasselles, während sie meine weißen Tulpen in einem Gurkenglas arrangierte. »Er singt die *ganze* Zeit. Tag und Nacht, spielt keine Rolle. Ich finde, er hat den Beruf verfehlt.«

Mary war bleich wie eine Nachtschwester und ebenso hingebungsvoll. Leuchtende Tugend belebte ihr ungepudertes Gesicht und strahlte aus ihren klaren Augen. Ein weißer Schopf krönte wie das Kennzeichen früher Witwenschaft ihr kurzgeschnittenes Haar.

Von den vielen Beschäftigungen, die in der ›Überwelt‹ der Nachrichtendienste ausgeübt werden, verlangt keiner so viel Hingabe wie die der Schwesternschaft der Lauscher. Männer sind da nicht zu gebrauchen. Nur Frauen sind zu einer so leidenschaftlichen Anteilnahme am Schicksal anderer Menschen fähig. Verbannt in fensterlose Keller, begraben unter Strängen grauer Kabel und Batterien russisch aussehender Tonbandgeräte, bewohnen sie eine Unterwelt voll fremden Lebens, das sie intimer kennen als das ihrer engsten Freunde und Verwandten. Sie bekommen ihre Opfer nie zu sehen, lernen sie nie kennen, berühren sie nie und schlafen nie mit ihnen. Und doch ist die ganze Kraft ihrer Persönlichkeit auf diese heimlichen Geliebten gerichtet. Über Mikrophone und Telefone hören sie sie turteln, schluchzen, rauchen, essen, streiten und kopulieren. Sie hören sie kochen, rülpsen, schnarchen und sich abquälen. Sie ertragen klaglos ihre Kinder, Schwiegereltern, Babysitter und Fernsehgewohnheiten. Heutzutage fahren sie sogar mit ihnen im Auto, gehen mit ihnen einkaufen, sitzen mit ihnen in Cafés und Bingosälen. Sie sind die stillen Teilhaber des Gewerbes.

Mary reichte mir einen Kopfhörer, setzte ihren eigenen auf, faltete die Hände unterm Kinn und schloß die Augen, um besser zuhören zu können. Nun also hörte ich zum erstenmal Cyril Frewins Stimme, er sang sich eine Passage aus *Turandot* vor, und Mary Lasselles, die Augen geschlossen, lächelte verzaubert. Seine Stimme war weich und klang für mein ungeschultes Ohr offenbar ebenso angenehm wie für Mary.

Ich setzte mich aufrecht hin. Das Singen hatte aufgehört. Im Hintergrund hörte ich eine Frauenstimme, dann die eines Mannes, und sie sprachen Russisch.

»Mary, wer, zum Teufel, ist das?«

»Seine Lehrer, Darling. Olga und Boris von Radio Moskau, fünfmal wöchentlich um Punkt sechs Uhr morgens. Das hier ist von gestern morgen.«

»Sie meinen, er bringt sich selbst *Russisch* bei?«

»Jedenfalls hört er es sich an, Darling. Wieviel davon in seinem kleinen Kopf hängenbleibt, kann man nur vermuten. Jeden Morgen um Punkt sechs schaltet er Olga und Boris ein. Heute besuchen sie den Kreml. Gestern waren sie im Gum einkaufen.«

Ich hörte Frewin Unverständliches im Bad murmeln, ich hörte, wie er sich nachts schlaflos im Bett wälzte und »Mutter« rief. FREWIN Ella, erinnerte ich mich, verstorben, Mutter von FREWIN Cyril Arthur, q. v. Ich habe nie begriffen, warum die Registratur darauf besteht, Personalakten für die toten Verwandten von verdächtigen Agenten anzulegen.

Ich hörte ihn mit der technischen Abteilung der britischen Telecom streiten, nachdem er die vorgeschriebenen zwanzig Minuten gewartet hatte, bis man ihn durchgestellt hatte. Seine Stimme klang gereizt und war voller unvermuteter Betonungen.

»Also, falls Sie das *nächste* Mal beschließen, einen *Defekt* in meiner Leitung festzustellen, wäre ich *äußerst* dankbar, wenn Sie *mich* als den Inhaber des Anschlusses freundlicherweise davon informieren würden, *bevor* Sie, wenn zufällig gerade meine *Putzfrau* da ist, in mein Haus eindringen und *Drahtstücke* auf dem Teppich und *Stiefelspuren* auf dem *Küchenboden* zurücklassen ...«

Ich hörte ihn mit dem Covent Garden Opernhaus telefonieren; er teilte mit, daß er an diesem Freitag seinen Abonnementsplatz nicht beanspruchen werde. Diesmal klang seine Stimme eher weinerlich. Er erklärte, er sei krank. Die freundliche Dame am anderen Ende sagte, das seien jetzt viele Leute.

Ich hörte ihn in Erwartung meines Besuchs, den die Personalabteilung des Außenministeriums für den nächsten Vormittag in seinem Haus anberaumt hatte, mit dem Metzger sprechen. »Mr. Steele, hier spricht Cyril Frewin. Guten Morgen. Da ich am Samstag in meinem *Haus* eine Besprechung habe, werde ich *nicht* bei Ihnen vorbeikommen können. Ich wäre Ihnen daher *dankbar,* wenn Sie mir am Freitagabend auf dem Heimweg freundlicherweise vier *gute* Lammkoteletts vorbeibringen würden. Können Sie das einrichten, Mr. Steele? Und ein Glas mit Ihrer fertigen *Minzsoße.* Nein, Johannisbeergelee habe ich bereits, vielen Dank. Legen Sie bitte die *Rechnung* bei?«

Für mein überscharfes Ohr hörte er sich wie jemand an, der sich darauf vorbereitet, das Schiff zu verlassen.

»Bitte noch mal das mit den Technikern, Mary«, sagte ich. Nachdem ich mir Frewins gebieterische Beschwerde bei der britischen Telecom noch zweimal angehört hatte, gab ich ihr einen zerstreuten Kuß und trat in die Abendluft hinaus. Sally hatte gesagt: »Komm vorbei«, aber ich war nicht in der Stimmung, einen Abend damit zu verbringen, ihr meine Liebe zu erklären und mir Musik anzuhören, die ich insgeheim nicht ausstehen konnte.

Ich fuhr zum Pool zurück. Die Labore des Service hatten die Untersuchung des anonymen Briefes abgeschlossen. Eine Markus Elektronik, Modellnummer Soundso, vermutlich in Belgien hergestellt, neu oder wenig gebraucht: Genaueres konnten sie nicht angeben. Man glaubte, ein anderes auf derselben Maschine geschriebenes Schriftstück identifizieren zu können. Ob ich eins beschaffen könne? Ende des Berichts. Die Labore quälten sich noch immer mit den besonderen Merkmalen der neuen Generation von Maschinen ab.

Ich rief Monty in seinem Bau in Baron's Court an. Frewins Beschwerde bei der Telecom klang mir noch immer in den Ohren: seine Pausen, die wie unnatürliche Kommata wirkten, sein Gebrauch des Wortes *äußerst*, seine Angewohnheit, die unpassenden Wörter zu betonen, um tief beleidigt zu klingen.

»Ist Ihren Leuten in Cyrils Haus, als sie freundlicherweise sein Telefon reparierten, zufällig eine Schreibmaschine aufgefallen, Monty?« fragte ich.

»Nein, Ned. Da war keine Schreibmaschine, Ned — oder sagen wir, sie haben keine gesehen.«

»Könnten sie die übersehen haben?«

»Ohne weiteres, Ned. Es war nur eine oberflächliche Durchsuchung. Schreibtische oder Schränke wurden nicht geöffnet, es wurde nicht fotografiert und auch nicht allzu eingehend mit der Putzfrau gesprochen, damit sie hinterher nicht stutzig wird. Es ging nur darum, die Augen offenzuhalten, schnell wieder wegzukommen und Unordnung zu hinterlassen, damit er nicht gleich Lunte riecht.«

Ich überlegte, ob ich Burr anrufen sollte, ließ es aber sein. Meine besitzergreifende Natur als Führungsoffizier gewann die Oberhand, und ich wollte mir Frewin auf keinen Fall mit irgendwem teilen, nicht einmal mit dem Mann, der ihn mir anvertraut hatte. Hundert Gedanken wirbelten mir durch den Kopf, von Modrian und Gorst über Olga und Boris bis hin zu Weihnachten und Salzburg und Sally. Am Ende schrieb ich Burr einen Bericht, in dem ich das meiste davon ausbreitete, was ich herausgefunden hatte, und ihm bestätigte, daß ich Frewin am nächsten Morgen ›zwecks einer ersten Aufklärung‹ aufsuchen würde, unter dem Vorwand, die übliche Routineüberprüfung durchzuführen.

Sollte ich nach Hause gehen? Zu Sally? Zu Hause war

eine verhaßte kleine Service-Wohnung in St. James's, wo ich zur Ruhe kommen sollte — obwohl dies das Letzte ist, was irgendein Mensch schafft, wenn er allein mit einer Flasche Scotch und einer Reproduktion des ›Lachenden Kavaliers‹ an der Wand in einem Zimmer sitzt und zwischen seinen Träumen von Freiheit und seiner Sucht nach dem, was ihn gefangenhält, hin und her gerissen wird. Sally war mein ›alternatives Leben‹, aber ich wußte bereits, ich war zu unbeweglich, um über die Mauer zu springen und es zu erlangen.

Also blieb ich lieber an meinem Schreibtisch, holte mir einen Whisky aus dem Safe und stöberte in Modrians Akte herum. Sie sagte mir nichts, was ich nicht schon gewußt hätte, aber ich wollte ihn ganz präsent haben. Sergei Modrian, bewährter Profi der Moskauer Zentrale. Ein Charmeur, ein Tänzer, ein hilfsbereiter lächelnder Armenier mit flinker Zunge. Ich hatte ihn gemocht. Er hatte mich gemocht. Da wir in unserem Beruf niemand über einen gewissen Punkt hinaus mögen dürfen, können wir für ein wenig Charme über eine ganze Menge hinwegsehen.

Meine Direktleitung klingelte. Einen Augenblick lang dachte ich, es könne Sally sein, denn ich hatte ihr vorschriftswidrig die Nummer gegeben. Aber es war Toby, und er klang mit sich zufrieden. Wie meistens. Er nannte Frewin nicht beim Namen. Von Salzburg sagte er nichts. Ich vermutete, daß er aus seiner Wohnung anrief, und hatte den starken Verdacht, daß er im Bett lag, und zwar nicht allein.

»Ned? Ihr Mann ist ein Witzbold. Bucht ein Einzelzimmer für zwei Wochen, füllt die Anmeldung aus, zahlt seine zwei Wochen im voraus, überreicht der Belegschaft ein Weihnachtsgeschenk, tätschelt die Kinder, ist zu allen freundlich. Am nächsten Morgen verschwindet er, das macht er jedes Jahr. Ned, können Sie mich hören? Also, der Typ ist verrückt. Keine Telefonate nach draußen, eine einzige Mahlzeit, zwei Apfelsaft, keine Erklärungen, Taxi zum Bahnhof. Vermieten Sie mein Zimmer nicht weiter, vielleicht bin ich morgen schon wieder zurück, vielleicht in ein paar Tagen, ich weiß noch nicht. Nach zwölf Tagen taucht er wieder auf, keine Erklärungen, verteilt noch ein paar Trinkgelder, alle sind glücklich wie die Schneekönige. Sie nennen ihn ›das Gespenst‹. Ned, Sie müssen sich bei Burr für mich einsetzen. Das sind Sie mir jetzt schuldig. Sagen Sie ihm, Toby schuftet sich halb tot. Ein alter Star wie Sie, ein junger Bursche wie Burr, er wird Sie anhören, kostet Sie doch nichts. Ich brauche noch einen Mann hier draußen oder zwei. Sagen Sie ihm das, Ned, hören Sie mich? Prost.«

Ich starrte die Mauer an, über die ich nicht klettern konnte; ich starrte Modrians Akte an, ich dachte an Montys Bemerkung, so sei das alles zu einfach. Plötzlich hatte ich schreckliche Sehnsucht nach Sally und irgendwie die nebulöse Vorstellung, daß ich durch die Lösung von Frewins Geheimnis meine periodischen Anläufe in Richtung Freiheit in einen einzigen kühnen Satz verwandeln würde. Doch als ich gerade nach dem Telefon griff, um mit ihr zu reden, fing es wieder an zu läuten.

»Paßt alles zusammen«, sagte Monty mit tonloser Stimme. Es war ihm gelungen, Frewins Opernbesuche nachzuprüfen. »Jedesmal Sergei und Cyril. Wenn der eine geht, geht auch der andere. Wenn der eine nicht geht, geht auch der andere nicht. Vielleicht geht er deswegen jetzt nicht mehr. Verstanden?«

»Und die Plätze?« fragte ich.

»Nebeneinander, mein Lieber. Was haben Sie denn erwartet? Hintereinander?«

»Danke, Monty«, sagte ich.

Muß ich Ihnen sagen, wie ich diese endlose Nacht verbracht habe? Haben Sie noch nie mit Ihrem Sohn telefoniert, sich seine unglücklichen Sticheleien angehört und sich daran erinnern müssen, daß es Ihr eigener Sohn ist? Offen mit Ihrer verständnisvollen Frau über Ihre Unzulänglichkeiten gesprochen, ohne zu wissen, worin die denn eigentlich bestehen? Haben Sie nie die Hand nach Ihrer Geliebten ausgestreckt, gerufen »Ich liebe dich« und sind doch nur verwirrter Zuschauer ihrer ungetrübten Befriedigung geblieben, bevor Sie sich wieder einmal von ihr verabschiedeten, um durch die Straßen Londons zu irren wie in einer fremden Stadt? Haben Sie nie aus allen anderen Geräuschen der Dämmerung das feuchte Kichern einer Elster herauszuhören gesucht und sich mit Ihrem ganzen Sein darauf konzentriert, während Sie mit weit aufgerissenen Augen auf Ihrem scheußlichen Einzelbett lagen?

Um halb zehn stand ich vor Frewins Haus; ich hatte mich so langweilig wie möglich angezogen, und das war mir mit Sicherheit gelungen, denn ich bin grundsätzlich kein schicker Typ, obwohl Sally zuweilen mit fürchterlichen Ideen ankommt, wie sie meinen Stil verbessern könnte. Frewin und ich waren für zehn Uhr verabredet, aber ich hatte mir gesagt, es könne nicht schaden, ihn ein wenig zu überraschen. In Wahrheit brauchte ich vielleicht seine Gesellschaft. Ein Postauto parkte in der Straße. Dahinter stand ein Bauwagen mit Antenne, so daß ich wußte, Montys Leute hatten ihren Posten eingenommen.

Ich habe vergessen, welcher Monat es war, aber auf jeden Fall war es Herbst, sowohl in meinem Privatleben als auch in dieser sauberen Sackgasse mit schmalbrüstigen Backsteinhäusern. Denn hinter den beschnittenen Kastanienbäumen, die dem Haus ihren Namen gegeben hatten, sehe ich eine weiße Sonnenscheibe hängen, und bis zum heutigen Tag habe ich den Geruch von Gartenfeuern und herbstlicher Luft in der Nase, der in mir den Wunsch aufkommen ließ, London zu verlassen, den Service zu verlassen und mich zu Sally und in die wirkliche Welt zu retten. Und ich erinnere mich an das Geschwirr kleiner Vögel, die auf dem Weg zu irgendeinem besseren Ort von Frewins Telefonleitung hochflogen. Und an eine Katze im Garten nebenan, die sich auf die Hinterpfoten stellte, um nach einem betäubten Schmetterling zu schlagen.

Ich schob den Riegel der Gartentür vor und ging mit knirschenden Schritten über den Kiesweg zu der Sieben-Zwerge-Doppelhaushälfte mit den Flaschenglasfenstern und der strohgedeckten Veranda. Ich streckte die Hand nach der Klingel aus, aber da flog plötzlich die Vordertür vor mir weg. Sie war geriffelt und mit imitierten Kutschenbeschlägen verziert, und sie schoß zurück, als wäre sie von einer Straßenbombe gesprengt worden, und saugte mich geradezu hinter ihr her in die dunkle geflieste Eingangshalle. Dann blieb die Tür stehen, und neben ihr stand Frewin, ein kahlköpfiger Zenturio seines bedrohten Hauses.

Sein Ringerschädel ließ ihn größer erscheinen, als ich ihn mir vorgestellt hatte. Meinen Angriff erwartend, hatte er die massigen Schultern gestrafft, den Blick in ängstlicher Feindseligkeit auf mich gerichtet. Doch selbst in diesem ersten Augenblick der Begegnung spürte ich keine Streitlust bei ihm, nur eine Art heldenhafter Verletzlichkeit, die durch seine große Gestalt noch tragischer wirkte. Ich trat in sein Haus und wußte, ich begegnete dem Wahnsinn. Das hatte ich schon die ganze Nacht gewußt. Wenn wir verzweifelt sind, entdecken wir eine natürliche Verwandtschaft mit den Wahnsinnigen. Und das hatte ich schon seit längerem gewußt.

»Captain York? Ja, willkommen, Sir. Seien Sie willkommen. Die Personalabteilung hat mir in ihrer Güte Ihr Kommen angekündigt. Immer tun sie das nicht. Aber diesmal haben sie's getan. Kommen Sie bitte herein. Sie haben Ihre *Pflicht* zu tun, Captain, so wie ich die meine.« Seine riesigen feuchten Hände hoben sich nach meinem Mantel, schienen aber nicht damit zurechtzukommen. Und so schwebten sie, während er weiterredete, über meinem Hals, wie um mich zu erwürgen oder zu umarmen. »Wir sind ja alle auf der gleichen Seite und nehmen uns nichts krumm, sage ich immer. Ich persönlich vergleiche Ihren Job mit dem der Sicherheitsbeamten auf dem Flughafen, es sind dieselben Parameter. Wenn die *mich* nicht durchsuchen, werden sie auch die Schurken nicht durchsuchen, stimmt's? Für mich ist das die einzig logische Betrachtungsweise.«

Weiß der Himmel, welches längst vergessene Original er da zu kopieren glaubte, als er diese übermäßig vorbereitete Rede vom Stapel ließ, doch immerhin befreite er sich damit aus seiner Erstarrung. Seine Hände senkten sich auf meinen Mantel und halfen mir heraus, und ich spüre noch jetzt die Ehrfurcht, mit der sie das taten, als enthüllten sie etwas, das für uns beide aufregend war.

»Sie fliegen demnach häufiger, Mr. Frewin?« fragte ich.

Er hängte meinen Mantel auf einen Bügel und den Bügel an einen scheußlichen Gegenstand, der ein Kleiderständer sein sollte. Ich wartete auf eine Antwort, doch es kam keine. Ich dachte an seine Flugreisen nach Salzburg und fragte mich, ob auch er daran dachte und ob in der durch mein Eintreffen entstandenen Spannung sich sein Gewissen zu Wort meldete. Er marschierte mir voran ins Wohnzimmer, wo ich ihn im Licht des bleigefaßten Erkerfensters in aller Ruhe betrachten konnte, denn er war bereits mit dem nächsten Punkt seiner zudringlichen Gastfreundschaft beschäftigt: diesmal ging es um eine elektrische Kaffeemaschine, die gefüllt, aber nicht eingeschaltet war — ob ich Milch oder Zucker haben wolle oder beides, Captain? Und die Milch, Captain, warm oder kalt? Und wie wär's mit einem selbstgebackenen Keks, Captain?

»Sie haben die wirklich selbst gebacken?« fragte ich und fischte mir einen aus der Dose.

»Jeder Idiot, der lesen kann, kann auch kochen«, sagte Frewin mit einem wissenden Grinsen der Überlegenheit, und mir wurde gleich klar, wieso Gorst ihn nicht leiden konnte.

»Nun, ich kann lesen, aber kochen ganz bestimmt nicht«, erwiderte ich mit bedauerndem Kopfschütteln.

»Wie ist Ihr Vorname, Captain?«

»Ned«, antwortete ich.

»Also das liegt nur daran, daß Sie verheiratet sind, Ned, nehme ich an. Ihre Frau hat Sie um Ihre Autarkie gebracht. Ich habe das schon so oft erlebt. Kommt die Frau, geht die Unabhängigkeit. Ich heiße Cyril.«

Und du weichst meiner Frage nach deinen Flugreisen aus, dachte ich, entschlossen, seinen versuchten Überfall auf meine Privatsphäre abzuwehren.

»Wenn *ich* in diesem Land das Sagen hätte«, verkündete mir Frewin über die Schulter, während er eingoß, »wozu ich, wie ich zu meiner *Freude* sagen darf, nie die Gelegenheit haben *werde*« — seine Stimme verfiel in den schulmeisterhaften Trommelschlag seines Gesprächs mit der Telecom —, »würde ich ein *absolut* verbindliches Gesetz erlassen, daß *jeder*, unabhängig von Hautfarbe, Geschlecht oder Glaubensbekenntnis, auf der Schule *Kochen* als Pflichtfach nehmen *müßte.*«

»Gute Idee«, sagte ich und nahm einen Becher Kaffee entgegen, »sehr vernünftig«, und nahm mir Zucker aus dem gelben Bienenkorbtöpfchen, das wie ein Geschoß in Frewins feuchter Pranke lag. Er hatte sich plötzlich zu mir umgedreht, mit Kopf, Schultern und Hüfte zugleich. Seine nackten Augen, wimpernlos und ungeschützt, blickten in kindisch strahlender Unschuld auf mich herab.

»Was für Sport treiben Sie, Ned?« fragte er leise und neigte den Kopf zur Seite, um noch vertraulicher zu wirken.

»Ein bißchen Golf, Cyril«, log ich. »Und Sie?«

»Irgendwelche Hobbys, Ned?«

»Na ja, im Urlaub male ich ab und zu mal ein Aquarell«, sagte ich und machte noch einmal eine Anleihe bei Mabel.

»Sie fahren doch Auto, Ned? Ich nehme an, Leute wie Sie können so was mit links, oder?«

»Bloß einen alten Rover.«

»Aus welchem Jahr? Welches Baujahr, Ned? Auch auf einer alten Geige lassen sich gute Lieder spielen, sagt man.«

Während ich ihm die erstbeste Jahreszahl nannte, erkannte ich, daß seine Energie sich nicht nur auf ihn selbst bezog; sie griff auf jeden Gegenstand über, der in seine Reichweite kam. Auf die unechten Pferdegeschirre, die von seinem kräftigen Polieren wie militärische Mützenabzeichen glänzten. Auf den polierten Feuerrost, den gebohnerten Holzfußboden und die glänzende Oberfläche seines Eßtischs. Sogar auf den Sessel, in dem ich jetzt saß und achtsam meinen Kaffee schlürfte, denn die Armlehnen waren in Leinenbezüge gehüllt, die so glatt gebügelt und fleckenlos waren, daß ich zögerte, die Hände darauf zu legen. Und er brauchte mir erst gar nicht zu sagen, daß er sich, Putzfrau oder nicht, um alle diese Dinge selbst kümmerte, daß er im Reich seiner maßlos verschwendeten Energie deren Diener und Diktator war.

»Und wo leben Sie, Ned?«

»Ich? Nun ja, in London.«

»Welche Gegend, Ned? Welcher Stadtteil? In einer schönen Wohngegend, oder müssen Sie wegen Ihrer Arbeit ziemlich anonym wohnen?«

»Nun, das dürfen wir leider nicht sagen.«

»In London geboren, ja? Ich in Hastings.«

»Sagen wir, in irgendeinem Vorort. Pinner zum Beispiel.«

»Sie müssen Ihre Diskretion beibehalten, Ned. Immer. Ihre Diskretion ist Ihre Würde. Lassen Sie sich die von niemandem nehmen. Ihre berufliche Integrität ist Diskretion und sonst nichts. Vergessen Sie das nie. Es könnte sich als nützlich erweisen.«

»Danke«, sagte ich und versuchte hilflos zu lächeln. »Ich werd's mir merken.«

Er fraß mich mit den Augen. Erinnerte mich an meinen Hund Lizzie, wenn der auf ein Zeichen von mir wartet — den Blick unverwandt auf mich gerichtet, den Körper in Lauerstellung. »Also fangen wir an?« sagte er. »Soll's amtlich werden? Sagen Sie nur, wenn's amtlich werden soll. ›Cyril. Das rote Licht ist an.‹ Mehr brauchen Sie nicht zu sagen.«

Ich lachte und schüttelte den Kopf, als wollte ich sagen, er sei schon ein komischer Kauz.

»Ist doch nur Routine, Cyril«, sagte ich. »Meine Güte, nach all den Jahren müssen Sie die Fragen doch auswendig können. Was dagegen, wenn ich rauche?« Ich zündete mir umständlich meine Pfeife an und ließ das Zündholz in den Aschenbecher fallen, den er mir aufdringlich hinhielt. Dann sah ich mich weiter in seinem Zimmer um. An den Wänden selbstgebaute Regale mit Do-it-yourself-Büchern, jedes einzelne mit einem globalen Thema: *Die hundert größten Männer der Welt; Juwelen der Weltliteratur; Große Musikepochen in drei Bänden.* Daneben in Fächern seine Schallplatten, ausschließlich Klassik. Und in der Ecke der Plattenspieler, ein prächtiges Gerät aus Teak, mit mehr Reglern, als ein Simpel wie ich bedienen konnte.

»Also, wenn Sie gern Aquarelle malen, Ned, warum versuchen Sie's dann nicht auch mal mit Musik?« schlug er meinem Blick folgend vor. »Gute Musik, ordentlich gespielt, richtig ausgewählt, ist der schönste Trost, den die Welt zu bieten hat. Wenn Sie wollen, könnte ich Ihnen ein paar gute Tips geben.« Ich paffte eine Weile vor mich hin. Eine Pfeife ist eine großartige Waffe, die man bedächtig gegen die Hast eines anderen ausspielen kann. »Ich glaube, Cyril, ich bin völlig unmusikalisch. Ich habe gelegentlich einen Anlauf unternommen, aber ich weiß auch nicht, irgendwie habe ich den Mut verloren ...«

Meine Ketzerei — wie ich leider zugeben muß, die Folge ergebnisloser Debatten mit Sally — war schon zuviel für ihn. Mit einem von Entsetzen und Besorgnis verzerrten Gesicht war er aufgesprungen, und jetzt packte er die Keksdose und schob sie mir hin, als wenn nur Essen mich noch retten konnte.

»Also, Ned, das *stimmt* nicht, wenn ich so sagen darf! *Unmusikalische* Menschen *gibt* es nicht! Nehmen Sie zwei, nur zu, in der Küche sind noch genug.«

»Ich bleibe lieber bei meiner Pfeife, wenn's Ihnen recht ist.«

»Unmusikalisch, Ned, das ist bloß ein *Wort*, ein Ausdruck, ja, ich gehe soweit zu sagen, ein *Vorwand,* mit dem ein nur *vorübergehender,* selbstauferlegter *psychischer* Widerstand gegen eine gewisse Welt verschleiert und bemäntelt werden soll, zu der Ihr Bewußtsein Ihnen den Eintritt verwehren will! Was Sie *zurückhält,* ist *nur* die Angst vor dem Unbekannten! Wenn ich Ihnen das mal am Beispiel einiger Bekannter von mir erläutern darf ...«

Ich ließ ihn weiterreden, während er mit seinem Zeigefinger auf mich einstach und mit der anderen Hand die Keksdose an sein Herz drückte. Ich hörte ihm zu, ich beobachtete ihn, und in den passenden Augenblicken gab ich meiner Bewunderung Ausdruck. Ich zog mein schwarzes Notizbuch hervor und streifte zum Zeichen, daß ich bereit war anzufangen, das schwarze Gummiband ab, aber er ignorierte mich und predigte weiter. Ich stellte mir vor, wie Mary Lasselles in ihrem Bau verträumt vor sich hinlächelte, während ihr Geliebter mir einen Vortrag hielt. Und wie Montys Männer und Frauen draußen in ihren Überwachungswagen ihn verfluchten und gähnend auf den Schichtwechsel warteten. Und sehr wahrscheinlich auch Burr — alle gefangene Geiseln der endlosen Anekdote Frewins über die Eheleute, die in Surbiton seine Nachbarn gewesen waren und denen er seine Auffassung von Musik hatte nahebringen können.

»Jedenfalls kann ich meinen Vorgesetzten im HQ der Überprüfungsabteilung berichten, daß Musik noch immer Ihre große Liebe ist«, bemerkte ich lächelnd, als er endlich fertig war.

›HQ‹ für Hauptquartier. Meine Rolle als geknechtetes Arbeitstier der Sicherheitsabteilung verlangte, daß ich mich auf eine höhere Autorität berief. Dann schlug ich das Notizbuch auf meinen Knien auf, strich die Seiten glatt und schrieb mit meinem unlackierten amtlichen Bleistift den Namen FREWIN oben auf die linke Seite.

»Na ja, wenn Sie von *Liebe* reden, Ned — Sie *könnten* sagen, Musik *war* meine große Liebe, ja. Und Musik ist, um mit Shakespeare zu sprechen, die *Nahrung* der Liebe. Ich würde allerdings sagen, es hängt davon ab, wie man Liebe *definiert*. Was *ist* Liebe? Das ist die eigentliche Frage, Ned. *Definieren Sie Liebe.*«

Gottes Fügungen sind zuweilen unerträglich geschmacklos. »Nun, ich denke, *meine* Definition ist ziemlich umfassend«, sagte ich unschlüssig, den Bleistift in Startposition. »Wie sieht denn *Ihre* aus?«

Er schüttelte den Kopf und begann, mit allen dicken Fingern den Stiel eines winzigen Tauflöffels umklammernd, energisch seinen Kaffee umzurühren.

»Schreiben Sie das auf?« fragte er.

»Könnte sein. Aber nur keine Hemmungen.«

»*Ich* definiere Liebe als Engagement. *Viele* Leute sprechen von *Liebe,* als wäre sie eine Art *Nirwana.* Ist sie aber nicht. Ich weiß das zufällig. Liebe ist nicht vom Leben losgelöst. Sie ist weder *jenseits* davon und auch nicht darüber. Liebe ist im Leben *enthalten.* Liebe ist absolut *wesentlich* fürs Leben, und was man davon *hat,* hängt wiederum davon ab, worum man sich *bemüht* und was man die Treue hält. Der Herr hat uns das *absolut* deutlich erklärt — nicht, daß ich persönlich an Gott glaube, ich bin Rationalist. Liebe ist *Opfer,* Liebe ist schwere Arbeit. *Und* Liebe ist Schweiß und Tränen, genau wie das große Musik sein muß, wenn sie etwas taugen soll. Dies vorausgesetzt, ja, will ich zugeben, Ned, daß *Musik* meine größte Liebe ist, falls Sie mir folgen können.«

Ich konnte ihm nur zu gut folgen, hatte ich Sally doch halbherzig ganz ähnliche Vorstellungen gemacht, nur um sie von ihr beiseite wischen zu lassen. Mir war auch klar, daß es für ihn in seinem bedrängten Geisteszustand keine beiläufige Frage geben konnte, geschweige denn eine beiläufige Antwort — aber das galt ebenso für mich, auch wenn ich das raffinierter zu verbergen wußte.

»Ich glaube, ich werde das nicht aufschreiben«, sagte ich, »sondern als das nehmen, was wir den tiefen Hintergrund nennen.« Zum Beweis dafür schrieb ich ein paar Worte in das Notizbuch, als Gedächtnisstütze für mich selbst und Zeichen für ihn, daß es jetzt amtlich wurde. »Also dann, beginnen wir mit der Routinearbeit«, schlug ich vor, »damit HQ nicht sagen kann, ich würde die Sache wie üblich verschleppen. Sind Sie seit Ihrer letzten Befragung durch einen unserer Vertreter der Kommunistischen Partei beigetreten, Cyril, oder haben Sie sich beherrschen können?«

»Nein«, sagte er grinsend.

»Nicht beigetreten oder nicht beherrschen können?«

Noch breiteres Grinsen. »Ersteres. Sie gefallen mir, Ned. Ich habe einen geistreichen Scherz schon immer zu schätzen gewußt, wenn mir mal einer unterkam. An meinem Arbeitsplatz gibt es nicht allzu viel davon. Was Humor betrifft, so würde ich den Tank eher als Wüste bezeichnen.«

»Keine Freundschafts- oder Friedensgruppen?« fuhr ich mit geheuchelter Enttäuschung fort. »Sympathisantenorganisationen? Keine Mitgliedschaft erworben bei irgendwelchen homosexuellen oder sonstwie abartigen Klubs? Keine heimliche Leidenschaft für irgendwelche minderjährigen Chorknaben?«

»Nein auf alle Fragen, ich danke«, sagte Frewin jetzt mit breitem Lächeln.

»Riesige Schulden gemacht, weil Sie über Ihre Verhältnisse leben? Irgendeiner geschmackvollen Rothaarigen eine Wohnung eingerichtet, in einem Stil, den sie nicht gewöhnt ist? Einen Ferrari auf Raten gekauft?«

»Ich danke, meine Bedürfnisse sind so bescheiden, wie

sie immer gewesen sind. Weder bin ich materialistisch noch maßlos, wie Sie vielleicht schon bemerkt haben. Materialismus ist mir offen gesagt ein Greuel. Davon gibt es schon zuviel heutzutage. Viel zuviel.«

»Und Nein auch auf die anderen Fragen?«

»Alles: nein.«

Ich schrieb die ganze Zeit hastig mit, machte Anmerkungen zu meiner imaginären Checkliste.

»Sie würden demnach Geheimnisse nicht für Geld verhökern«, bemerkte ich, während ich eine Seite umschlug und noch ein paar Häkchen malte. »Und Sie haben auch keinen Fremdsprachenkursus angefangen, ohne sich vorher bei Ihrer Abteilung eine schriftliche Genehmigung zu holen, nehme ich an?« Mein Bleistift war wieder in Lauerstellung. »Sanskrit? Hebräisch? Urdu? Serbokroatisch?« schlug ich vor. »Russisch?«

Er stand sehr still und starrte mich an, aber ich tat so, als bekäme ich das nicht mit.

»Hottentottisch?« fuhr ich witzelnd fort. »Estländisch?«

»Seit wann steht das denn auf der Liste?« fragte Frewin aggressiv.

»Hottentottisch?«

Ich wartete.

»Sprachen. Eine Sprache ist doch kein Fehler. Sondern eine Eigenschaft! Etwas, was man kann! Man muß doch nicht alles aufzählen, was man kann, um für unbedenklich erklärt zu werden.«

Ich legte konzentriert den Kopf zurück, »Nachtrag zum Überprüfungsverfahren, 5. November 1967«, sagte ich auf. »Den werde ich nie vergessen. Tag der Pulververschwörung. Besondere Rundschreiben an alle Abteilungen, Ihre eingeschlossen; danach ist jede beabsichtigte Teilnahme an einem Fremdsprachenlehrgang im voraus schriftlich anzumelden. Empfohlen vom Vorbereitenden Rechtsausschuß, gebilligt vom Kabinett.«

Er hatte mir den Rücken zugewandt. »Ich betrachte

dies als absolut unzulässige Frage und weigere mich, in irgendeiner Form darauf zu antworten. Schreiben Sie das auf.«

Ich schnaufte durch meinen Pfeifenrauch.

»Ich sagte, schreiben Sie das auf.«

»An Ihrer Stelle würde ich nicht darauf beharren, Cyril. Man wird Ihnen das übelnehmen.«

»Von mir aus!«

Ich zog wieder an meiner Pfeife. »Dann sage ich es Ihnen so, wie HQ es mir gesagt hat, ja? ›Was treibt Cyril da eigentlich für einen Blödsinn mit seinen Kumpeln Boris und Olga?‹ haben sie gesagt. ›Fragen Sie ihn danach — mal sehen, was er Ihnen auftischt.‹«

Noch immer von mir abgewandt, blickte er entrüstet im Zimmer umher, als riefe er seine polierte Welt als Zeugen für meine Ruchlosigkeit auf. Ich wartete auf die Explosion, mit der ich fest rechnete. Aber statt dessen bedachte er mich nur mit einem vorwurfsvoll beleidigten Blick. *Wir,* sollte das heißen, *Freunde — und Sie tun mir das an.* Und so wie sich das Gehirn zuweilen in einer Streßsituation mit einer Vielzahl von Bildern auf einmal befaßt, sah ich jetzt nicht Frewin vor mir, sondern eine Stenotypistin, die ich einmal in unserer Botschaft in Ankara befragt hatte: wie sie den Ärmel ihrer Strickjacke hochgerollt, mir den Arm hingehalten und die eiternden Brandflecken von Zigaretten gezeigt hatte, die sie sich in der Nacht vor unserem Gespräch selbst beigebracht hatte. »Finden Sie nicht, ich habe genug für Sie leiden müssen?« fragte sie. Aber nicht ich hatte sie leiden lassen, sondern der fünfundzwanzigjährige polnische Diplomat, dem sie jedes Geheimnis, das sie wußte, offenbart hatte.

Ich nahm die Pfeife aus dem Mund und lachte beruhigend. »Kommen Sie, Cyril. Sind Boris und Olga nicht die beiden Hauptdarsteller in dem Russischkurs, an dem Sie heimlich teilnehmen? Zusammen das Haus tapezieren? Tante Tanja auf ihrer Datscha besuchen und so was? Sie machen den üblichen Sprachkurs von Radio Moskau mit. Fünfmal wöchentlich um Punkt sechs Uhr morgens, so hat man mir gesagt. ›Fragen Sie ihn nach Boris und Olga‹, haben sie mir aufgetragen. ›Fragen Sie ihn, warum er heimlich Russisch lernt.‹ Also frage ich Sie. Das ist alles.«

»Daß ich diesen Kursus mitmache, geht die überhaupt nichts an«, murmelte er, noch immer mit der Tragweite meiner Frage beschäftigt. »Diese verdammten Schnüffelhunde. Das ist meine Privatsache. Meine Privatentscheidung, mein Privatvergnügen. Die können mich mal, und Sie auch.«

Ich lachte. War aber doch auch verärgert. »Nun seien Sie mal nicht so, Cyril. Sie kennen die Regeln genausogut wie ich. Sich über eine Vorschrift hinwegzusetzen, das ist doch nicht Ihr Stil. Und meiner auch nicht. Russisch ist Russisch, und Melden ist Melden. Es geht doch nur darum, das schriftlich zu tun. Ich habe die Vorschriften nicht erfunden. Ich bekomme meine Anweisungen genau wie jeder andere.« Ich redete wieder mit seinem Rücken. Er hatte sich in das Erkerfenster geflüchtet und starrte auf das Rechteck hinaus, das seinen Garten darstellte.

»Wie heißen die Leute?« wollte er wissen.

»Olga und Boris«, wiederholte ich geduldig.

Das brachte ihn auf. »Die Leute, die Ihnen Anweisungen geben, Idiot! Ich werde eine Beschwerde gegen sie einreichen! Schnüffelei nenn ich so was. Wie verdammt brutal heutzutage vorgegangen wird. Über Sie werde ich mich auch beschweren, damit Sie's wissen. Also die Namen?«

Ich antwortete noch immer nicht, sondern zog es vor, daß er sich weiter in seine Wut hineinsteigerte.

»Erstens«, verkündete er nun mit lauterer Stimme, den Blick noch immer starr auf sein schlammiges Beet gerichtet. »Schreiben Sie auch mit? Erstens, ich nehme an keinem Sprachkurs teil, der unter diesen Erlaß fällt. Sprachkurs, das bedeutet, daß man in eine Schule oder in einen Unterrichtsraum geht, daß man mit einem Haufen triefnasiger Tippsen mit Mundgeruch auf einer Bank sitzt, daß man sich dem Spott eines ungehobelten Lehrers aussetzt. Zweitens. *Allerdings* höre ich *Radio,* denn es ist für mich ein *immerwährendes* Vergnügen, die Wellenbänder nach Kuriosem oder Esoterischem abzusuchen. Schreiben Sie das auf, und ich werde es unterschreiben. Ende, okay? Und dann verziehen Sie sich. Ich habe genug von Ihnen, bis oben hin. Das meine ich nicht persönlich. Es geht um die anderen.«

»Und da sind Sie also zufällig auf Boris und Olga gestoßen«, gab ich ihm Hilfestellung und schrieb weiter. »Verstehe. Sie haben die Wellenbänder abgesucht, und da waren sie plötzlich. Boris und Olga. Daran ist doch nichts auszusetzen, Cyril. Machen Sie nur weiter, vielleicht bekommen Sie nach bestandener Prüfung sogar noch eine Sprachenzulage. Vermutlich nur ein paar Pfund, aber in Ihrer Tasche sind die besser aufgehoben als in der von denen, sag ich immer.« Ich schrieb weiter, aber langsam, ließ ihn das aufreizende Kratzen meines amtlichen Bleistifts hören. »Am meisten beunruhigt sie doch, daß etwas *nicht* gemeldet wird«, entschuldigte ich die Schwächen meiner Vorgesetzten. »›Wenn er uns nichts von Olga und Boris gesagt hat, was hat er uns dann sonst noch vorenthalten?‹ Sie können ihnen keinen Vorwurf machen, denke ich. Ihr Job ist in Gefahr, und unserer auch.«

Wieder eine neue Seite aufschlagen. An der Bleistiftspitze lecken. Noch eine Notiz machen. Allmählich packte mich das Jagdfieber. Liebe als Engagement, hatte er gesagt, Liebe als Teil des Lebens, Liebe als Bemühung, Liebe als Opfer. Aber Liebe zu wem? Ich zog einen dikken Strich und blätterte um. »Können wir dann jetzt bitte zu Ihren Ostkontakten kommen, Cyril?« fragte ich mit besonders lustloser Stimme. »HQ ist unglaublich scharf auf Ostkontakte. Ich habe mich gefragt, ob Sie nicht für die Liste, die Sie uns in den vergangenen Jahren zusammengestellt haben, ein paar neue Namen haben. Der letzte« — ich blätterte ans Ende des Notizbuchs —, »meine Güte, das ist ja schon ewig lange her. Ein Herr aus Ostdeutschland, Mitglied eines örtlichen Gesangsvereins, dem Sie beigetreten sind. Und seither ist wirklich niemand mehr dazugekommen? Ich muß Ihnen sagen, man hat Sie jetzt ein wenig auf dem Kieker, Cyril, nachdem Sie das mit dem Sprachkurs nicht gemeldet haben.«

Wieder schlug seine Enttäuschung über mich in Wut um. Wieder begann er auf unschuldige Wörter einzuhauen. Aber diesmal war es, als prügelte er mich.

»Ich habe *alle* meine Ostkontakte, vergangene und gegenwärtige, *ordnungsgemäß* aufgelistet *und* vorschriftsmäßig *meinen* Vorgesetzten vorgelegt, und zwar vollzählig. *Wenn* Sie sich vor diesem Gespräch die Mühe gemacht hätten, diese Daten bei der Personalabteilung des Außenministeriums *einzuholen* — und überhaupt, wieso schicken die mir so einen Schreiberling wie Sie ...«

Ich beschloß, ihn zu unterbrechen. Es erschien mir nicht zweckmäßig, ihm zu erlauben, daß er mich auf ein Nichts reduzierte. Auf einen Statisten, das ja. Aber nicht auf ein Nichts, denn ich war doch der Diener einer höheren Autorität. Ich zog ein Papier aus meinem Notizbuch. »Sehen Sie hier, da habe ich die Aufstellung. Alle Ihre Ostkontakte auf einem Blatt. Es sind insgesamt nur fünf, in Ihren ganzen zwanzig Jahren. Alle vom HQ für unbedenklich erklärt, wie ich sehe. Und solange Sie die melden, ist ja auch nichts dabei.« Ich legte das Blatt in mein Notizbuch zurück. »Irgendwer dazugekommen? Wer? Denken Sie nach, Cyril. Überstürzen Sie nichts. Meine Leute wissen schrecklich viel. Schockiert mich manchmal geradezu. Lassen Sie sich Zeit.«

Er ließ sich Zeit. Und noch mehr Zeit. Und noch mehr. Schließlich verlegte er sich auf Selbstmitleid.

»Ich bin kein *Diplomat*, Ned«, jammerte er kleinlaut. »Ich treib mich nicht jede Nacht auf feuchtfröhlichen

Partys rum, Belgravia, Kensington, St. John's Wood, Orden und weiße Krawatten, ich verkehre nicht mit den Großen dieser Welt. Ich bin ein Büromensch. Und nicht so einer.«

»Sondern was für einer, Cyril?«

»Ich gönne mir gern mal was, aber das ist etwas anderes. Freunde sind mir lieber.«

»Das weiß ich, Cyril. HQ weiß es auch.«

Wieder flüchtet er sich in seine Wut, um seine zunehmende Panik zu verbergen. Einschüchternde Körpersprache, als er seine großen Fäuste ballt und die Ellbogen anhebt. »Auf dieser Liste steht kein einziger *Name,* der mir noch einmal untergekommen ist, seit ich die betreffende *Person* jeweils gemeldet habe. Bei den Namen auf dieser Liste handelt es sich *ausschließlich* um *absolute* Zufallsbekanntschaften, um Leute, denen ich später nie mehr begegnet bin.«

»Aber was ist mit neuen Bekanntschaften seit damals?« bat ich geduldig. »Da kommen Sie doch gar nicht dran vorbei, Cyril. Ich ja auch nicht, warum also Sie?«

»Wenn es irgend jemand *gäbe,* irgendeinen Kontakt, und sei's auch nur eine Weihnachtskarte von irgendwem, können Sie *sicher* sein, daß ich der erste bin, der davon Meldung machte. Ende. Finito. Aus. Nächste Frage bitte.«

Diplomat, notierte ich. *Er,* notierte ich. *Weihnachten.* Salzburg. Wenn das überhaupt noch möglich war, wurde ich jetzt noch umständlicher.

»Das ist nicht ganz die Antwort, die sie hören wollen, Cyril«, sagte ich, während ich weiter in mein Notizbuch schrieb. »Hört sich offen gesagt ein bißchen zu sehr nach Geschwafel an. Die wollen ein ›Ja‹ oder ein ›Nein‹, oder ein ›Wenn ja, wer?‹ Die wollen eine direkte Antwort, mit Herumgerede geben sie sich nicht zufrieden. ›Er hat seinen Sprachkurs nicht zugegeben, warum sollten wir dann annehmen, daß er seine Ostkontakte angibt?‹ So denken sie, Cyril. Und das werden sie auch zu mir sagen. Am Ende bleibt das alles wieder an mir hängen«, warnte ich ihn, noch immer schreibend.

Wieder spürte ich, daß meine Umständlichkeit ihn quälte. Er ging mit den Fingern schnipsend auf und ab. Er murmelte vor sich hin, spannte bedrohlich die Kiefermuskeln, brummte was von »Namen angeben«. Aber ich war zu sehr mit Schreiben beschäftigt, um irgend etwas davon mitzubekommen. Ich war der alte Ned, Burrs Arbeitstier, der seine Pflicht gegenüber dem HQ erfüllte.

»Wie wär's dann damit, Cyril?« sagte ich endlich. Hielt mein Notizbuch hoch und las ihm vor, was ich geschrieben hatte: »›Ich, Cyril Frewin, erkläre hiermit feierlich, daß ich in den letzten zwölf Monaten keinerlei Bekanntschaft, wie flüchtig auch immer, mit irgendwelchen anderen als den bereits von mir gemeldeten Bürgern der Sowjetunion oder der Ostblockstaaten gemacht habe. Datum und Unterschrift Cyril.‹«

Ich zündete meine Pfeife wieder an und sah den Kopf genau an, um mich zu vergewissern, daß sie auch zog. Dann schob ich das abgebrannte Streichholz in die Streichholzschachtel und die Streichholzschachtel in meine Tasche. Meine Stimme, ohnehin schon im Schritttempo, wurde noch schleppender.

»Oder aber, Cyril, und ich sage das mit Bedacht, sollte es in Ihrem Leben *doch* jemanden geben, dann haben Sie jetzt die Chance, mir davon zu erzählen. Und ihnen. Ich werde alles, was Sie sagen, vertraulich behandeln; die anderen auch, je nachdem, was ich ihnen davon berichte, und das ist nicht immer alles, ganz und gar nicht. Schließlich ist niemand ein Heiliger. Und im übrigen würde HQ so einen vermutlich nicht für unbedenklich erklären.«

Absichtlich oder auch nicht hatte ich damit bei ihm Feuer an die Lunte gelegt. Er hatte auf einen Vorwand gewartet, und jetzt hatte ich ihm einen geliefert.

»Heilig? Wer sagt da was von *heilig*? Nennen *Sie* mich bloß nicht heilig, das laß ich mir nicht gefallen! Der heilige Cyril, so nennen sie mich, haben Sie das gewußt? Natürlich haben Sie das gewußt, Sie machen sich über mich lustig.«

Verkniffen und grob. Hämmert mit Worten auf mich ein. Frewin in den Seilen, haut nach allem, was in seine Nähe kommt. »Wenn es so jemanden *gäbe* — gibt es aber nicht —, hätte ich das nicht Ihnen oder Ihrem Schnüffelverein erzählt — sondern hätte die Sache vorschriftsmäßig in *schriftlicher* Form der Personalabteilung gemeldet ...«

Zum zweitenmal erlaubte ich mir, ihn zu unterbrechen. Es gefiel mir nicht, daß er den Rhythmus unseres Schlagabtauschs bestimmte. »Also gibt es da wirklich niemanden, ja?« fragte ich so drängend, wie meine passive Rolle es gestattete. »Niemanden? Sie waren nicht bei irgendwelchen Festlichkeiten — Partys, Zusammenkünfte, Treffen — offiziell oder inoffiziell — in London, außerhalb Londons oder gar im Ausland — bei denen irgendein Bürger eines Ostblockstaates auch nur ganz von ferne anwesend war?«

»Habe ich denn nicht schon genug nein gesagt?«

»Nicht, wenn die Antwort ja lautet«, erwiderte ich mit einem Lächeln, das ihm nicht gefiel.

»Die Antwort lautet nein. Nein, nein, nein. Ich wiederhole: nein. Kapiert?«

»Vielen Dank. Ich kann also *niemand* aufschreiben? Das bedeutet keine Menschenseele, nicht einmal ein Russe. Und Sie können das unterschreiben? Ja?«

»Ja.«

»Sie meinen: nein?« Noch einmal machte ich einen schwachen Scherz. »Entschuldigen Sie, Cyril, aber wir müssen uns da wirklich sonnenklar ausdrücken, sonst wird HQ aus großer Höhe auf uns herabstoßen. Sehen Sie, ich habe es für Sie aufgeschrieben. Unterschreiben Sie.«

Ich gab ihm meinen Bleistift, und er unterschrieb. Ich wollte ihn langsam daran gewöhnen. Er gab mir das Notizbuch mit tragischem Lächeln zurück. Er hatte mich angelogen und brauchte jetzt meinen Trost in seinem Elend. Und den gewährte ich ihm — wenn auch leider nur, um ihn ihm sehr bald wieder wegzunehmen. Ich verstaute das Notizbuch in meiner Innentasche, stand auf und streckte mich ausgiebig, als wollte ich, nachdem wir diesen heiklen Punkt hinter uns gebracht hatten, eine Gesprächspause einlegen. Ich rieb mir ein bißchen den Rücken. Schmerzen eines alten Mannes.

»Wonach haben Sie denn da draußen nur gegraben, Cyril?« fragte ich. »Bauen sich wohl einen Privatbunker, wie? Ist heutzutage doch kaum erforderlich, möchte ich meinen.«

Als ich an ihm vorbeiblickte, war mir in einer Ecke der schlammigen Fläche ein Stapel neuer Ziegelsteine aufgefallen, oben mit einer Plane abgedeckt. Darauf zu lief ein unfertiger, etwa zwei Fuß tiefer Graben durch den Rasen.

»Ich baue einen *Teich*«, erwiderte Frewin und ging dankbar auf meine witzige Ablenkung ein. »*Zufällig* habe ich nämlich Wasser sehr gern.«

»Ein Goldfischteich, Cyril?«

»Ein *Zierteich.*« Seine gute Laune kam schnell zurück. Er entspannte sich, er lächelte, und sein Lächeln war so freundlich und ungekünstelt, daß ich es unwillkürlich erwiderte. »Ich habe vor, Ned«, erklärte er und rückte freundschaftlich an mich heran, »drei separate Wasserebenen anzulegen, und zwar die erste vier Fuß über dem Erdboden, und dann Stufen von anderthalb Fuß hinunter bis zu diesem Graben. Jeder Teich soll von unten indirekt beleuchtet werden. Das Wasser wird mit einer Elektropumpe umgewälzt. Und nachts kann ich dann, anstatt den Vorhang vorzuziehen, auf meine eigene Privatshow hinausblicken: beleuchtete Teiche und Wasserfälle!«

»Und Musik dazu hören!« rief ich, von seiner Begeisterung mitgerissen. »Fantastisch, Cyril. Genial. Ich bin wirklich sehr beeindruckt. Das müßte sich meine Frau mal ansehen kommen. Wie war's übrigens in Salzburg?«

Er taumelt, dachte ich, als ich sah, wie er den Kopf von mir wegdrehte. Ich habe ihn getroffen, er taumelt, und jetzt warte ich, bis er wieder bei Bewußtsein ist, um den nächsten Treffer zu landen.

»Sie fahren nach Salzburg wegen der Musik, hat man mir gesagt. Soll ja ein richtiges Mekka für euch Musiker sein. Gibt es zu Weihnachten Opern oder bloß Weihnachts- und Kirchenlieder?«

Sie müssen die Straße abgesperrt haben, dachte ich, als ich in die ungeheure Stille horchte. Ich fragte mich, ob Cyril das gleiche dachte, während er weiter in seinen Garten starrte.

»Was interessiert Sie das?« antwortete er. »Musik bedeutet Ihnen nichts. Haben Sie selbst gesagt. Und stekken aber auch wirklich überall Ihre Nase rein.«

»Verdi? Von Verdi habe ich mal was gehört. Mozart? Der war doch Österreicher, ja? Habe den Film gesehen. Ich wette, zu Weihnachten bringen die Mozart. Müssen sie ja wohl. Was wird denn von dem gegeben?«

Wieder Schweigen. Ich setzte mich und machte mich aufs neue bereit, zu schreiben, was er diktierte.

»Reisen Sie allein?« fragte ich.

»Selbstverständlich.«

»Immer?«

»Selbstverständlich.«

»Letztesmal auch?«

»Ja!«

»Und übernachten Sie allein?« fragte ich.

Er lachte laut auf. »Ich? Keine Minute! Ich doch nicht. Bei meiner Ankunft erwarte ich auf meinem Zimmer Tänzerinnen. Werden jeden Tag ausgewechselt.«

»Aber Nacht für Nacht Musik, so wie Sie es mögen?«

»Wer sagt, was ich mag?«

»Vierzehn Abende hintereinander. Oder zwölf, wenn man die Reise abzieht.«

»Könnten zwölf sein. Könnten vierzehn sein. Könnten dreizehn sein. Was spielt das für eine Rolle?« Er war noch immer schwer angeschlagen. Er sprach von weit her.

»Und dafür fahren Sie hin. Nach Salzburg. Dafür bezahlen Sie. Ja? Ja. Cyril? Geben Sie mir bitte ein Zeichen, Cyril. Ich habe dauernd das Gefühl, Sie entgleiten mir. Und deshalb sind Sie auch letztesmal Weihnachten hingefahren?«

Er nickte.

»Abend für Abend Konzerte? Opern? Weihnachtslieder?«

»Ja.«

»Das Dumme ist nur, sehen Sie, HQ sagt, Sie seien nur eine Nacht dageblieben. Sie sind am ersten Tag, den Sie gebucht hatten, eingetroffen, heißt es, und am nächsten Morgen waren Sie wieder weg. Sie haben den vollen Preis für Ihr Zimmer bezahlt, die ganzen zwei Wochen, aber im Hotel hat man vom zweiten Tag an keinen Fitz mehr von Ihnen gesehen, bis Sie am Ende Ihres Urlaubs wieder aufgetaucht sind. Da ist es doch einigermaßen verständlich, wenn HQ sich fragt, wo, zum Teufel, Sie in dieser Zeit gewesen sind.« Und dann mein bis dahin kühnster Sprung: »Und mit wem. Die wollen wissen, ob Sie womöglich ein Verhältnis haben. So wie mit Boris und Olga, nur in Fleisch und Blut.«

Ich schlug ein paar Seiten in meinem Notizbuch um, und das Rascheln klang in der tiefen Stille wie das Poltern von herabfallenden Ziegelsteinen. Seine panische Angst steckte mich an, als erlebten wir gemeinsam etwas Schreckliches. Wir waren nur um Haaresbreite von der Wahrheit getrennt, aber für den Mann, der sie nicht heranlassen wollte, schien sie ebenso bedrohlich zu sein wie für mich, der ich versuchte, an sie heranzukommen.

»Wir brauchen das nur auf dem Papier festzuhalten, Cyril«, sagte ich. »Dann können wir's vergessen. Die beste Methode, etwas loszuwerden, besteht darin, es aufzuschreiben, sage ich immer. Es ist doch kein Verbrechen, einen Freund zu haben. Auch ein ausländischer Freund ist kein Verbrechen, solange wir ihn in den Akten haben. Er ist doch Ausländer? Nur, ich bemerke hier ein gewisses Zögern bei Ihnen. Das muß ein ziemlich guter Freund sein, möchte ich meinen, wenn Sie seinetwegen auf alle diese Musik verzichtet haben.«

»Er ist nirgendwo. Er existiert nicht. Er ist weg. Ich war ihm im Weg.«

»Nun, um Weihnachten war er aber noch nicht weg, oder? Nicht, wenn Sie mit ihm zusammen waren. War er ein Österreicher, Cyril?«

Frewin war leblos. Er war tot mit offenen Augen. Ich hatte ihn einmal zu oft getroffen.

»Na schön, dann eben ein Franzose«, sagte ich etwas lauter, um ihn aus seiner Versunkenheit aufzurütteln. »War's ein Franzose, Cyril, Ihr Kumpel? ... Dagegen hätten sie nichts einzuwenden, auch wenn die Franzmänner bei ihnen nicht gerade beliebt sind. Kommen Sie, Cyril, oder war's ein Yankee? Gegen einen Yankee können sie nichts haben!« Keine Antwort. »Doch nicht etwa ein Ire? Das will ich aber nicht hoffen.«

Ich lachte für ihn, aber nichts konnte ihn aus seiner Melancholie reißen. Immer noch am Fenster stehend, hatte er den Daumen gekrümmt und bohrte sich den Knöchel in die Stirn, als versuche er ein Einschußloch hineinzudrücken. Hatte er etwas geflüstert?

»Ich habe Sie nicht verstanden, Cyril!«

»Er steht über all dem.«

»Über Nationalitäten?«

»Er steht darüber.«

»Sie meinen, er ist Diplomat?«

»Er *ist* nicht nach Salzburg gekommen, hören Sie denn nicht zu, verdammt noch mal?« Er fuhr zu mir herum und begann zu schreien. »Verdammt schwaches Bild, das Sie da bieten! Von den Antworten schon ganz abgesehen, können Sie nicht mal richtig *fragen!* Kein Wunder, daß das Land den Bach runtergeht! Wo haben Sie denn Ihr Gehirn gelassen? Oder wie wär's zur Abwechslung mal mit ein bißchen Mitgefühl?«

Ich erhob mich wieder. Langsam. Er sollte mich nicht aus den Augen lassen. Ich rieb mir nochmals den Rükken. Ging durchs Zimmer. Schüttelte den Kopf, als wollte ich sagen, so ginge das einfach nicht.

»Ich versuche Ihnen zu helfen, Cyril. Wenn Sie nach Salzburg gefahren und dort geblieben sind, so ist das eine Geschichte. Wenn Sie von dort aus woanders hingefahren sind nun, so ist das was ganz anderes. Wenn Ihr Kumpel, sagen wir, Italiener ist. Und wenn Sie nur vorgeblich nach Salzburg gereist sind, in Wirklichkeit aber — was weiß ich — nach Rom oder Mailand oder Venedig — nun, so ist das wieder etwas anderes. Ich kann das nicht alles für Sie machen. Es ist nicht fair, und danken würden die mir auch nicht dafür.«

Er hatte die Augen weit aufgerissen. Er übertrug seinen Wahnsinn auf mich und machte sich selbst zum geistig Gesunden. Ich stopfte völlig vertieft meine Pfeife und redete weiter.

»Ihnen kann man es nur schwer recht machen, Cyril« — ich drückte den Tabak mit dem Zeigefinger fest —, »Sie sind eine harte Nuß, falls Sie das interessiert. ›Fassen Sie mich hier nicht an, nehmen Sie da Ihre Finger weg, das können Sie nur einmal mit mir machen.‹ Ich meine, worüber *darf* ich denn eigentlich mit Ihnen reden?«

Ich strich ein Zündholz an und hielt es über den Pfeifenkopf, und dabei sah ich, daß er sich die Daumenknöchel jetzt in die Augen drückte, um nicht mehr in diesem Zimmer zu sein. Aber ich tat so, als würde ich das einfach nicht sehen. »Also schön, lassen wir Salzburg. Wenn Salzburg Ihnen weh tut, erwähnen wir es nicht und wenden uns noch einmal den Ostkontakten zu. Ja? Einverstanden?«

Langsam glitten die Hände aus seinem Gesicht. Keine

Antwort, aber auch kein ausgesprochener Widerspruch. Ich redete weiter. Er wollte es so. Ich spürte, er vertraute meinen Worten als einer Brücke zwischen der Realität und der inneren Hölle, in der er lebte. Er wollte, daß ich für uns beide redete. Ich spürte, daß ich seine Beichte für ihn ablegen mußte, und beschloß daher, meine riskanteste Karte auszuspielen.

»Also einmal rein theoretisch gesprochen, Cyril, wir setzen den Namen Sergei Modrian auf diese Liste und machen dann Schluß«, schlug ich unbekümmert vor, wobei ich fast nuschelte, damit die Worte nur nicht bedrohlich klängen. »Bloß sicherheitshalber«, fügte ich munter hinzu. »Was meinen Sie?« Er ließ den Kopf noch immer hängen, ich konnte sein Gesicht nicht sehen. In heiterem Plauderton unterbreitete ich mein neuestes Hilfsangebot. »›Also schön, HQ‹, werden wir ihnen sagen, ›dann nehmt doch euren blöden Mr. Modrian. Hört auf, Katz und Maus mit uns zu spielen, wir packen schon aus. Nehmt ihn euch und geht nach Hause. Ned und Cyril haben noch was anderes zu tun.‹«

Er schwankte und grinste wie ein Gehängter. In dem tiefen Schweigen, das über der Gegend lag, hatte ich das Gefühl, das Echo meiner Worte von den Dächern hallen zu hören. Doch Frewin schien sie kaum gehört zu haben.

»Er soll bloß die Sache mit Modrian gestehen, haben sie gesagt, Cyril«, fuhr ich vernünftig fort. »Wenn Sie zu Modrian *ja* sagen, und wenn ich den Namen aufschreibe, was ich gerade tue, und Sie nicht Einspruch erheben — und wie ich sehe, tun Sie das nicht —, kann uns niemand vorwerfen, wir wären nicht offen genug. ›Ja, ich bin ein Freund von Sergei Modrian, und ihr könnt mich alle mal‹ — wie wär's damit? ›*Und* ich bin ihm überall hin gefolgt, *und* wir haben dies getan und das getan, wir haben gewisse andere Dinge vereinbart, und wir haben uns prächtig amüsiert oder auch nicht. Und was soll überhaupt das ganze Gerede von Glasnost, wenn ich mich noch immer nicht mit einem äußerst kultivierten

Russen anfreunden darf?‹ … Wie wär's damit? Lassen wir die Lücken erst mal weg, die können wir später noch ausfüllen. So wie ich das sehe, können sie dann die Akte für ein weiteres Jahr einmotten, und wir haben alle endlich Wochenende.«

»Wieso?«

Ich tat so, als verstünde ich ihn nicht.

»Wieso können sie dann die Akte einmotten?« fragte er, auf der ganzen Linie mißtrauisch. »Als ob sie sich verändert hätten! Die drehen sich doch nicht einfach um und sagen: ›Na wenn schon.‹ Von wegen. Das sähe ihnen gar nicht ähnlich. Die bleiben sich doch immer gleich. Die ändern sich nicht. Das können die gar nicht.«

»Schluß damit, Cyril!« Er war ganz in seine Gedanken versunken und kaum noch ansprechbar. *»Cyril!«*

»Wie? Was denn? Schreien Sie nicht so.«

»Was ist denn heutzutage Schlimmes dabei, Russe zu sein? HQ wäre *wesentlich* beunruhigter, wenn Sergei Franzose wäre! Das mit dem Franzosen sollte nur eine Falle sein. Ich bedaure das jetzt und bitte um Entschuldigung. Aber ein Russe, in diesen Zeiten — ich bitte Sie, wir nennen uns ja nicht bloß befreundete Nationen, wir nennen uns Partner! Sie kennen doch HQ. Die hinken immer hinterher. Genau wie Gorst. Wir haben die Aufgabe, Trendsetter zu spielen. Hören Sie mich, Cyril?«

Und hier glaubte ich für einen Augenblick, das ganze Spiel verloren zu haben — seine Komplizenschaft verspielt zu haben, sein Vertrauen, seine Bereitwilligkeit, sein Mißtrauen. Er ging an mir vorbei wie ein Schlafwandler. Er stellte sich wieder an sein Erkerfenster und betrachtete nachdenklich seinen halbfertigen Teich und all die anderen halbvollendeten Träume seines Lebens, die er, wie ihm inzwischen klar sein mußte, nie würde zu Ende führen können.

Und dann begann er zu meiner Erleichterung zu reden. Nicht über das, was er getan hatte. Nicht über den, mit dem er es getan hatte. Sondern über seine Gründe.

»Sie wissen gar nicht, was es bedeutet, den ganzen Tag mit einem Haufen Schwachsinniger eingesperrt zu sein?«

Ich dachte zuerst, er beklage sich über seine Zukunft, bis ich erkannte, daß er vom Tank redete.

»Den ganzen Tag die Zoten dieser Leute anhören zu müssen, am Gestank ihrer Zigaretten und Körper zu ersticken? Sie doch nicht, Sie sind privilegiert, so bescheiden Sie hier auch auftreten mögen. Tag für Tag dieses ewige Gekichere über Titten und Slips und Menstruation und Seitensprünge? ›Komm schon, Heiliger, erzähl uns zur Abwechslung mal einen schmutzigen Witz! Du bist doch ein ganz durchtriebener Bursche, wetten, Heiliger? Worauf stehst du denn — Gymnastikanzüge? Oder mehr die harte Tour? Was treibt unser Heiliger denn so am Samstagabend?‹« Seine Energie war in voller Stärke zurückgekehrt, und mit ihr zu meiner Verblüffung ein unvermutetes schauspielerisches Talent. Er trippelte affektiert wie eine Varietétänzerin vor mir herum, ein gespenstisch schlaffes Grinsen verzerrte sein haarloses Gesicht. »›Kennst du den Unterschied zwischen Pfadfindern und Pfadfinderinnen, Heiliger? Die Pfadfinder haben das Zelt in der Hose, haha!‹ So was kennen Sie gar nicht, stimmt's? ›Spielst du ab und zu mal dran herum, Heiliger? Holst dir einen runter, um zu sehen, ob er noch da ist? Davon wird man blind. Er fällt ab. Ich wette, du hast einen ganz großen. Einen richtigen Eselsprügel, der dir am Bein runterhängt und mit dem Sockenhalter festgemacht ist ...‹ So was haben Sie sich noch nie den ganzen Tag anhören müssen, im Büro, in der Kantine? Sie sind ein Gentleman. Wissen Sie, was sie am 1. April mit mir gemacht haben? Eine streng geheime Nachricht aus Paris, nur für Frewin bestimmt, zum Selbstdechiffrieren, per Hand, haha. *Höchste Dringlichkeit,* verstehen Sie den Witz? Ich hab' ihn nicht verstanden. Also geh ich in die Kabine und hol die Bücher raus. Und dechiffriere den Text. Per Hand. Alle laufen mit gesenkten Köpfen rum.

Keiner lacht, keiner verdirbt den Spaß. Ich mache die ersten sechs Gruppen, und was kommt raus? Dreck. Irgendein dreckiger Witz über einen Pariser. Gorst hatte das eingefädelt. Er hatte die Leute von der Pariser Botschaft angestiftet, das extra als Witz abzuschicken. ›Nur ruhig, Heiliger, kannst du keinen Scherz vertragen?‹ Und genau dasselbe hat die Personalabteilung auch gesagt, als ich mich beschwert habe. Schabernack, haben die gesagt. Kleine Streiche sind gut für die Moral. Betrachten Sie's als Kompliment, haben die gesagt, nehmen Sie's doch sportlich. Wenn ich meine Musik nicht gehabt hätte, hätte ich mich schon längst umgebracht. Ich habe daran gedacht, das kann ich Ihnen ruhig sagen. Gestört hat mich bloß, daß ich nicht ihre Gesichter sehen könnte, wenn sie von meinem Selbstmord hörten.«

Ein Verräter braucht zwei Dinge, hatte Smiley mir gegenüber einmal bitter bemerkt, nachdem Haydon gerade den Circus verraten hatte: jemanden, den er haßt, und jemanden, den er liebt. Frewin hatte mir erzählt, wen er haßte. Jetzt begann er von dem zu erzählen, den er liebte.

»Ich hatte in jener Nacht die ganze Welt abgesucht — Puerto Rico, Cap Verde, Johannesburg —, aber nichts gefunden, was mich interessierte. Die Amateure, die Wellenreiter, gefallen mir in der Regel am besten. Die haben mehr Witz, und das gefällt mir, wie ich schon sagte. Ich hatte nicht einmal gemerkt, daß es schon Morgen war. Ich habe hier oben dicke Vorhänge, mit Zwischenfutter, haben mich dreihundert Pfund gekostet. Nach der Arbeit im Tank ist die Stille hier mein ein und alles.«

Ein anderes Lächeln lag jetzt auf seinem Gesicht, das Lächeln eines kleinen Jungen an seinem Geburtstag.

»›Ich wünsche dir einen guten Morgen, Boris, mein Freund‹, sagt Olga. ›Wie fühlst du dich heute morgen?‹ Dann wiederholt sie das auf Russisch, und Boris antwortet, daß er sich nicht wohl fühlt. Boris fühlt sich oft nicht wohl. Er neigt zu slawischen Depressionen. Aber Olga kümmert sich um ihn. Sie macht einen Scherz, aber der ist nie böse gemeint. Ab und zu streiten sie sich auch — nun, das ist ja ganz natürlich, wenn man bedenkt, daß sie alles gemeinsam machen. Aber sie versöhnen sich jedesmal wieder, noch in derselben Sendung. Sie sind nicht nachtragend. Olga könnte das gar nicht, ehrlich gesagt. Wenn es vorbei ist, ist es für Olga vorbei. Und dann lachen die beiden wieder. So sind die nun mal. Konstruktiv. Freundlich. Gepflegte Ausdrucksweise. Und musikalisch natürlich auch — das müssen Russen ja wohl sein. Von Tschaikowsky war ich eigentlich gar nicht so begeistert, bis ich die beiden über ihn habe diskutieren hören. Aber danach habe ich gleich Gefallen an ihm gefunden. Boris hat einen ziemlich exklusiven musikalischen Geschmack. Olga — na ja, die ist recht leicht zufriedenzustellen. Freilich sind das ja nur Schauspieler, nehme ich an, die ihren Text ablesen. Aber das vergißt man, wenn man ihnen zuhört und ihre Sprache zu lernen versucht. Man nimmt ihnen alles ab.«

Und schickt ihnen die schriftlichen Hausaufgaben ein, sagte er.

Zur kostenlosen Korrektur und Beratung, sagte er.

Nach dem ersten Mal muß man nicht einmal mehr nach Moskau schreiben. Sie haben ein Postfach in Luxemburg.

Er war verstummt, was aber nicht beunruhigend wirkte. Trotzdem bekam ich Angst, er könnte zu früh aus seiner Versunkenheit erwachen. Ich entfernte mich aus seinem Blickfeld und stellte mich in eine Zimmerecke hinter ihm.

»Welche Adresse haben Sie ihnen angegeben, Cyril?«

»Diese hier natürlich. Was hätte ich denn sonst für eine angeben können? Ein Landhaus in Shropshire? Eine Villa auf Capri?«

»Haben Sie ihnen auch Ihren richtigen Namen angegeben?«

»Selbstverständlich nicht. Nun ja, Cyril, gewiß. Ich meine, Cyril kann schließlich jeder sein.«

»Guter Mann«, sagte ich beifällig. »Cyril wie weiter?«

»Nemo«, verkündete er stolz. »Mr. C. Nemo. ›Nemo‹ ist Latein und hießt ›Niemand‹, falls Sie's nicht wissen sollten.«

Mr. C. Nemo. Vielleicht wie Mr. E. Patriot.

»Haben Sie Ihren Beruf angegeben?«

»Nicht den richtigen. Jetzt reden Sie wieder Unsinn.«

»Also was dann?«

»Musiker.«

»Haben sie nach Ihrem Alter gefragt?«

»Aber natürlich. Mußten sie ja. Sie mußten doch wissen, ob man überhaupt teilnahmeberechtigt ist, falls man einen Preis gewinnt. Sie können doch keine Preise an Minderjährige verleihen, oder? Niemand kann das.«

»Familienstand — verheiratet, ledig —, das haben Sie ihnen auch gesagt?«

»Ich *mußte* meinen Familienstand angeben, oder etwa nicht, da der Preis auch an *Ehepaare* gehen konnte! Die können doch nicht *einem Mann* einen Preis geben und seine Frau leer ausgehen lassen? Das wäre nicht die feine Art.«

»Was für Arbeiten haben Sie eingeschickt — sagen wir, beim ersten Mal —, wissen Sie das noch?«

Er beschloß, sich wieder einmal an meiner Dummheit zu stoßen.

»Blöde Frage. Was glauben Sie wohl, was ich denen geschickt hab? Logarithmen vielleicht? Man fordert die Unterlagen an, bekommt ein paar Vordrucke, meldet sich an; man bekommt die Luxemburger Postfachnummer und das Buch, und dann ist man einer von ihnen. Danach tut man, was Boris und Olga einem in der Sendung aufgeben. ›Vervollständigen Sie die Übung auf Seite 9. Beantworten Sie die Fragen auf Seite 12.‹ Sind Sie denn nie zur Schule gegangen?«

»Und Sie waren gut. HQ sagt, Ihr Verstand gleicht einer Enzyklopädie, wenn Sie ihn benutzen. Haben die mir gesagt.« Ich merkte allmählich, wie sehr er Schmeicheleien genoß.

»Ich war *mehr* als gut, um genau zu sein. Danke für die Blumen, HQ. Falls Sie es wissen *wollen,* ich war geradezu ihr *Musterschüler.* Gewisse *Lehrer* haben mir gewisse *Briefe* geschickt, und manche davon klangen äußerst *anerkennend*«, fügte er mit dem wilden Grinsen hinzu, das ihn immer überkam, wenn er gelobt wurde. »Das hat mich ziemlich aufgemuntert, falls es Sie interessiert, so montags morgens mit einem ihrer kleinen *Briefe* in der Tasche in den Tank zu gehen und keinem ein Wort davon zu verraten. Ich dachte, wenn ich nur wollte, könnte ich einigen von *euch* was erzählen. Aber ich wollte nicht. Mein Privatleben war mir wichtiger. Meine Freundschaften waren mir wichtiger. Ich hatte keine Lust, mir die dreckigen Bemerkungen dieser Affen über Boris und Olga anzuhören.«

»Und Sie haben an diese Lehrer zurückgeschrieben?«

»Nur als Nemo.«

»Aber sonst haben Sie sich nicht mit ihnen abgegeben?« fragte ich, um zu ergründen, ob er, falls überhaupt, irgendwelche Hemmungen gehabt hatte, als er sich auf diese erste unerlaubte Liebesaffäre einließ. »Ich meine, wenn sie Ihnen eine klare Frage gestellt haben, haben Sie eine klare Antwort gegeben. Da waren Sie nicht zurückhaltend.«

»Ich war *nicht* zurückhaltend! Dazu hatte ich gar keinen *Anlaß!* Ich habe mich sehr bemüht, höflich zu sein, genau wie meine Lehrer. Das waren Hochschulprofessoren, einige jedenfalls, Akademiker. Ich war *dankbar,* und ich war *fleißig.* Das war das Mindeste, was sie verdient hatten, wenn man bedenkt, daß es gebührenfrei und die Teilnahme freiwillig und nur im Interesse der zwischenmenschlichen Beziehungen war.«

Wieder meldete sich mein Jagdinstinkt. Ich überlegte, mit welchen Maßnahmen sie ihr Opfer in die Falle lockten. Ich stellte mir vor, wie ich selbst mich an ihn herangepirscht hätte, falls der Circus sich jemals etwas so Perfektes ausgedacht hätte.

»Und ich nehme an, als Sie Fortschritte machten, ging es weiter, von einfachen vorgedruckten Übungen zu anspruchsvolleren Aufgaben — Aufsätze, Essays?«

»Als die Lehrerkommission in Moskau der Meinung war, ich sei reif dafür, ja, da haben sie mir bestimmte Themen zur freien Bearbeitung gegeben.«

»Erinnern Sie sich an die Themen, die sie Ihnen gestellt haben?«

Er lachte sein überlegenes Lachen. »Meinen Sie, die hätte ich vergessen? Wo ich an jedem einzelnen Aufsatz fünf Nächte lang mit dem Wörterbuch gearbeitet habe? Mit zwei Stunden Schlaf, wenn ich Glück hatte? Wachen Sie doch endlich auf, Ned!«

Ich gab ein leises, bedauerndes Lachen von mir und schrieb weiter auf, was er mir sagte.

»›Mein Leben‹ war das erste Thema. Ich habe ihnen vom Tank erzählt, selbstverständlich ohne Namen zu nennen oder die Art unserer Arbeit zu erwähnen. Trotzdem habe ich gewisse gesellschaftliche Dinge zur Sprache gebracht, das will ich gar nicht bestreiten. Ich glaubte, die Kommission habe ein Recht darauf, davon zu erfahren, zumal Glasnost bereits im Kommen war und sich alles zum Wohl der ganzen Menschheit entspannte.«

»Und wie lautete das nächste Thema?«

»›Mein Haus‹. Ich habe von meinen Plänen mit dem Teich erzählt, das hat ihnen gefallen. Und von meiner Küche. Einer von ihnen war ein ziemlich bekannter Koch. Als nächstes kam ›Meine liebste Freizeitbeschäftigung‹. Hätte man für überflüssig halten können, war es aber nicht.«

»Sie haben von Ihrer Liebe zur Musik geschrieben, nehme ich an?«

»Falsch.«

Der Rest seiner Antwort klingt mir noch heute in den

Ohren: Als Anklage, als Ausdruck des Mitgefühls eines leidenden Mitmenschen; als Gebet, blindlings in den Äther geschleudert von einem Mann, der wie ich verzweifelt um Liebe bat, bevor es endgültig zu spät war.

»Wenn Sie es wirklich wissen wollen: ich habe ›Gute Gesellschaft‹ als meine liebste Freizeitbeschäftigung angegeben«, sagte er, und das wilde Lächeln glitt wieder über sein Gesicht. »Die Tatsache, daß ich bis dahin im Leben nicht viel gute Gesellschaft gehabt *hatte,* hat mich nicht davon *abgehalten,* die wenigen Male, da mir dergleichen vergönnt *war,* zu genießen.« Er schien zu vergessen, daß er gesprochen hatte, denn er begann noch einmal, und zwar mit Worten, die ich von Sally hätte sagen können: »Ich hatte das Gefühl, im Leben auf etwas verzichtet zu haben, das ich *jetzt* endlich in Anspruch nehmen wollte«, sagte er.

»Und haben sie Ihre anspruchsvolleren Arbeiten auch bewundert? Waren sie beeindruckt?« fragte ich und schrieb fleißig weiter.

Er grinste wieder. »Mäßig, nehme ich an. Ein wenig. Hier und da. Mit Vorbehalten natürlich.«

»Wieso nehmen Sie das an?«

»Weil sie anders als manche anderen so höflich und großzügig waren, ihre Anerkennung zu zeigen. Darum.«

Und die zeigten sie, sagte Frewin — ich brauchte ihn kaum noch zu drängen —, die zeigten sie in Gestalt eines gewissen Sergei Modrian, Erster Kultursekretär der Sowjetischen Botschaft in London, in seiner Eigenschaft als Radio Moskaus ergebener örtlicher Abgesandter beauftragt, Frewins Gebete zu erhören.

Wie alle guten Engel erschien Modrian ohne Vorankündigung; an einem naßkalten Samstag im November stand er vor Frewins Tür, beladen mit den Geschenken seines hohen Amtes: einer Flasche Moskowskaja-Wodka, einer Dose Sewruga-Kaviar und einem schlecht gedruckten Kunstband über das Bolschoi-Ballett. Und mit einem prachtvoll getippten Brief, der Mr. C. Nemo in

Anerkennung seiner einzigartigen Fortschritte in der russischen Sprache zum Ehrenstudenten der Moskauer Staats-Universität ernannte.

Aber das größte Geschenk von allen war Modrian selbst, dieser zauberhafte Mann, speziell ausgebildet, Frewin die gute Gesellschaft zu verschaffen, nach der dieser sich in seinem preisgekrönten Aufsatz für die Kommission so unüberhörbar gesehnt hatte.

Wir hatten unser Ziel erreicht. Frewin war ruhig, Frewin triumphierte; Frewin war, für wie lange auch immer, befriedigt. Seine Stimme klang nicht mehr so gepreßt; sein einfaches Gesicht strahlte mit dem Lächeln eines Mannes, der wahre Liebe kennengelernt hatte und sich nun danach sehnte, sein Glück mit jemandem zu teilen. Hätte es irgend jemanden auf der Welt gegeben, für den ich je auf dieselbe Weise hätte lächeln können, wäre ich ein anderer Mann gewesen.

»*Modrian,* Ned? Sergei Modrian? Aber Ned, ich denke, hier haben wir es mit absoluter Spitzenklasse zu tun. Das hab' ich gleich auf den ersten Blick erkannt. Der ist keine halbe Portion, habe ich gedacht. Der geht aufs Ganze. Natürlich hatten wir von Anfang an den gleichen Sinn für Humor. Ätzend. Geradeaus, ohne Beschönigungen. Auch dieselben Interessen, bis hin zu Komponisten.« Er versuchte, einen distanzierteren Ton zu finden, aber vergeblich. »Es kommt meiner Erfahrung nach sehr *selten* im Leben vor, daß zwei Menschen von Natur aus in jeder Hinsicht zusammenpassen — abgesehen mal vom Thema Frauen, da muß ich zugeben, daß Sergei bei weitem mehr Erfahrung hatte als ich. Sergeis Einstellung zu Frauen« — er mühte sich mächtig ab, mißbilligend zu klingen —, »ich will mal so sagen: hätte irgend jemand anderes sich so benommen, wäre es mir sehr schwergefallen, mich damit abzufinden.«

»Hat er Sie mit Frauen bekanntgemacht, Cyril?«

Seine Miene wurde sofort hart und ablehnend. »Das

hat er ganz gewiß nicht getan, ich danke. Und ich hätte ihm das auch nicht gestattet. Und so, wie er unsere Beziehung verstanden hat, wäre ihm dergleichen auch gar nicht in den Sinn gekommen.«

»Nicht einmal auf Ihren gemeinsamen Reisen nach Rußland?« half ich ihm weiter auf die Sprünge.

»Nirgendwo. Das hätte uns nur alles verdorben. Hätte alles total kaputtgemacht.«

»Was man sich von seinen Frauen erzählt, sind also alles nur Gerüchte?«

»Nein, überhaupt nicht. Sergei selbst hat mir davon erzählt. Sergei Modrians Einstellung Frauen gegenüber war absolut skrupellos. Seine Kollegen haben mir das privat bestätigt. Skrupellos.«

Ich fand Zeit, Modrians psychologisches Geschick zu bewundern — oder war es das Geschick seiner Vorgesetzten? Zwischen Modrian, dem skrupellosen Frauenverführer, und Frewin, dem Frauenfeind, gab es in der Tat ein natürliches Band.

»Seine Kollegen haben Sie also auch kennengelernt«, sagte ich. »In Moskau vermutlich. Über Weihnachten.«

»Nur die, denen er vertraut hat. Sie hatten einen unglaublichen Respekt vor ihm. Oder in Leningrad. Ich hatte nicht das Recht, kleinlich zu sein. Ich war Ehrengast. Ich habe alles mitgemacht, was sie für mich arrangiert hatten.«

Ich hielt den Blick auf mein Notizbuch geheftet. Gott weiß, was ich da inzwischen aufschrieb. Krikelkrakel. Hinterher konnte ich streckenweise kein einziges Wort mehr davon lesen. Ich sprach in einem äußerst gelangweilten Tonfall.

»Und all das wurde zu Ehren Ihrer bemerkenswerten Sprachtalente veranstaltet, Cyril? Oder haben Sie da Modrian bereits irgendwelche informellen Dienste geleistet? Ihm zum Beispiel Informationen gegeben? Oder Übersetzungen angefertigt? Oder ähnliches? Das tun viele, hab' ich mir sagen lassen. Natürlich dürfen sie das nicht. Aber man kann den Leuten keinen Vorwurf machen — oder? —, wenn sie Glasnost unterstützen wollen, jetzt, wo es endlich damit angefangen hat. Wir haben lange genug darauf gewartet. Nur, ich muß die Geschichte fein säuberlich aufschreiben, Cyril. Sonst ziehen die mir das Fell über die Ohren.«

Ich wagte nicht aufzublicken. Sondern schrieb einfach weiter. Ich schlug eine Seite um und schrieb: *weiterreden, weiterreden, weiterreden.* Und hielt noch immer den Blick gesenkt.

Ich hörte ihn etwas flüstern, verstand aber nichts. Ich hörte ihn murmeln: »*Nein.* Hab' ich nicht. Niemals, verdammt.« Ich hörte ihn lauter jammern: »Bitte *sagen* Sie das nicht! Sagen Sie das nie wieder, Sie und Ihr HQ. ›Ihm Informationen gegeben‹ — was soll das alles? Das sind die falschen Worte. *Ned, ich rede mit Ihnen!*«

Ich blickte auf, zog an meiner Pfeife und lächelte. »Ach wirklich, Cyril? Aber natürlich. Entschuldigen Sie. Sie sind für mich der sechste in einer Woche, um ehrlich zu sein. Heutzutage machen sie alle in Glasnost. Ganz groß in Mode. So langsam spüre ich, daß ich alt werde.«

Er beschloß, mich zu trösten. Er setzte sich. Nicht in den Sessel, sondern auf die Armlehne. Er gab sich onkelhaft, freundschaftlich, und sein Verhalten erinnerte mich an den Rektor meiner Preparatory-School.

»Sie sind doch selbst ein Liberaler, Ned. Jedenfalls sehen Sie ganz danach aus, auch wenn Sie für HQ den Kriecher spielen müssen.«

»Ja, ich nehme an, auf meine Weise bin ich so etwas wie ein Freidenker«, stimmte ich zu. »Obwohl ich natürlich an meine Pension denken muß.«

»Natürlich sind Sie das! Sie sind für Mischwirtschaft stimmt's? Öffentliche Armut und privater Reichtum ist Ihnen genauso zuwider wie mir. Humanität ist wichtiger als Ideologie, das glauben Sie doch auch? Möchten den entgleisten Zug des Kapitalismus aufhalten, der alles auf seinem Weg niederwalzt? Natürlich wollen Sie das! Die

Umwelt ist Ihnen nicht gleichgültig, möchte ich meinen. Dachse, Wale, Pelzmäntel, Kraftwerke. Und Sie träumen sogar davon, dabei mitzumachen, wenn es nicht zu Übergriffen führt. Brüder und Schwestern, die Hand in Hand gemeinsamen Zielen entgegenmarschieren, Kultur und Musik für alle! Freiheit für alle Bewegungen und freie Wahl der Bündnispartner! Frieden! Na ja.«

»Hört sich sehr vernünftig an«, sagte ich.

»Sie sind nicht alt genug, um die dreißiger Jahre erlebt zu haben; ich auch nicht. Aber ich hätte auch so nichts davon gehalten. Wir sind *gute Menschen*, sonst gar nichts. *Vernünftige Menschen.* Genau wie Sergei. Sie und Sergei — ich sehe das an Ihrem Gesicht. Ned, es hat keinen Sinn, das verbergen zu wollen, Sie sind beide vom gleichen Schlag. Also hören Sie auf, mich schwarz und sich selbst weiß zu malen, denn wir sind verwandte Geister, genau wie ich und Sergei es waren. Wir stehen auf der gleichen Seite gegen das Böse, den Mangel an Kultur, den Schmutz. ›Wir sind ‚die unerkannte Aristokratie'‹ — so hat Sergei uns genannt. Er hatte recht. Auch Sie gehören dazu, mehr will ich nicht sagen. Ich meine, wen gibt es denn sonst noch? Wo sind die Alternativen zu all dem, was wir tagtäglich um uns herum erblicken: Sittenverfall, Verschwendung, Respektlosigkeit? Wem sollen wir zuhören, wenn wir nachts hier oben unterm Dach am Radio herumdrehen? Den Yuppies jedenfalls nicht. Nicht all diesen Maden im Speck — was haben die schon zu sagen? Nicht den Leuten, die immer nur mehr herstellen, mehr ausgeben, mehr sein wollen, die sind keine Hilfe. Und auch nicht der Straps-und-Titten-Fraktion. Und wir werden uns auch nicht Hals über Kopf zum Islam bekehren, solange dessen Anhänger sich gegenseitig Länder wegnehmen und mit Giftgas herumhantieren. Also ich meine, welche Alternative gibt es für einen fühlenden Menschen, einen Menschen, der noch ein Gewissen hat, jetzt, wo die Russen links und rechts die Verantwortung abgeben und in Sack und Asche rumlaufen?

Wen gibt es für uns noch da draußen? Wo sind die Visionen geblieben? Wo die Erlösung? Die Freundschaft? Irgend jemand muß die Lücke füllen. Ich kann nicht einfach so im freien Raum schweben. Ich kann nicht ohne etwas sein. Nicht nach Sergei, Ned — oder ich sterbe. Sergei war für mich der wichtigste Mensch auf der Welt. Sergei war für mich Essen, Trinken und Lachen. Er hat mir alles bedeutet. Was soll jetzt geschehen? Das will ich wissen. Meiner Ansicht nach könnten ein paar Köpfe rollen. Sergei hatte die Ideologie. Bei Ihnen bemerke ich nichts davon — scheint mir jedenfalls so. Manchmal glaube ich etwas davon zu sehen, eine Sehnsucht hier und da, und dann bin ich wieder ganz unsicher. Ich weiß nicht, ob Sie das Format dazu haben.«

»Testen Sie mich«, sagte ich.

»Ich weiß nicht, ob Sie die geistige Wendigkeit besitzen, die Leichtfüßigkeit. Anfangs schien es mir so. Ich habe Sie für mich mit Sergei verglichen, und ich fürchte, Sie lassen sehr zu wünschen übrig. Sergei kam nicht hereingeschlurft wie ein Gammler; er hat mich im Sturm erobert. Drückt auf die Klingel, marschiert herein, als hätte er gerade das Haus gekauft, setzt sich dorthin, wo Sie jetzt sitzen, aber wacher — nicht daß er irgendwo lange sitzengeblieben wäre, Sergei war ein schrecklich unruhiger Mensch, sogar in der Oper. Dann grinst er wie ein Kobold und prostet mir mit einem Glas von seinem eigenen Wodka zu. ›Gratuliere, Mr. Nemo‹, sagt er. ›Oder darf ich C zu Ihnen sagen? Sie haben den Wettbewerb gewonnen, und ich bin der erste Preis.‹«

Er fuhr sich mit dem Handrücken über den Mund, und ich merkte, er wischte damit ein Grinsen weg. »Sergei war einer von der schnellen Truppe.«

Er lachte, also lachte ich mit. Modrian war seine eingebildete Freiheit, dachte ich. So wie Sally für mich.

»Er hatte nicht einmal den Mantel abgelegt«, fuhr er fort. »Er kam sofort zur Sache. ›Als erstes müssen wir über die Feierlichkeiten reden‹, sagt er. ›Nichts Großartiges, Mr. Nemo, nur zwei Freunde von mir, die zufällig Boris und Olga heißen, dazu ein paar hohe Würdenträger von der Kommission, und ein kleiner Empfang für einige Ihrer vielen Bewunderer in Moskau.‹

›In Ihrer Botschaft?‹ habe ich gefragt. ›Da gehe ich nicht hin. Mein Chef würde mich umbringen — Sie kennen Gorst nicht.‹

›Nein, nein, Mr. Nemo‹, sagt er. ›Nein, nein, Mr. C. Von der Botschaft habe *ich* nichts gesagt — wen interessiert denn die Botschaft? *Ich* rede von der Fremdsprachenschule der Moskauer Staats-Universität und Ihrer offiziellen Einführung als Honorarstudent mit allen Ehren.‹

Ich dachte, ich müßte tot umfallen. Mein Herz hatte aufgehört zu schlagen. Ich konnte das spüren. Trotz meiner Arbeit im Außenministerium war ich in meinem ganzen Leben noch nie über Dover hinausgekommen, von Rußland ganz zu schweigen. ›Nach Moskau?‹ habe ich gefragt. ›Sie sind ja verrückt‹, sage ich. ›Ich bin Dechiffrierer, und nicht irgend so ein Gewerkschaftsführer mit einem Magengeschwür. Ich kann nicht einfach so von heute auf morgen nach Moskau kommen‹, sage ich. ›Selbst wenn Olga und Boris mir die Hand schütteln wollen und wenn mir dort Preise und Ehrenmitgliedschaften und was weiß ich verliehen werden sollen. Sie scheinen sich absolut nicht über die Lage im klaren zu sein. Ich arbeite in einem äußerst sensiblen Bereich‹, sage ich. ›Die Leute sind nicht so sensibel, aber die Arbeit ist es. Ich habe ständigen und regelmäßigen Zugang zu ‚Streng geheim' und darüber. Ich kann nicht einfach mir nichts, dir nichts in Ihr Flugzeug nach Moskau steigen, und niemand merkt etwas davon. Ich dachte, ich hätte das in meinen Aufsätzen klargemacht, jedenfalls in einigen davon.‹

›Dann kommen Sie nach Salzburg‹, sagt er. ›Wen kümmert's? Nehmen Sie ein Flugzeug nach Salzburg, und sagen Sie, Sie wollen sich da die Musik anhören, und von dort verdrücken Sie sich nach Wien, die Flugtikkets besorge ich — na ja, es ist zwar Aeroflot, aber es sind ja nur zwei Stunden —, bei der Ankunft keine albernen Paßformalitäten, die Feier im engsten Familienkreis, wer soll davon etwas mitbekommen?‹ Dann überreicht er mir so eine Urkunde, sah aus wie eine Schriftrolle, mit angesengten Rändern und so was alles — die offizielle Einladung, unterschrieben von der ganzen Kommission, auf der einen Seite Englisch, auf der anderen Russisch. Ich habe die englische Seite gelesen, das gebe ich gerne zu. Oder hätte ich eine Stunde lang mit einem Wörterbuch vor ihm hocken sollen? Da hätte ich ja wie ein Vollidiot ausgesehen, ich, ein Spitzenstudent der russischen Sprache.« Er unterbrach sich — ein wenig verschämt, wie mir schien. »Dann habe ich ihm meinen Namen gesagt«, sagte er. »Ich weiß, ich hätte das nicht tun dürfen, aber ich hatte genug davon, Nemo zu sein. Ich wollte ich selber sein.«

Cyril war mir entglitten, und Sie müssen jetzt auch kurz ohne *mich* auskommen. Bis zu diesem Zeitpunkt hatte ich mit seinen Anspielungen mithalten können. Hatte sie sogar gesteuert, wenn ich dies gewagt hatte. Aber jetzt hatte er sich plötzlich losgerissen, und ich hatte alle Mühe, mit ihm Schritt zu halten. Er war in Rußland, ich jedoch nicht. Ohne Vorankündigung hatte er uns dorthin verfrachtet. Er schilderte Boris und Olga jetzt nicht mehr, wie sie sich anhörten, sondern wie sie aussahen; und wie Boris ihn stürmisch umarmt und Olga ihn mit einem spröden, aber herzlichen russischen Kuß begrüßt hatte — in der Regel halte er nichts vom Küssen, Ned, aber bei den Russen sei das etwas ganz anderes als das, was Gorst sich unter Küssen vorstelle, also störe man sich nicht daran. Am Ende erwarte man es geradezu, Ned, da die Russen so Freundschaft zum Ausdruck bringen. Frewin sah zwanzig Jahre jünger aus, als er davon erzählte, was für ein Aufhebens man um ihn gemacht hatte, als hätte man alle die Geburtstagsfeiern nachholen wollen, die er nie gehabt hatte. Olga und Boris in Fleisch und Blut, Ned, ohne Ecken und Kanten, ganz natürlich, genau wie bei ihren Radiolektionen.

»›Ich gratuliere Ihnen, Cyril‹, sagt sie, ›zu Ihren absolut phänomenalen Fortschritten in der russischen Sprache.‹ Na ja, selbstverständlich mit Dolmetscher, so fortgeschritten war ich noch nicht, und das sagte ich ihr auch. Dann legt mir Boris seinen Arm um die Schultern. ›Wir sind stolz auf Ihre Unterstützung, Cyril‹, sagt er. ›Um die Wahrheit zu sagen, viele unserer Schüler bleiben auf der Strecke, aber die, die es schaffen, entschädigen uns für die anderen.‹«

Inzwischen hatte ich mir endlich die Szene zusammengereimt, die er mir da in so breiten, undeutlichen Strichen schilderte: seine erste russische Weihnacht, zweifellos Frewins erstes schönes Weihnachtsfest überhaupt; und Sergei Modrian als Zirkusdirektor an seiner Seite. Sie befinden sich in einem großen Saal irgendwo in Moskau; Kronleuchter, Reden, Verleihungszeremonie und fünfzig handverlesene Statisten von der Moskauer Zentrale, und Frewin fühlt sich wie im Paradies, genau dort, wo Modrian ihn haben will.

Und so unvermittelt wie Frewin mir diese Erinnerungen aufgetischt hatte, ließ er auch wieder davon ab. Das Leuchten in seinen Augen erlosch, er legte den Kopf auf die Seite und zog die Augenbrauen zusammen, als dächte er kritisch über sein Verhalten nach.

Wohlweislich holte ich ihn in die Gegenwart zurück. »Also, wo ist sie?« fragte ich. »Diese Schriftrolle, die er Ihnen gegeben hat. Hier? Die Schriftrolle, Cyril. Diese Ernennungsurkunde. Wo?«

Langsam aufwachend, starrte er mich an. »Die mußte ich Sergei zurückgeben. ›Wenn wir in Moskau sind, Cyril‹, sagte er, ›wird sie in Gold gerahmt an Ihrer Wand hängen. Hier nicht. Ich möchte Sie nicht in Gefahr bringen.‹ Sergei hatte an alles gedacht, und er hatte völlig recht, so wie Sie und Ihr HQ Tag und Nacht hinter mir herschnüffeln.«

Ich ließ keine Unterbrechung zu, veränderte nicht den Tonfall, versuchte nicht einmal, beiläufig zu klingen. Ich senkte wieder den Blick und tastete in meiner Innentasche herum. Ich war sein Kandidat als Ersatzmann für Sergei, und er machte mir den Hof. Er zeigte mir seine Tricks und bat mich, sich seiner anzunehmen. Mein Instinkt riet mir, ihn noch härter für mich arbeiten zu lassen. Ich wandte mich wieder dem Notizbuch zu und sprach in demselben Tonfall, in dem ich ihn nach dem Namen seines Großvaters mütterlicherseits fragen würde.

»Wann haben Sie angefangen, Sergei mit allen diesen bedeutenden britischen Geheimnissen zu beliefern?« fragte ich. »Na ja, was wir Geheimnisse *nennen*. Was vor ein paar Jahren geheim war, unterscheidet sich ja offensichtlich von dem, was heute als geheim bezeichnet wird, stimmt's? Oder haben wir den Kalten Krieg etwa durch Geheimniskrämerei gewonnen? Nein, wir haben ihn durch Offenheit gewonnen. Durch Glasnost.«

Es war das zweitemal, daß ich von der Weitergabe von Geheimnissen gesprochen hatte, aber als ich diesmal den Rubikon für ihn überschritt, kam er mit. Allerdings schien er gar nicht zu bemerken, daß er auf der anderen Seite war.

»Richtig. So haben wir den Kalten Krieg gewonnen. Und anfangs wollte Sergei auch gar keine Geheimnisse. ›Geheimnisse, Cyril, interessieren mich nicht‹, sagte er. ›Geheimnisse, Cyril, sind in der sich wandelnden Welt, in der wir leben, erfreulicherweise bloß noch Ladenhüter‹, sagte er. ›Mir wäre es lieber, wenn unsere Freundschaft keinen offiziellen Charakter annähme. *Sollte* ich aber einmal etwas in dieser Richtung brauchen, können Sie damit rechnen, daß ich es Sie wissen lasse.‹ Vorläufig, sagte er, wäre es vollkommen ausreichend, wenn ich ihm, bloß um seine Bosse bei Laune zu halten, ein paar inoffizielle Berichte über die Qualität der Sendungen von Radio Moskau schreiben würde. Zum Beispiel, ob der Empfang gut genug sei. Man sollte eigentlich meinen, die wüßten das, aber das tun sie nicht. Offen gesagt weiß man bei den Russen nie, wo man auf Wissenslükken stößt. Das soll keine Kritik sein, es ist eine Tatsache. Ihn interessiere auch meine Meinung über den Kurs, sagte er, über das Niveau des Lehrgangs im allgemeinen, und ob ich nicht auch irgendwelche Vorschläge für das weitere Vorgehen von Boris und Olga hätte, was mir als ziemlich ungewöhnlichem Schüler zustünde.«

»Und wann hat sich das geändert?«

»Was geändert? Drücken Sie sich bitte klarer aus, Ned. Ich bin kein Niemand, ja? Ich bin nicht Mr. Nemo. Ich bin Cyril.«

»Wodurch hat sich Sergeis Abneigung geändert, Geheimnisse von Ihnen entgegenzunehmen?« sagte ich.

»Das lag an der Botschaft. Die Betonköpfe. Die Barbaren. Immer dasselbe. Die haben ihn dazu gebracht. Die haben es abgelehnt, den Gang der Geschichte zur Kenntnis zu nehmen; die haben es vorgezogen, wie Troglodyten in ihren Höhlen zu bleiben und ihren lächerlichen Kalten Krieg fortzusetzen.«

Ich sagte, ich könne ihm nicht folgen. Ich sagte, das sei mir ein bißchen zu hoch.

»Ja, das überrascht mich nicht. Ich will es mal so formulieren. Zunächst einmal gab es in der Botschaft eine Menge Leute, denen es nicht paßte, daß der kulturellen Freundschaft so viel Zeit gewidmet wurde. Da gab es manche Rivalitäten zwischen den Lagern. Ich war nur ein ohnmächtiger Zuschauer. Die *Tauben* waren natürlich für die Kultur, und vor allem waren sie für *Glasnost.* In ihren Augen füllte die Kultur das Vakuum aus, das nach Einstellung der Feindseligkeiten zurückgeblieben war. Sergei hat mir das erklärt. Aber die Falken — der Botschafter *inbegriffen,* wie ich zu meinem Bedauern sagen muß — verlangten, daß Sergei sich mehr auf die Fortsetzung der alten Denkweisen, oder das, was davon noch übrig war, konzentrieren sollte, daß er Informationen sammeln und sich generell aggressiv und verschwörerisch verhalten sollte, ohne Rücksicht auf die Veränderungen des Weltklimas. Daß Sergei Idealist war, interessierte die Betonköpfe in der Botschaft nicht im geringsten. Ist ja von denen auch ebensowenig zu erwarten wie etwa von Gorst. Sergei befand sich notgedrungenerweise auf einem äußerst gefährlichen Weg, ehrlich gesagt, mal ein bißchen für die eine Partei, dann wieder ein bißchen für die andere. Ich bin genauso verfahren, für mich war das Pflicht. Wir haben gemeinsam kulturelle Dinge gemacht, ein bißchen Sprache, ein bißchen Kunst oder Musik; und dann haben wir, um die Falken zu befriedigen, ein paar Geheimnisse ausgetauscht. Wir mußten uns nach allen Seiten rechtfertigen, genau wie Sie bei Ihrem HQ und ich beim Tank.«

Seine Stimme wurde immer leiser, er entglitt mir. Ich mußte die Peitsche gebrauchen. »Also *wann?*« fragte ich ungeduldig.

»Was wann?«

»Kommen Sie mir nicht mit solchen Sperenzchen, Cyril, verstanden? Ich muß das schriftlich haben. Es geht um den Zeitpunkt. *Wann* haben Sie angefangen, Sergei Modrian Informationen zu geben, *was* haben Sie ihm gegeben, wofür, für *wieviel,* wann haben Sie damit aufgehört, und warum, wenn es doch problemlos hätte weitergehen können? Ich hätte noch gern etwas von meinem Wochenende, Cyril, wenn Sie nichts dagegen haben. Und meine Frau auch. Ich möchte meine Beine vorm Fernseher hochlegen. Überstunden bekomme ich nicht bezahlt, müssen Sie wissen. Genaugenommen leiste ich Akkordarbeit. Am Zahltag werden sämtliche Kandidaten gleich behandelt. Wir leben im Zeitalter der Rentabilität, falls Ihnen das noch nicht aufgefallen ist. Ich habe gehört, wir könnten privatisiert werden, wenn wir nicht aufpassen.«

Er hörte mich nicht. Wollte nicht hören. Er streifte umher, körperlich und geistig, auf der Suche nach Ablenkung, nach einer Zufluchtstätte. Mein Zorn war nicht nur gespielt. Allmählich begann ich Modrian zu hassen. Es ärgerte mich, wie sehr wir, um überleben zu können, auf die Leichtgläubigkeit der Unschuldigen angewiesen waren. Es widerte mich an, daß es einem Schwindler wie Modrian gelungen war, Frewins Einsamkeit in Verrat zu verwandeln. Ich fühlte mich von der Vorstellung bedroht, daß Liebe das Gegenteil von Pflicht sein könnte.

Abrupt stand ich auf, Zorn noch immer mein Verbündeter. Frewin hockte teilnahmslos auf der Kante eines geschnitzten Artus-Hockers, auf dessen Sitzkissen das Banner der Königlichen Marine gestickt war.

»Zeigen Sie mir Ihr Spielzeug«, befahl ich ihm.

»Was für Spielzeug? Ich bin erwachsen, falls Sie nichts dagegen haben, und kein Kleinkind. Das ist mein Haus. Sagen Sie mir nicht, was ich zu tun habe.«

Ich dachte an Modrians Handwerk, an sein Arbeitsmaterial, an die Ausrüstung seiner Agenten. Ich erinnerte mich an mein eigenes Handwerk in der Zeit, als ich Leute wie Frewin, auch wenn sie nicht ganz so verrückt waren wie er, auf das sowjetische Ziel angesetzt hatte. Ich stellte mir vor, wie ich bei einem Mann vorgegangen wäre, der so leicht zu gewinnen war und solch einen hohen Zugang hatte wie Frewin und der obendrein nicht mehr ganz richtig tickte.

»Ich will Ihre Kamera sehen«, sagte ich gereizt. »Ihren Hochgeschwindigkeitssender, Cyril. Ihren Sendeplan. Ihre alten Kodebücher. Ihre Detektoren. Ihr weißes Karbonpapier für Ihre Geheimmitteilungen. Ihre Tarnvorrichtungen. Ich will das alles sehen, Cyril, ich will es für Montag in der Aktentasche mitnehmen; und dann will ich nach Hause und mir Arsenal gegen United angucken. Das mag nicht nach Ihrem Geschmack sein, aber zufällig ist es nun einmal meiner. Also können wir jetzt weitermachen und den anderen Scheiß weglassen, *bitte?*«

Ich spürte, wie der Wahnsinn nachließ. Er war ausgepumpt, und ich war es auch. Er saß mit gesenktem Kopf und gespreizten Knien da und starrte dumpf auf seine Hände. Ich spürte, es war bei ihm der Anfang vom Ende — der reuige Sünder hatte genug von seiner Beichte und den Gefühlen, die ihn dazu bewegt hatten. »Cyril, ich werde langsam ärgerlich«, sagte ich.

Und als er noch immer nicht reagierte, ging ich mit großen Schritten an sein Telefon, an eben den Apparat, den Montys falscher Techniker auf Dauerempfang umgeschaltet hatte. Ich wählte Burrs Direktanschluß und hörte am anderen Ende seine flotte Sekretärin, dieselbe, die meinen Namen nicht gekannt hatte.

»Darling?« sagte ich. »Es wird noch etwa eine Stunde dauern, wenn ich Glück habe. Bin an einen ganz Langsamen geraten. Ja, schon gut, ich weiß, tut mir leid. Ich sag ja, es tut mir leid. Ja, natürlich.«

Ich legte auf und sah ihn vorwurfsvoll an. Schwerfällig erhob er sich und führte mich nach oben. Er hatte im Dachgeschoß ein karges Schlafzimmer, das so hoch war wie das Dach. Sein Radio stand auf einem Tisch in der Ecke — deutsches Modell, wie Monty gesagt hatte. Er sah mir zu, wie ich es einschaltete, und wir hörten eine Frauenstimme mit russischem Akzent entrüstet über die kriminelle Mafia Moskaus reden.

»Warum *machen* sie das?« fuhr Frewin mich an, als wäre ich dafür verantwortlich. »Die Russen. Warum ziehen sie andauernd ihr eigenes Land in den Dreck? Früher haben sie das nie gemacht. Da waren sie stolz. Auch ich war stolz. Kornfelder, Klassenlosigkeit, Schach, Kosmonauten, Ballett, Sportler. Es war ein Paradies, bis sie anfingen, es schlechtzumachen. Sie haben das Gute in sich vergessen. Es ist eine verdammte Schande. Das habe ich auch Sergei gesagt.«

»Warum hören Sie ihnen dann noch zu?« fragte ich.

Er brach beinahe in Tränen aus, aber ich tat so, als merkte ich nichts davon.

»Wegen der Benachrichtigung.«

»Raus mit der Sprache, Cyril!«

»Daß ich reaktiviert bin. Daß man mich wieder haben will. ›Komm zurück, Cyril. Es ist alles verziehen, Gruß, Sergei.‹ Nur das will ich hören.«

»Wie würden sie das ausdrücken?«

»Weiße Farbe.«

»Weiter.«

»›Der Hund ist mit weißer Farbe beschmiert, Olga.‹ ... ›Wir brauchen etwas weiße Farbe für das Bücherregal, Boris.‹ ... ›Du liebe Zeit, Olga, sieh dir die Katze an, jemand hat ihren Schwanz in weiße Farbe getaucht. Ich hasse solche Grausamkeiten‹, sagt Boris. Warum bekomme ich das nie von ihnen zu hören?«

»Bleiben wir nur bei der Methode, ja? Also schön, Sie hören die Mitteilung. Im Radio. Olga oder Boris sagt ›weiße Farbe‹. Oder beide. Und was tun Sie dann?«

»In meinem Sendeplan nachsehen.«

Ich streckte die Hand aus, gab ihm mit einem Fingerschnipsen einen Befehl. »Beeilung!« sagte ich.

Er beeilte sich. Er nahm eine hölzerne Haarbürste, zog die Borsten aus der Fassung, schob seine dicken Finger in die Öffnung und fischte ein Stück weiches, leicht entflammbares Papier heraus, auf das Tageszeiten und die dazugehörigen Wellenbänder gedruckt waren. Er hielt es mir hin, in der Hoffnung, mich zufriedenzustellen. Ich nahm es freudlos an mich, ließ es in meinem Notizbuch verschwinden, gleichzeitig sah ich auf meine Uhr.

»Danke«, sagte ich barsch. »Mehr, bitte, Cyril. Ich brauche ein Kodebuch und einen Sender. Kommen Sie mir nicht damit, so was hätten Sie nicht. Dazu bin ich nicht in der Stimmung.«

Er kämpfte mit einer Dose Körperpuder, zog und riß daran herum, in dem verzweifelten Versuch, mich zufriedenzustellen. Er redete nervös weiter, während er den Puder ins Waschbecken schüttelte.

»Verstehen Sie, Ned, da wurde ich respektiert, so was

erlebt man nicht oft. Es gibt drei davon. Olga und Boris sagen mir, welche ich nehmen soll, das ist so ähnlich wie mit der weißen Farbe, nur sind es diesmal Komponisten. Tschaikowsky für Nummer drei, Beethoven für Nummer zwei, Bach für Nummer eins. Alphabetisch, damit ich es besser behalten kann. Man bekommt eine Ahnung davon, aber keine Freunde, jedenfalls normalerweise. Außer man begegnet Sergei oder so jemand wie ihm.«

Er hatte den Puder jetzt ganz ausgeschüttet. In seiner Hand lagen drei Radiodetektoren, dazu ein winziges Kodebuch und eine Lupe.

»Sergei hatte alles, was ich besaß. Ich habe es ihm gegeben. Wenn er mir etwas sagte, war das eine Bereicherung für mich. Wenn ich niedergeschlagen war, hat er mich wieder aufgerichtet. Er hat mich verstanden. Er konnte mir in die Seele blicken. Und das gab mir das angenehme Gefühl, von jemand verstanden zu werden. Jetzt ist er weg. Ist in Moskau verschwunden.«

Seine Abschweifungen machten mir angst. Ebenso wie sein fieberhaftes Verlangen, mich zu beschwichtigen. Wäre ich sein Henker gewesen, hätte er dankbar seine Krawatte gelockert.

»Ihr Sender«, schnauzte ich. »Was, zum Teufel, wollen Sie mit einem Detektor und einem Kodebuch, wenn Sie nicht senden können!«

Im gleichen schrecklichen Zeitlupentempo beugte er seinen aufgeschwemmten Körper vor und schlug eine Fransenecke des Wilton-Teppichs um.

»Ich habe kein Messer, Ned«, gestand er.

Ich hatte auch keins, wagte ihn aber nicht alleinzulassen, wagte nicht, meine Macht über ihn aufzugeben. Ich kauerte mich neben ihn. Er blickte vage auf ein loses Dielenbrett und versuchte es mit seinen dicken Fingerspitzen anzuheben. Ich ballte die Faust, schlug auf das eine Ende des Bretts und sah zu meiner Befriedigung, wie das andere hochkam.

»Bedienen Sie sich«, sagte ich.

Wie ich mir hätte denken können, war es veraltetes Material, nichts, was die noch interessiert hätte — eine Anlage aus grauen Kästen, ein Kurzsignalsender, eine provisorische Apparatur, die an seinen Empfänger angeschlossen werden konnte. Doch er wirkte sehr stolz, als er mir dieses Sammelsurium überreichte.

Eine furchtbare Angst stand nun in seinen Augen. »Ned, verstehen Sie, ich bin jetzt nur noch ein Loch«, erklärte er. »Ich will ja nicht morbide klingen, aber im Grunde existiere ich gar nicht. Dieses Haus bedeutet mir auch nichts mehr. Ich habe es einmal geliebt. Es hat für mich gesorgt, genau wie ich für es gesorgt habe. Hätten wir einander nicht gehabt, dieses Haus und ich, wären wir beide nichts gewesen. Wenn Sie eine Frau haben, werden Sie wohl kaum begreifen können, was ein Haus eigentlich bedeutet. Sie ist zwischen Sie beide getreten. Zwischen Sie und das Haus, meine ich. Ihre Frau. Sie und er. Modrian. Ich habe ihn geliebt, Ned. Ich war vernarrt in ihn. ›Nicht so ungestüm, Cyril‹, pflegte er zu sagen. ›Immer mit der Ruhe. Entspannen Sie sich. Machen Sie Urlaub. Sie haben Wahnvorstellungen.‹ Ich konnte nicht. Sergei war mein Urlaub.«

»Kamera«, befahl ich.

Er verstand mich nicht gleich. Er war von Modrian besessen. Er sah mich an, aber er sah Modrian.

»Seien Sie nicht so«, sagte er verständnislos.

»Kamera!« schrie ich. »Herrgott noch mal, Cyril, gibt's bei Ihnen denn *nie* ein Wochenende?«

Er stand an seinem Schrank. Die Eichentüren waren mit geschnitzten Camelot-Schwertern verziert.

»Kamera!« brüllte ich noch lauter, als er immer noch zögerte. »Wie können Sie einem guten Freund in der Oper einen Film zustecken, wenn Sie vorher nicht Ihre Akten fotografiert haben?«

»Immer mit der Ruhe, Ned. Nur keine Aufregung, ja? Bitte.« Mit überlegenem Grinsen griff er in den Schrank. Doch seine Augen blieben auf mich gerichtet, sie sagten:

»Na, sehen Sie mal.« Er wühlte in dem Schrank herum und lächelte mich geheimnisvoll an. Er zog ein Opernglas hervor und richtete es auf mich, erst richtig herum, dann verkehrt herum. Dann gab er es mir, damit ich es auch ausprobieren konnte. Ich nahm es und spürte gleich das unnatürliche Gewicht. Ich drehte an dem Rädchen in der Mitte, bis es klickte. Er nickte mir aufmunternd zu, sagte: »Ja, Ned, so ist es richtig.« Er zog ein Buch aus dem Regal und schlug es in der Mitte auf: *Die Tänzer der Welt,* illustriert. Ein junges Mädchen beim *pas de chat.* Auch Sally hatte eine Ballettschule besucht. Er zog das Leseband heraus, und ich sah, daß es als Meßkette zu gebrauchen war. Er nahm mir das Opernglas ab und richtete es auf das Buch, maß die Entfernung und drehte an dem Rädchen, bis es klickte.

»Sehen Sie?« fragte er stolz. »*Comprenez,* ja? Eine Spezialanfertigung. Eigens für mich. Für Opernabende. Sergei selbst hat es ausgetüftelt. Die Russen sind sehr faul, aber Sergei wollte nur das Beste. Bei meinen Überstunden im Tank habe ich, wenn ich Lust dazu hatte, den ganzen Wocheneingang für ihn fotografiert und ihm dann, wenn wir im Parkett saßen, den Film gegeben. Meistens während einer Arie — das war so eine Art Witz zwischen uns beiden.« Er gab mir das Opernglas zurück und ging ziellos im Zimmer herum, wobei er sich mit den Fingerspitzen den kahlen Schädel kraulte, als ob er noch einen vollen Haarschopf hätte. Dann streckte er die Hände aus wie jemand, der prüfen will, ob es regnet.

»Sergei hatte mich in der Hand, Ned, und jetzt ist er weg. *C'est la vie,* kann ich da nur sagen. Jetzt liegt es an Ihnen. Haben Sie den Mut dazu? Den Verstand? Deshalb habe ich Ihnen geschrieben. Ich mußte. Ich war leer. Ich habe Sie nicht gekannt, aber ich habe Sie gebraucht. Ich habe einen guten Mann gebraucht, der mich versteht. Einen Mann, zu dem ich wieder Vertrauen haben konnte. Es liegt an Ihnen, Ned. Das ist Ihre Chance. Gehen Sie aus sich heraus und leben Sie, sage ich, solange noch Zeit ist. Aus dem, was Sie sagen, schließe ich, daß Ihre Frau eine ziemliche Tyrannin ist. Sie wären gut beraten, wenn Sie ihr sagen würden, sie soll ihr eigenes Leben leben, und nicht Ihres. Vielleicht hätte ich eine Anzeige aufgeben sollen?« Er sah mich mit einem grauenvollen Lächeln an. »Ledig, Nichtraucher, liebt Musik und geistreiche Unterhaltung. Manchmal lese ich diese Anzeigen — wer tut das nicht? Manchmal denke ich daran, auf eine zu antworten, nur wüßte ich nie, wie ich die Sache wieder abbrechen sollte, wenn es mir nicht gefiele. Also habe ich einen Brief an Sie geschrieben. In gewisser Hinsicht war das wie ein Brief an Gott, bis Sie dann in Ihrem schäbigen Mantel hier ankamen und mir einen Haufen zusammengestoppelte Fragen stellten, die zweifellos HQ entworfen hat. Es wird Zeit, daß Sie auf Ihren eigenen Füße stehen, Ned, genau wie ich. Sie sind mutlos, das ist Ihr Problem. Meiner Ansicht nach ist zum Teil Ihre Frau daran schuld. Ich habe Ihre Stimme gehört, als Sie sich vor ihr rechtfertigten, und ich war nicht gerade beeindruckt. Sie sind alles andere als attraktiv. Trotzdem denke ich, ich könnte etwas aus Ihnen machen, und Sie könnten auch etwas aus mir machen. Sie könnten mir helfen, den Teich zu graben. Ich könnte Sie in die Musik einführen. Das wäre doch eine runde Sache? Jeder findet Zugang zur Musik. Ich habe das nur wegen Gorst getan.« Seine Stimme überschlug sich vor Entsetzen. »*Ned!* Fassen Sie das nicht an! Lassen Sie Ihre diebischen Pfoten von meinem Eigentum, Ned. *Weg da!*«

Ich fingerte an seiner Markus-Schreibmaschine herum. Sie stand, unter ein paar Hemden versteckt, in dem Schrank, aus dem er das Opernglas geholt hatte. Unterschrift: E. Patriot, dachte ich. ›*E*‹ für ›*ein Einsetzbarer*‹, dachte ich. Für jeden, der ihn liebte. Ich hatte es schon vermutet, und er hatte es mir bereits gesagt, aber der Anblick der Maschine versetzte uns beide in das erregende Gefühl, daß es nun bald vorbei wäre.

»Also, warum haben Sie mit Sergei Schluß gemacht?« fragte ich, immer noch die Finger auf den Tasten.

Aber diesmal überhörte er meine Schmeichelei. »*Ich* habe nicht Schluß gemacht, sondern *er*. Und für mich ist auch jetzt noch nicht Schluß, nicht, wenn Sie sein Nachfolger werden. Stellen Sie die Maschine zurück. Decken Sie sie zu, wie Sie sie gefunden haben, danke sehr.«

Ich gehorchte. Ich ließ die verräterische Schreibmaschine verschwinden.

»Was hat er gesagt?« fragte ich leichthin. »Wie hat er es Ihnen beigebracht? Oder hat er nur geschrieben, als er schon weg war?« Ich mußte wieder an Sally denken.

»Nicht viel. Man braucht nicht viele Worte, wenn der andere in London festsitzt und man selbst in Moskau ist. Das Schweigen spricht für sich selbst.«

Er ging an sein Radio und setzte sich davor. Ich folgte ihm dicht auf den Fersen, bereit, ihn zurückzuhalten.

»Holen wir uns Olga ins Zimmer, ja, und hören ein bißchen zu. Vielleicht sagt sie ja doch einmal: ›Komm zurück, Cyril‹, man weiß ja nie.«

Ich sah zu, wie er seinen Sender zusammenbaute, dann das bleigefaßte Fenster aufstieß und die Wurfantenne hinausschleuderte, die wie eine Angelschnur mit Bleisenker aussah, aber ohne Haken. Ich sah zu, wie er in seinem Sendeplan suchte und dann SOS und sein Rufzeichen auf den Recorder tippte. Darauf verband er den Recorder mit dem Sender und schickte das Ganze komprimiert in den Äther ab. Das wiederholte er mehrere Male und schaltete dann auf Empfang, aber es kam nichts, und er erwartete auch nichts; er führte mir vor, daß nie mehr eine Antwort kommen würde.

»Er hat mir *gesagt*, es ist aus«, sagte er, die Knöpfe anstarrend. »Ich mache ihm keine Vorwürfe. Er hat es *gesagt*.«

»*Was* ist aus? Das Spionieren?«

»O nein, das Spionieren doch nicht, das wird ewig weitergehen. Er meinte den Kommunismus. Er sagte, heutzutage sei der Kommunismus nur noch eine Minderheitenreligion wie andere, nur daß uns dies noch nicht bewußt geworden sei. ›Wird Zeit, die Stiefel an den Nagel zu hängen, Cyril. Sollten Sie enttarnt werden, kommen Sie lieber nicht nach Rußland, Cyril. Sie könnten das neue Klima belasten. Unter Umständen müßten wir Sie als Geste des guten Willens ausliefern. Sie und ich, wir sind überholt. Die Moskauer Zentrale hat das entschieden. Heute hat in Moskau harte Währung das Sagen. Die brauchen jedes Pfund und jeden Dollar, den sie nur kriegen können. Und daher gehören wir beide leider zum alten Eisen, wir sind *de trop* und ein wenig *déjà vu,* um nicht zu sagen eine ziemlich große Belastung für alle Beteiligten. Moskau kann es sich nicht mehr leisten, Dechiffrierer vom Außenministerium mit Zugang zu Streng Geheim und darüber als Agenten zu führen, und Leute wie wir sind für sie jetzt eher Passiv- als Aktivposten, was auch der Grund für meine Rückversetzung ist. Und daher rate ich Ihnen, Cyril, machen Sie einen schönen, langen Urlaub, gehen Sie zum Arzt, fahren Sie in die Sonne, und ruhen Sie sich aus, denn unter uns gesagt, Sie machen einen leicht angeschlagenen Eindruck. Wir würden Sie gern entschädigen, aber was harte Währung anbelangt, sind wir offen gesagt ein wenig knapp bei Kasse. Wenn Ihnen ein paar bescheidene Tausender recht sind, können wir Ihnen sicher etwas auf ein Schweizer Bankkonto überweisen, aber größere Beträge sind bis auf weiteres nicht verfügbar.‹ Es war, als ob da ein ganz anderer Mensch mit mir redete, um ehrlich zu sein, Ned«, fuhr er im Tonfall tapferen Nichtbegreifens fort. »Wir waren so gute Freunde gewesen, und plötzlich wollte er mich nicht mehr. ›Nehmen Sie das Leben nicht so schwer, Cyril‹, sagt er. Immer wieder behauptet er, ich stünde unter Streß, hätte zu viele Leute im Kopf. Nehme an, im Grunde hat er recht. Ich habe einfach das falsche Leben gelebt. Aber das weiß man erst, wenn es zu spät ist, manchmal jedenfalls. Man hält sich für einen bestimmten Menschen, und auf einmal stellt sich heraus, das man ein ganz anderer ist, genau wie in der Oper. Aber kein Anlaß zur Sorge, sage ich. Du mußt weiterkämpfen. Sag nicht, das Ringen lohne nicht. Alles ist zu etwas nutze. Ja.«

Er hatte die schlaffen Schultern zurückgebogen und blähte sich irgendwie auf, ganz wie jemand, der über den Ereignissen stand. »Also dann«, sagte er, und wir gingen hinunter ins Wohnzimmer zurück.

Wir waren fertig. Uns blieb nur noch, die fehlenden Antworten abzuhaken und ein Verzeichnis der Dinge zu erstellen, die er verraten hatte.

Wir waren fertig, aber nicht Frewin, sondern ich selbst schreckte vor dem letzten Schritt zurück. Er saß auf der Armlehne des Sofas, wandte mit strahlendem Lächeln den Kopf von mir ab und bot seinen Hals dem Messer dar. Doch er wartete auf einen Schlag, den zu landen ich mich weigerte. Sein kahler runder Schädel war angespannt nach oben gereckt, und er beugte sich von mir weg, als wollte er sagen: »Tu es, jetzt, schlag mich nieder.« Aber ich konnte es nicht. Ich unternahm nichts. Ich hielt das Notizbuch in der Hand, und was ich darin aufgeschrieben hatte, reichte aus, ihn zu vernichten, wenn er es unterschrieb. Aber ich rührte mich nicht. Ich war dummerweise auf seiner Seite, nicht auf ihrer. Aber welche Seite war das? War Liebe eine Ideologie? War Loyalität eine politische Partei? Oder hatten wir in unserem Eifer, die Welt aufzuteilen, sie falsch aufgeteilt, hatten wir übersehen, daß die wahre Schlacht zwischen denen stattfand, die noch immer auf der Suche waren, und denen, die, um die Oberhand zu behalten, ihre Verletzlichkeit auf den kleinsten gemeinsamen Nenner der Gleichgültigkeit gebracht hatten? Ich war im Begriff, einen Mann zu vernichten, weil er geliebt hatte. Ich hatte vorgegeben, ihn auf einen Sonntagsspaziergang mitzunehmen, und ihn statt dessen zu seinem Schafott geführt.

»Cyril?«

Ich mußte seinen Namen noch einmal wiederholen.

»Was gibt's?«

»Man erwartet von mir, daß ich eine unterschriebene Aussage von Ihnen mitbringe.«

»Sie können HQ sagen, ich hätte die Verständigung zwischen großen Nationen gefördert«, sagte er hilfsbereit. Ich hatte das Gefühl, er hätte es ihnen selbst gesagt, wenn es ihm möglich gewesen wäre. »Sagen Sie ihnen, ich hätte der hirnlosen und unglaublichen Feindseligkeit, die ich viele Jahre im Tank beobachtet habe, ein Ende gemacht. Das dürfte sie zum Schweigen bringen.«

»Nun, sie haben sich schon gedacht, daß es auf so etwas hinauslaufen würde«, sagte ich. »Nur steckt noch ein wenig mehr dahinter, als Sie zu begreifen scheinen.«

»Und sagen Sie auch, daß ich eine Versetzung wünsche. Ich möchte nicht mehr im Tank arbeiten, sondern bis zu meinem Ruhestand auf einem nicht geheimen Posten arbeiten. Mit einer Degradierung bin ich einverstanden. Ich bin nicht ganz mittellos. Ich bin nicht eingebildet. Ein Stellenwechsel ist besser als ein Urlaub, würde ich sagen. Wo wollen Sie hin, Ned? Die Toilette ist auf der anderen Seite.«

Ich stürzte zur Tür. Ich wollte raus aus diesem Wahnsinn. Es war, als hätte sich meine Welt auf dieses furchtbare Zimmer reduziert. »Nur mal kurz ins Büro, Cyril. Für eine Stunde oder so. Ich kann Ihre Aussage doch nicht einfach für Sie aus dem Hut zaubern. Sie muß ordentlich aufgesetzt werden, auf den richtigen Formularen und so weiter. Was kümmert mich das Wochenende. Ehrlich gesagt, ich habe etwas gegen Wochenenden. Das sind Löcher im Universum, falls Sie meine persönliche Meinung wissen wollen.« Warum redete ich in seinem Tonfall? »Keine Umstände, Cyril. Ich finde schon raus. Sie können sich etwas ausruhen.«

Ich wollte fliehen, bevor sie kamen. An Frewins Kopf vorbei sah ich durchs Fenster und beobachtete, wie

Monty und zwei seiner Leute aus dem Wagen stiegen; vor dem Haus fuhr ein schwarzes Polizeiauto vor — denn der Service darf Gott sei Dank keine Verhaftungen durchführen.

Doch Frewin redete schon wieder, so wie Sterbende manchmal weiterreden, wenn man sie schon für tot gehalten hat.

»Sie können mich jetzt nicht alleinlassen, Ned. Jetzt nicht mehr. Einem Fremden kann ich nicht erklären, was ich getan habe, Ned, nicht noch einmal, das kann niemand.«

Ich hörte Schritte auf dem Kies, dann das Läuten der Klingel. Frewin hob den Kopf, er sah mir in die Augen, und ich beobachtete, wie ihm die Erkenntnis dämmerte, dann ungläubig schwand und wieder dämmerte. Ich ließ ihn nicht aus den Augen, als ich die Eingangstür öffnete. Neben Monty stand Palfrey. Hinter ihnen zwei Polizisten in Uniform und dazu ein Mann namens Redman, besser bekannt als Bedlam, einer von unseren Hauspsychiatern.

»Fabelhaft, Ned«, murmelte Palfrey mir hastig zu, als die anderen an uns vorbei ins Wohnzimmer stürmten. »Ein fantastischer Coup. Ich werde dafür sorgen, daß Sie einen Orden bekommen.«

Sie hatten ihm Handschellen angelegt. Darauf war ich nicht gefaßt gewesen. Sie hatten ihm die Hände auf den Rücken gefesselt, so daß er das Kinn heben mußte. Ich begleitete ihn zum Wagen und half ihm hinein, aber inzwischen hatte er ein wenig von seiner Würde wiedergefunden und störte sich nicht mehr daran, wessen Hand ihn am Ellbogen hielt.

»Das bringt nicht jeder fertig, zwischen Frühstück und Mittagessen einen von Modrian ausgebildeten Poltergeist zur Strecke zu bringen«, sagte Burr mit verdrossener Zufriedenheit. Wir aßen in gedämpfter Stimmung bei Cecconi's, wohin er mich noch am selben Abend eingeladen hatte. »Unsere lieben Brüder auf der anderen Seite des Parks sind außer sich vor Wut, Zorn, Entrüstung und Neid, was ja auch nicht schaden kann.« Aber er sprach aus einer Welt zu mir, aus der ich mich vorübergehend verabschiedet hatte.

»Er hat sich selbst zur Strecke gebracht«, sagte ich.

Burr sah mich scharf an. »So was will ich nicht hören, Ned. Ich habe noch nie jemanden seine Karten besser ausspielen sehen. Sie sind wie eine Hure gewesen. Das mußten sie. Wir alle sind Huren. Huren, die bezahlen. Ich habe genug von Ihrem Trübsinn, wenn ich so darüber nachdenke — wie Sie schmollend wie eine Gewitterwolke da drüben in der Northumberland Avenue hokken, gefangen zwischen Ihren beiden Frauen. Wenn Sie keinen Entschluß fassen können, hier habe ich einen für Sie. Geben Sie Ihre kleine Liebschaft auf, und gehen Sie zu Mabel zurück, wenn ich Ihnen einen Rat geben darf, was Sie natürlich nicht wollen. Ich bin vorige Woche zu meiner Frau zurückgegangen, und es ist die reinste Hölle.«

Unwillkürlich mußte ich lachen.

»Ich habe also folgendes beschlossen«, fuhr Burr fort, nachdem er großmütig einem weiteren Riesenteller Pasta zugestimmt hatte. »Sie geben das Schmollen auf, und Sie verlassen den Ermittler-Pool, wo Sie meiner bescheidenen Meinung nach ein bißchen zu lange narzißtisch Ihr eigenes Spiegelbild betrachtet haben. Sie schlagen Ihr Zelt in der Fünften Etage auf und übernehmen als mein Sekretariatsleiter die Stelle von Peter Guillam, was Ihrer calvinistischen Veranlagung entgegenkommt und mir einen vollkommen unproduktiven Beamten vom Hals schafft.«

Ich befolgte seine Vorschläge — alle. Nicht, weil sie von ihm stammten, sondern weil er mir aus der Seele gesprochen hatte. Am nächsten Abend teilte ich Sally meinen Entschluß mit, und die Erbärmlichkeit dieses Tuns half mir immerhin, leichter mit der Erinnerung an

Frewin fertig zu werden. Auf ihre Bitte schrieb ich ihr noch ein paar Monate lang aus Tunbridge Wells, aber nach und nach fiel mir das so schwer wie die Briefe, die man aus der Schule nach Hause schreiben muß. Sally war die letzte von denen, die Burr meine kleinen Liebschaften genannt hatte. Vielleicht lebte ich in dem Wahn, zusammengezählt ergäben sie eine große Liebe.

12

Es ist also vorbei«, sagte Smiley. Der Schein des verlöschenden Feuers beleuchtete die getäfelte Bibliothek, vergoldete die lückenhaften Bücherreihen mit staubigen Werken über Reisen und Abenteuer, das rissige alte Leder der Lehnsessel, die stockfleckigen Fotografien von längst dahingegangenen Bataillonen uniformierter Offiziere mit Spazierstöcken und schließlich all unsere Gesichter, die Smiley auf seinem Ehrenthron zugewandt waren. Vier Generationen des Service waren im Raum versammelt, doch Smileys ruhige Stimme und der Nebel des Zigarrenrauchs schien uns zu einer Familie zu vereinen.

Ich erinnerte mich nicht, Toby eingeladen zu haben, aber das Personal hatte ihn offenbar erwartet, denn als er eintraf, waren die Kasinokellner zu seiner Begrüßung hinausgeeilt. Mit seinen breiten, moirierten Seidenaufschlägen und seiner Weste mit balkaneskem Schnurbesatz sah er aus wie der vollendete Rittmeister.

Burr hatte sich direkt von Heathrow herfahren lassen und sich George zu Ehren im Fond des Rovers in seine Smokingjacke geworfen. Er war fast unbemerkt eingetreten, mit jenem typisch geräuschlosen tänzerischen Gang, den dicke Männer anscheinend mühelos beherrschen. Als Monty Arbuck ihn dann entdeckte, bot er ihm gleich seinen Sitzplatz an. Burr war vor kurzem zum Koordinator ernannt worden und damit der erste, dem dies jemals vor seinem fünfunddreißigsten Geburtstag zuteil geworden war.

Und zu Smileys Füßen saßen hingegossen meine letzten Schüler, die Mädchen wie Blumen in ihren Abendkleidern, die Jungen mit eifrigen und frischen Gesichtern nach dem abschließenden Einsatz in Argyll.

»Es ist vorbei«, wiederholte Smiley.

Alarmierte uns sein plötzliches Schweigen? Sein veränderter Tonfall? Oder eine fast priesterhafte Gebärde, mit der er respektvoll, entschlossen? — seinen rundlichen Körper straffte? Ich hätte es Ihnen damals nicht sagen können, ich kann es Ihnen heute nicht sagen. Aber ich weiß, ich habe niemanden direkt angesehen, und doch spürte ich, wie bei seinen Worten eine Spannung zwischen uns aufkam, als hätte uns Smiley zu den Waffen gerufen — dabei hatte das, wovon er nun sprach, ebensoviel damit zu tun, sie niederzulegen, wie sie zu ergreifen.

»Es ist vorbei, und ich bin ebenfalls fertig. Vollkommen fertig. Wird Zeit, daß Sie über den Kalten Krieger von gestern den Vorhang fallen lassen. Und bitte, laden Sie mich nie wieder ein. Die neue Zeit braucht neue Leute. Das Schlimmste, was Sie tun können, ist, uns nachzuahmen.«

Ich glaube, er hatte vorgehabt, an dieser Stelle aufzuhören, aber bei George kann man nie wissen. So wie ich ihn kenne, hatte er seine komplette Abschlußrede im Kopf, hatte an ihr gefeilt und sie Wort für Wort einstudiert. Wie auch immer, unser Schweigen beherrschte ihn jetzt ebenso wie unser Bedürfnis nach etwas Feierlichem. Ja, unser Vertrauen in ihn war in diesem Augenblick so vollkommen, daß die Enttäuschung, hätte er sich jetzt umgedreht und den Raum ohne ein weiteres Wort verlassen, unsere Liebe in Verbitterung verwandelt hätte.

»Mich hat immer nur der *Mensch* interessiert«, verkündete Smiley. Und es war charakteristisch für ihn, daß er listig mit einem Rätsel anfing, einen Moment wartete und sich erst dann an die Auflösung machte. »Ideologien haben mich nie im geringsten interessiert, es sei denn, sie waren wahnsinnig oder bösartig. Institutionen waren mir niemals so wichtig wie die in ihnen wirkenden Menschen, und Taktik war für mich immer nur eine Ausrede dafür, daß man keine Gefühle hatte. Dem *Menschen*, nicht der Masse, gehört unser Beruf. Der Mensch hat den Kalten Krieg beendet, falls Sie das noch nicht gemerkt haben sollten. Nicht Waffen, Technologien, Armeen oder Kampagnen. Sondern schlicht der *Mensch*. Und zufällig nicht einmal der Mensch des Westens; sondern es war unser eingeschworener Feind im Osten, der auf die Straße ging, sich Kugeln und Knüppeln entgegenstellte und sagte: Jetzt reicht's. Und nicht unser, sondern *ihr* Kaiser hatte den Mut auf die Rednerbühne zu steigen und zu erklären, daß er keine Kleider habe. Die Ideologien sind diesen ungeheuerlichen Ereignissen hinterhergehinkt wie verurteilte Gefangene, was typisch für Ideologien ist, wenn ihre Tage gezählt sind. Denn sie besitzen kein eigenes Herz. Sie sind die Huren und Engel unseres Strebens. Eines Tages mag die Geschichte erweisen, wer wirklich gewonnen hat. Wenn ein demokratisches Rußland entsteht — na, dann wird Rußland der Sieger gewesen sein. Und wenn der Westen an seinem Materialismus erstickt, kann er sich am Ende immer noch als der Verlierer herausstellen. Die Geschichte bewahrt ihre Geheimnisse länger als die meisten von uns. Aber ein Geheimnis hat sie, das ich Ihnen heute abend offenbaren möchte. Manchmal gibt es überhaupt keine Gewinner. Und manchmal braucht auch niemand zu verlieren. Sie haben mich gefragt, wie wir heute über Rußland zu denken haben.«

Hatten wir ihn das wirklich gefragt? Wie sonst war sein Themenwechsel zu erklären? Gewiß, wir hatten beiläufig vom Zerbröckeln des Sowjetreichs gesprochen; wir hatten über den anhaltenden Aufstieg Japans und die historischen Verschiebungen wirtschaftlicher Macht philosophiert. Und in dem Hin und Her nach dem Essen, ja, da hatte es ein paar flüchtige Anspielungen auf meine Zeit im Rußlandhaus gegeben, und ein paar Fragen zum Mittleren Osten und zu Smileys Arbeit im Komitee für Angelrecht, die dank Toby allgemein bekannt geworden war. Dies war jedoch wohl kaum die Frage, die George jetzt zu beantworten gedachte.

»Sie fragen«, fuhr er fort, »ob wir dem Bären jemals trauen können? Die Vorstellung, daß wir mit den Russen wie mit normalen Menschen reden können und auf vielen Gebieten Gemeinsamkeiten haben, scheint Sie zu amüsieren, aber auch ein wenig zu verunsichern. Ich werde Ihnen mehrere Antworten auf einmal geben.

Die erste Antwort lautet nein; wir können dem Bären niemals trauen. Denn der Bär traut sich selber nicht. Der Bär ist bedroht, der Bär hat Angst, der Bär fällt auseinander. Der Bär ist angewidert von seiner Vergangenheit, seine Gegenwart stinkt ihm, und er hat schreckliche Angst vor seiner Zukunft. Wie auch früher schon oft. Der Bär ist pleite, faul, wankelmütig, unfähig, unzuverlässig, gefährlich stolz, gefährlich bewaffnet, zuweilen brillant, häufig ahnungslos. Ohne seine Krallen wäre er bloß ein weiteres chaotisches Mitglied der Dritten Welt. Aber er hat seine Krallen, und zwar scharfe. Und er kann nicht einfach über Nacht seine Soldaten aus fremden Gebieten abziehen, aus dem guten Grund, daß er weder Wohnungen noch Essen, noch Arbeit für sie hat, und Vertrauen zu ihnen hat er auch nicht. Und da unser Service der bestellte Hüter unseres nationalen Mißtrauens ist, würden wir unsere Pflicht vernachlässigen, wenn wir die Überwachung des Bären oder irgendeines seiner aufsässigen Jungen auch nur für eine Sekunde aufgäben. Dies ist die erste Antwort.

Die zweite Antwort lautet ja; wir können dem Bären vollkommen vertrauen. Nie ist der Bär vertrauenswürdiger gewesen. Der Bär ist zum Bittsteller geworden: Er möchte sich uns anschließen, seine Probleme bei uns abladen, sein eigenes Bankkonto bei uns haben, in unserer Hauptstraße einkaufen und als würdiges Mitglied unserer Gemeinschaft wie auch seiner eigenen anerkannt werden — und dies um so mehr, als seine Gesellschaft und seine Wirtschaft in Scherben liegen, seine natürlichen Ressourcen geplündert sind und seine Manager ein unglaubliches Unvermögen an den Tag legen. Der Bär braucht uns so dringend, daß wir ihm ohne weiteres vertrauen können, wenn er das sagt. Der Bär sehnt sich danach, seine furchtbare Geschichte zurückzudrehen und aus dem Dunkel der letzten siebzig oder siebenhundert Jahre herauszutreten. Wir sind sein Tageslicht.

Das Problem ist, daß wir Bewohner des Westens es von Natur aus nicht über uns bringen, dem Bären zu vertrauen, ob es nun ein Weißer Bär ist oder ein Roter oder wie zur Zeit beides auf einmal. Der Bär mag ohne uns verloren sein, und dennoch sind viele unter uns der Ansicht, das geschähe ihm auch ganz recht. Genau wie es 1945 Leute gab, die argumentierten, ein besiegtes Deutschland solle für den Rest der menschlichen Geschichte eine Trümmerwüste bleiben.«

Smiley machte eine Pause, er schien sich zu fragen, ob er genug gesagt habe. Er sah zu mir hin, aber ich wich seinem Blick aus. Das erwartungsvolle Schweigen muß ihn veranlaßt haben weiterzureden.

»Wie der Bär der Zukunft sein wird, hängt davon ab, was wir aus ihm machen, und es gibt mehrere Gründe, etwas aus ihm zu machen. Der erste ist der natürliche Anstand. Wer einem Menschen geholfen hat, aus unrechtmäßiger Gefangenschaft zu entfliehen, muß ihm zum mindesten einen Teller Suppe und die Mittel geben, seinen Platz in der freien Welt einzunehmen. Der zweite Grund ist so offensichtlich, daß ich ein bißchen ungehalten werde, ihn überhaupt nennen zu müssen. Rußland — schon Rußland allein, ohne all seine Eroberungen und Besitztümer — ist ein ungeheuer großes Land mit einer ungeheuer großen Bevölkerung, und es liegt in einer äußerst wichtigen Gegend des Globus. Sollen wir den Bär verkommen lassen? — ihn darin bestärken, zu einem gereizten, rückständigen, überbewaffneten Staat außerhalb unseres Lagers zu werden? Oder sollen wir ihn in einer Welt, die mit jedem Tag ihre Gestalt verändert, zu unserem Partner machen?«

Er nahm seinen Kognakschwenker, blickte nachdenklich hinein und ließ den Rest des Brandys darin kreisen. Und ich spürte, daß ihm der Abschied schwerer fiel, als er erwartet hatte.

»Ja. Nun«, murmelte er, als müsse er sich irgendwie gegen seine eigenen Behauptungen verteidigen. »Es geht auch nicht nur darum, unser Denken zu erneuern. Sondern vielmehr um den übermächtigen modernen Staat, den wir als Bollwerk gegen etwas errichtet haben, das es gar nicht mehr gibt. Um frei zu sein, haben wir viel zu viele Freiheiten aufgeben. Jetzt gilt es, sie wieder zurückzuerobern.«

Er lächelte schüchtern, und ich wußte, daß er versuchte, uns von seinem Bann zu befreien.

»Während Sie also da draußen loyal für den Staat kämpfen, tun Sie mir vielleicht den kleinen Gefallen und rütteln Sie ab und zu mal an seinen Säulen. Er ist uns in letzter Zeit über den Kopf gewachsen. Es wäre schön, wenn Sie ihn wieder zurechtstutzen könnten. Ned, ich bin ein Langweiler. Wird Zeit, daß Sie mich nach Hause schicken.«

Er stand abrupt auf, als wolle er sich von etwas losreißen, das ihn festzuhalten drohte. Dann gönnte er sich sehr bewußt einen letzten langsamen Blick durch den Raum — sah aber nicht mehr die Schüler an, sondern die alten Fotos und Trophäen aus seinen Tagen, die er offenbar seinem Gedächtnis einprägen wollte. Er nahm Abschied von seinem Haus, nachdem er es seinen Erben übergeben hatte. Dann begann er ziemlich aufgeregt nach seiner Brille zu suchen, bis er entdeckte, daß er sie auf der Nase hatte. Dann drückte er die Schultern zurück und marschierte zielstrebig zur Tür, die zwei Schüler eilig für ihn aufmachten.

»Ja. Also dann. Gute Nacht. Und danke. Ach, und sagen Sie denen, sie sollen die Ozonschicht ausspionieren, ja, Ned? In St. Agnes ist es fürchterlich heiß für die Jahreszeit.«

Er ging, ohne sich umzusehen.

13

Die Rituale der Verabschiedung aus dem Service sind wahrscheinlich genauso schmerzlich wie das Ausscheiden aus irgendeinem anderen Beruf, doch haben sie eine ihnen eigene, besondere Bitterkeit. Es gibt da zum einen die Erinnerungszeremonien — Essen mit alten Kontaktleuten, Büropartys, tapferes Händeschütteln mit tränenüberströmten älteren Sekretärinnen, Höflichkeitsbesuche bei befreundeten Diensten. Und zum anderen die Vergessenszeremonien, bei denen man sich Schnitt für Schnitt von dem Spezialwissen trennt, das man nicht an andere Sterbliche weitergeben darf. Für jemanden, der sein ganzes Leben, einschließlich drei Jahre in Burrs Geheimsekretariat, beim Service verbracht hat, kann dies eine langwierige und ermüdende Angelegenheit sein, auch wenn die Geheimnisse selbst lange vor einem in den Ruhestand getreten sind. Eingeschlossen in Palfreys muffiges Rechtsanwaltsbüro, erfreulicherweise recht oft nach einem angenehmen Lunch, entsagte ich einem Stück meiner Vergangenheit nach dem anderen, brummte ihm gehorsam immer wieder denselben verhaltenen englischen Eid nach und hörte mir dazu jedesmal seine unaufrichtigen Strafandrohungen an, für den Fall, daß Eitelkeit oder Geldangebote mich in Versuchung bringen sollten, einen Rechtsbruch zu begehen.

Und ich würde Sie und mich betrügen, wenn ich behauptete, daß die geballte Last dieser Zeremonien mich nicht allmählich niederdrückte und in mir den Wunsch erweckte, der Tag meiner Hinrichtung ließe sich vorverlegen — oder besser noch, sie könnte bereits als vollzogen betrachtet werden. Denn Tag für Tag fühlte ich mehr wie jemand, der sich mit seinem Tod abgefunden hat, aber seine letzten Kräfte dafür aufwenden muß, diejenigen zu trösten, die ihn überleben werden.

Als ich daher wieder einmal in Palfreys elendem Bau hockte — bis zu meiner endgültigen Freiheit oder Gefangenschaft waren noch drei Tage zu absolvieren —, kam mir Burrs gebieterischer Anruf wie eine Erlösung vor.

»Ich habe einen Auftrag für Sie. Wird Ihnen nicht gefallen«, versicherte er mir und knallte den Hörer auf.

Als ich sein protziges modernes Büro betrat, schäumte er noch immer. »Sie lesen diese Akte, fahren dann aufs Land und reden Klartext mit ihm. Sie sollen ihn nicht beleidigen, aber falls Sie ihm aus Versehen den Hals brechen, bin ich Ihnen nicht allzu böse.«

»Wer ist das?«

»Jemand, den uns Percy Alleline hinterlassen hat. Einer von diesen bierbäuchigen Londoner Bonzen, mit denen Percy Golf zu spielen pflegte.«

Ich warf einen Blick auf den obersten Band. »BRADSHAW«, las ich, »Sir Anthony Joyston.« Und darunter in kleinen Buchstaben: »Aktiva-Kartei«, was bedeutete, daß der Betreffende als Verbündeter des Service betrachtet wurde.

»Sie sollen vor ihm kriechen, das ist ein Befehl. Appellieren Sie an sein besseres Ich«, sagte Burr in demselben schneidenden Ton. »Machen Sie einen auf Elder Statesman. Holen Sie ihn in die Gemeinde zurück.«

»Wer sagt, daß ich das tun soll?«

»Das heilige Außenministerium. Was denken Sie denn?«

»Warum kriechen die nicht selbst?« sagte ich, während ich neugierig nach dem Karriere-Überblick auf Seite 1 schielte. »Ich dachte, dafür werden sie bezahlt.«

»Sie haben's versucht. Haben einen Staatssekretär hingeschickt, so klein mit Hut, bei Sir Anthony ist nichts mit Kriechen. Außerdem weiß er zuviel. Er kann Namen nennen und Hinweise geben. Sir Anthony Bradshaw« — verkündete Burr und hob die Stimme zu einer Salve nordenglischer Empörung — »Sir Anthony *Joyston* Bradshaw«, verbesserte er sich, »ist ein typisch englischer Scheißkerl, der, während er angeblich seinem Vaterland diente, mehr Wissen über die üblen Aktivitäten der Regierung Ihrer Majestät angesammelt hat, als eben diese je von Sir Anthony über die Regierungen ihrer Feinde erfahren hat. Folglich hat er die Regierung am Sack. Ihr Auftrag lautet, ihn sehr höflich aufzufordern, seinen Griff etwas zu lockern. Ihre Waffen für diesen Einsatz sind Ihre grauen Locken und Ihr offenkundig freundliches Wesen, das Sie, wie ich beobachtet habe, durchaus auch zu heimtückischen Zwecken einzusetzen bereit sind. Er erwartet Sie heute abend um fünf, und er legt Wert auf Pünktlichkeit. Kitty hat im Vorzimmer einen Schreibtisch für Sie freigemacht.«

Wenig später wurde mir klar, warum Burr so in Rage war. In unserem Gewerbe gibt es kaum etwas, was unangenehmer wäre, als sich mit den unappetitlichen Überresten seiner Vorgänger befassen zu müssen, und Sir Anthony Joyston Bradshaw, selbsternannter Spekulant und Finanzmagnat, war ein abscheuliches Beispiel für diesen Typus. Alleline hatte sich seiner angenommen — in seinem Club, wo sonst? Alleline hatte ihn rekrutiert. Alleline hatte ihm zu einer Reihe dunkler Geschäfte verholfen, deren zweifelhafter Charakter jedem klar sein mußte, nur Sir Anthony nicht; und es gab beunruhigende Hinweise darauf, daß Alleline daraus Profit gezogen haben könnte. War ein Skandal im Anzug, hatte Alleline den dichten Schirm des Circus über Sir Anthony aufgespannt. Schlimmer noch, viele der Türen, die Alleline diesem Bradshaw geöffnet hatte, schienen offen geblieben zu sein, einfach weil niemand daran gedacht hatte, sie wieder zu schließen. Und durch eine dieser Türen war Bradshaw jetzt zur schrillen Empörung des Außenministers und der Hälfte von Whitehall geschritten.

Ich holte mir ein Meßtischblatt aus der Bibliothek und

einen Ford Granada aus dem Fuhrpark. Um halb drei hatte ich die Akte einigermaßen im Kopf und brach auf. Manchmal vergißt man, wie schön England eigentlich ist. Ich fuhr durch Newbury und dann Kurven einen Hügel hoch, von Buchen gesäumt, deren lange Schatten wie Gräben in die goldenen Stoppelfelder geschnitten waren. Im Wagen roch es wie auf einem Kricketplatz. Ich fuhr über einen Hügelkamm, hinter dem mich Burgen aus weißen Wolken erwarteten. Ich muß an meine Kindheit gedacht haben, denn plötzlich verspürte ich das Bedürfnis, geradewegs in die Wolken zu fahren, so, wie ich es als Junge oft geträumt hatte. Der Wagen rollte nun locker bergab, und mit einem Schlag öffnete sich unter mir ein ganzes Tal, bestreut mit Weilern und Kirchen, inmitten von Feldern und Wäldern.

Ich kam an einem Pub vorbei, und kurz darauf erschien zwischen steinernen Torpfosten, auf denen gemeißelte Löwen saßen, ein großes vergoldetes Tor. Es war geschlossen. Daneben stand ein gepflegtes weißes Pförtnerhaus mit neuem Reetdach. Ein kräftiger junger Mann kam mit dem Gesicht an mein offenes Fenster und musterte mich mit dem Blick eines Scharfschützen.

»Ich möchte zu Sir Anthony«, sagte ich.

»Ihr Name, Sir?«

»Carlisle«, sagte ich und gab zum letzten Mal einen Decknamen an.

Der Junge verschwand im Pförtnerhaus; das Tor schwang auf, um sich gleich wieder hinter mir zu schließen. Der Park war von einer hohen Backsteinmauer umgeben — muß ein paar Meilen lang gewesen sein. Damwild lag im Schatten von Kastanienbäumen. Die Auffahrt stieg an, und vor mir erschien das Haus. Golden, makellos und sehr groß. Der mittlere Teil stammte aus der Zeit von William und Mary. Die Seitenflügel sahen jünger aus, aber nicht viel. Davor ein Teich, dahinter Gemüsegärten und Gewächshäuser. Die alten Stallungen waren zu Büros umgebaut worden, mit geschickt angelegten Außentreppen und verglasten Außengängen. Ein Gärtner sprengte in der Orangerie.

Die Auffahrt führte um den Teich und brachte mich vor das Hauptportal. Zwei Araberstuten und ein Lama beäugten mich über das Gatter einer Reitbahn. Ein junger Butler in schwarzer Hose und Leinenjackett kam die Treppe hinunter.

»Soll ich Ihren Wagen hinter dem Haus parken, Mr. Carlisle, wenn ich Sie hereingeführt habe?« fragte er. »Sir Anthony hat die Fassade nach Möglichkeit lieber frei, Sir.«

Ich gab ihm die Schlüssel und folgte ihm über die breiten Stufen nach oben. Es waren neun, obwohl ich mir nicht vorstellen kann, warum ich mitgezählt habe, es sei denn, weil wir so etwas in Sarratt gelehrt hatten und daß mein Leben in den letzten Wochen keine Abfolge von Ereignissen mehr war, sondern eher ein Mosaik aus vergangenen Zeiten und Erfahrungen. Wäre jetzt Ben auf mich zugekommen und hätte mir die Hand geschüttelt, hätte es mich kaum sonderlich überrascht. Wären Monica oder Sally aufgetaucht, um mir Vorwürfe zu machen, hätte ich meine Antworten bereitgehabt.

Ich betrat eine riesige Eingangshalle. Eine prächtige Doppeltreppe schwang sich empor zu einem offenen Absatz. Porträts adliger Vorfahren, allesamt Männer, sahen streng auf mich herab, doch irgendwie glaubte ich nicht, daß sie alle zu einer Familie gehörten oder es hier lange ohne ihre Frauen ausgehalten hatten. Ich kam durch ein Billardzimmer, und mir fiel auf, daß Tisch und Queues neu waren. Vermutlich sah ich alles deshalb so deutlich, weil ich jede Erfahrung als meine letzte betrachtete. Ich folgte dem Butler durch einen herrschaftlichen Salon und durchquerte einen zweiten Raum, der als Spiegelsaal ausstaffiert war, und einen dritten, der einen zwanglosen Eindruck machen sollte, mit einem Fernseher von der Größe jener alten dreirädrigen Eiswägelchen, die an sonnigen Abenden wie diesem bei uns an der Preparatory School haltzumachen pflegten. Ich kam vor eine majestätische Flügeltür und wartete, während der Butler anklopfte. Und wartete dann weiter auf eine Reaktion. Wenn Bradshaw ein Araber wäre, würde er mich stundenlang hier stehen lassen, dachte ich in Erinnerungen an Beirut.

Schließlich hörte ich eine Männerstimme schnarren: »Herein«, und der Butler machte einen Schritt ins Zimmer und verkündete: »Ein Mr. Carlisle, Sir Anthony, aus London.«

Ich hatte ihm nicht gesagt, daß ich aus London gekommen war.

Der Butler trat zur Seite und gewährte mir einen ersten Blick auf meinen Gastgeber, der allerdings ein wenig länger brauchte, bis er zum erstenmal Mr. Carlisle einen Blick gewährte.

Er saß an einem Vier-Meter-Schreibtisch mit Messingintarsien und geschwungenen Beinen. Hinter ihm hingen moderne Ölgemälde von frechen Kindern. Seine Korrespondenz stapelte sich in Ablagekästen aus grob genähtem Leder. Er war ein schwerer, wohlgenährter Mann und offensichtlich auch ein schwerer Arbeiter, denn er arbeitete in Hemdsärmeln; er trug ein blaues Hemd mit weißem Hebammenkragen, Hosenträger von roter Farbe. Im übrigen war er viel zu beschäftigt, um mich zur Kenntnis zu nehmen. Erst las er, wobei er mit einem goldenen Federhalter über die Zeilen fuhr. Dann benutzte er den goldenen Federhalter, um zu unterschreiben. Dann dachte er nach, den Kopf noch immer gesenkt, und benutzte die Spitze des goldenen Federhalters als Fokus für seine erhabenen Gedanken. Seine goldenen Manschettenknöpfe waren so groß wie alte Pennies. Dann legte er den Federhalter endlich hin und hob mit einer verletzten — geradezu anklagenden — Miene den Kopf, entdeckte mich und maß mich dann nach Maßstäben, die ich erst noch zu ermitteln hatte.

Im gleichen Augenblick fiel dank einer glücklichen

Laune der Natur ein flacher Sonnenstrahl durch die Verandatüren auf sein Gesicht und gab mir Gelegenheit, ihn nun meinerseits zu messen: seine Augen, die mit ihren Tränensäcken um Mitleid für seinen Reichtum zu betteln schienen; sein schmaler, verkniffener Mund, der schief in den Wülsten seines doppelten Doppelkinns saß; seine Haltung, die auf Schwäche basierende Entschlossenheit und kindlichen Argwohn in einer Welt der Erwachsenen ausdrückte. Ein unersättliches dickes Kind von fünfundvierzig Jahren, das den abwesenden Eltern seinen Luxus zum Vorwurf machte.

Plötzlich kam Bradshaw auf mich zu. Stolzierte? Watete? Englische Machtmenschen haben heutzutage einen ganz eigentümlichen Gang, eine Mischung aus mehreren Eigenschaften. Selbstbewußtsein gehört dazu und lässige Munterkeit. Aber ihr Gang hat auch etwas Bedrohliches, Ungeduldiges, und eine müßige Ignoranz, die sich am krebsartigen Abspreizen der Ellbogen zeigt, die niemandem Platz machen, an hängenden Boxerschultern und einem mutwilligen Federn in den Knien. Lange, bevor man Bradshaws Hand schüttelte, wußte man, daß er mit einem ganzen Bereich des Lebens, der von der Kunst bis zum öffentlichen Nahverkehr reichte, keinen Umgang hatte. Man wurde stillschweigend gewarnt, Distanz zu wahren, wenn man einer von diesen Narren war.

»Sie sind einer von Percys Leuten«, erklärte er mir für den Fall, daß ich es noch nicht wußte; dabei prüfte er meine Hand und war sichtlich enttäuscht. »Na ja. Lange nicht mehr gesehen. Müssen zehn Jahre sein. Mehr. Trinken Sie was? Champagner? Wie Sie wollen.« Ein Befehl: »Summers. Bringen Sie eine Flasche Schampus, Eiskübel, zwei Gläser, und dann hauen Sie ab. Und Nüsse!« brüllte er ihm nach. »Cashews. Paranüsse. Einen ganzen Haufen verdammter Nüsse — Mögen Sie Nüsse?« wollte er plötzlich mit entwaffnender Vertraulichkeit von mir wissen.

Ich sagte ja.

»Gut. Ich auch. Ich liebe Nüsse. Sie sind gekommen, um mir die Leviten zu lesen. Richtig? Also los. Bin nicht zerbrechlich.«

Er stieß die Verandatüren auf, um mir einen besseren Ausblick auf seinen Besitz zu gewähren. Für dieses Manöver hatte er sich für einen anderen Gang entschieden, eher ein Marschieren, ein Schwingen der Arme zum Rhythmus unhörbarer Militärmusik. Als er die Flügel geöffnet hatte, bot er mir seinen Rücken zur Ansicht und behielt die Arme oben, die Handflächen an die Türpfosten gedrückt wie ein Märtyrer, der auf den Pfeil wartet. Und der Londoner Haarschnitt, dachte ich: dick am Kragen und kleine Büschel über den Ohren. Golden, braun und grün ging das Tal in die unendliche Weite über. Zwischen dem Damwild ging ein Kindermädchen mit einem kleinen Kind spazieren. Sie trug einen braunen Hut, dessen Krempe ringsum hochgestellt war, und eine braune Uniform wie eine Pfadfinderin. Auf dem Rasen waren Krockettore aufgebaut.

»Wir haben lediglich eine Bitte an Sie, Sir Anthony«, sagte ich. »Wir möchten Sie noch einmal um einen Gefallen bitten, so ähnlich wie damals für Percy. Immerhin hat Ihnen doch Percy die Ritterschaft besorgt, oder?«

»Scheiß auf Percy. Er ist doch tot, oder? Mir besorgt niemand etwas, damit Sie's wissen. So was mache ich selbst. Was wollen Sie? Spucken Sie's aus. Eine Predigt mußte ich mir schon anhören. Savoury, der Fettsack vom Außenministerium. Der hat schon Prügel von mir bezogen, als er in der Schule noch mein Wasserträger war. Damals Flasche, heute Flasche.«

Die Arme blieben oben, der Rücken war angespannt und aggressiv. Ich hätte etwas sagen können, fühlte mich aber seltsam verunsichert. Drei Tage vor meinem Eintritt in den Ruhestand bekam ich allmählich das Gefühl, kaum etwas von der wirklichen Welt zu wissen. Summers brachte den Champagner, öffnete die Flasche und füllte zwei Gläser, die er uns auf einem Silbertablett reichte. Bradshaw schnappte sich eins und schritt in den Garten. Ich folgte ihm zu einem grasbewachsenen Laubengang. Zu beiden Seiten wuchsen hohe Azaleen und Rhododendren. Am anderen Ende plätscherte ein Springbrunnen in einem steinernen Becken.

»Wurden Sie zum Lord ernannt, als Sie dieses Haus gekauft haben?« fragte ich, weil ich dachte, ein wenig Smalltalk könnte mir vielleicht Zeit geben, mich zu sammeln.

»Und wenn schon?« gab Bradshaw zurück, und mir wurde klar, er wünschte nicht daran erinnert zu werden, daß er sein Haus nicht geerbt, sondern gekauft hatte.

»Sir Anthony«, sagte ich.

»Ja?«

»Es geht um Ihre Beziehung zu der belgischen Firma Astrasteel.«

»Nie davon gehört.«

»Aber Sie stehen doch mit denen in Verbindung?« sagte ich lächelnd.

»Weder jetzt noch früher. Habe Savoury dasselbe gesagt.«

»Aber Sie besitzen Anteile an Astrasteel, Sir Anthony«, wandte ich geduldig ein.

»Faxen. Kompletter Quatsch. Anderer Mann, falsche Adresse. Hab' ich ihm gesagt.«

»Aber Sie besitzen einhundert Prozent der Anteile an der Firma Allmetal Limited in Birmingham, Sir Anthony. Und Allmetal Birmingham besitzt doch eine Gesellschaft namens Eurotech Funding & Imports Limited auf den Bermudas? Und Eurotech Bermuda ist Eigentümerin von Astrasteel Belgien, Sir Anthony. Woraus wir schließen, daß womöglich zwischen Ihnen auf der einen Seite und der Gesellschaft, die der Ihnen gehörenden Gesellschaft gehört, auf der anderen Seite eine gewisse lockere Verbindung bestehen könnte.« Ich lächelte noch immer, argumentierte noch immer Witze machend mit ihm herum.

»Keine Anteile, keine Dividenden, kein Einfluß auf die Angelegenheiten von Astrasteel. Voll auf Distanz die ganze Sache. Das hab' ich Savoury gesagt, das sag ich Ihnen.«

»Dennoch, als Sie von Alleline aufgefordert wurden — damals, ich weiß, aber so lang ist das nun auch noch nicht her, stimmt's? —, gewisse Erzeugnisse in gewisse Länder zu liefern, die diese Erzeugnisse offiziell gar nicht erwerben durften, haben Sie dies über Astrasteel abgewickelt. Und Astrasteel hat sich an Ihre Weisungen gehalten. Andernfalls wäre Percy ja wohl kaum an Sie herangetreten, oder? Denn dann hätten Sie ihm nichts genützt.« Das Lächeln auf meinem Gesicht erstarrte. »Wir sind nicht von der *Polizei*, Sir Anthony, wir sind nicht von der *Steuer.* Ich weise Sie lediglich auf gewisse Beziehungen hin, die — wie Sie selbst behaupten — außer Reichweite der Gesetze liegen und in der Tat — mit Percys aktiver Unterstützung — genau zu diesem Zweck eingerichtet worden sind.«

Meine Rede kam mir so unbeholfen vor, so wenig pointiert, daß ich erst einmal annahm, Bradshaw habe gar nicht erst vor, sich damit abzugeben.

Und in gewisser Hinsicht hatte ich recht, denn er zuckte bloß die Schultern und sagte: »Was ist an diesem Scheiß denn nur so wichtig?«

»Nun, eine ganze Menge.« Ich spürte, wie ich in Harnisch geriet, und ich konnte nichts dagegen machen. »Wir bitten Sie, das bleiben zu lassen. Hören Sie auf. Sie haben Ihren Rittertitel, Sie besitzen ein Vermögen, Sie haben Ihrem Land gegenüber eine Pflicht, heute genau wie vor zwölf Jahren. Also lassen Sie den Balkan in Ruhe, hören Sie auf, die Serben aufzuhetzen, hören Sie auf, Zentralafrika aufzuwiegeln, hören Sie auf, ihnen Massen von Gewehren auf Pump anzudrehen, hören Sie auf, sich an Kriegen zu bereichern, die vielleicht niemals stattfänden, wenn Leute wie Sie und Ihresgleichen die Finger davon ließen. Sie sind Brite. Sie haben mehr Geld in der Tasche, als die meisten von uns in ihrem ganzen Leben zu sehen bekommen. Hören Sie auf. Machen Sie einfach Schluß. Das ist unsere einzige Bitte. Die Zeiten haben sich geändert. Wir spielen diese Spiele nicht mehr.«

Einen Augenblick lang bildete ich mir ein, ihn beeindruckt zu haben, denn er wandte mir seinen stumpfen Blick zu und musterte mich von oben bis unten, als sei ich jemand, den man am Ende vielleicht doch kaufen sollte. Aber dann erlosch sein Interesse, und er wurde wieder gleichgültig.

»Ihr Land spricht zu Ihnen, Bradshaw«, sagte ich, und diesmal wirklich wütend. »Um Gottes willen, Mann, was brauchen Sie denn *sonst* noch? Haben Sie denn nicht die Spur eines Gewissens?«

Ich werde Ihnen Bradshaws Antwort so mitteilen, wie ich sie aufgeschrieben habe, denn auf Burrs Bitte hatte ich mir einen Recorder in die Jackentasche gesteckt, und Bradshaws sägende Nasalstimme sorgte für eine perfekte Wiedergabe. Ich will Ihnen auch seinen Tonfall beschreiben, soweit das möglich ist. Er sprach Englisch, als wäre es seine zweite Sprache, dabei war es die einzige, die er konnte. Mein Sohn Adrian nennt eine Ausdrucksweise wie die seine *slur,* ein schnoddriger Jargon des Belgravia-Viertels, bei dem *Mäuse* wie *Meisen* klingen und fast vollständig auf den Gebrauch von Pronomen verzichtet wird. Natürlich hat er ein eigenes Vokabular: etwas steigt nicht, sondern *eskaliert;* keine Gelegenheit ist ohne ein *Fenster;* der kleinste Vorfall ist *sensationell.* Er äußert sich auch mit einer pedantischen Ungenauigkeit, die ihn vom Plebs unterscheiden soll, was solche Perlen erklärt wie zum Beispiel ›was mich und Sie betrifft‹. Doch ich bilde mir gern ein, daß ich auch ohne mein Tonbandgerät jedes einzelne Wort behalten hätte, denn seine Rede war wie ein abendlicher Schlachtruf aus einer Welt, die ich in Kürze sich selbst überlassen sollte.

»Tut mir leid«, sagte er und begann damit gleich mit

einer Lüge. »Habe ich richtig gehört: Sie appellieren an mein *Gewissen?* Gut. Schön. Also eine Erklärung für die Akten. Was dagegen? Beginn der Erklärung. Erster Punkt. Eigentlich *gibt* es nur diesen einen Punkt. *Das kratzt mich kein bißchen.* Im Unterschied zu den anderen Heinis gebe *ich* das zu. Wenn eine Horde von Niggern — ja, ich sage *Nigger,* ich meine *Nigger* —, wenn diese Nigger sich morgen mit meinen Spielzeugen abknallen und ich verdiene was daran, na da freu ich mich doch. Wenn *ich* denen die Ware nicht verkaufe, macht's irgendein *anderer* Heini. Früher hat die Regierung das kapiert. Wenn die jetzt weich geworden sind, haben sie eben Pech gehabt. Zweiter Punkt. Frage: schon gehört, was die Tabakhändler heutzutage machen? Verscheuern hochgiftigen Tabak an die Krusselköppe und erzählen denen, der Tabak würde sie scharf machen und wäre gut gegen Schnupfen. Kratzt das die Tabakhändler? Sitzen die zu Hause und kriegen Nervenzusammenbrüche, weil sie unter den Eingeborenen Lungenkrebs verbreiten? Einen Scheiß tun sie. Üben kreatives Verkaufen, Punkt. Zum Beispiel Drogen. Ich persönlich nehme keine. Hab' ich nicht nötig. Was soll's. Wenn ein Händler bereit ist, Geschäfte mit einem bereiten Kunden zu machen, dann sag ich nur, beiseite treten, ist doch deren Sache, und wünsch ihnen viel Glück. Wenn die Drogen sie nicht umbringen, dann eben die Atmosphäre, oder sie werden von der globalen Erwärmung gegrillt. Brite, haben Sie gesagt. Bin tatsächlich ziemlich stolz darauf. Auch auf meine *Schule.* Bürger des Empire. Das ist nun mal die Tradition, die man geerbt hat. Kommt mir einer in die Quere, vernichte ich ihn. Oder er mich. Disziplin, das ist genau mein Fall. *Ordnung.* Die Pflichten der eigenen Klasse und Erziehung akzeptieren, die Ausländer mit ihren eigenen Waffen schlagen. Habe gedacht, Leute wie Sie engagierten sich auch ziemlich in dieser Richtung. Offenbar ein Irrtum. Übermittlungsfehler. Worum's einem geht, ist die Qualität des Lebens. *Dieses* Lebens. Genaugenommen der Lebensstandard. Großkotzig, denken Sie. Na schön, bin ich eben großkotzig. Sie können mich mal kreuzweise. Ich bin Pharao, ja? Wenn ein paar tausend Sklaven sterben müssen, damit ich diese Pyramide bauen kann, ist das *natürlicb.* Und wenn die *mich* für *ihre* Scheißpyramide sterben lassen können, na, wie schön für sie. Wissen Sie, was ich in meinem Keller habe? Eisenringe. Rostige Eisenringe, sie wurden in die Wände eingemauert, als dieses Haus gebaut wurde. Wofür die gedacht waren? Für Sklaven. Auch das ist natürlich. Der erste Besitzer dieses Hauses — der Mann, der dieses Haus gebaut hat — der Mann der dafür *bezahlt* hat, der seinen Architekten zur Ausbildung nach Italien geschickt hat — dieser Mann hatte Sklaven, und seine Sklavenquartiere hatte er im Keller dieses Hauses. Sie meinen, heute gibt es keine Sklaven mehr? Das Kapital sei nicht auf Sklaven *angewiesen?* Du lieber Himmel, was für einen Laden haben Sie denn? Normalerweise redet man ja kein philosophisches Zeug, und predigen läßt man sich auch nicht gern. Will das einfach nicht. Nicht in meinem Haus, vielen Dank. Ist mir lästig. Reg mich nicht leicht auf, bin eigentlich bekannt für meine starken Nerven. Habe aber gewisse Ansichten über die Natur; man gibt den Leuten Arbeit und nimmt sich seinen Anteil.«

Ich sagte nichts, und auch das ist auf dem Band.

Was kann man angesichts von etwas Absolutem sagen? Mein ganzes Leben lang hatte ich gegen ein institutionalisiertes Übel gekämpft. Es hatte einen Namen gehabt und meistens auch eine Heimat. Es hatte ein kollektives Ziel gehabt und war zu einem kollektiven Ende gelangt. Aber das Böse, das jetzt vor mir stand, war ein zerstörerisches Kind in *unserer* Mitte, vor dem auch ich wieder zum Kind wurde: entwaffnet, sprachlos und verraten. Einen Augenblick kam es mir so vor, als hätte ich mein ganzes Leben lang gegen den falschen Feind gekämpft. Dann kam es mir so vor, als hätte Bradshaw persönlich mich um die Früchte meines Sieges gebracht. Ich dachte an Smileys Aphorismus über den Kalten Krieg, der von den richtigen Leuten verloren und von den falschen Leuten gewonnen wurde, und wollte das Bradshaw schon als eine Art Beleidigung an den Kopf werfen, aber das hätte auch nichts gebracht. Ich überlegte, ob ich ihm sagen sollte, daß wir uns jetzt, nachdem wir den Kommunismus besiegt hätten, an die Aufgabe machen müßten, den Kapitalismus zu besiegen, aber darum ging es mir im Grunde ja gar nicht: das Übel steckte nicht im System, sondern im Menschen. Und im übrigen hatte er mich inzwischen gefragt, ob ich zum Dinner bleiben wolle, doch ich lehnte höflich ab und verabschiedete mich.

Im Endeffekt bekam ich mein Abendessen von Burr spendiert, und ich freue mich sagen zu können, daß ich mich kaum noch daran erinnere. Zwei Tage später gab ich meinen Dienstausweis ab.

Du siehst dein Gesicht. Es ist niemand, an den du dich erinnern kannst. Du fragst dich, wo deine Liebe abgeblieben ist, was du gefunden hast, was du gesucht hast. Du möchtest sagen: »Ich habe den Drachen erschlagen, meine Tat hat die Welt sicherer gemacht.« Aber das kannst du heutzutage nicht mehr. Vielleicht hast du es nie gekonnt.

Mabel und ich, wir führen ein gutes Leben. Von Dingen, die wir nicht ändern können, reden wir nicht. Wir kommen uns nicht in die Quere. Wir sind zivilisiert. Wir haben uns ein Landhaus an der Küste gekauft. Es hat einen langgestreckten Garten, in dem ich gern etwas tun möchte, ein paar Bäume pflanzen, einen Ausblick aufs Meer schaffen. Ich engagiere mich bei einem Segelklub für Kinder aus ärmlichen Verhältnissen, wir holen sie aus Hackney, das macht mir Spaß. Man hat mich für den Gemeinderat vorgeschlagen. Mabel arbeitet bei der Kirche mit. Ab und zu fahre ich nach Holland. Dort wohnen noch einige Verwandte von mir.

Gelegentlich kommt Burr vorbei. Das gefällt mir an ihm. Wie zu erwarten, kommt er gut mit Mabel aus. Er versucht sich nicht aufzuspielen. Er plaudert mit ihr über ihre Aquarelle. Er ist kein Besserwisser. Wir machen eine gute Flasche auf, braten ein Hähnchen. Er erzählt mir das Neueste, fährt nach London zurück. Von Smiley: Nichts, aber so wollte er es ja haben. Nostalgische Gefühle kann er nicht ausstehen, auch dann nicht, wenn sie ihm selber gelten.

So etwas wie Ruhestand gibt es eigentlich gar nicht. Manchmal weiß man zuviel und kann einfach nichts dagegen machen, aber das liegt bestimmt nur am Alter. Ich denke viel nach. Mit meiner Lektüre komme ich zügig voran. Ich rede mit den Leuten, fahre mit dem Bus. Ich bin noch neu in der normalen Welt, aber ich lerne.

John le Carré
Ein guter Soldat

Titel der Originalausgabe: *The Unbearable Peace*
Aus dem Englischen von Werner Schmitz

KiWi 247
Mit zahlreichen Abbildungen

Die Schweizer Presse nannte ihn den »Verräter des Jahrhunderts« und der Schweizer Bundespräsident verlangte noch während des Prozesses nach der »ganzen Härte des Gesetzes«. Jean-Louis Jeanmaire, Brigadier der Schweizer Armee, wurde 1976 wegen Landesverrats zu 18 Jahren Haft verurteilt.

John le Carré rollt in einer spannend zu lesenden Reportage eine ungewöhnliche Spionageaffäre in der Schweiz auf und stellt die Frage, ob der »Verräter des Jahrhunderts« nicht nur ein kleiner Spion war, der für einen großen Spion ins Gefängnis mußte.

KiWi Paperbackreihe bei Kiepenheuer & Witsch